M. Matt

Miscellaneous Works of the Late Philip Dormer, Earl of Chesterfield

M. Matt

Miscellaneous Works of the Late Philip Dormer, Earl of Chesterfield

ISBN/EAN: 9783741173318

Manufactured in Europe, USA, Canada, Australia, Japa

Cover: Foto ©Andreas Hilbeck / pixelio.de

Manufactured and distributed by brebook publishing software (www.brebook.com)

M. Matt

Miscellaneous Works of the Late Philip Dormer, Earl of Chesterfield

Ipsæ enim familiæ sua quasi ornamenta ac monumenta servabant, et ad usum, si quis ejusdem generis cecidisset, et ad memoriam laudum domesticarum, et ad illustrandam nobilitatem suam. CICERO.

Memoirs from those of Philip de Comines, down to the innumerable ones in the reign of Lewis XIV, have been of great use, and thrown great light upon particular parts of History. CHESTERFIELD.

MISCELLANEOUS WORKS
OF THE LATE
PHILIP DORMER STANHOPE,
EARL OF CHESTERFIELD:

CONSISTING OF

LETTERS to his FRIENDS, never before printed,
And VARIOUS OTHER ARTICLES.

TO WHICH ARE PREFIXED,

MEMOIRS of his LIFE,

TENDING TO ILLUSTRATE

THE CIVIL, LITERARY, AND POLITICAL,

HISTORY OF HIS TIME.

By *M. MATY,* M.D.

LATE PRINCIPAL LIBRARIAN OF THE BRITISH MUSEUM,
AND SECRETARY TO THE ROYAL SOCIETY.

IN TWO VOLUMES.

WITH AN APPENDIX, CONTAINING SIXTEEN CHARACTERS OF GREAT
PERSONAGES AND LETTERS, WRITTEN BY THE SAME NOBLE EARL.

VOLUME THE SECOND.

LONDON:
Printed for EDWARD and CHARLES DILLY, in the Poultry.
MDCCLXXVIII.

LORD CHESTERFIELD'S

LETTERS to his FRIENDS.

BOOK I.

LETTERS
WRITTEN IN FRENCH, AND TRANSLATED INTO ENGLISH.

LORD CHESTERFIELD'S LETTERS.

BOOK I.

LETTER I.

TO THE REV. MR. JOUNEAU*.

SIR,

THE reading of the letter, you have been so kind as to write to me, gave me great pleasure; it seemed as if you were talking to me yourself, and as if I was in company with the man in the world I most esteem, and whom I most ardently wish to oblige. I would have answered it sooner, had I not spent this week at the bishop of Ely's [Dr. John More], who lives within fifteen miles of this place. I have, in that short time, seen more of the country, which is very pleasant about here, than ever I saw in all my life before.

I continue very close to my studies, which are as yet but Latin and Greek, because the fair, which will be held in ten days, would have interrupted them; but, when that diversion is over, I am to begin with civil law, philosophy, and a little of the mathematics: but as for anatomy, I shall not have an opportunity of learning

---

* This gentleman descended from a very good protestant family in the isle of Rhé, near La Rochelle, in France. He came over to England, with numbers of his brethren, whom the revocation of the edict of Nantes, in 1685, drove from their native country. He was appointed minister of a French congregation of the church of England in Berwick-street, Soho. Young Mr. Stanhope, afterwards lord Chesterfield, was put under his care by his grandmother, the countess-dowager of Halifax; and received from him his first instructions in languages, history, and philosophy. He corresponded with him during his stay at Cambridge, and in his travels

LETTRES DE MYLORD CHESTERFIELD.

LIVRE I.

LETTRE I.

A MR. JOUNEAU.

MONSIEUR,

J'AI eu un sensible plaisir en lisant la lettre, que vous avez eu la bonté de m'écrire; il me sembloit que vous me parliez vous même, et que j'étois dans la compagnie de l'homme du monde que j'estime le plus, & à qui je souhaite le plus ardemment de pouvoir faire plaisir. J'y aurois répondu plûtôt, n'eut été que j'ai passé cette semaine chez l'évêque d'Ely, qui demeure à quinze miles d'ici. J'ai, dans ce peu de tems, vu plus de la campagne que je n'avois vu auparavant dans toute ma vie, et qui ici-autour est très agréable.

Je continue bien ferme dans mes études, qui ne sont encore que le Latin et le Grec, à cause que la foire, qui va venir en dix jours, les auroit interrompues, mais après que ce divertissement sera fini, je dois commencer le droit civil, la philosophie, & un peu de mathématiques; mais pour l'anatomie, je ne la pourrai point ap-

travels to Holland and to France. He always professed the greatest regard and esteem for that worthy man, and gave him repeated tokens of friendship. The six letters, we here give from the originals, are all that were preserved: they shew, at that early period, the manner of thinking and feeling of our amiable nobleman, who was but eighteen years old when that correspondence began.

learning it; for though a poor man has been hanged, the surgeon who used to perform those operations would not this year give any lectures, because it was a man, and then he says the scholars will not come.

I find this college, where I am, infinitely the best in all the university; for it is the smallest, and it is full of lawyers, who have lived in the world, and know how to behave. We have but one clergyman here; and he is the only drunkard in the college. Whatever may be said to the contrary, there is certainly very little debauchery in this university, especially amongst people of fashion; for a man must have the inclinations of a porter to endure it here.

Methinks our affairs are in a very bad way; but, as I cannot mend them, I meddle very little with politics: only I take a pleasure in going sometimes to the coffee-house, to see the pitched battles that are fought, between the heroes of both sides, with inconceivable bravery, and are usually terminated by the total defeat of a few tea-cups on both sides.

I am afraid I have tired you too much: at least, for fear I should, it is high time I should tell you that I am, SIR,

Your most humble servant,

Trin. Hall, Cambridge;
Aug. 22, 1712.

P. STANHOPE.

LETTER II.

TO THE SAME.

SIR,

I WOULD not miss the first opportunity of sending you this trifle, which I should be ashamed to do, without assuring you, at the same time, that I wish it was ten times more. I came to town last night, for a few days, and hope it will not be long before I have the pleasure of seeing you. I am, SIR,

Your most humble servant,

Sept. 21.

P. STANHOPE.

prendre; car, quoi qu'il y ait eu un pauvre pendu, le chirurgien, qui avoit coutume de faire ces opérations, n'en a point voulu faire cette fois, parce que c'étoit un homme, et alors il dit que les écoliers ne veulent point venir.

Je trouve ce collège, dans lequel je suis, infiniment le meilleur de toute l'université, car c'est le plus petit, & il est rempli d'avocats, qui ont été dans le monde, & qui savent vivre. Nous n'avons qu'un ministre, qui est aussi le seul yvrogne du collège. Quoi qu'on en dise, il y a fort peu de débauche dans cette université, & surtout parmi les gens de condition; car il faudroit avoir un goût de portefaix ou de crocheteur, pour la pouvoir souffrir ici.

Il me semble que nous sommes fort mal dans nos affaires, mais, ne pouvant les empêcher, je ne me mêle guère de politique: seulement je me fais un plaisir d'aller voir quelquefois au caffé les batailles rangées qui s'y donnent, entre les héros de chaque côté, avec une bravoure inconcevable, et qui ne se terminent qu'après l'entière défaite de quelques tasses de thé des deux côtés.

Je crains de vous avoir déja trop ennuyé; au moins, de peur de le faire, il est bien tems de vous dire que je suis,

MONSIEUR,
Votre très humble serviteur,
P. STANHOPE.

Trin. Hall, Cambridge;
Aug. 22, 1712.

LETTRE II.
AU MÊME.

MONSIEUR,

JE n'ai pas voulu perdre la première occasion de vous envoyer cette bagatelle, ce que j'aurois honte de faire, si je ne vous assurois en même tems, que je voudrois bien que ce fût dix fois autant. Je vins en ville hier au soir, pour quelques jours, & j'espère qu'il ne se passera pas longtems avant que j'aye le plaisir de vous voir. Je suis,

MONSIEUR,
Votre très humble serviteur,
P. STANHOPE.

Sept. 11.

LETTRE

LETTER III.

TO THE SAME.

SIR,

THE diversions of Newmarket, where I went three or four days, prevented my writing to you so soon as I intended; besides, I have been in a strange bustle in shifting my chambers. I hope I am now settled for the time I have to continue here.

It is now, Sir, I have a great deal of business upon my hands, for I spend above an hour every day in studying the civil law, and as much in philosophy; and next week, the blind man [Saunderson] begins his lectures upon the mathematics; so that I am now fully employed. Would you believe too that I read Lucian and Xenophon in Greek? which is made easy to me; for I do not take the pains to learn all the grammar rules: but the man who is with me [*], and who is himself a living grammar, teaches me them all as I go along. I reserve time for playing at tennis, for I wish to have the *corpus sanum*, as well as the *mens sana*; I think the one is not good for much without the other.

Since my return hither, I have received the letter you had sent to Oxford, somebody having changed it for Cambridge; and I think your memory, which you complain of so much, is a very excellent one, for, excepting a few little words, it is the very same as the other you sent afterwards; but I had not the less pleasure in reading it.

Decies repetita placebit—

which was the motto that a clergyman here (who married a very pretty girl the other day) put into the wedding ring.

Write to me often, I beg of you, when you have nothing else to do; and you will infinitely oblige,

SIR,

Your most humble servant,
STANHOPE.

12 Oct. 1712.

[*] Mr. Crow. See Memoirs of lord Chesterfield, Sect. I.

LETTRE III.

AU MÊME.

MONSIEUR,

LES divertissemens de Newmarket, où je fus trois ou quatre jours, m'ont empêché de vous écrire sitôt que j'avois intention ; outre que j'ai été dans un embarras furieux en changeant de chambres. J'espère que me voici accomodé pour le tems que je demeurerai ici.

C'est à cette heure, Monsieur, que j'ai bien des affaires sur les bras, car j'employe plus d'une heure par jour au droit civil, et tout autant à la philosophie ; et la semaine qui vient, l'aveugle commencera ses leçons de mathématiques ; de sorte que me voici bien occupé. Croiriez-vous bien aussi que je lis Lucien & Xenophon en Grec ? ce qui m'est rendu assez aisé, car je ne m'embarasse point d'apprendre toutes les règles de la grammaire : mais l'homme qui est avec moi, et qui est une grammaire vivante, me les enseigne en lisant. Je me reserve du tems pour jouer à la paume, car je souhaite aussi bien le *corpus sanum* que le *mens sana* ; il me semble que l'un ne vaut guères sans l'autre.

Depuis mon arrivée ici, j'ai reçu la lettre que vous envoyates à Oxford, quelqu'un l'ayant changé pour Cambridge, & je trouve votre mémoire (dont vous vous plaignez tant) excellente, car elle est, à quelques petits mots près, justement la même que l'autre que vous envoyates après, mais je n'eus pas pour cela moins de plaisir en la lisant.

Decies repetita placebit—

ce qui est la devise qu'un ministre ici (qui épousa l'autre jour une très jolie fille) mit dans la bague de noce.

Ecrivez moi donc souvent, Monsieur, je vous en prie, quand vous n'aurez rien autre chose à faire, & vous obligerez infiniment,

MONSIEUR,

Votre très humble serviteur,

STANHOPE.

17 Oct. 1712.

LETTER IV.

TO THE SAME.

I BEG a thousand pardons, Sir, for not anfwering your laſt letter fooner: but I have, for fome time paſt, been very much taken up with anatomy, befides my ufual exercifes, elfe I fhould have been in town before this time.

I am not much furprized at the civilities, which your fon [*], with Sir George Byng's children, meet with from the French. They ought indeed to be very civil to us, and that is but a poor return for all we have given them.

I am greatly obliged to Mr. Chaffeloup for fpeaking fo well of me, and it is not to return the compliment that I tell you he is a very pretty young man.

You muſt not expect any news from hence: fo that I fhall conclude by affuring you that I fhall not fail to do what you defire, when I come to town, which will be foon, and that in the mean time I am,

SIR,

Your moſt humble fervant,

Holy Thurſday.   P. STANHOPE.

LETTER V.

TO THE SAME.

SIR,

I SHOULD have thanked you fooner for the letter you was fo kind as to write to me, if I had not been prevented by fome little excurfions I have taken lately, to fee the neighbouring places; fuch as Amſterdam, Leyden, Utrecht, &c. You have reafon to upbraid me with my not writing to you, as I had promifed; and I own there was fome lazinefs in the cafe; for, though I wifhed nothing more than to exprefs the efteem and refpect I have for you, yet I put off from day to day both the pleafure and the trouble of writing to you.

[*] He was bred up a phyfician, and travelled with Sir George Byng's fons.

LETTRE IV.

AU MÊME.

JE vous demande mille pardons, Monsieur, de n'avoir pas plûtôt rendu réponse à votre dernière lettre, mais il y a quelque tems que j'ai été fort occupé à l'anatomie, outre mes exercices ordinaires, ou bien j'aurois été en ville avant ce tems ici.

Je ne m'étonne guères de l'honneteté que votre fils, avec les enfans de Sr. George Byng, trouva de la part des François. En vérité ils nous en doivent de reste, et c'est une pauvre recompense pour tout ce que nous leur avons donné.

Je suis fort obligé à Mr. Chasseloup du bien qu'il dit de moi, et ce n'est pas pour lui rendre la pareille, que je vous dis que c'est un fort joli garçon.

Il ne faut pas que vous attendiez des nouvelles d'ici, de sorte que je finirai, en vous assurant que je ne manquerai pas de faire ce que vous me demandez, quand je serai à Londres, ce qui sera en peu de temps, & que cependant je suis,

Jeudi Saint.

MONSIEUR,
Votre très humble serviteur,
P. STANHOPE.

LETTRE V.

AU MÊME.

MONSIEUR,

JE vous aurois plûtôt remercié de la lettre que vous avez eu la bonté de m'écrire, si des petits voyages que j'ai faits depuis peu pour voir les endroits à l'entour d'ici, comme Amsterdam, Leyde, Utrecht, &c. ne m'en eussent empêché. C'est avec justice que vous me reprochez de ne vous avoir pas écrit, selon ma promesse, & j'avoue qu'il y avoit de la paresse dans mon fait; car, quoique je ne souhaitasse rien d'avantage que de vous témoigner l'estime & le respect que j'ai pour vous, toutefois je remettois de jour en jour, et le plaisir et la peine de vous écrire.

As for the description of the towns in Flanders, which you ask me for, I believe it would be needless to send it you; for you know it already better than I do, from persons who were better able to judge of them: and, as for reflections, I could make none; for you know they should be made rather upon persons than things, and, as I only passed through, I had not time to make any acquaintance; but, if I had made any observations, I question whether I should have ventured to impart them to you. I am too well acquainted with your judgment and my own.

I have spent my time very agreeably here; for this place is quite charming in summer; and there is very good company, on account of the many foreigners who live here; for, as to the natives, it is certain they have not the most refined manners; they are a good sort of people, but converse very little.

I shall set out next week for a place which I am told will not be less entertaining: I mean Turin, where I shall continue till the carnival; then I shall go to Venice; and from thence to Rome, &c. *. When you do me the pleasure to write to me (which I hope will be very often), you need but send your letters to lady Halifax †, who will forward them to me; and, on my side, I shall not fail to thank you for them, and to assure you with how much sincerity and respect I am,

SIR,

Hague, Aug. 10, N. S.   Your most humble Servant,

STANHOPE.

I beg my compliments to Mrs. J.

LETTER VI.

TO THE SAME.

SIR,

I AM very sorry I did not receive the letter you mention in that which I received yesterday; and the more, as I believe you

---
* This project was laid aside by the death of queen Ann; and our nobleman had never afterwards an opportunity of resuming it.
† His grandmother; to whose tender care and prudent management he was indebted for his education.

Pour la description des villes de Flandres, que vous me demandez, je crois qu'il seroit assez inutile de vous l'envoyer, car vous la savez déja mieux que moi, par des personnes qui en ont pu mieux juger ; et, pour des réflexions, je n'en ai pu faire aucune, car vous savez qu'elles doivent être faites plûtôt sur les personnes que sur les choses ; et, comme je ne faisois que passer, je n'ai pas eu le tems d'y faire aucune connoissance ; mais, quand même j'en eusse fait, je ne sais si j'aurois eu la hardiesse de vous les communiquer. Je connois trop bien votre jugement et le mien.

Le séjour que j'ai fait ici m'a été fort agréable, car cet endroit est tout-à-fait charmant dans l'été, et la compagnie y est fort bonne, à cause du grand nombre d'étrangers qui y demeurent ; car, pour les gens du pais, il est certain qu'ils ne sont pas d'un commerce le plus rafiné : ce sont d'assez bonnes gens, mais qui ne se mêlent pas de la conversation.

La semaine qui vient, je pars pour un endroit qu'on m'assure ne sera pas moins divertissant, je veux dire Turin, où je resterai jusqu'au carnaval ; puis j'irai à Venise, de là à Rome, &c. Quand vous voudrez bien me faire le plaisir de m'écrire (ce que j'espere vous voudrez bien souvent), vous n'avez qu'à envoyer vos lettres chez my lady Halifax, qui me les fera recevoir ; et moi de mon côté, je ne manquerai pas de vous en remercier, et de vous assurer avec combien de sincérité et de respect je suis,

MONSIEUR,

De la Haye, ce 10 Août, N. S.   Votre tres humble serviteur,

STANHOPE.

Je vous prie de faire mes complimens à madame votre femme.

LETTRE VI.

AU MÊME.

MONSIEUR,

JE suis fort fâché de n'avoir pas re   votre lettre, dont vous m parlez dans celle que je reçus hier de votre part, d'autant plus que je crois que vous m'y donniez quelque occasion de vous faire plaisir,

gave me some opportunity of obliging you, which I shall always do with the greatest readiness. I am very glad lady Halifax has done what she could in your favour. You reproach me (and not without cause) for not having writ to you since I came to Paris. I confess my fault; I repent of it; and you will be convinced of the sincerity of my repentance, by the number of letters I shall trouble you with for the future. You will beg for quarters, but in vain: I will punish you for not having known your first happiness.

I had not been so long out of England, as to wish to return thither at any rate, else I could have liked to have been there at the arrival of the king, to have shared in the general joy it must have occasioned. Had I no other reason, the sorrow alone which appeared in the French, and in the English who followed the pretender, on the death of the queen, would be enough to comfort me for that event. But, when I see how far matters were already advanced in favour of the pretender and popery, and that we were on the very brink of slavery, I absolutely look upon the death of that woman as the happiest thing that has ever befallen England; for, had she lived three months longer, she was certainly going to establish her own religion, and of course tyranny, and would have left us, at her death, a bastard for our king, just as great a fool as herself, and who, like her, would have been led by the nose by a set of rascals. The pretender's declaration, and a thousand other things, are convincing proofs of the design of those conspirators, the ministry, to bring him in.

If you will have me tell you freely what I think of France, you must give me leave to consider you as an Englishman; and then I shall tell you that, except Versailles, I see nothing here that we have not finer and better in England. I shall not give you my opinion of the French, because I am very often taken for one; and many a Frenchman has paid me the highest compliment they think they can pay to any one, which is, "Sir, you are just like one of us." I shall only tell you, that I am insolent; I talk a great deal; I am very loud and peremptory; I sing and dance as I go along; and, lastly, I spend a monstrous deal of money in powder, feathers, white gloves, &c.

I shall

plaisir, ce que je chercherai toujours avec empressement. Je suis bien aise que milady Halifax ait fait ce qu'elle a pu en votre faveur. Vous me reprochez (et pas sans quelque raison) de ne vous avoir pas écrit depuis mon arrivée à Paris. J'avoue ma faute, je m'en repens, & vous verrez la sincérité de mon repentir, par la quantité de lettres dont je vous accablerai dans la suite. Vous me demanderez quartier, mais vous aurez beau faire, je vous punirai de n'avoir pas connu votre premier bonheur.

Il y avoit trop peu de tems que j'étois sorti de l'Angleterre, pour souhaiter d'y retourner à quelque prix que ce fût, autrement j'aurois bien voulu y avoir été à l'arrivée du roi, pour prendre part à la joye qu'on en devoit avoir. Si je n'avois point d'autre raison, la seule tristesse que témoignent les François, et les Anglois de la suite du prétendant, sur la mort de la reine, seroit capable de m'en consoler. Mais quand je vois combien loin les choses étoient déja avancées en faveur du prétendant, & du papisme, et que nous étions à deux doigts de l'esclavage, je compte absolument pour le plus grand bonheur qui soit jamais arrivé à l'Angleterre, la mort de cette femme, qui, si elle eût vécu encore trois mois, alloit sans doute établir sa religion, et par conséquent la tyrannie, et nous auroit laissé, après sa mort, pour roi, un bâtard, tout aussi sot qu'elle, et qui, comme elle, auroit été mené par le nez par une bande de scélérats. La déclaration du prétendant, et mille autres choses, sont des preuves convaincantes du dessein qu'avoient ces conjurés du ministère, de le faire entrer.

Si vous voulez que je vous dise franchement mes sentimens de la France, il faut que vous me permettiez de vous considérer comme Anglois, et alors je vous dirai, que hormis Versailles, il n'y a rien ici que nous n'ayons de plus beau et de meilleur en Angleterre. Je ne vous dirai pas mes sentimens des François, parce que je suis fort souvent pris pour un, et plus d'un François m'a fait le plus grand compliment qu'ils croyent pouvoir faire à personne, qui est, " Monsieur, vous êtes tout comme nous." Je vous dirai seulement, que je suis insolent ; que je parle beaucoup ; bien haut, et d'un ton de maitre ; que je chante et que je danse en marchant ; et, enfin, que je fais une dépense furieuse en poudre, plumets, gands blancs, &c.

J'écrirai

I shall write to Mr. Morris, to give you half of that trifle; and the rest I shall have the honor to give you myself in a very short time. I am, SIR,

Yours, &c.

Paris, Dec 7.

STANHOPE.

LETTER VII.

TO MRS. . . . . . . AT PARIS*.

OUR letters, madam, seem to cross each other only to furnish an opportunity for exercising the delicacy of our mutual suspicions, and for the explanations that immediately follow; circumstances that do no harm in friendship, any more than in love. I confess I find something flattering in your suspicions; and I protest, whenever you remove mine, which, by the way, are much better grounded, I am heartily glad of it. These sentiments, surely, which are very true, ought to convince you that the friendship on my side is something more than a chimerical prospect; or must rather prove that your pretended castle in the air is in reality a very solid edifice already constructed. Yes, madam, be assured that if you will condescend to wish for, or even to accept, so insignificant a friendship as mine, it is already your own, and for ever; and without apprehending the illusions of self-love, you may rely on your own merit as a pledge of this truth. I therefore consider our friendship as ratified by these presents, and so well confirmed that for the future I shall avail myself of my rights without ceremony, and without sparing you. God knows whether in time I shall not so far abuse them, as even to address you in the stile of *thee* and *thou*, for we seldom keep within the proper bounds, and friendship is almost always either abused by familiarity, or constrained by ceremony. I begin already by insulting you; and I acquaint you, that, in spite of

* I have not the original of this letter; this copy was given me by lady Chesterfield, but without the name of the person to whom it was written.

J'écrirai à Mr. Morris qu'il vous donne la moitié de cette bagatelle ; et pour le reste, j'aurai l'honneur de vous le donner moi-même en très peu de tems. Je suis,

MONSIEUR,

De Paris, ce 7 Dec.

Votre, &c.

STANHOPE.

LETTRE VII.

A MADAME . . . .

NOS lettres, madame, ne semblent se croiser, que pour donner lieu à la délicatesse de nos soupçons réciproques, et aux éclaircissemens qui les suivent de si près, circonstances qui ne gâtent rien en amitié, non plus qu'en amour. J'avoue que je me trouve flatté de vos soupçons, et je vous jure que chaque fois que je me vois détrompé des miens, qui par parenthèse sont beaucoup mieux fondés, j'en ai une véritable joye. Ces sentimens, qui sont très réels, ne vous montrent-ils l'amitié de mon côté que comme une chimère en perspective, ou plûtôt ne vous prouvent-ils pas que votre château en Espagne est un édifice très solide, et tout fait ? Oui, madame, soyez persuadée que, si vous daignez souhaiter, ou même accepter, une amitié aussi peu intéressante, qu'est la mienne, elle vous est déja toute acquise, et pour toujours ; et sans craindre les illusions de l'amour propre, vous pouvez vous en fier à votre propre mérite, comme garant de cette vérité. Je considère donc notre amitié comme ratifiée par ces présentes, et si bien ratifiée même, que pour jouïr de mes droits je n'userai plus à l'avenir de politesse ni de ménagement pour vous. Dieu fait même si avec le tems je n'en abuserai pas au point de vous tutoyer, car on ne se tient guères au point convenable, et l'amitié est presque toujours, ou abusée par la familiarité, ou gênée par les façons. Je commence dès à présent par vous insulter, et je vous annonce que malgré vos voeux, votre ami,

your wishes, your friend, not our friend,...... is set out to-day *
for his country-seat; ...... torn from the King by the majority of
the parliament, and at the same time loaded with fresh marks of
his favour, such as the title of earl, a considerable pension, places
for his friends and dependents. His retreat does not seem as if
it would be a very quiet one...... The new ministry is not yet
declared; and, as you may well imagine, there is no small bustle
on the occasion: a few days will decide the matter.

So much for news, which I do not banish from our correspondence any more than you, but I think them the least essential article; for in truth I care much less for what kings do, than for what you tell me, and what you think; and facts will always be that part of your letters which will interest me least. Nor is this any great compliment to you, considering the present situation of my mind; for, whether it be from philosophy or laziness, or even indolence, I look upon all those events, which so disturb others, with the same indifference with which I read those of antiquity; and all the kings in Europe are to me no more than the kings of Persia and Egypt. However, if my destiny or my connections should oblige me to take some part in the public business, I must submit to the yoke, and fulfil my engagements; but it will not be without envying the lot of those who remain masters of their own time, actions, and words.

LETTER VIII.

FROM Mc DE MARTEL †.

April 8, 1741.

WE feel more than you, my lord, the burden of having masters, and especially of wanting to give masters to others; but, far from judging as you do, that it is an evil, I am almost tempted to believe, that man is only capable of feeling his liberty when he disputes it; that, without dominion, that precious blessing

---

* This fixes the date of this letter, viz. February 12, 1741.
† This is also a copy, for which I am indebted to lady Chesterfield. From the contents and the date I should suspect it to have been an answer to the preceding.

would

ami, et non pas notre ami, ... est parti aujourd'hui pour sa terre ; ...... arraché au Roi par la majorité du parlement, et en même tems comblé de nouvelles marques de faveur, comme titre de comte, pension considérable, charges à vie pour ses amis et dépendans .... Sa retraite n'a pas la mine d'être fort tranquille. .... Il n'y a pas encore un nouveau ministère déclaré, et comme vous pouvez juger il y a bien du mouvement à cette occasion : peu de jours en décideront.

Voilà pour les nouvelles, que je ne bannis non plus que vous de notre commerce, mais dont je fais l'article le moins essentiel, car par ma foi je me soucie bien moins de ce que font les rois que de ce que vous me dites et de ce que vous pensez, et les faits seront toujours les endroits de vos lettres qui m'intéresseront le moins. Ce n'est pas au reste un grand compliment que je vous fais, vû la situation d'esprit, dans laquelle je me trouve : car, soit philosophie, soit paresse, ou même indolence, je regarde tous ces évenemens qui agitent tant les autres, avec le même sang froid que je lis ceux de l'antiquité, et tous les rois de l'Europe sont pour moi les rois de Perse et d'Egypte. Si pourtant ma destinée, ou mes liaisons, m'obligent à prendre quelque part aux affaires, il faut subir le joug, et remplir mes engagemens, mais ce ne sera pas sans envier le bienheureux sort de ceux qui restent maitres de leur tems, de leurs actions, et de leurs paroles.

LETTRE VIII.

DE MADAME DE MARTEL.

Ce 8 Avril, 1742.

NOUS sentons plus que vous, mylord, le poids d'avoir des maitres, & surtout d'en vouloir donner aux autres ; mais, loin de juger comme vous que ce soit un mal, je suis presque tentée de croire, que l'homme n'est capable de sentir la liberté, que lorsqu'il la dispute ; que sans domination, ce bien si précieux lui échapperoit, à peu

would give him the slip, much the same as health. Murmurs, censures, and cabals, are excited; favourites are expelled; ministers are turned out; vengeance is awakened; and war is stirred up. In the heat of this tumult, the mind exerts itself, and feels its own freedom. Let us compare this with the passive liberty of the savage, who never had a true sense of it. An insipid sloth, uncontrouled, leaves him in a state of indolence. Can this indolence be said to make him happy? No, there is no true happiness but that which is felt, which fills the soul with a certain elevation in its projects, and a quick sense of joy in the success. Passions are necessary ingredients to happiness; equality would destroy most of them. Let us then allow men to make and unmake emperors and kings; the instinct that prompts them, both with you and with us, is too cunning for them, if I may be allowed the expression. Do not think, however, that I approve of this war; I have private reasons to dread it. I have an only son, who has no profession but that of arms, according to the customs of the French noblesse. I ask all the world for peace, and I very willingly consent that our nation should be content with governing by her fashions, her luxury, and her trifling refinements of wit. This is what we excel in, and our favourite employment; witness Marianne, the Sopha, the confessions of Monsieur le Comte, and so many other pretty trifles that daily pour in upon us, and are the standing topic of almost all our conversations. Come, my lord, with the olive-branch in your hand, and restore us to our amusements; come and make use of our cooks, and partake of the sweets of our society. Send no troops to Flanders; live in peace with us. We only want to check the power of the queen of Hungary, and then to share with you the riches of trade, for the common good of Europe. On these conditions, I consent to wear nothing but the wool of your sheep, and leave the Dutch and the Germans to their own natural good sense, without ever wishing to subject them to our mode of wit, or to our epigrammatic turn.

But I perceive that I am rather unreasonable, to continue writing so long to you, who think yourself a stranger to me. As far as it has lain in my power, wit and merit have never been so; and I assure you, my lord, that, were you a Japanese, I should not be the less

Your lordship's most obedient humble servant,

MARTEL.

à peu près comme la santé. On murmure, on blame, on cabale, on chasse les favoris, on déplace les ministres, on se venge, on suscite la guerre. Dans la chaleur de ce tumulte, l'esprit prend un nouvel essor, il se sent libre. Comparez à cela l'oisive liberté d'un sauvage ; il n'en a jamais eu le véritable sentiment. Une ennuyeuse paresse, sans aucun contradicteur, le laisse dans l'indolence. Peut-on dire que son indolence le rend heureux ? Non, il n'y a de vrai bonheur que celui qui se fait sentir, qui remplit l'ame d'une certaine élévation dans les projets, et d'une joye vive dans les succès. Il faut des passions ; l'égalité les ruineroit presque toutes. Laissons donc faire et défaire aux hommes des empereurs et des rois ; l'instinct qui les anime, chez vous et chez nous, est pour ainsi dire plus fin qu'eux. Ne croyez pas pourtant que j'approuve cette guerre ; j'ai des raisons particulières de la craindre. Je n'ai qu'un fils unique, qui n'a d'autre profession que celle des armes, suivant l'usage de la noblesse Françoise. Je demande la paix à tout le monde, et je consens de bon cœur que notre nation se contente de dominer par ses modes, son luxe, et son frivole rafinement d'esprit. C'est notre juste valeur, et notre occupation favorite, témoin Marianne, le Sopha, les confessions de Mr. le Comte, et tant d'autres gentilles bagatelles, dont nous sommes journellement inondés, qui font presque ici le sujet de toutes les conversations. Venez, mylord, le rameau d'olivier à la main, nous rendre à nos amusemens ; venez user de nos cuisiniers, et de la douceur de notre société. N'envoyez point de troupes en Flandres ; vivez en paix avec nous. Nous ne voulons que modérer la puissance de la reine d'Hongrie, et partager ensuite les richesses du commerce avec vous, pour le bien commun de l'Europe. A ces conditions, je consens à n'être vêtue que de la laine de vos moutons, et à laisser les Hollandois et les Allemands à tout leur bon sens naturel, sans vouloir jamais les assujettir à notre tour d'esprit, ni à nos perpétuelles épigrammes.

Mais je m'apperçois que je ne suis guères raisonnable, de vous écrire si longtems, à vous qui vous croyez un étranger, un inconnu à mon égard. Autant que je l'ai pu, l'esprit et le mérite ne me l'ont jamais été ; et sachez, mylord, que quand vous seriez Japonois, je n'en aurois pas moins l'honneur d'être

Votre très humble et très obéissante servante,

MARTEL.

LETTRE

LETTER IX.

FROM MR. CREBILLON* TO LORD CHESTERFIELD.

Paris, February 23, 1742.

MY LORD,

I Never read a word of yours, but what lays me under fresh obligation, and increases, if possible, the lively gratitude I owe for your favours. I have felt, more than I could express, all that you have been pleased to do for me.

I am not ignorant that it was in the midst of circumstances which were of importance to England, and which must have given you full employment, that you have condescended to think of my book, and to be anxious for my situation. I will not pretend to thank you for your generous concern; all I could say, my lord, would fall too far short of what you do, and of what I feel. I should not be ashamed of not speaking elegantly, but I should be so, to find that I could not express, as strongly as I ought, the sentiments of respect I have for your lordship. Permit me to use the word gratitude; be the benefactor's rank what it will, it cannot offend him. When the sentiment it expresses is a true one, I think it may be admitted, and it can only displease when it is a mere compliment.

A propos, my lord, I owe you one if our accounts are true, but I think I ought to congratulate England, and not you 1. Permit me then to beg that you will take care of your health. It will be doing a great service to your country, if you preserve your own life; but this is a truth we know better than you, and I am very much afraid that all your friends together will not be able to convince you of it.

At last, my lord, the Sopha is come out; and methinks it seems to take, but not without opposition. Though all our women think like Phenima, there is not one but is offended at the character of Zulica. The severest criticism falls upon this story. Nobody can conceive

---

* Son to the French poet of that name, and author of some witty and satyrical novels. The manners of the age, and especially of the French nation, have been no where so strongly marked as in the writings of this author. He professes that his object was to expose vice, and to amend both the mind and the heart of his countrymen. It may be so; but virtue must blush that her advocate

LETTRE IX.

DE MR. DE CREBILLON LE FILS,* A MYLORD CHESTERFIELD.

Paris, 23 Fevrier, 1742.

MYLORD,

JE ne lis pas un mot de vous, qui ne me soit un nouveau bienfait de votre part, et qui n'augmente, s'il est possible, la vive reconnoissance que je dois à vos bontés. J'ai senti plus que je n'ai pu vous l'exprimer, tout ce que vous avez bien voulu faire pour moi.

Je n'ignore pas que c'est au milieu de circonstances importantes à l'Angleterre, et qui devoient nécessairement vous occuper tout entier, que vous avez daigné songer à mon livre, et vous inquiéter de ma situation. Je n'entreprendrai point de vous rendre graces de vos généreuses attentions ; tout ce que je pourrois vous dire, mylord, seroit trop au dessous, et de ce que vous faites, et de ce que je sens. Je ne rougirois pas de ne vous point parler élégamment, mais je serois honteux de ne pouvoir pas vous exprimer, aussi vivement que je le devrois, les sentimens de respect que j'ai pour vous. Passez moi le terme de reconnoissance ; quel que soit le rang du bienfaiteur, il ne peut pas l'offenser. Lorsque le sentiment qu'il peint est vrai, il me semble qu'on peut l'admettre, et qu'il ne doit déplaire que lorsqu'il n'est que compliment.

A propos, mylord, si nos nouvelles sont bonnes,† je vous en dois un ; mais il me semble que ce seroit l'Angleterre qu'il faudroit féliciter, et non pas vous. Permettez donc que je vous supplie de vous ménager ; vous ferez beaucoup pour votre patrie en vous conservant ; mais c'est une chose que nous savons mieux que vous même, et que je crains bien que tous vos amis réunis ne puissent pas vous faire entendre.

Enfin, mylord, le Sopha a paru. Il me semble qu'il réussit, mais ce n'est pas sans contradiction. Quoique toutes nos femmes pensent comme Phénime, il n'y en a pas une qui ne s'offense du caractère de Zulica. C'est sur ce morceau que tombent les plus vives critiques..

* adversus should have indulged in images and descriptions likely to inflame rather than extinguish passions.

† The report of lord Chesterfield being appointed lord lieutenant of Ireland.

On

conceive there can be a man in the world so little acquainted with women, as to draw such pictures of them. 'They tell you it is but an imaginary character, which is neither copied from nature nor from probability.' Women are tender, very true; they have their frailties, very well; possibly they may: but to suppose that they are grossly immoral, that they are false, that they can be determined by any other motive than sensibility, in short, that they are to be conquered in less than an hour; this is without example, and can only be represented by the blackest of men. What appears to me to be more rational than all these exclamations is, that I am charged with being tedious in this very story, in which, by wanting to copy nature too closely, I have really been too prolix. 'If it is right to copy nature, it should only be done, so far as it may afford pleasure. If the likeness is ever so striking, when it conveys none but disagreeable ideas, or tires the spectator, the painter is but a bungler: this is the very thing that has happened to me.' Persuaded as I was, that the thing a woman owns with the greatest reluctance, is the number of her gallantries, I have too long postponed Zulica's false confession; and though I have endeavoured to keep up the conversation, by introducing characters, and ideas, I found it impossible not to tire the reader.

Another very serious accusation is, that I had promised a tale, and have given a book, where I have brought in morality, and a picture of human life. Strange and wild conceits, inchantments, magic tricks, this is what the public expected. I flatter myself, my lord, that the London critics will not attack me on this article; and that they will forgive me, if I have not been so trifling as I had given room to expect. The bigots exclaim; hitherto, however, I am let alone, and I hope that, as my book is found so serious, the ministry will not proceed against it*. Though my critics are so severe, I dare believe that the Sopha will not hurt my reputation, and that possibly it may, in time, be that of all my writings which will meet with the greatest indulgence. It had been too well, and too long ushered in, not to appear inferior to it's fame; and, had it been ever

* In this he was mistaken, as appears from the following letter. He was ordered to quit the capital. His punishment resembled that of Ovid: the liberties he took with some great men, and even with the sovereign, were the true causes of his temporary exile.

On ne conçoit pas qu'il y ait au monde quelqu'un qui connoisse assez peu les femmes pour en faire de pareils portraits. Ce n'est, dit-on, qu'un caractère idéal, qui n'est pris ni dans la nature, ni dans la vraisemblance. Les femmes sont tendres, soit ; qu'on les peigne avec des foiblesses, fort bien ; il est possible qu'elles en ayent : mais leur donner des mœurs odieuses ; imaginer qu'elles sont fausses ; que quelque autre motif que le sentiment puisse les déterminer ; qu'enfin en moins d'une heure, on en puisse triompher, voilà ce qui ne s'est jamais vu, et ce qu'on ne peut peindre sans être le plus noir des hommes. Une critique qui me paroit plus raisonnable que toutes les exclamations, ce sont les longueurs qu'on me reproche dans le même morceau, où voulant trop imiter la nature, je me suis réellement trop étendu. S'il est bien de la peindre, ce n'est qu'autant qu'il en peut résulter de l'agrément ; quelque fidèle que soit la peinture, lorsqu'elle ne donne que des idées désagréables, ou qu'elle fatigue, le peintre n'est qu'un maladroit : c'est ce qui m'est arrivé. Persuadé que la chose du monde qu'une femme avoue le plus difficilement, est le nombre de ses galanteries, j'ai trop retardé le faux aveu de Zulica ; et quoique j'aye tâché de soutenir la conversation par des portraits, et des idées, je n'ai pu éviter d'ennuyer. Au reste, un reproche encore très sérieux qu'on me fait, c'est d'avoir promis un conte, et de donner un livre où l'on trouve de la morale, et la peinture de la vie humaine. Des idées bizarres et folles, des enchantemens, des coups de baguette, voilà ce qu'on attendoit. Je me flatte, mylord, que les critiques de Londres ne tomberont pas sur ce dernier article, et qu'on voudra bien m'y pardonner de n'avoir pas été aussi frivole que je semblois l'avoir fait croire. Les dévots crient ; cependant, jusques ici, on me laisse tranquille, et j'espère que plus mon livre paroit sérieux, moins le ministère songera à sévir contre. Quelque ardens que soient mes critiques, j'ose croire que le Sopha ne fera point de tort à ma réputation, et qu'un jour, peut-être, ce ne sera pas celui de mes ouvrages qu'on me saura le plus mauvais gré d'avoir fait. Il étoit trop bien, et depuis trop longtems annoncé, pour n'avoir pas dû paroitre au dessous de sa renommée ; et je doute, s'il eût été parfait

so perfect, I question whether many faults would not have been found with it, on it's first appearance.

It is not unlikely, my lord, that in a month's time I shall have very different accounts to send you on this subject. I have shewn too little indulgence to the ladies, and to fools and knaves, to expect they should not unite against me. Had I been more of the courtier, and less blunt, I should probably have had more admirers; perhaps too, it is only self-love that makes me think so: for an author is so foolish, his vanity is so easily hurt, he finds so many contrivances to escape being mortified, that I might very possibly fancy I had enemies, when I had none but the most equitable judges in the world. I heartily wish it may not have tired you, if you have given it a second reading; and would beg the favour of you, my lord, if you had time to spare, to give me your opinion about it; that, rectified by your criticism, I might one day give an edition of the Sopha, that would not disgrace its protector.

A singular thing, which I had forgot to mention, is that the women have not found obscenity enough in the book. I do not know what your London ladies may think of the matter.

I have received but two of the three letters you have done me the honor to write to me. I trespass upon your patience, so shall conclude with requesting that you will still find time to read me now and then.

I am, my lord, with all imaginable respect,
Your most obedient humble servant,
CREBILLON.

LETTER X.

FROM THE SAME.

Paris, July 26, 1742.

IT would certainly be an unparalleled instance of good-nature, and such as, in my heart, I could not approve, though I were the object of it, if you should think me capable of ingratitude towards you, and could forgive it. I have been but three weeks without writing

parfait, que dans les premiers momens surtout, on ne lui eût pas trouvé bien des défauts.

Il y a quelque apparence, mylord, que dans un mois, j'aurai sur ce sujet, des choses à vous mander, fort différentes de celles d'aujourd'hui. Je ménage trop peu les femmes, les sots et les fripons, pour que tous ensemble n'ayent pas cherché à me nuire. Plus courtisan, moins rustre, j'aurois vraisemblablement trouvé plus d'approbateurs ; peut-être aussi ne le crois-je que par amour propre ; car on est si sot quand on est auteur ; on a une vanité si facile à blesser ; tant de ressources en même tems contre l'humiliation ; qu'il seroit très possible que je me crusse des ennemis, lorsque je n'aurois eu que les Juges du monde les plus équitables. Je desire ardemment, si vous l'avez relu, qu'il ne vous ait pas ennuyé ; et vous supplierois, mylord, si vous en aviez le loisir, de me dire ce que vous en avez pensé, afin que, redressé par votre critique, je puisse un jour donner du Sopha une édition qui le rende plus digne de son protecteur.

Une chose singulière, et que j'oubliois de vous dire, c'est que les femmes n'y ont pas trouvé assez d'obscénités. Je ne sais si les dames de Londres auront pensé de même.

Des trois lettres que vous m'avez fait l'honneur de m'écrire, je n'en ai reçu que deux. J'abuse de votre patience, et je finis en vous priant de trouver encore quelquefois le tems de me lire.

Je suis, mylord, avec tout le respect possible,
votre très humble et très obéissant serviteur,
CREBILLON.

LETTRE X.

DU MÊME.

Paris, 26 Juillet, 1742.

VOUS seriez assurément d'une bonté sans exemple, d'une bonté que, dans le fonds du coeur, je n'approuverois pas, quoiqu'elle tombât sur moi, si pouvant me croire coupable d'ingratitude à votre égard, vous pouviez me le pardonner. Je n'ai été que trois semaines sans vous écrire, et je ne m'étois même permis cet intervalle que parce que,

writing to you; and this interval I allowed myself, only because, in the last letter I ever received from you, which is that in which you set me right in the affair of the Sopha, you told me you was going to Spa, and I thought I must allow you time to get thither. As the post has not thought proper to bring me your last letters, I knew nothing of your staying in England; and towards the beginning of this month, I wrote to you to Spa. If you should recover that letter, my lord, you will see that I was duly sensible of what your generous friendship had suggested for me. As it is very possible it may never be sent you, as the post has not of late been very attentive to those kind of things, I will endeavour, my lord, to recollect what I said in that letter.

You are the man in the world from whom I should soonest accept assistance, because you are of all men him whom I most esteem; and because I am of opinion that the same principle which prompts us to oblige, is the only one which can suffer us to contract obligations; and that nothing is so grating as to be beholden to one whom you would be ashamed to own as a benefactor. I beg, therefore, my lord, you will not think it is out of pride that I have refused your kind offer; I am incapable of any such impertinence. What I prize most in the world is your friendship. I had no right to expect that such small talents as mine should ever entitle me to so valuable an acquisition, and I shall never forget that I owe it much more to your goodness than to my own merit. I am so sincerely devoted to you, that, with your generous disposition, you must feel more satisfaction in having a faithful servant, than vexation in having an unprofitable one.

I am glad you drink the Bath waters, as I suppose the physicians have thought them more adviseable than those of Spa; but I could have wished it had been otherwise, as I had flattered myself that, at your return, you would have come and spent some time in France; and I had already laid some very pretty schemes for the time you would be amongst us.

At last my banishment is at an end; and, thank God, I can now hold up my head in Paris. I don't think I shall avail myself much of the permission that has been granted me to live there, nor do I be-

que, dans la dernière lettre que j'ai reçue de vous, et qui étoit celle où vous voulez bien m'éclaircir sur l'affaire du Sopha, vous me mandiez que vous alliez à Spa, et que je croyois du moins devoir vous y laisser arriver. Comme il n'a pas plu à la poste de laisser parvenir jusqu'à moi vos dernières lettres, j'ai ignoré que vous resliez en Angleterre; et au commencement de ce mois, je vous ai écrit à Spa. Si cette lettre vous revenoit, mylord, vous verriez que j'ai senti comme je le devois ce que votre généreuse amitié vous avoit suggéré pour moi. Comme il est très possible qu'on ne vous la renvoye pas, et que depuis longtems la poste a perdu ces sortes d'attentions, je crois pouvoir, mylord, vous redire ici ce que je vous disois alors.

Vous êtes l'homme du monde de qui j'accepterois le plus volontiers du secours, parce que vous êtes celui de tous que j'estime le plus, et que je crois que le même principe qui nous porte à obliger, est le seul aussi qui puisse nous laisser contracter des obligations; et qu'il n'y a rien de plus cruel que de devoir de la reconnoissance à quelqu'un à qui l'on seroit forcé de rougir d'en avoir. Ne croyez donc pas, je vous supplie, mylord, que ce soit par hauteur que j'ai refusé ce que vous vouliez bien m'offrir; elle seroit trop déplacée vis-à-vis de vous, et je ne ferai jamais capable d'une aussi grande fatuité. Le bien le plus précieux que j'aye au monde, est votre amitié. D'aussi foibles talens que les miens ne devoient jamais me conduire à une acquisition d'un aussi grand prix; et je n'oublierai jamais que je la dois beaucoup plus à vos bontés qu'à moi même. C'est avec tant de sincérité que je vous suis attaché, que je ne doute pas, généreux comme vous êtes, que vous ne sentiez plus le plaisir d'avoir un serviteur fidèle, que le chagrin de vous en être acquis un inutile.

Je me réjouis que vous preniez les eaux de Bath, puisqu'apparemment les médecins les ont préférées pour vous à celles de Spa; j'aurois cependant désiré que les dernières vous eussent été nécessaires. Je m'étois flatté qu'au retour de celles-ci, vous seriez venu passer quelque tems en France, et j'avois déja fait, sur votre séjour parmi nous, quelques châteaux fort agréables.

Mon exil est enfin fini, et graces à Dieu, je puis marcher tête levée à Paris. Je compte profiter peu de la permission qu'on me donne

lieve I shall return thither before winter, unless you should come, which I cannot now hope for, after your Bath journey.

We have nothing new here, but an impertinence of Voltaire's, who has taken it into his head to congratulate the K. of P. on the fine trick he plays us. I think, if it is extremely foolish to be so wedded to one's own country, as to admire its follies, and to fancy that no kind of merit is to be found but at home, there is an extreme meanness in not resenting the affronts that are put upon it. The philosopher may be less hurt by such things than another man, but he must be no patriot who can rejoice at them. Though the ministry have not been pleased with this letter, they have been wise enough to take no notice of it, and have not thought, like the public, that the author ought to be banished.

I told your lordship in that letter which miscarried, that, discouraged by all the nonsense I heard about my last work, I was a long while before I would or could write any thing more, and when I could, I did not find myself in a condition to go on with the book, of which you permitted me to read you a specimen last year. However, as I was desirous of employing my time, which, in the country, rather hangs heavy upon the hands of a man who has no avocations, who does not love cards, and who is free from all other passions, I betook myself to writing, and went on with a little novel, somewhat historical, very simple, and yet written in the most pompous style. It is a mere trifle, but I bestow as much attention upon it as if it were the most considerable work in the world. In a word, I consider that you are to read it; and that is sufficient to induce me not to neglect it. I hope it will be fit to appear, and that you will permit me to send it you.

If it were not for Pamela, my lord, we should be at a loss what to read, and what to talk of. I have at last read it in my turn, and, whatever our censorious triflers of both sexes may say, who judge only by fine writing, and make the jargon of their own tea-tables the standard of every thing, I have found it very interesting. I could have wished indeed, that the translation had been somewhat more elegant. There are many low expressions, which seem to be more the translator's fault than the author's. One thing I like, though many people dislike it here, is, that he has kept up

to

d'y habiter; et je ne crois pas d'y retourner avant l'hiver, à moins que vous n'y vinssiez faire un voyage; chose que le vôtre aux eaux de Bath ne me permet plus d'espérer.

Nous n'avons ici rien de nouveau, qu'une impertinence de Voltaire, qui s'est avisé de féliciter le R. de P. sur le beau tour qu'il nous joue. Il me semble que s'il y a une extrême sottise à tenir assez à sa patrie pour en admirer les ridicules, et croire que hors de chez soi, on ne trouve aucune sorte de mérite, il y a une extrême bassesse à ne pas sentir ce qui l'humilie. Le philosophe peut être moins sensible qu'un autre à ces sortes de choses; mais il n'appartient qu'à un mauvais citoyen de s'en réjouir. Quoique le ministère n'ait pas approuvé cette lettre, il a eu la sagesse de n'y pas faire attention, et n'a pas pensé comme le public qu'on en dût bannir l'auteur.

Je vous mandois, mylord, dans cette lettre perdue, que découragé par toutes les platitudes que j'avois entendu dire sur mon dernier ouvrage, j'avois été fort longtems sans vouloir ou pouvoir travailler, et que, lorsque je l'ai pu, je ne me suis pas trouvé capable de continuer le livre dont vous me permites de vous lire un essai l'année dernière. Voulant cependant employer mon tems, chose dont à la campagne, sans grandes facilités, sans amour pour le jeu, et dénué de toute autre passion, l'on a toujours de reste, je me suis mis à écrire, et à continuer un petit roman, un peu historique, fort simple, et cependant écrit dans le stile le plus majestueux. C'est véritablement une bagatelle; je n'y apporte pas moins d'attention que si c'étoit l'ouvrage du monde le plus considerable. Je songe, en un mot, que vous le lirez, c'est vous dire assez que je ne le néglige pas. J'espère qu'il sera en état de paroitre, et que vous voudrez bien me permettre de vous l'envoyer.

Sans Pamela, mylord, nous ne saurions ici que lire ni que dire. Je l'ai enfin lue à mon tour, et n'en déplaise à nos caillettes et à nos petits maitres caustiques, qui ne jugent que par ce qui est bien écrit, sans pouvoir se connoitre en stile, et qui réduisent tout au jargon de leurs ruelles, je l'ai trouvée fort intéressante. J'aurois souhaité, à la vérité que le traducteur se fût un peu plus élevé. On trouve dans l'ouvrage beaucoup de choses basses, qui me paroissent être moins de l'ouvrage que de la traduction. Une chose qui m'en plait, quoiqu'elle déplaise

ici

to the manners of the original, and has not foolishly substituted our own. Pamela in a French dress would, in my opinion, have been very ridiculous.

In the midst of a thousand little trifling circumstances, which in themselves do not seem calculated to engage the attention, or to move the passions, but which necessarily arise from the mean station of the heroine, the reader feels himself so affected as to shed tears; at least the book has made me cry more than once. I find it full of found moral, sentiment, truth, workings of the heart well hit off, and well laid open; but sometimes too the same workings are brought on again, and produce no new sensation, which I think a great fault. For, in my opinion, the same thing should never be represented over again, when once it has spent its force, unless it is productive of some fresh incident, still more striking than the former; which is not the case with Pamela, where the very same picture is exhibited over and over, to no manner of purpose.

For my part, my lord, I have found Pamela more vain than virtuous. Her pride is hurt by being attacked like a woman of the town, and she is displeased at her admirer, for taking liberties without ever having made love to her. I shall say as Mr. B.... I would lay any wager, that a French *petit maitre*, who should have sacrificed to Pamela's pride some of the pretty speeches he reserved for a dutchess, wrote her some *billet doux*, kissed her hands five or six times, and thrown himself at her feet, would have prevailed in less than a fortnight.

If he repents having married her, he may thank himself. Besides, to say the truth, I find her so silly and so awkward after marriage! I observe she never prays in bed, which is, I believe, the only piece of furniture in her house that does not afford matter for her pious ejaculations. I am told the author is preparing a sequel; methinks his fourth volume should be a warning to him to let that alone. But I am aware that I am growing as tedious as that volume. You must forgive me, as I have been so long without saying a word to you.

I am, my lord, with all imaginable respect and attachment,

CREBILLON.

LET-

ici à beaucoup de gens, c'est qu'elle a conservé à l'original ses mœurs, et ne lui a pas impertinemment substitué les nôtres. Pamela habillée à la Françoise auroit, je crois, été bien ridicule.

Au milieu de mille petits détails, qui sont peu faits, par eux mêmes, pour attirer l'attention, ou faire naitre l'intérêt, mais qui tiennent nécessairement à la condition vile de l'héroïne, on se sent attendri jusqu'aux larmes. Du moins avouerai-je que ce livre m'a fait pleurer en plus d'un endroit. J'y ai trouvé des mœurs, du sentiment, de la vérité, des mouvemens du cœur bien saisis, et bien développés; mais quelquefois aussi, il me semble que les mêmes mouvemens reparoissent, sans produire rien de nouveau, ce qui je crois est un grand vice; car il me semble qu'une chose sur laquelle on a déja épuisé l'intérêt, ne doit plus se représenter, à moins qu'elle n'amenât à sa suite des évènemens encore plus frappans que les premiers, chose qui ne se trouve point dans Pamela, qui vous présente le même tableau plus d'une fois à pure perte.

Quant à moi, mylord, j'ai trouvé Pamela plus vaine que vertueuse. Son orgueil est mécontent de ce qu'on l'attaque comme une gourgandine, et de ce qu'on prend avec elle des libertés, sans lui avoir dit auparavant la plus petite fleurette. Je parie avec M. B.... qu'un petit maitre François, qui auroit sacrifié à l'orgueil de Pamela quelques uns de ces propos qu'il réserve pour une duchesse, qui lui auroit écrit quelques billets doux, lui auroit cinq ou six fois baisé les mains, et se seroit jetté à ses genoux, l'auroit eue en moins de quinze jours.

S'il est fâché de l'avoir épousée, qu'il ne s'en prenne qu'à lui même. D'ailleurs, s'il faut tout dire, je la trouve après son marriage d'une bégueulerie à la maussade. J'ai remarqué qu'elle ne prie pas Dieu dans son lit; c'est je crois le seul meuble de sa maison qui ne lui fournisse point d'oraison éjaculatoire. L'auteur, dit-on, prépare une suite; son quatrième volume ne devroit-il pas l'avertir de n'en rien faire? Mais je m'apperçois que je deviens aussi long que ce tome là. Pardonnez le moi; il y a si longtems que je ne vous ai rien dit.

Je suis, mylord, avec tout le respect et tout l'attachement possible,

CRÉBILLON.

LETTER XI.

TO MR. CREBILLON.

SIR,

London, Aug. 26, O. S.

THE post has of late been more propitious to me than usual, and has brought me your two last letters in due time. If it has brought you my letters as punctually, you will have seen by my last, that I was no longer under that uneasiness, which former disappointments had given me. Now, I even think myself obliged to the post for its negligence, which has procured me such flattering marks of your friendship, and of your sentiments for me. I may assure you with truth that they are reciprocal; but it is my misfortune, that though my sentiments are the same, I have not the same power of expressing them.

Some advantageous truths there are, which favour too much of flattery, for want of a certain delicacy in the manner of telling them; as there is a kind of flattery, which, by the help of that delicacy, appears to be but plain truth. That talent is peculiarly yours, and has almost made me believe that I deserved all you say of me.

I confess my foible with regard to flattery. I am as fond of it as Voltaire can possibly be; but with this difference, that I love it only from a masterly hand. I am dainty, he is greedy of it. I have a good natural appetite for it, he an insatiable craving, which makes him eagerly devour it, though served up by the very worst of cooks.

I am very sensible that all this is just the same, as if I were to say, Pray, sir, flatter me as much as you please, I shall be heartily glad of it. I do not deny the charge, nor am I ashamed of it. *Laudari à laudato viro*, has at all times been accounted a very pardonable ambition; and Tully, writing to such another as yourself, tells him more than once, *orna me.*

I understand that perfectly well; but I cannot comprehend how a man is not disgusted at the flattery of those whose approbation would be a disgrace to him if it were real.

Voltaire

LETTER XI.

A MR. DE CREBILLON.

Londres, ce 16 Aout, V. S.

MONSIEUR,

EN dernier lieu la poste m'a été plus favorable que de coutume, et m'a apporté vos deux dernières lettres à tems. Si elle m'a rendu justice aussi auprès de vous, vous aurez vu par ma précédente, que j'étois rassuré sur ce que, pendant quelque tems, sa négligence m'avoit fait craindre. A présent même je lui sais bon gré d'une négligence, qui m'a procuré des marques si flatteuses de votre amitié, et de vos sentimens à mon égard. Je puis avec vérité vous assurer du réciproque par raport à mes sentimens; mais malheureusement le réciproque finit là, et me manque dans le besoin de vous l'exprimer.

Il y a des vérités avantageuses, qui sentent trop la flatterie, faute d'une certaine délicatesse dans la manière de les dire, comme il y a une flatterie qui, moyennant cette délicatesse, ne paroit qu'une simple vérité. Le talent vous en est personnel, et m'a presque fait croire que je mérite tout ce que vous me dites.

J'avoue ma foiblesse pour la flatterie; je l'aime autant que Voltaire peut l'aimer, mais avec cette différence, que je ne l'aime que de main de maitre. J'en suis friand, il en est goulu. J'y ai un bon appétit naturel, il en a une faim canine, qui lui fait dévorer avec avidité tout ce que le plus mauvais gargotier lui présente.

Je sens bien que tout ceci est la même chose que si je vous disois, monsieur, flattez moi tant qu'il vous plaira, j'en serai charmé. J'en conviens, et je n'en rougis point. *Laudari à laudato viro*, a passé de tout tems pour une ambition très pardonnable; et Ciceron, écrivant à un homme comme vous, lui dit plus d'une fois, *orna me*.

Je comprens parfaitement cela; mais je ne comprens pas comment on n'est pas indigné de la flatterie de ceux dont l'approbation réelle seroit à mon avis humiliante.

Voltaire rehearsed to me last year, at Brussels, several passages out of his Mahomet, in which I found some very fine lines, and some thoughts more brilliant than just. But I soon perceived that he had Jesus Christ in view, under the character of Mahomet; and I wondered this had not been observed at Lisle, where it had been acted just before I arrived there. I even met with a good catholic at Lisle, who had more zeal than penetration, and who was greatly edified at the manner in which that impostor, and enemy to christianity, was represented.

As for unconnected scenes, and misplaced incidents, if you do not like them, you do not like Voltaire. In his writings, his subject is put out of the question; and all you are to expect is, bold sallies, and a set of brilliant and singular notions, which he wants to convey to the public, no matter where or how.

This I could overlook; he is not the first author who has been carried away, by a lively imagination, beyond the bounds of reason and accuracy; but what I cannot forgive him, and what is really unpardonable, is the great pains he takes to propagate a doctrine, alike pernicious to civil society, and contrary to the general religion of all countries.

I much question whether it is allowable for any man to write against the worship and the belief of his own country, even if he were convinced in his own mind that they were not free from error, on account of the disturbance and disorder it would occasion. But I am very certain no man is at liberty to attack the foundations of all morality, and to break those ties, which are so necessary, and already too weak, to restrain mankind within the bounds of duty.

Notwithstanding all the foppery, errors, and impertinence of authors, I will never consent to your giving up the name, much less the trade. The public would be too great a loser, and so should I, and yourself too. Besides, the more defects are observable in any set of men, the more creditable it is to belong to that society, and yet be free from its defects, which is the case with you.

Amongst writing animals, as you define authors, the animal that writes well is as scarce, as the animal that makes use of his reason is amongst rational animals, as we are called. Go on then, and

Voltaire m'a récité l'année passée à Bruxelles plusieurs tirades de son Mahomet, où j'ai trouvé de très-beaux vers, et quelques pensées plus brillantes que justes; mais j'ai d'abord vu qu'il en vouloit à Jesus Christ, sous le caractère de Mahomet, et j'étois surpris qu'on ne s'en fût pas apperçu à Lisle, où elle fut représentée immédiatement avant que j'y passasse. Même je trouvai à Lisle un bon catholique, dont le zèle surpassoit la pénétration, qui étoit extrêmement édifié de la manière dont cet imposteur et ennemi du christianisme étoit dépeint. Pour les scènes décousues, et les morceaux déplacés, si vous n'en voulez pas, vous ne voulez pas de Voltaire. Avec lui, il n'est pas question de son sujet, mais des pensées hardies, brillantes et singulières, qu'il veut donner au public, n'importe où ni comment.

Passe encore pour cela; il n'est pas le premier auteur qu'une imagination vive ait enlevé au dessus de la raison et de la justesse; mais ce que je ne lui pardonne pas, et qui n'est pas pardonnable, c'est tous les mouvemens qu'il se donne pour la propagation d'une doctrine aussi pernicieuse à la société civile que contraire à la religion générale de tous les pais.

Je doute fort s'il est permis à un homme d'écrire contre le culte et la croyance de son pais, quand même il seroit de bonne foi persuadé qu'il y eût des erreurs, à cause du trouble et du désordre qu'il y pourroit causer; mais je suis bien sûr qu'il n'est nullement permis d'attaquer les fondemens de la morale, et de rompre des liens si nécessaires, et déjà trop foibles pour retenir les hommes dans le devoir.

Malgré toute la fatuité, tous les égaremens, et les impertinences d'auteur, je ne conviendrai jamais que vous renonciez à ce nom, encore moins au métier. Le public y perdroit, j'y perdrois, et vous y perdriez aussi trop. D'ailleurs, il me semble que plus un corps est sujet à des défauts marqués, plus il est glorieux d'être de ce corps, et en même tems, comme vous, d'être exempt de ses défauts.

Parmi les animaux écrivants, comme vous définissez les auteurs, l'animal écrivant bien est aussi rare, qu'est parmi les animaux raisonnables, comme on nous définit, l'animal qui se sert de sa raison. Continuez donc, en dépit des caillettes et des petits maîtres, à méri-

and in spite of all the male and female coxcombs, continue to deserve the distinction you have acquired on so many accounts, and even add to it, by adding to the number of your volumes. Give us but enough, and I am in no care for the rest. *De te nam cætera fumus.*

Adieu, sir; for I perceive that this letter is swelling to a volume, which would by no means resemble those I am asking you for, but would prove very tiresome to you.

I am, with all the esteem you deserve,
Your most humble servant.

P. S. If you see Mrs. Herault, put her in mind of me; give my respects to her, and tell her withal, that if I had not an uncommon greatness of soul, which renders me incapable of insult or revenge, I would send her a number of English songs, occasioned by certain ill successes in Germany, which I would translate into French, for the use of Mr. de Sechelles.

LETTER XII.*

TO MADAME DE TENCIN.†

London, Aug. 20, O. S.

AGITATED with very different sentiments, I have long been in suspence, whether I should venture to send this letter. I was aware of the indiscretion of such a step, and how far it was intruding upon the kindness you shewed me during my stay at Paris, to ask for a repetition of it towards another; but warmly sollicited by a lady, whose merit secures her from a denial, and inclined to avail myself of any pretence to recall so pleasing a remembrance, inclination (as is commonly the case) has got the better of discretion, and I at once gratify my own inclination, and the earnest desire of Mrs. Cleland, who will have the honor to deliver this letter to you. I know by experience, madam, for I am myself an instance of it, that it is

---

* This letter has been inserted at the end of lord Chesterfield's letters to his son; but as the copy which was put into my hands from lady Chesterfield is somewhat more perfect, and the answer that follows was omitted in that collection, the reader may not be displeased to find both together in this place.

ter une distinction qui vous est due par tant d'endroits, et ajoutez y même, en ajoutant à vos volumes. Donnez nous seulement assez, je ne me mets pas en peine du reste. *De te nam cætera fumes.*

Adieu, monsieur; car je m'apperçois que cette lettre approche presque d'un volume, qui ne ressembleroit nullement à ceux que je vous demande, mais qui vous ennuyeroit fort.

Je suis, avec toute l'estime que vous méritez,
Votre très humble serviteur.

P.S. Si vous voyez quelquefois madame Herault, faites la souvenir de moi, en l'assurant de mon respect, et dites lui de plus, que si je n'avois une grandeur d'ame unique, qui me rend incapable d'insulte ou de vengeance, je lui enverrois bien des chansons qu'on a faites ici, sur certains mauvais succès en Allemagne, et que je traduirois en François, pour l'usage de Mr. de Sechelles.

LETTRE XII*.

A MADAME DE TENCIN †.

A Londres, 20 Aoust, V. S.

COMBATTU par des mouvemens bien différens, j'ai longtems balancé, avant que d'oser me déterminer à vous envoyer cette lettre. Je sentois toute l'indiscrétion d'une telle démarche, et à quel point c'étoit abuser de la bonté que vous avez eue pour moi pendant mon séjour à Paris, que de vous la redemander pour un autre; mais sollicité vivement par une dame, que son mérite met à l'abri des refus, et porté d'ailleurs à profiter du moindre prétexte pour rapeller un souvenir qui m'est si précieux que le vôtre, le penchant, comme il arrive presque toujours, a triomphé de la discrétion, et je satisfais en même tems à mes propres inclinations, et aux instances de madame Cleland, qui aura l'honneur de vous rendre cette lettre. Je sais par expérience, madame, car j'en suis moi-même un exemple, que ce n'est pas la première affaire de la

† Sister in law to the famous cardinal of that name. She was the patroness of men of learning and wit, and deserved to be ranked amongst them. She received once a week at her table the most esteemed of the literati, and foreigners properly recommended, who were in any wise qualified for such company. Fontenelle and Montesquieu were her particular friends.

not the first affair of the kind, that your reputation, which is not confined within the limits of France, has exposed you to; but I flatter myself likewise, that you will not find it the most disagreeable one. Superior merit, a just way of thinking, a delicate mind, adorned by the reading of all the best authors in every language, together with a great knowledge of the world, which have procured Mrs. Cleland the esteem and respect of the best judges here, make me perfectly easy as to the liberty I take in recommending her to you, and even persuade me that you will not be displeased with it. I own, madam, it would be making you but a bad return for all I owe you, to trouble you with my countrymen and women, who are very unfit to add to the pleasures of society, and would be out of their element in that circle which your merit and your taste draw to your house, and of which you are at once the support and the ornament. But you have nothing to fear on that score, for I do not carry my indiscretion to such a pitch. Mrs. Cleland is an English woman only by birth, but a French woman by regeneration, if I may be allowed the expression. If you ask me by what chance she has made choice of me to introduce her to you, and how she came to think I had any right to do this, I will frankly own, it is entirely owing to myself. I had done like most travellers, who, at their return, make themselves of consequence at home, by their pretended connections with persons of the first rank abroad, and brag of the great honors conferred upon them by kings, princes, and ministers; and by thus boasting of favours they never received, they often obtain a degree of respect and esteem they do not deserve.

I have extolled your kindness to me, I have even, if possible, exaggerated it, and in short, to conceal nothing from you, I have had the vanity and the assurance to give out, that I was your friend, your favourite, and the child of the house. Mrs. Cleland, who supposed this to be literally true, told me, "I am soon going to "France: my highest ambition is, to have the honor of being ac-"quainted with madame de Tencin. As you are so intimate with "her, you can easily give me a letter for her."

This was very distressing; for after what I had said, a denial would have been an affront to Mrs. Cleland; and to own that I had no right to do it, would have hurt my pride too much; so that I
found

forte, à laquelle votre réputation, qui ne se renferme point dans les bornes de la France, vous a exposée ; mais je me flatte aussi que vous ne la trouverez pas la plus désagréable. Un mérite supérieur, un esprit juste, délicat, et orné par la lecture de tout ce qu'il y a de bon dans toutes les langues, et un grand usage du monde, qui ont acquis à Madame Cleland l'estime et la considération de tout ce qu'il. y a d'honnêtes gens ici, me rassurent sur la liberté que je prends de vous la recommander, et me persuadent même que vous ne m'en saurez pas mauvais gré. J'avoue, madame, que ce seroit vous faire un mauvais retour pour tout ce que je vous dois, que de vous endosser mes compatriotes, gens très peu faits pour répandre des agrémens dans la société, et qui se trouveroient fort déplacés, dans celle que votre mérite et votre bon gout forment chez vous, et dont vous êtes en même tems et le soutien, et l'ornement. Mais ne craignez rien de ce côté là; je ne pousse pas l'indiscrétion à ce point. Madame Cleland n'est Angloise que de naissance, mais Françoise par régéneration, si je puis me servir de ce terme. Si vous me demandez par hasard pourquoi elle m'a choisi pour son introducteur chez vous, et pourquoi elle a cru que je m'étois acquis ce droit là, je vous dirai naturellement que c'est moi qui en suis cause. En cela j'ai suivi l'exemple de la plûpart des voyageurs, qui, à leur retour, se font valoir chez eux, par leurs prétendues liaisons avec tout ce qu'il y a de plus distingué chez les autres. Les rois, les princes, et les ministres, les ont toujours comblés de leurs graces, et moyennant ce faux étalage d'honneurs qu'ils n'ont point reçus, ils acquièrent souvent une considération qu'ils ne méritent point. J'ai vanté vos bontés pour moi, je les ai exagérées même s'il étoit possible, et enfin, pour ne vous rien cacher, ma vanité a poussé l'effronterie au point de me donner pour votre ami, favori, et enfant de la maison ; quand madame Cleland m'a pris au mot, et m'a dit, " Je vais bientôt
" en France : je n'y ambitionne rien tant que l'honneur de connoitre
" madame de Tencin ; vous qui êtes si bien là, il ne vous coutera
" rien de me donner une lettre pour elle." Le cas étoit embarrassant; car, après ce que j'avois dit, un refus auroit été trop choquant à madame Cleland, et l'aveu que je n'étois pas en droit de le faire, trop humiliant pour mon amour propre; si bien que je me suis trouvé reduit.

à

found myself under a necessity of writing at all events; and I really believe I should have done it, if I had not had the honor of being acquainted with you at all, rather than have contradicted myself in so tender a point. As I have got over my scruples, I would fain make the most of my boldness, and express to you the sentiments of gratitude which I feel, and shall ever retain, for the kindness you shewed me during my residence at Paris. I should likewise be glad to express all I think, of the distinguishing qualities of heart and mind which you so eminently possess, but that would carry me as far beyond the bounds of a letter, as it would be above my power. I wish Mr. de Fontenelle would undertake it for me. On this article, I may say without vanity, we think alike, with this difference only, that he would express it with that wit, delicacy and elegance, so peculiar to him, and so suitable to the subject.

As I am destitute of those talents, permit me, madam, to assure you simply of the sentiments of my heart, and of the esteem, veneration, and respectful attachment, with which I shall ever be,

Madam,

Your &c.

I believe you will pardon me, if I presume to trouble you with my compliments to Mr. de Fontenelle.

LETTER XIII.

MADAME DE TENCIN'S ANSWER.

I WISH, my lord, you had been witness to the reception your letter met with. It was delivered to me by Mr. de Montesquieu, in the midst of that society you are acquainted with. The flattering things you say to me, prevented me for a while from communicating the contents; but self-love always finds means to be gratified. This it was that suggested to me, that it would be unjust to deprive you, under the pretence of modesty, of the praise which was your due.

à rifquer le paquet, et je crois même que je l'aurois fait, fi je n'avois pas eu l'honneur de vous connoître du tout, plûtôt que de me donner le démenti fur un article fi fenfible.

Ayant donc franchi le pas, je voudrois bien en profiter, pour vous expliquer les fentimens de reconnoiffance que j'ai, et que j'aurai toujours des bontés que vous m'avez témoignées à Paris; et je voudrois auffi vous exprimer tout ce que je penfe des qualités qui diftinguent votre coeur et votre efprit de tous les autres,' mais cela me meneroit également au delà des bornes d'une lettre, et au deffus de mes forces. Je fouhaiterois que Mr. de Fontenelle voulût bien f'en charger pour moi. Sur cet article, je puis dire fans vanité que nous penfons de même, avec cette différence, qu'il vous le diroit avec cet efprit, cette délicateffe, et cette élégance qui lui font perfonnelles, et feules convenables au fujet. Permettez donc, madame, que deftitué de tous ces avantages de l'efprit, je vous affure fimplement des fentimens de mon coeur, de l'eftime, de la vénération, et de l'attachement refpectueux avec lefquels je ferai toute ma vie,

Madame,

Votre, &c.

Je crois que vous me pardonnerez fi je vous fupplie de faire mes complimens à Mr. de Fontenelle.

LETTRE XIII.

DE MADAME DE TENCIN.

Paris, ce 22 Octobre, 1742.

JE voudrois, mylord, que vous euffiez été témoin de la réception de votre lettre. Elle me fut remife par Mr. de Montefquieu au milieu de la fociété que vous connoiffez. Ce que vous me dites de flatteur m'empêcha quelques momens de la montrer, mais l'amour propre trouve toujours le moyen d'avoir fon compte. Le mien me fuggéra que c'étoit une injuftice de vous ravir, fous prétexte de modeftie, des louanges dignes de vous.

The letter, therefore, was read, and read more than once. I muſt confeſs, the effect it produced was very different from what I expected. That lord inſults us, cried Mr. de Fontenelle, whoſe exclamation was repeated by the reſt of the company, by writing in our language, better and more correctly than we do ourſelves. Let him be ſatisfied with being the firſt man in his own nation for parts and genius, and not engroſs our graces and our ſprightlineſs.

The complaints and murmurs of the aſſembly would not have ſubſided to this hour, if, after having frankly owned that you were in the wrong, I had not thought of reminding them of the charms of your converſation. Let him come again then, ſaid they all at once, and we will forgive his having more wit than ourſelves.

I have a brother who is quite of the ſame opinion; he has expreſsly charged me to tell your lordſhip, that, if he had been here, he would have ſhared the honor you did me to frequent my houſe. It was but yeſterday that I had the pleaſure of ſeeing Mrs. Cleland. I am ſadly afraid I did wrong, from too great a deſire of doing right; but it is your fault, my lord. Why did you lay me under a neceſſity of ſupporting the too favourable opinion which your partiality had given of me, to one of the moſt amiable, and, by your own account, one of the moſt accompliſhed women in England? I have imparted to her a romantic ſcheme I am contriving for you, which would not be altogether a caſtle in the air, if you would but concur in it. If we ſhould ever build ſuch a one as I have in view, I hope we ſhall add an appartment for Mrs. Cleland.

I have commiſſioned my huſband to put you in mind of me now and then; and I hope you will allow me to take the liberty of deſiring you, my lord, in return, to preſent my love to him. He would be anſwerable for me; but I ſhould have ſtrangely loſt my time, if I ſtood in need of a pledge, and if you were not fully convinced of my ſentiments for you, and of the reſpect with which I have the honor to be,

MY LORD,

Your moſt obedient humble Servant,

DE TENCIN.

It is much to the credit of the French language, that an Engliſh nobleman ſhould have taken the pains to learn it ſo perfectly as I ſee you

La lettre fut donc lue, & ne le fut pas pour une fois. Il faut vous l'avouer, l'effet qu'elle produisit fut bien différent de celui que j'attendois. Ce mylord se moque de nous, s'écria Mr. de Fontenelle, qui fut suivi des autres, d'écrire en notre langue, mieux & plus correctement que nous. Qu'il se contente, s'il lui plaît, d'être le premier homme de sa nation, d'avoir les lumières & la profondeur de génie qui la caractérisent ; et qu'il ne vienne point encore s'emparer de nos graces, et de nos gentillesses.

Les plaintes et les murmures de l'assemblée durcroient encore, si après avoir convenu bien franchement de vos torts, je ne m'étois avisée de rappeller les agrémens & la douceur de votre commerce. Qu'il nous revienne donc, dirent-ils tous à la fois, nous lui passerons alors d'avoir plus d'esprit que nous.

J'ai un frere qui est tout-à-fait de cet avis ; il m'a chargée expressement de vous dire, mylord, que s'il avoit été ici, il auroit pris sa part de l'honneur que vous me faisiez de venir chez moi. Je n'eus qu'hier celui de voir madame de Cleland. Je meurs de peur qu'à force de vouloir bien faire, je n'aye fait tout de travers : c'est votre faute, mylord ; pourquoi me donnez vous à soutenir l'opinion trop avantageuse que vous avez prise de moi, auprès d'une des femmes de toute l'Angleterre la plus aimable, et à ce que vous me mandez vous même, la plus éclairée ? Je lui ai fait part d'un château en Espagne que je bâtis pour vous, qui ne seroit point si château en Espagne, si vous vouliez. En cas qu'il réussit, j'espère que nous y ajouterons un apartement pour madame de Cleland.

J'ai chargé mon mari de vous faire souvenir quelquefois de moi ; ne voulez vous pas bien, mylord, que je prenne la liberté de vous charger à votre tour de ma tendresse pour lui ? Il seroit ma caution, mais j'aurois bien perdu mon tems si j'en avois besoin, et si vous n'étiez pas bien persuadé des sentimens qui m'attachent à vous, et du respect avec lequel j'ai l'honneur d'être,

MYLORD,

Votre très humble et obéissante servante,
DE TENCIN.

C'est une gloire pour la langue Françoise, qu'un seigneur Anglois ait pris la peine de l'apprendre aussi parfaitement que je vois que

you have done, my lord; but give me leave to whisper to you a word of advice. Beware how you provoke the jealousy of our French authors. As for me, who pretend to some moderation, I still am, and ever shall be, with all imaginable respect,

MY LORD,

Your, &c.

FONTENELLE.

MY LORD'S ANSWER.

If there were in the world any person's discernment I respected more than yours, I should take it very ill, that you should expose me to the criticism of the supreme judges of taste and eloquence, by shewing them a letter, which Mrs. Cleland's commands had extorted from me, and which was fitter for oblivion than for examination. But, with all the respect I owe to those gentlemen, if I am to be tried by you, I am very easy as to their verdict. I am sure they will forgive me, and even approve this sentiment.

LETTER XIV*.

TO MRS. * * *

London, June 14, O. S. 1745.

IT is a very flattering circumstance for me, madam, to find that you are in the least sensible of my silence, and the more so, as it must be owing to the justice you do to my sentiments, and not to my manner of expressing them. I would long since have writ to you, had my numberless avocations left a few moments at my disposal; but the part I bear in the ministry here, together with the affairs of Ireland, where I am going in six weeks time, overwhelm such a lazy man as I am, who would gladly spend my days in perfect tranquillity, and with no cares but those of society and friendship.

* The originals of the following letters were sent to me from Paris, by a noble and respectable friend of the lady, to whom they were written. I was laid by her and him under the disagreeable restriction of suppressing her name; and must content myself with saying, that I obey with the greater regret, as that lady's accomplishments and personal virtues are at least equal to her birth and high rank.

vous la favez, mylord ; mais trouvez bon que je vous donne un petit avis à l'oreille. Prenez garde, s'il vous plait, de ne vous point trop attirer la jaloufie des auteurs François ; pour moi qui afpire à avoir un peu de raifon, je fuis encore, et ferai toujours, avec tout le refpect poffible, MYLORD,

Votre, &c.

FONTENELLE.

REPONSE DE MYLORD.

S'il y avoit au monde un difcernement que je refpectaffe plus que le vôtre, vous feriez fort mal avec moi, d'avoir expofé à la critique des fouverains arbitres du gout et de l'éloquence une lettre que les ordres de madame Cleland m'avoient arrachée, et qui auroit du fouhaiter l'oubli au lieu de l'examen ; mais, avec tout le refpect que je dois à ces meffieurs, dès qu'il me faut fubir votre jugement, je ne me mets point en peine du leur. Je fuis fûr qu'ils me pardonneront, et même qu'ils approuveront ce fentiment.

LETTRE XIV*.

A MADAME * * *

A Londres, ce 24 Juin, V. S. 1745.

IL eft bien flatteur pour moi, madame, de voir, que vous vous appercevez feulement de mon filence ; et il me l'eft d'autant plus qu'il faut néceffairement que ce foit la juftice que vous rendez à mes fentimens, et non ma manière de les exprimer, qui me procure cette attention. Je vous aurois écrit il y a longtems, fi un nombre infini de différentes affaires m'eût laiffé quelques momens à mon choix ; mais ma part à la régence d'ici, et les affaires d'Irlande, où je vais en fix femaines, accablent un pareffeux comme moi, qui fouhaiterois de paffer ma vie dans une tranquillité parfaite, et fans autres foins que ceux de la fociété et de l'amitié.

Vous

You have sent me, madam, the most perfect contrast in the world, your own letter, and the president C——'s speech. Perspicuity attends all you say, and the president sets off your *chiaro* by an inimitable *o'curo*. Surely that good man must have long racked his brain to be such a proficient in nonsense. God never intended that man should think in that manner, any more than that he should walk upon his hands, with his feet upwards; yet, by dint of labour, some persons have attained to both these accomplishments. This nonsense however, which you laugh at in France, and which would be equally laughed at in England, if it were translated into Italian or Spanish, would be the admiration of both those nations, where nothing more accurate or clear has been written for these two hundred years past. I am sure Voltaire's poem* is not of this kind; it is extremely exact, and I have not yet seen any news-paper, where the list of the killed and wounded at the battle of Fontenoy was more faithfully or more simply specified. I fancy it is by chance that so accurate an account happens to be in verse; and I suppose Voltaire, like Ovid, writes verses without intending it. I think he has given us a much better description, in prose, of the battles of Narva and Pultowa; for prose is much fitter for history.

I can assure you, I wish for peace as much as you do; and I believe, if you and I were to set about it, it would soon be concluded: but as, unfortunately, it is not absolutely in our choice, how can it be brought about? You want to have it your own way, which would by no means suit us. We want an equitable peace, you are for an advantageous one; so that I am afraid it is further off than ever. We aim at nothing but the liberty and safety of Europe, you seek nothing but the advancement of your own despotism; how then can we agree? Only leave our queen what belongs to her, and what you yourselves have guaranteed, and do not ask for yours† what does not belong to her; and then we might hope for an accommodation.

May I presume, madam, to put your friendship to the trial, to consult, to employ, to plague you, about an affair that nearly concerns me? Methinks you answer, yes; so to come to the point, this is the

* On the bank of Fontenoy.

thing.

Vous m'avez envoyé, madame, le plus parfait contraſte du monde, votre lettre, et le difcours de monſieur le préſident C. . . La clarté accompagne tout ce que vous dites, et monſieur le préſident relève votre *chiaro-* d'un *ofcuro* unique. Il faut que ce bon homme fe foit donné la torture bien longtems pour parvenir à ce point de perfection dans le galimatias. Dieu n'a jamais eu l'intention que l'homme penſât de la forte, comme il n'a pas voulu non plus qu'on marchât fur les mains avec les pieds en l'air; mais, moyennant le travail, il y a des gens qui font venus à bout de l'un et de l'autre. Avec tout cela, ce galimatias dont on fe mocque chez vous, et dont on fe moequeroit également ici, traduit en Italien ou en Efpagnol, feroit l'objet de l'admiration de ces deux nations, où depuis deux cens ans on n'a rien écrit de plus juſte, ou de plus clair. Le poëme de Voltaire [a] n'eſt ſûrement pas dans ce genre; il eſt d'une grande juſteſſe, et je n'ai pas encore vu de gazette, dans laquelle la liſte des morts et des bleſſés, à la bataille de Fontenoy, ait été plus fidèlement et plus ſimplement détaillée; je m'imagine que ce n'eſt que par hazard qu'une rélation ſi exacte eſt en vers; et apparemment. Voltaire, comme Ovide, fait des vers fans y penfer. Je trouve qu'il a beaucoup mieux écrit les rélations des batailles de Narva et de Pultowa en profe, puiſque la profe convient beaucoup plus à l'hiſtoire.

Je vous aſſure que je fouhaite la paix tout autant que vous; et je crois que s'il ne tenoit qu'à nous deux de la faire, elle feroit bientôt faite; mais comme malheureufement elle ne dépend pas abfolument de nous, le moyen de l'avoir? vous la voulez à votre mode, ce qui ne nous conviendroit nullement; nous la voulons équitable, vous la voulez avantageufe, de forte que je crains qu'elle ne foit plus éloignée que jamais. Nous ne cherchons que la liberté, et la fureté de l'Europe, vous n'y cherchez que votre defpotifme; comment donc s'accorder? Laiſſez feulement à notre reine ce qui lui appartient, et que vous lui avez garanti, et ne demandez pas pour la vôtre [†], ce qui ne lui appartient nullement, et alors on pourroit s'accommoder.

Me feroit-il permis, madame, d'abufer de votre amitié, et de vous confulter, de vous employer, et de vous ennuyer, fur un affaire qui m'intéreſſe

† The queen of Spain.

thing. I have a boy who is now thirteen. I will freely own to you, that he is not a legitimate child; but his mother is a gentlewoman, and has shewn a partiality for me beyond my deserts. As for the boy, I may be prejudiced in his favour, but I think him amiable. His person is pretty, he is very sprightly, and does not seem to want sense for his age. He speaks French perfectly well, knows a good deal of Latin and Greek, and is thoroughly acquainted with ancient and modern history. He is now at school, where I intend to keep him till May next: but as, in our schools, and indeed in this country, little care is taken to form the morals and manners of young people, and as most of them are silly, aukward, and rude, in short, such as you see them when they come to Paris, at the age of twenty or twenty-one, I will not let my boy stay here long enough to contract those bad habits, which, once taken, are seldom shaken off; therefore at fourteen I shall send him to Paris, and put him to board in some substantial family; but as he will be still very young, and will not have nearly completed his necessary studies, I shall send an Englishman * along with him, a man of consummate erudition, who will keep up and improve his Latin and Greek, and teach him logic, rhetoric, and a little philosophy. This learned man will have him entirely under his government at home, and all the morning; but as he is not altogether qualified to polish his manners, or, if you will, to give him the *ton* of good company, which, however, is highly necessary, and perhaps as serviceable as all the Greek and Latin of monsieur Vadius †, could not I get at Paris some man, or some abbé, who (for money which I should gladly give) would undertake the care of the lad from four in the afternoon; who could carry him to the plays, to the opera, and even attend him to your house, if you would give him leave to wait on you? As I am infinitely fond of this child, and shall take a pride in making something of him, since I believe the materials are good, my notion is to unite in him what I have never yet met with in any one individual ; I mean, what is best in both nations. For this purpose, I intend him his learned English-

* The rev. Mr. Harte ; in whom, in return for his excellent care of his pupil, lord Chesterfield procured a canonry at Windsor.
† One of the characters in Moliere's play, intitled *Les Femmes sçavantes*.

m'intéreſſe très ſenſiblement ? Il me ſemble que vous me répondez qu'oui ; je vais donc au fait ; le voici. J'ai un garçon, qui à cette heure a treize ans; je vous avouerai naturellement qu'il n'eſt pas légitime, mais ſa mère eſt une perſonne bien née, et qui a eu des bontés pour moi que je ne méritois pas. Pour le garçon, peut-être eſt-ce prévention, mais je le trouve aimable ; c'eſt une jolie figure, il a beaucoup de vivacité, et je crois de l'eſprit pour ſon age. Il parle François parfaitement, il ſait beaucoup de Latin et de Grec, et il a l'hiſtoire ancienne et moderne au bout des doigts. Il eſt à-préſent à l'école, où je compte de le tenir juſqu'au mois de Mai qui vient : mais comme aux écoles ici, et même il faut ajouter, dans ce païs ici, on ne ſonge pas à former les moeurs ou les manières des jeunes gens, et qu'ils ſont preſque tous nigauds, gauches et impolis, enfin tels que vous les voyez quand ils viennent à Paris à l'age de vingt ou vingt et un an ; je ne veux pas que mon garçon reſte aſſez ici pour prendre ce mauvais pli, dont on ne ſe défait guères, dès qu'il eſt une fois pris. C'eſt pourquoi quand il aura quatorze ans, je compte de l'envoyer à Paris, et le mettre en penſion en quelque bonne maiſon bourgeoiſe ; mais comme il ſera alors très jeune, et qu'il n'aura pas à beaucoup près fini les études néceſſaires, j'enverrai avec lui un Anglois* d'une érudition conſommée, qui continuera et augmentera ſon Latin et ſon Grec, et qui lui enſeignera en même tems ſa logique, ſa rhétorique, et un peu de philoſophie. Ce ſavant en ſera le maitre abſolu, dans la maiſon, et toutes les matinées ; mais comme il ne ſera guères propre à lui donner des manières, ou ſi vous le voulez le ton de la bonne compagnie, choſe pourtant très néceſſaire, et peut-être auſſi utile que tout le Grec et le Latin de monſieur Vadius, ne pourrois-je pas trouver à Paris quelque homme, ou quelque abbé, qui (moyennant de l'argent que je lui donnerois volontiers) ſe chargeroit du ſoin du garçon depuis quatre heures l'après-midi ; qui le meneroit aux comédies, aux opéras, et même chez vous, ſi vous vouliez bien lui en accorder la permiſſion ? Comme j'aime infiniment cet enfant, et que je me pique d'en faire quelque choſe de bon, puiſque je crois que l'étoffe y eſt, mon idée eſt de réunir en ſa perſonne ce que juſqu'ici je n'ai jamais trouvé en la même perſonne ; je veux dire, ce qu'il y a de meilleur des deux nations. C'eſt pourquoi je lui deſtine ſon pédant

man, who is likewise a man of senfe, for the folid learning I would have him poffeffed of, and his French afternoon tutor, to give him, with the help of the companies into which he will introduce him, that eafe, thofe manners, thofe graces, which certainly are no where to be found but in France.

Having thus laid open my plan, I muft intreat you, madam, to tell me whether it is practicable, and to inform me how I am to go about it. Could you find out fuch a man, in whom I could abfolutely confide? And will you be kind enough to inquire for a decent family who would be willing to take him? And, if I may prefume to afk it, will you permit him fometimes to be your page in an evening, to give out the cards, to prefent the coffee, and reach the chairs? That indeed would be his beft fchool, but I dare not fo much as think of it. As the circumftance of his birth might be prejudicial to him in the opinion of fome, I think it is beft not to divulge it, but to give out he is a nephew of mine, as the cardinals do. In this too I will be guided by you.

You fee plainly, madam, both by the length and the contents of this letter, how greatly I rely on your friendfhip, or rather how fhamefully I intrude upon it; but I am fo convinced of it, that I fhould think an apology was out of character, and if unfortunately I was miftaken, apologies would avail me nothing, fo I fhall make none, and wifh you a good night.

LETTER XV.

TO THE SAME.

London, July 16, O. S. 1748.

NONE but yourfelf, madam, could have not only pardoned my indifcretion, but even humored it. You enter into my little concerns as if they were your own; and you feek that trouble, which vulgar friends would find means to be excufed from, and yet keep up the appearance of friendfhip. I feel this the more, as I am convinced that true friendfhip is better diftinguifhed in fmall than in great things. We dare not be wanting in the great duties of friendfhip;

pêlant Anglois, qui eſt d'ailleurs homme d'eſprit, pour l'érudition ſolide que je lui voudrois, et ſon précepteur François des aprés-dîners, pour lui donner, avec le ſecours des compagnies où il pourra le mener, cette tournure aiſée, ces manières, ces agrémens, que ſûrement on ne trouve qu'en France. Vous ayant ainſi expliqué mon idée, ayez la bonté de me dire, madame, ſi vous croyez qu'il y ait moyen de la remplir, et de m'indiquer comment. Pourriez-vous trouver un tel homme, ſur lequel on pourroit abſolument ſe repoſer? Voudriez-vous avoir auſſi la bonté de vous informer de quelque bonne maiſon bourgeoiſe, où il y auroit une famille honnête, pour l'y placer? Et, ſi j'oſe le demander, voudriez-vous bien lui permettre d'être quelque fois votre page chez vous le ſoir, pour donner les cartes, le caffé, et les chaiſes? En ce cas là, ce ſeroit bien ſa meilleure école, mais je n'oſe pas ſeulement y penſer. Comme ſa naiſſance pourroit lui nuire chez de certaines gens, je crois qu'il vaut mieux ne la pas déclarer, et le donner pour mon neveu, ſelon l'exemple des cardinaux; en cela auſſi vous me dirigerez.

Vous voyez bien, madame, et par la longueur et par le contenu de cette lettre, à quel point je compte ſur votre amitié, ou pour mieux dire, à quel point j'en abuſe; mais, convaincu comme j'en ſuis, les excuſes ſeroient déplacées, et ſi malheureuſement je m'y trompois, les excuſes ne me ſerviroient de rien, je ne vous en fais donc point, et je vous donne le bon ſoir.

LETTRE XV.

A LA MÊME.

A Londres, ce 16 Juillet, V. S. 1745.

IL n'y a que vous, madame, qui auroit pû non ſeulement pardonner mon indiſcrétion, mais même vous y prêter. Vous entrez dans mes petits détails comme ſils vous étoient perſonnels, et vous recherchez des ſoins, dont les amis vulgaires trouveroient bien moyen de s'excuſer, ſans pourtant bleſſer les apparences de l'amitié. J'y ſuis d'autant plus ſenſible, que je ſuis perſuadé que la véritable amitié ſe diſtingue plus dans les petites choſes que dans les grandes. On n'oſe pas manquer aux grands devoirs

ship; our reputation would suffer too much; but then, we often fulfil them more from selfishness than from sentiment, whereas a thousand pretences might be found out to avoid little attentions, which would appear very troublesome, if sentiment did not make them even delightful. I will confess to you, that my fondness, or, if you will, my foible for this boy, is such, that I am infinitely more anxious for him than I am for myself, and I shall always confider the least kindness done to him, as the most solid and the most flattering mark of your friendship for me. With regard to the time of his going to Paris, that, as you observe, will certainly depend upon the peace, and if it is not concluded within a twelvemonth, I must think of putting him somewhere else. In that case, I have some thoughts of sending him to Geneva; but if we have peace before that time, which I wish on many other accounts, I think Paris is the only place to form his manners. As for the boarding house, I leave that entirely to you, and it will be no hard matter; but I am very sensible of the difficulties you point out with regard to the tutor, who is to give the polish. I am by no means bent upon his being an abbé, or a man of learning; I would have a man of sense, whether a churchman or a layman, one who has seen the world, of a genteel appearance, and fit to present the boy to good company, and teach him the behaviour of people of fashion. I should rather wish that he would take the trouble to read over modern history and some works of genius with him, in order to instruct him in the knowledge of facts, and to form his taste at the same time. The English tutor I shall send with him is a perfect storehouse of Greek and Latin erudition, and in this light will be good company for abbé Sallier, but he is by no means calculated to introduce his pupil to the polite world, or even to attend him thither. At his age, he cannot possibly go alone, especially to the play and opera, and yet it is fit he should go there sometimes. If such a man is to be had, you are the best judge I know, and I may very safely rely on your choice. I hope he will not pretend to talk to him about religion; that would be ruining the boy in this world, and certainly would not make him amends in the next. I am quite of your mind, that his birth should be concealed, and that, for that purpose, I had

better

de l'amitié, on y perdroit trop du côté de la réputation, mais aussi on les remplit souvent plus par intérêt, que par sentiment, au lieu qu'il y a mille prétextes honnêtes pour éviter les petites attentions, qui seroient très embarrassantes et incommodes, si le sentiment ne leur donnoit même des charmes. Je vous avoue que mon affection, ou si vous le voulez, ma foiblesse pour ce garçon, fait que tout ce qui lui arrive m'est infiniment plus sensible que tout ce qui me pourroit arriver à moi-même, et me fera toujours envisager vos moindres bontés pour lui, comme les marques les plus solides et les plus flatteuses de votre amitié pour moi. Par rapport à son arrivée à Paris, cela dépend sûrement, comme vous dites, de la paix, et si elle ne se fait pas dans un an d'ici, il faudra songer à le placer ailleurs en attendant ; et en ce cas là je songe à Genève, mais si la paix se fait avant ce tems là, ce que par mille autres raisons je souhaite, je tiens qu'il n'y a que Paris pour le bien former. Pour la maison où vous comptez de le placer en pension, je m'en remets entièrement à vous, et cela ne sera pas difficile ; mais je conçois bien les difficultés que vous me montrez au sujet du polisseur : Je ne m'obstine nullement ni à un abbé, ni à un savant ; je demande seulement un homme d'esprit, soit laïque, soit ecclésiastique ; qui eût du monde, et qui étant présentable lui même, pourroit présenter le garçon dans les bonnes compagnies, et lui donner le ton des honnêtes gens. Je serois bien aise aussi qu'il voulût lire avec lui l'histoire moderne, et les ouvrages d'esprit, pour en même tems l'instruire des faits, et lui former le gout. Son Anglois, qui sera avec lui, est un magazin d'érudition Grecque et Latine, et de ce côté là ne déplaira pas à l'abbé Sallier ; mais il ne pourra jamais l'introduire, ni même l'accompagner chez les gens du monde. A son age il est impossible qu'il y aille seul, surtout aux opéras et aux comédies, où néanmoins il est bon qu'il aille quelquefois. Si un tel homme est à avoir, vous en jugerez mieux que personne, et je m'en rapporte en toute sureté à votre choix. J'espere qu'il ne se mêlera pas de lui parler au sujet de la religion, puisque ce seroit ruiner le garçon dans ce monde ici, et sûrement sans dédommagement dans l'autre. Je suis entièrement de votre avis que sa naissance soit absolument cachée, et que dans cette vue, il vaut mieux que je passe

better be said to be a more distant relation, and his guardian, than his uncle; however, I would not impose upon monsieur de M.....; I honor him too much to deceive him; and would rather forego all the advantages that might accrue to the lad by being his son's errand-boy, than to obtain them by a fraud.

I have ordered my equerry, who is a thorough judge of horses, to look for one all over England, which may answer the purpose of the duke of Nevers* as nearly as possible. If any thing could give additional weight to your orders, it would be the pleasure of thinking I could be in the least serviceable to a person of such known merit as the duke of Nevers. I have often lamented that I had not the honor and pleasure of a personal acquaintance with him during my short stay at Paris. I shall certainly do my utmost to execute his commission; but to find just such a horse as he wants, I am afraid he must be looked for with a candle and lanthorn in broad day-light, as the philosopher looked for a man. I question whether it would not be easier to find a wife for another man than a horse, because perhaps he can better do without one, and makes less use of her. When I meet with one, I will send him to Mr. Wolters at Rotterdam, and you will be pleased immediately to direct some person to go to the said Wolters, and tell him he is the man who is commissioned to receive the horse from the person I send as soon as he is landed.

I shall set out for Ireland in three weeks; but the letters you will honor me with, may be directed to me at London as usual; they afford me too much pleasure not to take all imaginable precautions that not one may be lost. Adieu, madam; I am sure I tire you.

LETTER XVI.

TO THE SAME.

London, November 28, O. S. 1746.

I Thank you, madam, and simply thank you, because it is from the bottom of my heart, for your kind concern for

* Father to the present duke de Nivernois. He was a nobleman of great merit, several years older than lord Chesterfield.

paſſe pour un parent plus éloigné, et ſon tuteur, que pour ſon oncle, mais pourtant je ne voudrois pas en impoſer à monſieur de M........ que j'honore trop pour cela, et j'aimerois mieux renoncer à tous les avantages qui reſulteroient au garçon d'être le galopin de monſieur ſon fils que d'en profiter par abus.

J'ai ordonné à mon écuyer, qui ſe connoit parfaitement en chevaux, d'en chercher un par toute l'Angleterre, qui réponde autant qu'il eſt poſſible aux beſoins de monſieur de Nevers: ſi quelque choſe pouvoit ajouter du poids à vos ordres auprès de moi, ce ſeroit le plaiſir de pouvoir être utile dans la moindre choſe à une perſonne du mérite reconnu de monſieur de Nevers. J'ai mille fois regretté de n'avoir pas eu l'honneur et le plaiſir de l'avoir connu perſonellement pendant mon petit ſéjour à Paris; je me ſerai ſûrement une affaire de réuſſir dans ſa commiſſion, mais pour trouver un cheval préciſément tel qu'il le demande, je crains qu'il faudra le chercher avec une lanterne en plein jour, comme le philoſophe cherchoit un homme; je ne ſais pas même s'il ne ſeroit pas plus facile de trouver une femme pour un autre, qu'un cheval, parceque peut-être elle eſt moins néceſſaire, et qu'on ſ'en ſert moins. Quand j'en aurai trouvé un, je l'enverrai à monſieur Wolters à Rotterdam, et vous aurez la bonté immédiatement de faire dire à quelqu'un de ſ'annoncer au dit Wolters, pour l'homme qui doit recevoir le cheval d'entre ſes mains déſqu'il arrivera.

Je pars pour l'Irlande en trois ſemaines, mais addreſſez moi les lettres dont vous voudrez bien m'honorer, à Londres, comme à l'ordinaire: elles me font trop de plaiſir pour que je ne prenne pas toutes les précautions poſſibles pour n'en pas perdre une. Adieu, madame; je vous accable.

LETTER XVI.

A LA MEME.

A Londres, ce 28 Nov. V. S. 1746.

JE vous remercie, madame, tout ſimplement, parce que c'eſt du fond de mon coeur, de l'intérêt que voulez bien prendre à

my health, which is tolerably reftored, in fpite of all the pains the faculty have taken, having made me go through all the forms.

Your friend is enlarged upon his parole, as are all the other officers, fo that you lie under no particular obligation to me on that fcore. I cannot tell whether they are gone yet, but I know they only waited for a cartel fhip. Do me the favour, madam, to prefent my moft humble refpects to madame de Martel, and tell her fhe has done me a real pleafure in honoring me with her commands, and that I fent her letter to her fon the moment I received it, accompanied with one of my own, to offer him my fervice, and to beg he will not fpare me. I long to receive the orders you promife me in your laft, becaufe you fay they relate to fomething that perfonally concerns you. Good night, madam; I am obliged, much againft my will, to detain you no longer.

LETTER XVII.

TO THE SAME.

London, Dec. 2, O. S. 1746.

YOU always contrive, madam, to leave your friends and fervants no other merit than that of gratitude. I am an inftance of this. I had the pen in my hand to communicate to you the change of my deftination, as to the perfon in the world whom I wifh to diftinguifh by my firft attentions, when I received the honor of your letter of the 26th of laft month, in which you fo kindly exprefs your joy on the occafion. That letter, the moft delightful and moft friendly one that ever was written, gave me fuch emotions of pleafure, and at the fame time of confufion, as I cannot exprefs. This obliged me to alter my firft plan, as you was beforehand with me, and left me nothing but gratitude; as for this fentiment, be affured, madam, it is true and lively.

Here am I then removed from an honorable and lucrative poft, that could be filled without taking up too much of that time which I love to devote to the fweets of fociety, or even to my own lazinefs.

I en-

ma santé, qui est passablement bien rétablie, malgré tous les soins de la faculté, qui m'a traité dans toutes les formes.

Votre ami est relaché sur sa parole, aussi bien que tous les autres officiers, de façon que vous ne m'en avez point d'obligation particulière. Je ne puis pas vous dire s'ils sont encore partis, mais je sais qu'ils n'attendoient pour cela qu'un vaisseau de cartel Ayez la bonté, madame, d'assurer madame de Martel de mes très humbles respects, et de lui dire qu'elle m'a fait un véritable plaisir en me chargeant de ses ordres; que j'ai envoyé sa lettre dans le moment que je l'ai reçue à monsieur son fils, l'accompagnant d'une de ma part, pour lui offrir mes services, et pour le prier de ne me pas ménager. Je languis de recevoir les ordres que vous me promettez dans votre dernière, parce que vous me dites que c'est sur quelque chose qui vous regarde personnellement. Bon soir, madame, je suis obligé bien malgré moi de ne vous plus retenir.

LETTRE XVII.
À LA MÊME.

A Londres, ce 2 Déc. V. S. 1746.

DE la façon que vous vous y prenez toujours, madame, vous ne laissez à vos amis et serviteurs que le seul mérite de la reconnoissance. J'en suis un exemple; j'avois la plume à la main pour vous communiquer, comme à la personne du monde à laquelle je souhaite de témoigner par préférence mes premières attentions, le changement de ma destination, quand je reçus l'honneur de votre lettre du 26 passé, qui me marquoit d'une manière si flatteuse la part que vous y preniez. Cette lettre, la plus aimable, et la plus amicale qui ait jamais été écrite, me causa des mouvemens de plaisir, et en même tems de honte, que je ne puis pas vous exprimer. Il me fallut d'abord changer mon premier arrangement; prévenu comme je l'étois, et honteux de n'avoir que la reconnoissance en partage; pour cette reconnoissance, soyez persuadée, madame, qu'elle est vraie et vive.

Me voici donc tiré d'un poste honorable, lucratif, et dont les fonctions ne prenoient pas trop sur le tems, que j'aime à donner aux douceurs de la société, ou même de la paresse. J'y avois en même tems loisir

I enjoyed at once both leisure and dignity. Whereas now I stand on a public pedestal, too conspicuous for my size, which, as you well know, is by no means of the colossal kind; and moreover, loaded with business above my strength, both of body and mind. Judge then whether I am to be congratulated or pitied.

You ask me for peace as if I had it in my pocket; I wish I had. If you will take it such as I would give it you, you shall have it to-morrow: but the misfortune is, you will have us take it such as you chuse to give it, and we like yours no better than you like ours. This being the case, I question whether the plenipotentiaries at Breda will be clever enough to fix upon a reasonable medium; and I am apt to think you will compel us to refer this negociation to a hundred and forty thousand plenipotentiaries whom we shall have in Flanders, and to sixty thousand more who are actually going to negociate in Provence. I doubt not but you will send the like number of ministers to meet them, and have as good an opinion of their abilities; and the result of their conferences will certainly be more interesting and more decisive than that of the conferences at Breda. But, to speak my mind seriously on the subject, the fact stands thus: I own your successes in Flanders; do you likewise own your losses in Italy. You are for a peace upon the footing of your successes: such a peace would be as fatal to us as the most unsuccessful campaign, and we had rather venture the one than submit to the other. To make a shew of my reading, I shall observe, that it was a maxim with the Romans, never to make peace but when they were victorious. Possibly they might sometimes carry this notion too far, but in the main it succeeded with them. Don't think, however, that I delight in mischief. On the contrary, I do assure you, I am in the pacific system, and should esteem myself very happy if I could contribute to a solid peace, that should not overturn the balance of Europe.

Be so good, madam, as to present my most humble respects, and my best thanks, to those amiable and respectable persons, who have done me the favour to think of me. As to yourself, I can only repeat the continuance of the same sentiments you have long found in me; nothing can increase them, nor can length of time or absence ever impair them in the least. Good night, madam.

LET-

loisir et dignité, au lieu qu'à-présent je me trouve placé sur un piédestal public, dans un certain point de vue, que ma figure, qui comme vous le savez bien, n'est nullement colossale, ne pourra guères soutenir, et accablé par dessus le marché d'un travail également au dessus des forces de mon corps, et de mon esprit. Faut-il donc me féliciter, ou ne faut-il pas plûtôt me plaindre?

Vous me demandez la paix comme si je l'avois en poche; je voudrois bien l'y avoir. Si vous voulez la prendre telle que je vous la donnerois, vous l'aurez dès demain; mais malheureusement vous voulez que nous la prenions de vous telle que vous nous la voulez donner, et voila ce que nous ne voulons pas plus que vous ne voulez de la nôtre. Dans cette différence de sentimens, je doute fort si les plénipotentiaires à Breda seront assez habiles pour constater un certain milieu raisonnable; et il me semble que vous nous forcerez à renvoyer cette négociation à cent quarante mille plénipotentiaires, que nous aurons en Flandres, et à soixante mille autres qui vont actuellement négocier en Provence. Je ne doute nullement que vous n'envoyiez à leur rencontre un nombre égal de ministres, que vous croyez aussi habiles qu'eux, et le résultat de ces conférences sera sûrement plus intéressant et plus décisif, que ne le seroit celui des conférences de Breda. Pour dire deux mots sérieusement sur cet article, voici la vérité du fait. J'avoue vos succès en Flandres, avouez moi aussi vos pertes en Italie. Vous voulez une paix sur le pied de vos succès; une telle paix nous seroit aussi funeste que la campagne la plus malheureuse, et il vaut mieux tenter l'une que de se soumettre à l'autre. Pour faire montre de ma lecture, je vous remarquerai, que c'étoit la maxime des Romains de ne jamais faire la paix que victorieux, peut-être poussoient-ils cette idée quelquefois trop loin, mais au fond ils s'en sont bien trouvés. Ne croyez pas au reste que je cherche playes et bosses, au contraire je vous assure que je suis pacifique, et que je me croirois bien heureux de pouvoir contribuer à une paix qui fût solide, et qui ne bouleversât pas l'équilibre de l'Europe.

Assurez, je vous en supplie, madame, de mes très humbles respects, et de ma parfaite reconnoissance, ces personnes également aimables et respectables, qui ont bien voulu se souvenir de moi. Pour vous même, je ne puis que vous réitérer la continuation des mêmes sentimens, que vous me connoissez depuis longtems; rien n'y peut ajouter, et le tems, ni l'absence n'y peuvent donner la moindre atteinte. Bon soir, madame.

LETTER XVIII.

London, April 13, 1747.

TO THE SAME.

INSTEAD of complaining of me, you ought to pity me, madam, that the crossness of business should so often call me off from my principal object, which is that of presenting my respects to you. Respects, I don't like the expression; methinks it is injurious to such warm and delicate sentiments of friendship as mine. These sentiments, therefore, and not my respects, are what I would repeat every post-day, if my business on one hand, and my discretion on the other, would permit.

I am still inquiring for a horse for the duke of Nevers, but to no purpose hitherto; and you may be sure it is not owing to any neglect, for I certainly would take any pains to procure him the smallest pleasure. Now I speak of him, will you pardon the freedom I take to inclose these two letters for the duke of Nivernois and the chevalier de Mirabeau, who have both done me the honor to write me the most obliging letters in the world? I do not know where to direct to them. I know I am putting you to some charge for postage, but I consent you should draw upon me for the sum of three livres, provided you give me notice by a letter that cannot be paid, as is the case with all yours. Now we are upon the subject of letters, do you know I am very angry with you? I opened a letter directed to me by your hand, with my usual eagerness for every thing that comes from you, and found only a letter for the dutchess of Richmond, and not a single word for myself. I was on the point of taking my revenge, by not sending it to her grace; but upon second thoughts, I considered, that if she valued your letters but half so much as I do, it would be too base a stroke. Good night, madam.

LETTRE XVIII.

A LA MÊME.

A Londres, ce 15 Avril, V. S. 1747.

Au lieu de vous plaindre de moi, vous devez me plaindre, madame, de ce que la malice des affaires fait si souvent diversion à mon objet principal, qui est celui de vous assurer de mes respects. Respects, le terme ne plaît pas, et me semble même injurieux à des sentimens d'amitié aussi vifs et aussi délicats que les miens ; ce sont donc ces sentimens, et non pas mon respect, que je voudrois vous réitérer chaque jour de poste, si mes affaires d'un côté, et ma distraction à votre égard de l'autre me le permettoient.

Je cherche encore un cheval pour monsieur de Nevers, mais jusqu'ici inutilement, et vous croirez bien que ce n'est pas faute de soin, puisque assurément il n'y a pas de peine que je ne me donnasse pour lui procurer le moindre plaisir. A propos de lui, me pardonnerez-vous la liberté que je prends d'envoyer sous votre enveloppe ces deux lettres pour monsieur le duc de Nivernois, et monsieur le chevalier de Mirabeau, qui m'ont tous deux fait l'honneur de m'écrire les lettres du monde les plus obligeantes ! Je ne sais pas où les adresser autrement ; le port même vous en sera coûteux, mais je conserve par une lettre qui ne se paye pas, comme font toutes change sur moi pour trois livres tournois, pourvu que vous tiriez les vôtres. A propos de lettres, je suis irrité contre vous ; j'ai donnié avis qui m'étoit addressée de votre main, avec mon ouvert une lettre pour la duchesse de Richmond, sans un seul avidité ordinaire pour ce qui vient de vous, et j'y trouve soulement une lettre pour la duchesse de Richmond, sans un seul mot pour moi-même. J'ai été sur le point de m'en venger en lui la lui envoyant pas ; mais après y avoir pensé un peu, j'ai cru que si elle faisoit la moitié du cas seulement de vos lettres que j'en fais, le coup seroit trop noir. Bon soir, madame.

LET-

LETTER XIX.

TO THE SAME.

London, July 31, O. S. 1747.

I Think, madam, I have at laſt met with a fine bay ſtone-horſe, five years old, with a noble fore-hand, the ſhoulders free, and well ſet upon his haunches. I have got him tolerably cheap, no more than five and fifty guineas: to keep him company on the road, I take the liberty to ſend the duke of Nevers a little grey horſe out of my own ſtud, who is but four years old, and has never been trained to the race; as he coſts me nothing, the duke will be pleaſed to accept of him. He was got by the fineſt Arabian this country affords; and his dam was a little Engliſh beauty, who was not inſenſible to the paſſionate addreſs of the ſaid Arabian. For ſo young a horſe he is very gentle, and I would adviſe his grace to ride him himſelf, rather than the ſtone-horſe, who might play him an unlucky trick. Thoſe gentry are not to be truſted; for they will grow unruly from one day to the next.

Mrs. * * * gives me a wonderful account of Bagatelle *; we both wiſh we were there, it would be no *bagatelle* (trifle) for us; your trifles are full as good as the ſolid of others. Is it a great way from Paris? for though you will always make the moſt of every thing, I maintain that people of faſhion ought to be within reach of the capital. An agreeable ſociety is, in the end, the greateſt comfort of life, and is no where to be found but in capitals. It is upon this principle that I am at preſent ruining myſelf in building a fine houſe in town, which will be finiſhed in the French taſte, with a deal of carving and gilding.

I have not paper enough left to end with a compliment of a proper length, ſo that I ſhall make none at all. Adieu then, madam,

---

* The name of that lady's country houſe near Paris; in compliment to which lord Cheſterfield ſtiled his own upon Blackheath, *Babiole*.

LETTRE XIX.

A LA MÊME.

A Londres, ce 31 Juillet, V. S. 1747.

JE crois avoir à la fin trouvé un beau cheval entier bai de cinq ans, qui a l'encolure magnifique, les épaules libres, et les hanches très cadencées. Je l'ai à assez bon marché, n'ayant couté que cinquante cinq guinées : pour l'accompagner en chemin, je prends la liberté d'envoyer à monsieur de Nevers un petit cheval gris de mon propre haras, qui n'a encore que quatre ans, et qui n'a jamais été élevé à la course. Comme il ne me coute rien, monsieur de Nevers voudra bien qu'il ne lui coute rien non plus. Il est échappé du plus beau cheval Arabe que nous ayons eu en ce païs, et madame sa mère étoit une petite beauté Angloise, qui ne fut pas insensible aux fleurettes énergiques du dit Arabe. Pour un si jeune cheval il est fort doux, et je conseillerois à monsieur de Nevers de le monter lui même, plûtôt que le cheval entier, qui pourroit lui jouer un mauvais tour. On ne peut guère se fier à ces messieurs là, qui deviennent méchans du soir au lendemain.

Mademoiselle °°° me dit des merveilles de Bagatelle°. Nous voudrions tous les deux y être, ce ne seroit pas une bagatelle pour nous ; vos bagatelles valent bien le solide des autres. Est-il loin de Paris ? car quoique que vous tirerez toujours le meilleur parti de tout, je tiens qu'il faut que les honnêtes gens soient à portée de la capitale. Une société aimable est, à la longue, la plus grande douceur de la vie, et elle ne se trouve que dans les capitales. C'est sur ce principe que je me ruine actuellement à bâtir une assez belle maison ici, qui sera finie à la Françoise, avec force sculptures et dorures.

Il ne reste pas assez de papier pour finir par un compliment d'une longueur convenable, de sorte que je n'en ferai point du tout. Adieu donc, madame.

LETTER XX.

TO THE SAME.

London, Sept. 8, O. S. 1747.

I Am more than infinitely obliged to you, madam, for the Anti-Lucretius* you have done me the favour to send me, and which the abbé de la Ville forwarded to me in the politest manner in the world. I have read it eagerly and with pleasure; the work is worthy of its author; the poetry is elegant, and the Latin favours of the Augustan age: in short, if we can but divest ourselves of our early prejudices in favour of antiquity, we must confess that the Anti-Lucretius is at least equal to Lucretius himself; and in point of philosophy, far superior. We Englishmen, indeed, are displeased at his giving the preference to the Cartesian system, and not rather adopting that of our Newton, out of which we think there is no salvation. As for me, who am no philosopher, and consequently no way prejudiced in favour of any system, I own I find something much prettier and more pleasing in our Newton's universal attraction, than in those nasty whirlwinds, which convey a notion of bustle and tumult, whereas attraction on the contrary conveys ideas of a softer kind. The duke of Nevers, and I, we feel the whole truth of the Newtonian system.

I beg, madam, you will thank abbé le Blond from me, in the politest manner you are able, and I am no stranger to your abilities in that way. I had once a mind to write to him myself; but I considered that, if I commissioned you to thank him for me, he might think I had indicted the pretty things you said, so I chose to reap the benefit of an error so advantageous to me. Now I talk of abbés, how is

our

---

* This poem, not less celebrated than its author, was begun by him, when very young, on his return from Poland, where he had been employed in some fruitless negociations, to place the prince of Conti upon the throne. He undertook it, in consequence of some conversations, which he had with the famous Mr. Bayle in Holland. Religion having been their principal topic, and Lucretius often quoted by the author of the Dictionary, the young abbé de Polignac formed the plan of a poem in opposition to that of the Latin author, and in the language as well as the style of Virgil. He employed, in the execution of it, all the leisure hours of a life divided between politics and the study of fine arts. He was made cardinal on account of the great share he had in the negociations for the peace of Utrecht. Being ambassador at Rome, he made one of the finest collections extant of medals, urns, statues, sculptures, and other pieces of antiquity; the best part of which, I think, has been purchased by the King of Prussia. As he continued several years in that capital of the world, where

LETTRE XX.

A LA MÊME.

A Londres, ce 8 Sept. V. S. 1747.

JE vous fuis plus qu'infiniment obligé de l'Anti-Lucrèce que vous avez eu la bonté de m'envoyer, et que monsieur l'abbé de la Ville m'a fait tenir le plus poliment du monde. Je l'ai lu avec avidité et plaisir. C'est un ouvrage digne de son auteur; la poésie en est belle, et le Latin sent le siècle d'Auguste; enfin si l'on se dégage des préjugés dans lesquels on est élevé en faveur de l'antiquité, il faut convenir que l'Anti-Lucrèce ne le cède en rien à Lucrèce même, et qu'en fait de philosophie, il l'emporte de bien loin. Nous autres Anglois, à la vérité, nous sommes fâchés que le cardinal ait donné la préférence au système de Descartes, et qu'il n'ait pas plûtôt adopté celui de notre Newton, hors duquel nous ne croyons pas qu'il y ait de salut. Pour moi, qui ne suis nullement philosophe, et par conséquent nullement prévenu en faveur de quelque système que ce soit, j'avoue que je trouve que l'attraction universelle de notre Newton a quelque chose d'infiniment plus joli et de plus galant, que ces vilains tourbillons, qui ne me donnent que des idées de fracas et de tumulte, au lieu que l'attraction en fournit de plus douces. Monsieur de Nevers et moi nous sentons tout le vrai du Newtonianisme. Au reste, madame, je vous supplie de vouloir bien dire de ma part tout ce que vous pouvez dire de plus poli (et que ne pouvez-vous pas dire de la sorte ?) à monsieur l'abbé le Blond. J'ai voulu d'abord lui écrire moi-même, pour le remercier; mais j'ai fait réflexion, que si je vous en chargeois, il pourroit peut-être croire que je vous avois dicté ce que vous lui diriez, et j'ai mieux aimé profiter d'une

---

where the poet lived, whom he had proposed to himself as a model and an adversary, he was in some measure inspired with the same fire, and acquired a facility as well as an elegance in writing Latin verses, not unworthy of the court of Augustus. For near half a century, he amused himself in completing and polishing that extraordinary work, and added some verses to it a few days before his death, which happened in 1741, at the age of fourscore. His poem was put in order by a respectable friend, (abbé Korbalin,) who as he had entrusted with it. He did not live to publish it, and that care devolved on a third abbé equally well qualified for that task. It was printed in 1747, and received by all Europe with the same sentiments, which our noble author expresses in this letter. It was sent to him both as to a judge of the work, and a friend of the writer, and that copy, which was the first that appeared in England, was conveyed by a trumpet from marshal Saxe to the duke of Cumberland, directed for the earl of Chesterfield.

our abbé Sallier†! Does he still enjoy his health, his library, his Hebrew, his Syriac, and all his store of learning? Be so good as to give my compliments to him.

You will allow me no feeling, and at the same time you and your duke of Nevers make me feel too much, at least if jealousy ‡ is a proof of sensibility, as it certainly is; and I believe you both agreed to send me his last letter to make me mad. It is certainly a barefaced insult on his part: his upbraiding you with my triumph, plainly shews me his own, and his whole letter speaks the language of a rival, who assumes the more modesty and discretion, as he is conscious of his victory. What can I do? My heart tells me I must be angry with both, but my mind tells me you are both in the right. My rival must not expect that the little grey horse should be a fine one, for he would find himself much mistaken; he is pretty enough at most, but his paces are good, and he will find him easy. His haunches are slim, but our race horses are all so. Your mother's chiding you on my account is very flattering for me; I beg, madam, you will assure her of my gratitude and respect.

Good God! what a letter here is! I am quite ashamed, and retire.

LETTER XXI.

TO THE SAME.

London, Oct. 10, O. S. 1747.

UPON my honor, madam, you have spoiled me a good deal already, and if you go on at this rate, you will absolutely ruin me. I swallow your flattery in large draughts; you prepare it so well that you make it downright nectar, but it is but the more intoxicating.

† He understood most antient and modern languages; and was Hebraic professor in the university of Paris, and keeper of the royal library. Several memoirs of his composition upon capital subjects of history and literature, have been inserted in the memoirs of the Academy of Inscriptions and belles lettres, of which he was a member. He belonged to several foreign academies, and to the Royal Society of London.—He died in 1761 at the age of 75.

‡ That badinage about his rivalship with the old duke de Nevers is entirely in the French style.

erreur fi avantageufe pour moi. A propos d'abbés, comment fe porte notre abbé Sallier? jouït-il toujours de fa fanté, de fa bibliothèque, de fon Hebreu, de fon Syriaque, et de tout fon grimoire favant? Ayez la bonté de lui faire bien mes complimens.

Vous ne voulez pas m'accorder le fentiment, et en même tems, vous et votre monfieur de Nevers, vous me faites fentir que je ne l'ai que trop, au moins fi la jaloufie eft une preuve du fentiment, comme fûrement elle l'eft, et je crois que vous êtes convenus enfemble de m'envoyer fa dernière lettre, pour me faire enrager. C'eft affurément une infulte des plus marquées de fa part : les reproches qu'il vous fait de mon triomphe ne font que m'annoncer le fien; et j'y vois tout le language d'un rival d'autant plus modefte et difcret qu'il fe fent victorieux et fûr de fon fait. Que faire? le coeur me dit de me fâcher contre tous les deux, mais l'efprit me dit que vous avez tous deux raifon. Que mon rival au moins ne s'attende pas que le petit cheval gris foit beau, car il fe trouveroit bien trompé; il n'eft tout au plus que paffablement joli, mais il a les allures bonnes, et il fera commode; il eft mince par derrière, mais voila comme tous nos chevaux de race font faits.

Les reproches, que vous fait madame votre mère fur mon fujet, font bien flatteurs pour moi; ayez la bonté, madame, de l'affurer de ma reconnoiffance et de mon refpect.

Bon Dieu! quelle lettre! J'en ai honte, je me cache.

LETTRE XXI.

A LA MÊME.

A Londres, ce 20 Oct. V. S. 1747.

SUR mon honneur, madame, vous m'avez déja fort gâté, et fi vous continuez fur ce même ton, vous me ruinerez abfolument. J'avale à long traits votre flatterie, vous l'apprêtez fi bien que vous en faites un nectar, mais il n'en tourne la tête que plus pour cela.

J'ai

I have shewn the Anti-Lucretius to some of our literati who are men of taste; they are all delighted with it: our lord chancellor*, in particular, has read it twice over, and has pronounced a most favourable decree. I should allow the whole conclave five hundred years to produce something equal to it.

Come, come away from Bagatelle; no body must be absent from the capital when once fires are begun, there are then no good winter quarters but Paris and London.

LETTER XXII.

TO THE SAME.

Bath, Feb. 15, O. S. 1748.

YOU complain, madam, of my silence, which can be no loss to you. Your complaints are the more flattering for me, as they must proceed purely from sentiments of friendship; this is the only tenure by which I mean to hold you, and though you will not allow me sentiment in general, do me the justice to make an exception in your favour. It is true I am none of your universal friends; if I were, my friendship would be unworthy of yours. I must first be well acquainted with my folks, I will have no friend who is void of sentiment, merely because he has wit, nor will I have a sentimental friend who wants common sense. There must be sentiment on both sides to form a friendship, but there must also be sense on both sides to carry it on. On this confession of my friendship-creed, I leave you to judge, madam, whether you are not the first article of it. Letters, indeed, are the messengers both of love and friendship, but they are not always proofs of either, and too often resemble ministers, who tell lies for the service of their masters. On this footing, then, if my letters have been less frequent of late, no conclusion can be drawn to my disadvantage. Is not falshood always far

---

* The earl of Hardwick, who, in the midst of the arduous and important functions of his high employments, understood, loved, and cultivated the belles lettres.

J'ai montré l'Anti-Lucrèce à quelques favans d'ici qui ont en même tems du goût; ils en font tous charmés : entre autres notre grand chancelier * l'a lu deux fois, et a prononcé un décret des plus avantageux. Je donne cinq cens ans à tout le conclave à produire quelque chofe qui l'égale.

Revenez donc de Bagatelle ; il ne faut jamais être hors de la capitale quand une fois il faut faire du feu : il n'y a pas d'autre bon quartier d'hiver que Paris & Londres.

LETTER XXII.

A LA MÊME.

A Bath, ce 15 Fév. V. S. 1748.

VOUS me reprochez, madame, un silence que votre efprit ne peut pas regretter. Vos reproches me font d'autant plus flatteurs que je les dois uniquement à vos fentimens d'amitié ; c'eft par là feulement que je prétends vous tenir, et quoique vous ne vouliez pas m'accorder des fentimens en général, ayez la Juftice de faire une exception en votre faveur. Il eft vrai, je ne fuis pas ami banal ; fi je l'étois, mon amitié feroit indigne de la vôtre. Il me faut premièrement bien connoître mes gens, je ne veux point un ami fans fentimens, parce qu'il a de l'efprit, comme je ne veux pas non plus d'un ami à fentimens, qui n'a pas le fens commun. Il faut des fentimens réciproques pour former l'amitié, mais auffi il faut réciproquement de l'efprit pour la conduire. A cette confeffion de ma foi amicale, jugez, madame, fi vous n'en êtes pas le premier article. Les lettres, il eft vrai, font les meffagers & de l'amour & de l'amitié, mais n'en font pas toujours des preuves, et trop fouvent même elles reffemblent plûtôt à des miniftres qui mentent pour le fervice de leurs maîtres. Sur ce pied donc, fi mes lettres ont été moins fréquentes en dernier lieu, cela ne décide de rien à mon défavantage ; La fauffeté n'eft-elle pas toujours infiniment plus exacte à remplir les devoirs extérieurs que la vérité ? Mais en tout cas, madame,

gate

more punctual in the discharge of external duties than truth? But, madam, beware for the future of the recess I have just procured; your complaints may soon be reversed, unless your politeness prevents it.

Twelve days ago I resigned my place of secretary of state. You will certainly have been informed of it by the public papers; but as certainly you have not been apprized of the true reasons of this resignation, which the public seldom knows, and never assigns: besides, they are too simple to be credited. They are in truth no other than the love of ease, and the care of my health, which required some attention. To fill up that post tolerably, requires unremitting labour, and constant attention, two articles that were by no means consistent with my natural indolence, or with my crazy constitution. Besides, I was obliged to give up all the sweets of society and of private life; which agreed still less with my disposition. In short, upon mature deliberation, I have determined in favour of a quiet life, and if any thing could possibly have made me alter my mind, I must own the gracious and affectionate manner in which his majesty strove to dissuade me from my resolution, would have gone farther than any thing else.

I now, therefore, enjoy that rest, which is the sweeter as I never tasted it before. In my younger years, dissipation, and the tumult of pleasure, to which I gave myself up without reserve, left me none, and for the last twenty years, business left me as little; it was therefore high time I should enjoy it, and I thank God, I now enjoy it fully. For these six days I have availed myself of my liberty to drink the waters of this place, which never fail to recover me, and I already find my indigestions begin to subside; which I partly impute to the completely idle life we lead here.

I long for the letters that are to explain your Quipos * and other mystic words in your last; I have not yet received them, but I rely on the abbé de la Ville, to whom I have many obligations of this kind. Adieu, madam, abruptly, but not for long.

* The strings or threads used, it is said, by the antient Peruvians to supply amongst them the want of writing; and laid hold of in a very ingenious manner by the French lady, madame de Grafigny, who wrote the famous Peruvian novel mentioned in the subsequent letters.

LETTER

gare l'avenir, et le loisir que je viens de me procurer. Vos plaintes pourroient bientôt être d'une autre sorte, si votre politesse ne s'y oppose pas.

Il y a à cette heure douze jours que j'ai quitté mon poste de sécrétaire d'état ; vous l'aurez certainement sû par les nouvelles publiques, mais vous n'en aurez certainement pas sû les véritables raisons que le public sait rarement, et n'allègue jamais: d'ailleurs, elles sont trop simples pour être crues ; elles ne sont donc véritablement que l'amour du repos, et le soin de ma santé, qui en exigeoit. Pour s'acquitter passablement de cet emploi, il faut un travail sans interruption, et une attention sans relâche, deux articles qui ne s'accordent nullement avec ma paresse naturelle, ni avec ma santé délicate. Il y falloit aussi sacrifier toutes les douceurs de la société et de la vie privée, ce qui convenoit encore moins à mon humeur : enfin, après y avoir mûrement réfléchi, je me suis décidé en faveur du repos, et s'il eût été possible de me faire changer de sentiment, je dois avouer que la manière gracieuse et affectueuse, dont le roi a tâché de me détourner du parti que j'avois pris, auroit plus que tout autre chose fait cet effet.

Je jouis donc à-présent d'un repos qui a d'autant plus de charmes, que je ne l'ai jamais goûté auparavant. Dans ma jeunesse, la dissipation, et le tumulte des plaisirs, auxquels je me livrai sans réserve, ne m'en laissoient point, et pendant ces dernières vingt années, les affaires m'en ont laissé aussi peu ; il étoit donc bien tems d'en jouir, et grace à Dieu j'en jouis pleinement à présent ; il y a six jours que je profite de ma liberté pour boire ces eaux ici qui ne manquent jamais de me rétablir, et je m'apperçois déjà que mes indigestions commencent à se corriger ; la parfaite oisiveté de ce lieu ne laisse pas que d'y contribuer aussi.

Je languis pour les lettres, qui doivent m'expliquer votre Quipos [*] et autres paroles mystiques dans votre dernière; je ne les ai pas encore reçues, mais je m'en fie bien aux soins de l'abbé de la Ville, à qui je suis redevable de mille attentions. Adieu, madame, tout brusquement, mais pas pour long-tems.

LETTER XXIII.

TO THE SAME.

London, March 15, O. S. 1748.

NOW that I am come from Bath, and settled in town, I shall be able to make you feel the effect of the waters, by the many letters I shall trouble you with. I am now free from all duties but those of friendship, and to these you certainly have the first claim; to this you may add, the pleasure I find in the performance of this duty, and you will not question my punctuality; perhaps you will rather have cause to complain of it.

I am sincerely affected with the tragical end of the count de C * * especially on account of the marshal, whom I honor as he deserves. I fear the stroke may be fatal at his time of life. It requires the strength and the avocations of an earlier period to bear up under such afflictions, whereas he has nothing now to call him off from his melancholy reflections. Pray, madam, tell me all the particulars of that unfortunate affair. I interest myself in it enough to inquire into the circumstances, which is often the case when we hear of misfortunes, though they only serve to increase their weight. I write to the marshal because you bid me, for I am very sure it is right, since you say so; otherwise I should have thought it was best not to lift the veil from before paternal grief.

My liberty gives me the more pleasure, as it opens a prospect of seeing you once more at Paris; when that time comes, which I truly long for, I shall think my place at my office very advantageously exchanged for a place at supper in your house. I reckon the peace will certainly open the harbour of Calais for me before the year is out. We are ruining your trade and your navy, you are ruining our good allies the united provinces, we shall all grow weary of those reciprocal ruins, and then we shall balance our accounts.

I have not yet received the Peruvian tales; I am impatient for them, and in the mean time your quipos puzzles me.

Will

LETTRE XXIII.

A LA MÊME.

A Londres, ce 15 Mars, V. S. 1748.

REVENU des eaux, et établi en ville, me voici en état, madame, de vous en faire ressentir les effets, par le nombre de lettres dont je vous accablerai. Je suis à présent dégagé de tous les devoirs, excepté ceux de l'amitié, où vous méritez sûrement une préférence marquée ; ajoutez aussi, s'il vous plait, à ce devoir, le plaisir que j'ai à le remplir, et vous ne douterez plus de mon exactitude ; vous aurez peut-être plutôt sujet de vous en plaindre.

Je suis en vérité bien affligé de la triste fin du comte de C . . . . . surtout par rapport à monsieur le maréchal, que j'honore comme il le mérite. Je crains même pour sa vie à l'âge qu'il a : pour résister à de pareils malheurs, il faut la force, et les occupations d'un age, moins avancé que le sien ; au lieu qu'à présent il n'a rien pour interrompre la continuité de ses idées accablantes. Dites-moi, je vous en prie, madame, toutes les particularités de cette malheureuse affaire; je m'y intéresse au point d'en demander les circonstances, ce qu'on fait toujours dans les malheurs, quoiqu'elles ne servent ordinairement qu'à en augmenter le poids. J'écris au maréchal par vos ordres, étant bien sûr que cela convient, puisque vous le dites ; sans cela j'aurois cru qu'il auroit mieux valu ne pas percer le voile devant la douleur paternelle.

Ma liberté m'est d'autant plus flatteuse qu'elle me présente une perspective de vous revoir un jour à Paris : quand ce jour, pour lequel je languis véritablement, viendra, je trouverai ma place à mon bureau, bien avantageusement troquée contre une place à souper chez vous. Je compte qu'assurément la paix n'ouvrira le port de Calais dans le cours de cette année. Nous ruinons votre commerce et votre marine, vous ruinez nos bons alliés les provinces unies : on se lassera de part et d'autre de ces ruines réciproques, et on en viendra à une liquidation.

Je n'ai pas encore reçu les contes Peruviens ; je m'impatiente, et en attendant, votre quipos me donne la torture.

Will you be so obliging as to tell the princess of M * * * that I had already executed her commands before ever I had received them, and had obtained leave of the king, that the prince of M....... and some other prisoners, knights of Malta, might make their caravans. The marquis de Puisieux had asked it by lord Sandwich, and I have had the pleasure of concluding the functions of my office by that business. I think I shall be less troublesome to the princess of M....... if I don't write to her, merely to acknowledge the receipt of the letter she honoured me with. Adieu, madam, without a compliment.

P. S. Be so good as to remit the inclosed to my amiable rival monsieur de Nevers; I do not seal it, that you may see you have not yet driven us to a challenge.

LETTER XXIV.

TO THE SAME.

London, May 3d, O. S. 1748.

THE employment I never will throw up as long as I live, but will zealously execute, is that, madam, of your agent in this country; and though I have no longer the power of doing all I would in that office, give me at least an opportunity of doing all I can. The moment I received your last letter I made interest for the enlargement of the chevalier d'Albert *; but happily for him, and unfortunately for me, he had sailed for France above a fortnight before. Why did you not employ me in this business sooner? I should either have done it, or at least have taken the merit of it to myself; for, to say the truth, I am so desirous of having some merit with you, that I should make no scruple of robbing others of it.

I am sensible that by acknowledging so many of your letters at once, I accuse myself, that is to say, appearances are against me; but

* A man of great family and merit. He commanded the *Magnanime*, a French man of war of 74 guns, in which he was taken after a smart engagement by two ships of Sir Edward Hawke's squadron, on January 31st 1748.

Voulez-vous bien avoir la bonté de dire à la princeſſe de M........, que j'avois exécuté ſes ordres avant même que de les avoir reçus, et que j'avois obtenu la permiſſion du roi pour que monſieur le prince de M....... et quelques autres chevaliers de Malthe priſonniers puſſent faire leurs caravanes. Monſieur le marquis de Puiſieux l'avoit demandée par le canal de mylord Sandwich, et j'ai eu le plaiſir de finir les fonctions de mon emploi par là. Je crois incommoder moins madame la princeſſe de M........, en ne lui écrivant pas, ſimplement pour accuſer la lettre dont elle m'avoit honoré. Adieu, madame, ſans compliment.

Ayez la bonté auſſi de donner l'incluſe à mon aimable rival monſieur de Nevers. Je ne la ferme pas, afin que vous voyez que vous ne nous avez pas encore menés juſqu'au cartel.

LETTER XXIV.

A LA MÊME.

A Londres, ce 3 Mai, V. S. 1748.

L'EMPLOI que je ne quitterai de mes jours, mais que j'exécuterai avec zèle, c'eſt celui, madame, de votre commiſſionaire dans ce païs; et quoique je n'aye plus le pouvoir de faire tout ce que je voudrois dans cette charge, donnez moi au moins les occaſions d'y faire tout ce que je puis. Dans le moment que j'ai reçu l'honneur de votre dernière lettre, je me ſuis intéreſſé pour la liberté de monſieur le chevalier d'Albert *, mais heureuſement pour lui et malheureuſement pour moi, il y avoit plus de quinze jours qu'il étoit parti pour aller en France. Que ne m'avez-vous chargé de cette affaire plûtôt? ou bien je l'aurois fait, ou en tout cas, j'en aurois pris le mérite; car pour dire le vrai, je ſouhaite tant d'en avoir auprès de vous, que ne je ne me ferois pas conſcience d'en voler à d'autres.

En accuſant tant de vos lettres à la fois, je ſens bien que je m'accuſe moi-même, c'eſt-à-dire que les apparences ſont contre moi; mais au fonds je ne ſuis rien moins que coupable, car quoique

but in fact, I am far from being guilty; for though I have not had the honor of writing to you since I received three of your letters, I have not been the less busied about you. On the contrary, as I had for some time foreseen that peace would soon be concluded, I have been inceſſantly employed in making quipos, to load the firſt great ſhip that ſails for Calais. What a fine and uſeful invention the quipos are! I don't doubt but they are already in uſe at Paris. Indeed that of letters was worn out, it was dragged about the ſtreets, the very common people made uſe of it, and people of faſhion were at a loſs for ſome new method of conveying their ideas to one another. Will you tell me you have much trouble in decyphering my quipos? I anſwer, ſo much the better; our modern wits let you only gueſs at their meaning, and that but ſeldom; beſides, the old four and twenty letters were really not ſufficient to expreſs the new diſcoveries of the moderns, whereas the quipos (eſpecially if they are entangled by the way) will much more naturally exhibit the new quinteſſence of unfelt ſentiments. It is a common obſervation, that the reader muſt be flattered by leaving him ſomething to find out; therefore the quipos muſt be very flattering to the reader, as they leave him every thing to find out. After all, madam, however puzzling my quipos may appear to you at firſt, I have ſuch an opinion of your penetration, that I dare ſay you will underſtand them juſt as well as you have underſtood two thirds of the books that have been publiſhed in your country for theſe ten years paſt.

Let us, madam, mutually congratulate each other on the concluſion of the peace. I believe it was alike deſirable to both parties; we were ruining you by ſea, you were ruining us by land: you were making conqueſts which you did not want, at the expence of your trade and your navy, whilſt we were laviſhing the fruits of both on the continent. It was not my fault if this peace was not concluded laſt year; let us be wiſer for the future, and keep friends. Now each of us knows his proper element; land is yours, and the ſea is ours, and we ſhall keep to it for the future. Had we ſupplied our allies but with half the money they have coſt us on the continent, and employed the other half in making

additional

je n'aye pas en l'honneur de vous écrire depuis que j'ai reçu trois de vos lettres, vous ne m'avez pas moins occupé pour cela. Au contraire, ayant prévu depuis quelque tems que la paix se feroit bientôt, j'ai travaillé fans relâche à vous faire des quipos, dont je chargerai le premier gros bâtiment qui ira d'ici à Calais. O! la belle et utile invention que les quipos! je ne doute nullement qu'on ne s'en ferve déja à Paris. En vérité celle des lettres étoit trop ufée, elle traînoit les rues, le peuple même s'en fervoit, et il manquoit aux honnêtes gens quelque nouveau moyen de s'entre-communiquer leurs idées. Me direz-vous que vous aurez de la peine à déchiffrer mes quipos? Je vous dirai que c'est tant mieux, et que les beaux efprits d'aujourdhui ne fe laifflent tout au plus que deviner, et cela même affez rarement; d'ailleurs les vieilles vingt quatre lettres ne fuffifoient réellement pas pour exprimer les nouvelles découvertes des modernes, au lieu que les quipos (fur tout s'ils s'entortillent en chemin faifant) dépeindront bien plus naturellement la nouvelle quinteffence des fentimens qu'on n'a jamais fentis. On dit toujours qu'il faut flatter le lecteur en lui laiffant quelque chofe à penfer; les quipos donc doivent bien flatter le lecteur, en lui laiffant tout à penfer. Enfin, madame, quelque difficiles que mes quipos vous paruiffent d'abord, je compte affez fur votre pénétration pour être perfuadé que vous les comprendrez tout auffi bien que vous avez compris les deux tiers des livres, qu'on a publiés chez vous depuis dix ans.

Félicitons nous, madame, réciproquement de la paix faite. Je crois qu'elle nous convenoit auffi réciproquement; nous vous ruinions par mer, vous nous ruiniez par terre: vous faifiez des conquêtes fur terre dont vous n'aviez pas befoin, aux dépens de votre commerce, et de votre marine, pendant que nous prodiguions fur terre les fruits de l'un et de l'autre. Il n'a pas tenu à moi que cette paix ne fe fût faite l'année dernière; foyons plus fages à l'avenir, et reftons bons amis. Nous connoiffons chacun à-préfent notre élément, le vôtre c'eft la terre, le nôtre c'eft la mer, et nous nous y tiendrons à l'avenir. Si nous euffions fourni à nos alliés en argent la moitié feulement de ce qu'ils nous ont coûté par terre, et que nous euffions employé l'autre moitié de furcroît par mer; vous auriez été plûtôt las

de

additional efforts by sea, you would have been sooner tired of the war; by that means the queen of Hungary would have had more numerous armies by land, for it is not men she wants, but money, and we should have had larger fleets, which not only cost us nothing, but bring home immense sums. It has been computed, and I believe the calculation to be a pretty just one, that the value of the prizes we have taken in the course of this war amounts, would you believe it? to five millions sterling at least. To say the truth, though the war has certainly been very glorious for you, we have been the greatest gainers by it in the main. We have preserved to the house of Austria all those countries which, at the commencement of the war, were given up for lost; we have procured her the imperial dignity; our trade and our navy, far from having suffered, have been greatly improved by the war. It is true, on the other hand, that our armies in Flanders, and the subsidies we paid, have cost us immense sums. You have gained a settlement in Italy for the formidable Don Philip, you have obtained three victories in Flanders, and you have taken a great many towns, which you now restore; but your trade and your navy have suffered so much, as not to recover it in many years. Such are the fruits of the war on both sides; as for those of the peace, the fairest for me is the prospect of paying my court to you at Paris or at Bagatelle. I long for that day, but cannot fix it as yet. Knowing you as I do, and wishing for that moment as I do, are but one and the same thing. Good night, madam.

LETTER XXV.

TO THE SAME.

London, May 24, O. S. 1748.

AS all our ships that go to France are so loaded with corn [*], that I have not yet found room for my bales of quipos, I write to you, Madam, after the old fashion, the invention of Cadmus, who

---
[*] The South provinces of France were greatly distressed for want of bread, which rose to an exorbitant price at the end of the war; and they were, upon the conclusion of the peace, supplied in great abundance with corn from England.

de la guerre; car moyennant cela, la reine d'Hongrie auroit eu de plus grandes armées par terre, puisque ce n'est pas les hommes, mais l'argent qui lui manquent, et nous aurions eu de plus grosses flottes, qui non seulement ne nous coutent rien, mais qui nous apportent des sommes immenses. On a fait un calcul, que je crois être assez exact, de la valeur des prises que nous avons faites pendant cette guerre, et le croiriez-vous? il monte au moins à cinq millions de livres sterlin. A dire le vrai, quoique la guerre vous ait sûrement été fort glorieuse, nous y avons gagné au fonds plus que vous. Nous avons conservé à la maison d'Autriche tous ces païs, qu'au commencement de la guerre on regardoit comme perdus pour elle; nous lui avons procuré de plus la dignité impériale: notre commerce et notre marine, loin d'avoir souffert, se sont beaucoup augmentés par la guerre. Il est vrai de l'autre côté que nos armées en Flandres, et les subsides que nous payions nous ont furieusement couté. Vous avez gagné un établissement en Italie pour le redoutable Don Philippe, vous avez eu trois victoires en Flandres, et vous y avez pris un grand nombre de villes que vous restituez; mais votre commerce et votre marine y ont souffert au point de ne se pas remettre de bien des années. Voila les fruits de la guerre de part et d'autre: pour ceux de la paix, le plus beau pour moi est celui de pouvoir un jour vous faire ma cour à Paris ou à Bagatelle. Je languis pour ce moment sans pouvoir encore le fixer. Vous connoitre comme je le fais, et souhaiter ce moment comme je le fais, ne sont que la même chose.. Bon soir, madame.

LETTRE XXV.

A LA MÊME.

A Londres, ce 24 Mai, V. S. 1748.

COMME tous nos vaisseaux qui vont en France sont si chargés de bleds*, que je n'ai pas encore pu trouver place pour mes ballots de quipos, je vous écris, madame, à la vieille mode, selon l'invention de Cadmus, qui imagina, dit-on, les lettres il y a deux

is said to have contrived letters two or three thousand years ago, or longer; but whether I make use of the old or new invention, to convey my thoughts to you, I shall certainly find none that can express the warmth and sincerity of my sentiments as I could wish, and I must always leave you something to find out on that score; but it gives me the less concern, as I know you have too much discernment not to do me justice. We commonly judge of others by ourselves; and those who have sentiments themselves, always suppose the same in others, unless they have evident proofs to the contrary.

Your invitation to come ambassador to Paris, would have been very tempting some years ago, when, I confess, noise and splendor had great attractions for me; but now that all my wishes center in a quiet life, I shall like better to pay my respects to you as a little private man, and a traveller. Lord Chesterfield would quietly, and without interruption, enjoy the society and the delightful suppers of * * *; whereas the ambassador would frequently be forced to give up these delicious moments, to receive or dispatch tiresome packets, to go through ceremonies, or to treat with your ministers. No, madam, I will have you be the sole object, and not the episode, of my journey to Paris. However, it will not be this year, my private concerns will not admit of it; and besides, in the present posture of affairs, the public, who always seeks and finds secret motives in every thing, would not fail to suppose I was gone upon some secret, and consequently more important, negociation.

The peace seems to be growing general; our good ally the queen of Hungary is already come into it, and no doubt your good Catholic ally will do the same. All this might just as well have been done two years ago, if England and France had pleased, and it would have been better for both. Our several allies have cost us very dear; let this be a lesson for the time to come.

Your pupil, whom you are so kind as to inquire after, is now at Leipsig, where he will continue seven months longer, to finish a certain course of studies, which that university is very fit for, I mean the German language, history, and the public law of the empire. From thence he will take a turn to Turin, to polish him, that you may be less ashamed of him when he has the honor

ou trois mille ans ou plus; mais j'aurois beau me servir des vieilles ou profiter des nouvelles inventions, pour vous communiquer mes pensées, je n'en trouverai pas sûrement quelqu'une qui vous expliquera comme je le voudrois toute la vivacité et la vérité de mes sentimens, et il me faudra toujours vous laisser quelque chose à penser sur cet article; mais j'en suis moins en peine parceque je sais que vous pensez trop juste, pour ne me pas rendre justice. Nous jugeons ordinairement des autres par nous-mêmes, et ceux qui ont des sentimens eux-mêmes, en supposent toujours aux autres, à moins qu'ils n'ayent fait leurs preuves du contraire.

L'invitation que vous me faites de venir ambassadeur à Paris, auroit été bien tentante il y a quelques années. Le bruyant et le brillant avoient, je l'avoue, des charmes pour moi; mais à présent que la douceur de la vie est mon unique objet, je trouverai bien plus mon compte à vous rendre mes devoirs comme petit particulier et voyageur. Mylord Chesterfield jouiroit à son aise et sans interruption de la société, et des aimables soupers, de * * *; au lieu que monsieur l'Ambassadeur se trouveroit souvent obligé de renoncer à de si doux momens, pour recevoir, et pour expédier des pacquets ennuyeux, essuyer des cérémonies, ou jouer au plus fin avec vos ministres. Non, madame, je veux que vous soyez l'unique objet, et non pas l'épisode, de mon voyage à Paris; ce ne sera pourtant pas cette année, mes arrangemens particuliers ne le permettent point, et d'ailleurs, dans la situation présente des affaires, le public, qui cherche, et qui trouve finesse en tout, me supposeroit négociateur secret, et d'autant plus important pour cela.

Voici la paix qui s'arrondit, notre bonne alliée la reine d'Hongrie y a pris déja sa place, et votre bon allié catholique, sans doute, en fera de même. Tout ceci auroit pu se faire également il y a deux ans, si l'Angleterre et la France l'eussent voulu, et elles y auroient toutes deux gagné: nos alliés réciproques nous ont couté bien cher; profitons au moins de cette expérience à l'avenir.

Votre élève, dont vous avez la bonté de vous informer, est actuellement à Leipsig, où il restera encore sept mois, pour finir un certain cours d'études, auquel cette université est très propre, c'est-à-dire la langue Allemande, l'histoire, et le droit public de l'empire. De là il fera un tour, pour six mois, à l'académie à Turin, afin de

of being yours at Paris. Yes, Madam, I say yours; for the moment he is at Paris, he will be none of mine; you shall direct him as you think proper, and I will have nothing more to do with him. I am well assured your friendship will prompt you to take this trouble upon you, and there is nothing in which you can oblige me so much. Hitherto his behaviour, and the progress he has made, give me great room to hope that he will not be unworthy of your regard.

LETTER XXVI.

TO THE SAME.

London, July 5. O. S. 1748.

YOU don't do me justice, madam; I am highly pleased with the Peruvian letters, and it was by no means with a view to them, that I complained of the fashionable refinements and embarrassments of writing; on the contrary, there is a great deal of nature and common sense in these letters. Only I could have wished that Zilia, justly provoked at the behaviour of Aza, had married Detterville out of gratitude. I don't say for love; love is not so soon transferred from one object to another, but it is certain that love may be extinguished, and would be so at once for an object that had made himself so unworthy of it as Aza; then an indifference for all other objects ensues, and not only suffers, but inclines, us to give ourselves up to sentiments of gratitude and esteem. It is true, your French authors have applied themselves, much more than ours, to the study of the human heart. La Rochefoucault * and la Bruyere † have searched into its inmost recesses; but their successors, who have thought themselves obliged not only to go beyond them, but even to outdo each other, have spun out their analysis to the utmost refinement of nonsense.

You will pardon me, madam, if I am not quite of your opinion with regard to your pupil, I even hope to bring you over to mine.

* The maxims of that author were much admired by lord Chesterfield.
† The celebrated French translator and imitator of Theophrastus. His characters will always maintain the just reputation they have acquired, notwithstanding the efforts of some critics to depreciate them.

le décrotter, au point que vous en ayez moins honte, quand il aura l'honneur de vous appartenir à Paris. Oui, madame, je me sers du terme de vous appartenir, puisque du moment qu'il sera à Paris, j'y renonce; c'est à vous à en ordonner comme vous jugerez à propos, je ne m'en mêlerai plus. Votre amitié m'est garant que vous voudrez bien vous charger de ce soin, et rien au monde ne peut m'être si sensible. Jusqu'ici sa conduite, et les progrès qu'il a faits, me donnent tout lieu d'espérer qu'il ne sera pas indigne de vos soins.

LETTRE XXVI.

A LA MÊME.

A Londres, 5 Juillet, V. S. 1748.

VOUS me faites tort, madame; je goute infiniment les lettres d'une Peruvienne, et ce n'étoit nullement par rapport à elles, que je me plaignois des raffinemens, et des entortillemens à la mode; au contraire, il y a beaucoup de naturel et de sens commun. J'aurois voulu seulement que Zilia, justement outrée du procédé d'Aza, eût épousé Detterville par reconnoissance. Je ne dis pas par amour; l'amour ne se transporte pas si tôt d'un objet à un autre, mais il est sûr que l'amour peut s'éteindre, et s'éteindroit tout à coup, pour un objet qui s'en seroit rendu aussi indigne qu'Aza; alors l'indifférence par rapport à tous les autres objets succède, et non seulement nous permet, mais même nous porte à nous livrer aux sentimens de reconnoissance et d'estime. Il est vrai que vos auteurs François se sont appliqués bien plus que les nôtres à étudier le cœur de l'homme. La Rochefoucault * et la Bruyere † en ont bien développé tous les plis, et les replis; mais leurs successeurs, qui se sont crus obligés, non seulement de renchérir sur eux, mais aussi les uns sur les autres, ont poussé leurs analyses jusqu'au plus fin galimatias.

Vous me pardonnerez, madame, si je ne suis pas tout-à-fait de votre sentiment au sujet de votre élève; je crois même vous mener au mieux. Faites réflexion qu'il est tout couvert de la poussière des col-

lèges

Confider, he is covered all over with the ruſt of the colleges of Leipſig, that he has no kind of breeding, and that, with a very pretty perſon, he looks very aukward; and judge what would be the conſequence, if he were to make his firſt appearance in ſuch a world as Paris. Conſcious and aſhamed of not being like other people, he would ſhun good company, and be ſhunned by them, and would take refuge amongſt his elegant countrymen at the Engliſh coffee-houſe; whereas in a ſmall place like Turin, where there is a very polite court, an academy, and good company, he will inſenſibly wear off his ruſt, without being diſcouraged; and afterwards, when he is more admiſſible, Paris, your kindneſs, and above all, your example, will put the finiſhing hand. I confeſs I am as impatient as an author, to ſee a fine and correct edition of my work, which will never be, till you have been kind enough to correct it.

LETTER XXVII.

TO THE SAME.

London, July 30, O. S. 1748.

I Am juſt returned from a journey of forty leagues, which I have taken to drink ſome waters*, that have been of great ſervice to me, but have balanced that advantage, by depriving me of your laſt letter for a few days. I ſhall make another excurſion into the country tomorrow for a fortnight, not from choice but neceſſity, for I have at preſent no dwelling-place. I am moving out of my old houſe, and my new one is not yet habitable, ſo that I muſt live upon my friends a few weeks longer. If *la rue de* *** or *Bagatelle* were but between my two houſes, I ſhould not repine at the inconvenience that I now find ſo provoking. In ſix weeks time, I hope to be in ſome meaſure ſettled in my habitation, where I ſhall at laſt have a good houſe. I have fitted up moſt of my rooms quite in the French taſte. I have a ſpacious court-yard, and a large garden, two very uncommon things in this town, though very frequent at Paris.

* Thoſe of Cheltenham.

lèges de Leipsig, qu'il n'a point du tout de manières, et que malgré une fort jolie figure, il a très mauvais air; et jugez ce qui en seroit, si son premier début étoit dans un monde comme Paris. Ne se sentant pas fait comme les autres, et honteux de ne l'être pas, il éviteroit les bonnes compagnies, qui l'éviteroient aussi à leur tour, et il se refugieroit auprès de ses aimables compatriotes au caffé Anglois; au lieu que, dans un petit endroit comme Turin, où il y a pourtant une cour très polie, une académie bien réglée, et bonne compagnie, il se décrottera insensiblement sans se rebuter; après quoi, devenu plus présentable, Paris, vos bontés, et ce qui plus est encore, votre exemple, y mettront la dernière main. J'avoue que je m'impatiente, comme un auteur, pour voir une belle et correcte édition de mon ouvrage, ce qui n'arrivera qu'après que vous aurez bien voulu le corriger.

LETTRE XXVII.
A LA MÊME.

A Londres, ce 30 Juillet, V. S. 1748.

JE reviens d'un voyage que j'ai fait à quarante lieues d'ici, pour prendre des eaux *, qui m'ont fait beaucoup de bien, mais qui ont contrebalancé ce bien, en me privant pour quelques jours de votre dernière lettre. Je fais encore demain une autre course à la campagne pour quinze jours, pas par choix mais par nécessité, car actuellement je n'ai point de domicile, je déménage de ma vieille maison, & je ne puis pas encore entrer dans ma nouvelle, de façon qu'il me faudra encore quelques semaines vivre aux dépens de mes amis. Encore si la rue de *** ou *Bagatelle* se trouvoit entre mes deux maisons, je souffrirois volontiers le dérangement, qui me fait enrager à cette heure. Dans six semaines j'espère d'être établi, tant bien que mal, dans mon hôtel, où à la fin je serai bien logé. J'ai accommodé la plûpart de mes chambres entièrement à la Françoise. J'ai une grande cour, et un grand jardin, deux choses très-rares dans cette ville, quoique très-communes à Paris. Enfin, venez la voir,

In short, madam, come and see it; it is but a step from your house, and I will engage that, except good living, good company, and all that makes society agreeable, you would still think yourself at Paris.

A little pamphlet has lately been imported from Paris, which is not much amiss, entitled the year 1748 *: it foretells a great change that is to happen on the first of next month; no less than a total and reciprocal exchange of sexes. As for me, who am not naturally over-credulous, I can scarcely believe it, though I should gladly consent to it upon one condition, which is that you and I should make the exchange one with the other. It is true you would be a great loser by the bargain, but it is not less true that I should be a great gainer; and, in essentials, who cares what their friends lose, if they do but get? Decency requires that we should sacrifice something to our friends in lesser matters, and that we should shew them some attentions that cost us little or nothing; but a man would be esteemed a savage, who should strain the sentiments of friendship beyond this. Would to God then, madam, that on the first of next month I should all on a sudden find myself to be you, and that you should find yourself to be your most humble servant!

LETTER XXVIII.

TO THE SAME.

London, August 22, O. S. 1748.

BE so good, madam, I conjure you, as to say to the prince of Conti, in my name, all that you would say yourself if you were in my place; then, witty as he is, he will think I am so too, for I expect you should affirm at the same time that I have writ to you word for word what you are to say. I don't suppose you are so miserly as to deny me this small present, which you can easily spare, and which I only ask you to bestow out of

* *L'année merveilleuse*, by abbé Coyer. This was an ingenious imitation of the *annus mirabilis* by Dr. Arbuthnot.

your

voir, madame ; il n'y a qu'un pas de chez vous ici, et j'ose vous assurer, qu'à l'exception de la bonne chère, de la bonne compagnie, et de tous les agrémens de la société, vous vous croiriez encore à Paris.

On nous a apporté dernièrement de Paris une petite brochure, pas mal écrite, intitulée l'année 1748°, qui prédit, pour le premier du mois prochain, un changement très-considérable ; il ne s'agit de rien moins que de la métamorphose totale et réciproque des deux sexes. Pour moi, qui naturellement ne suis pas trop crédule, j'ai de la peine à le croire, quoique j'y consentirois volontiers à une condition, qui seroit que vous et moi nous changeassions l'un contre l'autre. Il est vrai que vous perdriez bien au change, mais il est aussi vrai, que j'y gagnerois beaucoup, et dans les choses essentielles, qui est-ce qui s'embarasse de ce que leurs amis perdent, pourvu qu'ils y gagnent eux-mêmes ? La décence veut qu'on sacrifie à ses amis de petits objets, et qu'on leur témoigne des attentions, qui ne coûtent que peu ou rien ; mais on passeroit pour Iroquois, si on poussoit plus loin que cela les sentimens d'amitié. Plut-à-Dieu donc, madame, que le premier du mois prochain, je me trouve tout-à-coup vous, et que vous vous trouviez votre très-humble serviteur !

LETTRE XXVIII.

A LA MÊME.

A Londres, ce 22 d'Août, V. S. 1748.

AYEZ la bonté, je vous en conjure, madame, de dire pour moi à monsieur le prince de Conti tout ce qu'en ma place vous diriez vous-même ; alors, avec l'esprit qu'il a, il croira que j'en ai aussi beaucoup, car je prétends que vous lui soutenïez, en même tems, que je vous l'ai écrit mot à mot. Je ne pense pas que vous soyez assez ladre pour me refuser ce petit présent, dont vous ne sentirez pas le besoin, et que je ne demande que de votre surabondance. Au reste, ajoutez,

your overflowings. Be pleased to add, that I hope to send him some recruits of that sort of hounds some time hence. The breed had been neglected, since there were no more wolves in Ireland, but I have writ to some of my friends to get some made for me. Your warriors will have leisure for hunting, at least for some time, though I do not see that they bring this definitive treaty to a conclusion. I know not whose fault it is, as it has plainly appeared that you wish for peace, and it is very certain we wish for it too; and methinks when we are agreed, our respective allies must also come into terms.

Could you inform me, madam, who is intended to be your ambassador here? We suppose there are two competitors, monsieur de Mirepoix and marshal de Belleisle; for my part, I only wish he may be a friend of yours, and consequently that he may have the same opinion of you as I have.

I will endeavor to procure the papers your brother-in-law wants, but all the gentlemen who could help me to them are still in Flanders; and besides, I very much question the exactness of our military people in those matters. They must be allowed to fight well, but they have not that attention and that taste for their profession as yours have.

I see plainly you are not convinced by my reasons with regard to your future pupil: that is nothing very surprizing; but what is more so is, that I should not acquiesce in yours. In every thing there must be gradations, and the lesser cities will gradually prepare him for the larger. Paris swarms at present with Englishmen, whom I would not willingly propose to him for models or for acquaintance, and they would infallibly be both, it he were to go there just now; whereas Turin will break him from his native country, and then, when he belongs to none, he will certainly adopt yours. Adieu, madam, I excuse you the reading of a whole page; pray reward me by adding one to the next you honor me with.

LETTER

ajoutez, s'il vous plaît, que je me flatte de pouvoir en quelque tems d'ici lui envoyer des recrues de cette forte de chiens : on en avoit négligé la race, depuis qu'il n'y avoit plus de loups en Irlande, mais j'ai écrit à quelques-uns de mes amis de m'en faire faire.

Vos guerriers auront, du moins pour quelque tems, le loifir de chaffer, quoique pourtant il me femble que ce traité définitif ne finit point. Je ne fais à qui en eft la faute, puifqu'il a paru affez clairement que vous voulez la paix, et qu'il eft très-fûr que nous la voulons auffi ; et il me femble que dès que nous fommes d'accord, il faut bien que nos alliés refpectifs marchent.

Sauriez-vous, madame, qui l'on deftine chez vous pour ambaffadeur ici ? Nous fuppofons ici qu'il a deux concurrens pour cette commiffion, monfieur de Mirepoix, et monfieur le maréchal de Belleifle ; pour moi je demande feulement qu'il foit de vos amis, et que par conféquent il penfe comme moi fur votre fujet.

Je tâcherai de procurer pour monfieur votre beau-frère les papiers qu'il fouhaite, mais à préfent tous ceux qui feroient en état de me les fournir font encore en Flandres ; et d'ailleurs, pour vous dire la vérité, je doute beaucoup de l'exactitude de nos militaires dans ces matières là. Ils fe battent bien, il en faut convenir ; mais ils n'ont pas cette attention, et ce goût pour leur métier, qu'ont les vôtres.

Je vois bien que vous ne convenez pas de mes raifons au fujet de votre futur élève : cela n'eft pas extraordinaire ; mais ce qui l'eft, c'eft que je ne me rende point aux vôtres. Il faut en tout des gradations, et les petites villes le prépareront peu-à-peu pour les grandes. Paris fourmille actuellement d'Anglois, que je ne lui donnerois pas volontiers, ou pour modèles ou pour connoiffances, mais qui feroient infailliblement l'un et l'autre s'il y alloit préfentement ; au lieu que Turin achevera de le dépaïfer, après quoi, n'étant plus d'aucun païs, il adoptera fûrement le vôtre. Adieu, madame ; je vous fais grace d'une page entière, recompenfez-moi en en ajoutant une à celle dont vous m'honorerez.

LETTER XXIX.

TO THE SAME.

London, Sept. 5, O. S. 1748.

YES indeed, madam, I have a *boudoir* (pouting room) but it has one fault, which is, that it is so chearful and so pleasant, that there will be no such thing as pouting in it when I am alone. That is a fault on the right side, for one who is such an enemy to pouting as I am, and may be remedied at any time, by introducing those clumsy, tiresome, and disagreeable people, which I am obliged to admit now and then. When an animal of that sort sends in his name, I shall directly run to my *boudoir*, as to my sanctuary, and there receive him; there he will have less effect upon me, for we are so framed, that external objects have no small influence on the mind, and many a fool, who would tire me to death in a dismal room, may chance to amuse me in a pleasant and ornamented closet. The result of all this is, that the true etymology of *boudoir* is (to speak Latin) *à non boudare*, as *lucus à non lucendo*; that is to say, that you neither pout in the one, nor see in the other. If this stroke of profound erudition puzzles you, abbé Sallier, whom I salute with all my heart, will explain it, and make you sensible of its solidity. Will you have a description of my *boudoir*, as well as its etymology? Here it is. The wainscot and ceiling are of a fine blue, with a great deal of carving and gilding; the hangings and chairs are worked in tent stitch, in a beautiful pattern of flowers on a white ground. Over the chimney, which is of *Giallo di Sienna*, a great deal of glass, with carved work and gilding, and in the middle is the picture of a very fine woman done by Rosalba. I would describe the rest of my house; but as the second Pliny failed in attempting a description of his, which is wholly unintelligible, I could not presume to succeed, and you know a wise man will not attempt what is beyond his strength.

Sure your custom-house Cerberus's must be much more inexorable than ours, for I gave strict charge to my merchant not to suffer

LETTRE XXIX.

A LA MÊME.

A Londres, ce 5 Sept. V. S. 1748.

OUI vraiment, madame, j'ai un boudoir, mais il a un défaut, c'eſt qu'il eſt ſi gai et ſi riant, qu'on n'y pourra jamais bouder quand on y ſera ſeul: c'eſt un défaut aimable pour qui aime la bouderie auſſi peu que moi, mais en tout cas, il eſt facile de le reparer, en y recevant les gens mauſſades, fâcheux, et déſagréables, que de tems en tems on eſt obligé d'eſſuyer. Quand on m'annoncera un animal de la ſorte, je courrai d'abord à mon boudoir, comme à mon ſanctuaire, l'y recevoir; là il aura moins de priſe ſur moi, car, de la façon que nous ſommes faits, les objects extérieurs ne ſont nullement indifférens par rapport à l'eſprit, et tel ſot qui m'accableroit dans une chambre lugubre, pourra peut-être m'amuſer dans un cabinet orné et riant. De tout ceci il reſulte, que la véritable étymologie de boudoir eſt (pour parler Latin) *à non boudare* comme *lucus* un bois *à non lucendo* c'eſt à dire qu'on ne boude point dans l'un, et qu'on ne voit goutte dans l'autre: au reſte ſi ce trait de profonde érudition vous embarraſſe, l'abbé Sallier, que je ſalue de tout mon coeur, vous l'expliquera, et vous en fera ſentir toute la ſolidité. Voulez-vous la deſcription, auſſi bien que l'etymologie, de ce boudoir? La voici. La boiſure, et le platfond ſont d'un beau bleu, avec beaucoup de ſculptures et de dorures; les tapiſſeries et les chaiſes ſont d'un ouvrage à fleurs au petit-point, d'un deſſein magnifique ſur un fond blanc; par deſſus la cheminée, qui eſt de Giallo di Sienna, force glaces, ſculptures, dorures, et au milieu le portrait d'une très belle femme, peint par la Roſalba. Je vous ferois la deſcription du reſte de la maiſon, mais comme le ſecond Pline a échoué en voulant donner la deſcription de la ſienne, où l'on n'entend abſolument rien, je n'ai pas pu eſpérer d'y pouvoir réuſſir, et vous ſavez qu'il eſt de la ſageſſe de ne pas tenter des choſes au deſſus de ſes forces.

Il faut que vos Cerbères de la douane ſoient bien plus inexorables que les nôtres, car j'ai bien inſtruit mon marchand de ne ſe

the filks to be feized, for want of a certain compliment, which goes a great way with thofe gentlemen. I hope your controller will be fo civil as to releafe prifoners that are to be fo near your perfon.

For goodnefs fake, madam, tell me why your parliament is fo exafperated againft a book I have juft been reading, entitled, *les Moeurs**. As I had feen the *arret*, before I read the book, I expected to find it full of impiety and profligacy; whereas I have found religion and natural law ftrongly eftablifhed and inculcated, ftrict morality, and all the duties of man fully pointed out. It is true, the author adopts no particular fect or mode of external worfhip, as a part of religion; but this was no bufinefs of his in treating of morality. I know the clergy of all religions will be offended at it, but is that a reafon why the parliament fhould be fo too? Indeed I find a great deal of good in that book; there is good fenfe, wit, and ftriking pictures; fometimes, indeed, the reafonings are rather pretty than ftrong, and frequently the author feems to chufe rather to adorn than to pufh his argument. Is it fufpected at Paris who he is? For my part, if I were to give a guefs, I fhould fufpect the author of the Perfian letters.

Does the prince of Conti think I have an amiable and delicate way of faying things? That is to fay, madam, have you faithfully delivered my meffage to him in the manner I told you? If fo, kings would be very happy to be ferved as I am; for then, perhaps, none but the few who approach them would know that they want underftanding.

A propos, the time is over, and the metamorphofis I fo much wifhed for has not taken place, and now I defpair of it; for, when a prophecy is not fulfilled at the time appointed, there is an end of it. At leaft I have been a gainer by the impofture, and what you fay to me upon the fubject is almoft as good as the metamorphofis itfelf, for I take it all literally, and fhould be very forry to examine too narrowly into that matter. A man feels too happy when he is deceived, or deceives himfelf, to his own advantage. I wifh you
could

---

* This book, which has been tranflated and publifhed in Englifh, was compofed by Mr. Touffaint. The offence, which it gave to the clergy, on account of fome things in Chriftianity, obliged

pas laisser prendre les étoffes, faute d'un certain compliment, auquel ces messieurs sont d'ordinaire très sensibles. Il faut espérer que monsieur votre comptroleur aura la politesse de relâcher des prisonniers, qui doivent vous toucher de si près.

Dites moi de grace, madame, pourquoi votre parlement de Paris a tant sévi contre un livre que je viens de lire, intitulé, *Les Moeurs**. Comme j'avois lû l'arrêt, avant que d'avoir lu le livre, je m'attendois à trouver dans ce dernier toutes sortes d'impiétés, et de relachement; au lieu de quoi j'y ai trouvé la religion et la loi naturelle fortement établies et inculquées, une morale même rigoureuse, et tous les devoirs de l'homme bien constatés. Il est vrai que l'auteur n'adopte aucune secte particulière, ni culte extérieur en matière de religion, aussi n'étoit-ce pas de son ressort en traitant des moeurs. Je sens bien que les ecclésiastiques de toutes les religions en seront offensés, mais est-ce une raison pour que le parlement le soit aussi? En vérité je trouve beaucoup de bon dans ce livre, il y a du bon sens, de l'esprit et des portraits bien caractérisés; il est vrai que quelquefois les raisonnemens sont plus jolis que forts, et il semble que l'auteur aime mieux souvent orner que pousser son argument. Soupçonne-t-on à Paris qui c'est? pour moi, si je voulois me livrer à des conjectures, j'en soupçonnerois l'auteur des lettres Persanes.

Monsieur le prince de Conti, croit-il que j'ai l'esprit délicat et aimable? c'est-à-dire, madame, vous êtes-vous acquittée fidèlement de ma commission auprès de lui? en ce cas, que les rois seroient heureux d'être servis comme moi, puisqu'alors il n'y auroit peut-être qu'une vingtaine de ceux qui les approchent de plus près, qui sauroient qu'ils n'ont point d'esprit!

A propos, le tems est passé sans que la métamorphose que je souhaitois tant se soit faite, et à-présent j'en désespère, car dès que les prophéties ne s'accomplissent pas à point nommé, c'en est fait. Au moins j'ai gagné par l'imposture, et ce que vous me dites sur ce sujet vaut presque la métamorphose même, car je prends tout à la lettre, et je me donne bien garde d'aprofondir cette matière. On est trop heureux d'être trompé, ou de se tromper soi même, agréablement: je voudrois bien que vous pussiez m'avoir une pareille obligation,

_{obliged the author to fly from his country, and take refuge in Prussia. Lord Chesterfield was mistaken in attributing this performance to Montesquieu.}

mais

could have such an obligation to me, but how can that be? You would not thank me for telling you truths that are generally acknowledged, and there is no room for any thing beyond. You leave a great deal to think, but nothing to say.

LETTER XXX.

TO THE SAME.

London, Sept. 22 O. S. 1748.

TRULY, madam, I am at a loss how to deal with you. You reject the plainest truths, because they are to your advantage. As for compliments, we have long since banished them from our correspondence; and if you will hear of nothing but your faults, you must apply to somebody that can find them out. It is true, we like better to be told of what we wish to deserve, or, from self-love, fancy we deserve, than of what we really do deserve. One of the ancients, I forget which, said to Trajan; *Flattery is long since exhausted towards your predecessors; all that remains for us towards you, is to dare be silent* [*]. This then is the method I shall take with you.

How I long for your *arms*, madam! The expression appears rather warm and tender; I must explain it, in case the letter should be opened. I long then for the china *arms* (sconces) you are so kind as to send me by the return of my merchant, who, I am sure, has never been so impatiently expected since he was born. I trust to your taste, and care not what color they are of; they cannot be amiss, for I have already every possible color in my *boudoir*. I shall therefore plainly thank you for them, madam, with all my heart. Voiture[†] would not so soon have dismissed so fine a subject for his wit, nor the Chevalier d'Her—[‡] for his epigrams.

[*] These are Pliny's remarkable words, " Simul cum jampridem novitas omnis adulationis consumpta sit, non alius erga te novus honor superest, quam si aliquando de te tacere audeamus. Panegyr. lv. 3.

[†] An author formerly much admired for his wit, and now unjustly despised.

Your

mais le moyen, vous ne me tiendriez aucun compte de vérités re-
connues, et pourtant on n'y peut rien ajouter; vous donnez beaucoup
à penser, mais vous ne laissez rien à dire.

LETTRE XXX.

A LA MÊME.

A Londres, ce 22 Sept. V. S. 1748.

C'EST que je ne sais plus comment m'y prendre avec vous,
madame, vous rejettez les vérités les plus simples parcequ'elles
vous sont avantageuses. Pour les complimens, nous les avions déja
bannis de notre commerce depuis longtems; et si vous voulez seulement entendre parler de vos défauts, il faut vous adresser à quelqu'un qui vous en connoisse. Il est vrai qu'on s'entend dire plus
volontiers les choses qu'on voudroit mériter, ou que, par illusion, on
croit mériter, que celles qu'on mérite réellement. Un ancien, je ne
sais plus lequel, disoit à Trajan; *la flatterie est épuisée depuis longtems
envers vos prédécesseurs; tout ce qui nous reste donc à votre égard, c'est
d'oser nous taire**. Voila donc le parti que je prens.

Que je languis pour vos bras, madame! L'expression paroit vive
et tendre; il faut l'expliquer, en cas qu'on ouvre la lettre. Je languis
donc pour ces bras de porcelaine, que vous avez la bonté de m'envoyer par le retour de mon marchand, qui, depuis qu'il est au monde,
n'a jamais été attendu avec une impatience égale à la mienne. Je
m'en fie bien à votre gout, et je ne m'embarasse pas de la couleur.
J'ai déja toutes les couleurs du monde dans ce boudoir, de façon que
vos bras n'y peuvent pas être déplacés, de quelque couleur qu'ils
soient. Je vous en remercierai donc, madame, de tout mon cœur,
et tout simplement. Voiture † n'auroit pas si tôt quitté un si beau sujet
pour son esprit, ni le chevalier d'Her—‡ pour ses épigrammes.

‡ The letters published under that name were written by Mr. de Fontenelle, when very young.
They abound in witticism and conceits, and are in all respects unworthy of that author.

Votre

Your fire-man is employed in preparing the grand fire-works, that are to be played off here for the conclusion of the peace. I am only afraid his gunpowder will grow mouldy, and the preparations be spoiled, before the end of the endless definitive treaty. I should be very glad to be of service to your artist; but you will forgive me, I am sure, if, being just come into my new house, I do not chuse to give him an opportunity of blowing it up or burning it down, or even of smoking the furniture, the usual consequences of fire-works in the neighbourhood. As for your composer Adolphati, I shall tell you honestly, I presage no good for him in this country. The opera we are to have this winter, being wholly managed by an *impresario* from Italy, who brings along with him his own company and his own composer, there is no opening that way. As to oratorios, motets, and that kind of music, there is still less. Handel, who is unquestionably the greatest composer in Europe, has given so many that we are surfeited with them, and nobody goes to hear them. It is enough that he comes from you, to quicken my endeavours to serve him, but I doubt it will be to no purpose.

I wish you a good night, madam; the tediousness of this letter may possibly contribute to give you one.

LETTER XXXI.

TO THE SAME.

London, November 21, O. S. 1748.

IT is but within these four days, madam, that I am returned from Bath. My old complaints had obliged me to have recourse to those waters; and during my stay there, the head-ake and swimmings in my head have made me utterly incapable of saying the least thing to you, and my head was not much in a condition to explain to you the sentiments of my heart. My comfort was, you have been long acquainted with them. In the mean time

Votre homme à feu eſt employé dans le grand feu d'artifice qu'on doit tirer ici au ſujet de la concluſion de la paix: Je crains ſeulement que ſa poudre ne ſe moiſiſſe, et que ſes préparatifs ne ſe gâtent, avant que le traité définitif qui ne finit point ne ſe finiſſe. Je ferois charmé de rendre ſervice à votre artiſte, mais vous me pardonnerez, j'en ſuis ſûr, ſi en entrant d'abord dans ma nouvelle maiſon, je ne lui donne pas l'occaſion de la faire ſauter ou brûler, ou d'en enfumer même les meubles; ſuites ordinaires du voiſinage d'un feu d'artifice. Pour votre compoſiteur Adolphati, je vous dirai naturellement que je n'augure rien d'avantageux pour lui dans ce païs; l'opéra, que nous devons avoir cet hiver, étant entièrement ſous la direction d'un ſeul *impreſario* qui vient d'Italie, et qui mène avec lui, et ſa troupe, et ſon compoſiteur, de ſorte que de ce côté là il n'y a pas d'ouverture pour notre virtuoſo. Du côté des oratorios, des motets, et de cette ſorte de muſique, il y en a encore moins. Handel, qui ſans contredit eſt le plus grand compoſiteur de l'Europe, en ayant tant donné qu'on en eſt las, et qu'on n'y va plus. Il ſuffit qu'il me vienne de votre part pour que je faſſe tous mes efforts pour le ſervir; mais franchement je crains que ce ne ſoit inutilement.

Bon ſoir, madame; auſſi la longueur de cette lettre pourra bien y contribuer.

LETTRE XXXI.

A LA MÊME.

A Londres, ce 21 Nov. V. S. 1748.

JE reviens, madame, depuis quatre jours ſeulement des Bains, auxquels mes vieilles indiſpoſitions m'avoient obligé d'avoir recours. Pendant mon ſéjour là, des vertiges, et des migraines, rendoient ma tête très-indigne de vous dire la moindre choſe, et elle n'étoit guères en état de vous expliquer les ſentimens de mon cœur: ce qui m'en conſoloit, c'étoit que vous les connoiſſiez depuis longtems. En attendant, je me trouve endetté de quatre lettres, que j'ai

time, I find myself indebted to you in four letters, conveyed by different channels. This is a debt I shall never be able to pay in coin of the same value, and I mean to acquit myself only by my obedience to your commands.

It must be confessed that in all respects the French theatre out-does all others, not excepting that of the antients, with all the respect that is due to them.

I am delighted with the honors paid to monsieur de Richelieu. He deserves them, or would have deserved them at Genoa, if he had been under a necessity of defending it; but thanks to our good allies the Austro-Sardinians, that city was not so much as besieged. Indeed there was the shew of an army before the town, but not more numerous than the garrison, and wholly destitute of all the requisites for a siege. Thus it is that we have been every where supported by our allies; thirty thousand Austrians have represented sixty, that were to have been in Flanders, and that we paid as if they had been complete. Happily the peace has put an end to all those abuses, and it signifies nothing to look back.

I have not yet got the sconces I so much long for, but they are arrived, and I hourly expect them; that is all that is now wanting in my *boudoir*, which is finished, and is really charming. I shall come into it at Christmas.

Adieu, madam, for this time; my letter is the worse for my head, and I can assure you my head is already the worse for my letter.

LETTER XXXII.

TO THE SAME.

London, Dec. 16, O. S. 1748.

THEY are safe arrived, madam; I have got them, I am delighted with them, they are quite in taste; you may be sure I mean your *arms* (sconces), and not a finger is broke off. They will certainly strike every one's eyes, but they will still more strike my heart. The delicate hand of the artist is what I shall consider least

j'ai reçues de vous par différens canaux ; c'est une dette que je ne pourrai jamais payer en espèces de même valeur, et je prétends seulement m'en acquitter par mon obéissance à vos ordres.

Il faut convenir que le théatre François l'emporte en tout genre sur tous les autres, et même sur les anciens, avec tout le respect que je leur dois.

Je suis charmé des honneurs, dont monsieur de Richelieu est comblé ; Il les mérite, ou bien les auroit mérités à Genes, s'il eût été question de la défendre, mais, graces à nos bons alliés les Austrosardes, cette ville n'a pas seulement été assiégée. Il est vrai qu'il y avoit une soi-disante armée devant la ville, mais pas plus nombreuse que la garnison même, et manquant absolument de tout ce qui étoit nécessaire pour faire un siège. Voila comme nous avons été soutenus par tout de nos alliés; trente mille Autrichiens en ont représenté soixante, qui devoient se trouver en Flandres, et que nous payions comme complets. Heureusement la paix a mis fin à tous ces abus, et il est inutile de regarder en arrière.

Je n'ai pas encore les bras, pour lesquels je m'impatiente si fort, mais ils sont arrivés, et je les attends à tous momens ; c'est tout ce qui manque à présent à mon boudoir, qui d'ailleurs est fini, et charmant ; j'y entre à Noël.

Adieu, madame, pour cette fois; ma lettre se ressent de ma tête, et je vous assure que ma tête se ressent déja de ma lettre.

LETTRE XXXII.

A LA MÊME.

A Londres, ce 26 Dec. V. S. 1748.

ILS sont arrivés sains et saufs, madame, je les ai, j'en suis charmé; le goût en est parfait ; vous jugez bien qu'il est question de vos bras, dont il n'y a pas un doit de casse. Ils flatteront sûrement les yeux de tout le monde, mais à moi, ils me flatteront encore plus le cœur. La main délicate de l'ouvrier fera ce que j'envisagerai le moins

least; the remembrance and the friendship of the giver will give them the true value. But they have brought me into some dilemma, which you, madam, must help me out of, by your advice. I would fain make use of them, and at the same time I am afraid of using them. I am as proud of them as of a handsome mistress, and as jealous. If I don't shew them, my vanity will suffer; if I do, who knows what may be the consequence? They are brittle, other people will handle them, and perhaps break them; at least I shall tremble for them in my absence. Decide then what I am to do. They fit the sides of the chimney as if they were made on purpose. I have put them up, and taken them down again, so that the matter remains undecided, and I do not, like most people, ask advice when my resolution is taken.

The sickness and then the death of a beloved brother, whom I tenderly loved [*], added to my own indisposition, which still hangs about me, have put me behind hand with you in point of letters; but who is there that is not so in all respects? I have that in common with every body else, but don't imagine it is the case with the sentiments of my heart; that is the only point I shall dispute with all your humble servants.

P. S. The compliments of the season are taken for granted, and indeed I think that is better than to repeat what has been said these six thousand years.

LETTER XXXIII.

TO THE SAME.

London, Jan. 26, O. S. 1749.

AS I respect your decisions, madam, infinitely more than those of the popes and councils, not excepting general councils; your sconces are displayed in my *boudoir*, where they have the effect you may well imagine. To conceal nothing from you, two other

---

[*] The honorable John Stanhope, one of the lords of the admiralty, who died towards the end of that year.

motives

moins ; mais ce sera le souvenir et l'amitié de la personne, qui me les a envoyés, qui leur donneront leur véritable prix. Ils m'ont jetté pourtant dans un certain embarras, tirez m'en, madame, par vos conseils ; c'est que je voudrois bien m'en servir, et en même tems je crains de m'en servir. J'en suis glorieux comme d'une belle maitresse ; mais j'en suis aussi jaloux ; si je ne les produis point, ma vanité en souffrira, et si je les produis, que sait-on ? Ils sont fragiles, d'autres les toucheront, les casseront peut-être, du moins je craindrai furieusement pour eux dans mon absence. Décidez donc ce que je dois faire. Ils vont aux deux côtés de la cheminée de mon boudoir, comme s'ils étoient faits exprès, je les ai mis, et je les ai ôtés, de sorte que l'affaire est encore dans son entier, et je ne demande pas votre conseil comme on le demande ordinairement, après avoir pris son parti.

La maladie, et ensuite la mort, d'un frère que j'aimois tendrement*; joints à ma propre indisposition, dont je ne suis pas encore tout-à-fait quitte, m'ont mis en arrière avec vous en fait de lettres, mais aussi, qui ne l'est pas vis-à-vis de vous en fait de tout ? En cela mon sort est commun, mais ne croyez pas pour cela que mes sentimens le soient aussi ; au contraire, c'est le seul point que je disputerai avec tous vos serviteurs.

P. S. Les complimens de la nouvelle année sont sous-entendus ; aussi je crois qu'il vaut mieux les sous-entendre que de dire ce qui s'est dit depuis six mille ans.

LETTRE XXXIII.

A LA MÊME.

A Londres, ce 26 Janvier, V. S. 1749.

COMME je respecte vos décisions, madame, infiniment plus que celles des papes et des conciles, fussent-ils même œcuméniques, vos bras sont arborés dans mon boudoir, et y font l'effet que vous pouvez bien croire : mais, à ne vous rien cacher, deux autres

motives have contributed to determine me; the one, that the questions I shall be asked about them will give me daily opportunities of talking of you; the other, that my vanity will be soothed, by saying they are a present from you. Do you think vanity has no share in the most refined sentiments of friendship, or even of love? At least, I confess, I am not proof against the vanity that arises from the tokens of your friendship, and it is well for you that it goes no further than friendship; for I protest I would not answer for my discretion if it were any thing more. We never impute the partiality of some people but to our own merit; and it is partly on that principle that I set up your sconces as a trophy of mine.

I have attentively read the piece* you were so kind as to send me, and the more as it seems to have met with your approbation. You command me to give you my opinion about it. If I could obey you reluctantly, it would be on this occasion, in which I see my opinion differs from yours. I own freely, madam, the piece has not answered my expectation, nor the idea I had conceived of it, both from the author, and from the time he has bestowed upon it. I agree that there are some fine verses, some brilliant strokes, something of the sublime, and that the character of Catiline is well drawn; but then, the conduct of the plot displeases me. When a tragedy is founded on a story that is but little known, or that is doubtful, for instance, of the Great Mogul, of a Sultan, of Osmyn, a poet may be allowed to suit it to his own conveniency, and as the true story is not known, the poet becomes in some measure the historian: but to strain such a well-known and authenticated story as that of Catiline, and perhaps the only piece of antient history, in which all the several authors agree, to strain it, I say, to the degree that Crebillon does, is indeed abusing the privilege of the theatre. Tullia was in leading strings when Catiline was killed, and Catiline would not kill himself to preserve Crebillon's unity of time and
place,

---

* The tragedy of Catiline, written by old Mr. Crebillon. He kept it many years by him before he published it, and the wits at Paris said it would be a tragedy of seven acts. Voltaire composed his *Rome sauvée* (Rome preserved) in opposition to it, and his piece met with a better reception; perhaps

autres motifs ont contribué à m'y déterminer; le premier, que les questions qu'on me fera à leur sujet me donneront tous les jours occasion de parler de vous; l'autre, que ma vanité trouvera son compte à dire que je les tiens de vous. Croyez-vous que la vanité n'entre pour rien dans les sentimens les plus délicats de l'amitié, et même de l'amour? Au moins je vous avoue que je ne tiens pas contre la vanité qui me résulte des marques de votre amitié, et bien vous en prend même, qu'il n'est question que de l'amitié, car ma foi je ne répondrois pas de ma discrétion, s'il étoit question de quelque chose de plus. Nous ne mettons jamais les préférences marquées, de la part de certaines gens, que sur le compte de notre propre mérite; et c'est en partie sur ce principe que j'érige vos bras comme les trophées du mien.

J'ai lû avec attention la pièce * que vous avez eu la bonté de m'envoyer, et d'autant plus qu'elle paroit avoir votre approbation. Vous m'ordonnez de vous en dire mon sentiment; si je pouvois vous obéir à regret, ce seroit dans cette occasion, dans laquelle je vois que mon sentiment est différent du vôtre. Je vous avouerai donc naturellement, madame, que la pièce n'a pas répondu à mon attente, ni à l'idée que je m'en étois formée, tant par rapport à l'auteur, que par rapport au tems qu'il y a travaillé. Je conviens qu'il y a de beaux vers, des endroits brillans, du sublime, et que le caractère de Catilina est achevé; mais après cela, la conduite de la pièce me choque. Quand une tragédie est faite sur une histoire, ou peu connue ou douteuse, comme quand il est question d'un grand Mogol, d'un Sultan, d'un Soliman, d'un Orosmane, il est très-permis à un poète de l'accommoder à ses besoins, et la véritable histoire étant ignorée, le poète devient en quelque façon l'historien; mais de violenter, au point que fait monsieur Crébillon, une histoire si connue, si constatée, que celle de Catilina, et peut-être la seule histoire ancienne sur laquelle tous les différens auteurs sont d'accord, c'est en vérité abuser des droits du cothurne. Tullie étoit à la bavette quand Catilina fut tué, et Catilina n'eut garde de se tuer lui-même, pour satisfaire à l'unité du tems et du lieu de

---

perhaps partly from prepossession in favour of a younger author. He likewise wrote his Semiramis in opposition to that of Crebillon, and Orestes to beat down his Electra; but not with the same success.

monsieur

place, but chofe firſt to try the fate of a battle, where he was cut to pieces at the head of his army. If, for inſtance, he had given you a tragedy of monſieur de Cinq Mars*, in which, for the conveniency of the poet, the poor man had killed himſelf, inſtead of dying as he did on a ſcaffold; in which he would have been beloved, betrayed, and informed againſt by madame de Combalet, and in which cardinal Richelieu ſhould only have been brought in to declare that he was ſadly frightened, and did not know what in the world to do, what would you ſay, madam? Would you forgive the poet ſuch a treſpaſs upon hiſtorical truth? I believe you would not; and yet the ſtory of monſieur de Cinq Mars is not more generally known, nor more fully authenticated, than that of Catiline. I had almoſt ſaid that it was hardly more recent, becauſe the books we have conſtantly in our hands inceſſantly recal the latter. Tully, it muſt be confeſſed, was naturally irreſolute and timid, but, unfortunately for the poet, the only inſtance in which he ſhone, and in which he ſhewed true firmneſs and reſolution, is juſt that in which he makes him a milkſop; and the conful, who is admired in hiſtory, only excites our contempt in the piece. Cato is brought in only to abuſe the Romans, for all he does ſignifies nothing. I could equally have diſpenſed with the preſence of his excellency Sunno, the ambaſſador, who only appears to give the French the pleaſure of knowing, in our days, that the Gauls were the beſt kind of people in the world ſeventeen hundred years ago. I cannot make out the character of Tullia; is ſhe really in love with Catiline? or does ſhe only make him believe ſo, the better to diſcover his intentions, and to ſave her country? That is not made plain enough. If ſhe truly loves Catiline, and at the ſame time her country and her papa, torn by ſuch oppoſite and yet ſuch ſtrong ſentiments, her ſituation ſhould be ſo violent, that every one ſhould intereſt himſelf in it; but truly I am very eaſy about it, and I let her go on as ſhe will. As for the character of Catiline, it is fine, great, and well ſupported to the end, and you love him in ſpite of his crimes. But give me leave to add, that I think that very circum-

---

* He was tried, condemned and beheaded with de Thou, the ſon to the famous hiſtorian, on account of a plot, not againſt the ſtate, or the king, Lewis XIII; but to free huth from the tyranny of cardinal de Richelieu.

monsieur de Crébillon, mais voulut éprouver premièrement le sort d'une bataille, où il fut criblé de coups à la tête de son armée. Si, par exemple, on vous eût donné une tragédie de monsieur de Cinq Mars*, dans laquelle, pour la commodité du poëte, cet infortuné se seroit tué lui-même, au lieu de mourir, comme il le fit, sur l'échaffaut ; où il auroit été aimé, trahi, et dénoncé par madame de Combalet, et où le cardinal de Richelieu n'auroit paru sur la scène que pour déclarer qu'il avoit une peur horrible, et qu'il ne savoit au monde que faire, qu'en diriez-vous, madame? et pardonneriez-vous au poëte un tel outrage fait à la vérité historique ? Je ne le crois pas; et pourtant l'histoire de monsieur de Cinq Mars n'est pas plus généralement connue, ni mieux constatée que celle de Catilina. J'allois même dire qu'à peine étoit-elle plus récente, puisque les livres qu'on a presque toujours à la main la renouvellent incessamment. Cicéron, il faut l'avouer, étoit naturellement irrésolu et timide, mais, malheureusement pour le poëte, la seule occasion où il brilla, et où il témoigna véritablement de la fermeté et du courage, est justement celle où il en fait un linge mouillé; et le consul, qu'on admire dans l'histoire, fait seulement pitié dans la pièce. Caton paroit sur la scène, uniquement pour gronder et dire pis que pendre des Romains, car tout ce qu'il fait ne mène à rien dans la pièce. Je me serois passé aussi volontiers de la présence de son excellence monsieur l'ambassadeur Sunnon, qui ne se produit que pour donner aux François d'aujourd'hui le plaisir de savoir que les Gaulois, il y a dix-sept cens ans, étoient bien les meilleures gens du monde. Je ne puis pas démêler le caractère de Tullie; aime-t-elle véritablement Catilina? ou en fait-elle seulement semblant, pour mieux découvrir ses desseins, et sauver la patrie ? Cela n'est pas assez marqué. Si elle aime véritablement Catilina, et en même tems sa patrie, et son papa, déchirée par des sentimens si opposés, et pourtant si forts, sa situation devroit être si violente que tout le monde y prendroit intérêt, au lieu que pour moi, franchement je ne m'en inquiette point, et je la laisse faire. Pour le caractère de Catilina, il est beau, grand et soutenu jusqu'à la fin, et on l'aime en dépit de ses crimes : mais permettez-moi aussi d'ajouter, que je fais de cela

stance is a fault in the poet, who ought not to have made choice of a subject so opposite to the true end of tragedy, which is, to make vice appear odious and not amiable. One of our best English poets charges Milton, and not unjustly, with having, in fact, made the devil the hero of his poem, as throughout he is dextrous, intrepid, even amiable, and at last attains his end, which was to damn mankind. A poet should never make choice of subjects that must necessarily be attended with such consequences.

Thus, madam, I have ventured to send you my little criticism. I beg, that these crude observations may be kept to yourself; if they are just ones, I would not have them known, for the sake of Mr. Crebillon, whose genius and character I respect; and if they are false, which is most likely, since they do not coincide with your opinion, I would not have them known, for the sake of your humble servant, who does by no means set up for a critic, and had much rather find beauties than pick out blemishes.

A propos of tragedies, Denys the Tyrant, by Mr. de Marmontel*, who, I am told, is not three and twenty, promises a great tragic poet; at least his first trial appears to me almost a masterly performance. Do pray, madam, send me the translation of the Anti-Lucretius; be it ever so indifferent, it will still have some merit, if it does but preserve a little of the sense of the original.

LETTER XXXIV.

TO THE SAME.

London, March 13, O. S. 1749.

I Have received, madam, the translation of the Anti-Lucretius †, which you have been so good as to send me. The abbé de la Ville, with his usual politeness, has accompanied it with a very obliging

---

* Several theatrical and poetical pieces, and some very interesting moral tales have since appeared under his name, and fully confirmed lord Chesterfield's good opinion of this author. His Belisarius, indeed, was condemned both by the French clergy and the French parliament; but

cela même un crime au poëte, qui n'auroit pas dû choisir un sujet si opposé au véritable but de la tragédie, qui est de rendre le crime haïssable, et non pas aimable. Un de nos meilleurs poëtes Anglois reproche, et pas sans raison, à Milton, que le diable est en effet le héros de son poëme, puisqu'il est par-tout habile, intrépide, même aimable, et qu'il vient à bout de son dessein, qui étoit de damner le genre humain. Il ne faut pas choisir des sujets qui entraînent nécessairement de telles suites. Voilà, madame, ma petite critique.

Au reste, je vous en prie, gardez pour vous seule ces idées hazardées. Si elles sont justes, je ne voudrois pas qu'elles fussent connues, pour l'amour de monsieur de Crébillon, dont je respecte le génie et le caractère; et si elles sont fausses, ce qui me paroit le plus vraisemblable, puisqu'elles ne sont pas conformes aux vôtres, je ne voudrois point qu'elles fussent sues pour l'amour de votre très-humble serviteur, qui ne s'érige nullement en critique, et qui aime bien mieux trouver des beautés que chercher des défauts.

A propos de tragédies, Denys le Tyran, par monsieur de Marmontel[a], qu'on m'assure n'avoir pas encore vingt-trois ans, annonce un grand poëte tragique; du moins son coup d'essai me paroit presque un coup de maître. Envoyez-moi, je vous en prie, madame, la traduction de l'Anti-Lucrèce[†]; quelque médiocre qu'elle soit, elle aura toujours du mérite, si elle conserve seulement un peu du sens de l'original.

LETTRE XXXIV.

A LA MÊME.

A Londres, 16/25 Mars, V. S. 1749.

J'AI reçu, madame, la traduction de l'Anti-Lucrèce † que vous avez eu la bonté de m'envoyer. Monsieur l'abbé de la Ville, avec sa politesse ordinaire, l'a accompagnée d'une lettre très-obligeante,

---

[a] it was so for the very reason, which ought to have secured it the protection of the lovers of the civil and religious rights of mankind.
† By the late Mr. Bougainville then secretary of the academy of inscriptions and belles lettres at Paris.

obliging letter. We were at once friends and enemies at the Hague, and it was not our fault if we had not a peace four years ago. I am flattered to find he remembers me, for I esteem him much. I think the translation a very good one; the beauties of the original are as well kept up as prose will admit of; but a fine poem cannot but suffer considerably by a translation, even in verse. I cannot help lamenting, that one of the finest parts of the original, which in my opinion is the sixth book, should be founded upon so false and pitiful a system of philosophy as the *automata* of Descartes, who certainly did not believe it himself.

Will the marquis de Mirepoix come here, or has he been disgusted at certain incidents which I think rather improper? I have not the honor of being personally acquainted with him, but what I hear of him from every body makes me wish he may come. His lady is a very amiable woman; I had the honor of being acquainted with her at Paris. I shall be very happy if I can be of any service to them here, and will do my best to execute any commission they may intrust me with. Do me the favour, madam, if you can, to procure me the office of their agent.

I will do my utmost to obtain of lord Crawford what your brother in law asks for, but I must tell you I much question whether I shall succeed, for I asked the same thing some time ago of another of our officers, who gave me a flat denial, telling me he did not know whether he had a right to do it, or whether he might not himself, some time or other, publish memoirs of the late war. In short, the English are not naturally communicative.

I am at present in a situation that is ridiculously distressing. I am to go into my new house in two days, and it is not yet half furnished, though my old one is quite unfurnished. I live upon the alms of my friends; and for want of a table, I write this letter upon a book in my lap. I must put an end to it for your sake, but not to relieve myself from an uneasy posture, which I am not sensible of when I am conversing with you.

LETTER

Nous étions à la fois amis et ennemis à la Haye, et il n'a pas tenu à nous que la paix ne se soit faite il y a quatre ans ; son souvenir m'a flatté, car je l'estime beaucoup. Je trouve la traduction très-bonne ; les beautés de l'original y sont aussi bien rendues que la prose le permet ; mais un beau poëme perd nécessairement beaucoup à être traduit, même en vers. Je ne puis pas m'empêcher de regretter, qu'un des plus beaux morceaux de l'original, qui selon moi est le sixième livre, tienne à une philosophie si fausse et si pitoyable que celles des automates de monsieur Descartes, qui certainement ne l'a pas crue lui-même.

Monsieur de Mirepoix viendra-t-il ici, ou se fera-t-il rebutté de certains incidens assez déplacés à mon avis ? Je n'ai pas l'honneur de le connoître personnellement, mais ce que tout le monde dit de lui me fait souhaiter qu'il vienne. Madame de Mirepoix est bien aimable ; j'ai eu l'honneur de la connoître à Paris ; si je pouvois leur être bon à quelque chose ici, j'en serois charmé, et je m'acquiterois de mon mieux des commissions dont ils voudroient bien me charger. Ayez la bonté, madame, de me procurer, si vous le pouvez, l'emploi de leur commissionnaire.

Je ferai tous mes efforts pour obtenir de mylord Crawford, ce que souhaite monsieur votre beau-frère ; mais j'avoue que je doute un peu si je réussirai, car j'ai demandé la même chose il y a quelque tems à un autre de nos officiers, qui me l'a refusé tout net ; disant qu'il ne savoit pas s'il étoit en droit de le faire, et qu'il pourroit peut-être lui-même donner quelque jour des mémoires de la dernière guerre : enfin, l'Anglois n'est pas naturellement communicatif.

Je suis à présent dans une situation ridiculement violente ; j'entre en deux jours dans ma nouvelle maison, qui n'est pas encore à demi meublée, quoique celle où je suis soit tout-à-fait démeublée. Je ne vis que des aumônes de mes amis, et j'écris cette lettre, faute de table, sur un livre sur mes genoux. Je la finis pourtant pour l'amour de vous, mais ce n'est pas pour me tirer d'une attitude gênante, à laquelle on ne pense pas quand on s'entretient avec vous.

LETTRE

LETTER XXXV.

TO THE SAME.

London, May 1, O. S. 1749.

I have actually, madam, three letters of yours under my eye, and not one have I answered. You may well imagine I blush, and so I do; but at the same time you must suppose I had substantial reasons for it, and so I had. I shall not enter into a detail of those reasons, because I chuse to tire you as little as possible.

Now to come to the point, that is, the orders you have sent me, which I take a pride and a real pleasure in obeying. First then, I have hired for madame de Mirepoix the little box, for I can hardly call it a house, which the Venetian ambassador had last year, a mile out of town. The payment begins next week, at three guineas a week. The landlord would wait no longer, as this is the season, when those small houses commonly lett for the summer half year. The lady must not expect large rooms, elegant furniture, sophas or easy chairs, that is not the style of our little country houses; they are neat and clean, and that is all.

As to poor Adolphati, I will tell you very frankly, I could as soon get off fifty thousand of his *trios* as fifty. We are tired, surfeited, glutted with music, and quite disgusted at the numberless subscriptions we are pestered with, for cantatas, sonatas, and a thousand other things, in favour of very able composers, who have been settled here some time, and have made some friends, whereas our Adolphati is quite unknown, both here and in Italy. Between friends, those who have heard his music here, have not been pleased with it. I have invited some good judges of music to hear him at my house, where he played some of his pieces, which they found very tiresome. I am heartily sorry it is not in my power to oblige him, because he seems to be a good creature, and still more because you interest yourself for him: but indeed it is impossible, and I am persuaded the dutchess of Richmond will say the same.

LETTRE XXXV.

À LA MÊME.

A Londres, ce 1 Mai, V. S. 1749.

J'AI actuellement devant mes yeux, madame, trois de vos lettres, dont je n'ai pas encore accusé une seule. Vous jugez bien que j'en rougis, cela est vrai; mais vous jugez bien en même tems que j'avois des raisons valables. Cela est bien vrai aussi; mais je ne vous les détaillerai point, pour ne vous ennuyer que le moins qu'il me sera possible.

Venons à préfent au fait, c'est-à-dire, aux ordres dont vous m'avez chargé, auxquels je me fais gloire, et un véritable plaisir, d'obéir. J'ai arrêté donc, pour madame de Mirepoix, la maisonnette, plûtôt que la maison, qu'a eu monsieur l'ambassadeur de Venise l'année passée, à un mille d'ici. Le payement en commencera la semaine prochaine, qui est de trois guinées par semaine. Le propriétaire n'a pas voulu attendre plus long-tems, vû que c'est à préfent la saison que ces petites maisons se louent ordinairement pour les fix mois d'été. Au reste, que madame de Mirepoix ne s'attende pas à des chambres spacieuses, bien meublées, à des sophas, et à des chaises commodes; tout cela n'est pas le ton de nos petites maisons; mais pour la simple propreté, elle y est, et voilà tout.

Quant au pauvre Adolphati, je vous dirai très-naturellement, que je pourrois tout aussitôt débiter cinquante mille de ses *trios* que cinquante: on est excédé, accablé, assommé ici de musique; on est tout-à-fait rebuté du grand nombre de souscriptions qu'on sollicite pour des cantates, des sonates, et tout ce qu'il vous plaira, en faveur de compositeurs très-habiles, établis ici depuis quelque tems, et qui s'y sont fait même quelques amis, au lieu que notre Adolphati est absolument inconnu ici, et en Italie. Entre nous soit dit, ceux qui ont entendu sa musique ici ne l'ont nullement goûtée. J'ai prié quelques bons connoisseurs pour l'entendre chez moi, où il a joué de ses compositions, qu'on a trouvées bien ennuyeuses. Je suis bien fâché de ne pouvoir pas lui faire plaisir à cet égard, parcequ'il me paroît bon enfant, et encore plus parceque vous vous y intéressez, mais en vérité la chose est impossible, et je suis persuadé que madame de Richmond vous en dira autant.

Monsieur

The marquis de Centurioni and I have been all this while endeavouring to meet, but we always mifs of each other. I am impatient to fee him, independent of all the merit he may be poffeffed of, becaufe he comes from you, becaufe he knows you, and confequently honours you, and becaufe he will talk of you.

LETTER XXXVI.

TO THE SAME.

London, June 13. O. S. 1749.

UPON my word, madam, the chiding ftrain becomes you vaftly, and you feafon it fo as to make it palatable. Such upbraidings are inconfiftent with indifference, and may be received with pleafure, by one who is confcious they are undeferved; and this is the cafe with me. I! go to Aix-la-Chapelle without paying my court to you at Paris, either going or coming; this is indeed a fufpicion as injurious to my tafte, as to my fentiments. I might poffibly take the pretence of going to Aix-la-Chapelle, to fatisfy my longing for going to Paris, but it would be far from being my only or my true inducement to crofs the fea. No, madam, if I go on pilgrimage, it fhall be to pay my devotions in * * * ftreet, or at Bagatelle, and there to renew my vows of refpectful and fincere friendfhip; but for this year, I cannot poffibly ftir out of England. A tender engagement, and a great deal of ferious bufinefs, keeps me here. The tender engagement is that of my new houfe, which I have not yet thoroughly enjoyed, and that is no fmall item in love matters. She denies me her laft favours, till I have completely decked her out, which will not be till towards winter; for my two fineft rooms are not near finifhed. My neceffary engagements are family affairs*, where, confequently, law bufinefs comes in for fomething, and delays for a great deal.

Your marquis de Centurioni is really a man of fenfe, and fome learning, but if he had neither, your recommendation alone would

* On account of his brother's death.

supply

monsieur le marquis de Centurioni et moi, nous nous sommes cherchés inutilement l'un l'autre jusqu'ici, nous croisant toujours. Je m'impatiente de le voir, indépendemment de tout le mérite qu'il peut avoir, parcequ'il me vient de vous, qu'il vous connoit, par conféquent qu'il vous honore, et qu'il me parlera beaucoup de vous.

LETTRE XXXVI.

A LA MÊME.

A Londres, ce 13 Juin, V. S. 1749.

C'EST que le ton grondeur vous va au mieux, madame, et vous l'apprêtez d'une façon que vous lui donnez un goût flatteur. De tels reproches donnent l'exclufion à l'indifférence, et on eft charmé de les recevoir, quand on eft bien fûr de ne les avoir pas mérités ; et je fuis dans ce cas. Moi ! aller à Aix-la-Chapelle fans vous faire ma cour à Paris, ou en allant, ou en revenant ; c'eft en vérité un foupçon auffi injurieux à mon goût qu'à mes fentimens. Je pourrois peut-être me fervir du prétexte d'aller à Aix la Chapelle, pour fatisfaire à mon envie d'aller à Paris, mais je n'ai garde d'en faire ou l'unique, ou le véritable objet d'un trajet de mer. Non, madame, fi je fais un pélérinage, ce fera pour faire mes dévotions dans la rue de * * * ou à Bagatelle, et y renouveller les vœux d'une amitié refpectueufe et fincère ; mais pour cette année, il m'eft impoffible de fortir d'Angleterre. Un engagement tendre, et plufieurs affaires férieufes m'y retiennent ; l'engagement tendre eft celui de ma nouvelle maifon, dont je n'ai pas tout-à-fait joui encore, et c'eft un grand item en fait de tendreffe. Elle me refufe fes dernières faveurs, jufqu'à-ce que je l'aye entièrement nipée ; ce qui ne fera fait que vers l'hiver, car mes deux plus belles pièces ne font rien moins que finies. Mes engagemens néceffaires font des arrangemens de famille *, où par conféquent la chicane entre pour quelque chofe, et les délais pour beaucoup.

Votre marquis de Centurioni a réellement de l'efprit, et de l'acquis, mais quand même il n'en auroit point eu, votre recom-

supply the want of both with me. You will see him soon, for he sets out this week. The only fault I find in him is, that he will absolutely be a Frenchman, and a fine gentleman; and that is not in every one's power. A French *petit maître* is graceful with all his faults, and pleasing in spite of reason, which certainly does not authorise his behaviour. But that sparkling giddiness, that charming petulance, are quite out of character, when an Italian, a German, or an Englishman, attempts to put it on*. Nothing is pleasing but the original, all translations are wretched. *A propos* of translations, I am actually trying to get your future pupil, your adopted child, translated into Italian. He is now in Italy, and is to spend his winter at Rome. I have a favour to beg of you, which is, that you would be so kind as to recommend him to the duke de Nivernois, your ambassador. I shall do myself the honor to write to him myself, as a mark of the respect and esteem I owe him; that is but a matter of form, but all the real advantage I expect from your recommendation. I conceive that the duke, from his natural politeness, would take him home to dinner or supper, two or three times during his stay at Rome, and this is all that is to be expected from common recommendations, but that would not answer my purpose. I wish the duke would make him his errand-boy, that he would consider him as a little French lad belonging to him, and that he should be so much at home when in his excellency's anti-chamber, that by that circumstance he might now and then have opportunities of studying the character of a truly genteel man, upon the best model I ever met with. This felicity cannot fall to his lot but by your means, and give me leave to tell you, it is your interest to procure it for him. The more has been done towards forming him before he is yours, the less trouble you will have with him, and a few lessons at the hôtel de Nivernois will be so much trouble saved for you. I reckon he will be at Rome towards the middle of December, and in a year, or a year and a half after, he will be at Paris, where I take it he will spend five or six hours every day at your house. I wish him no other Paris but that. Possibly I may

* How could lord Chesterfield expect that his son would succeed better, especially after he had been, according to his own expression, *translated* into Italian? He wished to see him an accomplished Frenchman, but I am afraid he stops half way.

mandation seule les lui auroit bien valu auprès de moi. Vous le reverrez bientôt, puisqu'il part d'ici cette semaine : le seul défaut que je lui trouve, c'est qu'il veut absolument être François et petit maitre ; et ne l'est pas qui veut. Le petit maitre François a des graces, avec tous ses défauts, et il plaît en dépit de la raison, qui sûrement n'autorise point sa conduite ; mais cette étourderie brillante, cette pétulance aimable, se trouvent très déplacées, quand un Italien, un Allemand, ou un Anglois veut s'en parer *: il n'y a que l'original qui plait, toutes les traductions en sont pitoyables. A propos de traductions, je tâche de faire actuellement traduire en Italien votre futur élève, votre enfant adoptif : il est en Italie, et il doit passer son hiver à Rome. J'ai une grace à vous demander sur son sujet, c'est de vouloir bien le recommander à monsieur le duc de Nivernois votre ambassadeur ; j'aurai l'honneur de lui écrire moi-même, pour satisfaire au respect et à l'estime que je lui dois : cela n'est que pour les formes ; mais c'est de votre recommandation que j'attends tout le solide. Je conçois bien que monsieur de Nivernois, par la politesse qui lui est si naturelle, le prendroit à diner ou à souper deux ou trois fois pendant son séjour à Rome, et voila où finissent les recommandations ordinaires, mais ce n'est pas là mon fait : et je souhaiterois que monsieur de Nivernois en fit son galopin, qu'il le regardât comme un petit François de sa suite, et qu'il fût si domestique dans son antichambre, qu'il eût, moyennant cela, de tems en tems des occasions d'étudier le caractère d'honnête homme, sur le meilleur modèle que je connoisse. Ce bonheur ne peut lui arriver que par votre moyen, et permettez moi de vous dire que vous êtes intéressée à le lui procurer. Plus il sera formé, avant que de vous appartenir en propre, moins il vous sera à charge, et quelques leçons à l'hôtel de Nivernois vous épargneront bien de la peine après. Je compte qu'il sera à Rome vers le milieu de Décembre, et dans une année, ou une année et demie après, il sera à Paris ; ou pour mieux dire, cinq ou six heures du jour chez vous, je ne lui demande pas d'autre Paris que cela. J'y serai peut-être son avant-coureur, au moins je le

fou-

be there before him, and that is my only remaining wish. Age has extinguished those of love, reason and experience those of ambition; those of friendship are surely due to you, madam, and I send them you very heartily.

LETTER XXXVII.
TO THE SAME.

Babiole, July 8, O. S. 1749.

SO, madam, you are determined I should believe that you are seriously angry with me; with all my heart, your anger is too great a compliment to be refused, and my own innocence forbids my taking it otherwise than it is meant. A fair lady who should break an appointment, though she heartily wished to go, would be very sorry if her lover were not angry. He chides, he storms, she justifies herself, he is appeased. She has given proofs of her good will, he of his eagerness, and they are better friends than ever. The case is the same in friendship as in love, though they are very different sentiments. I will maintain it, we are better friends now, than we have ever been, and I am very glad you are pleased with your long expected silks, which are at last come to hand. There is a degree of expectation that whets desire, but there is another that grows tiresome.

I can assure you, madam, our ambassador is highly pleased with all the civilities you have shewn him, and has entertained me for an hour together with a recital of them.

To be sure, my name alone will go farther with the duke de Nivernois than all your recommendations! That is very polite on your part, but his grace would not be much obliged to you for it; however, do as if that were not the case, and recommend your pupil strongly to him next November. I beg you will, for he will be at Rome in the beginning of December. The more he keeps company with the duke de Nivernois, the less you will be ashamed of him, when he comes to be under your tuition at Paris. He only wants manners; for as to reading and learning, he has enough of that

souhaite, et c'est le seul souhait qui me reste. L'age éteint tous les souhaits de l'amour, la raison et l'expérience ceux de l'ambition ; ceux de l'amitié vous font bien dus, madame, et je vous les addreſſe très véritablement.

LETTRE XXXVII.

A LA MÊME.

A Babiole, ce 8 Juillet, V. S. 1749.

VOUS voulez donc abſolument, madame, que je vous croye ſolidement fâchée contre moi ; je le veux bien, votre colère m'eſt trop glorieuſe pour la refuſer, et mon innocence fait que je n'y ſuis ſenſible que du bon côté. Une belle, qui manqueroit à un rendez vous, où d'ailleurs elle auroit ſouhaité de ſe trouver, ſeroit bien fâchée ſi ſon amant ne l'étoit point. Il gronde, il s'emporte, elle ſe juſtifie, il s'appaiſe. Elle a prouvé ſa bonne volonté, lui ſon empreſſement, et ils n'en ſont que mieux après. Il en eſt de même dans l'amitié que dans l'amour, quoique d'ailleurs ces ſentimens ne ſe reſſemblent guères. Je ſoutiens que nous ſommes actuellement mieux enſemble que jamais, et je ſuis charmé que vous ſoyez contente des étoffes, qu'à la fin vous avez reçues ; elles ſe ſont fait trop longtems attendre : il y a un point d'attente qui pique, mais il y en a un autre qui laſſe. A propos du bagage du notre ambaſſadeur, je puis vous aſſurer que l'ambaſſadeur même eſt très ſenſible à toutes vos politeſſes, dont il m'a entretenu une heure de ſuite.

Mon nom ſeul, ſans doute, ſera plus efficace que toutes vos recommandations auprès de monſieur le duc de Nivernois. Cela eſt très-poli de votre part, mais monſieur de Nivernois ne vous en auroit guères d'obligation : en tout cas, faites comme ſi cela n'étoit point, et recommandez-lui fortement votre élève, je vous en ſupplie, au mois de Novembre prochain, puiſqu'il ſera à Rome au commencement de Décembre. Plus il fréquentera monſieur de Nivernois, moins vous en rougirez quand il ſera ſous vos ſoins à Paris. Il ne lui manque que les manières, car pour la lecture et le ſavoir, il en a à revendre. Au reſte, ne croyez pas que c'eſt ſon arrivée à Paris

that, and to spare. Don't imagine his arrival at Paris will determine mine; on the contrary, I would not for the world see him, till he has been polished at Paris; for if I should find him a German or an Italian, and he must be a medley of both, I should take a dislike to him for the remainder of my days. I am not over-fond of those two nations, though on very different accounts.

I am just recovering from a violent fever, which had very near carried me off. Your kind stars, madam, have saved me, not willing that you should so soon lose so faithful a servant. I beg you will procure me the continuance of their influence for some time; for, if you think proper, I should like to live ten or twelve years longer, to shew you the better the constancy of my friendship. I am now, for change of air, in a very small house I have, about five short miles from London. I would have named it Bagatelle, were it not out of respect for yours; but I call it Babiole, in token of subordination, and to leave Bagatelle the preference which is due to it. Babiole is situated in one of the royal parks, a hundred paces from the Thames, where you daily see about fifty large merchant ships, and some men of war, passing and repassing. It has the finest walks imaginable, and is always dry, and the air is extremely pure. About five hundred years ago, some friendly fairy or magician might, with ease, have wafted Babiole to the bois de Boulogne in an instant to pay her respects to Bagatelle: but now-a-days we don't know who to apply to for those kind of frolics. Indeed we are told that the age is unworthy, faith is wanting; without putting your faith to too hard a trial, you may believe me to be the most zealous and faithful of your servants.

LETTER XXXVIII.

TO THE SAME.

London, Sept. 7, O. S. 1749.

I have been wandering about from place to place, for above this month, like a Jew, without having any fixed abode. You take my meaning,

ris qui décidera de la mienne ; au contraire, je ne voudrois pas pour chose au monde le voir, avant qu'il eût été bien formé et poli à Paris, car si je le trouvois ou Allemand ou Italien, et il doit naturellement être un composé de ces deux, j'en prendrois du dégout pour le reste de mes jours : ces deux nations, quoique par des raisons très-différentes, n'ayant pas l'honneur de me plaire infiniment.

Je reviens depuis quinze jours d'une fièvre chaude, dont j'ai pensé ne pas revenir du tout : c'est votre étoile, madame, qui m'a sauvé, et qui n'a pas voulu que vous perdissiez encore un si fidèle serviteur. Procurez-moi, je vous en prie, pour quelque tems, la continuation de cette influence, car si vous le trouvez bon, je voudrois encore vivre dix ou douze ans, pour vous mieux prouver la constance de mon amitié. Je suis actuellement, pour me rétablir, à une très petite maison, que j'ai à cinq petites milles de Londres, et que j'aurois appellé Bagatelle, si ce n'eût été par respect pour la vôtre ; mais que j'appelle Babiole, pour en marquer la subordination, et pour laisser à Bagatelle la préférence qui lui est due. Babiole est située dans un des parcs du roi, à cent pas de la Tamise, où l'on voit tous les jours une cinquantaine de gros vaisseaux marchands, et quelques vaisseaux de guerre, qui vont et qui viennent : les promenades sont les plus belles du monde, il y fait toujours sec, et l'air y est extrêmement fin. Il y a cinq cens ans qu'il n'auroit presque rien couté à quelque fée ou magicien de nos amis, de transporter dans un moment Babiole au bois de Bologne, pour faire sa cour à Bagatelle, mais à-présent on ne fait à qui s'addresser pour ces sortes de choses là ; il est vrai, comme l'on dit, que le siécle n'en est pas digne, la foi y manque. Au moins, sans mettre votre foi à de grandes épreuves, vous me croirez bien le plus zélé et le plus attaché de vos serviteurs.

LETTRE XXXVIII.

A LA MÊME.

A Londres, 7 Sept. V. S. 1749.

C'EST que j'ai battu la campagne depuis plus d'un mois, comme un Juif, sans avoir de séjour fixe. Vous comprenez bien, madame,

meaning, madam. Besides, what could I have anfwered to your laft letter, which almoft turned my brain? I proteft I only efcaped it by the help of fome mortifying reflections, which forced themfelves upon me in fpite of felf-love, but which I will not impart to you. If you are really in an error, that error is too flattering for me to undeceive you; and if you only mean to impofe upon me, you do it fo prettily, that I will not deprive myfelf of the pleafure of feeing myfelf, for a moment, in the deceitful glafs you hold up to me. This is our way; a momentary delufion charms us, though we know it to be but a delufion: reflection fets us right afterwards, but we are again open to the next, or the very fame delufion, if it comes dreffed up with thofe alluring graces with which you fo well know how to fet it off. In fhort, it is in this as in every thing elfe; we live on in a conftant courfe of fin and repentance.

Lord Albemarle has told you rather what I wifhed to do, than what I was able to perform, when he faid I fhould have the honor of feeing you this year at Paris. The will was not wanting, and nothing but neceffity can ever prevail againft will; but this fame neceffity ftands in the way, a neceffity which is the more difagreeable, as it arifes from a multitude of intricate family affairs, which I heartily deteft, and am very unfit for. How do you like our ambaffador? As for your handfome knight and his charming little lady, they do amazingly well here. They keep a noble houfe, fpend a great deal of money, their manners befpeak their birth and their acquaintance with the *grand monde*; they put up with every thing, and fwear they are delighted with every thing. They allow me to fee them frequently, and I avail myfelf unreafonably of this permiffion. I feek and find there the pleafures of fociety, which I fhould feek in vain at the houfes of fome of my own countrymen.

I lately received a letter from little Centurioni. I love him dearly, but the giddy-brain has not given me his direction. May I beg the favour of you, madam, to fend him the Inclofed? He tells me he has brought me into a fcrape, by informing you of my indifcretion with regard to your fconces. I confefs the fact;

but

madame, ce que cela veut dire; d'ailleurs, qu'aurois-je pu repondre à votre dernière, qui a pensé tourner ma tête? Je n'en ai ma foi échappé que moyennant certaines réfléxions assez humiliantes, que, malgré mon amour propre, j'ai fait sur moi-même, mais que je n'ai garde de vous communiquer. Si vous êtes réellement dans l'erreur, cette erreur m'est trop flatteuse pour que je tâche de vous en désabuser, et si vous voulez seulement m'en faire accroire, vous le faites avec trop d'esprit, et trop d'agrémens, pour que je me prive du plaisir de me voir, pour un moment, dans le miroir trompeur que vous me présentez. Voila comme nous sommes faits, un moment d'illusion agréable nous charme, toute illusion que nous la fachions; la réflexion nous désabuse après, mais elle n'empêche pas que nous ne nous prêtions avec la même facilité à une nouvelle, ou souvent à la même illusion, dès qu'elle se présente avec les graces et la séduction dont vous savez bien l'accompagner. Enfin il en est de l'esprit comme de tout le reste; nous vivons dans une alternative perpétuelle de péché et de pénitence.

Mylord Albemarle vous a dit, plûtôt ce que je souhaitois faire, que ce que je pouvois faire, quand il vous a dit que j'aurois l'honneur de vous voir cette année à Paris. La volonté au moins y étoit, et il n'y a que la nécessité qui puisse jamais l'emporter sur la volonté; mais cette nécessité s'y est trouvée, nécessité d'autant plus désagréable qu'elle résulte d'une infinité de détails, et d'arrangemens domestiques, que je déteste, et auxquels je ne suis guères propre. A propos de notre ambassadeur, en êtes vous contens chez vous? Pour votre beau paladin, et votre aimable petite paladine, ils sont à merveille ici. C'est un grand état, une belle d'epense, leurs manières marquent bien leur naissance, et leur usage du grand monde, ils s'accommodent à tout, et jurent qu'ils sont charmés de tout; ils me permettent de les fréquenter, et j'en profite jusqu'à l'abus. Je cherche, et je trouve chez eux, les agrémens de la société, que je chercherois inutilement chez plusieurs de mes compatriotes.

J'ai reçu en dernier lieu une lettre du petit Centurioni, que j'aime beaucoup; mais l'étourdi ne m'y a pas donné son adresse. Oserois-je vous prier, madame, de vouloir bien lui faire tenir l'incluse? Il me dit qu'il m'a fait une tracasserie avec vous, en vous découvrant mon indiscrétion au sujet de vos bras. Je conviens du fait; mais

but who would not have done the same? Indifference is commonly the parent of discretion; so that you have every thing to fear on my part, from the opposite sentiment.

LETTER XXXIX.

TO THE SAME.

London, Sept 18, O. S. 1749.

I Am very glad, madam, I did not hear of your daughter's illness till I heard of her recovery. I should have shared your fears, as I now share your joy, and as I shall for ever share all your concerns. I apprehend your blood, and the pains you have taken, must have produced a daughter worthy of your tenderest solicitude. On this occasion, she must have experienced it in its full extent and delicacy, and it must have endeared you to each other, by the danger of a separation, which perhaps you had neither of you ever considered in its utmost rigor. We never thoroughly know the value of a blessing, till we are on the point of losing it. May you, madam, long enjoy so dear a one as this you have just recovered! Nor does the preservation of her beauty go for nothing with me. Whatever your sententious saints and philosophers may say to the disparagement of beauty, I will maintain that it is a real advantage, as it adorns and recommends the most judicious mind, and the most solid merit. I may appeal to you, for you must know whether I am right or not.

I know not by what fatality things do not go on so well as I should have expected, between * * * and your people. I think him an amiable and polite man; he loves pleasure and indulgence, and that is the taste at Paris, and yet things don't go on smoothly. Our ambassador has one advantage over yours; he has found you at Paris, and I'll engage monsieur de Mirepoix will not find you in London.

Your

qui n'en auroit pas fait autant? L'indifférence est ordinairement la mère de la discrétion, de sorte que vous avez tout à craindre de ma part, d'un sentiment contraire.

LETTRE XXXIX.

A LA MÊME.

A Londres, ce 28 Sept. V. S. 1749.

JE suis bien-aise, madame, de n'avoir appris la maladie de mademoiselle votre fille qu'en même tems avec sa convalescence. J'aurois pris part à vos allarmes, comme j'en prends actuellement à votre joie, et comme j'en prendrai éternellement à tout ce qui vous touche. Je conçois bien que votre sang et vos soins doivent nécessairement avoir formé une fille digne de vos plus tendres inquiétudes. Cette occasion lui en aura fait sentir toute l'étendue, et la délicatesse, et vous vous serez réciproquement plus chères, l'une à l'autre, par le danger où vous avez été toutes deux d'une séparation, dont peut-être ni l'une ni l'autre n'avoit encore senti toute la rigueur. Nous ne connoissons jamais tout le prix d'un bien, que quand nous voyons au moment de le perdre. Puissiez-vous longtems, madame, jouïr d'un bien si cher que vous venez de sauver! Je ne compte pas non plus pour rien la conservation de sa beauté : les dévots, et les philosophes, ont beau parler sentences contre la beauté, je soutiens qu'elle est un avantage réel, puisqu'elle orne, et qu'elle recommande même l'esprit le plus juste, et le mérite le plus solide ; je m'en rapporte à vous, vous devez bien savoir si j'ai raison ou non.

Je ne sais pas par quelle fatalité cela ne va pas si bien que je l'aurois cru, entre * * * et vos gens. Je le trouve très-aimable, et poli; il aime les plaisirs et la volupté, c'est là aussi le ton chez vous, et pourtant cela ne s'agence point. Notre ambassadeur a un avantage sur le vôtre, il vous a trouvée à Paris, et j'ose assurer monsieur de Mirepoix qu'il ne vous trouvera pas à Londres.

Votre

Your boy will be at Rome in two months, so you may write to the duke de Nivernois as soon as you have nothing better to do; but be so good as to tell him, he must expect to see a young man, who has neither carriage nor manners, but is still covered with English rust, thickened by that of Leipsig. He has applied so closely to his studies, that he has not allowed himself time, if he had opportunity, to contract the air and manners of a man of fashion. I hope the air of the hôtel de Nivernois will be favourable to him.

LETTER XI.

TO THE SAME.

London, Oct. 23, O. S. 1749.

YOU prohibit compliments, madam; be pleased then to give me a definition of them, that I may not make you any without intending it. I have insinuated that there was a possibility of your daughter's being pretty; you affirm that she is not. The question rests upon a matter of fact, and it must be decided. But how? you will say. I'll tell you how; and, what I believe is seldom the case, we shall both be satisfied. I will refer it to the young lady herself; her lips will decide in your favour, and her heart in mine. Now for yourself, madam. You say I never saw you but when you were altered and emaciated, and consequently I must think you have always been very disagreeable. *Nego*, madam, to use the elegant phrase of Thomas Diafoirus*; I will bring an action against you for this, and will leave you the choice of your judges; the triumph will be mine, and you will have the pleasure of being condemned with costs of suit.

I am sorry our friend, who might please if he would, does not chuse it. I have long since known of his attachment for the sultana, to whom he sacrifices his evenings, that is his life, at Paris; but

* In Molière's *Malade imaginaire*.

I was

Votre garçon sera à Rome en deux mois, de façon que vous n'avez qu'à écrire à monsieur de Nivernois auſſi-tôt que vous n'aurez rien autre choſe à faire ; mais ayez la bonté de le prévenir ſur un article, qui eſt, qu'il doit s'attendre à voir un jeune homme, qui n'a ni tournure ni manières, mais qui eſt encore incruſté de la crotte Angloiſe, épaiſſie même de celle de l'univerſité de Leipſig. Il eſt ſi fort appliqué à ſes études, qu'il ne s'eſt pas donné le tems, quand même il en auroit eu les occaſions, de prendre l'air et les manières d'un honnête homme : j'eſpère que l'air de l'hôtel de Nivernois lui ſera favorable.

LETTRE XL.

A LA MÊME.

A Londres, ce 13 Oct. V. S. 1749.

VOUS défendez les gentilleſſes, madame ; ayez donc la bonté de les définir, afin que je n'en diſe pas ſans y penſer. J'ai inſinué qu'il étoit poſſible que mademoiſelle votre fille pût être jolie, vous ſoutenez qu'elle ne l'eſt point. Voici une queſtion de fait, et j'en veux la déciſion, mais le moyen, direz-vous ? le voici, et je crois, ce qui n'arrive guères, que nous en ſerons tous deux contens. Je m'en rapporte à mademoiſelle elle-même ; ſa bouche décidera en votre faveur, ſon cœur en la mienne. A vous, madame, à cette heure. Je ne vous ai vu, dites-vous, que changée et dépérie, et par conſéquent je dois croire que vous avez toujours été fort déſagréable. *Nego*, madame, comme dit élégamment Thomas Diafoirus[*] ; je vous intente procès là deſſus, et je vous laiſſerai même le choix de vos juges ; j'aurai le triomphe, et vous aurez le plaiſir, de vous voir condamnée avec frais et dépens.

Je ſuis fâché que notre ami, qui pourroit plaire s'il le vouloit, ne le veuille point ; j'ai ſu depuis long-tems ſon attachement pour la ſultane à laquelle il ſacrifie ſes ſoirées, c'eſt-à-dire ſa vie, à Paris ; mais

j'eſpérois

I was in hopes he would offer up his oblations in the morning; at least, formerly, that was the right time for sacrifices.

I say nothing, either to you or to the duke of Nevers, concerning the letters you have written to the duke of Nivernois, in favour of your pupil. Politeness and kind offices are so familiar to you both, that they are always expected; one is never disappointed, and they seem to be so much things of course, that it requires some reflection to think one is under any obligation. We hardly mind a good clock whilst it strikes true, and only take notice when it stops, because then we are surprized. Yet it ought to be just the reverse; the one is very difficult, and the other is the easiest thing in the world.

I wish your pupil had done with Italy, that I might get rid of him, and see him in better hands than my own; for I can tell you, the moment he gets to Paris, I have done with him, he will be your property, and you shall be answerable to me for his behaviour, his politeness, and his very sentiments. Without a compliment, I know you can make whatever you please of him. He shall be delivered to you by the post, at Paris, next May twelvemonth.

LETTER XLI.

TO THE SAME.

London, Dec. 4, O. S. 1749.

THE dukes of Nevers and Nivernois both act in character; nothing can be more obliging than the letter you sent me, madam, which the latter wrote to the former. I beg you will exert yourself, and say to both, from me, all the handsome things I ought to say on the occasion, which you will express much better than I should.

In the letter, I took the liberty to send the duke of Nivernois by your boy, I called him my nephew, as the popes do. That appellation is no disgrace at Rome; and if afterwards he should detect the innocent cheat, I flatter myself he will not be offended at it. We must, as you observe, humour established prejudices, and it is just

j'efpérois qu'il lui feroit fes facrifices le matin : c'étoit au moins autrefois la belle heure des facrifices.

Je ne vous dis rien, ni à monfieur de Nevers non plus, au fujet
des lettres que vous avez écrites à monfieur de Nivernois en faveur
de votre élève. Chez vous deux, les politeffes et les amitiés coulent
de fource, on s'y attend toujours, on ne s'y trompe jamais, et elles
paroiffent fi fort dans l'ordre, qu'il faut quelque réflexion pour vous
en avoir de l'obligation. On ne fait prefque pas gré à une bonne
pendule pendant qu'elle va jufte, et on n'y fait attention que quand
elle manque, parcequ'alors on eft furpris. Ce devroit pourtant être
tout le contraire; l'un eft très-difficile, et il n'y a rien au monde de fi
facile que l'autre.

Je voudrois bien que votre élève eût fini fes affaires en Italie, afin
que j'en fuffe quitte, et que je le viffe dans des meilleures mains que
les miennes ; car fachez que du moment qu'il arrive à Paris, je n'ai
plus rien à faire avec lui, il vous appartiendra en propre, et vous me
répondrez de fes manières, de fa politeffe, et même de fes fentimens.
Gentilleffe à part, je fais que vous en pourrez faire tout ce que
vous voudrez. Il vous fera livré par la pofte à Paris, du mois de Mai
en un an.

LETTRE XLI.

A LA MÊME.

A Londres, ce 4 Déc. V. S. 1749.

MONSIEUR de Nevers, et monfieur de Nivernois, ne fe dé-
mentent ni l'un ni l'autre ; il ne fe peut rien de plus obligeant
que la lettre du dernier au premier, que vous avez eu la bonté, madame, de m'envoyer. Evertuez-vous, je vous en fupplie, pour dire
de ma part à l'un et à l'autre, tout ce que je devrois leur dire à cette
occafion, et que vous direz bien mieux que moi. Dans la lettre que
j'ai pris la liberté d'envoyer à monfieur de Nivernois par votre garçon,
je l'ai appellé, à la mode des papes, mon neveu, titre qui ne dé-
grade pas à Rome : fi après cela il découvre la petite fupercherie,
je me flatte qu'il ne s'en offenfera pas. Il faut, comme vous le
dites, ménager les préjugés établis, et c'eft juftement là, que les petites

in that cafe that a little deceit is allowable, to elude them, as we muft not hope to eradicate them. My nephew then fhall not have the honor of paying his court to you at Paris, before next May twelvemouth, becaufe I chufe he fhould go through all he has to learn before he goes thither. At his time of life, when once a young man has tafted of the pleafures and diffipation of the life of Paris, there's an end of all ferious attention, and all application to the harder ftudies. But, madam, my own journey to Paris is by no means connected with his; on the contrary, the difparity of years would rather incline me to wifh we may not meet, as we fhould ftand in each other's way.

As to chairs for gouty people, we have great variety of them, but I have feen none of the fort you mention, that are put in motion by a handle; the beft contrivance I have feen, was a chair which monfieur de Broglio had fent for from France, and prefented to the late queen. The perfon that fits in it drives it along, by means of two pretty large wheels, one on each fide, which are very eafily turned with both hands. It does very well in a garden, upon plain ground, but not up and down hill. If, upon this defcription, the duke of Nevers thinks he fhould like fuch a chair, I will get him one with the greateft pleafure. I have bought one lately for my own ufe, having, for this month paft, inlifted into the gouty fraternity. The fit, indeed, has been fhort, but rather a fmart one in my left hand; I am not forry for it, as I hope it will keep off other complaints, and efpecially thofe in my head. Old age begins to call upon me for his dues, and I had rather pay a confiderable fum at once, in the form of gout, than be teazed by the levy of leffer tributes, under the name of head-ach, giddinefs, ficknefs at my ftomach, faintings, &c. Now I talk of complaints, you have one that you have not told me of, to which, however, I am not indifferent, I mean your pregnancy. I defire you will end it by being fafely delivered of a fon, for I would not have the wit and the talents you are poffeffed of, above the reft of your fex, defcend to daughters. You may detach fome fmall province to portion your daughter, but I will have a fon inherit your dominions. May he give you as little pain as poffible on his entrance into this world, and all poffible fatisfaction in his progrefs through it!

tites rufes font permifes pour les éluder, puifqu'on ne doit pas efpérer de les détruire. Mon neveu donc n'aura l'honneur de vous faire fa cour à Paris qu'au mois de Mai en un an; c'eſt que je veux qu'il ait tout appris avant que d'y aller; dès qu'à cet âge on a gouté les plaifirs et la diffipation de Paris, adieu toute attention férieufe, toute application aux études un peu difficiles. Au refte, madame, mon voyage à Paris ne dépend aucunement du fien, au contraire, nos âges ne fe conviennent pas affez pour nous y trouver enfemble, et nous y ferions déplacés vis-à-vis l'un de l'autre.

Au fujet des chaifes pour les goutteux, j'aurai l'honneur de vous dire qu'il y en a ici de mille différentes fortes, mais je n'en ai pas vu de la forte dont vous parlez, qui roulent moyennant une manivelle : la meilleure que j'aye vu, c'eſt une chaife que feu monfieur de Broglio avoit fait venir de France, et dont il fit préfent à la feu reine. L'on s'y roule fui-même par le moyen de deux roues affez grandes, une de chaque côté, qu'on tourne très-facilement des deux mains ; elle fert auffi fort bien dans un jardin, où le terrein eſt uni ; mais pas où il y a des montées et des defcentes. Si, à cette defcription, monfieur de Nevers croit qu'une telle chaife lui conviendra, je me ferai un véritable plaifir de lui en envoyer une. Je m'en fuis acheté une en dernier lieu, ayant été enrollé, depuis un mois, dans le nombre des goutteux. L'attaque a été courte, il eſt vrai, mais affez vive à la main gauche ; je n'en fuis nullement fâché, dans l'efpérance qu'elle me garantira des autres maladies, et fur-tout de celles de la tête. La vieilleffe commence à exiger fes droits, et j'aime mieux en payer un confidérable en forme de goutte, que d'être chicané par la levée de plufieurs moindres tributs, fous les noms de migraines, vertiges, maux de cœur, langueurs, &c. A propos d'incommodités, vous en avez actuellement une, dont vous ne m'avez pas fait part, et à laquelle pourtant je m'intéreffe, c'eſt votre groffeffe. Je vous fupplie de la terminer par l'heureux accouchement d'un fils, car je ne veux pas que l'efprit, et les talens, qui vous diſtinguent de votre fexe, tombent en quenouille. Détachez en quelque petite province pour dot à mademoifelle votre fille, mais je veux que ce foit un fils qui hérite votre empire. Puiffe-t-il vous caufer le moins de douleur qu'il eſt poffible à fon début dans ce monde ici, et toute la joye qu'il eſt poffible dans fes progrès !

LETTER XLII.

TO THE SAME.

London, Jan. 1, O. S. 1750.

THIS day, which at Paris, Versailles, and London, is a day of lying, is to me a day of truth, as nothing is truer or more sincere than my wishes for your health and happiness.

This is the beginning of a letter of Rousseau's, that I chanced to read just now, and I adopt it, madam, from the bottom of my heart, in writing to you the first day of our year. These wishes, ever since I had the honor of being acquainted with you, have never been wanting in truth or ardor, but methinks this year they are more ardent than usual, on account of your present situation, which makes your friends anxious for your safety, but, begging your pardon, is by no means ridiculous for you. What, must a lady be always with child, or never? or must there be a certain number of annual pregnancies, fixed by fashion? What do you mean by your forty-three years? Do the laws of nature, the laws of the land, or the laws of decency, appoint that period for barrenness? On the contrary, I affirm, that your present pregnancy is a pregnancy of decency and duty. You had not done enough for society; you owed her some more of your progeny, and you now begin again to acquit yourself of that duty. I foretell you four or five more. As neither you nor your daughter chuse this should be a boy, if such a misfortune should happen, send him to me; I will adopt him with all my heart, and shall take a pride in saying he is my own. It will be a work of reflection, you have taken a great deal of time to compose it, and I shall pass for the author of a master-piece. Many a one is a plagiary for much less.

Your letter and that of the duke of Nevers have had the desired effect with the duke of Nivernois, in favour of your pupil. I received a letter from him two days ago from Rome, in which he

tells

LETTRE XLII.

A LA MÊME.

A Londres, ce 1 Janvier, V. S. 1750.

CE jour ici, qui est à Paris, à Versailles, et à Londres, la fête des mensonges, est pour moi un jour de vérité, n'y ayant rien de plus vrai ni de plus sincère que les vœux que je fais pour votre santé, et pour votre bonheur. C'est là le commencement d'une lettre de Rousseau, que par hasard je viens de lire dans le moment, et que j'adopte, madame, du fond de mon cœur, en vous écrivant ce premier jour de notre année. Ces vœux, depuis que j'ai eu l'honneur de vous connoitre, n'ont jamais manqué ou de vérité, ou d'ardeur; mais il me semble que cette année y a ajouté de la vivacité, à cause de la situation dans laquelle elle vous trouve; situation inquiétante pour vos amis, mais, ne vous en déplaise, nullement ridicule pour vous. Quoi, faut-il donc être toujours grosse, ou bien jamais grosse? ou bien, faut-il un certain nombre de grossesses anniversaires, fixé par la mode? Que voulez-vous dire avec vos quarante-trois ans? Est-ce que les loix de la nature, du pays, ou de la bienséance, ont établi cette époque pour la stérilité? Au contraire, je soutiens que votre grossesse actuelle est une grossesse de bienséance et de devoir. Vous aviez trop peu travaillé pour la société; vous lui deviez encore de votre race, et vous recommencez à présent à vous acquitter de ce devoir. Je vous en annonce encore quatre ou cinq de suite. Au reste, puisque ni vous ni mademoiselle votre fille ne voulez absolument pas que cet enfant soit un fils, en cas de ce malheur envoyez-le moi, je l'adopterai volontiers, et je me ferai gloire même de dire qu'il est à moi. Ce sera un ouvrage de réflexion, vous avez pris bien du tems à le composer, et je passerai pour l'auteur d'un chef-d'œuvre: il y a des plagiaires pour bien moins que cela.

Votre lettre, et celle de monsieur de Nevers, ont fait tout l'effet que je pouvois souhaiter auprès de monsieur de Nivernois, en faveur de votre élève; j'en ai reçu une lettre avant-hier de Rome, dans laquelle

tells me the duke and dutchess have been exceedingly civil to him, and that he is there as a child of the family, and a spoilt child too. If he does not deserve this kindness, at least he is sensible of it, and ascribes one half of it to your influence.

Pray, madam, let me know, by a line from a footman or a chamber-maid, as soon as you are safely delivered, for I am too anxious for that important moment, to wait till you are up again. Adieu, madam, once more. *Molti e felici.*

LETTER XLIII.

TO THE SAME.

London, Jan. 18, O. S. 1750.

I have the honor, madam, to send you three pine-apples, which are good for nothing, first, because they are out of season, and next, because they were gathered before they were ripe; else they would have been in a mash when they reached Paris. I send them by a courier as far as Calais, where they will be delivered to the post-master, as you directed me. As the longings of women with child are satisfied rather with the name than by the merit of the thing, I hope these pine-apples will do for the dauphiness as well as good ones, but it is fact that they are bad. The right season is only from June to October.

This letter, which likewise goes by a messenger, will, I hope, come in time to prepare you for all the requisite ceremonies. Don't imagine these pine-apples come from Babiole, it would be too great an affront to my gardening. Mine are quite another thing, but I got these of the only man in England who raises any at this time of year. If you will promise me to come and taste mine at Babiole in August, I promise to go and fetch you from Bagatelle in May.

I have

il me marque que monsieur et madame de Nivernois l'ont accablé de politesses, et qu'il y est comme enfant, même gâté de la maison. S'il ne mérite pas ces attentions, du moins il les reconnoit, et vous en attribue une bonne moitié.

Faites-moi savoir, je vous en supplie, madame, par deux lignes de la main d'un valet, ou d'une fille de chambre, votre heureux accouchement aussi-tôt qu'il arrivera, car en vérité je m'intéresse trop à un moment si important pour vous, pour en attendre la nouvelle, jusqu'à votre convalescence. Adieu, madame, encore. *Molti e felici.*

LETTRE XLIII.

A LA MÊME.

A Londres, ce 18 Janv. V. S. 1750.

J'AI l'honneur de vous envoyer, madame, trois ananas qui ne valent rien, premièrement parceque ce n'en est pas la saison, et ensuite parcequ'il a fallu les cueillir avant qu'ils fussent mûrs, sans quoi ils auroient été en compôte à leur arrivée à Paris. Je les envoye par un courier jusqu'à Calais, où ils seront livrés au directeur des postes, selon l'adresse que vous m'avez donnée. Comme les envies des femmes grosses se contentent plus par le nom, que par le mérite des choses, j'espère que ces ananas tiendront lieu de bons, auprès de madame la dauphine ; mais le fait est qu'ils sont mauvais ; la véritable saison n'est que depuis le mois de Juin, jusqu'à celui d'Octobre.

Cette lettre, qui va par un courier, les devancera, j'espère, assez pour vous préparer à toutes les cérémonies requises. Au moins ne croyez pas que ces ananas soient de Babiole, vous feriez trop de tort à mon jardinage. Les miens sont bien autre chose, mais j'ai eu ceux-ci du seul homme en Angleterre, qui les fait venir dans cette saison. Si vous me promettez d'en venir gouter à Babiole au mois d'Août prochain, je promets de venir vous chercher à Bagatelle au mois de Mai.

J'ai

I have received the moft obliging letter in the world from the duke of Nivernois, in anfwer to that which your pupil delivered him from me; I have made no reply, and that out of difcretion; for I know him fo well, that it would have been giving him the trouble to write again; but be fo good as to hint this to the duke of Nevers, and tell him how much I think myfelf obliged to them both.

Continue, madam, to honor me with your commands, whenever I can be of any fervice to you, for I proteft nothing can equal the pleafure I find in giving you proofs of my inviolable attachment.

LETTER XLIV.

TO THE SAME.

London, March 8, O. S. 1750.

I have fpared you, madam, for fome time, but whether you are obliged to me, or blame me for it, I am alike exempt from merit or guilt. I have been troubled with the head-ach, and hurr'ed to death with bufinefs; family bufinefs I mean, and fuch as I greatly diflike, and am not very fit for. The pains in my head have left me, and I fend you the firft fruits of that head which is not quite fettled yet; I doubt they will tafte of the foil. Sacrifices have at all times been more or lefs acceptable, in proportion to the circumftances and intention of the perfons who offered them, and not to their intrinfic value. Accept then my offerings, madam, fuch as they are, as the tribute of a heart entirely devoted to you.

I am mighty glad to hear the pine-apples fucceeded fo well, but furely nothing but a downright longing could make the dauphinefs find them good, and this feems to be a fure proof of her being really with child. Should it prove fo, you may poffibly have been the faving of a duke of Burgundy to France, and I shall efteem

J'ai reçu la lettre du monde la plus obligeante de la part de monsieur de Nivernois, en réponse à celle que votre élève lui a apportée de la mienne ; je n'y ai pas repliqué, et cela par discrétion, puisque, fait comme il est, c'eût été lui donner la peine d'écrire encore ; mais ayez la bonté d'insinuer cela auprès de monsieur de Nevers, en même tems que vous voudrez bien l'assurer de ma parfaite reconnoissance.

Continuez, madame, à m'honorer de vos ordres, quand je pourrai vous être bon à quelque chose, car je vous proteste que rien ne peut égaler le plaisir que j'ai à vous prouver mon attachement inviolable.

LETTRE XLIV.

A LA MÊME.

A Londres, ce 8 Mars, V. S. 1750.

JE vous ai fait quartier, madame, depuis quelque tems, mais, soit que vous m'en teniez compte, ou soit que vous m'en blâmiez, je n'y entre pour rien, également exempt de mérite, ou de crime. J'ai été accablé de migraines, et excédé d'affaires ; d'affaires de famille s'entend, et de détails qui demandoient un arrangement, auquel je ne suis ni naturellement trop porté, ni trop propre. Mes migraines m'ont quitté, et je vous envoye les prémices d'une tête, qui n'est pas encore bien rétablie ; ils auront apparemment quelque gout du terroir : les sacrifices ont toujours été reçus plus ou moins favorablement, selon les moyens et les intentions de ceux qui les faisoient, et point sur le pied de leur valeur intrinsèque. Recevez donc, madame, mes offrandes, quelque médiocres qu'elles soient en elles-mêmes, comme celles d'un cœur qui vous est tout dévoué.

Je suis charmé d'apprendre que les ananas ayent si bien réussi ; mais assurément il ne leur falloit pas moins que l'envie d'une femme grosse, pour les faire trouver bons, et le gout que madame la dauphine y a trouvé, me paroit une preuve incontestable de sa grossesse : dans cette supposition, vous pourrez peut-être avoir sauvé à la France un

esteem myself happy in having had it in my power to be instrumental to the merit it will give you.

I have spoke to * * * concerning the plans and manuscripts his uncle left behind, but he would not hear of the least communication of those papers. He is a young man bred to arms, full of his uncle's superior merit, and who thinks that, in those papers, he is in sole possession of immense and matchless treasures.

We have had a second earthquake this morning, smarter still than that of this day month. All the houses in London have been shaken, and some chimnies thrown down. It happened at half past five. I was fast asleep, but the violence of the shock awakened me, and startled me so, that I thought I was going to be crushed that moment. Have you felt it on your side the water, or have we had that phænomenon all to ourselves? If you have felt it, I hope it has not frightened you in your present situation; your works well deserve to be brought to perfection.

I much question my having the pleasure to pay my court to you this year: you may be sure the will is not wanting, but I foresee many hindrances to that journey. However, I shall endeavour, if possible, to remove them, as there is nothing I more ardently wish for, than the pleasure of once more assuring you in person of the reality of my sentiments, and of the inviolable attachment with which I shall always be, &c.

LETTER XLV.

TO THE SAME.

London, April 19. O. S. 1750.

NOW I am easy, madam, since you are out of danger. You had been too long disused from a business, which can only be easy from practice, and I own I was under greater apprehensions than I could or would tell you. If you intend to continue

un duc de Bourgogne, et je ferai trop heureux d'avoir pu contribuer au mérite que vous en aurez.

J'ai parlé à * * * au sujet des plans et des manuscrits de feu son oncle, mais il n'a pas voulu se prêter à la moindre communication de ces papiers. C'est un jeune homme élevé au métier des armes, entêté du mérite supérieur de son oncle, et qui croit posséder exclusivement, dans ces paperasses, des tréfors immenses et uniques.

Nous avons eu ici ce matin un second tremblement de terre, plus vif encore que celui d'aujourd'hui il y a un mois. Toutes les maisons de Londres en ont été ébranlées, et quelques cheminées sont tombées ; c'étoit à cinq heures et demie ce matin. J'étois profondément endormi, mais la force de la secousse m'a réveillé en sursaut, et j'ai cru voir le moment où je serois écrasé. L'avez-vous senti chez vous, ou avons-nous joui privativement de ce phénomène ? En tout cas, j'espère qu'il ne vous aura pas effrayée dans votre situation présente : vos ouvrages méritent bien d'être portés au dernier point de perfection.

Je doute fort si j'aurai le plaisir de vous faire ma cour cette année : ce ne sera pas au moins, comme vous jugez bien, la volonté qui manquera, mais c'est que j'envisage bien des circonstances peu favorables à ce voyage. Je tâcherai pourtant de les écarter, s'il m'est possible, n'y ayant rien que je souhaite plus ardemment que le plaisir de vous assurer encore une fois en personne de la vérité de mes sentimens, et de l'attachement inviolable avec lequel je serai toujours, &c.

LETTRE XLV.

A LA MÊME.

A Londres, ce 19 Avril, V. S. 1750.

ME voici hors d'inquiétude, madame, puisque vous voilà hors d'affaires. Vous vous étiez trop long-tems désaccoutumée d'un métier, qui demande de l'habitude, pour être facile, et je vous avoue que je craignois pour vous, plus que je ne pouvois, ou que je ne voulois

the trade of child-bearing, pray don't leave such long intervals between, but let us have them in a quick succession, and for the future I desire you will be a little more attentive to the masculine gender. One would think you are peopling only for the Amazons, but, for the honor of my sex, I insist upon your giving us a son like yourself. Your daughter's prayers have been heard in spite of mine; but I think she is in the wrong, and hereafter she will repent the success of her wishes, for I shall be much mistaken if the youngest lady is not your little Benjamin, whereas a brother would have eclipsed her only for a while, and his interposition between her and you would soon have been terminated by his removal to the army or to business.

You upbraid me with my misfortune, as if it were my own fault; that is ungenerous, madam, and not like yourself. I am sufficiently mortified that I cannot have the happiness of paying my court to you this year, without the additional displeasure of seeing that you suspect my will. To make myself some amends, I shall send you an ambassador extraordinary, invested with full powers, and I desire you will give credit to whatsoever he shall say to you in my name. It is your pupil, who will be at Paris about Michaelmas, settled in the academy of La Gueriniere. I hope his late residence at Rome will have polished him a little; if not, my reliance is on Paris, that is to say on you. If he is awkward, or unmannerly, I beg you will not spare him, but speak to him very seriously, and now and then try the force of ridicule, which frequently has a greater effect upon young people than grave remonstrances. I have already informed him that he is your property, that I have transferred all my authority to you, and that the degree of favour in wich he will stand with me will wholly depend on the accounts I shall receive from you. It is a very pleasing and beneficial slavery that I have allotted him, and if he has the share of sense I am told he has, he will find it so, and will entertain for you the same sentiments of regard, esteem, affection and respect, with which I now wish you a good night.

LETTER

voulois vous dire. Si vous comptez de continuer la fabrique des enfans, n'y mettez plus, s'il vous plaît, un si long intervalle, mais faites les tout de suite, et sur-tout ayez à l'avenir un peu plus d'attention au genre masculin. Il semble que vous ne peuplez que pour les Amazones; mais je veux absolument, pour l'honneur de mon sexe, que vous nous donniez un fils qui vous ressemble. Au reste, mademoiselle la première, dont les vœux ont été exaucés en dépit des miens, par l'arrivée de mademoiselle la seconde, a tort, et elle regrettera, avec le tems, le succès de ses vœux, car je me trompe fort si mademoiselle la seconde ne sera pas mademoiselle Benjamin; au lieu qu'un frère ne l'auroit éclipsée que pour un tems, et son interposition entre elle et vous auroit bien-tôt fini pour l'armée ou les affaires.

Vous me reprochez mon malheur, comme s'il y avoit de ma faute; cela n'est pas généreux, madame, et je ne vous y reconnois point. Il m'est assez sensible de ne pouvoir pas avoir le bonheur de vous faire ma cour cette année, sans que vous y ajoutiez la mortification d'en soupçonner ma volonté. Pour m'en dédommager un peu, je vous enverrai un ambassadeur extraordinaire, muni de mes pleins pouvoirs, auquel je vous prie d'ajouter foi en tout ce qu'il vous dira de ma part. C'est votre élève, qui sera à Paris vers la St. Michel, établi à l'académie de la Guérinière. J'espère que son dernier séjour à Rome l'aura un peu formé, mais en tout cas je compte sur Paris, c'est-à-dire sur vous : s'il est gauche ou impoli, je vous supplie de ne lui rien passer, mais de lui en parler très-sérieusement, et de tems en tems lui lâcher des traits de ridicule, qui sont souvent plus d'effet sur les jeunes gens, que les remontrances sérieuses. Je lui ai déja fait savoir qu'il vous appartient en propre, que je vous ai transporté tous mes droits sur lui, et que son crédit et sa faveur auprès de moi dépendront uniquement des relations que j'en recevrai de votre part. C'est un esclavage bien doux, et bien utile que je lui destine; et s'il a le bon sens qu'on m'assure qu'il a, il le trouvera tel, et aura pour vous les sentimens de considération, d'estime, d'amitié, et de respect, avec lesquels je vous donne actuellement le bon soir.

LETTER XLVI.

TO THE SAME.

London, June 28, O. S. 1750.

HAVE a care, madam; your anger is so flattering, and your revenge so mild, that I shall provoke you on purpose to put you in a passion; but though you are undeceived as to the motive of your anger, you must pursue your revenge, which you will soon have an opportunity of doing; for your pupil will pay his respects to you in October next. You will now excuse my being tediously particular on a subject that so nearly concerns me. I have settled every thing with Mr. de la Gueriniére, who is to take him into his academy; his governor will fix him there, and then leave him to return home. I thought, at his age, and without a governor, it was safer to put him to the academy, than to leave him in ready-furnished lodgings; and, besides, at the academy, he will get acquainted with your French youths, and be more out of the way of his young countrymen, for I am exceedingly upon my guard against these. I shall direct his governor to abbé Sallier, to consult with him, before he leaves him, about the masters he will want for geometry, astronomy, and philosophy. I am persuaded the abbé will be kind enough to direct him to proper persons. As he has been accustomed, for above this twelvemonth, to have a good deal of liberty, which, by the way, he has never abused, I do not intend to shut him up in the academy; and I have signified to Mr. de la Gueriniere, that when the morning exercises are over, he is to allow him to go where he pleases, that is to say, within certain bounds. Thus every thing is settled with respect to learning, and to his exercises; but there is another very important article, I mean the manners, the politeness, the behaviour and address of the *beau monde*. This, madam, is what you can contribute to, if you please, more than any body I know, and I beg you will. Assume an authority with him, speak openly to him about his behaviour, if you find a necessity for it, and don't excuse the least thing. If

he

LETTRE XLVI.

A LA MÊME.

A Londres, ce 28 juin, V. S. 1750.

PRENEZ garde, madame, on vous fâchera exprès, tant votre colère est flatteuse, et votre vengeance douce ; mais quoique vous soyez désabusée du motif de votre colère, exécutez pourtant votre vengeance, dont vous aurez bientôt l'occasion, puisque votre élève vous fera sa cour au mois d'Octobre prochain. Pardonnez-moi à présent un détail ennuyant sur un sujet, auquel je prends un si tendre intérêt. J'ai donc fait mes arrangemens avec monsieur de la Guérinière pour le recevoir interne dans son académie ; son gouverneur l'y établira, et puis le quittera, pour s'en retourner ici. J'ai cru qu'à son âge, et sans gouverneur, il étoit plus sûr de le mettre dans l'académie, que de le laisser en hôtel garni ; et d'ailleurs, qu'à l'académie il fera connoissance avec vos jeunes François, et sera plus à l'abri des jeunes Anglois, contre lesquels je suis extrêmement sur mes gardes. J'addresserai son gouverneur à l'abbé Sallier, pour concerter avec lui, avant qu'il le quitte, les maîtres qu'il lui faudra pour la géométrie, l'astronomie, et la philosophie. Je suis persuadé que l'abbé Sallier voudra bien lui indiquer des sujets convenables. Comme il est accoutumé, depuis plus d'un an, d'avoir assez de liberté, dont par parenthèse il n'a jamais abusé, je ne compte pas de l'enfermer dans l'académie, et j'ai fait dire à monsieur de la Guérinière qu'après que les exercices du matin seront finis, il doit lui permettre d'aller où il voudra, c'est-à-dire dans de certaines bornes. Voilà donc tout arrangé par rapport au savoir, et aux exercices ; mais il reste un article bien intéressant, je veux dire les mœurs, les manières, la politesse, le ton du beau monde ; c'est à quoi, si vous le voulez bien, vous pouvez plus contribuer que personne, et j'ose vous en supplier. Prenez avec lui un certain ton d'autorité, parlez-lui ouvertement, s'il est nécessaire, sur sa conduite, et ne lui passez point la moindre chose. S'il est gauche,

he is aukward, ungraceful, or unmannerly, laugh at him, and ridicule him; in those articles that is often the most successful method with young people. When he is at your house, permit him to wait upon the company, treat him without ceremony, and do me the favour to tell me freely what you think of him. After the care I have taken of his education, independent of my fondness for him, I have set my heart upon his making a figure in the world, and should take a pride in it. It is not by way of making you a fulsome compliment, but it is with great truth that I protest, I firmly believe his success in the world will be more owing to you than to any thing else. I therefore recommend him, madam, to that friendship you have always honored me with, and of which you cannot give me a stronger proof than by your kindness to this second self.

LETTER XLVII.

TO THE SAME.

London, July 25, O. S. 1750.

PERMIT me, madam, to enter upon a little controversy with you about the matter in hand; but not in the usual spirit of controversy, where each party sets out with a firm resolution not to be convinced; as for my part, my mind is open to conviction, I have only some doubts to propose to you. If your pupil boards at la Gueriniere's, he will find very indifferent company, that will entice him to their card parties, and to frequent taverns and women: very possibly that may be the case; but if he boards out of the house, and comes every morning to learn his exercises, is he not exposed to the very same dangers? Will he not meet with the same people, and will not those people, for the reasons you alledge, form an intimacy with him, and frequent him, though he boards in another house? And will not Mr. de la Gueriniere have an eye over his conduct, and especially the connections he might form, in his house?

s'il a mauvais air, s'il est impoli, moquez-vous de lui, et tournez-le en ridicule; sur ces articles-là, c'est souvent le moyen le plus efficace avec les jeunes gens. Permettez-lui d'être votre galopin chez vous; traitez-le sans façon, et ayez la bonté de me dire tout naturellement ce que vous en pensez. Après les soins que j'ai eu de son éducation, indépendamment de ma tendresse pour lui, je me fais une affaire, je me pique même de sa réussite dans le monde. Ce n'est pas pour vous faire un fade compliment, mais c'est très-véritablement que je vous proteste, que je crois que sa réussite dans le monde dépendra plus de vous que de toute autre chose. Je le recommande donc, madame, à ces sentimens d'amitié dont vous m'avez toujours honoré, et dont vous ne pouvez pas me donner une preuve plus sensible, que par vos bontés à cet autre moi-même.

LETTRE XLVII.

A LA MÊME.

A Londres, 25 Juillet, V. S. 1750.

PERMETTEZ-moi, madame, d'entamer une petite controverse avec vous sur l'affaire en question; mais pas pourtant dans l'esprit ordinaire des controverses, où les deux parties débutent dans la ferme résolution de ne pas se laisser persuader; pour moi mon esprit est ouvert à la conviction, j'ai seulement quelques doutes à vous proposer. Si votre élève est interne chez la Guérinière, il y trouvera assez mauvaise compagnie, qui l'engageront à leurs parties de jeu, de cabaret, et de filles: la chose est très-possible; mais aussi en y allant, tous les matins, comme externe, pour apprendre ses exercices, n'est-il pas exposé aux mêmes dangers? N'y trouvera-t-il pas les mêmes personnes? et ces mêmes personnes, par les raisons que vous donnez, ne formeront-elles pas des liaisons avec lui, et ne le fréquenteront-elles pas quoiqu'il soit en pension ailleurs? Monsieur de la Guérinière n'aura-t-il pas aussi un peu l'œil sur sa conduite,

In a boarding-house, I should think he would be much more exposed to the inroads of his barbarian countrymen, and if he must be wild, I should prefer French to English debauchery. Besides, I have reason to think he cordially detests gaming and drinking; as for the rest, he has hitherto paid a due regard to his health, and to decency. It is not to be expected that at his time of life he either will, or indeed can, always keep company with persons of a more advanced age. Young people will herd together, and where will he find better than at the academy? If he must go there every morning, to go through his exercises, will they not often be neglected? A cold, rainy, dark morning is discouraging; the coach is dismissed, a friend comes in to breakfast, and there is an end of the morning exercises for that day. I have now said all I intended. Every thing well considered, am I in the wrong? If you still say I am, I shall acquiesce. I own, if he could be put to board in a family, where the master and mistress were good genteel people, the husband a man of sense, some learning, and a tolerable address, and the wife one who has something of a genteel behaviour, this indeed would be preferable to the academy; but the question is to find such a place. People of that sort do not chuse to be troubled with a young fellow of eighteen. The husband would be afraid for his wife, if she were young; and if she were old, she would be afraid for her daughters. In short, I wait for your orders, and your ultimate opinion, before I take my final resolution.

LETTER XLVIII.

TO THE SAME.

London, Aug. 9, O.S.

WHAT shall I say to you, madam? Your friendship, your kindness, your attentions, are unparalleled. I am not accustomed to any such thing, how then can I answer it? Place yourself, for a moment, in my situation, and be assured, that whatever your heart would

et surtout sur les liaisons qu'il y formeroit ? En pension, je le croirois beaucoup plus exposé aux incursions des barbares ses compatriotes, et débauche pour débauche, je préférerois la Françoise à l'Angloise : d'ailleurs, j'ai tout lieu de croire qu'il déteste foncièrement le jeu, et le vin ; pour le reste, il a jusqu'ici eu des égards, et pour sa santé, et pour la bienséance. On ne peut pas s'attendre qu'à son âge, il veuille, ou même qu'il puisse, toujours vivre avec des gens d'un âge plus avancé, et d'un certain caractère ; les jeunes gens se cherchent, se trouvent, et où en trouvera-t-il de meilleurs qu'à l'académie ? S'il doit y aller tous les matins faire ses exercices, ne seront-ils pas souvent négligés ? Un matin froid, pluvieux, sombre, est décourageant ; on congédie le carosse, un ami entre à déjeuner, adieu les exercices de cette matinée. J'ai dit : toute réflexion faite, ai-je tort ? Si vous me dites encore que je l'ai, j'en conviendrai. Il est vrai que si l'on pouvoit trouver à le mettre en une pension, où le maître et la maîtresse de la maison fussent des gens d'une certaine tournure, que le mari eût de l'esprit, du savoir, des manières, et la femme un peu le ton de la passablement bonne compagnie ; je comprends bien qu'il pourroit y être mieux qu'à l'académie : mais où trouver une telle pension ? Des gens de cette sorte n'ont garde de s'embarasser d'un jeune étourdi de 18 ans ; le mari craindroit pour sa femme, si elle étoit jeune, et si elle étoit vieille, elle craindroit pour ses filles. Enfin j'attends vos ordres, et vos idées ultérieures, avant que de prendre finalement mon parti.

LETTRE XLVIII.

A LA MÊME.

A Londres, 9 Août. V. S.

QUE vous dirai-je, madame ? Votre amitié, vos soins, vos attentions, sont uniques ; on n'est accoutumé à rien de pareil, le moyen donc d'y répondre ! Mettez-vous seulement, pour un moment, dans ma situation vis-à-vis de vous, et soyez persuadée que tout

would say in the like case, and it always says right, is just what I think, what I feel, but cannot pretend to express.

In default of a better plan, we therefore determine in favour of the academy, for the reasons I told you, which appear to have met with the approbation of abbé Sallier. Your pupil, or I am much mistaken, rather wants to be rouzed by the company of your sprightly youths, than to be checked; and I dread his too intense application to his studies, more than his too great dissipation in the world. What he chiefly wants is the address, the air, the manners, that are so necessary for a young man to acquire. He has ambition, makes it a point to keep good company, and has a relish for it; so that I dare answer for it, he will form no connections but with the better sort at the academy. The letter, which abbé Sallier has writ to you, is quite in character, and abounds with that good sense and good-nature, and with those sentiments, which have long since procured him the esteem and friendship of all worthy men, who are so happy as to be acquainted with him. Be so good, madam, as to tell him, from me, all that the warmest gratitude can suggest; I shall endeavour to do it myself very soon.

You will soon have at Paris, lady Hervey, her son, her daughter, her son-in-law, and *tutti quanti*. She insisted upon carrying you something from me, so she brings you a little snuff-box, but don't imagine I mean it as a present. To make you easy upon that score, I declare the box cost me but two guineas, and I send it you merely to let you see how well we imitate the Dresden china, and for less than a quarter of the price.

I believe you will be sorry to hear that the duke of Richmond is just dead of a fever. His age and constitution promised many more years. Marshal Coigny, whose age did not promise quite the same, is come off much better. I really rejoice at his recovery. He even enjoys life, for Mr. de Matignon assures Lord Bolingbroke that he is grown younger, and is more chearful than ever. He is really an amiable Anteus*.

* That fabulous African giant, who, though thrown down several times by Hercules, always got up stronger than he was before.

tout ce que votre cœur vous diroit en pareil cas, et il vous dit toujours tout ce qu'il faut, eſt preciſément ce que je penſe, ce que je ſens, mais ce que je ne prétends pas vous dire.

Faute de trouver un meilleur parti, nous convenons donc de l'accadémie, pour les raiſons que je vous ai données, et que l'abbé Sallier paroit approuver. Votre élève, ſi je ne m'y trompe, a plus beſoin d'être décrotté, par la compagnie de vos jeunes gaillards, que d'être retenu, et je crains plûtôt ſa trop grande application aux études, que ſa trop grande diſſipation dans le monde. Ce qui lui manque le plus, c'eſt cet air, cette tournure, ces manières, ce monde, qui ſont néceſſaires pour un jeune homme; d'ailleurs, il a de l'ambition, et ſe picque, et ſe plait à être dans les bonnes compagnies, de façon que j'oſe répondre qu'il ne formera des liaiſons qu'avec les meilleurs ſujets de l'académie. Je reconnois bien l'abbé Sallier dans la lettre qu'il vous écrit; j'y trouve le bon ſens, le bon cœur, et les ſentimens, qui lui ont acquis depuis longtems l'eſtime, et l'amitié de tous les honnêtes gens, qui ont le bonheur de le connoitre. Ayez la bonté, madame, de lui dire de ma part, tout ce que la plus vive reconnoiſſance devroit dire; je tâcherai de la lui témoigner moi-même bientôt en droiture.

Vous aurez bientôt à Paris, mylady Hervey, ſon fils, ſa fille, ſon gendre et *tutti quanti*. Elle a voulu abſolument vous porter quelque choſe de ma part, et en effet elle vous porte une petite tabatière, mais ne croyez pas que ce ſoit en forme de préſent. Pour vous tranquilliſer ſur ce ſujet, je vous déclare, que la tabatière ne me coute que deux louis, et que je vous l'envoye, ſimplement pour vous montrer à quel point nous imitons bien la procelaine de Dreſde, et pour moins que le quart du prix.

Vous ſerez fâchée, je crois, d'apprendre que monſieur le duc de Richmond vient de mourir d'une fièvre continue; ſon âge, et ſa force, lui promettoient encore bien des années. Le maréchal de Coiguy, dont l'âge ne promettoit pas tout-à-fait la même choſe, s'eſt bien mieux tiré de ſa dernière maladie, dont j'ai en vérité une joye ſenſible; il jouït même de la vie, ſelon monſieur de Matignon, qui a aſſuré mylord Bolingbroke, qu'il eſt même rajeuni, et plus gai que jamais: c'eſt bien un aimable Antée*.

LETTRE

LETTER XLIX.

TO THE SAME.

London, Aug. 16, O. S. 1752.

YOU are so well acquainted, madam, with my sentiments, and with my readiness to do any thing that can oblige you, that you will easily judge how unhappy I am, not to have it in my power to execute the commands you lately honored me with. At first sight, I conceived it to be a difficult matter, but now I know it to be utterly impossible. I have sounded the people in power, and though I have no connection with the ministers, I mentioned it to one of them, who told me plainly that it could not be done. You know, said he, the spirit of rebellion that is rooted in those people; theirs and the Punic faith are the same; they are not to be won by lenity, nor bound by the oaths they take to government. You know too, that two thirds of them that were in the last rebellion, were people who had been in the former, and who only enjoyed their lives and fortunes by virtue of the late king's indulgence and pardon. Many even held employments, for which they had taken the oath of fidelity, which did not restrain them, so soon as the signal of rebellion was given. The very name of ° ° °, added he, (for I was obliged to tell him the name) implies rebellion from father to son. You knew that as well as I, and the secret practices of those gentlemen, whilst you were in the ministry; I leave you to judge, therefore, whether it is consistent either with the safety or dignity of government, to be duped by them a second time. I was forced, madam, to acquiesce in all he said, as he was fully convinced that I knew it to be strictly true. I can tell you, moreover, that all those rebels, who have fled to France and elsewhere, date only from the open rebellion, because they flatter themselves that government is ignorant of their cabals, and secret machinations ever since; whereas on the contrary, they are fully informed of them. They see two thirds of their letters, they betray one another, and I have frequently had the very same man's letters in my hand at once

LETTRE XLIX.

A LA MÊME.

A Londres, ce 16 Août, V. S. 1750.

CONNOISSANT comme vous le faites, madame, mes fentimens, et mon zèle pour tout ce qui vous touche, vous jugerez bien du chagrin que me caufe l'impuiffance où je me trouve d'exécuter les ordres, dont vous m'avez honoré en dernier lieu. J'ai envifagé l'affaire, au premier abord, comme difficile, mais à préfent je fais qu'elle eft impoffible. J'ai fondé le gué, et quoique je ne fuis nullement en liaifon avec les miniftres, j'en ai parlé à un, qui m'a dit très-naturellement que cela ne pouvoit fe faire. Vous favez, me dit-il, l'efprit de rébellion qui eft enraciné dans ces gens-là ; leur foi et la foi Punique c'eft la même ; la clémence ne les gagne pas, les fermens qu'ils font au gouvernement ne les tient point ; vous n'ignorez pas non plus que les deux tiers de ceux qui étoient dans la dernière rébellion, étoient des gens qui avoient été dans l'avant dernière, et qui ne jouiffoient de leurs vies, et de leurs biens, qu'en vertu de l'indulgence et du pardon du feu roi. Plufieurs même avoient des charges, pour lefquelles ils avoient prêté ferment de fidélité, qui ne les retint pourtant pas, dès que le tocfin de la rébellion fût fonné. Le nom même de * * *, ajouta-t-il, car je fus obligé de lui dire le nom, implique rébellion de père en fils : vous faviez tout cela auffi bien que moi, et les menées fecrettes de ces meffieurs, pendant que vous étiez dans les affaires ; jugez donc s'il convient, ou à la fûreté, ou à la dignité du gouvernement, d'en être une feconde fois la duppe ? Je me trouvai, madame, dans la néceffité de convenir de la vérité de tout ce qu'il me difoit, puifqu'il n'ignoroit pas que je favois que tout ce qu'il me difoit étoit très-vrai. Je vous dirai, de plus, que tous ces rebelles fugitifs chez vous et ailleurs, prennent datte feulement de la rébellion publique, fe flattant que le gouvernement ignore leurs cabales, et leurs fecrettes menées du depuis ; au lieu que, tout au contraire, il en eft parfaitement informé. Il voit les deux tiers de leurs lettres ; ils fe trahiffent les uns les autres, et j'ai eu fouvent

once, some to try to make his peace with government, and others to the pretender, to assure him it was but a feigned reconciliation, the better to promote his cause. Notwithstanding all these circumstances, I am sorry I can be of no service to a person you wish well to.

I have writ, and indeed from the bottom of my heart, a letter of thanks to abbé Sallier, whom I love and respect.

LETTER L.

TO THE SAME.

London, Sept. 25, O. S. 1750.

IN spite of my promises, madam, not to saddle you with my countrymen, here is one whom I take the liberty to recommend to you. Don't be afraid, don't be presently angry, and I dare say you will thank me hereafter. It is the earl of Huntingdon, one of the first peers of England, whose family is celebrated in the most ancient records. His merit and talents are at least equal to his descent; he is distinguished from all our young nobility by his profound erudition; in short, he wants nothing to make him perfect, but what he will acquire with you, better than any where else, I mean an acquaintance with the polite world. I will venture to add one merit more, which I flatter myself he will have in your opinion, which is that of being my particular friend. He looks upon me as his father, and I consider him as my adopted son. I therefore earnestly beg, madam, you will protect, encourage, and even advise him. He has too much discernment not to be sensible of the value of your friendship, and too much feeling ever to forget it. To sum up all in one word, he will soon be what his second father is now, your very faithful servant,

CHESTERFIELD.

vent entre mes mains, en même tems, les lettres du même homme, les unes pour tâcher de faire sa paix avec le gouvernement, et les autres au prétendant, pour l'assurer que ce n'étoit qu'une reconciliation simulée, pour être plus en état de le servir. Malgré tout cela, je suis fâché de ne pouvoir pas être utile à une personne, à qui vous vous intéressez.

J'ai écrit, et en vérité du fond de mon cœur, une lettre de remercimens à l'abbé Sallier, que j'aime, et que je respecte.

LETTRE L.

A LA MÊME.

A Londres, ce 25 Sept. V. S. 1750.

EN dépit de mes promesses, madame, de ne vous point endosser mes compatriotes, en voici un que je prends la liberté de vous recommander. Au reste, ne craignez rien, ne vous en fâchez pas d'abord, et j'ose dire que vous m'en saurez gré après. C'est monsieur le comte de Huntingdom, un des premiers pairs d'Angleterre, et dont la famille est célèbre dans les plus anciennes chroniques. Son mérite et ses talens égalent au moins sa naissance; une érudition profonde le distingue de toute notre jeune noblesse ; enfin, il ne lui manque, pour la perfection, que ce qu'il trouvera chez vous, mieux que par tout ailleurs, c'est-à-dire *du monde*. J'ose ajouter un autre mérite qu'il aura, je me flatte, auprès de vous, c'est celui d'être particulièrement de mes amis. Il me regarde comme son père, et je le considère comme mon fils adoptif : je vous supplie donc, madame, très-instamment de vouloir bien le protéger, l'encourager, et même le conseiller. Il a trop de discernement pour ne pas connoître d'abord tout le prix de votre amitié, et trop de sentimens pour jamais l'oublier ; et pour tout dire, il sera bientôt à votre égard, ce qu'est à présent son père adoptif, et votre très-fidèle serviteur,

CHESTERFIELD.

LETTRE

LETTER LI.

TO THE SAME.

Bath, Nov. 1, O. S. 1750.

I Expect, madam, you should give me credit for the silence I have kept so long, from mere strength of mind, in spite of the expostulations of my heart, which often murmured at it, and was continually wanting to say something to you. This is the case: towards the latter end of autumn, my head-aches, giddiness, and in short, all the ills that can plague a head, conspired to demolish mine; and I am sure much less would have done it. In this state, that head, which well knows the respect it owes to yours, and which at best is very unfit to face it, wisely determined to conceal itself till better times. Those better times are come at last. I have brought that head to this place, it's constant refuge, and have mended it tolerably, by drinking; don't mistake me, I mean water-drinking. Here then it comes, and once more respectfully bows to yours; that is to say, I am much better, and able to repeat to you the assurances of my esteem and friendship, which are proof against all the ills in the world.

So you have found means, as I made no doubt but you would, to keep lady Hervey at Paris: you are in the right, and so is she. Her letters are so many encomiums upon France and the French, to such a degree as even to be injurious to us. She has the pleasure of seeing you often, that alone would be sufficient to make me say as much or more. I do not wish however to be so often the topic of your conversations; for, though you may both be ever so much prejudiced in my favour, you both know me too well not to introduce many *buts* into those conversations, whereas I had much rather have each separately speak of me to those who do not know me, and then each might safely, and I flatter myself would, stretch a little beyond truth to my advantage.

Your pupil is at present in France, roving about Languedoc, Provence, Dauphiny, &c. He will have the honor of paying

LETTRE LI.

A LA MÊME.

A Bath, 1 Nov. V. S. 1750.

TENEZ-moi compte, madame, d'un silence que j'ai gardé long-tems par la force de mon esprit, en dépit des mouvemens de mon cœur, qui en murmuroit souvent, et qui à tous momens vouloit vous dire deux mots. Voici le cas ; vers la fin de l'automne, mes vertiges, mes migraines, et enfin tout ce qui peut désoler une tête, s'unirent pour accabler la mienne ; il ne lui en falloit sûrement pas tant. Sur ces entrefaites, cette tête, qui fait bien le respect qu'elle doit à la vôtre, et qui, même quand elle est au mieux, soutient fort mal ce vis-à-vis, prit sagement le parti de se cacher, en attendant mieux. Ce mieux est à la fin venu ; j'ai porté cette tête ici, sa ressource ordinaire, je l'ai rétablie tellement quellement à force de boire, ces eaux s'entend. La voici donc qui revient, et qui se présente dérechef très-respectueusement à la vôtre, c'est-à-dire que je suis beaucoup mieux, et en état de vous réitérer les assurances des sentimens d'estime et d'amitié, qui sont à l'épreuve de tous les maux du monde.

Vous avez donc trouvé le moyen, comme je n'en doutois point, de garder madame d'Hervey tout l'hiver à Paris : vous avez raison, elle aussi. Ses lettres sont autant d'éloges de la France, et des François, au point même de nous être injurieuses. Elle a souvent le plaisir de vous voir, cela seul me suffiroit pour en dire autant, ou davantage. Au reste, je ne souhaite pas d'être si souvent le sujet de vos conversations, puisque, quelque prévenues que vous soyez toutes les deux en ma faveur, vous me connoissez toutes les deux trop bien, pour qu'il n'entre point bien des *mais* dans ces conversations ; au lieu que j'aimerois mieux que chacune parlât de moi séparément à des gens qui ne me connoissent pas, et alors chacune pourroit, et je me flatte bien qu'elle le voudroit, mentir impunément à mon avantage.

Votre élève est actuellement en France, rodant en Languedoc, Provence, Dauphiné, &c. Il aura l'honneur de vous faire sa cour

his court to you before Christmas. He goes to Paris to look for the graces; I told him where he would find them; if you think I misinformed him, be so good, madam, as to direct him to their abode; at least I dealt honestly with him.

I learn from Berlin, that Voltaire has bid adieu to France for ever, and settled in the new residence of the muses, under the Augustus, and at the same time the Mæcenas, of the North; but, it must be confessed, he has shewn more than poetical art in the bargain he has made with that prince; for he has got the chamberlain's golden key, the order of friendship, five thousand crowns down, and as much a year for life, two thousand of which are settled upon his niece if she survives him. These terms favour more of one of the mountains of Peru, than of the hill of Parnassus. He has already acted his Cicero there, by way of an appeal from the poetical tribunal of France to that of Berlin, and your decree has been reversed; but you have so many wits at Paris, that you will not miss him. The very ladies supply the loss of him. Madame de Graffigny's pathetic play * is excellent in it's kind, and I assure you madame du Boccage's † Milton has great merit. She has abridged it considerably, but with judgment; and her translation of Pope's Temple of fame is amazingly accurate. Good night, madam.

LETTER LII.

TO THE SAME.

Bath, Nov. 5, O. S. 1750.

OUR last letters, madam, have crossed each other. I received yours two days after I had sent mine, so that my vindication was on the road at the same time as my accusation. This, therefore, shall only contain my thanks for taking notice of my silence, which neither merited your regret nor your reproaches.

* The comedy of Cenie, which was uncommonly well received at Paris, and might have been equally so in London, if it had not been greatly altered for the worse in the translation under the title of Eugenia.
† That amiable lady, whose poetical talents are sufficiently known, was then just returned from a trip she had taken over England and Holland, accompanied by her husband, a gentleman of great

That

avant noël. Il cherche les graces à Paris ; je lui ai mandé où il les trouveroit, si vous croyez que je m'y suis trompé, ayez la bonté, madame, de lui indiquer leur demeure, au moins j'en ai agi de bonne foi avec lui.

J'apprends de Berlin que Voltaire a dit un adieu perpétuel à la France, et s'est établi dans le nouveau séjour des muses, sous l'Auguste, et en même tems le Mécène, du Nord ; mais il faut avouer aussi, qu'il a montré plus que de l'art poëtique dans le marché qu'il a fait avec ce prince ; car il a la clef d'or de chambellan, l'ordre de l'amitié, cinq mille écus d'entrée, et autant de rente viagère, dont deux mille, en cas de sa mort, sont substitués sur sa nièce. Ces conditions sentent plus une des montagnes du Pérou, que celle du Parnasse. Il y a déjà joué son Ciceron par appel, comme d'abus, du tribunal poëtique de la France à celui de Berlin, et votre arrêt y a été cassé ; mais vous avez tant de beaux esprits à Paris, que vous ne vous ressentirez pas de la perte de celui-ci. Les dames même vous en dédommagent. La comédie pathétique de madame de Graffigny est excellente *, dans ce goût-là, et le Milton de madame du Boccage a, je vous en assure, beaucoup de mérite. Elle l'a beaucoup abrégé, mais avec jugement ; et sa traduction du Temple de la renommée de Pope est d'une exactitude étonnante. Bon soir, madame.

LETTRE LII.

A LA MÊME.

A Bath, ce 5 Nov. V.S. 1750.

NOS dernières lettres se sont croisées, madame. J'ai reçu la vôtre deux jours après avoir envoyé la mienne ; de façon que ma justification trottoit en même tems que mon accusation. Celle-ci ne sera donc qu'un remerciment de l'attention que vous avez bien voulu faire à mon silence, qui ne méritoit pas vos regrets, ou vos reproches.

knowledge and merit. Seven years after, she took another journey to Italy, and stayed several months in Rome, where she was received and caressed by the late pope Lambertini and his worthy friend cardinal Passionei, as she had been in London by the judges of genius and wit, and in particular by lord Chesterfield. The interesting account of her expedition, which was published by herself at Paris, was since translated into English, and printed at London in 1770.

That bond of our intercourse, that child, in short, the object of those expressions, which might appear suspicious to any who should have the curiosity to open our letters, will soon have the honor of paying his respects to you. He will stand in much greater need of your assistance, than if those suspicions were well grounded: such a birth would have made full half my care needless. I beg, madam, you will supply this want by yours, and at least make him worthy of such a birth, as would have made him more worthy of your care. You are able to do it, you who are capable of giving that to friendship, which others know not how to give but to more tender sentiments. I really trust to you alone, to make the fortune of that *being* which I commit to you; others will be civil to him, will say handsome things of him, but will not much trouble their heads about the rest. He would remain just what he is now; and at his age, if he does not get forward, he must go backward: but I am very sure you will act quite otherwise. You will tell him of his faults with that authority, which always accompanies the justness of your remarks, and the manner of your delivering them. He must needs be aukward and shy. Germany does not give the graces, and Italy but little more. They are only to be acquired in the good companies of Paris; therefore you must not only permit but command him to frequent your house in the evening, whenever it suits you to admit him, and, to get rid of him yourself sometimes, thrust him into other companies; this will be putting a very pleasing, and a very advantageous, constraint upon him. He certainly has a great fund of learning: whether he has wit I know not, but this I know, that if he has, you will put the finishing hand to his accomplishments, by giving him the carriage and the graces, that are an ornament to the best characters, and in some measure atone for the defects of the worst. In the common run of the world, how many people do we see, who only make their way under favour of their manner, whilst others, with great and solid merit, never can advance without that same address! Mere learning will not do it; it is the *je ne sais quoi* that sets it off; none but savages wear jewels in the rough.

Adieu

Ce lien de notre commerce, cet enfant enfin, l'objet qui a donné lieu aux termes, qui pourroient être suspects aux curieux qui ouvriroient nos lettres, aura bientôt l'honneur de vous faire sa cour. Il aura bien plus besoin de votre secours, qu'il n'en auroit eu, s'il eût été l'objet d'un soupçon bien fondé : une telle naissance auroit rendu une bonne moitié de mes soins inutiles. Suppléez, madame, à ce défaut par les vôtres, et rendez le au moins digne d'une naissance, qui l'auroit rendu plus digne de vos soins. Vous le pouvez, vous qui êtes capable de donner à l'amitié, ce que les autres ne savent donner qu'à des sentimens plus vifs. Réellement je compte sur vous uniquement, pour faire la fortune de cet *être* que je vous remets ; les autres lui feront des politesses, m'en diront du bien, mais se soucieront très-peu au fond du reste. Il en seroit précisément où il en est actuellement, et à cet âge, c'est reculer que de ne pas avancer : mais je suis bien sûr que vous en agirez d'une toute autre façon. Vous lui direz ses défauts avec cette autorité, qui accompagne toujours la justesse de votre critique, et la manière avec laquelle vous la ferez. Il faut nécessairement qu'il soit gauche, et embarassé. L'Allemagne ne donne pas les graces, et l'Italie ne les donne guères plus. Ce n'est que dans les bonnes compagnies à Paris qu'on les peut acquérir : permettez lui donc, non seulement, mais ordonnez lui de fréquenter votre maison les soirées, c'est-à-dire quand il n'y sera pas de trop, et pour vous en soulager quelquefois, fourrez le dans d'autres compagnies ; ce sera une contrainte bien douce, et bien avantageuse pour lui. Il a sûrement un très-grand fond de savoir ; je ne sais s'il a de l'esprit, mais je sais bien que s'il en a, vous mettrez le comble à son caractère en lui donnant les manières, et les graces, qui ornent les meilleurs caractères, et qui expient en quelque façon les fautes des plus mauvais. Dans le train ordinaire du monde, combien de gens ne voyons-nous pas, qui ne se sauvent qu'en faveur de leurs manières, et d'autres qui, avec un mérite très-solide, ne se font pas jour, faute de ces manières. On a beau savoir, c'est le je ne sais quoi, qui le fait valoir ; il n'y a que les sauvages qui portent les pierres précieuses brutes.

Adieu,

Adieu, madam; I shall leave this place in three days, and the next news you have from your humble servant will be from London.

LETTER LIII.

TO THE SAME.

London, Dec. 7, O. S. 1750.

HOW flattering would your accusations of wit, cleverness, and perspicuity be, madam, if they were but well grounded! If that were the case, I should gladly plead guilty, and should make no defence, for fear of being acquitted; but what alarms me is, your menaces in consequence of my supposed crimes. You will alter the style of your letters —— do not for God's sake, it would be too great a loss to us both. Don't go and take up the fashionable wit, but be content with your own, which I can assure you will never go out of fashion. Carats are now the taste, because they come cheap, and are set in a thousand whimsical forms; but they never could banish the fashion of good large diamonds, which their own intrinsic value has supported hitherto, and will always support. However, if you are determined to exchange your own for modern wit, I beg it as a favour that you will give your old to your pupil. If he has any himself, he will be well satisfied with yours; and if he has none, let others take the trouble of infusing theirs; you would lose your labour, and he would not think himself obliged to you.

You say very right, that we must be what we are; and this is so true, that do what we will, we shall always remain so in the main; the materials will still be the same. The workmanship may be varied, we may shape it into new forms, but when we have done all, if it is lead, it will still be lead; and if we attempt to give it the brilliancy of gold, we make it appear ridiculous; that ponderous matter will not admit of it. As for external manners, sociability and politeness, I believe they may be acquired by use,

Adieu, madame, je pars d'ici en trois jours; et ce sera de Londres que vous aurez les premières nouvelles de votre très-humble serviteur.

LETTRE LIII.

A LA MÊME.

A Londres, ce 7 Dec. V. S. 1750.

QUE vos accusations d'esprit, d'habileté, et de netteté seroient flatteuses, madame, si elles étoient fondées! En ce cas-là, je passerois volontiers condamnation, et je ne m'en défendrois point, de peur d'être absous ; mais ce sont les menaces que vous me faites, en conséquence de mes crimes supposés, qui m'allarment. Vous voulez changer le style et le ton de vos lettres —— au nom de Dieu n'y changez rien, nous y perdrions trop tous les deux. N'allez pas prendre l'esprit à la mode, mais contentez vous de celui que vous avez, et dont je vous assure que la mode ne passera jamais. Les carats sont, il est vrai, à la mode, c'est qu'ils ne coutent pas beaucoup, et on les met en mille figures fantastiques, mais ils n'ont pu bannir la mode des bons gros diamans, que leur valeur intrinsèque a soutenus jusqu'ici, et soutiendra toujours: mais en tout cas, si vous voulez changer votre esprit, pour prendre celui de la nouvelle fabrique, je vous demande en grace de vouloir bien donner votre vieux à votre élève. S'il en a lui-même, il se contentera bien du vôtre, et s'il n'en a pas, laissez aux autres le soin de lui en donner du leur ; vous y perdriez vos peines, et il ne vous en tiendroit pas compte.

Vous avez bien raison de dire qu'il faut être ce qu'on est ; cela est si vrai que, quelque chose que l'on fasse, on le sera toujours au fond, la matière restera toujours la même. On en peut varier la façon, et y donner quelques nouveaux contours ; mais, on a beau faire, si c'est du plomb, ce ne sera que du plomb ; vouloir lui donner le brillant de l'or, c'est lui donner un ridicule, cette lourde matière n'en est pas susceptible. Pour les manières extérieures, le liant, la politesse, je crois qu'on les peut acquérir par l'usage; pourvu, qu'il

if there be but a certain fund of common sense; since we so frequently see them conceal, nay sometimes adorn, little minds and great defects: at least you will carry your pupil to the best schools for learning them. Introduced by you, he must be a most incorrigible dunce if he does not learn them. I reckon, in a fortnight, he will have the honor of paying his court to you, as he is actually upon the road from Provence to Paris.

I have been trying for these two years to get some of those large Irish dogs, but the breed is grown extremely scarce, by the extinction of their enemies the wolves. I had two sent me half a year ago, which I intended for the prince of Conti, but I discovered there was a mixture of the Danish breed, which made them clumsy, so I sent them back again. I expect some soon of the right sort, and shall do myself the honor to send them over immediately to his highness. In the mean time I beg you will send orders to somebody at Calais to receive them, and let me know who I am to direct them to. I shall always be glad to be of any service to a prince of his merit.

LETTER LIV.

TO THE SAME.

AT last, madam, here is your future pupil, whom I have the honor to present to you. I do not very well know what sort of a present I make you. I only know that, whatever he may be now, you have it in your power to make him what he ought to be for the future. Some examples there are, which are more instructive than all the precepts in the world. As you are determined to have no boys of your own, I intreat you to adopt mine, at least for a while. Adoption is of far greater consequence than the bringing of children into the world, which is said to be all a chance. I have no ambitious views for your pupil; I do not wish him to conquer provinces, but only to win hearts, to be polite and
amiable

qu'il y ait un certain fond de sens commun, puisqu'on les voit si souvent couvrir, et même quelquefois orner de petits esprits, et de grands défauts : au moins vous menerez votre élève aux bonnes écoles pour les apprendre. Introduit par vous, il faut qu'il soit une bête des plus indociles, s'il ne les apprend pas. Je compte qu'en quinze jours d'ici il aura l'honneur de vous faire sa cour, étant actuellement sur la route de Provence à Paris.

Il y a deux ans que je tâche d'avoir de ces gros chiens d'Irlande, dont la race y est devenue extrêmement rare, par l'extinction de leurs ennemis les loups. On m'en envoya deux il y a six mois, que je destinois pour monsieur le prince du Conti, mais je découvris qu'il y avoit un mélange de Danois, qui les avoit épaissis, de sorte que je les renvoyai. J'en attends bientôt des véritables, que j'aurai l'honneur d'envoyer d'abord à son altesse ; en attendant, je vous prie d'envoyer vos ordres à quelqu'un à Calais pour les recevoir, et faites moi savoir à qui je les y dois addresser. Je serai toujours charmé de pouvoir être bon à quelque chose à un prince de ce mérite.

LETTRE LIV.

A LA MÊME.

VOICI à la fin, madame, votre futur élève, que j'ai l'honneur de vous présenter : j'ignore pourtant assez quel présent je vous fais, je sais seulement que, quelqu'il puisse être actuellement, il ne tiendra qu'à vous de le rendre bien présentable à l'avenir. Il y a de certains exemples qui sont plus instructifs que tous les préceptes du monde. Comme vous avez pris la résolution de ne pas faire des garçons vous même, adoptez pour quelque tems au moins, je vous en supplie, celui-ci ; l'adoption est cent fois plus importante que la façon, qui n'est à ce qu'on dit que fortuite. Je n'ai pas des vues ambitieuses pour votre élève ; je ne demande pas qu'il gagne des provinces, je souhaite seulement qu'il gagne des coeurs, qu'il soit

amiable, to have the sentiments and deportment of a man of
fashion, that is, that you may adopt him, and that I may call him
the little Stanhope. Very seriously, madam, no indulgence, I
beseech you, no compliments on your part; but assume that authority with him, which is the least of your claims, in virtue of the
friendship you are pleased to honor me with. Let him be absolutely under your government; it will be both a profitable and
a delightful slavery.

LETTER LV.

TO THE SAME.

London, Jan. 7, O. S. 1751.

I Am heartily glad, madam, you are so well pleased with our
child, as you condescend to call him; for my part I am very
well satisfied, as long as you tell me the materials are good: Paris,
under your auspices and your direction, will do the rest. I will
not tell you what he says of you; your panegyric is not quite so
well drawn up as Pliny's, but it seems to flow more from the
heart. He has a deep sense of your favours, and I see he knows
the value of them, for he earnestly recommends it to me, to beg
that you will be kind enough to tell him freely of his smallest failings.
You ask me whether I intend to trust him to his own discretion
at Paris; I answer I do, for his governor, who is a man I can rely
upon, assures me there is not the least danger, as he seems to have
no vicious inclinations. Where that is the case, I think it is best
for a young man to be early accustomed to shift for himself, and
not to rest upon another. Besides, I have never found that a governor facilitated his pupil's admission into good company, but have
often observed that he was a hindrance to it. A young man is
tolerated in many a company, where he would not be suffered to
appear, if he was always attended by a grave and morose governor.
Besides, I have so many spies over him at Paris, that I cannot possibly

soit poli, aimable et qu'il ait les fentimens, et les manières d'un honnête homme, c'eſt-à-dire, que vous l'adoptiez, et que je puiſſe l'appeller le petit Stanhope. Très férieuſement, madame, point de ménagemens, point de politeſſes de votre part, mais prenez avec lui ce ton d'autorité, auquel l'amitié dont vous m'honorez eſt le moindre de vos droits : gouvernez le deſpotiquement, un tel eſclavage lui ſera auſſi utile qu'agréable.

LETTRE LV.

A LA MÊME.

A Londres, 7 Janvier, V. S. 1751.

JE ſuis charmé, madame, que vous ſoyez ſi contente de notre enfant, comme vous voulez bien l'appeller ; pour moi je ſuis content, dès que vous croyez qu'il eſt du bois dont on en fait. Paris, ſous vos auſpices, et vos ordres, fera le reſte. Je ne vous dirai pas ce qu'il m'a écrit fur votre ſujet ; votre panégirique n'y eſt pas tout-à-fait ſi bien tourné que celui de Pline, mais il me paroit partir plus du coeur. Il eſt pénétré de vos bontés, et je vois qu'il en connoit tout le prix, car il me recommande inſtamment de vous ſupplier de vouloir bien lui dire naturellement juſqu'à ſes moindres défauts. Vous me demandez, ſi je compte de le laiſſer à Paris fur ſa bonne foi ; je vous réponds qu'oui, et je vous en donnerai mes raiſons. Son gouverneur, auquel je puis me fier, m'aſſure qu'il n'y a pas le moindre riſque. Cela étant, nous voila en quelque façon à l'abri des grands écueils de la jeuneſſe ; et pour le reſte, je crois qu'il eſt bon qu'un jeune homme s'accoutume de bonne heure à ſe tirer d'affaire, et à ne pas s'appuyer fur un autre : d'ailleurs, je n'ai jamais vû qu'un gouverneur facilitât à ſon élève l'entrée dans les bonnes compagnies ; mais, au contraire, j'ai ſouvent vû qu'ils la leur fermoient. En effet, on tolère bien un jeune homme dans des compagnies, où on ne le ſouffriroit pas s'il étoit toujours accompagné d'un gouverneur férieux, et rebarbaratif. De plus, j'ai tant de ſurveillans ſur lui à Paris

sibly be ignorant of his conduct for a fortnight together, and he knows very well that the moment I hear of his going astray, I shall send for him home.

LETTER LVI.

TO THE SAME.

London, Jan. 24, O. S. 1751.

YOUR not repenting your adoption, madam, is a very flattering testimony to your adopted son; for his part, I see he knows the value of it; he is so proud of it, that I suspect him of being ready to throw up my name and take yours, according to the antient rules of adoption. As to me, I consent; it behoves you to be upon your guard. I think he is in the right not to acknowledge you as his governess, as that appellation carries along with it a notion of age and moroseness, whereas the powers which such a temper as yours gives to a mother, who is so by adoption, are far more extensive, and more respected, than even those of nature. They are obeyed with delight, and consequently with profit. I have writ to him to day, upon what you whispered in my ear yesterday, but in such a manner, that he cannot have the least suspicion of its coming from you*. I recommended to him, amongst other things, universal politeness, and an attention to every body, without giving the least hint as if I knew that he was wanting in either. I enlarge upon it, and advise him to consult you. Be so good then, madam, as to inculcate that general politeness, which every well-bred man ought to have; for I am sure what you say to him will make more impression than all I could say, and so it ought. It is true, the manners of the world are not to be acquired in a day, some time must be allowed, but at least it is much sooner acquired when under such directions as you are able to give. The polite circles, to which you have introduced him, cannot fail of giving him the address and the

---

* This letter is wanting in the collection published by Mrs. Stanhope.

à Paris, qu'il est impossible que j'ignore sa conduite quinze jours de suite, et il sait fort bien qu'au premier faux pas, je le serai revenir.

LETTRE LVI.

A LA MÊME.

A Londres, ce 14 Janv. V. S. 1751.

C'EST un témoignage bien flatteur pour votre fils adoptif, que vous ne vous repentiez pas, madame, de son adoption ; pour lui, je vois qu'il en connoit tout le prix ; il s'en fait tant d'honneur, que je le soupçonne de vouloir renoncer à mon nom, pour prendre le vôtre, selon les anciennes règles de l'adoption. Pour moi j'y consens, c'est à vous à être sur vos gardes là dessus. Je trouve qu'il a raison de ne vous pas reconnoître en titre de gouvernante, les idées d'âge et de mauvaise humeur étant inséparablement attachées à ce caractère ; au lieu que les pouvoirs que donne à une mère d'adoption, un esprit et un caractère comme le vôtre, sont bien plus étendus, et plus respectés même, que ceux de la nature. On y obéit avec plaisir, et par conséquent avec fruit. Je lui ai écrit aujourd'hui sur le mot à l'oreille que vous m'avez dit hier ; mais d'une façon qu'il est impossible qu'il vous en soupçonne le moins du monde ". Je lui conseille, entre autres choses, une politesse et des attentions universelles pour tout le monde, sans faire le moindre semblant de savoir qu'il en manque. Je m'étends là dessus, et je lui recommande de vous consulter. Ayez donc la bonté, madame, de lui inculquer cette politesse générale, que doit avoir tout honnête homme ; car je suis sûr que ce que vous lui direz fera plus d'impression sur son esprit, que tout ce que je pourrois lui dire, et il a raison. L'usage du monde ne s'acquiert pas dans un jour, il est vrai, il y faut même du tems, mais au moins il s'acquiert bien plûtôt quand il est accompagné de conseils tels que les vôtres. Les bonnes maisons, où vous l'avez placé, lui donneront nécessairement les usages, et les manières du beau monde.

manners of the *beau monde*. With regard to learning, the testimony of our abbé Sallier, which you sent me, does him great honor; I join my wishes to his, or rather, it would be the summit of mine, to see him think as you do. I beg, madam, you will tell our abbé, from me, all I ought to say myself, upon his attentions, civilities, and friendship; it will give him more pleasure, and do me more honor, than if I were to put him to the charge of postage, and not do it half so well.

LETTER LVII.

TO THE SAME.

London, Feb. 7, O. S. 1751.

SO you will have it your pupil has talents; I do not pretend to dispute it, for I really believe he has; but if they are not set off by good breeding, politeness, attentions, and all those little external graces which are so pleasing, and so necessary, they become in a manner useless, and no great advantage will accrue to the owner.

A man of merit and learning will meet with respect and esteem, but that is not enough; the business is to please, and there is no pleasing without being agreeable and graceful. This is what I repeat to him in all my letters: he seems to be thoroughly convinced of it, he has the best of models daily before his eyes, for I believe he hardly passes a day without seeing you; and if, after all this, he is not an accomplished young man, he must be strangely out of luck. Pray, madam, tell me freely, do you find him improved since he is at Paris? Does he grow a little more of the gentleman? Has Marcel given him a better carriage? And does he begin to take a tincture of the good companies that have done him the favour to admit him, and to bear with him? If he has gained ground, he will advance more and more; but if he be still just as he was when he first came to Paris, I shall despair, notwithstanding all the pains you take. He places so much confidence in you, that what you say will have a

thousand

monde. Du côté du savoir, le témoignage que vous m'avez envoyé de notre abbé Sallier lui est bien glorieux ; je joins mes vœux aux siens, ou pour mieux dire, ce seroit le comble des miens, de le voir penser comme vous. Je vous supplie, madame, de dire à notre abbé de ma part, tout ce que je devrois lui dire moi-même, sur ses attentions, sa politesse, son amitié : il en aura plus de plaisir, et j'en aurai plus d'honneur, que si je lui faisois payer le port d'une lettre pour le lui dire beaucoup moins bien.

LETTRE LVII.

À LA MÊME.

A Londres, ce 7 Fév. V. S. 1751.

VOUS voulez absolument que votre élève ait du fond ; je le veux bien, et je le crois même ; mais si ce fond n'est pas orné par les manières, la politesse, les attentions, et toutes ces petites graces extérieures, qui sont si aimables, et si nécessaires, il devient assez inutile, et ne rendra guères au propriétaire.

On se fait respecter et estimer par un fond de mérite, et d'érudition ; mais cela ne suffit pas, il faut plaire, et on ne plait que par les agrémens et les graces. C'est le langage que je lui tiens dans toutes mes lettres ; il me paroît en sentir tout le vrai, il a tous les jours devant les yeux le meilleur modéle, car je crois qu'il ne manque guères un jour de vous voir, et si à la fin, avec tout cela, il ne se forme point, même malgré lui, il faut qu'il joue d'un furieux malheur. Dites-moi naturellement, madame, je vous en prie, lui trouvez-vous du mieux à cet égard depuis qu'il est à Paris? Se fait-il peu-à-peu ? Marcel lui a-t-il donné un peu meilleur air ? et commence-t-il à prendre la couleur de ces bonnes compagnies, qui ont bien voulu le recevoir et le tolérer ? S'il a gagné du terrein, il avancera toujours ; mais s'il en est encore précisément là où il en étoit à son arrivée à Paris, j'en désespérerai, nonobstant tous vos soins. Il a une telle

thousand times more effect upon him, than all my lessons. He doats on you, almost to adoration, and you may well imagine I encourage that disposition; so don't be so gentle with him, but reprove him for the least thing you see amiss. As to the little secret he has entrusted you with, relative to his expences, I must tell you I had left him at full liberty upon that article, with orders to draw upon me freely, for whatever was necessary, or even decent; but, since he chuses rather to be at a certainty, and that you are of the same opinion, to accustom him to a certain regularity in his expences, I have no objection to it, upon condition that you will name the sum that you think will be necessary. For instance, shall I allow him a thousand, fifteen hundred, or two thousand livres a month?' As, on the one hand, I would not have him launch out into needless and frivolous expences; so, on the other, I would not have him be in want of money to make a creditable figure. If you rate his expences, for instance, at fifteen hundred livres a month, I would not, between you and me, be understood to mean that he should never exceed that sum, in a case of necessity; for I would not, out of an ill-judged parsimony, deprive him of the real advantages arising from a certain freedom in his expences. Do me the favour, madam, to tell me what you think his stated allowance should be, and he shall have it, with this proviso, that we shall not fall out for a little more now and then.

The abbé de la Ville's letter is certainly very flattering for me; I have loved him, though an enemy, and as such I esteemed him enough to fear him; but since we have been allowed to be friends, I have retained the same sentiments for him, refined from that allay which is inseparable from fear. I beg, madam, you will present my best compliments to him when you see him. I hope his merit and talents will be as well rewarded as they are known, in the country from whence he dates his letter. To conclude, ask yourself what I ought to be to you; and be assured, madam, that I am so.

LETTER

telle confiance en vous, que tout ce que vous lui direz fera cent fois plus d'effet sur lui, que toutes mes leçons ; cela va presque à l'adoration, et vous jugez bien que j'encourage cette disposition. N'y allez donc plus si doucement, et ne lui passez pas la moindre chose. Par rapport à la petite confidence qu'il vous a faite au sujet de sa dépense, je vous dirai que je lui avois donné carte blanche sur cet article, avec ordre de ne me pas ménager, en tout ce qui seroit nécessaire, ou même décent ; mais puisqu'il aime mieux savoir à quoi s'en tenir, et que vous êtes aussi de son avis, pour l'accoutumer à une sorte de règle dans sa dépense, je le veux bien, à condition que vous fixiez la somme nécessaire, par mois. Par exemple, voulez-vous mille, quinze cens, ou deux mille francs par mois ? D'un côté, je ne voudrois pas lui fournir pour une dépense inutile et frivole, et de l'autre, je ne voudrois pas qu'il manquât d'argent pour faire une dépense honorable ; si vous fixez, par exemple, sa dépense en gros à quinze cens livres par mois, je n'entends pas, entre nous, qu'en cas de besoin il n'aille pas au dela ; car je ne veux point, par une épargne déplacée, le priver d'aucun des avantages réels qui accompagnent une certaine dépense honnête : ayez la bonté donc, madame, de me dire la somme que vous jugez à propos que je lui nomme, bien entendu toujours, que nous ne nous brouillerons pas sur un petit excédent de tems en tems.

La lettre de l'abbé de la Ville est assurément bien flatteuse pour moi ; je l'ai aimé quoiqu'ennemi, et comme tel, je l'ai estimé assez pour le craindre ; mais depuis qu'il nous a été permis d'être bons amis, j'ai conservé pour lui les mêmes sentimens, épurés de cet alliage, qu'y met toujours la crainte. Faites-lui, je vous en supplie, madame, mille complimens de ma part quand vous le verrez. J'espère que dans le païs d'où il datte sa lettre, son mérite et ses talens sont aussi bien recompensés, qu'ils y doivent être connus : pour finir, demandez vous à vous-même ce que je vous dois être, et soyez persuadée, madame, que je le suis.

LETTER LVIII.

TO THE SAME.

London, Feb. 15, O. S. 1751.

NOBODY in the world, besides yourself, knows how to combine the true and solid duties with the ornamentals of friendship. Others, from selfish motives, too often sacrifice the former to the latter; they suppress what they ought to say, for fear of saying what will displease, though it be ever so necessary it should be known. You, madam, on the contrary, acquit yourself of the true duties of friendship, by unfolding the truth, be it ever so unpalatable, rather than suffer your friend to remain ignorant of an evil, which, perhaps, may be remedied now, but, in a short time, might become incurable. In the picture you have sent me, which I am certain is very like the original, there are some strokes that shock me exceedingly, and quite disfigure the whole, though some of the features are good. I am sadly afraid it will be a hard matter to mend the original, since you have hitherto lost your labour, and I have laboured incessantly at it for these three years, and as it appears without success. I again send him a very strong letter on that subject, by this post*, and, as I would not have you appear in it, or set him against you, which would be losing the only remedy I have any hopes from, I tell him, that at the same time as I received a letter from you, which was much to his credit, I received a very different account of him from a friend at Paris; and then I pretend to send him an extract of that friend's letter, which contains his own picture, drawn from the hints you have given me; and I conclude with the strongest remonstrances, which I am sure he will not shew you. The better to put him upon a wrong scent, and to enable you to speak more strongly to him upon the subject, I tell him I have sent you a copy of that picture, that you may tell me sincerely whether it is like or not.

---

* There is no letter of this date in the collection just mentioned; that which comes nearest to it, as containing an extract of a letter received from an impartial and discerning friend, is dated three weeks before, viz. February 4, O. S. but it differs in many particulars.

LETTRE LVIII.

A LA MÊME.

A Londres, ce 15 Fév. V. S. 1751.

IL n'y a que vous au monde qui sachiez combiner les vrais et solides devoirs, avec tous les agrémens de l'amitié; les autres sacrifient, trop souvent, par des mouvemens d'amour propre, les premiers aux derniers, ils suppriment ce qu'ils devroient dire, pour ne pas dire ce qui déplaira, quelque nécessaire qu'il soit qu'on le sache. Vous, madame, au contraire, vous vous acquitez des vrais devoirs de l'amitié, en découvrant la vérité, quelque désagréable qu'elle puisse être, plûtôt que de laisser ignorer un mal, auquel peut-être on peut trouver du remède à présent, mais qui, en peu de tems, pourroit devenir incurable. Il y a, dans le portrait que vous m'avez envoyé, et qui, je suis bien sûr, est fort ressemblant, des traits qui me choquent infiniment, et qui défigurent tout-à-fait l'assemblage, malgré d'autres bons traits qui s'y trouvent. Je crains même qu'il ne soit bien difficile de corriger l'original, puisque jusqu'ici vous y avez perdu vos peines, et que, depuis trois ans, j'y ai travaillé sans relâche, et comme il paroit sans succès. Je lui envoye encore par cette poste a une lettre, mais des plus fortes, sur ce sujet : et pour ne vous pas commettre avec lui, et le refroidir à votre égard, ce qui seroit perdre l'unique remède que j'espère, Je lui dis qu'en même tems que je reçus, de votre part, une lettre qui lui étoit très-favorable, j'en reçus une autre d'un de mes amis à Paris, sur son sujet, d'une nature bien différente, dont je fais semblant de lui envoyer l'extrait ; après cela je lui fais son portrait, sur les mémoires que vous m'avez fournis, et je finis par des remontrances les plus fortes, qu'il n'aura garde, je crois, de vous montrer. Pour le dépaïser encore plus, et pour vous mettre en état de lui parler encore plus fortement sur ces matières, je lui dis que je vous ai envoyé en même tems copie de ce portrait, pour que vous me disiez véritablement s'il lui ressemble ou non. Ayez donc la bonté, madame, de lui dire que vous avez reçu une telle lettre de ma part, et que vous

Be so good then, madam, as to tell him you have received such a letter from me, and that you are greatly at a loss how to answer it; that you see I am exasperated at the bare suspicion that the picture may be like him; what would it be if you were to confirm it? This will frighten him out of his wits, and at the same time furnish you with a fair opportunity of expostulating with him, under pretence of being loth to expose him to me. And, indeed, he is undone if he does not thoroughly mend his manners, and break himself of that propensity to disapprove every thing, of that inclination to dispute with sharpness, and to support his own opinion in a peremptory manner. He may have good sense, he may have something good in him if you will, it is a good soil; but you know better than I, it is a soil that will yield very little, if it be not cultivated by good breeding, gentleness of manners, a graceful deportment, a pleasing address, in short, by all that distinguishes the gentleman. Indeed he is still young; but then, consider that for this year and a half, he has frequented the very best companies in Italy, and even since he is at Paris, he ought to have improved, considering what good company he has kept for above these two months, not to mention your precepts and example. Notwithstanding all this, you own, and I am sure you make the best of it, that his progress is very slow; that is to say, that he has made none at all. This makes me almost despair, and if I expect any remedy, it is from you. With regard to you, at least, he thinks as he ought, and therefore he must wish to think like you in every thing else. To ingratiate you still more with him, if possible, I tell him it is at your solicitation that I have at last brought myself to fix the sum he should spend monthly, which he had so often wished I would do, that I think fifteen hundred livres a month a very handsome allowance, but that, however, we shall not fall out, if he should occasionally go as far as two thousand; provided, as you advised me, he does not, on that account, assume an air of superiority, or shew any contempt for those who may have less. After all these precautions, you have nothing to fear, and need not spare him. Tell him freely what you see amiss in him; as it comes from you, he will listen patiently and attentively. His fortune is absolutely in your hands; and, if he mends, it will be

entirely

vous trouvez extrêmement embarassée sur ce que vous me devez répondre ; que vous voyez bien que je suis outré même du soupçon que ce portrait lui ressemble : que serviroit-ce donc si vous alliez constater cette ressemblance ? Ceci lui donnera l'allarme bien chaude, et en même tems vous fournira une occasion, non suspecte, de lui dire les choses du monde les plus fortes, sous prétexte de ménagemens pour lui vis-à-vis de moi. En effet, il est perdu s'il ne se corrige pas foncièrement de ces mauvaises manières, de cette pente à désapprouver tout, et de ce penchant à disputer avec aigreur et empire. Qu'il ait de l'esprit, qu'il ait du bon si vous le voulez, c'est un bon fond ; mais aussi, vous savez mieux que moi que c'est un fond qui rapportera bien peu, s'il n'est pas cultivé par les bonnes manières, la douceur, les graces, les agrémens, enfin par tout ce qui vous distingue. Il est encore jeune, il est vrai ; mais aussi, depuis un an et demi, il a fréquenté tout ce qu'il y avoit de meilleure compagnie en Italie, et même, depuis qu'il est à Paris, il auroit dû s'être formé considérablement, vû les bonnes compagnies qu'il y a fréquentées depuis plus de deux mois, pour ne rien dire de vos préceptes, et de votre exemple. Avec tout cela, vous m'avouez, et je suis sûr que vous mettez tout au mieux, que les progrès sont bien lents ; c'est-à-dire qu'il n'en a point fait du tout. Ceci me fait presque désespérer, et je n'attends de remède, si tant est que j'en attende, que de votre part. Sur votre sujet, il pense au moins comme il doit, et cela étant, il doit naturellement souhaiter de penser comme vous sur tous les autres sujets. Pour vous mettre aussi encore mieux avec lui, s'il est possible, je lui ai mandé que c'étoit simplement à votre sollicitation, que je m'étois à la fin porté à fixer la somme qu'il devoit dépenser par mois, et qu'il avoit si souvent souhaité, que je trouvois quinze cens francs par mois une somme très-raisonnable, mais que pourtant nous ne nous brouillerions pas, s'il prenoit, en cas de besoin, jusqu'à deux mille ; bien entendu toujours, comme vous me l'avez conseillé, qu'il ne prît pas pour cela un ton de supériorité, ou de mépris pour ceux qui n'en auroient point tant. Moyennant toutes ces circonstances, vous n'avez rien à craindre en ne le pas ménageant ; dites-lui librement ses vérités, de votre part il les écoutera patiemment et avec attention : sa fortune est absolument entre vos mains; s'il se corrige, ce

entirely owing to you. Independent of all personal fondness, he has so long been the object of my tender solicitude, and I have so set my heart upon making something good of him, that it would give me infinite concern should I fail at last, which would certainly be the case, if, with good natural understanding, and a great stock of knowledge, he should want that behaviour, which is so requisite to set them off.

Forgive me, madam, these details; forgive the trouble I give you. I know you will, as I am convinced that your friendship knows no bounds: nor shall my gratitude have any, but shall continue to my latest breath.

LETTER LIX.

TO THE SAME.

London, Aug. 11, O.S. 1751.

BEGGING your pardon, madam, it does not appear that I have been too hasty, since you allow that my lectures have had some effect. With common people, and people of the age of your pupil, which are much alike, it is not amiss to make things appear rather worse than they are; and I must own I had made a *caricature* of the picture you sent me, that he might see all his faults through a microscope. I still continue to preach upon the texts you have given me. I hope I do not preach to as little purpose as most other preachers. You can judge, and can best inform me, whether I preach successfully. Does he improve, does he catch the manners, the address, the attentions, the graces of polite company? Tell me, madam, I beg of you, whether he keeps good company, whether the connections he has formed with persons of his own age are good ones, and what houses he frequents most. I make no apology for all these impertinent questions, it is much too late, and you are used to them.

ne fera que par vous. Indépendamment de toute tendreſſe perſonnelle, il a été ſi longtems l'objet de mes ſoins, et je me ſuis tant flatté d'en faire quelque choſe de bon, qu'il me feroit très-chagrinant d'échouer près du port ; et ce ſeroit préciſément le cas ſi, avec un fond d'eſprit naturel, et beaucoup d'acquis, il lui manquoit les manières ſi néceſſaires pour les faire valoir. Pardonnez-moi, madame, ces détails, pardonnez-moi la peine que je vous donne. Je ſais que vous me le pardonnez, puiſque je ſais que votre amitié n'a point de bornes ; ma reconnoiſſance n'en aura point non plus, et ne finira qu'avec mes jours.

LETTRE LIX.

A LA MÊME.

A Londres, 11 d'Avril, V. S. 1751.

NE vous en déplaiſe, madame, il ne paroît pas que j'aye pris la mouche trop fort, puiſque vous convenez, en même tems, que mes mercuriales ont fait quelque effet. Avec le peuple, et les gens de l'âge de votre élève, qui ſont très-peuple, il faut charger les objets un peu au dela du vrai, et je vous avoue que j'avois fait une *caricatura* du portrait que vous m'aviez envoyé, pour qu'il vît ſes défauts au microſcope. Je continue actuellement de prêcher ſur les textes que vous m'avez fournis. J'eſpère que je ne prêche pas auſſi inutilement que font la plûpart des prédicateurs. Vous pouvez juger, et me dire mieux que perſonne, ſi je prêche avec fruit. Se forme-t-il aux uſages, prend-t-il le ton, les manières, les attentions, les graces ? Dites-moi, je vous en ſupplie, madame, s'il fréquente les bonnes compagnies, ſi les liaiſons qu'il a formées avec des gens de ſon âge ſont bonnes, et quelles maiſons il hante le plus. Je ne vous fais point d'excuſes de toutes ces queſtions impertinentes ; ce ſeroit trop tard, et vous y êtes accoutumée.

Dans

In our tragedy of Cato, Cato is asked whether Cæsar does not blush to do so and so; Cato answers,

> Cæsar asham'd! has he not seen Pharsalia?

Make the application of this to your humble servant.

As you now and then flatter me by complaining of my silence, which you ought rather to thank me for, I will be beforehand with you this time, and account to you for my not answering the honor of your last letter sooner. You must know that having no further business with terrestrial bodies, I have been amusing myself with the celestial, and am now so familiar with the planets, that, if you chose it, I should be able to give you a supplement to Fontenelle's *Plurality of Worlds*. Do not imagine, however, that I preferred an intercourse with the planets to a correspondence with you; far from it, on the contrary, it was in order to establish your style in this kingdom, by act of parliament. I had long observed that you dated your letters eleven days earlier than I did, and that I received them before the day of their date. I was persuaded you must be right, and I mentioned it to some astronomers, who told me it was certainly so, and that if I inquired of the sun and moon, they would not deny it; that even a pope * had been of your opinion, near two hundred years ago, and had introduced what is called the new style. As a good protestant, I would have nothing to do with a pope; but I wanted to adopt your own style, the very best I know of. However, for the satisfaction of the public, who have not the honor of being acquainted with you as I am, I was obliged to enforce my opinion by some astronomical arguments. Hence I am become an astronomer, and it is a pleasure to hear me talk of tropical years, luni-solar years, intercalary years, &c. but at last your style is established here. Thus it is that the public is almost always ignorant of the true causes of events, for nobody suspects your having any hand in this.

* Pope Gregory XIII. who in 1582 had the Julian calendar reformed, and gave his name to the correction. It was introduced in all the catholic, and successively in several of the protestant, countries; but was still rejected in the British dominions, as well as in the North.

LET-

Dans notre tragédie Angloise de Caton, quelqu'un demande à Caton, si César ne rougit pas de faire telle et telle chose ; Caton répond,

César rougir ! n'a-t-il pas vu Pharsale ?

Faites en l'application à votre très-humble serviteur.

Comme vous me flattez de tems en tems, en me reprochant mon silence, dont vous devriez plûtôt me savoir gré, je vous préviendrai cette fois ici, en vous rendant compte de ce qui m'a empêché jusqu'à présent, de répondre à la derniére lettre dont vous m'avez honoré ; c'est que n'ayant plus à faire avec les corps terrestres, je me suis amusé avec les corps célestes, et je me suis si bien familiarisé avec les planétes, que si vous le vouliez, je suis en état de vous donner un supplément à la *pluralité des mondes*. Ne croyez pas, au reste, que je préférasse ce commerce avec les planétes au vôtre ; rien moins, au contraire, c'étoit pour établir, par acte de parlement, votre style dans ce païs ici. J'avois remarqué, depuis longtems, que vous dattiez vos lettres onze jours plûtôt que moi, et que je les recevois avant même que le jour de leur datte fut venu ici. J'étois persuadé que vous deviez avoir raison ; je le dis à des astronomes, qui m'assurérent qu'oui, et que si je m'en informois du soleil ou de la lune, ils ne vous désavoueroient point ; que même un pape* avoit été de votre avis, il y a près de deux cens ans, et avoit introduit ce qu'on appelle le nouveau style. Comme bon protestant je ne voulois avoir rien à faire avec un pape, mais c'étoit votre style, qui est bien le meilleur que je connoisse, que je voulois adopter. Il m'a fallu pourtant, pour satisfaire au public, qui n'a pas l'honneur de vous connoitre comme moi, le payer de quelques argumens astronomiques. De là je suis devenu astronome, et c'est un plaisir que de m'entendre parler d'années tropiques, d'années luni-solaires, intercalaires, &c. mais enfin voila votre style établi ici. Voyez par là comment le public ignore presque toujours les véritables causes des événemens ; car il ne vous soupçonne pas d'entrer pour quelque chose dans celui-ci.

LETTER LX.

TO THE SAME.

London, May 23, O. S. 1751.

YOURS is an excellent principle, madam, to anſwer ſpeedily when one can anſwer agreeably, and the practice is eaſy to you; but it is not ſo to others, who often have only the will, whereas you always have the power. Hence it follows, that you will always write ſoon, and from choice; I but ſeldom, and from duty. Your ſecond letter, which came yeſterday, before I had anſwered the firſt, now calls upon me for the performance of this duty.

How I envy you in your viſit at * * * which I know, by experience, muſt be a delightful one! If I were but as young as the amiable maſter of that charming abode, I would take poſt, and come and ſurprize you there. Lady Hervey, who has lately enjoyed the ſweets of that ſociety, tells me wonders of it; wonders, I mean, that are no wonders to me, who am ſo well acquainted with moſt of the performers, and chiefly with the part you act. But alas! it is my hard lot to feel the whole force of temptations, and not to have power to yield to them; for after all, it is a ſign of weakneſs not to give way. Pleaſures are but too thinly ſcattered; reaſon bids us ſeize them, weakneſs or lazineſs is all that hinders us from complying. I ſpeak of innocent pleaſures and temptations, and not of crimes, as you may well imagine. Inſtead of thoſe pleaſures, which have forſaken me, and which I think no more of, unleſs I could procure them to others, I am going next week to partake of the little amuſements of Babiole, that is, to walk about, to do one odd thing or other in my garden, and to nurſe my pine-apples and melons; for I mean to excel in theſe two articles. Excuſe a little falſe wit, for I muſt tell you that the Menagianas, the Scaligerianas, and all thoſe kind of Anas, are not to compare to my Ananas. As for my melons, they are arch-melons; by dint of culture and art, I bid defiance to our climate, and raiſe ſuch delicious melons, that if it were practicable to ſerve you as the emperor of the moon is ſerved, upon the

LETTRE LX.

A LA MÊME.

A Londres, ce 23 Mai, V. S. 1751.

VOTRE principe est excellent, madame, de répondre promptement quand on peut répondre agréablement, et la prâtique vous en est facile ; mais ce n'est pas la même chose avec les autres, qui voudroient seulement quelquefois ce que vous pouvez toujours. Il s'ensuit que vous répondrez toujours promptement, et par choix ; moi rarement, et par devoir. Votre seconde lettre, qui m'est parvenue hier, avant que j'eusse répondu à la première, me met à présent dans le cas de ce devoir.

Que je vous envie votre séjour à .... dont je connois par expérience tous les agrémens ! si j'étois aussi jeune que l'aimable maitre de ce charmant séjour, je prendrois la poste, et je viendrois vous y surprendre. Madame d'Hervey, qui vient de jouir de cette société, m'en a écrit des merveilles ; merveilles s'entend qui ne m'ont pas émerveillé, connoissant comme je faisois la plûpart des acteurs, et sur-tout le rôle que vous y jouez. Mais hélas ! je suis dans le pitoyable cas de sentir toute la force des tentations, sans avoir la force d'y succomber ; car, au fonds, ce n'est que foiblesse de ne s'y pas prêter. Les plaisirs ne sont que trop clair-semés ; la raison nous dit de les saisir, ce n'est que la foiblesse ou la paresse qui nous en détourne. Je parle des plaisirs et des tentations des honnêtes gens, et non des crimes, comme vous jugez bien. Au défaut des plaisirs, qui m'ont abandonné, et auxquels je ne pense plus, à moins d'en procurer s'il m'étoit possible aux autres, je vais la semaine prochaine prendre, à leur place, les petits amusemens de Babiole, c'est-à-dire m'y promener, chipoter beaucoup dans mon petit jardin, et y soigner mes ananas, et mes melons : c'est que dans ces deux articles, je prétends briller. Passez-moi la mauvaise plaisanterie, et je vous dirai que les Ménagianas, les Scaligérianas, et tous ces sortes d'Anas, n'approchent point de mes ananas. Pour mes melons, ils sont archi-melons ; à force d'art et de soins, je brave notre climat, et je fais venir des melons si délicieux, que s'il y avoit moyen de vous servir comme on sert l'empereur de la lune, à coup d'arbalète, je vous en décoche-

the point of an arrow, I would now and then waft some as far as Bagatelle, which would put your best climate to the blush.

Now I talk of plants, you may say what you please, madam, of my laying too much stress upon the bark; let me tell you that, without the bark, the tree will decay, and will lose much, not only of its beauty, but of its intrinsic worth. The case is the same with a man; with all the learning in the world, if he have not a desire to please, and the art and means of pleasing, he will not be sought after, but, on the contrary, people are sorry to meet with him. You say you will admit of no hesitation between solid merit and frivolous externals; but where is the need of this alternative? Does solid merit necessarily exclude the graces? I think not; on the contrary, I think a man's head wants something, whatever talents and learning he may be possessed of, if he do not see the necessity of acquiring those graces and accomplishments, which are called frivolous, but are far from being so. We may acquire them if we please; they are things that are purely mechanical, and wholly depend upon observation and imitation. I am determined our boy shall have them; I threaten, I flatter, I storm, I coax alternately. I shall send for him next August, to analyse, revise, and correct him myself; but shall send him back to you in a month, to make, if possible, the additions that may be wanting. If he be ever so far from the mark, he would not advance a step here. In chronical disorders, nothing will do but perseverance in the use of medicines; and in his distemper, which seems to be an obstinate one, Paris and your tuition are the only remedies I can confide in. I protest, the first time I see him, if he is aukward, ungraceful, and unmannerly, he will throw me into a fever. I have it when I see aukward people who are nothing to me; but should he be so, I should grow downright delirious.

You have played me a sad trick, by shewing my last letter to Fontenelle; not that I dread his criticism more than your own, but because his is at full liberty, and yours is restrained by friendship. As old as he is, he will be quick-sighted; as young as you are, you will be blind. The fillet of friendship, which I now prefer to that of love, will protect me from all I might have to fear from your

judgment

décocherois de tems en tems jufqu'à Bagatelle, qui feroient rougir votre meilleur climat.

A propos de plantes, écorce tant qu'il vous plaira, madame, à laquelle vous dites que j'attache trop de prix, fachez au moins que, fans l'écorce, l'arbre dépérit, et perd, non-feulement de fa beauté, mais de fa valeur intrinféque. Il en eſt de même d'un homme, avec tout le favoir du monde, s'il n'a pas le defir, l'art, les moyens de plaire, on ne le recherche point, mais au contraire, on eſt bien fâché de le trouver. Vous ne voulez pas, dites-vous, qu'on balance entre le choix d'un mérite folide, et des agrémens frivoles; mais pourquoi faut-il opter? Le mérite folide doit-il nécessairement donner l'exclufion aux agrémens; je ne le crois pas, mais bien au contraire, je crois qu'il manque quelque chofe à la tête d'un homme, quelques talens, et quelques connoiſſances qu'il ait d'ailleurs, s'il ne connoit pas la néceſſité de poſſeder ces graces et ces agrémens, qu'on appelle frivoles, mais qui pourtant ne font rien moins. On les peut acquérir fi l'on veut; ce font des chofes purement méchaniques, qui dépendent uniquement de l'obfervation, et de l'imitation. Je veux abfolument que notre garçon les ait; je menace, Je flatte, je fulmine, j'amadoue tour à tour. Je le fais venir ici au mois d'Août prochain, pour en faire l'analyfe, la revifion et les corrections moi-même; mais dans un mois je vous le renvoye, pour faire, s'il eſt poſſible, les progrès qui lui reſtent à faire. Quelque éloigné qu'il foit encore du but, il n'avanceroit pas d'un pouce ici. Dans les maux chroniques, c'eſt la continuation des remèdes qui fait l'effet, et dans fon mal, qui me paroit opiniâtre, Paris, et vos foins font les feuls remèdes auxquels j'ai de la confiance. Je proteſte que la première fois que je le verrai, s'il eſt gauche, s'il fe préfente mal, s'il a mauvais air, et mauvaifes manières, il me donnera la fièvre. La mauſſaderie des gens auxquels je ne prends point d'intérêt me la donne bien; en pareil cas il me la donneroit avec tranfport au cerveau.

Avouez que vous m'avez joué un mauvais tour, en montrant ma précédente à Fontenelle : ce n'eſt pas que je craigne fa critique plus que la vôtre, mais c'eſt que la fienne a le champ libre, et la vôtre eſt retenue par l'amitié. Tout vieux qu'il eſt, il fera clairvoyant ; jeune comme vous êtes, vous ferez aveugle. Le bandeau de l'amitié, que je préfère à-préfent à celui de l'amour, me garantira bien de tout

judgment. You wear that fillet tighter, and I reap the benefit more than any body I know; so pray only lift it up, the better to see the sentiments, with which I wish you a good night.

LETTER LXI.

TO THE SAME.

Babiole, Aug. 1, O. S. 1751.

I have doubly lamented your silence, madam, as I too well knew the cause. Your pupil had informed me of it, and, to do him justice, with all that feeling, which a lively sense of your kindness must inspire. He had told me of your mother's illness, and consequently of your fears. I would express my own feelings, did I not know that you are fully convinced of them. The ties of blood are not always those of friendship; but friendship, founded on mutual merit, esteem, and confidence, becomes more lively and tender, when it is cemented by the ties of blood. This was your case; and as you feel all you ought, with more than ordinary delicacy, I guessed at your sorrow, before you expressed it in the last letter you have honored me with. That was what prevented my writing sooner; you was too much taken up to attend to a common correspondence, and I think nothing is so idle, so troublesome, and even so impertinent, as consolatory epistles, when sorrows are real. In my mind, they can only take place, where one person wants to make a parade of understanding, and the other of grief. Will any one pretend to prove that I am not to grieve at the sufferings or death of one I dearly love? Whoever could prove that would prove too much, and I should not be the better for it; for it would necessarily follow, that I am not to rejoice at their health and welfare. Whoever is insensible to the one will be so to the other; and it is on the opposite principle, that I now share the joy you feel at the recovery, I will not say of a mother, but of so dear a friend. I beg, madam, you will assure her of it, with my most humble respects.

I expect

ce que j'aurois bien lieu de craindre de votre jugement ; vous portez ce bandeau plus ferré, et moi j'en profite plus que tout autre ; ne le levez donc à mon égard, que pour mieux envisager les sentimens, avec lesquels je vous donne le bon soir.

LETTRE LXI.
A LA MÊME.
A Balinle, 1 d'Août, V. S. 1751.

J'AI doublement regretté votre silence, madame, n'en sachant que trop la cause, dont votre élève m'avoit instruit, et, je lui rends justice, avec tout l'intérêt, que la plus vive reconnoissance de vos bontés devoit lui donner. Il m'avoit appris la maladie de madame votre mère, par conséquent vos justes allarmes : je vous assurerois aussi des miennes, si je ne vous en croyois pas très persuadée. Les liens du sang ne sont pas toujours les liens de l'amitié ; mais l'amitié fondée sur un mérite, une estime, une confiance réciproques, devient plus vive, et plus tendre, quand elle est resserrée par les liens du sang. C'étoit bien votre cas, et comme vous sentez plus délicatement que toute autre tout ce que vous devez sentir, j'ai bien jugé de votre douleur, avant que d'en avoir été informé par vous même, par la dernière lettre dont vous m'avez honoré ; c'est ce qui m'a empêché de vous écrire plûtôt. Vous étiez trop occupée pour un commerce ordinaire, et je trouve qu'il n'y a rien de plus frivole, de plus importun, et même de plus impertinent, que des lettres consolatoires, quand les chagrins sont réels. Elles ne se trouvent placées, à mon avis, qu'entre deux personnes, dont l'une veut faire parade de son esprit, et l'autre de sa douleur. Me prouvera-t-on que je ne dois pas m'affliger des malheurs ou de la mort d'une personne que j'aime ? Qui me prouveroit cela prouveroit trop, et même je n'y gagnerois rien ; car alors, par une conséquence nécessaire, je ne dois pas prendre part à leur plaisir, leur santé, et leur bonheur. Qui est insensible à l'un le sera à l'autre ; c'est sur le principe opposé, que je partage actuellement avec vous la joye que vous ressentez de la convalescence, je ne dis pas d'une mère, mais d'une amie si chère. Ayez aussi la bonté, madame, de l'en assurer de ma part, avec mes très humbles respects.

J'attends

I expect your pupil here in a week's time, but, as he has been your pupil but eight months, I expect to find the edition still very imperfect, and it is in order to examine, revise, and correct it, that I send for him for six weeks or two months at most. At that age, there are commonly some certain faults, that fall under the cognizance of authority only; mere friendship can sooner reprove a crime than a weakness. *You are criminal*, may very well be said, in a certain manner, between friends; but, *you are aukward, unmannerly, clumsy, a coxcomb*, can only be told by an unquestionable authority on one side, to an acknowledged dependence on the other: so much is the vanity of the mind sooner hurt than the virtue of the heart. On the side of the heart, I trust, for I am told so, I shall have little to do; but as to outward appearance, manners, attentions, and some millions of certain little nothings, which, by their number, amount to an object, I doubt I have a great deal of work cut out. The reception, which your protection and endeavours have procured him at Paris, has, I suppose, induced him to think, either that nothing wanted altering for the better, or at least that there was no necessity for it. I shall fully convince him to the contrary, in the course of our interviews, provided you allow us time for it; for, if I may judge by the strain of his letters, when he begins talking of you, and that strain I am ready enough to fall into, it is more than probable you will be the chief topic of our conversation.

For these three months past, I have been almost constantly here, where I have enjoyed my new gallery more than my garden, or the charming walks in the neighbourhood, owing to the badness of the weather. This summer has so well mimicked winter, that we might have mistaken it, but for the help of the calendar. What little fruit I have is tasteless; but, by good luck, my pine-apples, which are said to unite the taste of all fruits, have withstood the cold, as they always keep a good fire at home. Notwithstanding all this, a few books, and a few friends, make time glide along pretty comfortably, and this is all I ask; I no longer pretend to enjoy it.

I frequently see our friend Bolingbroke, but I see him with great concern. A humor he has long had in his cheek proves to be cancerous,

J'attends votre élève ici en huit jours, mais comme il n'eſt votre élève que de huit mois, je m'attends à trouver encore l'édition aſſez imparfaite, et c'eſt pour l'examiner, la revoir, et la corriger, que je le fais venir pour ſix ſemaines, ou deux mois, tout au plus. A cet âge, il y a ordinairement de certains défauts, dont la correction eſt uniquement du reſſort de l'autorité ; la ſimple amitié peut plus facilement reprocher un crime qu'une foibleſſe. *Vous êtes criminel,* ſe dit fort bien, d'une certaine façon, d'ami à ami ; mais, *vous êtes gauche, impoli, mauſſade, ou fat,* ne ſe dit, et ne ſe peut dire, que par une autorité décidée d'un côté, à une dépendance reconnue de l'autre : tant la vanité de l'eſprit eſt plus ſenſible que la vertu du cœur. Du côté du cœur, je me flatte, car on m'en aſſure, que je n'aurai pas beaucoup à faire ; mais quant à l'extérieur, aux manières, aux attentions, et quelques millions de certains petits riens, qui par leur nombre deviennent objet, je crains que j'aurai bien de la beſogne. L'accueil que votre protection, et vos ſoins lui ont procuré à Paris, lui aura fait accroire, ou bien qu'il n'y avoit rien à changer pour le mieux, ou du moins qu'il n'étoit point néceſſaire. C'eſt de quoi je le déſabuſerai parfaitement dans nos entretiens enſemble, en vus que vous nous en donniez le loiſir ; car, vû le ton ſur lequel il eſt monté dans ſes lettres, ſur votre ſujet, et que c'eſt un ton, dont je prends facilement l'uniſſon, vous avez toute la mine d'être le principal objet de ces entretiens.

Depuis trois mois, je ſuis preſque toujours ici, où j'ai plus joui de ma nouvelle gallerie que de mon jardin, ou des charmantes promenades voiſines, tant le tems a été mauvais. Cet été a ſi bien contrefait l'hiver, que, ſans le ſecours du calendrier, on s'y ſeroit trompé. Le peu de fruit que j'ai n'a point de goût, mais heureuſement mes ananas, qui, à ce qu'on dit, raſſemblent les goûts de tous les fruits, ont bravé le froid, moyennant un bon feu qu'ils tiennent chez eux. Malgré cela, quelques livres, et quelques amis, font couler le tems aſſez doucement, et c'eſt tout ce que je demande ; je ne prétends plus en jouir.

Je vois ſouvent notre ami Bolingbroke, mais je le vois avec bien du chagrin. Une humeur à la joue, qu'il a eue depuis longtems, s'eſt dernièrement déclarée cancereuſe, et fait de grands progrès

cancerous, and has made an alarming progress of late. Hitherto it is not attended with pain, which is all he wishes, for, as to the rest, he is resigned. Truly, a mind like his, so far superior to the generality, would have well deserved that nature should have made an effort in his favour, as to the body, and given him an uncommon share of health and duration.

LETTER LXII.

TO THE SAME.

London, Oct. 7, O. S. 1751.

I Waited for the return of your pupil and ambassador, to make my answer to your last his recredentials. Indeed I have put it off much longer than I intended, my health having obliged me to have recourse to the Bath waters, which have set me up, as far as my crazy and worn-out constitution would permit. The joy I have felt at your mother's recovery has promoted my own; for it was very sincere, and nothing is more salutary than joy, especially for me, when you are so nearly concerned in it.

I must own your little ambassador struck me prodigiously at first sight, not by his graceful appearance, but by his air and manners. I cannot conceive where he had fished them. I presently set about rubbing off his rust, and I believe you will find I have not quite lost my labor, though I confess he is very far from being what we wish him to be. He holds himself better, enters a room better, does not kick his feet about so much, and has broke himself of many of those pretty tricks he had learnt at school, and had since cultivated in the company of the bears he had the misfortune to meet with in his travels. What gives me some hopes is, that he is now sensible of what is wanting, and earnestly intreats me to request of you to examine him narrowly, and to tell him of the least thing you find amiss, to make him, if possible, a faultless edition. I readily agree to his request, and I conjure you not to

spare

depuis peu. Jufqu'ici cela ne lui a pas caufé de douleur, et c'eſt tout ce qu'il demande, car pour le reſte, il a pris ſon parti. En vérité un eſprit comme le ſien, ſi fort au deſſus du commun, méritoit bien que la nature eût auſſi fait un effort en ſa faveur, du côté du corps, et lui eût donné une ſanté, et une durée extraordinaires.

LETTRE LXII.

A LA MÊME.

A Londres, ce 7 Oct. V. S. 1751.

J'AI attendu le retour de votre élève, et ambaſſadeur, pour faire de ma réponſe à votre dernière une lettre de récréance pour lui. Il eſt vrai que j'ai attendu bien plus longtems que je ne comptois, ma ſanté m'ayant obligé d'avoir recours aux eaux de Bath, qui l'ont rétablie, autant que mon chétif tempérament gâté le leur a permis. La joye que j'ai ſentie de la convaleſcence de madame votre mère, n'a pas nui à la mienne ; car elle étoit très ſincère, et il n'y a rien de plus ſain que la joye, ſurtout pour moi, quand vous y avez tant de part.

Je vous l'avouerai, votre petit ambaſſadeur à ſon premier abord me frappa furieuſement, non par les graces qui l'accompagnoient, mais par ſon air, et ſes manières. Je ne comprends pas encore où il les avoit pêchés. Je m'appliquai d'abord à le décrotter, et je crois que vous trouverez que je n'y ai pas mal réuſſi, quoique je convienne qu'il lui reſte encore bien du chemin à faire, pour être ce que nous voudrions qu'il fût. Il ſe tient mieux, il ſe préſente mieux, il ne frétille plus tant des pieds, et il s'eſt corrigé de pluſieurs de ces manières gracieuſes qu'il avoit appriſes à l'école, et qu'il avoit cultivées depuis, ſous les ſoins des ours, qu'il avoit eu le malheur de rencontrer dans ſes voyages. Ce qui me donne de l'eſpérance, c'eſt qu'il ſent à préſent ce qui lui manque, et qu'il me demande inſtamment de vous ſupplier de vouloir le revoir, et le corriger de ſes moindres défauts, pour en faire, s'il ſe peut, une édition parfaite. Je ſouſcris volontiers à ſa requête, et je vous conjure de ne lui rien paſſer ;

spare him: he will not only take it well if you reprove or ridicule
him, but he will think himself obliged to you. He thinks of
you as he ought, and consequently he is convinced you cannot but
form a right judgment of him. If, after all the pains we have
taken, the high polish should be wanting, I know no other way
than to put him to Martin's*. He will have the honor of presenting you two china baubles of our own manufacture; be pleased,
madam, to accept them, not as a present, for they do not deserve
that name, but as a homage. The pope is not above accepting a
mare, which the king of Naples sends him every year, though the
good man does not want one, or if he did, could get just as good
in his own dominions; but he considers it as a token of that monarch's fidelity and submission to the holy see; and yet, I give you
my word, his Sicilian majesty is not more zealously devoted to the
pope than I am to your ladyship.

Will you let lady Hervey come home or not, or does she chuse
to come away? By her letters I should suspect her of a partiality for
our marshal ° °°: she is eternally talking of him, she is continually going to ° ° °, and the better to mask her game, she pretends
to be very fond of his lady; in short, if any thing be wanting, it
is certainly not the will. I doubly long for her return, for if she
do not come home, I shall have no body to converse with about
you, when your pupil is gone; and yet I must talk of you, were it
only to the reeds.

LETTER LXIII.

TO THE SAME.

London, Dec. 30, O. S. 1751.

WELL, I will no longer be the king of the two Sicilies, since,
if you were pope, you would not be pleased with me, and I
chuse rather to be your vassal, and pay more frequent homage.
I only wish my offerings were more worthy your acceptance.

* The famous inventor of the most beautiful varnish at Paris.

non seulement il prendra en bonne part les reprimandes, ou le ridicule que vous lui donnerez, mais il vous en saura gré. Il pense sur votre sujet comme il doit, et par conséquent il est convaincu que vous ne pouvez penser que juste sur le sien. Si après cela, malgré tous nos soins, le beau vernis lui manque, il n'y a d'autre parti à prendre que de le placer chez Martin *. Il aura l'honneur de vous présenter de ma part deux babioles de porcelaine de la manufacture d'ici ; ayez la bonté, madame, de les accepter, non pas comme un présent, car ils ne prétendent pas l'être, mais comme une redevance. Le saint père accepte bien une jument, que le roi de Naples lui envoye tous les ans, quoique le bon homme n'en ait que faire, ou, en cas de besoin, en trouveroit d'aussi bonnes chez lui ; mais c'est qu'il la regarde comme une marque de la fidélité, et de la soumission de ce monarque au saint siège ; et pourtant soyez persuadée que le roi des deux Siciles n'est pas plus zélé papiste, que je ne vous suis attaché.

Voulez-vous laisser retourner madame d'Hervey ou non, ou est-ce qu'elle ne veut pas s'en retourner ? Par ses lettres, je la soupçonne d'un arrangement avec notre maréchal, il n'y est question que de lui, elle est à tous momens à .... et pour mieux cacher son jeu, elle affiche des sentimens d'amitié, et d'attachement pour la maréchale ; enfin, si quelque chose manque à cet arrangement, ce n'est sûrement pas la bonne volonté. Je languis doublement pour son retour, car si elle ne revient pas, à qui parlerai-je de vous, quand votre élève sera parti ? et il faut pourtant que j'en parle, fut-ce aux roseaux.

LETTRE LXIII.

A LA MÊME.

A Londres, ce 30 Déc. V. S. 1751.

JE ne veux donc plus être le roi des deux Siciles, puisque, si vous étiez pape, vous n'en seriez pas contente, et j'aime mieux relever de vous comme serf par des hommages plus fréquens. Je les souhaiterois seulement plus dignes de vous être présentés.

N'êtes-

Are not you greatly shocked, but I am sure you are, at the dreadful death of our friend Bolingbroke? The remedy has hastened his death, against which there was no remedy, for his cancer was not topical, but universal, and had so infected the whole mass of his blood, as to be incurable. What I most lament is, that the medicines put him to exquisite pain; an evil I dread much more than death, both for my friends and myself. I lose a warm, an amiable, and instructive friend. I saw him a fortnight before his death, when he depended upon a cure, and so did I; and he desired I would not come any more till he was quite well, which he expected would be in ten or twelve days. The next day the great pains came on, and never left him till within two days of his death, during which he lay insensible. What a man! what extensive knowledge! what a memory! what eloquence! His passions, which were strong, were injurious to the delicacy of his sentiments; they were apt to be confounded together, and often wilfully. The world will do him more justice now than in his life-time.

I hope, madam, your mother's perfect recovery will have contributed to comfort you for the loss of a friend, who loved and honored you.

You think of nothing now at Paris but festivity, public entertainments, fireworks, in short, *you are all over festoons and astragals**; whereas here, we have a succession of mournings, and, for these nine months, nothing is to be seen but blacks. The duke de Mirepoix, who was to have enlivened us a little, has dropped his intention. Various reasons are assigned, but no good one given; I believe he is not sorry, and I don't wonder at it. For my part I have now no cause to be sorry, for I have done with crowds and tumultuous pleasures.

Your pupil swears he frequents the best of companies, that he endeavours to behave well, and that he is even told that he has improved in his manners, and looks more graceful than he did. Is that very true, madam? He even quotes you as one of his puffers, which I readily believe, though he may not deserve it; for, in friendship, as well as in love, the judgment is often the dupe of the heart.

* A line from Scudery, a bad French poet ridiculed by Boileau.

We

N'êtes-vous pas bien touchée, mais je suis sûr que vous l'êtes, de la misérable mort de notre ami Bolingbroke ? Le remède a avancé sa mort, contre laquelle il n'y avoit point de remède, car son cancer n'étoit point ce qu'on appelle topique, mais universel, et tout son sang en étoit infecté incurablement. Ce que je regrette le plus, c'est que le remède lui a causé des douleurs cruelles ; mal que je crains bien plus, pour mes amis et pour moi-même, que la mort. Je perds un ami chaud, aimable, et instructif ; je l'avois vu quinze jours avant sa mort, quand il comprit, comme je faisois aussi, sur sa guérison, et il me pria de ne plus revenir jusqu'à ce qu'elle fut complette, à quoi il s'attendoit en dix ou douze jours. Le lendemain, les grandes douleurs commencèrent, et ne le quittèrent que deux jours avant sa mort, pendant lesquels il resta insensible. Quel homme ! Quelle étendue de connoissances ! Quelle mémoire ! Quelle éloquence ! Ses passions, qui étoient fortes, faisoient tort à la délicatesse de ses sentimens, on les confondoit, et souvent exprès : on lui rendra plus de justice à présent, qu'on ne lui en a rendu de son vivant.

J'espère que la parfaite convalescence de madame votre mère aura contribué à vous consoler de la perte d'un ami, qui vous aimoit, et qui vous honoroit.

Il n'est question chez vous actuellement que de fêtes, jeux, feux d'artifices, enfin

<blockquote>Ce ne sont que festons, ce ne sont qu'astragales *,</blockquote>

au lieu que chez nous, les deuils se succèdent, et depuis neuf mois tout est noir †. Le duc de Mirepoix, qui devoit nous égayer un peu, par sa fête, l'a laissé tomber. On en donne mille raisons, et pas une bonne ; en tout cas, il en est bien-aise, et je ne m'en étonne point. Pour moi, je ne suis plus dans le cas d'en être fâché ; les foules et les plaisirs bruyans n'étant plus de mon ressort.

Votre élève me jure qu'il fréquente les bonnes compagnies, et qu'il tâche de se former, et qu'on lui dit même qu'il a de meilleures manières, et meilleur air qu'il n'avoit : cela est-il bien vrai, madame ? Il vous cite même pour une de ses prôneuses, ce que je comprends bien, sans qu'il le mérite ; l'esprit étant en amitié, aussi bien qu'en amour, souvent la dupe du cœur.

† On account of the death of the late prince of Wales, father to his majesty.

Nous

We look upon lady Hervey as having forsaken her own country, and being naturalized a French woman. I regret, but do not blame her, for I know others that would do the same if they could, and would then no longer write to you, but would say to you by word of mouth what you have forbid me telling you in writing.

LETTER LXIV.

TO THE SAME.

London, April 2, O. S. 1752.

YOUR little boy, madam, tells me you are angry with me. That is just what I wanted, only I wanted you to tell me so yourself. Your anger is becoming, and your chiding is a comp'iment. Besides, he that can excite anger is in no danger of meeting with indifference.

We are in possession of lady Hervey's body, but without the heart and soul, which she owns are still at Paris. She droops, she languishes, she breathes, it is true; but she says she lives no where but at Paris. I rather pity than blame her, as I know, by experience, the difference between the life she led there, and that she leads here; but I wish she had a little more philosophy, to enable her to make the best of it.

I shall soon put your little boy to the same trial, by recalling him from Paris in June. I see it is with reluctance that he thinks of coming away; but he will have been there sixteen months, and if, under your tuition and example, he has not improved in that time, he would not improve in sixteen years. He swears that this last time of his being at Paris, he has taken more of the air and manners of the polite world. Is that true, madam? For I mistrust his judgment too much in these matters, to take his word for it. He will visit some courts of Germany, which he has not yet seen, in his way to Hanover, where he is to make some stay, and where I hope to procure him some employment, in the department of

foreign

Nous regardons mylady Hervey comme expatriée, et naturalisée Françoise. Je la regrette sans l'en blâmer ; j'en connois d'autres qui en feroient autant, s'il en étoient les maitres, et qui alors ne vous écriroient plus, mais qui vous diroient en perſonne ce que vous m'avez défendu de vous dire par écrit.

LETTRE LXIV.

A LA MÊME.

A Londres, ce 3 Avril, V. S. 1752.

VOTRE petit garçon, madame, me mande que vous êtes fâchée contre moi. Voila juſtement ce que je voulois ; hormis que je voulois le ſavoir de vous-même. C'eſt que vous vous fâchez avec grace, et vos reproches ſont flatteurs. D'ailleurs, qui peut exciter la colère peut ſe raſſurer contre l'indifférence.

Nous poſſédons ici le corps de mylady Hervey, mais ſans le cœur ou l'eſprit, qu'elle avouë être encore à Paris. Elle languit, elle s'ennuye, elle reſpire à la vérité, mais elle ne vit, dit-elle, qu'à Paris : je la plains plus que je ne la blâme, ſachant par expérience tous les agrémens du ſéjour qu'elle a quitté, et tout l'ennui de celui-ci ; mais je lui ſouhaiterois plus de philoſophie, pour en tirer au moins le meilleur parti.

Je mettrai bientôt votre petit garçon à la même épreuve, en le retirant de Paris au mois de Juin. Je vois bien que c'eſt à contre-cœur qu'il ſe diſpoſe à partir ; il y aura été alors ſeize mois, et ſi, ſous vos ordres, vos ſoins, et votre exemple, il ne s'eſt pas formé dans ce tems-là, il ne s'y formeroit pas en ſeize ans. Il me jure qu'à cette dernière repriſe à Paris, il a pris plus l'air, et les manières de la bonne compagnie. Cela ſeroit-il vrai, madame ? car je me défie trop de ſon jugement ſur cet article pour l'en croire ſur ſa parole. Il prendra quelques cours d'Allemagne, qu'il n'a pas encore vues, dans ſon chemin à Hanover où il doit faire quelque ſéjour, et où je compte pouvoir lui procurer quelque deſtination dans le département

foreign affairs. The sooner he begins the better, as in that department, they, in some measure, rise by rotation, as they do in the army; but, however that may turn out, it will not be very long before he returns to Paris to pay his court to you, and perhaps in a handsomer manner, when he is more advanced towards maturity.

I am very angry with lady Hervey's baggage that is not come yet. I am out of patience, for I long to see your china, merely because it comes from you, for I am no *connoisseur* in china; but I am enough of a *connoisseur* in friendship, to set a high value upon every mark of yours, and to retain the warmest and most respectful sense of it as long as I live.

LETTER LXV.

TO THE SAME.

London, May 7. O. S. 1751.

I Love and respect the master of * * * too much to envy him the happiness of your company at that charming place, but I wish your choice alone had induced you to go thither. Drinking milk means that you are not well; I don't like that inference at all, and the less as I know you have weak lungs. Since I have experienced what it is to have ill health, I am much more anxious for that of my friends than I was formerly. Thirty years ago I used to say, how is it possible to be sick? Now I say, oh! if I could but find out the secret of being well, I would not exchange it for all the secrets in the world. I speak feelingly, madam, at this very time. For these two months past, I have been troubled with deafness, a complaint that pains the mind more than the body, and for these ten days, I have been lame from an unlucky fall from my horse, and this pains my body more than my mind; so that, upon the whole, your humble servant is in a mighty pretty plight. The faculty boldly promise to set all to rights in a very short time; but

des affaires étrangères. Le plûtôt qu'il débute, c'est le mieux, puisque dans ce département là, on prend date, en quelque façon, d'ancienneté, comme dans le militaire; mais, arrive ce qui pourra, il retournera avant qu'il soit fort longtems à Paris, pour vous y faire sa cour, et peut-être avec plus d'avantage, quand il sera un peu plus meuri.

Le bagage de mylady Hervey, qui n'est pas encore arrivé, me désespère. Je languis, je m'impatiente pour votre prochaine, bien entendu parceque c'est la vôtre, car je ne suis nullement connoisseur, mais je me connois assez en amitié, pour chérir toutes les marques de la vôtre, et pour en conserver le souvenir le plus tendre et le plus respectueux tant que je vivrai.

LETTRE LXV.

A LA MÊME.

A Londres, ce 7 Mai, V. S. 1752.

J'AIME et je respecte trop le maître de . . . pour lui envier le bonheur de votre séjour dans ce charmant endroit, mais j'aurois voulu que c'eût été uniquement votre choix qui vous y eût envoyé. Prendre du lait veut dire que vous êtes malade; cette conclusion me déplait infiniment, et d'autant plus que vous avez la poitrine naturellement délicate. Depuis que j'ai éprouvé ce que c'est que la mauvaise santé, je suis bien plus sensible qu'autrefois à celle de mes amis. Je disois, il y a trente ans, mais comment peut-on être malade? je dis à-présent, ah! si l'on pouvoit trouver le secret de ne l'être pas! je ne le trocquerois pas contre tous les secrets du monde. J'en parle actuellement, madame, avec connoissance de cause. Depuis deux mois j'ai été fourbu, mal dont l'esprit souffre plus que le corps, et depuis dix jours, j'ai été estropié d'une malheureuse chûte que j'ai faite, de cheval, et dont mon corps souffre plus que mon esprit; si bien que, l'un portant l'autre, votre très humble serviteur est dans une très jolie situation. La faculté me promet hardiment de mettre bientôt

If the co-operation of faith is requisite on my part, I doubt my cure will not be quite so speedy.

What a noise here is, indeed, for a trifle! Your parliament, as you allow it but a small share in the affairs of this world, wants to be meddling with those of the next, and to grant passports for that country, without requiring the dying person to produce a certificate of health. Your priests, on the other hand, who claim this department as their sole right, require a certificate of health, previous to the passports, that the dying man may not carry the infection from the country he comes from, to that he is going to; and the court seems to want—I know not what. Here we let people die as they like, so that our dead never disturb the peace of the living.

LETTER LXVI.

TO THE SAME.

London, June 30, O. S. 1752.

AT last, at last, madam, lady Hervey has received her parcels, and I have received the china you have done me the favour to send me. It is charming, beautiful, and beats our manufacture all to nothing. I have shewn it to the manager, who was quite provoked, and begged hard that I would lend it him for a few days for a pattern. I could not refuse him, and have bespoke two or three of the same for use, for yours will be of no service to me. I will not venture it in prophane hands, but it shall be consecrated as an offering to friendship, and stand in my little room, which is already adorned with two precious tokens of your kindness.

You have made me quite easy with regard to your health. So then, it is to indulge in safety, that you have taken to a milk-diet; this you may call stepping back to leap the farther. You say very right, madam, that we must indulge our appetites whilst we can, with that moderation that is requisite to make them lasting. I am grown a greater Epicure than I used to be; and as I have one sense less than I had, I make the most of the remaining ones. My deafness

bientôt bon ordre à tout cela; mais s'il y faut de ma part la coopération de la foi, je doute fort que ma guérison soit si prompte.

Voila bien du bruit chez vous pour une ommelette au lard. Votre parlement, à qui vous laissez peu de part aux affaires de ce monde, voudroit bien s'en dédommager sur celles de l'autre, et accorder des passeports, pour ce païs là, sans obliger le mourant à produire son billet de santé. Vos prêtres, au contraire, qui s'attribuent ce département exclusivement, exigent un billet de santé, préalablement aux passeports, pour que le mourant ne communique pas la contagion du païs d'où il vient, à celui où il va, et la cour semble vouloir—ma foi, je ne sais quoi. Ici nous laissons mourir les gens à leur gout, moyennant quoi, nos morts ne troublent point la paix des vivans.

LETTRE LXVI.

A LA MÊME.

A Londres, ce 30 Juin, V. S. 1752.

A La fin, à la fin, madame, mylady Hervey a reçu ses balots, et j'ai reçu la porcelaine que vous avez bien voulu m'envoyer. Elle est charmante, parfaite, et fait rougir notre manufacture d'ici. Je l'ai montrée à l'intendant, qui en a été véritablement piqué, et qui m'a demandé en grace de vouloir bien la lui prêter, pour quelques jours, pour lui servir de modèle, ce que je n'ai pas pu lui refuser, et d'autant moins, que j'en ai commandé deux ou trois de même, pour m'en servir, puisque la vôtre me sera totalement inutile. Je ne la risquerai point dans des mains profanes, et elle sera consacrée comme une offrande à l'amitié, dans ma petite chambre, qui se trouve déja ornée par deux précieux témoignages de votre souvenir.

Vous m'avez rassuré au sujet de votre santé; ce n'est donc que pour être impunément gourmande, que vous vous êtes mise au lait, c'est reculer pour mieux sauter. Vous avez raison, madame; il faut profiter de nos gouts pendant que nous le pouvons, avec le ménagement nécessaire pour leur durée. Je suis devenu plus gourmand qu'à mon ordinaire, et ayant actuellement un sens de moins,

je

ness continues, and consequently my spirits sink. In vain do I ask the philosopher, and endeavour to supply my loss by reading, walking, and good living: at my age we feel a strange vacuity, when we can no longer enjoy the sweets of society. In the dissipation and tumult of youth, we are not sensible of its full value; it is at my time of life that it becomes a real, and almost the only blessing, and it is just at this time that I see myself deprived of it. I own, it sinks my spirits exceedingly, in spite of all the consolations that either reason or my friends can offer.

Your pupil is in Germany, taking a survey of the several courts in the empire, in his way to Hanover. I do not suppose they will give him that fine varnish, which he has not taken at Paris, and upon which you seem to lay so little stress, but which I think highly necessary through life. He will certainly return to the fountain head, where he got the little he has, and where alone he can possibly get what is still wanting; I mean, that he will come once more, and pay his court to you at Paris. He is beholden to you alone, madam, for all that is tolerable in him, and I can assure you he is very sensible of it; and as to my gratitude, you may depend upon it for life.

LETTER LXVII.

TO THE SAME.

London, Aug. 10, O. S. 1751.

IF a deaf man could receive any consolation, you, madam, would have administered some to me, by the last letter you have honored me with. The flattering things you say to me, and the handsome manner in which you say them, assisted by self-love, which never fails to come to our succour on these occasions, might very possibly have soothed my mind: but the senses are more stubborn, they reason better, and know the exact measure of their own extent and limits. I have almost lost one of them, and cannot, even with your assistance, deceive myself as to that loss; but, if you
would,

je tire tout le parti que je puis de ceux qui me restent : ma surdité continue, et par conséquent mon ennui augmente. J'ai beau philosopher, et tâcher de m'en dédommager par la lecture, la promenade, et la table; il reste, à mon âge, un furieux vuide, quand on ne jouït plus des douceurs de la société. Dans la dissipation et le tumulte de la jeunesse, on n'en connoit pas tout le prix ; c'est à mon age qu'elle devient un véritable, et presque le seul bien, et c'est justement à cette heure que je m'en vois privé. Je vous avoüé que j'en suis extrêmement abbatu, malgré tout ce que ma raison, ou mes amis, peuvent m'offrir de consolations sur ce sujet.

Votre éleve est en Allemagne, courant les cours de l'empire, dans son chemin à Hanover. Je ne suppose point qu'il y prenne ces couches de vernis, que Paris n'a pu lui donner, et dont vous paroissez faire si peu de cas, mais que je crois très nécessaires dans le cours du monde. Il retournera sûrement à la source où il a pris le peu qu'il a, et où il peut seulement, et exclusivement, prendre ce qui lui manque encore, c'est-à-dire qu'il viendra encore vous faire sa cour à Paris. Il vous est uniquement redevable, madame, de ce qu'il a de passable ; il le sent bien, je puis vous en assûrer : et pour ma reconnoissance, soyez bien persuadée, qu'elle ne finira qu'avec mes jours.

LETTRE LXVII.

A LA MÊME.

A Londres, 20 Août, V. S. 1751.

SI un sourd pouvoit avoir de la consolation, vous m'en auriez donné, madame, par la derniere lettre que vous m'avez fait l'honneur de m'écrire. Les choses flatteuses, que vous m'y dites, et les graces avec lesquelles vous les dites, aidées de mon amour propre, qui ne manque jamais de venir au secours de ces sortes de choses, auroient bien pu séduire mon esprit ; mais les sens sont bien plus opiniâtres, ils raisonnent plus juste, et connoissent précisément leur étendue, et leurs bornes. J'en ai presque perdu un, et je ne puis, même avec votre secours, me faire illusion là-dessus. Mais, si vous le vouliez, vous-

would, you could procure me some alleviation, by employing my eyes and my mind with the frequency and the length of your letters, which would make me full amends for what I have lost on the side of my hearing.

I congratulate you, madam, with all my heart, on the dauphin's recovery [*]. Methinks the apprehensions you have been in, on his account, should introduce inoculation into France. It is universally established in England; not one in a hundred has died of it, whereas it is computed that one out of seven dies of the natural small-pox; besides, nobody whatever is disfigured by it. I know your priests oppose it, exclaim against it as a deadly sin, and talk a great deal of nonsense about it. Ours did so too at first; but we have let them talk on, and have not done the less for their outcry. And indeed, on their own principles, would not bleeding and taking of physic, by way of prevention, be equally criminal? If a tax were laid upon inoculation, and appropriated to the patrimony of the church, I'll engage those gentlemen would speak well of it. Do you, madam, boldly introduce the practice, in spite of your spiritual guide, and inoculate your youngest daughter, for I would not have her complexion spoiled.

LETTER LXVIII.

TO THE SAME.

Bath, Nov. 11, 1752.

YOUR little boy has certainly, by this time, paid his respects to you at Paris, for the third time. I did not intend he should go again so soon; he was to have spent his winter at the Hague, but he has begged so hard, and in so moving a strain, that I would permit him to spend at least part of this winter at Paris, that I could not find in my heart to deny him; and indeed I am not sorry to see him have this inclination; which I consider as a proof of his good taste. To bribe my consent, he has promised

---

[*] After the small pox.

vous pourriez m'en procurer quelque dédommagement ; ce feroit en occupant mes yeux, et mon efprit, par le nombre et la longueur de vos lettres, qui me recompenferoient bien de ce que j'ai perdu du côté de l'ouie.

Je vous félicite de tout mon cœur, madame, de la convalefcence de monfeigneur le dauphin*. Il me femble que l'alarme que la France a eue de fa maladie, devroit introduire, chez vous, l'inoculation de la petite vérole. Elle eft généralement établie chez nous, pas un de cent n'en eft mort, au lieu que, de la petite vérole naturelle, on compte un de fept ; d'ailleurs, perfonne abfolument n'en eft gâté : je fais que vos prêtres s'y oppofent, crient au péché mortel, et difent bien des fottifes là-deffus. Les nôtres ont d'abord fait la même chofe, mais on les a laiffé crier, et on n'en a pas moins fait pour cela. En effet, fur leurs propres principes, les faignées, et les purgations, par précaution, ne font-elles pas également criminelles ? Si on mettoit quelque taxe fur l'inoculation qui fût appropriée au patrimoine de l'églife, je m'engage que ces meffieurs en feroient l'éloge. Introduifez cette coutume hardiment, madame, en dépit de votre directeur, et en faveur de mademoifelle votre dernière fille, dont je ne voudrois pas que le teint fût gâté.

LETTRE LXVIII.

A LA MÊME.

Aux Bains, ce 11 Nov. V. S. 1752.

VOTRE petit galopin vous aura, à coup fûr, déjà fait fa cour, pour la troifième fois, à Paris. Je ne comptois pas qu'il y retournât encore fi tôt ; il devoit hiverner à la Haye, mais il m'a prié fi inftamment, et même d'une manière fi touchante, de vouloir bien lui permettre de paffer encore au moins une partie de cet hiver à Paris, que je n'ai pu lui refufer ; et au fond, j'ai été bien-aife de lui voir cette envie, que je confidère comme une preuve de fon bon goût. Pour obtenir plus facilement mon confentement, il m'a promis de travailler

me to strive inceffantly, to acquire thofe laft touches of high polifh, which are fo neceffary to all, and which he wants more than any one; at leaft, it will be his own fault if he does not take them. If he is capable of improvement from the beft models, he will fee you and your friends; if, in return, you chufe to learn the accomplifhments and graces of the Germanic body, he muft be able to teach them you, having frequented the courts of half a dozen electors, and about threefcore princes of the holy Roman empire. Whatever you do, madam, I beg you will not fpare him; tell him the plain truth in the ftrongeft manner, fhew no indulgence to any of his failings: he will believe you more than any body elfe, and confequently will be the better for it.

The fhare, you are pleafed to take in my concerns, obliges me to fay fomething about my crazy health, which, otherwife, would not be worth fpeaking of. Thefe waters have been of fome fervice to me: I hear better than I did when I firft came hither, but not enough, as yet, to be reinftated as a member of fociety. I hear nothing but what is faid directly to me, and even there muft be no other noife in the room, fo that I can hear but in a *tête-à-tête*, and, alas! I have done with *tête-à-têtes*. What a melancholy thing it would be if I did not love reading, which frequently makes me forget, for the time, that I am no longer fit for any thing elfe! At all ages, we muft make much of comfortable or pleafing delufions; in youth, they offer of their own accord, in old age, we muft feek, or even make them; and for all that, time will hang heavy upon our hands in the decline of life. Left I fhould infect you with my languor, I fhall bid you good night, madam, without fo much as telling you what I am to you.

LETTER LXIX.

TO THE SAME.

London, Dec. 18, 1752.

LADY Hervey has, for thefe four months, had the gout in both hands, which fhe orders mine to tell you. She is tired of her gout, which, however, is not painful now, but has left fuch a weaknefs

travailler assiduement à acquérir ces couches du beau vernis, qui sont si nécessaires à tout le monde, et dont il a plus besoin que tout autre; au moins il ne tiendra qu'à lui de les prendre. S'il peut profiter des meilleurs modèles, il vous verra, et vos amis; si, en échange, vous souhaitiez d'apprendre le bon ton, les agrémens, et les graces du corps Germanique, il doit être en état de vous les enseigner, ayant fréquenté les cours d'une demi-douzaine d'électeurs, et une soixantaine de princes du saint empire Romain. Au reste, madame, je vous en supplie, ne le ménagez point, dites-lui fortement ses vérités, ne lui passez rien, il vous en croira plus que tout autre, et par conséquent en profitera plus.

L'intérêt, que vous daignez prendre à ce qui me touche, m'oblige de vous dire deux mots au sujet de ma chétive santé, qui d'ailleurs ne vaut pas la peine qu'on en parle. Ces eaux m'ont fait quelque bien; j'entends mieux que je ne faisois quand je suis venu ici, mais pas encore assez bien pour être réhabilité comme membre de la société. Je n'entends que quand on m'addresse la parole, et qu'il n'y a pas d'autre bruit, c'est-à-dire, que je n'entends que dans les tête-à-têtes; et hélas! les tête-à-têtes ne sont plus de mon ressort. Que mon sort seroit triste, si je n'avois pas du goût pour la lecture, qui me fait souvent oublier, pendant que j'y suis, que je ne suis plus bon à autre chose. A tout âge, il faut chérir les illusions consolantes ou agréables; dans la jeunesse, elles se présentent, dans la vieillesse, il les faut chercher, ou même en faire, et avec tout cela, l'ennui en est l'appanage. Pour ne vous pas communiquer une partie du mien, je vous donne le bon soir, madame, et même sans vous dire ce que je vous suis.

LETTRE LXIX.

A LA MÊME.

A Londres, ce 18 Déc. 1752.

IL y a quatre mois que mylady Hervey a eu la goutte aux deux mains, ce qu'elle ordonne à la mienne de vous dire; je lui ai montré votre lettre; elle s'impatiente de sa goutte, qui ne la fait pourtant

ness in her hand, that she cannot yet hold her pen. She desires her best compliments to you.

I am very glad your boy is somewhat improved in his air and manners, but I cannot conceive how he is not much more so, considering he has been seven years upon his travels all over Europe, and has really frequented the very best company in every country. He ought, by this time, to have not only the air, the politeness, the attentions, that are absolutely necessary, but even the highest polish, and all that is most engaging in the art of pleasing. Yet it is no such thing, and he is still far below the mere necessary. How, madam, will you reconcile this with that just way of thinking, and that tractable disposition, you suppose him to have? How is it possible to have a just way of thinking, and not see the necessity of pleasing; or a tractable disposition, and not learn the means of attaining that end? If, as you say, and as it is but too true, he be not thoroughly convinced of the necessity of pleasing, when will he be so? A thousand people have told him, over and over, all that can be said about it; I have exhausted the subject, in the letters I have writ to him for these four years, but some propositions are so self-evident, that there is no making them plainer.

I am come home from Bath, just as I went; I have no farther hopes, and here am I scratched out for ever from society. I have no resource left, but reading and reflection, the most pleasing of which will be the friendship you have honored me with, and the sentiments of esteem and gratitude with which I wish you a good night.

LETTER LXX.

TO THE SAME.

London, May 3, 1753.

AN old man, a deaf man, a hermit, could not contribute much to make Mr. d'Ennery's[a] short stay here very agreeable; it was well for him that he had better guides, to conduct him through the

[a] A gentleman of great merit, who possesses one of the first collections of medals in Europe, and came over to England to enrich it.

pourtant plus fouffrir à préfent, mais qui lui a affoibli la main, au point qu'elle ne peut pas encore tenir la plume. Elle vous fait mille complimens.

Je fuis bien-aife que votre petit galopin ait gagné un peu du côté de l'air, et des manières, mais je ne comprends point comme quoi il n'a pas gagné beaucoup davantage, vû qu'à préfent il y a fept ans qu'il a été dans tous les païs de l'Europe, et qu'il y a réellement fréquenté tout ce qu'il y a de mieux. Il devroit actuellement avoir, non feulement l'air, la politeffe, et les attentions néceffaires, mais même le plus beau vernis, et tout ce qu'il y a de plus féduifant dans l'art de plaire. Ce n'eft pourtant rien moins que cela ; et il a encore un furieux chemin à faire pour parvenir au néceffaire. Comment combinez-vous cela, madame, avec l'efprit jufte, et la docilité que vous lui donnez ? Un efprit peut-il être jufte, et ne pas voir la néceffité de plaire ? Et peut-il être docile, et n'en pas apprendre les moyens ? S'il n'eft pas encore, comme vous le dites, et comme il n'eft que trop vrai, affez perfuadé de la néceffité de plaire, quand le fera-t-il ? Mille perfonnes lui ont affez dit tout ce qu'on peut dire fur ce fujet, et j'ai épuifé cette matière dans les lettres que je lui ai écrites depuis quatre ans ; mais il y a des propofitions fi évidentes en elles-mêmes, qu'il n'y a pas moyen de les rendre plus claires.

Je fuis revenu des Bains, tout auffi fourd que j'y fuis allé ; je n'ai plus d'efpérance, et me voici biffé pour toujours de la fociété. Il ne me refte donc d'autre reffource que la lecture, et les reflèxions, dont les plus flatteufes feront l'amitié dont vous avez bien voulu m'honorer, et les fentimens d'eftime et de reconnoiffance, avec lefquels je vous donne le bon foir.

LETTRE LXX.

A LA MÊME.

A Londres, ce 3 Mai, 1753.

UN vieillard, un fourd, un hermite, ne pouvoit guères contribuer à rendre le peu de féjour que monfieur d'Ennery* a fait ici agréable ; mais heureufement pour lui il avoit de meilleurs guides,

maze of London. He has seen every thing, has been every where; and wherever he has been, they have wished to see him again. His merit, his behaviour, and the English language, which he speaks tolerably well, would, in time, have procured him an entrance into our best companies: but such is our genius, that it would have been a work of time, had not our many young people, who had had the pleasure of being acquainted with him at Paris, presently initiated him into the mysteries of good company. Your other child, to whom, indeed, you have been as kind as if he had really been your own, has, it is true, rather a genteeler figure, and a better air and address, than he had formerly; but you must own too, that there is great room for improvement, and that he is still far from being that graceful, sociable, amiable man I wish him to be. I hope reflection, and a farther intercourse with the world, will make him so in time. Nothing is more necessary, not only in society, but towards the success of negociations. Good sense and learning are the necessary foundations, but without the graces they are almost useless: rough diamonds are not worn, yet they have their value, but they do no shine.

Now, madam, is the season for Bagatelle and Babiole; in a few days, I purpose going to the latter, to bury myself, I will not say alive, for that cannot be said of a deaf man, but vegetating. I shall be there in the only company I am not now a burden to, I mean my cabbages. As for you, who have all the requisites for enjoying and promoting the sweets of society, go to Bagatelle, recover your health, and forget your sorrows. See your friends, divert yourself, and, as much as you can, drive away every painful and useless recollection. We are more masters of our feelings, and of our passions, than we generally imagine; they must, of necessity, have an object; but, by taking upon us a little, we can, in a great measure, chuse those objects, and substitute agreeable to disagreeable ones. At least, I practise what I preach; for, instead of sinking under the greatest misfortune that could have befallen me, at my time of life, I mean my deafness, I make it my business to look out for every possible alleviation, and am the readier to lay hold of

every

guides, pour le labyrinthe de Londres. Il y a tout vû, il a été partout, et partout où il a été, on a fouhaité de l'y revoir. Son mérite, fes manières, et l'Anglois, qu'il parle très-paffablement, lui auroient toujours frayé le chemin à tout ce qu'il a de bonne compagnie ici ; mais, faits comme nous le fommes, il lui auroit fallu du tems pour cela, au lieu que le grand nombre de nos jeunes gens, qui avoient eu le plaifir de le connoître à Paris, l'ont initié d'abord dans tous les myftères de la bonne compagnie.

Votre autre enfant, pour lequel, en vérité, vous avez eu les mêmes bontés que s'il eût été réellement le vôtre, a, il eft vrai, la figure un peu plus dégagée, l'air un peu meilleur, et les manières un peu moins mauvaifes qu'autrefois ; mais vous m'avouerez auffi, que, du point où il eft actuellement, aux graces, au liant, à l'aimable, il a encore un furieux chemin à faire. J'efpère que la réflexion, et l'ufage du monde, les lui donneront avec le tems. Il n'y a rien de plus néceffaire, non feulement pour les agrémens de la fociété, mais pour le fuccès dans les négociations. Le bon fens, et le favoir, font des fondemens néceffaires; mais fans les graces, ils deviennent prefqu'inutiles : on ne porte pas les diamans bruts, la valeur y eft pourtant, mais c'eft que le luftre n'y eft pas.

Voici, madame, la faifon pour Bagatelle et Balliole; en peu de jours je compte d'aller à ce dernier endroit, m'y enterrer, je ne dis pas vif, car cela ne fe dit pas d'un fourd, mais végétant. J'y ferai dans la feule compagnie, à laquelle je ne fuis pas à charge actuellement, c'eft-à-dire mes choux ; mais pour vous, qui avez tout ce qu'il faut pour goûter, et pour donner les douceurs de la fociété, profitez de Bagatelle pour le rétabliffement de votre fanté, et pour l'oubli de vos chagrins. Voyez-y vos amis, amufez-vous, et banniffez, autant que vous le pourrez, des fouvenirs auffi inutiles que défagréables. Nous fommes, plus que nous ne le croyons généralement, les maîtres des fentimens de notre cœur, et des mouvemens de notre efprit ; il leur faut néceffairement un objet, mais en prenant un peu fur nous, nous pouvons en grande partie leur choifir ces objets, et en fubftituer d'agréables aux défagréables. Au moins je prêche d'exemple, puifqu'au lieu de fuccomber fous le plus grand malheur qui pouvoit m'arriver à mon âge, la furdité, je m'occupe à en chercher

every amusement that is within my reach. That, madam, is true philosophy; give me leave to recommend it to you. You will soon see lady Hervey again; she is heartily sick of London, and longs to be at Paris. I shall lament her absence, but cannot blame her taste; it comes into my system of philosophy. I know some who would do the same, if circumstances would permit them to wish you a good night at Bagatelle, instead of doing it here.

PERMIT, madam, your little servant, to add a small postscript to this letter, to assure you, that he will ever retain the strongest sense of gratitude, for the kindness you shewed him during his stay at Paris, and that he is with the most respectful attachment

Your most obedient humble servant,

P. STANHOPE.

LETTER LXXI.

TO THE SAME.

Babiole, June 24, 1753.

YOUR silence will not conceal you, madam; all you do bears the stamp of friendship, and elegance of taste, to a degree that must betray you. I have actually before my eyes a proof of both. It is the finest piece of Vincennes china I ever saw in my life; the matter, the form, the coloring, in short, all is perfect, and could come from none but you. I beg you will suppose all I ought to say upon the occasion, and, as the *Bourgeois Gentilhomme* says*, as if I did not know what to say to you.

I will confess to you, as it would certainly come round to you from other quarters, that your favours have made me indiscreet, and

* The title of one of Moliere's plays.

cher tous les dédommagemens possibles, et je me prête d'autant plus à tous les amusemens, qui sont à ma portée. Voila, madame, la véritable philosophie, je vous la recommande. Vous reverrez bientôt madame d'Hervey, qui meurt d'ennui ici, et d'envie pour Paris : je regretterai son absence, mais sans blâmer son goût ; c'est dans mon systême de philosophie. J'en connois d'autres qui feroient de même, si les circonstances leur permettoient de vous donner à Bagatelle au lieu d'ici le bon soir.

PERMETTEZ, madame, à votre petit serviteur d'ajouter une petite apostille à cette lettre, pour vous assurer qu'il conservera éternellement les sentimens de la plus vive reconnoissance des bontés, que vous lui avez témoignées pendant son séjour à Paris, et qu'il est avec l'attachement le plus respectueux,

Votre très-humble et très-obéissant serviteur,

P. STANHOPE.

LETTRE LXXI.

A LA MÊME.

A Balvick, 24 Juin, 1753.

VOTRE silence ne vous cachera pas, madame ; tout ce que vous faites est trop marqué au coin de l'amitié, et du bon goût, pour ne vous pas déceler. J'ai actuellement devant mes yeux une preuve de l'une et de l'autre. C'est la plus belle pièce de porcelaine de Vincennes que j'aye vu de mes jours ; le fond de la matière, la forme, les couleurs, enfin tout en est parfait, et ne pouvoit venir que de votre part. Supposez, je vous en supplie, tout ce que je devrois vous dire de la mienne, et faites (comme dit le bourgeois gentilhomme [a]) comme si je ne savois que vous dire là-dessus.

Je vous avouerai, puisque vous le sauriez d'ailleurs, que vos faveurs m'ont rendu indiscret, et que je vous ai joué un tour de petit maître,

that I have played you a *petit maitre's* trick, in the presence of Mr. Francés and Mr. Buchelay, by seating myself between your *arms* in my *boudoir* at London, and at the same time hinting to them that they were yours. I have had the pleasure of seeing those two gentlemen, both in town and here, but I was obliged to catch them flying; for, as they were determined to see every thing, they were always upon the wing, so that I have seen much less of them than I wished.

I suppose you are now at Bagatelle, where you may be said to live; for this month past, I have been here, where I vegetate at best. Society, at least, returns you some part of the pleasure you give; for my part, I neither give nor receive any.

IF I have not a desire of pleasing in general, it is your fault, madam, and I lay the blame upon you. The honor of having been acquainted with you has made me too nice in my taste, but I promise you, whenever I meet with persons like you, my ambition to please them shall equal, if possible, the respect and gratitude with which I have the honor to be,

MADAM,

Your most obedient humble servant,

P. STANHOPE.

LETTER LXXII.

TO THE SAME.

Babiole, Sept. 13, 1753.

I have spared you of late, madam, but you shall not escape me, and as long as we are both in this world, I shall remind you, from time to time, that you have as affectionate a friend, and as zealous a servant, in England, as any you can have in France; that

maître, en préſence de meſſieurs Francés et Buchelay, en me plaçant entre vos *bras* dans mon boudoir à Londres, leur donnant en même tems à comprendre que c'étoient les vôtres. J'ai eu le plaiſir de voir ces deux meſſieurs à Londres et ici, mais il les falloit tirer en volant ; car, comme ils vouloient abſolument tout voir, ils étoient toujours par voies et par chemins, de ſorte que je les ai vus bien moins que je ne l'aurois ſouhaité.

Je ſuppoſe que vous êtes actuellement à Bagatelle, où vous vivez ; je ſuis depuis un mois ici, où je végète tout au plus. La ſociété vous rend au moins quelques uns des agrémens que vous lui donnez ; pour moi je n'y donne, et je n'en reçois plus.

SI je n'ai pas le deſir de plaire en général, c'eſt votre faute, madame, et je m'en prends à vous. L'honneur de vous avoir connue m'a rendu le goût trop délicat, mais je vous promets que partout où je trouverai des gens qui vous reſſemblent, mon deſir de leur plaire égalera, s'il eſt poſſible, le reſpect et la reconnoiſſance avec leſquels J'ai l'honneur d'être,

MADAME,

Votre très-humble et très-obéïſſant ſerviteur,

P. STANHOPE.

LETTRE LXXII.

A LA MÊME.

A Babiolr, ce 13 Sept. 1753.

JE vous ai ménagée dernièrement, madame, mais vous ne m'échappérez pas, et pendant que nous ferons tous deux dans ce monde ici, je vous ferai bien reſſouvenir de tems en tems, que vous avez en Angleterre un ami auſſi tendre, et un ſerviteur auſſi zélé, que

is saying a great deal, but no more than is true. Would you believe that your friendship is become of greater consequence to me than ever, and that it is owing to our distance from each other? Deafness is productive of very odd effects, and inverts the natural order of things; epistolary intercourse is the conversation of the deaf, and the only band of their society. A friend, when present, is a burden to me, as he makes me doubly sensible of my misfortune, which I forget, in some degree, whilst I am writing to him, or reading his letters. For instance, I should hate to *see you talk*, whereas I am overjoyed to *hear you write*. You will own, madam, this is a new kind of compliment, and the more strange from me, as, not long since, my most ardent wish was, for the pleasure of seeing you once more at Paris. I fully intended it, but *altri tempi, altri cure*.

Your little boy does not go to Venice, as I flattered myself he would; I thought myself sure, but is any thing sure at court? Yes, that they promise much, and perform little. Till something offers, I have again removed him; he set out last week for Holland, and from thence he is to go and spend the winter at the electoral courts of Bonn, Manheim, Munich, Dresden, &c. Is it to polish him, you will ask, and to give him the varnish you so much wish him to have, that you send him to Germany? Indeed it is, madam, and I am persuaded he will be the better for it. He has not a proper desire of pleasing, he has not the necessary attentions, he does not love to constrain himself; he will be compelled to it by the German stiffness, pride, and haughtiness, which is the proper antidote against his carelessness. Besides, there are no English to be met with in those courts, which is no small article in the account of good breeding and politeness. *A propos* of English, you will soon have one at Paris, that I think a very promising youth; it is the young lord Bolingbroke, nephew to our deceased friend, and, by his talents, no way unworthy to bear his name. You will certainly see him at l'hôtel de * ° *; and your friendship for his late uncle will be a more effectual recommendation than any thing I could say to you; otherwise I would have taken the liberty earnestly to beg you would grant him, not only your protection, but your advice, and even your authority. He is but a novice, but he wishes to be no longer

vous puissiez en avoir un en France ; c'est beaucoup dire, mais cela est vrai. Croiriez-vous bien que votre amitié m'est devenue plus intéressante que jamais, et cela par notre éloignement ? La surdité a des effets bizarres, et renverse l'ordre naturel des choses ; le commerce de lettres est la conversation des sourds, et l'unique lien de leur société. Un ami présent m'accable, en me faisant sentir plus vivement mon malheur, que j'oublie, en quelque façon, en lui écrivant, et en lisant ses lettres. Par exemple, je serois au désespoir de vous *voir parler*, au lieu que je suis trop heureux de vous *entendre écrire*. Avouez, madame, voici un compliment tout nouveau, et d'autant plus singulier de ma part, qu'il n'y a pas longtems que l'objet le plus cher de mes vœux étoit le plaisir de vous revoir à Paris ; je me le proposois, mais *altri tempi, altri cure*.

Votre petit garçon ne va pas à Venise, comme je m'en étois flatté ; je m'en croyois sûr, mais à la cour y a-t-il quelque chose de sûr ? Oui, qu'on y promet beaucoup et qu'on y tient peu. En attendant mieux, je l'ai encore transporté ; il est parti la semaine passée pour la Hollande, et de là il doit aller hiverner aux cours électorales de Bonn, Manheim, Munich, Dresde, &c. Est-ce pour le décrotter, me direz-vous, et pour lui donner le vernis que vous lui souhaitez tant, que vous l'envoyez en Allemagne ? Eh ! oui, madame, et je suis persuadé qu'il y gagnera. Il n'a pas le desir de plaire qu'il lui faudroit, il n'a pas les attentions nécessaires, il n'aime pas à se contraindre ; la roideur, la hauteur, et la morgue Germanique l'y forceront, c'est le contrepoison nécessaire pour sa nonchalance. D'ailleurs, il n'y a jamais d'Anglois à ces cours-là, ce qui est un grand article dans le compte des manières, et de la politesse. A propos d'Anglois, vous en aurez un bientôt à Paris, dont j'augure avantageusement ; c'est le jeune mylord Bolingbroke, neveu de feu notre ami, et, par les talens que je lui connois, nullement indigne de porter son nom. Vous le verrez sûrement à l'hôtel de .... et votre amitié pour son oncle vous le recommandera plus efficacement que tout ce que je pourrois vous dire. Sans cela, j'aurois pris la liberté de vous prier instamment de lui accorder, non-seulement votre protection, mais vos conseils, et votre autorité même. Il est encore neuf, mais il souhaite de ne l'être plus ; il veut se former, et il se formera. J'ai été

so; he is defirous of improvement, and he will improve. I have been in correfpondence with him, ever fince his uncle's death, and I do affure you, his letters are fuch as would not have been difowned by our late friend, either as to matter or ftyle.

I have vegetated this whole year, without pleafures, and without forrows; my age and deafnefs forbid the former; my philofophy, or perhaps my natural difpofition, (for the one is often miftaken for the other) fecures me from the latter. I go on, making the moft I can of the fober amufements of gardening, walking, and reading; and in this manner *I wait for death, without either wifhing or fearing it**; till that moment comes, you may, madam, rank me in the number of thofe who are moft devoted to you.

LETTER LXXIII.

TO THE SAME.

London, Nov. 12, 1753.

YES, madam, let us fly, let us fly, nothing can be prettier or more convenient, no matter with what wings. But no, I am not for the wings of time, any more than you. Alas! we fly but too fwiftly upon thefe againft our will. But why not the wings of the winds? The Zephyrs have long had wings, and I am much miftaken if I have not feen, at the corner of a map of Lapland, the great bloated Boreas with enormous ones; but if it is not the fafhion to fay fo, we muft think no more of thefe. If you are fo difficult in your choice, we fhall abfolutely have none left, but the wings of love, which you feem to have no mind to ufe. I have fearched every where for the wings of friendfhip, thefe would have fuited us to perfection, but fhe has none, becaufe fhe is not fuppofed to be fickle. So, as there are no others to be had, let us fkim along on the wings of love, let us clap them on, and apply them to the ufe of friendfhip. Dear, how pretty they are, how fwift they go! and they return as quick. The queftion is only where to

* A line of S. Evremond.

find

en commerce de lettre avec lui, depuis la mort de son oncle, et je vous assure que celles que j'en ai reçues ne seroient pas désavouées par seu votre ami, ni par rapport à la matière, ni par rapport au style.

J'ai végété toute cette année ici, sans plaisirs, et sans peines : mon âge et ma surdité me défendent les premiers ; ma philosophie, ou peut-être mon tempérament, (car on s'y trompe souvent) me garantit des dernières. Je tire toujours le meilleur parti que je puis des amusemens tranquilles du jardinage, de la promenade, et de la lecture ; moyennant quoi, *j'attends la mort, sans la defirer ou la craindre*°. Jusqu'à ce moment-là, comptez-moi, madame, dans le nombre de ceux qui vous sont les plus dévoués.

LETTRE LXXIII.

A LA MÊME.

A Londres, ce 12 Nov. 1753.

OUI, madame, volons, volons, il n'y auroit rien de plus joli, ni de plus commode, n'importe avec quelles ailes. Je me dédis pourtant, et je ne veux non plus que vous les ailes du tems. Hélas ! nous n'y volons déja que trop vîte malgré nous. Mais pourquoi pas les ailes des vents ? Depuis très-longtems, les zéphyrs ont eu des ailes, et je me trompe fort, si je n'ai pas vu, au coin d'une carte de Laponie, le gros bourfouflé Borée, qui en avoit de furieuses ; mais dès que cela ne se dit pas, il n'y faut plus penser. Si pourtant vous êtes si difficile dans le choix, il ne vous restera absolument que les ailes de l'amour, dont vous paroissez n'avoir pas envie de vous servir. J'ai cherché partout si je pouvois trouver des ailes à l'amitié, ç'auroit été justement notre fait ; mais elle n'en a pas, parceque l'amitié n'est pas censée être volage. Comme donc il ne nous en reste pas d'autres, fendons les airs sur les ailes de l'amour ; prenons-les à bon compte, et mettons-les au profit de l'amitié. Eh ! qu'elles sont jolies, qu'elles vont vîte, il est vrai qu'elles reviennent

find them. The poets are continually talking of them, as they would talk of post-chaises; but, between you and me, I believe they tell fibs, and the more as, when I consider the specific gravity of our bodies, and the subtlety of the air, I am inclined to question whether men have ever flown at all. So I doubt we must be content with some more simple and easy method, such as a magician in our pay, a hippogryph, or at least some kind genius, who having been hermetically imprisoned in a little vial *, will undertake, for the sake of recovering his liberty, to waft us in a minute, or at farthest in a minute and a half, wherever we chuse to go. How many trips we should then take from Paris to London, and from London to Paris, as likewise from Bagatelle to Babiole, and from Babiole to Bagatelle! In my way to Paris, to pay my court to you, I would step to the moon, for a few minutes only, in hopes of finding my ears there, encouraged by the example of Astolpho, who found there the wit of Orlando †. Were I to find none but Midas's ears, I would seize upon them, for I must have the pleasure of hearing you at any rate; it is well worth taking a journey to the moon. Seriously, madam, could not our abbé find out some vehicle of that kind, in all the conjuring books in his library, particularly in Solomon's clavicula ‡, or in the respectable Hebrew, Arabic, or cabalistical manuscripts? If he will help me to some, I bind myself by a vow to offer up to him (the ancients always promised some offering to their deities and their priests to make them propitious) a night gown with a grey ground, flowered with the finest rose colour, that ever genius, sylph, or fairy wore. It is their favourite color, as well as that of the abbé. At all events, and till we can do better, I shall send you your things to-morrow by the usual conveyance; the parcel is directed as you ordered, and contains the things you commissioned me to buy, and likewise the abbé's night gown. I beg, madam, you will give my best compli-

* *Le diable boiteux* (the devil upon two sticks) of *Le Sage* is here alluded to.
† Ariosto, in the wildest as well as wildest of all poems, his *Orlando Furioso*, introduces king Astolpho, taking a trip to the moon, and finding there whatever is lost upon earth, as for instance the lover's tears and sighs, the time spent in gaming, the vain pursuits of learned ignorance, the prayers and vows to heaven, the promises of princes, &c. but especially small bottles filled with com-

de même; reste donc seulement à savoir où les trouver; les poëtes nous en parlent à tous momens, comme ils parleroient des chaises de postes; mais, entre nous, je crois qu'ils mentent, et d'autant plus que, quand je considère la gravité spécifique de nos corps, et la subtilité de l'air, je doute un peu si jamais on a volé. Je crains donc qu'il faudra que nous nous contentions de quelque moyen plus simple et plus facile, comme d'un enchanteur à gages, un hippogriffe, ou au moins de quelque génie bienfaisant, qui ayant été hermétiquement emprisonné dans une petite phiole °, voudra, pour regagner sa liberté, nous transporter dans une minute, ou tout au plus dans une minute et demie, là où nous le voudrions. Que de courses nous ferions alors de Paris à Londres, et de Londres à Paris, comme aussi de Bagatelle à Babiole, et de Babiole à Bagatelle! En chemin faisant, pour vous faire ma cour à Paris, j'irois pour quelques momens seulement, à la lune, dans l'espérance d'y trouver mes oreilles, encouragé par l'exemple d'Astolphe, qui y trouva bien l'esprit de Roland †. Si même je n'y trouvois que celles de Midas, je m'en saisirois, car il faut absolument que j'aye le plaisir de vous entendre, cela vaut bien un voyage à la lune. Sérieusement madame, notre abbé ne pourroit il pas nous trouver quelque voiture de la sorte, dans tout le grimoire de sa bibliothèque, surtout dans la clavicule de Salomon ‡, ou dans les respectables manuscrits Hébreux, et Arabes, de la cabale? S'il m'en fournit, je fais vœu de lui offrir (les anciens promettoient toujours quelque offrande à leurs divinités, et à leur prêtres, pour se les rendre propices) une robe de chambre à fond gris, relevé du plus beau couleur de rose, qu'ait jamais porté génie, sylphide, ou fée. C'est leur couleur favorite, aussi bien que de l'abbé: en tout cas, et en attendant mieux, je vous enverrai demain, par la voiture ordinaire, les petites commissions dont vous m'avez fait l'honneur de me charger. Le paquet est addressé selon vos ordres, et contient aussi la robe de chambre de l'abbé. Je vous supplie, madame, de lui vouloir bien faire mes complimens, et de l'assurer que, s'il ne

° mon sense, supposed to make up for the deficiencies of those, who have lost either the whole, or part, of theirs.

‡ A fabulous book, much esteemed in the East, and ascribed to king Solomon, as containing the key to all his secrets, in astrology, alchemy, and even the magic arts, that wise prince being thought to have been the king of conjurors.

tenoit

ments to him, and assure him that, if it lay in my power, instead of a night gown, I would send him a *pall*, together with a cap of a deeper red than his favourite color.

I am this moment arrived from Bath, and just as deaf, that is to say as stupid as I went; but in point of general health, I am better. My stomach is in good order, and my appetite laudable, though not to compare to that of the abbé; that invulnerable stomach is a gift of heaven, upon which I congratulate him from the bottom of mine; he must improve it to the best advantage, that is to say, he must fill it well.

Little Bolingbroke, nephew to our late friend, is at present with me, and in ten or twelve days, will have the honor of being with you. I have promised him I would recommend him to you, and desire you to assist and protect him. He has true and solid good sense, real taste, and knows a good deal. What he still wants, is a knowledge of the world, and the graces, which he is determined to acquire, if possible; and I dare say it will be possible, as he ardently wishes to please, and to improve; and it is for that purpose that he intends to spend a year or two at Paris, without frequenting his countrymen.

But what a volume of a letter! you are quite exhausted, I perceive it. So good night, madam.

LETTER LXXIV.

TO THE SAME.

London, April 6, 1754.

YOU have been very near losing one of your most faithful servants, madam, and I should have been sorry for your sake, as I know the warmth of his friendship, and of his sentiments towards you; but as to himself, I care very little about it, now that he is fit for nothing, but is rather a burden to himself and others. It was my own self who had well nigh walked off, with a rheumatism, or, as the physicians called it, a flying gout. I have

kept

tenoit qu'à moi, au lieu d'une robe de chambre, je lui enverrois un *pallium* accompagné même d'un bonnet d'un rouge plus foncé, que la couleur favorite.

J'arrive des Bains ici dans ce moment, et tout auffi fourd, c'eft-à-dire auffi bête, que j'y fuis allé ; mais du côté de la fanté en général, j'y ai gagné. Mon eftomac eft en bon ordre, et mon appétit eft louable, fans comparaifon pourtant avec ceux de l'abbé ; cet eftomac invulnerable eft un don du ciel, dont je le félicite du fond du mien, il faut le mettre à profit, c'eft-à-dire le bien remplir.

Le petit Bolingbroke, neveu de feu notre ami, eft actuellement avec moi, et en dix ou douze jours aura l'honneur d'être avec vous. Je lui ai promis de vous le recommander, et de vous prier de l'aider, et de le protéger. Il a un bon fens jufte et folide, le goût fûr, et ne manque pas d'acquis. Ce qui lui manque encore, c'eft l'ufage du monde, et les graces, qu'il eft bien réfolu d'acquérir, fi faire fe peut, et j'ofe dire que faire fe pourra, puifqu'il cherche ardemment à plaire, et à fe former. C'eft auffi pour cela qu'il compte de refter une année ou deux à Paris, fans y fréquenter fes compatriotes.

Mais quel volume que cette lettre ! vous n'en pouvez plus, je m'en apperçois ; bon foir donc, madame.

LETTRE LXXIV.

A LA MÊME.

A Londres, 6 d'Avril, 1754.

VOUS avez penfé perdre un de vos plus fidèles ferviteurs, et j'en aurois été fâché pour l'amour de vous, madame, fûr comme je le fuis de la vivacité de fon amitié, et de fes fentimens, à votre égard ; mais, par rapport à lui, je n'y prends que fort peu d'intérêt depuis qu'il ne m'eft plus bon à rien, mais plûtôt à charge. C'étoit précifément moi-même, qui ai penfé trépaffer d'un rhumatifme, ou, felon les medecins, d'une goutte voulante. J'en ai gardé le lit un mois,

kept my bed a month, my room two months, and my house three. At present, I have neither pain nor sickness, but then I have neither health nor strength, and cannot get completely well. I am willing to flatter myself that, from a certain sympathy, which indeed cannot well be defined, your sorrows have increased my illness, unknown to us both. Whether I believe it or not, I have whispered it to some people here, who have the honor of being acquainted with you, on purpose to give myself consequence, and I really think they have shewn a greater regard for me ever since. Madam de Sévigné found great relief from her cousin count Bussy's being let blood; you are as good in all respects as that lady; and except in point of wit, I am as good as the count °. Our friendship is certainly more sincere than theirs was; why then should it not produce the same effects as their consanguinity? Friendship is full as good as relationship, but relationship does not always imply friendship.

At last, at last, madam, winter is over, and fine weather is coming on; we may once more see Bagatelle and Babiole. Upon my word this severe winter had froze my brain to such degree, that I was no longer a thinking being; it is now far from being entirely thawed, as you may perceive by this letter, and therefore I shall conclude sooner than usual.

LETTER LXXV.

TO THE SAME.

Babiole, Oct. 2, 1754.

YOUR letter, madam, has removed my fears, occasioned by your silence. I was afraid you were ill; I was almost as much afraid you had forgot me; and lastly, I thought it by no means impossible but that, tired of so uninteresting and trifling a correspondence as mine, you might have come to a resolution of dropping it. The least afflicting of these suppositions was full enough so, for one who has so long been devoted to you, but devoted on the only true

---

° A very witty, but still more vain, French nobleman, in the time of Lewis XIV. His memoirs are very entertaining, and his letters almost equal to those of his cousin, the celebrated madame de Sévigné.

mois, la chambre deux, et la maison trois; je n'ai à-présent ni douleur, ni maladie, mais en même tems je n'ai ni santé, ni force, et je ne me rétablis point. Je veux me flatter que, par une certaine sympathie, qu'on ne peut pas à la vérité bien définir, vos chagrins ont augmenté ma maladie, et ma maladie vos chagrins, sans que nous le sussions l'un ou l'autre. En tout cas, que je le croye ou non, je l'ai dit pourtant à l'oreille à quelques personnes ici, qui ont l'honneur de vous connoitre, pour me faire valoir, et effectivement, il m'a paru, qu'ils m'en ont considéré davantage. Madame de Sévigné se trouva extrêmement soulagée d'une saignée, que fit son cousin le comte de Bussy *; vous la valez bien à tous égards, et, à l'esprit près, je vaus bien monsieur de Bussy. Notre amitié est certainement plus sincère que n'étoit la leur; pourquoi donc ne seroit-elle pas les mêmes effets que faisoit leur parenté? L'amitié vaut bien la parenté, mais la parenté n'est nullement un terme synonime pour l'amitié.

A la fin des fins, madame, voici l'hiver qui est fini, et le beau tems qui commence, nous pouvons revoir Bagatelle et Babiole. En vérité, les rigueurs de cet hiver m'avoient glacé la cervelle, au point que je n'étois plus un être pensant; il s'en faut bien qu'elle soit encore tout-à-fait dégelée, comme vous le verrez bien par cette lettre, que, pour cette raison, je finirai plûtôt qu'à l'ordinaire.

LETTRE LXXV.

A LA MÊME.

A Babiole, et 2 Oct. 1754.

VOTRE lettre, madame, m'a rassuré sur bien des craintes, que votre silence m'avoit causées. Je craignois que vous ne fussiez malade; je craignois presqu'autant votre oubli, et enfin, je croyois qu'il n'étoit nullement impossible que, lasse d'un commerce aussi peu intéressant et aussi futile que le mien, vous n'eussiez pris le parti de le laisser tomber tout doucement. Le moins affligeant de ces cas l'étoit bien assez, pour une personne qui depuis si longtems vous a été dévouée, mais dévouée sur les seuls vrais principes d'une estime,

principles of a permanent esteem and friendship, I mean on reason, and a thorough knowledge of your worth. I had sent you a letter from Aix-la-Chapelle, and another from Spa *; but I see they have both shared the same fate with the four last I wrote to lady Hervey, who was then at Paris, and never received one: so the matter is now cleared up, and the mystery unravelled on both sides.

The waters of Aix-la-Chapelle and Spa have only patched up my crazy building for a while; for, not a fortnight ago, I thought it was tumbling down. My giddiness, and the pains in my stomach, which are either the cause or the consequence of it, for the faculty have not yet been able to determine that point, have almost demolished me. All I feel now is weakness and languor. I believe your very humble servant is drawing near his end, for all the ills, that attend a more advanced age, are falling thick upon him. I even perceive that my mind weakens, as well as my body: It must be so of course, as the body has a great influence on the mind, during their union here below. What I most dread is, that my body should outlive my mind, and drag on for years under the humiliating effects of a palsy, which is frequently the case. Nothing short of that will ever make me cease to be your ———

LETTER LXXVI.

TO THE SAME.

London, Jan. 10, 1755.

YOU judged rightly, madam, that my silence was involuntary, and that it was owing to cruel necessity. For these six months past, it seems as if all the complaints, that ever attacked heads, had joined to overpower mine. Continual noises, head-ach, giddiness, and impenetrable deafness; I could not stoop to write; and even reading, the only resource of the deaf, was painful to me. In this dismal situation of the material part, the immaterial came in for a

---

* Whither he was sent by his physicians, for his rheumatism, giddiness, and deafness; he received but little benefit from this expedition.

share.

eſtime, et d'une amitié permanentes, je veux dire la raiſon, et la parfaite connoiſſance de ce que vous valez. J'avois eu l'honneur de vous écrire une lettre d'Aix-la-Chapelle, et une autre de Spa*, mais je vois que ces deux lettres ont eu le même ſort, que quatre autres lettres que j'écrivis à madame d'Hervey, qui étoit alors à Paris, et qui n'en a reçu pas une ſeule : nous voici donc éclaircis, et nous voici auſſi au dénouement réciproque.

Les eaux d'Aix-la-Chapelle et de Spa n'ont fait que des réparations peu durables à mon chétif bâtiment, puiſqu'il n'y a pas quinze jours, que je crus qu'il s'écrouloit. Mes vertiges, accompagnés des maux d'eſtomac, qui en ſont ou la cauſe ou la ſuite, car la faculté n'a pu encore décider là deſſus, m'ont accablé : il ne m'en reſte à-préſent que la foibleſſe et la langueur. Je crois que votre très humble ſerviteur tire vers ſa fin, puiſque tous les maux d'un âge encore plus avancé que le ſien lui tombent en foule ſur le corps. Je n'apperçois même que mon eſprit baiſſe auſſi ; cela eſt tout ſimple, il faut s'y attendre, le corps ayant beaucoup à dire ſur l'eſprit, pendant leur union ici bas. Ce que je crains le plus, parceque cela arrive ſouvent, c'eſt que mon corps ne ſurvive à mon eſprit, et ne traîne, pendant quelques années, les effets humilians d'une paralyſie. Il ne me faut, aſſurément, rien moins que cela pour ceſſer d'être votre &c.

LETTRE LXXVI.

A LA MÊME.

A Londres, 10 Je v. 1755.

VOUS aurez bien jugé, madame, que mon long ſilence n'a pas été volontaire, mais qu'une dure néceſſité me l'a impoſé. En effet, depuis ſix mois, il ſemble que tous les maux qui ont jamais attaqué des têtes, ſe ſont réunis pour accabler la mienne. Bruits perpétuels, migraines, vertiges, et ſurdité impénétrable, je n'ai pu la baiſſer pour écrire, et la lecture même, unique reſſource des ſourds, m'a été pénible. Dans cette triſte ſituation du matériel, l'immatériel

share. Such is their union. If I thought at all, it was so little that I do not remember it, and only recollect that I wondered what you would think of my silence, and was sorry I could not address you on the new year, I will not say, with the compliments of the season; I hate that word when I am speaking to you, but with my sincere wishes for all that was most interesting to you.

It is very kind in you, madam, to think so much of my misfortunes, as to take the trouble of inquiring after the means of alleviating them. I am persuaded the person you mean, who cures deafness, is the abbé de St. Julien, who has certainly performed great cures at Paris, but who has exerted all his skill upon me to no manner of purpose. Two years ago, I sent him an exact account of my case, he studied it, answered all the articles one by one, and not only sent his prescriptions in writing, but the very medicines themselves, which I scrupulously took; but my disorder proved stronger than he or his medicines. I have consulted all the most noted physicians in Europe, but with no better success; and the obstinacy of a hereditary deafness, which is now inveterate, has baffled all their efforts. I must have patience, it is the only remedy I have left; a sad one indeed, and one that does not cure, but mitigates, in some measure, the evils it cannot remove. I do not act the Stoic philosopher; I feel my sufferings, and I acknowledge them to be an evil, but, at the same time, I know, by experience, that we can take upon us much more than is generally imagined. If we be but willing, we are able to help ourselves to a certain degree. I seek every thing that can amuse me, and divert the gloomy reflections, which my misfortune would otherwise suggest. I partake of the smallest amusements; I endeavour to magnify them, and to make them appear considerable. By this means, and with the help of a chearful disposition, I still make shift to keep off melancholy. I divert myself but little, but then I do not afflict myself overmuch.

LETTER

riel y a été pour sa part; telle est leur union. Si j'ai pensé du tout, ç'a été si peu, que je ne m'en ressouviens pas, et je me rappelle seulement que j'ai pensé à ce que vous penseriez de mon silence, et au regret que j'avois de ne pouvoir pas vous prévenir au renouvellement de cette année, je ne dis pas, par les complimens de la saison, ce terme là me choque vis-à-vis de vous, mais par les vœux sincères que je formois, par tout ce qui pouvoit vous intéresser le plus.

Vous avez bien de la bonté, madame, de songer assez à mes malheurs, pour vous donner la peine de vous informer des moyens de les adoucir. Je suis persuadé que le médecin des sourds, dont vous parlez, est l'abbé de St. Julien, qui a certainement fait de grandes cures à Paris, mais qui a très-inutilement employé tout son savoir faire sur moi. Il y a deux ans que je lui ai envoyé mon cas très-exactement détaillé; il l'a étudié, il y a répondu article pour article, et il m'a non seulement envoyé ses ordonnances par écrit, mais même ses remèdes en espèces que j'ai pris scrupuleusement; mais mon mal a été plus fort que lui et ses remèdes. J'ai consulté, de plus, tous les plus célèbres médecins de l'Europe, mais avec le même succès, et l'opiniâtreté d'une surdité héréditaire, et à-présent invétérée, a résisté à tous leurs efforts. Il faut donc prendre patience, c'est le seul remède qui me reste; triste remède, à la vérité, et qui ne guérit point, mais qui mitige un peu les maux, qu'elle ne peut pas guérir. Je ne fais pas le philosophe stoïcien; je sens mon mal, et je conviens que c'en est un, mais en même tems je sens par expérience qu'on peut prendre beaucoup plus sur moi-même, qu'on ne croit généralement. En voulant s'aider, on s'aide à un certain point; je cherche tout ce qui peut m'amuser, et faire diversion aux tristes réflexions, que mon malheur autrement m'inspireroit. Je me prête aux moindres amusemens; je tâche de les grossir, et d'en faire objet, moyennant quoi, et avec le secours d'un tempéramment naturellement gai, je suis encore à l'abri de la mélancholie; je ne me divertis guères, mais aussi je ne m'attriste point.

LETTER LXXVII.

TO THE SAME.

Babiole, Aug. 21, 1755.

I Never reckoned you, madam, in the number of thofe vulgar grandmothers, who fhew their ftation by their wrinkles and their ill-temper. On the contrary, I have always taken it for granted, that under that character, you would have the fame exclufive privileges as you have in all others; nor have I been miftaken: you grow younger, you are grown plump, in a word, you adorn the dignity of grandmother, which is not always fo favourable to other ladies. You took your meafures very well, when you contrived to bring a fecond daughter into the world, to fupply the place of the firft, and to furnifh you with a fucceffion of thofe pleafing employments, which maternal fondnefs beftows on the education of a child. I doubt not but you will go on in the fame method, and I expect, that ten years hence, you will again notify the birth of a third, who will come to replace the fecond.

You want me to tell you how I fpend my time at Babiole. Pardon me, madam; I really will not, for it would be the ready way to make you change the place of your exile. I would rather fend you the fineft defcription in the world of it, to induce you to come, and then, when you was undeceived by experience, it would be too late to recede. We are told, this is the way that the men often deal with women; but can that be true? I will not believe it. What you fay about lady Hervey's frequent journies is too true, and too fenfible, to leave me the leaft hope of feeing you at Babiole. I believe you would fooner confent to grow old, than to ramble about as fhe does. I would chufe once for all, and fettle in the country I liked beft. To be at eafe, one muft be at home; and it is having no home, to be always encamping and decamping like the Tartars.

You defire me, madam, to give you an account of your quondam foot-boy, who has not, I affure you, forgot how much he is indebted

LETTRE LXXVII.

À LA MÊME.

À Babiole, 21 d'Août, 1755.

JE ne vous ai jamais comptée, madame, du nombre de ces grand-mères vulgaires, qui annoncent leur état par leurs rides, et leur mauvaise humeur. Au contraire, j'ai toujours supposé que vous auriez dans ce caractère les privilèges exclusifs, que vous avez dans tous les autres. Je ne m'y suis point trompé ; vous rajeunissez, vous prenez de l'embonpoint, et enfin, vous ornez la dignité de grand-mère, qui de tems en tems dépare un peu les autres. Vous avez aussi bien pris vos mesures, et même de loin, en faisant mademoiselle la seconde, précisément dans le temps qu'il falloit, pour qu'elle remplaçât mademoiselle la première, et qu'elle vous procurât cette succession d'occupations agréables, que l'amour maternel trouve dans les soins, et dans l'éducation d'un enfant. Je ne doute pas que vous ne continuiez encore sur ce ton-là, et je m'attens qu'en dix ans d'ici, vous me ferez encore la notification d'une troisième mademoiselle, pour remplacer à son tour la seconde.

Vous voulez que je vous détaille la vie que je mène à Babiole; vous me pardonnerez, madame, mais je n'en ferai rien, puisque ce seroit le moyen de vous faire changer le lieu de votre exil. Je vous en ferois plutôt la plus belle description du monde, pour vous y attirer, et puis, quand vous en seriez désabusée par expérience, il seroit trop tard pour reculer. Voila comme on prétend que les hommes agissent souvent vis-à-vis des femmes, mais cela seroit-il possible ? Je ne veux pas le croire. Ce que vous me dites au sujet des fréquens voyages de mylady Hervey, est trop vrai, et trop sensé pour me laisser le moindre espérance de vous voir à Babiole. Je crois que vous consentiriez plûtôt à vieillir, qu'à battre la campagne comme elle fait. J'opterois, une fois pour toutes, et je me fixerois dans le païs qui me plairoit le plus : pour être à son aise, il faut être chez soi, et on n'a plus de chez soi, quand on campe et décampe comme les Tartares.

Vous voulez, madame, que je vous rende compte de votre petit galopin de jadis, qui n'a pas, je puis vous assurer, oublié ce qu'il

you. He thinks and talks of it as he ought, and it is not his fault, but mine, if I have not delivered the compliments he has often defired me to prefent to you. He ftudies, he applies, he informs himfelf: in that refpect all is well; he neither games nor drinks, and as for the reft, I neither ought nor will know any thing.

It is rumoured here, as well as in France, that our two kings have taken it into their heads, fhortly to declare us enemies; but I declare to them by thefe prefents, that they may do as they pleafe, but that I will fooner run the rifque of being guilty of high treafon, than not be devoted to you as long as I live.

LETTER LXXVIII.

TO THE SAME.

London, Dec. 25, 1755.

BY no means, madam, will I addrefs you with the threadbare compliments of the feafon, which the falfhood of the heart has long made fufpicious, and the proftitution of politenefs has debafed. A happy new year to you, then, and there's an end of it. I cannot, however, forbear affuring you of my wifhes for your health, and I am fure that is all you can want. My own ills have foftened my heart upon this fcore, and I can hardly conceive there can be any other evils than ill health and deafnefs. Methinks natural evil foftens as much as moral evil hardens the heart. I never give now to the poor who look healthy, I envy them too much, but I ruin myfelf in medicines and alms for the fick. It is a *bricole* of felflove, I confefs; but it is human nature, and that fame felf-love produces good as well as bad effects. Since the laft letter I wrote to you, I have not had a day's health. Faintings, giddinefs, pains in my ftomach, vapors, all take it by turns, and fometimes attack me in a body, and almoft overpower me. In fhort, I am vifibly declining, and, or I am much miftaken, you will foon have one very faithful fervant lefs than you have now. A mind, united to fuch a body,

(and

vous doit. Il y penfe, il en parle comme il doit, et c'eſt ma faute, et non la ſienne, ſi je ne me ſuis pas acquitté des complimens, qu'il m'a ſouvent prié de vous faire de ſa part. Il étudie, il s'applique, il s'informe; à cet égard-là tout va bien : il ne joue, ni ne boit, et pour le reſte, je dois, et je veux l'ignorer.

Il court un bruit ici, comme chez vous, que nos deux rois ſe ſont mis dans l'eſprit de nous déclarer bientôt ennemis, mais je leur déclare par ces préſentes, qu'ils auront beau faire, et que je riſquerai plûtôt le crime de lèze majeſté, que celui de ne vous être pas dévoué tant que je vivrai.

LETTRE LXXVIII.

A LA MÊME.

A Landres, ce 25 Déc. 1755.

JE n'ai garde, madame, de vous faire les complimens uſés de la ſaiſon, que la fauſſeté du cœur a depuis longtems rendu ſuſpects, et qu'une politeſſe proſtituée a avilis. Bon jour, bon an donc, et voilà qui eſt fait. Je ne puis pourtant pas m'empêcher de vous aſſurer des vœux que je fais pour votre ſanté; auſſi bien c'eſt tout ce qui peut vous manquer. Mes propres maux m'ont attendri ſur ce ſujet, et à peine puis-je comprendre qu'il y en ait d'autres que la mauvaiſe ſanté, et la ſurdité. Il me ſemble que le mal phyſique attendrit, autant que le mal moral endurcit le cœur. Je ne donne plus aux pauvres, qui paroiſſent ſe bien porter, je les envie trop; mais je me ruine en médecines, et en aumônes pour les malades. C'eſt une bricole de l'amour propre, il eſt vrai, mais c'eſt l'humanité, et auſſi cet amour propre produit de bons comme de mauvais effets. Depuis la dernière lettre que j'ai eu l'honneur de vous écrire, je n'ai pas paſſé un ſeul jour en ſanté. Les foibleſſes, les vertiges, les maux d'eſtomac, les abbatemens, ſe relèvent tour-à-tour, et ſouvent s'uniſſent pour m'accabler. Enfin, je dépéris à vue d'œil, et bientôt, ou je me trompe, vous aurez un très-fidèle ſerviteur de moins. Un eſprit uni à un tel corps,

(and unfortunately that union is a very intimate one) must not think of amusing you, but must expect to tire you, if he did not hasten to bid you good night.

LETTER LXXIX.

TO THE SAME.

Little Chartreuse, June 5.

THE late Babiole, madam, presents her most humble respects to Bagatelle, and acquaints her that she has changed her name, to take that of the little *Chartreuse*, which is far more suitable to her present situation. I thought it highly proper to give you this hint, by way of preparing you to receive very dull letters. And, indeed, what can I say to you from my cell, where I see nobody, and hear nothing? I spare you the *memento mori*, which is what we carthusians say to one another, at the hours when we are allowed to speak, because I will not have you die, nor think of death, this great while. You have still a great deal of time to live, and many happy days to see; and I say for you, what a dying cardinal said for himself, when the priest, who administered the sacraments to him, prayed to God to receive his soul, *si, ma non adesso*. (Yes, but not yet.)

I have had no letters from your little ward, since he has seen you this time at Paris; but as I know you both so well, I know, as if I had been present, that you have given him a thousand proofs of your friendship, and, that on his side, he has felt much more than he has expressed, for he is rather too shy of speaking. He has excellent goods in his shop, but he has not the knack of shewing them, and setting them off properly. In short, after all the pains I have taken, he has still too much of the Englishman about him. But hold: my hour of silence draws near, luckily for you; and as solitude turns fools to idiots, and wits to madmen, whichever is my lot, it is not fair that you should be a sufferer; so good night, madam.

corps (et cette union est malheureusement très-intime) ne doit pas songer à vous amuser, mais doit bien s'attendre à vous ennuyer, s'il ne vous donnoit pas de bonne heure le bon soir.

LETTRE LXXIX.

A LA MÊME.

A la petite Chartreuse, 5 Juin.

FEU Babiole, madame, assure Bagatelle de ses très-humbles respects, et lui fait savoir qu'elle a changé de nom, pour prendre celui de la petite Chartreuse, qui convient bien mieux à sa position présente. J'ai cru qu'il étoit nécessaire de vous donner ce petit avis, pour vous préparer à recevoir des lettres fort ennuyantes. En effet, que puis-je vous dire de ma cellule, où je ne vois personne, et où je n'entends rien ? Je vous épargne le *memento mori*, qui est ce que nous autres nous disons, aux heures que la parole nous est permise, parceque je ne veux pas que vous mouriez, ou que vous pensiez à la mort de longtems. Vous avez encore bien du tems, et bien du bon tems même, à vivre, et je dis pour vous, ce qu'un cardinal moribond disoit pour lui-même, quand le prêtre, qui lui donnoit les sacremens, prioit Dieu de recevoir son ame, *si, ma non adesso*.

Je n'ai pas eu des lettres de votre petit protégé, depuis qu'il vous aura fait sa cour cette fois à Paris ; mais, vous connoissant tous deux, comme je fais, je sais comme si j'avois été présent, que vous lui avez donné mille témoignages de votre amitié, et que lui, de son côté, en a senti la plus vive reconnoissance, mieux qu'il ne l'aura exprimée, car il est assez, ou plûtôt trop taciturne. Il a de très-bonnes marchandises dans sa boutique, mais il n'a pas le talent de les étaler, et de les faire valoir, comme il devroit. Enfin, malgré tous les soins que j'ai pris pour le décrotter, il est encore trop Anglois. Mais à propos, mon heure de silence approche, heureusement pour vous, et comme la solitude rend les sots bêtes, et les gens d'esprit sous, quelle que puisse être ma part à cette alternative, il n'est pas juste que vous en souffriez : bon soir donc madame.

LETTER LXXX.

TO THE SAME.

Bath, Dec. 7, 1762.

AT laſt, madam, things are once more returned into their right channel; our ports are open, the poſt goes as uſual, and our epiſtolary commerce is free. I prefer this commerce to that of America. It is not unlike it in one reſpect; for I put you off with paltry ſhells, and, in return, you give me gold and precious ſtones, or, what I value infinitely more, your letters. Indeed, madam, they are the greateſt comfort of my melancholy life; they ſpeak to my eyes moſt delightfully, and now I can hear but through my eyes. I have been bathing here for a month, to remove, if poſſible, the remains of my rheumatiſm, but hitherto I find no benefit, ſo that I reckon to return to town in a fortnight. All places are much alike to me, but I think home is moſt convenient.

As I know you are connected with the duke of Nevers, you may aſſure him that the duke of Nivernois is beloved, reſpected, and admired by all the ſenſible people, both at court and in the town. My teſtimony ought not to be ſuſpected; a carthuſian, like me, can have no intereſt to ſerve by flattering any one. I durſt not mention to him the affair of the reverend fathers; it might be an indiſcretion, eſpecially if, as I ſuppoſe, there be ſome reaſon of ſtate at the bottom. I very much queſtion, whether their abilities, which have hitherto been ſo ſerviceable to them, will be able to extricate them now. The preſent age is not favourable to religious ſocieties, it is too much enlightened, and I tremble for the holy father himſelf in the next century.

I can aſſure you, with great truth, that, had I not been deaf, I ſhould have been with you a fortnight ago, but I will frankly confeſs, it would be too mortifying for ſelf-love, to ſhew myſelf in the condition I am in. I really believe a better climate might be of ſervice to my health in general, but, whilſt he who ſpeaks to me of climate

ſpeaks

LETTRE LXXX.

A LA MÊME.

A Bath, ce 7 Déc. 1764.

A La fin, madame, voilà les choses rentrées dans l'ordre ; nos ports font ouverts, les postes courent, et notre commerce de lettres est libre. Je préfère ce commerce à celui de l'Amérique, auquel par un côté, il ressemble un peu, car je n'y fournis que des coquillages, et en échange, vous me donnez de l'or, et des pierreries, ou ce que j'estime infiniment plus, vos lettres. En vérité, madame, elles font la consolation la plus douce de ma triste vie ; elles parlent à mes yeux le plus agréablement du monde, et à-présent c'est par les yeux seulement que j'entends. Depuis un mois, je prens les bains ici, pour guérir, si cela se peut, le reste de mon rhumatisme ; mais jusqu'ici je n'ai rien gagné, de sorte qu'en quinze jours je compte de retourner à Londres, quoique tous les lieux du monde me soient assez indifférens ; pourtant on est plus commodément chez soi.

Comme je sais que vous êtes en liaison avec monsieur le duc de Nevers, vous pouvez l'assurer que monsieur de Nivernois est aimé, respecté et admiré par tout ce qu'il y a d'honnêtes gens à la cour, et à la ville. Mon témoignage ne doit pas être suspect ; un chartreux comme moi n'a pas d'intérêt à flatter personne. Je n'ai pas osé lui parler de l'affaire des révérends pères, il pourroit y avoir de l'indiscrétion, sur tout si, comme je le suppose, il y avoit quelque raison d'état là-dessous. Je doute fort que leur habileté, qui leur a si bien servi jusqu'ici, puisse les tirer d'affaire à-présent. Ce siècle n'est pas favorable aux sociétés religieuses, il est trop éclairé, et je tremble même pour le saint père dans le siècle prochain.

Je vous assure très-véritablement que, si je n'avois pas été fourni, j'aurois été près de vous il y a quinze jours ; mais je vous avouerai tout naturellement, que ce seroit trop humiliant pour mon amour propre, de me présenter en l'état où je suis. Je crois bien qu'un meilleur climat me feroit du bien, par rapport à ma santé en général ; mais

speaks to a deaf man, I shall keep where I am. It is not worth my while to remove. The late president Montesquieu used to tell me, he knew how to be blind; but I confess I do not know how to be deaf. I cannot accustom myself to it, and am just as much mortified at it, and as peevish, as I was the first week. No philosophy is proof against deafness.

LETTER LXXXI.

TO THE SAME.

London, Feb. 14, 1763.

COUNT d'Usson has sent me Mr. de Voisenon's speech*, for which I return you many thanks. I am highly pleased with it; he has given a new turn to a subject that is quite worn out, and he expresses himself with warmth and elegance. I will not tell you the answer is equally brilliant, but at least there is truth in all it says of the duke of Nivernois, who certainly deserves the best that can be said of a man. He accommodates himself to all our manners, as if they were natural to him, though God knows they are widely different from his own. He pleases every body, but, in the main, he must divert himself, as Froissard says, *moult trissement à la mode de notre païs*. My deafness, and his own business, have prevented my seeing him so often as I could have wished, so that I had rather, for his own sake, see him return to his own country, to the bosom of his family, which he loves, and to the enjoyment of those social pleasures, for which he is so well calculated, as well as for business.

* On his reception into the French academy, at Paris.

mais pendant que qui me parle d'un climat, parle à un sourd, je ne le changerai pas ; cela ne vaut pas la peine. Le feu préſident de Montesquieu me diſoit *qu'il ſavoit être aveugle*, il l'avoit été ſi long-tems, mais j'avoue que je ne fais pas être ſourd ; je ne puis pas m'y accoutumer, et j'en ſuis humilié et chagrin, comme la première ſemaine. Il n'y a pas de philoſophie, qui tienne contre la ſurdité.

LETTRE LXXXI.

À LA MÊME.

A Londres, 14 Fév. 1763.

LE comte d'Ufſon m'a envoyé le diſcours de monſieur de Voiſenon *, dont je vous rends mille graces, il me plait infiniment ; il a donné un nouveau tour à un ſujet très-uſé, et il s'exprime avec feu, et élégance. Je ne vous dirai pas que la réponſe de * * * ſoit également brillante, mais au moins il y a du vrai, en tout ce qu'il dit de monſieur de Nivernois, qui ſûrement mérite tout ce qu'on peut dire de mieux d'un homme. Il ſe fait à toutes nos manières comme ſi elles lui étoient naturelles, et pourtant Dieu ſait qu'elles ſont bien différentes des ſiennes. Il plait à tout le monde, mais pourtant au fond, il doit ſe divertir, comme dit Froiſſard, *moult triſtement à la mode de notre pays*. Ma ſurdité et ſes affaires m'empêchent de profiter de ſon ſéjour ici, autant que je le ſouhaiterois, ſi bien que, pour l'amour de lui, je le voudrois de retour dans ſa patrie, dans le ſein de ſa famille, qu'il chérit, et jouïſſant des plaiſirs d'une aimable ſociété, pour leſquels la nature l'a formé, auſſi bien que pour les affaires.

LETTRE LXXXII.

TO THE SAME.

June 10.

NO, madam, the poor remains of my days are not worth the care you recommend, nor the kind concern you were pleased to express. At sixty-eight, with a broken constitution, and an hereditary and inveterate deafness, I might change climate ever so much, and go the world over, *my sorrows would still follow me close at my heels* *. I neither do, nor ought to think of any thing but ending my days gently, and killing time the best I can, now that it is become my enemy.

Your friend prince Czartorinsky has brought me the letter you honored me with, and was so obliging as to partake of a very small dinner at my *Chartreuse*. He began with me in a very agreeable manner, by speaking of you his protectress, in the same strain as I should have done, if he had not been before hand with me. He has nothing of the Sarmatian about him, for he is good-natured, and aims at pleasing; but then he has not quite got the French sprightliness, which, in moderation, is so becoming to young people. Madam de Boufflers is very much liked here, as I have been told, for I have not seen her, which I am sorry for; but then she has not seen me, which I am glad of. I am told her behaviour is quite natural and easy, that she gives herself no airs, and makes no shew of her wit and learning.

---

* A fine line of Boileau, Epistle V. 44, imitated and improved from the following lines of Horace; Carmin. Lib. III. l. 37.

> Timor et minæ
> Scandunt eodem quo dominus; neque
> Decedit æratâ triremi, et
> Post equitem sedet atra cura.

LETTER LXXXII.

A LA MÊME.

Ce 10 Juin.

NON, madame, le triste reste de mes jours ne vaut pas les soins que vous m'indiquez, ni l'intérêt que vous voulez bien y prendre. A soixante-huit ans, avec une constitution délabrée, et une surdité héréditaire et invétérée, j'aurois beau changer de climat, et courir le monde, on m'appliqueroit avec raison,

Le chagrin monte en croupe et galoppe avec lui :

Je ne pense, et je ne dois penser, qu'à finir tout doucement, et tuer le tems, qui est devenu mon ennemi, aussi bien que je le puis.

Votre protégé le prince Czartorinski m'a apporté la lettre, dont vous m'avez honoré, et a bien voulu prendre un très-petit dîner à ma Chartreuse. Il a bien agréablement débuté avec moi, en me parlant de vous, de la même façon que je lui aurois parlé, s'il ne m'eût pas prévenu. Il n'est point du tout Sarmate, car il a de la douceur, et cherche à plaire ; mais aussi il n'a pas pris la vivacité Françoise, qui, dans de certaines bornes, sied si bien aux jeunes gens. Madame de Boufflers est fort goûtée ici, à ce qu'on me dit, car je ne l'ai point vue, dont je suis fâché ; mais aussi elle ne m'a point vû, dont je suis bien-aise. On m'assure qu'elle est fort naturelle et aisée, sans prétensions, et n'affichant pas le bel esprit et le savoir.

LETTER LXXXIII.

TO THE SAME.

London, April 23, 1764.

MY head really swims, madam, but I cannot tell whether it is owing to a return of my usual giddiness, or to your last letter, which is indeed enough to turn a stronger brain than mine. Spare it a little more for the future, I intreat you, for though young people may sometimes be allowed to be conceited, you will own it would be rather unbecoming at seventy, and alas! that is the age of your very faithful servant.

I allow, madam, that you alledge a thousand good reasons why I should look for a purer air in the southern climates, and I should not want much persuasion, if I were not deaf, impenetrably deaf, and incurably so, as my deafness is hereditary. On this principle I have made a very exact calculation, the result of which is, that the profit is not worth the cost. Besides, as I am shortly to set out on a longer journey, it is not worth my while to pack up for Provence or Languedoc. *Job, with all his sufferings* [*], had not more patience than my philosophy procures me. Reading employs and amuses me. Besides, I am at leisure to hold many a conference with myself, which I trust I am the better for, and which I had never thought of whilst I was hurried away by the whirlwind of business or pleasure; so that, I thank God, I am neither melancholy nor peevish, and, notwithstanding all my woes, I know some who are more wretched.

Your little ward sets out next week for Dresden, where the king has done him the honor to appoint him his envoy. He goes by the way of Paris, chiefly, I believe, to pay his court to your ladyship.

---

[*] The beginning of a famous French sonnet, by Benserade.

LETTRE LXXXIII.

A LA MÊME.

A Londres, ce 23 d'Avril, 1764.

LA tête me tourne actuellement, madame, mais je ne sais pas si c'est un retour de mes vertiges ordinaires, ou si c'est votre dernière lettre qui en est la cause, car, de bonne foi, elle a bien de quoi tourner une tête plus ferme que la mienne. Ménagez-la un peu à l'avenir, je vous en supplie, car quoique la fatuité soit permise, et quelquefois même utile aux jeunes gens, vous m'avouerez qu'elle ne sied pas trop bien aux septuagénaires, et malheureusement votre très-fidèle serviteur est de ce nombre.

Je conviens, madame, que vous me donnez mille bonnes raisons, pour chercher un air plus pur dans les climats méridionaux, et je ne me le ferois pas dire deux fois, si je n'étois pas sourd ; mais sourd, d'une surdité impénétrable, et incurable, parce qu'elle est héréditaire. Sur ce principe, j'ai fait un calcul fort exact, dont le résultat est, que le jeu ne vaut pas la chandelle. D'ailleurs, comme je déménagerai bientôt pour un plus grand voyage, il ne vaut pas la peine de m'emballer pour deux ou trois mois, à l'adresse de la Provence, ou du Languedoc. *Job de mille maux atteint* n'avoit pas plus de patience, que ma philosophie ne m'en procure, la lecture m'occupe et m'amuse : d'ailleurs, j'ai le loisir d'avoir plusieurs tête-à-têtes avec moi-même, dont je me flatte d'avoir profité, et auxquels je n'avois jamais pensé, pendant que j'étois rapidement emporté, par le tourbillon des affaires, ou des plaisirs ; de sorte que, graces à Dieu, je n'ai ni mélancholie ni humeur, et nonobstant tous mes maux *j'en connois de plus misérables*.

Votre petit protégé part la semaine qui vient pour Dresde, où le roi a eu la bonté de le nommer son envoyé. Il prend le chemin de Paris, principalement, à ce que je crois, pour avoir l'honneur de vous y faire sa cour.

LETTER LXXXIV.

TO THE SAME.

London, June 20, 1768.

THE moment I received your laft letter but one, I fent the inclofed to lady Holland. You need never be afraid, madam, that I fhould delay one inftant the execution of the orders, you will pleafe to fend me when it is in my power: but alas! what is in my power? Old age, which is of itfelf a fufficient evil, and the natural evils I labour under, make me alike ufelefs to myfelf and others. I have nothing in the world left but reading; and even that has loft much of its charm with me, fince it is become a matter of neceffity, and not of choice. One would think I were married to it. Your good authors are my chief refource, for at prefent we have very few of our own. Voltaire efpecially, old and decrepit as he may well be (for he is exactly of my age) delights me, barring his impiety, with which he cannot forbear larding every thing he writes. It would be much wifer in him to fupprefs it, for, after all, no man ought to break through the order that is eftablifhed. Let every one think as he pleafes, or as he can; but let him keep his notions to himfelf, if they be of fuch a nature as may difturb the peace of fociety.

I believe you will not quarrel with me for introducing general Irwin to your acquaintance. For an Englifhman, he is a well-bred man, which I am forry to fay is no very common thing in this country. Some of the French have told me, that the many young people we fend over to Paris have infected yours, and have inoculated them with much of our rude and unmannerly behaviour. If that is true, it muft be lately —— But I am fenfible that I am prating away too much; therefore I break off abruptly, and without telling you of the refpectful attachment and inviolable friendfhip, with which I fhall ever be, madam, your &c.

LETTRE LXXXIV.

A LA MÊME.

A Londres, ce 10 Juin, 1768.

DANS le moment que je reçus votre avant-dernière lettre, j'envoyai celle qu'elle contenoit à mylady Holland. Ne craignez jamais, madame, que je remette pour un instant l'exécution des ordres, dont vous voudrez bien me charger, quand il dépendra de moi. Mais, hélas! qu'est-ce qui dépend de moi? La vieillesse, qui d'elle-même est un mal assez grand, et de surcroit les maux physiques, dont je suis accablé, me rendent également inutile aux autres et à moi-même. Je n'ai au monde que la lecture en partage; encore a-t-elle perdu beaucoup de ses charmes auprès de moi, depuis qu'elle est devenue une affaire de nécessité, et non de choix : on diroit que je l'ai épousée. Vos bons auteurs sont ma principale ressource; car à-présent nous en avons très peu ici. Voltaire surtout, vieux et baissé comme il peut bien l'être, étant précisément de mon âge, me charme, à son impiété près, dont il ne peut pas s'empêcher de larder tout ce qu'il écrit, et qu'il feroit mieux de supprimer sagement, puisqu'au bout du compte on ne doit pas troubler l'ordre établi. Que chacun pense comme il veut, ou plûtôt comme il peut, mais qu'il ne communique pas ses idées, dès qu'elles sont d'une nature à pouvoir troubler le repos de la société.

Je ne crois pas que vous me reprochiez de vous avoir endossé monsieur le général Irwin : car pour un Anglois il a des manières, ce qu'il faut avouer, est assez rare dans ce pais ici. Des François m'ont dit que notre nombreuse jeunesse à Paris a infecté la vôtre, et leur a inoculé beaucoup de nos manières impolies et brusques. Si cela est vrai, il faut que ce soit depuis peu —— mais je sens que je bavarde trop; je finis donc brusquement, et sans vous dire l'attachement respectueux, et l'amitié inviolable, avec lesquels je serai toute ma vie, madame, votre, &c.

LETTER LXXXV.

TO MADAME DU BOCCAGE*.

London, June 14, O. S. 1750.

LET us speak frankly, madam. You must agree with me, that your merit, and the reputation, you have acquired, will every where prove a sufficient recommendation; and will, in all countries, procure you the same reception, as you have met with in Holland. I have not pretended to recommend you to Mr. Dayrolles; I only told him you were coming. I have acted the part of a news-writer, and inserted a paragraph, importing that Mrs. du Boccage was preparing to set out from London for the Hague. For some people such a recommendation is sufficient.

During four days stay in Holland, you have framed the same notions of the Dutch, as I had conceived during more than four years residence among them, and you recall them all to me in the compass of four lines. It is so true, that the men are slow, that I do not recollect I ever saw one, who was what would be called young in any other country. But if you imagine their women to be as still as the waters of their canals, and as cleanly as their houses, two thirds of the husbands would contradict you, and would tell you, though in a whisper, that they are only so outwardly. At home they are mere *Amazons*, and the husbands are the wretched captives, destined to perpetuate the *gynarchy*. Accordingly, they people at a great rate, and with all the gravity imaginable. They consider propagation as an article, that is necessary to their commerce, and they acquit themselves as good patriots.

The epithet of motionless, which you bestow on my friend Mr. L——, is a very just one. The good man seems to be rather the keeper than the owner of his collection of pictures. He shews them

---

* These letters I received from Madame du Boccage, to whom they were written by the noble author. He had shewn uncommon civilities both to her husband and herself, during their stay in England.

LETTRE LXXXV.

A MADAME DU BOCCAGE*.

A Londres, 14 Juin, V. S. 1750.

PARLONS naturellement, madame. Convenez avec moi que votre mérite, et la réputation que vous vous êtes acquise, vous seront par-tout des recommandations suffisantes, et vous procureront en tout païs l'accueil que vous avez trouvé en Hollande. Je n'ai pas prétendu vous recommander à M. Dayrolles ; je vous ai simplement annoncée. J'ai été votre nouvelliste, et j'ai mis seulement dans ma feuille volante que madame du Boccage se disposoit à partir de Londres pour la Haye. Voila tout ce qu'il faut à de certaines gens.

En quatre jours de séjour en Hollande, vous vous en êtes fait les mêmes idées, qu'un séjour de plus de quatre ans m'en avoient données, et vous me les rappellez toutes en quatre lignes. Il est si vrai que les hommes y sont tardifs, que je ne me souviens pas d'y en avoir vu, qui fussent ce qu'en tout autre païs on appelleroit jeunes. Mais si vous y croyez les femmes aussi tranquilles que les eaux de leurs canaux, et aussi propres que leurs maisons, les deux tiers des maris n'en conviendroient pas, et vous diroient, à l'oreille s'entend, que ce n'est qu'à l'extérieur. Chez elles ce sont des *Amazones*, et les maris les malheureux captifs, destinés à perpétuer la *gunarchie*. Aussi peuplent-ils infiniment, et du plus grand sérieux du monde. Ils envisagent la fabrique des enfans comme un article nécessaire à leur commerce, et s'en acquittent en bons citoyens.

L'épithète d'immobile, que vous donnez à mon ami L.— est des plus justes. Le bon homme semble avoir seulement le soin et non la propriété de ses tableaux. Il les montre avec une indifférence si stoïque,

---

England, and his example was followed by the persons of the most distinguished rank and wit, and among them particularly by lady Hervey, the dutchess of Richmond, lord and lady Holderness, lady Allen, Mrs. Cleland, Mrs. Montague, and many more. The earl complimented our French Sappho with the busts of the great English poets, whom she had imitated in her own language. Her sense of his merit and favours, she has expressed in the account of her journey, given by herself, and published in English, in two small volumes, in 1770.

them with such stoical indifference, that he puts me in mind of
certain black gentlemen in Turkey, who are the motionless keepers
of the finest originals in the world. I really envy him a good
many of his pictures, and I think I may do so without any breach
of the tenth commandment, which must certainly suppose that our
neighbour enjoys what we are not to covet. This case of conscience
appears to me a very clear, and I am sure it is a very convenient one;
for it may be extended very far. I don't know, whether the twenty-
four* have considered of it.

Are not you quite exhausted, madam, with all the advances you
have been obliged to make, in order to get at the sight of so singular
an original as my baron†? His long-established reputation is a security to all other reputations. For upwards of fifteen years, he has publicly and solemnly renounced that of the five senses, which alone
can endanger any reputation‡, and has so scrupulously observed his renunciation, that it is enough to put all the kings on earth to the
blush. I am in daily expectation of your picture, which I am very
sure he will send me; I will certainly let you have a copy. If it is
not like, at least it will not be flattered; for my baron is no flatterer.
Pray, madam, don't suffer your taste to be perverted by his, nor
take a fancy to the simplicity, or rather insipidity, of Greek tragedy,
which we pretend to admire that we may appear learned, but which
we find very tiresome. Be sure, for that is in character, always to excite more delicate and softer passions, than those of horror and fear,
and do not introduce a chorus of unknown persons to explain, God
knows how, what the principal characters seem to be ignorant of.
I am far from suspecting your sagacity; and your *Amazons*||, with
their simplicity, are an instance in point.

What an honor would it be for me, if my bust deserved the place
you offer it! But how mortifying, should you be called upon to
prove the qualifications of the new comer! Believe me, madam, let
us both keep out of the scrape, and remain on the safe side. I will
send you two busts, which not only deserve, but claim a place in

---

* The doctors of Sorbonne, as I presume.
† Baron de Kreuningen at the Hague. He is still living, and unites great singularities to great knowledge and great parts.

qu'il me rappelle certains meſſieurs noirs en Turquie, qui ont un ſoin immobile des plus beaux originaux du monde. Il eſt vrai que je lui envie un bon nombre de ſes tableaux, et je crois pouvoir le faire, ſans donner la moindre atteinte au dixième commandement, qui ſuppoſe ſans doute que les gens jouïſſent de ce qu'il ne faut pas que les autres convoitent. Je trouve ce cas de conſcience des plus clairs, et ſûrement des plus commodes ; car il va loin, je ne ſais ſi les vingt-quatre * y ont penſé.

Reſpirez-vous, madame, ſur les avances que la ſingularité de mon baron † vous aura obligée de faire pour voir un tel original. Sa réputation depuis longtems conſtatée met toutes les autres réputations en ſûreté. Depuis plus de quinze ans, il a renoncé publiquement et ſolemnellement à celui des cinq ſens ‡, qui ſeul met les réputations en danger ; et obſervé ſa renonciation avec un ſcrupule, qui devroit faire rougir tous les rois de la terre. Je m'attends tous les jours à votre portrait, et ſuis bien ſûr qu'il m'en fera part : je promets de vous en envoyer copie. S'il ne reſſemble pas bien, du moins il ne ſera pas flatté : mon baron n'eſt nullement adulateur. Au reſte, madame, ne laiſſez pas ſéduire votre goût par le ſien ; ne vous prêtez pas à la ſimplicité, ou plûtôt à la fadeur, de la tragédie Grecque, que nous faiſons ſemblant d'admirer pour paroitre ſavans, mais qui nous ennuye fort. Excitez toujours, comme il vous convient de le faire, des paſſions plus délicates, plus douces que celles de l'horreur et de la crainte ; et ne nous donnez pas des chorus de gens inconnus, pour développer, Dieu ſait par quel moyen, ce que les plus intéreſſés de la pièce ſemblent ignorer. Vous ne m'êtes pas ſuſpecte ; et vos *Amazones* ||, avec leur ſimplicité, me ſont garantes du contraire.

Qu'il me feroit glorieux, ſi mon buſte méritoit la place que vous lui offrez ! Mais qu'il me feroit humiliant, ſi l'on vous obligeoit de faire les preuves de votre nouveau venu ! Croyez-moi, madame, ne nous commettons, ni l'un ni l'autre ; allons au plus ſûr. Je vous enverrai deux buſtes, qui non ſeulement méritent, mais exigent une place dans votre jardin, tant ils ſe ſont trouvés bien dans votre

‡ That of feeling. || A tragedy written by that lady.

your garden, in confequence of the reception they have met with in your clofet, I mean Milton and Pope. There they will not be afraid of company, be it ever fo good; befides, they have already got their vouchers and their patents, counter-figned by your own hand. I fhall fend them as foon as they are done.

We are not fo vain as to flatter ourfelves that you regret England a little, but we hope we are not banifhed from your remembrance. We pretend that our regret for your departure gives us fome claim upon you. Indeed, madam, you have made as many friends and admirers as acquaintance in this country. In one fenfe, I claim the precedence in this company, but it is only on account of the refpect and attachment, with which I have the honor to be very fincerely,

Your moft obedient humble fervant,

CHESTERFIELD.

Lady Chefterfield prefents her compliments to you and to Mr. du Boccage; permit me to add mine for him.

LETTER LXXXVI.

TO THE SAME.

London, July 15, O. S. 1750.

MADAM,

YOU have parried the blow I was going to ftrike. At the very inftant I received your letter, I was taking up my pen to attack you; I take it now to thank you for an epiftle fo agreeable and fo full of interefting particulars, that it has not only appeafed my anger, but excited in me the warmeft gratitude. You are bound in confcience to make us fome amends for the naughty trick you played us. You came here, but juft to make us regret your going away.

cabinet, je veux dire Milton et Pope, ils n'y craindront pas la compagnie, quelque bonne qu'elle soit ; d'ailleurs, ils ont déja leurs preuves et leur patentes contre-signées de votre propre main : dès qu'ils seront faits, je vous les enverrai.

Nous ne nous flattons pas que vous regrettiez un peu l'Angleterre, mais nous espérons de n'être pas bannis de votre souvenir. Nous prétendons que nos regrets de votre départ nous donnent de certains droits. En vérité, madame, vous vous êtes fait dans ce païs-ci autant d'amis et de serviteurs, que vous y avez fait de connoissances; dans un sens je prétends au haut bout dans cette compagnie, mais c'est uniquement par le respect et l'attachement, avec lesquels j'ai l'honneur d'être, très-parfaitement,

Votre très-humble et obéïssant serviteur,

CHESTERFIELD.

Madame de Chesterfield me charge de ses complimens pour vous et pour monsieur du Boccage ; permettez que j'y ajoute les miens pour lui.

LETTRE LXXXVI.

A LA MÊME.

A Londres, ce 25 Juillet, V. S. 1750.

MADAME,

VOUS avez paré le coup, que j'allois vous porter. Au moment que je reçois la vôtre, je prenois la plume pour vous attaquer ; je la prends à-présent pour vous remercier d'une lettre, dont les agrémens et les détails intéressans, non seulement calment ma colère, mais excitent ma plus vive reconnoissance. En conscience vous nous devez réparation du mauvais tour que vous nous avez joué. Vous n'êtes venue ici que pour nous donner des regrets de votre départ ;
vous

away. You flattered us with the hopes of a longer stay; but as soon as you found that the blow was struck, you were gone. We therefore condemn you to heavy epistolary penalties, which are the more just, as they are proportioned to your abilities to pay. Take notice that your offence is not levelled at England alone, but at the maritime powers; for Mr. Dayrolles, who came home a week ago, tells me that Holland joins with us in lamenting your absence. The Dutch may avenge their own quarrel; for my part, like a true ally, I only think of my own private interest.

I am told, Cleopatra* has not succeeded. The piece is certainly ill conducted, and I can hardly persuade myself that the author of Ariflomenes and Denys the tyrant has made a faulty tragedy on so fine a subject. It is allowed that he has fire, genius, and poetical talents; no matter, he may possibly have transgressed some of the dramatic laws, and he stands condemned. You have clogged yourselves with very heavy poetical shackles, and every good writer must groan under their weight, and wish to break them; while on the contrary a spiritless author, like a spiritless lover, hugs his chains. The one grows regular, the other respectful, from want of powers. Possibly *Rome sauvée* may share the same fate. Voltaire chuses to strike out new rules of his own; and fashion governs your decisions, still more than ours, in judging of the works of the poets, as well as of the artificers. However, I am sure his Cicero will be very unlike that of Crebillon, who, in the most striking incident of his life, is a mere idiot. In short, whatever your public may say, I am delighted with all that Voltaire writes. Always the finest verses in the world, brilliant and just ideas; I ask no more; *non paucis offendar maculis.*

By the specimen madame de Graffigny has given of the delicacy of her wit in the Peruvian letters, I have a favourable opinion of her play† though I do not like those tragical and weeping comedies. I would have things be what they are; I love to laugh and to cry in form. Something, however, may be said in their favour. Horace allows comedy to soar a little now and then; and interest, sentiment, and affecting situations, are not restrained to kings and heroes; they are to be met with in common life.

* A tragedy by Mr. Marmontel, an author deservedly much admired by lord Chesterfield, in several of his letters.

I have

vous nous flattiez d'un plus long séjour ; mais dès que vous avez senti que votre coup étoit fait, vous vous êtes sauvée. Nous vous condannons donc à de grosses amendes épistolaires, d'autant plus justes qu'elles ne sont que proportionnées à vos moyens. Au reste ce n'étoit pas seulement à l'Angleterre que vous en vouliez, mais aux puissances maritimes ; puisque Dayrolles, qui est ici depuis huit jours, m'assure qu'en regrets sur votre départ la Hollande fait cause commune avec nous ; mais elle démêlera cette affaire comme il lui plaira ; pour moi, en véritable allié, je ne pense qu'à mon intérêt particulier.

On dit que Cléopatre * n'a pas réussi. La pièce manque sans doute de conduite ; j'ai peine à croire que l'auteur d'Aristomène et de Denis le tyran ait fait une mauvaise pièce, sur un si beau sujet. Il a sûrement du feu, du génie, de la verve ; mais n'importe, il aura manqué à quelque règle de théatre ; il est proscrit. Vous vous êtes forgé des chaines poëtiques bien rudes, sous le poids desquelles tout bon auteur doit gémir, et souhaiter de les briser ; au lieu qu'un auteur sans feu, comme un amant sans vigueur, chérit ses chaines ; l'un devient régulier, et l'autre respectueux, par impuissance. Rome sauvée ne réussira peut-être pas non plus. Voltaire veut se faire des règles nouvelles, et la mode, chez vous encore plus qu'ici, décide des ouvrages des poëtes comme de ceux des marchands. Je suis sûr pourtant que son Ciceron ne ressemblera guères à celui de Crébillon, qui dans le plus bel endroit de sa vie est un imbécille. Enfin, quoiqu'en dise votre public, tout ce que Voltaire fait me charme. Toujours les plus beaux vers du monde, et des pensées brillantes et justes ; je n'en demande pas davantage ; *non paucis offendar maculis*.

Sur l'échantillon, que madame de Graffigny a donné de la délicatesse de son esprit dans ses lettres Péruviennes, j'augure bien de sa comédie †, quoique ces comédies tragiques et larmoyantes ne soient pas de mon goût. Qu'on me donne les choses pour ce qu'elles sont ; j'aime à rire et à pleurer dans les formes : il y a pourtant quelque chose à dire en leur faveur. Horace permet à la comédie de s'élever de tems en tems ; et l'intérêt, les sentimens et les situations touchants ne sont pas bornés aux rois et aux héros. La vie ordinaire les fournit.

† *Cenie, mentioned before.*

I have read the pretended letters of Ninon l'Enclos*, and I shrewdly suspected that so famous a name had been borrowed to put off an indifferent work. It has not that characteristic, which would have distinguished the letters of that celebrated courtezan. The second volume, as you observe, is better, and that is not good for much.

I have the honor to be, with respectful attachment,

MADAM,

Your, &c.

LETTER LXXXVII.

TO THE SAME.

London, Sept. 13, O. S. 1750.

SO really, madam, you steal from us all that strength and energy of our language, upon which we value ourselves so much; you add the graces of your own, and you insult the English in their own tongue; that is not fair. You should be content with writing and speaking yours better than any body, and let us enjoy ours unrivalled. You wanted me to answer you in English, but that I shall certainly not do. Treason against grammar is pardonable in a foreign language, but not in one's own, and I had rather appear guilty to all the world than to you. But to be serious, madam, the letter you have honored me with is almost without a fault. You say it has cost you much time and pains; but then many an Englishman, who pretends to be a man of letters, does not write so well. It is fit I should justify myself for not answering it sooner; I had but too good a reason to alledge. For above two months I have been so troubled with giddiness and pains in my head as to be incapable of reading or writing. They have been mitigated by palliatives, and in three days I shall set out for Bath, where I hope to find a cure. Hope is a great matter in chro-

* That famous, witty, graceful French courtezan of the preceding century, who, at the age of eighty, added one conquest to the many she made before.

nical

J'ai lu les soi-disantes lettres de Ninon l'Enclos*, et me suis douté qu'on avoit emprunté un nom si célèbre, pour faire passer un ouvrage médiocre. Il n'a pas ce caractère marqué, qui auroit distingué les lettres de cette célèbre catin. Le second volume, comme vous le dites, vaut mieux, encore ne vaut-il guères. J'ai l'honneur d'être avec un respectueux attachement,

MADAME,

Votre, &c

LETTRE LXXXVII.

À LA MÊME.

A Londres, ce 30 Sept. V. S. 1750.

VOUS nous enlevez donc, madame, toute cette force et cette énergie de notre langue, dont nous nous picquons ; vous y ajoutez les graces de la vôtre, et vous insultez aux Anglois, même en Anglois. Cela n'est pas honnête ; vous auriez dû vous contenter d'écrire et de parler mieux que personne votre propre langue, et nous laisser jouïr exclusivement de la nôtre. Vous prétendiez que je répondisse en Anglois ; je m'en donnerai bien de garde. Les crimes de lèze-grammaire sont pardonnables dans une langue étrangère, mais non dans la sienne propre, et j'aimerois mieux paroître criminel à tous les yeux du monde qu'aux vôtres. Raillerie à-part, madame, la lettre dont vous m'avez honoré, est presque sans faute. Elle vous a coûté bien du tems et de la peine, dites-vous, mais aussi il y a des Anglois qui se disent lettrés, et qui n'écrivent pas si bien. Je dois me justifier de n'y avoir pas répondu plûtôt ; la raison n'en est que trop valable. Depuis plus de deux mois, j'ai été accablé de vertiges et de migraines, au point de ne pouvoir ni lire ni écrire. Des palliatifs les ont adoucis, et je pars dans trois jours pour Bath, dans l'espérance d'y trouver ma guérison. L'espérance est autant

nical diforders. The faculty pronounce it to be only an indigeſtion, a faſhionable complaint, and the natural confequence of good living, and they have condemned me to your diet of boiled and roaſt meat, and have forbidden all made diſhes; fo that I ſhould make but a poor figure at Paris, at the fourth or fifth courfe, now in faſhion, where your heroic gluttons contend for the prize by the ſtrength of their ſtomachs, as the heroes of old contended for victory in the olympic games, by the ſtrength of their arms and legs, and by their dexterity.

I am told for certain, that Voltaire has fixed for ever at Berlin; pray explain to me the motives of that emigration. Does he, an academician, hiſtoriographer of France, gentleman of the bed-chamber to the king, and a rich man, renounce France, for the fake of enjoying German pleaſures and German delicacy? I cannot conceive it. If he really has bid an everlaſting adieu to France, he will foon give you fome very bold productions of his pen. Hitherto the baſtile has been a great reſtraint upon both his verſe and his profe.

I have not yet received the packet you fent me. I am, for thefe fix months, as great a ſtranger to the literary world in France as to that in the moon. Do you intend foon to give us fomething of your own, to comfort me for the prefent ſtagnation of my mind, which is languiſhing for want of food? I do not reckon your charming epiſtle on Vauxhall and Ranelagh as one of your works; it is but a relaxation for fuch talents as yours, to prepare for fome more confiderable performance. Pope's eſſay on criticiſm would be an object worthy of your attention, in cafe you ſhould chufe to tranſlate, but I adviſe you by all means to exerciſe your own genius, and to finiſh the new tragedy you have ſketched out. You are one of the few, who are not allowed to be lazy.

Adieu, madam; indeed my poor head, which at beſt is but ill able to entertain you, is leſs fo than ever; you muſt forgive the mind in favour of the fentiments of the heart, with which I ſhall always be,

MADAM,

Yours, &c.

de gagné dans les maux de langueur. La faculté prononce que ce n'eſt qu'indigeſtion (maladie du bon ton, effet ordinaire de la belle gourmandiſe) et m'a condamné à votre régime de rôti et de bouilli, à l'excluſion de tout ragoût. Ainſi je ferois une pitoyable figure à Paris aux quatrième et cinquième ſervices, à la mode aujourd'hui, où vos héros gourmands ſe diſputent le prix à force d'eſtomac, comme les héros ſe diſputoient la victoire aux Jeux olympiques, à force de bras, de jambes, et d'adreſſe.

On m'aſſure que Voltaire s'eſt établi pour toujours à Berlin; expliquez-moi les motifs d'une telle émigration. Académicien, hiſtoriographe de France, gentilhomme ordinaire du roi, et d'ailleurs riche, renonce-t-il à la France pour jouïr des agrémens et de la délicateſſe Germanique ? Je ne le comprends pas: s'il eſt vrai qu'il ait tout de bon dit adieu à la France, il vous donnera bientôt des pièces bien hardies. La baſtille a juſqu'ici fort gêné et ſes vers et ſa proſe.

Je n'ai pas encore reçu le paquet, que vous avez bien voulu m'envoyer. Le monde litteraire de France m'eſt tout auſſi inconnu, depuis ſix mois, que celui de la lune : nous deſtinez-vous bientôt quelque choſe de votre façon, pour me conſoler de l'inaction, dans laquelle mon eſprit languit faute d'aliment ? Je ne compte pas votre charmante épître ſur Vauxhall et Ranelagh, comme un ouvrage pour vous; c'eſt un délaſſement pour un talent comme le vôtre, en attendant quelque ouvrage plus conſidérable. L'eſſai de Pope ſur la critique ſeroit un objet digne de votre attention, en cas que vous vouluſſiez traduire, mais je vous conſeille fort de travailler d'invention, et de finir la nouvelle tragédie, que vous avez ébauchée. Vous êtes du petit nombre de ceux, auxquels la pareſſe n'eſt pas permiſe.

Adieu, madame ; en vérité ma miſérable tête, peu digne de vous entretenir quand elle eſt au mieux, l'eſt à-préſent moins que jamais; mais pardonnez à l'eſprit, en faveur des ſentimens du coeur, avec leſquels je ſerai éternellement,

MADAME,

Votre, &c.

LETTER LXXXVIII.

TO THE SAME.

MADAM,

MR. Stanhope, my kinsman [*], whom I mentioned to you in England, will have the honor to deliver this to you at Paris. I know not whether he is worthy of being presented to you, but I well know that every time he has the honor of seeing you, he will be the fitter to appear. If wit were catching like the small-pox, I should procure him a fair opportunity of catching the best sort, but it is very certain that most people insensibly contract the style, and manner of the company they frequent. Therefore I must beg, madam, you will permit him now and then to pay his court to you without ceremony, at such hours as will be least troublesome. Some examples there are, which are better than all the precepts in the world, and some counsels which are more forcible than commands. He already knows and respects your reputation, as all the world does, but, without a compliment, you rise above it, which he will be convinced of, when he has the honor of being personally acquainted with you. I earnestly intreat you, madam, to use no ceremony, no indulgence, but to assume that authority over him, which is the smallest right you derive from the friendship you honor me with. Let nothing pass unreproved; command supremely, and with all due deference to the president, I dare answer for it, his obedience to such despotism will not be the effect of fear, but of choice.

Will you pardon this freedom? Yes, madam, I am too well acquainted with your sentiments to doubt it; you are likewise no stranger to those, with which I have the honor to be,

MADAM,

Your, &c.

[*] His son.

LETTRE LXXXVIII.

A LA MÊME.

MADAME,

M. Stanhope mon parent*, dont j'ai eu l'honneur de vous entretenir en Angleterre, a celui de vous porter cette lettre à Paris. Je ne sais s'il est digne de vous être préfenté ; mais je sais que chaque fois qu'il aura l'honneur de vous voir, il en deviendra plus préfentable. Si l'esprit se communiquoit comme la petite vérole, je lui procure une belle occafion d'en prendre, et de la meilleure forte : mais il est très sûr qu'on prend infenfiblement le ton et les manières de ceux qu'on fréquente. C'eft pourquoi je vous fupplie, madame, fouffrez qu'il vous faffe de tems en tems fa cour comme ami de votre maifon, aux heures qu'il vous fera le moins incommode : il y a des exemples, qui valent mieux que tous les préceptes du monde, et des confeils meilleurs que des ordres. Il connoit déja, et refpecte, comme tout le monde, votre réputation ; mais fans compliment vous valez encore mieux, ce qu'il faura bien à mefure qu'il aura l'honneur de vous connoître perfonnellement. Je vous demande en grace, madame, point de façons, point d'indulgence à fon égard ; mais prenez avec lui ce ton d'autorité, auquel l'amitié, dont vous m'honorez, eft le moindre de vos droits. Ne lui paffez rien, ordonnez fouverainement ; et, n'en déplaife au préfident, j'ofe répondre que fon obéiffance à un tel defpotifme n'aura pas la crainte, mais le choix pour principe.

Me pardonnerez-vous cette liberté ? Oui, madame, je connois trop vos fentimens pour en douter : vous favez auffi ceux, avec lefquels j'ai l'honneur d'être,

MADAME,

Votre, &c.

LETTER LXXXIX.

TO THE SAME.

London, Sept. 15, O. S. 1750.

DON'T be alarmed, madam; I am recommending an Englishman to you, but I would not have you think I intend to trouble you with all my countrymen. I know them too well to trespass so far upon the friendship you honor me with; but this is an exception, as you will find, and I shall expect your thanks for introducing him. It is the earl of Huntingdon, whom I have the honor to present to you, a young nobleman, still more distinguished by his merit and talents, than by his birth. He is one of the most antient peers of England, of the illustrious family of Hastings, that acts so considerable a part in the tragedy of Jane Shore, which I am sure you must have read, written by Rowe, the author of the fair penitent.

To return to my friend, he unites a political genius with profound erudition, and his heart is by no means inferior to his understanding. In short, to sum up all in one word, he deserves a place in your company, or I would not have introduced him to you. He has been a year and a half at the academy of Caen, consequently he can be no stranger to your merit. He has demanded this recommendation as an instance of my friendship, and I am not a little flattered with having it in my power to give him so substantial a proof of it, and to renew the assurances of the sincere attachment, with which I have the honor to be,

MADAM,

Your most obedient,

humble servant

CHESTERFIELD.

LETTRE LXXXIX.

A LA MÊME.

A Londres, ce 15 Sept. V. S. 1750.

RASSUREZ-vous, madame ; je vous recommande un Anglois, mais ne croyez pas que j'aye l'intention de vous charger de tous mes compatriotes. Je les connois trop pour abuser jufqu'à ce point de l'amitié dont vous m'honorez ; mais celui-ci est une exception dont vous conviendrez et dont vous me saurez gré. C'est le comte de Huntingdon, que j'ai l'honneur de vous préfenter ; jeune feigneur que le mérite et les talens diftinguent encore plus que fa naiffance ; quoiqu'il foit un des plus anciens pairs d'Angleterre, de la famille illuftre des Haftings, defcendant en droite ligne de ce mylord Haftings, qui joue un rôle fi confidérable dans la tragédie de Jane Shore, que vous avez fûrement lue, écrite par Rowe, l'auteur de la *belle pénitente*.

Pour revenir à mon homme, il réunit à un génie politique une érudition profonde ; et fon cœur ne le cède en rien à fon efprit. Enfin pour tout dire, il est digne d'avoir les entrées chez vous, fans quoi je me ferois bien donné de garde d'y avoir été fon introducteur. Il a été un an et demi à l'académie de Caen, votre mérite par conféquent ne pouvoit lui être inconnu. Il a exigé de mon amitié cette recommandation ; et j'ai été bien flatté de pouvoir lui en donner une preuve fi effentielle, et de vous réitérer les affurances du véritable attachement, avec lequel j'ai l'honneur d'être,

MADAME,

Votre très-humble et
très-obéiffant ferviteur,
CHESTERFIELD.

LETTER XC.

TO THE SAME.

London, Nov. 16, O. S. 1750.

MADAM,

THE letter and the packet, you did me the favour to send me, came to hand but six days ago; for both which I beg you will accept my thanks.

As for the causes you send me to try, you bring them (to speak in the law style) *coram non judice*, and, should I presume to give my verdict, an appeal might justly be lodged against my sentence: but no matter, every one takes upon him to judge, and too often those who are least able are the most peremptory. I, therefore, send you my decrees, which you may cause to be struck out of the records, whenever you please.

In primis, I decide without hesitation, that cardinal Richelieu is the author of his own political testament[*], and that Voltaire's pleadings prove nothing to the contrary. The work evidently bears the stamp of a state-minister, and a churchman.

I cannot so easily decide the cause at present depending between your king and your clergy. The letters against the clergy are well written, and so are the answers; but, without pretending to decide, I am for the king, and I consider the clergy of all religions, as a body of men, who have separate interests and views, distinct from those of the rest of mankind. The most despotic kings exercise no jurisdiction but over the bodies and goods of men; but all the clergy, from the great lama of the Thibet to his holiness at Rome, and the archbishop of Canterbury at London, aspire to despotism over the mind; a despotism, which is the more dangerous, as, when once it is established, it extends to every thing else. The body and goods are no better than rags, those gentlemen are the sole dispensers of your salvation, and what will you not do to obtain it? This has been sufficiently evinced during seven or eight centuries of the reign of the clergy and of ignorance.

But

[*] The authenticity of that celebrated work was attacked with great speciousness of argument and

LETTRE XC.

A LA MÊME.

A Londres, ce 16 Nov. V. S. 1750.

MADAME,

IL n'y a que six jours, que j'ai reçu la lettre et le paquet, que vous avez bien voulu m'envoyer ; agréez mes remercîmens de l'un et de l'autre.

Les procès, que vous m'envoyez à décider, vous les portez (pour parler en terme de palais) *coram non judice*, et si je prétendois en juger, on appelleroit avec raison de ma sentence : n'importe, tout le monde juge ; souvent ceux qui en sont les moins capables sont les plus décisifs, ainsi je vous envoye mes arrêts, que vous ferez biffer des régîtres, quand il vous plaira.

In primis, je décide sans balancer, que le cardinal de Richelieu est l'auteur de son propre testament *; et que le plaidoyer de Voltaire ne prouve rien contre. L'ouvrage est marqué au coin d'un ministre d'état, et d'un ecclésiastique.

J'ai plus de difficulté à décider le procès actuellement litispendant entre votre roi et le clergé. Les lettres contre le clergé sont bien écrites, ainsi que les réponses ; mais sans prononcer, je suis pour le roi, et je considère le clergé de toutes les religions comme un corps, qui a des intérêts et des vues distinctes de ceux du reste du genre humain. Les rois les plus despotiques n'en veulent qu'aux corps et aux biens des hommes ; mais tout clergé, depuis le grand lama du Thibet jusqu'à sa sainteté à Rome, et l'archevêque de Cantorbery à Londres, prétend au despotisme sur les esprits ; despotisme d'autant plus dangereux qu'étant une fois établi, il entraîne tout le reste. Le corps et les biens ne sont plus que des guenilles ; ces messieurs ont votre salut exclusivement entre leur mains ; et que ne fait-on pas pour l'obtenir ? Sept ou huit siècles de suite du règne du clergé, et de l'ignorance, l'ont assez démontré.

---
* and ingenuity, by M. Voltaire, and defended with equal wit and more solidity by M. de Foncemagne, one of the most honest men as well as the best scholars in France.

Mais

But this affair of the clergy seems to have given place to that of the states of Brittany, which has the advantage of novelty. That is no small concern in every country, and is of more consequence in France than in any other. You may be sure that as an Englishman, and a parliament-man, I must be the most humble servant of the states; therefore I am silent upon that article, lest I should be set aside as a partial judge. Once upon a time, the horse called man in to his assistance against the stag; the man got on his back, assisted him, subdued him, and remained his master. Thus did men call in kings to assist them against each other. Horses are still luckily ignorant of their own strength, as well as subjects of their natural rights: if they did but know them, how many riders would be thrown, and how many kings dethroned! Some remains of ignorance in these matters are perhaps an advantage.

I hold for the force of education, though I allow that natural disposition has some share in what we are. Education certainly does not give wit, where nature has refused common sense; but education gives a right turn to the sense we have, and even influences the heart, which is not indeed created, but fashioned by education. To that it is undoubtedly owing, that butchers, executioners, and inquisitors, have less sensibility, and are more bloody-minded, than other men. As for those fine sentiments of natural affection, which we meet with in novels, tragedies, and even in your modern weeping comedies, nothing can be more absurd. A father, a mother, a husband, a wife, children, who have never seen one another, know each other at once by a certain emotion, a thrilling, a —— whatever you please, occasioned by that sympathy at the sight of the object. If such a sentiment did really exist, what discoveries, and consequently what confusion, would it not occasion in Paris and London! How many citizens would change fathers, and shed those soft tears of joy, at the discovery of their true pappas in the palaces of Versailles and S. James's, or perhaps in the regiment of guards!

Such are my sentiments concerning the library, you have sent me, which has afforded me great entertainment. I may say to you very truly, what dedications almost always say without any truth, that if I stand in awe of your taste, I trust to your indulgence.

Lady

Mais cette affaire du clergé paroit avoir cédé la place chez vous à celle des états de Bretagne, qui a l'avantage de la nouveauté. Ce n'est pas peu dans tout païs, et moins en France qu'en tout autre. Vous sentez bien que comme Anglois et parlementaire, je dois être le très-humble serviteur des états, ainsi je me tais sur cet article, de peur d'être recusé comme juge partial. Le cheval appella autrefois l'homme à son secours contre le cerf; l'homme le monta, le secourut, le subjugua, et en resta le maître. Les hommes appellèrent aussi les rois à leur secours l'un contre l'autre. Heureusement les chevaux ignorent encore leur force, et les sujets leurs droits naturels ; s'ils les savoient, qu'il y auroit de cavaliers défarçonnés et de rois détronés ! Un reste d'ignorance sur ces matières peut-être est le mieux.

Je suis pour la force de l'éducation, convenant en même tems que le naturel entre pour quelque chose en ce que nous sommes. L'éducation ne donne pas sûrement de l'esprit à ceux, à qui la nature a refusé le sens commun ; mais l'éducation décide de la tournure de cette portion d'esprit qu'on a ; et de même du cœur, qui n'est pas fait à la vérité, mais en grande partie façonné, par l'éducation. C'est par elle sans doute que les bouchers, les bourreaux, et les inquisiteurs, sont moins compatissans et plus sanguinaires que les autres hommes. Pour ce qui est de ces beaux sentimens d'affection naturelle, qui brillent dans les romans, dans les tragédies, et même à-présent dans vos comédies larmoyantes, rien n'est plus fou : un père, une mère, un mari, une femme, des enfans, qui ne se sont jamais vus, se connoissent réciproquement par un certain saisissement, un frisson, un tout ce qu'il vous plaira, que leur cause ce sentiment naturel à la vue de l'objet. Si un tel sentiment existoit, quelles découvertes, et par conséquent quel désordre ne causeroit-il pas à Paris et à Londres ! Quel nombre de citoyens changeroient de père, et verseroient de ces belles larmes d'attendrissement, en découvrant leurs véritables papas dans les palais de Versailles et de St. James, ou peut-être dans le régiment des gardes.

Voila mes sentimens sur la bibliothèque, que vous m'avez fournie, et qui m'a beaucoup amusé. Je vous dirai là-dessus très-véritablement, ce que les épîtres dédicatoires disent presque toujours sans vérité, que si je crains votre goût, je compte en même tems sur votre indulgence. Madame

Lady Chesterfield, who desires her best compliments to you, is amusing herself with reading the books you sent me, which I have divided into three shares, one for her, one for lady Allen, and another for Mrs. Cleland. I wish I could send you something entertaining from hence, but we have nothing new, that would afford you any amusement. The muses are so busy in your country, that they cannot spare time to pay us a visit, and you know Apollo seldom frequents the fifty-third degree of northern latitude, especially at this season.

LETTER XCI.

TO THE SAME.

London, Oct. 13, O. S. 1750.

MADAM,

WE have both been in luck; I have received your letter of the 6th of October, and you have not received a very long one, which I wrote ten or twelve days before. The post seems to be a judge of letters, and to deliver those only, that are worth reading. In that, which miscarried, I had acknowledged the receipt of the large parcel of books you was so kind as to send me, and had ventured to give you my opinion of them; in this, I thank you for the parcel Mr. Hotham brought me from you. The bearer pleased me no less than the parcel; he has greatly improved in France, and I found him very amiable, or if he is not, he appeared so to me, because he talked much of you, madam, just as I thought, and a conformity of opinion is a great recommendation.

I am charmed with *Cénie*, notwithstanding my dislike to tragi-comedy, or weeping plays. This piece, though affecting, is not tragical. The situations are interesting, but not horrid; the sentiments are true, it is nature; we see ourselves in them, and they are not those refined sentimental feelings, that none ever felt. Another recommendation to me is, that it is not in verse, and consequently favours less of the buskin. I cannot bear your comedies in verse; I am shocked to hear the nonsense of Frontin and Lisette, and the

aukward

Madame de Chesterfield, qui vous fait mille complimens, est occupée à lire les livres, que vous m'avez envoyés, dont j'ai fait trois portions, pour elle, pour mylady Allen, et pour madame Cleland. Je voudrois pouvoir vous envoyer quelque chose d'ici pour vous amuser; mais il ne paroit rien qui le mérite. Les muses sont si occupées chez vous, qu'elles n'ont pas le loisir de nous faire visite; et vous savez qu'Apollon ne fréquente guères, surtout dans cette saison, le cinquante-troisième degré de latitude septentrionale.

LETTRE XCI.

A LA MÊME.

A Londres, ce 13 Oct. V. S. 1750.

MADAME,

NOUS avons tous deux eu du bonheur: j'ai reçu votre lettre du 6 Octobre, N. S. et vous n'en avez pas reçu une très-longue de ma part, écrite dix ou douze jours avant. La poste semble se connoitre en lettres, et ne livrer que celles qui en valent la peine. Dans cette lettre perdue, j'avois accusé la réception du gros paquet de livres, que vous avez eu la bonté de m'envoyer, sur lesquels j'avois hasardé mes sentimens: dans celle-ci je vous remercie du paquet, que monsieur Hotham m'a donné de votre part. Le porteur ne m'a pas moins plû que le paquet; il s'est bien formé en France, je l'ai trouvé bien aimable, ou s'il ne l'est pas, il me l'a paru parcequ'il a parlé beaucoup de vous, madame, précisément comme j'en pensois, et une conformité de sentimens prévient extrêmement.

Je suis charmé de Cénie, malgré l'aversion que j'ai pour les comédies tragiques ou larmoyantes. Cette pièce, quoique touchante, n'est pas tragique. Les situations en sont intéressantes, mais pas affreuses; les sentimens sont vrais, c'est la nature, on s'y retrouve; et ce ne sont pas ces beaux sentimens de caillettes, qu'on n'a jamais sentis. Une autre chose, qui me la recommande, est qu'elle n'est pas en vers, et par conséquent sent moins le brodequin. Je ne puis vous pardonner vos comédies en vers, je suis choqué d'entendre

awkward simplicity of Lubin, in the finest verses in the world. As for tragedy, I give it up to the poets; in many respects it cannot be natural, and poetry gives it the proper dignity; but in comedy, which must be a natural representation of common life, it is monstrous to make people talk in fine rhyming verse. But, we are told, according to Horace, comedy now and then raises her voice. I grant it, to a certain degree of elegant prose, suitable to the character and the subject; but, he who is to speak as people usually do, is not to soar aloft, so as to speak as nobody ever spoke. One of our famous comic authors Sir George Etherege tried it. He wrote two excellent plays, entitled, *She would if she could*, and *The man of mode*, or *Sir Foppling Flutter*; and in a third, entitled, *Love in a tub**, he introduced the capital characters speaking in rhyme; but the public was offended at this insult offered to common sense, and, as an equitable avenger, irrecoverably damned the piece.

We do not deserve the honor you do us of translating our plays and novels. Your stage is too nice and too chaste to endure most of our performances, which carry not only freedom but even licentiousness beyond the bounds of decency and probability. I do not believe we have six plays that are fit to appear upon your stage such as they are. There would be an absolute necessity for a total alteration. If Prévôt translates our Clarissa, he must curtail it at least by one half. There is a great number of superfluities, and at the same time it is very affecting, and abounds with interesting situations. The author of this, who likewise wrote Pamela, is a bookseller, a man of no learning, and deficient in style, but who is well acquainted with the human heart. The seven volumes should be reduced to three.

A thousand thanks to the good company you name. How happy should I have been, had my presence superseded their kind remembrance! Mrs. Bulkeley is very amiable, and deserving of the place she filled at that supper.

I con-

---

* Lord Chesterfield did not recollect that *Love in a tub* was the first of Sir George Etherege's plays; and that, though partly written in heroic verse, it was received with uncommon applause, and

tendre les pagnoteries de Frontin et de Lifette, et les groffières naïvetés de Lubin dans les plus beaux vers du monde. Pour la tragédie je la livre aux poëtes ; à bien des égards elle ne peut être naturelle, et les vers lui donnent une dignité, qui lui eft abfolument néceffaire ; mais dans la comédie, qui doit être une repréfentation naturelle de la vie ordinaire, il eft monftrueux d'y faire parler les gens en vers bien rimés. Mais dit-on, d'après Horace, la comédie élève de tems en tems fa voix : je le veux bien à un certain point de profe foutenue, et convenable au caractère et au fujet ; mais tel, qui doit parler comme on parle, ne s'élève point jufqu'à parler comme on n'a jamais parlé. Un de nos célèbres auteurs comiques l'a effayé. C'eft le chevalier Etherege, qui a fait deux comédies excellentes, intitulées *She would if fhe could*, et *The Man of mode, or Sir Fopling Flutter* ; et dans une troifième intitulée *Love in a tub* *, il a écrit les grands rôles en vers rimés : mais le public s'eft foulevé contre cette infulte faite au fens commun, et en vengeur équitable, il a condamné la pièce pour toujours.

Nous ne méritons pas l'honneur, que vous nous faites de traduire nos pièces et nos romans. Votre théatre eft trop jufte et trop châtié pour souffrir la plûpart de nos pièces, qui pouffent non feulement la liberté, mais la licence, au-delà des bornes de la décence et de la vraisemblance. Je ne crois pas que nous en ayons fix de préfentables chez vous dans l'état où elles font. Il faudroit néceffairement les refondre. Si Prévot traduit notre Clarice, il doit l'abréger d'une bonne moitié ; il y a un furieux fuperflu, et en même tems un intérêt touchant, et des fituations intéreffantes. Celui qui l'a écrite, qui eft auffi l'auteur de Pamela, eft un libraire†, qui manque de favoir et de ftyle, mais qui connoit le cœur. Des fept volumes il en faudroit faire trois.

Mille graces au refte à la bonne compagnie, que vous me nommez. Que j'aurois été aife d'avoir prévenu ce fouvenir par ma préfence ! Madame Bulkeley eft très-aimable, et digne de la place qu'elle occupoit à ce fouper.

* and procured to the author the friendfhip of the moft eminent wits of his time, viz. the duke of Buckingham, the earls of Dorfet and of Rochefter, Sir Charles Sedley, and many more.
† Mr. Richardfon the printer.

I consider, perhaps rather too late, that if you have at last received my former letter, and this should follow close after it, I may have given you a literary surfeit, and that, by way of diet, you will be obliged to write no more to me, for fear of the consequences. I shall, therefore, break off abruptly, and without telling you how much I am, &c.

P. S. As marshal Saxe is now of no sect, he little cares where his body shall rest[*]. The worms will equally have their share, whether under the protection of St. Peter, or that of Luther or Calvin; but his glory is in safety: this we can attest to our cost, and we do him justice. Will national prejudice and party zeal suffer you to do the same in France?

LETTER XCII.

TO THE SAME.

London, Jan. 14, O. S. 1751.

INDEED, madam, my gratitude is equal to your kindness; this comprehends all in one sentence; two sheets of compliments would not express it so fully. My young traveller is duly sensible of the civilities you have heaped upon him; he prides himself in having received your commands relating to a dancing-master, he considers himself as your adopted son, and even alludes to I don't know who in the fable, whose education the muses had superintended. He is certainly in a good school, and it will be his own fault if he does not improve, since you condescend to instruct him by your advice and example. He is not only deficient in the manners of the polite world, but I wish he may not have contracted those of the German and Italian world, having spent upwards of four years in those two countries; and as good masters like better to teach scholars, who have never learnt at all, than those, who have been ill-principled, it is not impossible but that the German stiffness, and the Italian

[*] As the marshal continued to his death to profess the Lutheran religion, his body could not be deposited in the cathedral of Paris, or at St. Denys, where the ashes of the French kings lie. As the court, however, was determined to do all possible honor to that great warrior's memory, they ordered

Je fais réflexion, peut-être un peu trop tard, que si ma dernière lettre vous est enfin parvenue, et que celle-ci la suive de près, je vous aurai causé une indigestion littéraire, et que par régime vous serez obligée de ne me plus écrire crainte des suites. Je finirai donc brusquement, et sans vous dire à quel point je suis, &c.

P. S. Le maréchal de Saxe n'étant à-présent d'aucune secte, il ne s'embarassera guères où son corps reposera*. Les vers en auront également leur part, soit sous la protection de St. Pierre, soit sous celle de Luther ou de Calvin : mais sa gloire est en sûreté, nous en sommes malheureusement les garans, nous y rendons justice. Les préjugés de nation et de secte vous permettront-ils d'en faire autant en France?

LETTRE XCII.

A LA MÊME.

A Londres, ce 14, Janv. V. S. 1751.

EN vérité, madame, ma reconnoissance égale votre bonté, c'est tout dire en deux mots. Deux feuilles de complimens n'en marqueroient pas si bien l'étendue ; aussi mon jeune voyageur sent comme il le doit, les attentions dont vous l'avez comblé. Il se fait gloire d'avoir reçu vos ordres au sujet d'un maître à danser ; il se considère comme votre fils adoptif ; il fait même allusion à je ne sais qui dans la fable, dont les muses se chargèrent du soin de l'éducation. Il est sûrement en bonne école ; s'il n'en profite pas, ce sera sa faute, puisque vous daignez l'instruire par vos conseils, et par vos exemples. Non seulement il n'a pas l'usage du beau monde, mais je crains qu'il n'ait l'usage du monde Allemand et Italien, ayant passé plus de quatre ans dans ces deux païs ; et comme les bons maîtres préfèrent d'enseigner à ceux, qui n'ont jamais appris, plûtôt qu'à ceux, qui ont eu de mauvais principes, il se pourroit que la roideur Allemande et la pantalonade Italienne retarderoient les progrès du bel usage. Vous

---

* ordered his remains to be sent to Strasburg, the capital of the Lutheran province of Alsace, at the king's expence, and a superb monument has been erected to immortalize his merits, and the gratitude of the French.

taxez,

Italian buffoonery, may retard his improvement in the address of a man of fashion. You accuse your country of levity, but ours has just as much; the difference lies only in the mode. English levity is grave, and French levity is gay. Sosia (in the play of Amphitryon) prefers quiet vice to noisy virtue, and I prefer a chearful to a tiresome trifler. We can boast of neither at present; our Parnassus is grown so barren, that it produces nothing, either good or bad; our very pastry-cooks complain of it, as they are forced to pay dearer for good paper, that has not been spoiled. The paper you promise to send me, when it appears, will not be so, at least if it has been filled by the persons you name. The letters of madame de la Fayette, madame de Coulanges, &c. excite my curiosity; they are names which we are accustomed to respect.

When I was last at Paris, I heard Mr. Fontenelle read two of his six philosophical plays, which you tell me are going to be published; they are full of sentiment and delicacy, but rather deficient in comic humour. I may venture to speak so of a modern, but not of Terence, though, between you and me, I think so. I have the honor to be, &c.

LETTER XCIII.

TO THE SAME.

London, May 10, O. S. 1751.

YOU will say, why do you write to me now, or why did not you write sooner? A moment's patience, madam; pray why have you sent me that collection of letters, where monsieur de la Rochefoucault, madame de la Fayette, and madame de Coulanges, make such a poor figure compared to madame de Sévigné; and why do you accompany that collection with a letter full as good as the best of hers? Many more besides myself would be at a loss what to do. Shall I answer? By no means, says self-love; rather do a rude than a foolish thing. See the wreck of all those great wits; will you split upon the same rock? Unable to answer this reasoning, I determined

taxez, madame, votre païs de frivolité, le nôtre en a tout autant ; la différence n'eſt que dans la façon ; la frivolité Angloiſe eſt ſérieuſe, et la frivolité Françoiſe enjouée. Soſie (dans l'Amphitrion) préfère un vice commode à une bruyante vertu ; et moi le frivole aimable au frivole ennuyeux. Il n'eſt à-préſent queſtion ni de l'un, ni de l'autre ici ; notre Parnaſſe, devenu ſtérile, ne produit rien de bon ni de mauvais ; nos pâtiſſiers mêmes s'en plaignent, obligés de payer plus cher du bon papier, qui n'eſt pas gâté. Le papier, que vous me faites eſpérer de m'envoyer quand il paroîtra, ne le ſera pas, du moins ſi les perſonnes que vous me nommez l'ont employé. Les lettres de meſdames de la Fayette, de Coulanges, &c. excitent également ma curioſité, ce ſont des noms qu'on eſt accoutumé de reſpecter.

J'ai ouï lire à M. de Fontenelle, quand j'étois dernièrement à Paris, deux de ſes ſix comédies philoſophiques, dont vous m'annoncez la publication : elles étoient pleines de ſentiment et de délicateſſe, mais il y manquoit un peu du levain comique. J'oſe parler ainſi d'un moderne, mais non de Térence, quoiqu'entre vous et moi, je le penſe. J'ai l'honneur d'être, &c.

LETTRE XCIII.

A LA MÊME.

A Londres, ce 10 Mai, V. S. 1751.

POURQUOI m'écrire à-préſent, ou pourquoi ne m'avoir pas écrit plûtôt, direz-vous ? Un moment, madame ; pourquoi, s'il vous plaît, m'avoir envoyé ce recueil de lettres, où monſieur de la Rochefoucault, meſdames de la Fayette et de Coulanges, font une ſi mince figure vis-à-vis de madame de Sévigné, et pourquoi accompagnez-vous ce recueil d'une lettre, qui valoit bien la meilleure des ſiennes ? Bien d'autres que moi ſe trouveroient embarraſſés ; répondrai-je ? Gardez-vous en bien, dit mon amour propre ; faites plûtôt une impoliteſſe qu'une ſottiſe ; voyez les débris du naufrage de tous ces beaux eſprits, voulez-vous échouer ſur le même écueil ? Ne pouvant ré-

determined not to answer your charming letter, but conscience will sometimes assert her right in spite of self-love. At last I considered how much I was indebted to you, and I blamed myself for not endeavouring, at least, to pay off the score. This, indeed, is a debt I am unable to discharge, but it is the part of an honest man to give his creditors what he can, were it no more than a penny in the pound. How indeed, madam, can I ever repay the pleasure you have procured me, not only by the books you have sent me, but still more by the letters you have honored me with? At least I think I have hit upon an expedient to acquit myself, and that is, by sending you four ambassadors to make you an apology in my name; though, by the way, their own names are far beyond mine. They are Shakespear, Milton, Dryden, and Pope, the ornaments of our nation, who, if they knew you, would esteem it an honor to be placed in your house. You will find them there on your return to Normandy; they set out next week for Dieppe. I beg you will shew some kindness to Dryden, who is jealous of the preference you have given to Milton and Pope. You may give Shakespear what reception you think proper, as he sometimes deserves the best, and sometimes the worst.

We have nothing new in the literary way that merits your attention. Two or three plays have been hissed, or tolerated out of compassion to the authors, who were known to be starving; the rest have spent themselves in political dissertations on the ministry, after the manner of this country. It is quite otherwise in France, where, as Duclos observes, there is a constant ferment of wit, that breaks out every day. Now I mention Duclos, I like his last book*, though I know it has been criticised at Paris. He has well studied characters, and exposed prejudices; he tells truths with energy, but has not, perhaps, that laboured elegance of style, or those polite phrases, which are now so much in fashion; but his book is not the worse for that.

Vauxhall and Ranelagh have opened on the two first days of this year that could be called summer. I have been to both, but did not

* A very ingenious satire of the manners of the French nation, under the title of *Considerations for les mœurs du siècle*.

relish

pondre à ce raisonnement, j'ai pris le parti de ne pas répondre à votre charmante lettre ; voilà la véritable cause de mon silence, mais la conscience reprend quelquefois ses droits en dépit de l'amour propre. A la fin j'envisageai ce que je vous devois, et je me reprochai le crime de ne pas tâcher au moins de m'acquitter ; c'est une dette, il est vrai, que je manque de moyens de payer, mais la bonne foi exige qu'on donne ce qu'on peut à ses créanciers, ne seroit-ce qu'un sou par livre sterling. En effet, madame, le moyen de vous payer le plaisir que vous m'avez procuré, non seulement par les livres que vous m'avez envoyés, mais encore plus par les lettres, dont vous m'avez honoré ? Enfin, je crois avoir trouvé un expédient pour m'acquitter ; c'est de vous envoyer quatre ambassadeurs, pour vous faire amende honorable en mon nom, quoique, par parenthèse, leurs noms valent mille fois mieux que le mien. C'est Shakespear, Milton, Dryden et Pope, l'honneur de notre nation ; qui, s'ils vous connoissoient, se servoient honneur d'être placés chez vous. Vous les y trouverez à votre retour en Normandie ; ils partent la semaine prochaine pour Dieppe. Ayez quelque bonté pour Dryden, jaloux de la préférence que vous avez donnée à Milton et à Pope. Vous ferez à Shakespear tel accueil que vous jugerez à propos, vu que quelquefois il mérite le meilleur, et quelquefois le plus mauvais.

Il ne paroit rien ici dans le genre littéraire, digne de votre attention. Deux ou trois pièces de théatre ont été sifflées, ou tolérées par compassion pour leurs auteurs, qu'on savoit avoir grand faim ; les autres se sont épuisés en dissertations politiques sur le ministère, à la mode du païs. Il en est autrement chez vous, où, comme remarque Duclos, il y a une fermentation d'esprit, qui se développe tous les jours. A propos de Duclos, j'aime son dernier livre°, quoique je sache qu'on le critique à Paris. Il a bien étudié les caractères, et bien exposé les préjugés : il dit des vérités avec force, peut-être n'a-t-il pas cette élégance travaillée de style, ni cette politesse de phrases tant à la mode à-présent ; mais son livre n'en est pas moins bon.

Vauxhall et Ranelagh ont repris les deux premiers jours de cette année, qui ayent senti l'été ; j'ai été à l'un et à l'autre, sans y trouver les mêmes agrémens qu'il y a deux ans. Au contraire, ils n'ont

fait

relish them so well as I did two years ago. On the contrary, they put me in mind of the trick you played us; you must make us amends by coming again, and rather than not come at all, you must appear, as you did before, to disappear again; that is one of those faults, which, the oftener you commit, the sooner you will be forgiven. How happy should I be, could I but once more repeat to you at Blackheath, which is now finished, the assurances of the respect, with which I have the honor to be,

MADAM,

Your, &c.

LETTER XCIV.

TO THE SAME.

London, Nov. 7, O. S. 1751.

MADAM,

MY ward is going back to Paris to pay his court to you; permit him to do the same for me. I do not offer you this letter in payment for the last you honored me with. Let Voltaire answer such a one if he can; for my part, I am content with knowing the value of it. You talk to me, madam, of my bust; yes, make it speak as you have made the four others speak, which I sent you, and it shall sail for Dieppe by the first fair wind. Upon such a recommendation, I should be sure of meeting with a gracious reception from those illustrious dead, except Pope, who unfortunately has been too well acquainted with me to be imposed upon; though perhaps, as a friend, he would not betray me. But I have a much better scheme to propose: make me speak myself as you have made them speak, that is, as you speak yourself, and you will see me come some day or other, not in a bust, but in person, in *Sourdiere-street*. You had best accept of this proposal; it would cost you but little, and I should be a great gainer by it.

fait que réveiller le souvenir du mauvais tour, que vous nous avez joué. Recommencez par voye de réparation: plûtôt que de ne pas paroître du tout, paroissez comme vous avez déja fait, pour disparoître. C'est une de ces fautes, que plus vous les ferez plus en vous la pardonnera. Que je serois heureux de pouvoir encore vous réitérer à Blackheath, qui, par parenthèse, est fini, les assurances de respect, avec lesquels j'ai l'honneur d'être,

MADAME,

Votre, &c.

LETTRE XCIV.

A LA MÊME.

A Londres, 7 Nov. V. S. 1751.

MADAME,

MON pupille s'en retourne à Paris, pour vous faire sa cour; permettez qu'il vous porte mon hommage. Je ne vous offre pas cette lettre, en payement de celle, dont vous m'avez honoré. Que Voltaire réponde s'il le peut, à de telles lettres que votre dernière; il me suffit d'en connoître le prix. Vous m'y parlez, madame, de mon buste ; oui, faites-le parler comme vous faites parler les quatre, que j'ai eu l'honneur de vous envoyer, et il passera à Dieppe par le premier bon vent. A ce titre-là ces illustres morts me seroient un accueil gracieux ; à l'exception de Pope, qui malheureusement m'a trop bien connu pour prendre le change, mais qui comme ami peutêtre ne me trahiroit pas. Voici pourtant ce que je trouverois encore mieux : promettez de me faire parler moi-même, comme vous les avez fait parler, c'est-à-dire, comme vous parlez vous-même, et vous me verrez un beau matin, non en buste, mais en personne dans la ruë de la *Sourdière* ; acceptez plûtôt ce dernier parti, il ne vous couteroit guéres, et j'y gagnerois infiniment

We have no wit left here, or we are all brimful of it, as the liar* is full of truth, for none comes out. Our Parnassus has, for this long while, produced no flowers, but plenty of thorns and thistles, which are greedily devoured by certain animals that graze at the foot of the hill; I am far from sending you any of these. An acquaintance of mine, who is no bad poet†, is actually about a translation, or rather an imitation, of *Cénie*. He makes it a tragedy, as it ought to be, and, instead of the chamber-maid, he substitutes a more interesting character, and better suited to the principal subject. I think his alterations are judicious, and, by what he has shewn me, I have a great opinion of the rest. When it is published, I shall have the honor to send it you.

I hear Duclos is writing a new novel. I am glad of it; he writes with energy, and is free from prejudices, even more so than he chuses to own. Be so good, madam, as to assure Mr. du Boccage that I infinitely esteem and honor him; I hope the gout has left him. I should never have done, were I to tell you all that lady Chesterfield, Mrs. Cleland, Mrs. Montague, and lady Allen desire me to say from them; still less if I should pretend to express the sentiments of admiration and respect, with which I have the honor to be,

MADAM,

Your, &c.

LETTER XCV.

TO THE SAME.

London, March 4, O. S. 1752.

YOUR undertaking, madam, is a noble one, worthy of you, by no means above your powers; I attest the ashes of Milton, who would not deny my assertion. The only thing I dislike is the time you have allotted to do it in, no less than your whole

* This alludes to the two following lines in Corneille's play, *le Menteur*:
Vous avez tout le corps bien plein de vérité,
Il n'en sort jamais une.

Nous n'avons plus d'esprit ici, ou nous en sommes tous pleins, comme le menteur* de vérités, car il n'en sort point. Notre Parnasse n'a point depuis longtems produit des fleurs, mais bien des chardons et des épines, que certains animaux, qui s'ébaudissent au bas de cette montagne, dévorent avec avidité ; je n'ai garde de vous en envoyer. Un homme de ma connoissance, qui n'est pas mauvais poëte †, travaille actuellement à une traduction de Génie, ou plûtôt à une imitation, il en fait, comme de raison, une tragédie ; il substitue à la place de la suivante un caractère plus intéressant, et plus lié avec le principal sujet. Je trouve ces changemens judicieux ; et par ce qu'il m'en a montré, j'augure très-bien du reste : quand il paroîtra, j'aurai l'honneur de vous l'envoyer.

J'apprends que Duclos va donner un nouveau roman. J'en suis bien-aise, il écrit avec force, et est dégagé de préjugés plus même qu'il n'ose l'avouer. Ayez la bonté d'assurer monsieur du Boccage que je l'estime et que je l'honore infiniment ; j'espère que la goutte l'a quitté. Je ne finirois point, si je vous détaillois ce que mesdames de Chesterfield, Cléland, Montagu et mylady Allen voudroient que je vous disse de leur part, encore moins si je vous exprimois les sentimens d'admiration et de respect, avec lesquels j'ai l'honneur d'être,

MADAME,

Votre, &c.

LETTRE XCV.

A LA MÊME.

A Londres, ce 4 Mars, V. S. 1752.

VOTRE entreprise est brillante, madame, digne de vous, et nullement au dessus de vos forces, j'en atteste les mânes de Milton, qui ne me désavoueroient point. La seule chose qui m'en déplait est le tems que vous y destinez, seulement toute votre vie, de

† Mr. Francis, known by his elegant translation of Horace.

life; fo that nobody will read your poem without lamenting its being ended. But take notice, that, according to Ariftotle, the laws of epic poetry do not require the death of the author. For my part, I muft never expect to fee it, as, in the courfe of things, you are to furvive me many years. I am now fifty-feven, and, according to David's reckoning, I have at moft but twenty-three years to live. I defire, therefore, you will fix a fhorter period for your epic labours, and let me know it exactly, that I may take proportionable care of my health.

I would fain, madam, read your *Difcovery of the new world**, before I go and make mine. I have, according to your orders, fearched for fuch books as might have fome affinity with your fubject, but have found only two, which I fend you; the one is a tragedy of Dryden's, entitled, *The conqueft of Mexico*, full of beauties, intermixed with a great deal of ftuff. It will not, however, be altogether ufelefs to you. He paints, in a lively manner, the ideas, which muft naturally have occurred to thofe honeft favages, on the approach of the Spaniards, who came to rob and murder them, and to promote their falvation. The other is an Italian epic poem, and downright Italian it is, which I have met with at Mr. Harenc's{, who makes you a prefent of it. It is *The difcovery of America*, and chiefly of Brazil, by Vefpufius Americus, in forty cantos. As he confines himfelf to the Brazils, he leaves you plenty of room in America, and I am perfuaded you will not ftand in his way; it is an endlefs allegory. Brazil is heaven, and Vefpufius is the chriftian, who only attains to it after much labour and many fufferings; the whole clad in true Italian bombaft; but in fuch an undertaking as yours, it is proper to fee whatever has the leaft reference to it, both to avoid and to imitate.

I likewife fend you our Englifh *Cénie*, which has taken the name of *Eugenia*. The better fort have approved of it, but the pit and galleries did not relifh a tragedy without bloodfhed. Delicate fentiments do not affect our common people, they muft have objects that ftrike the fenfes, and are only moved by the fufferings they fee, and even thefe muft be dyed in blood. I believe you will like the tranflation, or rather imitation; and I think you will not dif-

* The Columbiad by madame du Bocage.

approve

forte qu'on ne lira votre poëme, qu'en regretant qu'il eft fini. Au refte, les loix de l'épopée, felon Ariftote, n'exigent point la mort de l'auteur. Pour moi je ne le verrai donc jamais, puifque vous devez naturellement me furvivre un grand nombre d'années. J'ai cinquante-fept ans ; et felon le compte de David, il ne m'en refte au plus que vingt-trois à vivre. Fixez donc, je vous prie, un terme plus court à vos travaux épiques, et faites-le moi favoir au jufte ; j'aurai foin de ma fanté à proportion.

Je voudrois bien, madame, lire votre *découverte du nouveau Monde*°, avant que d'aller faire la mienne. J'ai cherché felon vos ordres les livres, qui pouvoient avoir quelque rélation à votre fujet, et je n'en ai trouvé que deux, que j'ai l'honneur de vous envoyer. L'un eft une tragédie de Dryden, intitulée *la conquéte du Mexique*, pleine de belles chofes mêlées avec beaucoup de fatras ; elle ne vous fera pourtant pas tout-à-fait inutile. Il y dépeint vivement les idées, qui fe préfentoient naturellement à ces bons fauvages à l'approche des Efpagnols, qui venoient pour les voler, les égorger et faire leur falut. L'autre eft un poëme épique Italien, très-Italien, que j'ai trouvé chez monfieur Harene[†], qui vous en fait cadeau. C'eft la *découverte de l'Amérique*, et nommément du Brézil, par Vefpufius Americus, en quarante chants. Comme il fe borne au Brézil, il vous laiffe place de refte en Amérique, et je fuis perfuadé que vous ne l'incommoderez pas ; c'eft une allégorie à perte de vue. Le Brézil eft le ciel ; Vefpufius c'eft le chrétien, qui n'y parvient qu'après bien des travaux et des fouffrances, le tout enveloppé d'un Phœbus digne de de-là des monts. Mais dans une entreprife telle que la vôtre, il eft bon de voir ce qui peut y avoir le moindre rapport, tant pour éviter que pour imiter. J'ai auffi l'honneur de vous envoyer notre *Cénie* Angloife, qui a pris le nom d'*Eugénie*. Les honnêtes gens l'ont goûtée, mais le parterre et les galeries n'ont pu s'accommoder d'une tragédie fans carnage ; les fentimens délicats ne remuent pas affez le cœur de notre peuple, il lui faut des objets fenfibles, il n'eft touché que des malheurs qu'il voit, encore faut-il qu'ils foient teints de fang. Je

[†] A very ingenious French gentleman, neighbour to lord Chefterfield, and his beft friend at Blackheath, where madame du Boccage had feen him, during her ftay in England.

approve our poet, for substituting the part of Emilia to that of Lisette. I suppose madame de Graffigny does not understand English, else I would have sent her a copy; if she does understand it, Mr. Stanhope has one, which I am sure will be much at her service. Now I mention him, I must tell you that his gratitude for your favours supplies his want of politeness and good breeding. He thinks he has made some progress, but I have only his word for it, which I would trust to in any other article, sooner than in this. We must hope that time will set all right; my chief dependence is on your good advice.

I ought, madam, to thank you for the books, you did me the honor to send me; but I think it is full late. Had there been any of your own, I should not have been so remiss; but you only enrich me at the expence of others. Formerly you was generous, but now you do like the misers; for the sake of dying rich, you toil and hoard up, and give nothing away. I should rob you of too much of your time, were I to enumerate all the compliments I am commissioned to send you. I should trespass still more upon it, should I attempt to express at large the sentiments of respect and attachment, which I shall carry to my grave, and with which I am,

MADAM,

Your, &c.

LETTER XCVI.

TO THE SAME.

London, May 10, O. S. 1751.

I Am too much flattered, madam, by the obliging concern you express for my weak state of health, to delay my acknowledgments for your kindness. I have been lamed for these three weeks by a fall from my horse, but not on a hunting-match. I received a violent stroke, but no joint was dislocated, so that the hurt has

not

crois que vous trouverez la traduction ou plûtôt l'imitation bonne, et que vous ne saurez pas mauvais gré à notre poëte d'avoir substitué le caractère d'Emilie à celui de Lisette. Je suppose que madame de Graffigny n'entend pas l'Anglois, sans quoi je lui en aurois envoyé une copie. Si elle l'entend, monsieur Stanhope en a une qu'il sera charmé de lui présenter. A propos de lui, sa reconnoissance de vos bontés supplée à ce qui lui manque du côté de la politesse et des manières. Il croit pourtant avoir fait des progrès ; mais je n'en ai d'autre témoignage que sa parole, à laquelle je me fierois plûtôt à tout autre égard ; espérons tout du tems, c'est sur vos conseils que je compte le plus.

Je devrois, madame, vous remercier des livres, que vous m'avez fait l'honneur de m'envoyer ; mais il me semble que c'est trop tard. S'il y avoit eu du vôtre, cela ne me seroit pas arrivé ; mais vous ne m'enrichissez qu'aux dépens d'autrui. Autrefois vous étiez plus généreuse, vous devenez comme les avares : pour mourir riche, vous travaillez, vous amassez, et ne donnez rien. Je vous prendrois trop de momens, si je vous faisois tous les complimens, dont on me charge pour vous. Ce seroit encore plus en abuser que de vous détailler les sentimens de respect et d'attachement, avec lesquels je mourrai,.

MADAME,

Votre, &c.

LETTRE XCVI.

A LA MÊME.

A Londres, ce 20 Mai. V. S. 1752.

JE suis trop flatté, madame, de la part que vous voulez bien prendre à ma chétive santé, pour ne pas me hâter de vous en témoigner ma reconnoissance. Une chute de cheval, et non à la chasse, m'a estropié depuis trois semaines. Le coup étoit violent, et je n'ai pourtant rien de disloqué ; j'en suis quitte à bon marché,

not been very confiderable, nor have I quarrelled with chance, which you abufe fo feverely, from motives, which would be very flattering to me, if your judgment had as great a fhare in them as your politenefs. I am releafed from my confinement to-day for the firft time, and the fprain of my leg is ftill fo confiderable, that I cannot walk without the help of a good ftick.

I beg, madam, you will admire Voltaire's hiftory, to authorize my opinion of it. I have read it three times, and intend to read it thirty more: in fhort, I doat on it. It is criticized here, and ftill more at Paris; with all my heart, but I look upon *Chimene* with the eyes of *Rodrigo**. I cannot fee the blemifhes through the beauties, that enchant me. It is faid to be deficient in the dignity of hiftory. I own it is in two fmall volumes *in* 12°, inftead of two large volumes *in* 4°, adorned with head-pieces, tail-pieces, &c. but his reflections are not introduced by the pompous *fo true it is* of your folio hiftorians. Let us both allow that we find throughout the book, all that a man of fenfe, who is well informed, would wifh to fay, and all that a man of fenfe would wifh to learn, concerning a period which will ever be famous. As I am acquainted with his fentiments, I even admire his moderation. He attacks the prejudices of mankind, and the madnefs and fury of fects, but he does it genteelly, and as it were by chance. You may plainly fee he does not fay all he thinks, and that he even fpares the moft extravagant opinions, if they are univerfally adopted.

Mr. Stanhope, who is gone to Germany, laments his quitting Paris. He is duly fenfible of his obligations to you; but I queftion whether he has expreffed it as elegantly as I could wifh. Permit me, madam, to fupply this deficiency, by affuring you again of the fentiments of attachment and admiration, with which I fhall ever be,

MADAM,

Your moft obedient humble fervant,

CHESTERFIELD.

* In the Cid, a tragedy of Corneille.

et ne fuis pas fi brouillé avec le hazard, contre lequel vous vous irritez par des raifons, qui me feroient bien flatteufes, fi votre jugement y avoit autant de part que votre politeffe. Je fors de prifon aujourdhui pour la première fois; et la foulure des nerfs de la jambe eft au point, qu'un gros bâton m'eft fort néceffaire.

Admirez, je vous en fupplie, madame, l'hiftoire de Voltaire, pour autorifer mes fentimens: je l'ai lue trois fois, et la relirai trente; enfin j'en fuis fou. Elle eft critiquée ici, et encore plus à Paris; je le veux bien, mais j'ai pour Chimène les yeux de Rodrigue; je n'en vois point les défauts au travers des beautés, qui m'enchantent. Il y manque, dit-on, la dignité de l'hiftoire. Elle eft, il eft vrai, en deux petits volumes *in-*12, au lieu de deux grands volumes *in-*4, avec vignettes, culs- de lampe, &c. mais les réflexions n'y font pas introduites par le faftueux *tant il eft vrai* des hiftoriens *in-folio*. Convenons entre nous qu'on y trouve tout ce qu'un homme d'efprit bien informé voudroit dire, et tout ce qu'un homme d'efprit voudroit apprendre d'une époque éternellement célèbre. Connoiffant fes fentimens, j'admire même fa retenuë. Il attaque les préjugés du monde, et la folie et la fureur des fectes, finement et feulement en paffant. On voit qu'il en penfe plus qu'il n'en dit, et qu'il ménage même les plus folles opinions établies.

Mr. Stanhope, actuellement paffé en Allemagne, m'a témoigné fes regrets d'avoir quitté Paris. Il fent tout le prix de vos bontés; mais je doute qu'il vous l'ait exprimé avec toute l'élégance, que je lui fouhaiterois. Permettez, madame, que j'y fupplée en vous affurant de nouveau des fentimens d'attachement et d'admiration, avec lefquels je ferai éternellement,

MADAME,

Votre très-humble et

très-obéiffant ferviteur,

CHESTERFIELD.

LETTRE XCVII.

To Mr. de. KREUNINGEN[a], at the Hague.

Blackheath, July 7, 1752.

WHAT shall I say to you, my dear baron? Deaf and solitary, and tired of myself, I must of course tire others. This place, which I had intended for the sweets of society, by collecting a few friends successively, is now become the place of my banishment from all society. A deaf man is an exile, an out-law, wherever he is; for, except the article of guilt, there is not the least difference between the man to whom nobody will speak, and the man who can hear nobody. In vain I have recourse to philosophy, and endeavour to make up for the sense I have lost, by enjoying those that remain. In vain do I read, write, walk, and ride; it is no longer a matter of choice, but of necessity, and consequently it has no relish. With all this, I find many vacant hours in the four and twenty. But this is talking too much of myself; your friendship, which is the cause of it, must also make my apology.

Deaf people are apt to be loquacious upon paper, as they have so much time upon their hands. For my part, I never judge of writings, but by the degree of pleasure they give me; and I will maintain, to the face of all the pedants in the universe, that Pope's epistles and satires have all the good sense and precision of Horace's, with a thousand times more wit. I will declare, moreover, that the French theatre is infinitely superior to the Greek or Latin. I will say too, that the divine Homer tires me very often, that Swift is preferable to Lucian, and that, of all historians, Tacitus is my favourite.

LET-

---

[a] As that gentleman, mentioned in the preceding letters, appears from those to Mr. Dayrolles, to have been lord Chesterfield's principal correspondent in Holland, I was in hopes their letters might have been preserved, and used my endeavours to procure them. Both being men of parts, of learning, and of wit, both enjoying equal leisure to read, and taste to read well, it would have been interesting

LETTRE XCVII.

A Mr. de KREUNINGEN*, à la Haye.

Blackheath, ce 7 Juillet, 1752.

QUE vous dirai-je, mon cher baron ? sourd et solitaire, ennuyé de moi-même, je ne puis qu'ennuyer les autres. Cet endroit, que j'avois destiné aux douceurs de la société, en y rassemblant successivement quelques amis, est devenu à-présent le lieu de mon exil de toute société. Un sourd est un banni, un proscrit, partout où il est, puisqu'au crime près, il n'y a pas la moindre différence entre celui, à qui personne ne veut parler, et celui, qui ne peut entendre personne. J'ai beau avoir recours à la philosophie, et tâcher de me dédommager par les sens qui me restent, de celui que je n'ai plus ; j'ai beau lire, écrire, me promener à pied et à cheval, ce n'est plus choix, c'est nécessité, par conséquent c'est sans agrément ; et même avec tout cela, dans le cours de vingt-quatre heures, il reste un grand vuide. Mais en voilà deja trop sur mon propre sujet ; votre amitié, qui en a été la cause, en doit faire aussi l'excuse.

Les sourds sont bavards sur le papier ; ils en ont tout le loisir. Pour moi, je ne juge des ouvrages que par le plus ou le moins de plaisir, qu'ils me donnent en mon petit particulier, et j'ose même dire, à la face de tous les pédans de l'univers, que les épitres et les satires de Pope ont tout le bon sens et toute la justesse, avec mille fois plus d'esprit que celles d'Horace. Je dirai encore que le théatre François est infiniment supérieur au Grec ou au Latin. Je dirai aussi que le divin Homère m'ennuye fort souvent, que le docteur Swift vaut mieux que Lucien, et que Tacite, de tous les historiens du monde, est mon favori.

* trusting to have collected their judgments on men and books, in a period of above thirty years. Unfortunately my efforts have hitherto proved fruitless; and the short letter, or rather fragment, I here give, is the only one I have been able to obtain. I owe it to the obliging favour of the countess of Chesterfield.

LETTER XCVIII.

To Lady * * *†.

YOU will do much better, madam, to trust to your own judgment than to mine, upon the letters in question, as well as upon every other matter; but your commands must be obeyed. I must, therefore, have the honor to tell you frankly, that the author‡ will not find many persons inclined to engage for the payment of 200 livres per annum, for two letters, such as those, which he has offered us as a specimen.

For instance, when he attempts to prove that those, who have treated of the word *humour* have mistaken the meaning of it, he makes it but too plain, that he is himself totally unacquainted with it.

The definition of it, however, is very simple: *humour* is a just and striking representation of whatever singularity and ridicule there may be in any character; and *a man of humour* is one, who strongly seizes the distinguishing peculiarities of that character, and exposes them in the strongest colours. It is generally imagined that we Englishmen are solely and exclusively possessed of this faculty; but there is not the least truth in the supposition. No man ever had so much of it as Molière, of which his miser, his jealous man, and his *bourgeois gentilhomme*, are convincing proofs; and French comedy furnishes a multiplicity of instances beside these. If, indeed, it be said, that there is no country in Europe, which abounds in such a variety of singular characters, I believe the assertion may be true. But humour does not consist in this. The person, in whom the singularity or the ridicule is, has no humour, it is his natural character; but it is the man who feels and describes this ridicule or this oddity who has the humour. It is time, however, that I should put

---

† This letter was given to me by the lady, to whom it was written, whose name I am not at liberty to mention. Whether the definition of humour contained in it will be equally satisfactory to all my readers, is uncertain. It is however ingenious; but indeed the word itself seems to admit

LETTRE XCVIII.

À MYLADY * * *†.

VOUS feriez bien mieux, madame, de vous fier à votre propre jugement que de demander le mien sur les lettres en question, aussi bien que sur toute autre chose; mais vous me l'ordonnez, il faut obéir. Il faut donc que j'aye l'honneur de vous dire naturellement, que l'auteur‡ trouvera très-peu de personnes, qui voudront s'engager à payer deux cent francs par an pour deux lettres de la fabrique, dont il a donné l'échantillon:

Par exemple, en voulant montrer que ceux, qui ont traité de notre mot *humour*, s'y sont trompés, il ne montre que trop qu'il l'ignore parfaitement lui-même.

La définition pourtant en est assez simple: *humour*, c'est une représentation juste et frappante de ce qu'il y a de singulier ou de ridicule dans un caractère, et *a man of humour*, est un homme, qui saisit vivement ce singulier, ou ce ridicule qui distingue ce caractère, et qui le met dans tout son jour. On s'imagine généralement que nous autres Anglois possédons, exclusivement des autres nations, l'*humour*; mais il n'y a rien de moins vrai. Jamais homme n'en a tant eu que Molière; son avare, son jaloux, son bourgeois gentilhomme, en sont des preuves suffisantes; et la comédie Françoise en fournit encore un millier d'exemples. Si à la vérité, on dit qu'il n'y a pas de païs en Europe, où il y a tant de différens caractères singuliers; je crois qu'on n'aura pas tort. Mais *humour* ne consiste pas en cela. L'homme qui a le travers, ou le ridicule, n'a point d'*humour*; c'est son naturel ƒ. mais c'est l'homme qui saisit, et qui dépeint ce ridicule ou ce travers, qui a de l'*humour*. Je finis cette dissertation déjà trop longue sur l'*humour*, et dans laquelle, peut-être, ai-je donné à gauche autant que votre auteur, et ceux qu'il critique. D'ailleurs, quand on a

---

admit of such a variety of interpretations, that neither of them can be exclusively adopted with propriety.

† Abbé le Blanc, the same, who published a description of the English nation, and of the inhabitants of London in particular, under the title of *Lettres d'un François*.

l'honneur.

an end to this dissertation on humour, which is already too long, and in which, perhaps, I am as wide of the mark as your author, and those whom he criticises. Besides, when I have the honor to write to such a one as yourself, it may seem a very great singularity in me to fill three whole pages upon no other topic than the ridicule of characters. Subjects of a more agreeable nature might justly claim the preference, and your epistolary criticism might here find sufficient occasion to display itself.

I have the honor to be, with the greatest esteem,

    Your most obedient,

      and most humble servant,

        CHESTERFIELD.

LETTER XCIX.

From Count WASSENAER de Twickel, *minister plenipotentiary from the states general at the congress of Breda, to the earl of* CHESTERFIELD*.

MY LORD,

THE earl of Sandwich has just now called upon me, to bring me a piece of intelligence, which would, at all times, have given me infinite pleasure, but more particularly so at this present juncture. I have seen, my lord, with the most agreeable surprize, at the bottom of his dispatches, the name of the man in the world I most admire, esteem, and you must give me leave to say, love, the name of Chesterfield. I was some moments before I could recover myself, and clear up the confusion of ideas, which this event raised in my mind. Whichever way I consider it, I see in it a source of joy and satisfaction for every good patriot, both English and Dutch. You are in possession, my lord, of the esteem and confidence of both; what

---

* On his being appointed secretary of state. This interesting letter, which shews in so lively a manner the sentiments of the republic with regard to our earl, was, together with the following, given us by lady Chesterfield.

l'honneur d'écrire à une personne comme vous, il sembleroit assez singulier que trois pages entières ne roulassent uniquement que sur le ridicule des caractères. Des matières plus agréables demanderoient une juste préférence, et votre critique épistolaire y trouveroit bien de quoi critiquer.

J'ai l'honneur d'être avec les sentimens de la plus parfaite considération,

Votre très-humble

et très-obéissant serviteur,

CHESTERFIELD.

LETTRE XCIX.

Du comte de WASSENAER *de Twickel, ministre plénipotentiaire au congrès de Breda, au comte de* CHESTERFIELD.

MYLORD,

DANS le moment le comte de Sandwich sort de chez moi, où il a eu la bonté de venir m'apprendre une nouvelle, qui en tout tems, mais surtout dans la circonstance présente, ne peut que me causer une joye inexprimable. J'ai vu, mylord, avec la plus agréable surprise, au bas de ses dépêches, le nom de l'homme du monde, que je respecte, que j'admire, que j'estime, et permettez-moi de trancher le mot, que j'aime le plus, le nom de Chesterfield. Il m'a fallu quelques momens pour me reconnoître, et débrouiller la confusion des idées, que cet événement a réveillées dans mon esprit. De quelque côté que je l'envisage, je n'y trouve que des sujets de joye et de satisfaction pour tout bon patriote Anglois et Hollandois. Vous possédez, mylord, l'estime et la confiance des uns et des autres.

advantages may we not, therefore, expect to accrue to both nations and to all Europe!

I had the pleasure of giving the first information of this joyful news to our penfionary*, who expreffed the highest fatisfaction, and is as fenfible as myfelf of the influence, which your lordfhip's fortunate entrance in the miniftry muft have on public affairs. All true lovers of their country here will be of the fame opinion. You cannot but know, my lord, to what a degree you are beloved and honored in this country. I could eafily point out the motives; but as I would not offend you, I shall only mention one, which is, the perfuafion we are in, and the proofs you have given us, of your being a well-wifher to the republic, and the intereft you take in her prefervation and welfare.

Never was our fituation more deplorable. You are perfectly acquainted with the prefent ftate of our conftitution, both political and military, and of our finances. We are, perhaps, at the eve of a fatal revolution, unlefs England, our beft and moft faithful ally, averts our ruin. Time is infinitely precious; I intreat you, my lord, to ufe all your intereft, and exert your utmoft endeavours, to promote the great end, for which we are affembled here. The unfpeakable pleafure of having reftored the tranquillity of Europe will be your reward, and your name will be bleffed by all nations. We, in particular, fhall have the fatisfaction of being beholden for our happinefs to the friend of the republic; I fhall put up the moft ardent prayers for your prefervation, and I earneftly intreat you, my lord, to favour me with a continuance of thofe fentiments of kindnefs and friendfhip, you have hitherto honored me with, and which I fhall make it my bufinefs to deferve.

I have the honor to be, with the higheft regard, and the moft inviolable attachment,

MY LORD,

Your, &c.

Breda, Nov. 30, N. S. 1746.   WASSENAER.

* Mr. Gilles, a man of great ability and integrity, in the antiftadhouderian intereft, and much efteemed by lord Chefterfield.

LET-

Que n'avons-nous point à espérer pour le bien des deux nations, et pour celui de toute l'Europe ?

Monsieur le conseiller pensionnaire †, à qui j'ai eu le plaisir d'en apprendre la première nouvelle, m'en a témoigné son extrême contentement, et sent comme moi toute l'influence, que votre heureuse entrée dans le ministère doit avoir sur les affaires du tems. Tous ceux, qui parmi nous aiment sincèrement leur patrie, penseront de même. Vous ne pouvez ignorer, mylord, à quel point vous y êtes aimé et honoré. Il me seroit aisé d'en détailler les motifs ; mais pour ne pas vous indisposer contre moi, je n'en allègue qu'un seul, c'est la persuasion où nous sommes, et les preuves que nous avons, de votre bienveuillance pour la république, et de l'intérêt que vous prenez à sa conservation et à son bonheur.

Jamais sa situation ne fut plus déplorable. Son état politique, et militaire, celui de ses finances, vous est parfaitement connu. Nous sommes peut-être à la veille d'être bouleversés, si l'Angleterre, notre meilleure et notre plus fidèle alliée, et la plus intéressée à notre existence, ne prévient notre ruine. Le tems est infiniment précieux ; daignez, mylord, employer tous vos soins et vos efforts, pour nous faire parvenir au grand but, qui nous rassemble ici. Le plaisir inexprimable d'avoir rendu le repos à l'Europe, sera votre récompense, et votre nom sera en bénédiction à tous les peuples. Nous aurons en particulier la satisfaction de devoir notre bonheur à l'ami de la république ; je ferai les vœux les plus ardens pour votre conservation, et je vous supplie instamment, de me conserver les sentimens de bonté et d'amitié, dont vous m'avez honoré jusqu'ici, que je mettrai tous mes soins à mériter. J'ai l'honneur d'être avec la plus haute considération, et l'attachement le plus inviolable,

MYLORD,

Votre, &c.

Breda, 20 Nov. N.S. 1746.

WASSENAER.

LETTER C.

From Mr. VOLTAIRE to Lord CHESTERFIELD.

Ferney Castle near Geneva, Oct. 24, 1771.

THE earl of Huntingdon has done me the honor to visit me in my hermitage. I did not write to you whilst he was here, because I was listening to him. Now I endeavour to comfort myself for his absence, by writing to thank you for sending him to me. He has done me the pleasure to talk much of you. It was chiefly you that I inquired after, much more than after your aldermen, and your sheriffs, and all that nonsense.

May you enjoy an honorable and a happy old age, after passing through the trials of life! May you continue to enjoy health, both of body and mind! Of the five senses allotted to us, only one of yours has suffered any decay; and lord Huntingdon assures me, your stomach is good, which is full as capital an article as a pair of ears. I might, perhaps, be qualified to judge which is worst, to be deaf, or blind, or to have a bad digestion, as I am but too well acquainted with all three; but I have long since learned not to decide upon trifles, much less would I venture to do it in matters of consequence. I only believe, that, if you have the benefit of sunshine in the fine house you have built, you will enjoy some tolerable moments, and that is all we can expect at our time of life. Tully wrote a fine treatise on old age; but he did not realize his assertions, and his latter years were far from being happy. You have lived longer and more happily than he did. You have had nothing to do with perpetual dictators or triumviri. Your lot has been, and is still, one of the most desireable in that great lottery, where the prizes are so few, and where the great prize of constant happiness has never yet been drawn by any one. Your philosophy has never been discomposed by those phantoms, which have sometimes overset pretty good heads; nor have you ever been,

LETTRE C.

De Mr. de VOLTAIRE à mylord CHESTERFIELD.

Au château de Ferney près de Genève, le 24 Oct. 1771.

MR. le comte de Huntingdon m'a fait l'honneur d'être dans mon hermitage. Je ne vous ai point écrit ; j'étois trop occupé à l'entendre. Je cherche ma consolation à son départ en vous écrivant, pour vous remercier de me l'avoir addressé. Il m'a fait le plaisir de me parler longtems de vous ; c'est de vous surtout que je lui ai demandé des nouvelles, beaucoup plus que je ne me suis informé de vos *aldermen*, et de vos *sheriffs*, et de toutes ces tracasseries.

Jouïssez d'une vieillesse honorable et heureuse, après avoir passé par les épreuves de la vie. Jouïssez de votre esprit, et conservez la santé de votre corps. Des cinq sens, que nous avons en partage, vous n'en avez qu'un seul qui soit affoibli, et mylord Huntingdon assure que vous avez un bon estomac, ce qui vaut bien une paire d'oreilles. Ce seroit peut-être à moi à décider lequel est le plus triste, d'être sourd ou aveugle, ou de ne point digérer. Je puis juger de ces trois états, avec connoissance de cause ; mais il y a longtems que je n'ose décider sur les bagatelles, à plus forte raison sur des choses importantes. Je me borne à croire que, si vous avez du soleil dans la belle maison, que vous avez bâtie, vous aurez des momens tolérables ; c'est tout ce qu'on peut espérer à l'âge où nous sommes. Ciceron écrivit un beau traité sur la vieillesse, mais il ne prouva point son livre par les faits ; ses dernières années furent très-malheureuses. Vous avez vécu plus longtems et plus heureusement que lui. Vous n'avez eu à faire, ni à des dictateurs perpétuels, ni à des triumvirs. Votre lot a été, et est encore, un des plus desirables dans cette grande lotterie, où les bons billets sont si rares, et où le gros lot d'un bonheur continuel n'a été encore gagné par personne. Votre philoso-phie n'a jamais été dérangée par des chimères, qui ont brouillé quelque-fois des cervelles assez bonnes. Vous n'avez jamais été dans

aucun genre, ni charlatan, ni dupe de charlatan, et c'eſt ce que je compte pour un mérite très-peu commun, qui contribue à l'ombre de félicité, qu'on peut goûter dans cette courte vie.

Recevez avec bonté les vœux ſincères et inutiles, que je fais pour vous, mes regrets de ne pouvoir paſſer auprès de vous quelques uns de mes jours, avec mon tendre et reſpectueux attachement.

Le vieux malade de Ferney,
V.

LORD CHESTERFIELD'S
LETTERS to his FRIENDS.

BOOK II.

LETTERS

To SOLOMON DAYROLLES,
Of Henley-Park, Esq;

AND

TO SOME OTHER FRIENDS

IN ENGLAND.

ADVERTISEMENT.

THE correspondence with Mr. Dayrolles being mutilated in some parts, as will appear by the asterisks, it is necessary to inform the public, that, great friendship having subsisted between lord Chesterfield and Mr. Dayrolles's family, some of the omissions related to private concerns, which would not be interesting to the public; other parts were written for his own private information, when his lordship was secretary of state, and Mr. Dayrolles in a public character at the Hague; and some other parts again are a continuation of such political and private correspondence, after his lordship had quitted public business, in which some measures, operations, and persons concerned in them, are too particularly descanted upon, for Mr. Dayrolles to allow himself to give them to the public, as they were communicated to him in the most confidential manner.

It will not be improper likewise to add, that having desired my friend Mr. Dayrolles to favor me with notes and observations, in order to make some passages of these very interesting letters more intelligible to the reader, he was so good as to comply with my request. I have likewise added here and there a few of my own, where I thought some information about persons and books might be agreeable to the public.

M. M.

LORD CHESTERFIELD'S LETTERS.

BOOK II.

LETTER I.

To JAMES DAYROLLES, Esq; his majesty's resident at the Hague.

London, June 5, O. S. 1730.

SIR,

I Am much obliged to you for the joy you express at the favours the king has bestowed upon me. I wish they could furnish me with an opportunity of giving you effectual proofs of my sincere friendship and regard. Your nephew, who is very deserving of the kindness you have for him, may depend upon my services, whenever an opportunity offers; and I had some thoughts, at this very time, of appointing him secretary of the embassy at Paris, under lord Waldegrave, who is destined to that employment; but unfortunately the duke of Newcastle had just obtained, of the king, the nomination to that office for his kinsman*, who had been secretary to the congress at Soissons, and claimed it as his right. I shall certainly recommend your nephew to lord Harrington, though I believe he will make no changes in the office, and besides, if he did, I know he has some young people belonging to him. With regard to my place of lord-steward, I have none but small places in my gift,

* Mr. Thomas Pelham.

LETTRES DE MYLORD CHESTERFIELD.

LIVRE II.

LETTRE I.

A Monsieur JAQUES DAYROLLES, résident de sa MAJESTÉ Britannique à la Haye.

A Londres, ce 5 Juin, V. S. 1730.

MONSIEUR,

JE suis très-sensible à la part, que vous prenez aux bontés, que le roi a eu pour moi, et je voudrois bien qu'elles me donnassent une occasion de vous témoigner, par des effets, la véritable amitié et considération que j'ai pour vous. Votre neveu, qui est très-digne de la tendresse que vous avez pour lui, peut compter sur mes services dans les occasions, et j'avois pensé à cette heure de le faire sécrétaire de l'ambassade à Paris sous mylord Waldegrave, qui est destiné à cette commission; mais malheureusement le duc de Newcastle avoit justement obtenu du roi cet emploi pour son parent *, qui avoit été sécrétaire du congrès à Soissons, et qui y prétendoit comme de droit. Je ne manquerai pas de parler en faveur de votre neveu à mylord Harrington, quoique je crois qu'il ne fera pas de changement dans le bureau ; et d'ailleurs, s'il en faisoit, je sais qu'il a des jeunes gens, qui lui appartiennent. Par rapport à la charge de grand-maître que j'ai, il n'y a à ma disposition que des petits emplois, qui ne lui conviendroient

which would not be worth his acceptance. But we shall talk over this affair more at large, when we meet again at the Hague, which I hope will be soon. In the mean time, do me the justice to be persuaded that no man living is more truly

Your most obedient humble servant,

CHESTERFIELD.

Be so good as to present my most humble respects to Mrs. Dayrolles.

LETTER II.

To SOLOMON DAYROLLES, Esq; at the Hague.

London, June 23, O. S. 1734.

MY DEAR CHEVALIER,

I Won't make you any excuses for this application, because I am very sure, you are always glad to help an old friend. My business is in short this; I want four dozen of shirts, two dozen of them to be of Holland, that comes to about ten shillings the English ell, the other two dozen about fourteen shillings the English ell. Take the money of monsieur Vanneck, and give him a bill upon me for it. Though I have great regard for your judgment in most things, yet in linen I believe it will not be amiss, if you can get the assistance of madame Dayrolles, to whom I would not apply directly myself, because, knowing her politeness, I was sure it would be putting her to the trouble of an answer; which trouble I thought it civiller to save her by your means. I desire you will make my best compliments to her and your uncle, who, I hope, are both in perfect health.

Do you divert yourself pretty well at the Hague? Do the suppers and parties of pleasure go on in the Welderen family as they used to do? A friend of theirs and yours, lady Denbigh, has had bad diversion here, for she has lost every thing she had in the world, which she had unfortunately left in her house at Twickenham*.

* Lord Denbigh had lent his house at Twickenham to Monf. de Chavigny, the French minister then in England, which by some accident was unfortunately burnt down to the ground, whilst he was in possession of it.

I hope

droient nullement. Mais nous parlerons plus amplement de cette affaire, quand j'aurai le plaisir de vous revoir à la Haye, ce qui arrivera bientôt ; en attendant, faites-moi la justice d'être persuadé que je suis plus que personne,

    ·Votre très-humble et très-obéissant serviteur,

         CHESTERFIELD.

Ayez la bonté d'assurer madame Dayrolles de mes très humbles respects.

I hope you continue well with your uncle and aunt. The regard you have always had for them, I am sure, very well deserves their kindness, as their kindness to you deserves your acknowledgements. I wish you all the good that can happen to you, and am with great truth and esteem, your most faithful friend and humble servant,

CHESTERFIELD.

LETTER III.

TO SOLOMON DAYROLLES, Esq; at the Hague.

London, Aug. 19, O. S. 1734.

MY DEAR CHEVALIER,

I Have received your letter, with the annexed account. Mr. Vanneck writes by this day's post to his brother at the Hague, to furnish you with what money you shall ask for; so that you may take up what you want to pay for the holland, the making, &c. I should think Mr. Finch's * return would be a good opportunity to send them over, as he is soon expected home.

If you could persuade your uncle to solicit Mr. Walpole for leave to resign his employment in your favour, with a proviso that he should enjoy the emoluments during his life, that would be a means of securing it to you, and Mr. Walpole can very easily bring it about if he pleases. Without this precaution, I should be afraid of that Mr. Pelham, that is with him, who would not fail to put in for it, if your uncle should die.

If you can persuade your uncle to approve of this proposal, he must get Mr. Van Borsele, and some of the members of the regency, to make interest for you with Mr. Walpole; for in the present juncture, he will pay great regard to the recommendation of those gentlemen.

Adieu, chevalier. Fear God, divert yourself, and drink cool as often as you can. I shall always be

Your &c.
CHESTERFIELD.

* The honorable William Finch, envoy extraordinary and plenipotentiary at that time, at the Hague, but now recalled and immediately replaced by his excellency Horatio Walpole as ambassador extraordinary and plenipotentiary.

LETTRE III.

AU MÊME.

A Londres, ce 19 Août, V. S. 1734.

MON CHER CHEVALIER,

J'AI reçu votre lettre, avec le compte ci-joint. Mr. Vanneck écrit par cet ordinaire à son frère à la Haye, de vous fournir tel argent que vous lui demanderez ; de sorte que vous prendrez pour payer la toile, la façon, &c. Je crois que le retour de monsieur Finch pourra être une bonne occasion de les envoyer, car il revient ici bientôt.

Si vous pouviez persuader à votre oncle de solliciter Mr. Walpole, pour qu'il pût se démettre de son emploi en votre faveur, bien entendu qu'il recevroit lui tous les appointemens sa vie durant, cela vous l'assureroit en tout cas, et monsieur Walpole pourroit très facilement le moyenner s'il vouloit. Car sans cette précaution, je crains ce monsieur Pelham, qui est avec lui, et qui ne manqueroit pas de s'y fourrer, en cas que votre oncle vînt à manquer.

Si vous pouvez porter votre oncle à agréer cette proposition, qu'il fasse en sorte que monsieur Van Borsele, et quelques-uns de la régence, s'intéressent en votre faveur, auprès de monsieur Walpole : car dans la conjoncture présente, il aura de grands égards pour la recommandation de ces messieurs.

Adieu, Chevalier. Craignez Dieu, divertissez-vous, et beuvez frais autant que faire se pourra. Je serai toujours.

Votre, &c.

CHESTERFIELD.

LETTER IV.

TO THE SAME.

London, Dec. 3, O. S. 1734.

MY DEAR CHEVALIER,

I Have this moment received your letter, and captain Brett has sent me word, that in two or three days I shall receive the remaining two dozen of shirts. I am very well pleased with those I have already, and am much obliged to you for the trouble you have taken about them; though to say the truth, considering the goodness and cheapness of the holland, I believe I am chiefly obliged to Mrs. Dayrolles, and I beg you will give my compliments and thanks to her.

You say matrimony is an epidemical distemper at the Hague. Take care of yourself, my friend, and don't do a foolish thing. You are welcome to love the fair lady you mention, as much as you please; but no conjugal love, I charge you. You may trifle if you will, but let it go no further. A man of sense will love a pretty woman, but he is a simpleton who marries her merely because she is pretty.

Adieu, my dear chevalier; I am, upon my honor, very sincerely

Your &c.

CHESTERFIELD.

P. S. My compliments to your uncle.

LETTRE IV.

AU MÊME.

A Londres, ce 3 Déc. V. S. 1734.

MON CHER CHEVALIER,

JE reçois dans ce moment votre lettre; et le capitaine Brett m'a fait dire que dans deux ou trois jours je recevrai les autres deux douzaines de chemises. Je suis très-content de celles que j'ai déja, et je vous suis très-obligé de la peine que vous avez prise à ce sujet; quoiqu'à dire la vérité, vû la bonté de la toile, et le bon marché, je crois en être redevable aux soins de madame Dayrolles, à qui vous voudrez bien faire mes complimens et mes remercimens.

Vous dites que le mariage est un mal épidémique à la Haye; prenez y donc bien garde, mon ami, et ne faites point de sottises. Aimez la princesse en question tant qu'il vous plaira; mais point d'un amour conjugal, s'il vous plaît. Badinez, badinez; mais restez en là. Un honnête homme aime bien une jolie personne, mais ce n'est qu'un nigaud, qui l'épouse uniquement parcequ'elle est jolie. Adieu, mon cher chevalier; je suis sur mon honneur très-véritablement

Votre, &c.
CHESTERFIELD.

Mes complimens à votre oncle.

LETTER V.

TO THE SAME.

London, Jan. 23. O. S. 1739.

DEAR CHEVALIER,

I Make you no compliments of condoleance upon the death of your uncle; for, though I loved him very well, I love you better, and you are now eafy and independent. I intended to have executed your commiffion to lord Harrington; but I happened firft to fee Horace Walpole, who, I thought, might prove more ferviceable to you in this affair, than the other: accordingly I fpoke to him, and he told me he had received a letter from you to the fame effect, and that he would take care of the whole affair. The only difficulty, he apprehended, was with relation to your plate, if it happened to be of foreign make. I told him that, as well as I remembered, it was Englifh.

Pray, take care to keep well with your aunt, who, I am informed, has a good deal left in her own power. Tell me what difpofition your uncle made, what you have got, what you intend to do, and when you come here; for I intereft myfelf really in whatever concerns you, and am fincerely,

Yours,

CHESTERFIELD.

LETTER VI.

TO THE SAME.

London, May 4, O. S. 1747.

MR. RESIDENT,

I Have finifhed your affair this morning: it went eafy; and you muft go very foon. Come to town immediately upon the receit of this, and wind up your own private bottoms as well as you can

in

In the mean time; for you must go on Friday. *Je vous en félicite.* Adieu.

C.

LETTER VII.

TO THE SAME.

London, June 9, O. S. 1747.

DEAR DAYROLLES,

I Have received your two last separate letters of the 13th and 16th, N. S. and thank you for the informations they give me.* * * *
You did right in putting yourself in the prince of Orange's way, and at the same time in not obtruding yourself upon him for a private audience. Whenever you have one, give him all possible assurances of my attachment; but keep to generals, unless before that time I should send you some particular instructions. I find by what Ligonier said to you, that the French have that superiority, which I apprehended they would have; and I own that I dislike the prospect in Flanders, for I cannot think that marshal de Saxe has brought the French king to the army, to be either a spectator of inaction, or to attempt what he has not a moral certainty of succeeding in. The king, I can assure you, approves of your office letters; so continue to write in that manner, and put in every circumstance relative to the affairs of the republic, though seemingly trifling. As for what you hear from other quarters of Europe, you will insert it or not, in proportion as you give credit to it, or as you think it deserves notice. The application, concerning the ship *Eendragbt*, you should have put in your office letter, because that now the memorial will appear in the office, without any letter relative to it. Therefore put all those sort of things for the future in your office letters. Without complimenting your honor, you do extremely well, and an experienced minister could not have done better.

* Lord Chesterfield was at this time secretary of state for the Northern department.

Vos pareils à deux fois ne se font pas connoître,
Et pour leurs coups d'essai, veulent des coups de maître (o).

I need not tell you, that I love you sincerely, and am convinced of your attachment to

Yours,

C.

LETTER VIII.

TO THE SAME.

London, June 16, O. S. 1747.

DEAR DAYROLLES,

I Acknowledge at once your two separate letters of the 20th and 23d, N. S.

You answered the princess royal very well, when she recommended monsieur de la Millerie to you; and when you have an opportunity, acquaint her (with my most humble respects) that I will not fail to put lord Harrington frequently in mind of her royal highness's orders, but however, without answering for the success.

As the prince has lately spoke to you as freely as usual, it is very probable that his former coolness was through inadvertency or *distraction* only. At least, seem to think so.

Far from disliking the dissolution of the parliament, I approved of, and promoted, it, as much as any body, and do think it a very right measure, as will appear, I dare say, by the majority which we shall have in the new one. Our enemies have not time to work, nor money to work with, as they would have had, if this parliament had died a year hence of a natural death. * * * * * * * * *

If the Dutch will declare war, it will be now, that the French have embargoed their ships. I conceive why the prince does not care to

---

(o) Two verses of Corneille's Cid, which may be rendered thus:
   Such forward talents no improvement need;
   Their first attempts are master-strokes indeed.

press them to it, but I don't conceive why those, who wish well, and who have spirit, don't do it of themselves. • • ▪ • • ○ ▸
Don't distrust yourself, for upon my word you do perfectly well. Good night.

P. S. I send you the inclosed from poor Chataigné my page; if you can do him any service, by speaking in his behalf to any of the prince's people, pray do.

LETTER IX.

TO THE SAME.

London, June 23; O. S. 1747.

DEAR DAYROLLES,

AS the letters of the 30th, N. S. are not yet come in, I have little to say to you by this post, and should hardly have written, but that I love to write to you, because I know that you love to hear from me.

I expect bad news every day from Italy, and wish more than I hope for good news from Flanders. Something, I think, must soon happen there.

I have had a very satisfactory letter from Mr. Harte, and am convinced there has been no gaming at all in the case. However, when you hear from Mr. de Bochat or madam, in answer to the letter you write, pray send me their letters. A propos of monsieur de Bochat, pray tell me in what way I can reward him, for the lectures that he has read to the boy. Should I send him money, how much? If no money, what must I present him with, and to about what value? Tell me without reserve. Make my sincerest compliments to your aunt. Good night.

C.

LETTER X.

TO THE SAME.

London, July 3, O. S. 1747.

DEAR DAYROLLES,

I Received by the laſt mail your letter of the 7th, N. S. and though I have very little time to-night, yet I would not omit acquainting you, that the hints, which I gave you in one of my former letters, are now uſeleſs. * * * * * * * * * * * *

I thank you for the account, which you ſent me from Lauſanne, though I can't ſay that it gives me great comfort. I ſhall hint nothing of it to the boy[*], while he ſtays at Lauſanne, that he may neither accuſe nor ſuſpect any body there of being my informer; but as ſoon as he is at Leipſig, he ſhall receive *des mercuriales* (reproofs) upon all thoſe points.

I own I am in great pain for the Dutch frontier, Bergen-op-zoom, Breda, or Bois-le-duc, but chiefly the two firſt, being, I am convinced, the object of the French, which, if they ſucceed in, the conſequence is but too plain. Pray tell me, what you take to be the whole force of prince Saxe Hildbourghauſen's corps.

Yours faithfully,

CHESTERFIELD.

LETTER XI.

TO THE SAME.

London, July 17, O. S. 1750.

DEAR DAYROLLES,

I Shall take it ill of you, and look upon it as contempt, if you are not in a damn'd paſſion at me, for not having writ to you theſe two poſts; but I have really been ſo intirely taken up with

[*] Philip Stanhope, lord Cheſterfield's natural ſon.

the

the political puzzle, which we have been in, that I have not had a minute's time to pay my separate duty to you. * * * * * *

Lord Sandwich embarks for Holland on Sunday night, or Monday morning at fartheſt. After his arrival, I cannot find in my heart to refuſe you your viſit to Ubbergue*, where I wiſh I could attend you, and where I deſire you would preſent my reſpects *a tutte quante*. But I would have you contrive to ſet out on ſome Wedneſday morning, and return to the Hague on the Monday night, or the Tueſday morning following, by which means you will miſs but one poſt, and ſo we heartily wiſh you farewell for to-night.

Yours,
CHESTERFIELD.

P. S. I have this minute received yours of the 25th, by the laſt paragraph of which I find you are a little angry, but not angry enough.

LETTER XII.

TO THE SAME.

London, July 31, O. S. 1747.

DEAR DAYROLLES,

I Have received yours of the 4th of Auguſt, N. S. but I have ſo little to ſay to you by this poſt, that it is only the ſatisfaction, which I have in writing to you, makes me write to-night. * * *

I have writ to Mr. Harte to inquire at Lauſanne of ſome of monſieur de Bochat's friends, in what way to make him a compliment for the trouble he has been at, and to act accordingly, and likewiſe to make ſome preſent to monſieur de Brenles, when they leave Lauſanne, which will now be very ſoon, for I have ordered them to be at Leipſig by Michaelmas N. S. As they will therefore

* The country ſeat of count Walderen's family in the province of Guelderland.

leave

leave Lausanne in three weeks, I shall be obliged to you, if you will write to monsieur de Brenles in about a fortnight, to desire that he will send you in the utmost confidence, but with the greatest freedom, the intire analysis of the boy's heart, mind, and manners: which in all this time he must know thoroughly, having seen him every day, and in his unguarded hours. It will be of infinite use to me to know all these particulars. I have not yet mentioned either to the boy or Mr. Harte, any thing of what madame de Bochar writ to you, that they might not suspect from whence it came, or endeavour to fish it out. But as soon as they are got to Leipsig, they shall hear of it with a vengeance, but so, as that it shall be impossible for them to guess from whence I had it.

I am astonished at the not sending prince Waldeck's corps into the lines of Bergen-op-zoom, where they would, with those troops, that were in the lines before, have formed a strength, which might probably have saved the town, whereas, divided as they are, I fear that neither corps is strong enough separately for any purpose. Adieu,

Yours,

C.

LETTER XIII.

TO THE SAME.

DEAR DAYROLLES *,

London, Aug. 11, O. S. 1747.

I Was in doubt, whether I should write to you to-night or not, it being doubtful, whether by this time you have a head upon your shoulders or not. But, upon mature deliberation, I determined to write eventually, knowing, that at worst, my letter would by no means be the first, that had been sent to a minister without a head. I confess the hopes, which I have, that the French will raise the siege of Bergen-op-zoom, arise from the apprehensions, which they may entertain of you, and the bishop of Raphoe; for otherwise, I see no one thing, that should induce them to it.

* An excursion of M. Dayrolles to Bergen op-zoom with the bishop of Raphoe (Twisden) was the occasion of this letter.

I suspect

I suspect that the bishop of Raphoe has an eye to the bishoprick of Munster, upon the death of the elector of Cologne, and means to shew that he will do as well as Bernard Van Galen (a).

I am persuaded, that the new tax *, from which such sums are expected, will either not be laid, from the opposition, which it will meet with, or, if laid, will hardly be collected without the assistance of dragoons. In my opinion, when Bergen-op-zoom shall be taken, the consternation will be universal in the republic, and the tone of the most sanguine will be altered. Williamstadt or Zealand will fall next; and then what ground our troops will have to stand upon, and where they will find quarters, I am at a loss to guess. I am even in pain for their existence, after the town shall be taken.

I have signed your bill of extraordinaries. Pray what becomes of Kreuningen? Is he not frightened out of his wits? Adieu.

Yours faithfully,

C.

(a) The warlike bishop of Munster, who twice laid siege to his capital, and was so active in the Dutch war of the year 1672.

* This tax, under the name of *Liberal Gift* or *Don Gratuit*, was raised in a very extraordinary manner. Large cases or trunks were placed in all the town-houses in the province of Holland, in which, all persons, whose whole capital did not amount to less than 2000 florins, were obliged to deposite upon oath, either in cash, obligations of the state, or plate, to the value of at least 2 per cent. of whatever they possessed, either in cash, land, jewels, plate, pictures, obligations, employments, &c. nothing but houshold goods and wearing apparel to be excepted. They were also obliged to swear, that in case they should afterwards find out, that they had not paid in their quotas, according to a true and just valuation of all their effects, they would faithfully make it up again, to the best of their knowledge.

The sum produced by this heavy imposition was kept a profound secret, and never came to the knowledge of the world with any certainty. However, there is good reason to think, that the amount of the same did not fall short of twenty-two millions of florins, viz. two millions sterling, in the single province of Holland. The public debt of that province alone, at that time, is computed at forty millions sterling.

LETTER XIV.

TO THE SAME.

London, Aug. 21, O. S. 1747.

DEAR DAYROLLES,

I Am very glad to find the cannon-balls, bombs, shells, and mines, which you went to visit at Bergen-op-zoom, received you so civilly, as to give you all the entertainment they could afford, without playing you those tricks, which they are apt to do to those, with whom they are more familiar. In short, you are well off, and I am glad of it.

I think, as you do, that the town must fall, and soon, it being impossible for the whole army to march to its relief: at least the duke is convinced of it, though I find that the prince of Orange is of a contrary opinion. That is not, I doubt, the only point, upon which they differ.

I see the 2 *per cent.* tax is not yet laid, and that the states of Holland are separated to deliberate upon it. I own, I much doubt, whether it will be laid, and still more whether it will be levied if laid. Adieu.

LETTER XV.

TO THE SAME.

London, Aug. 25, O. S. 1747.

DEAR DAYROLLES,

* * * * * * THE taking of the Russians is, in my mind, eventually a right step, provided we make the right use of it, that is, to treat seriously of peace, with force in our hands for war. For I am convinced that every thing, that does not tend to a peace, is absurd, and will in the end prove fatal.

I have

I have no opinion of your new tax; and though it may be laid, I believe it will be so lamely collected, that it will not produce any thing like what is proposed. Pray tell me what impartial people think of it.

Don't be distrustful of yourself; for every body here allows, that it is impossible to do better than you have done. So good night.

Yours,

C.

LETTER XVI.

TO THE SAME.

London, Sept. 11, O. S. 1747.

DEAR DAYROLLES,

I Don't acknowledge separately the several letters, which I have received from you since my last, as you are sensible that I must have received them, and have not always time to answer them.

* * * arrived here the day before yesterday, but what his business is, is yet a secret to me. * * * * * * * * * He talks more extravagantly than ever poor lord —— did. Bergen-op-zoom is no loss, the Dutch have more resources than they want; and though they should lose a province or two this year, they will recover that and a great deal more the next. * * * * * *Adieu, mon cher enfant.* (Adieu, my dear child.)

C.

LETTER XVII.

TO THE SAME.

London, Sept. O. S. 21, 1747.

DEAR DAYROLLES,

* * * * * * * I AM concerned for the public, which I take to be in a very dangerous situation; as to myself in particular, I am extremely easy. I will continue in public life, while I can do it with honor; and when I cannot, I shall enjoy private life with pleasure, and I hope some reputation. The republic talks and looks big; but neither does, nor I fear can act up to it. And how they will repel the dangers of this year, by the force, which they are to raise the next, I am at a loss to discover.

I have spoke to Mr. Pelham about your payment, and will take care that you shall be paid as soon as, or sooner than, any other foreign minister; and more you must not expect, for a very strong reason, which is, that there is not money.

The parliament will meet the second week in November; till when the town will continue as empty as it is now, and I never knew it emptier. My only amusement is my new house, which has now taken some form, both within and without. There is but one disagreeable circumstance that attends it, which is the expence. Adieu.

LETTER XVIII.

TO THE SAME.

London, Oct. 2, O. S. 1747.

DEAR DAYROLLES,

INCLOSED is a letter for Mr. de Bochat (a), which I desire that you will direct properly, and forward to him; for the proper titles are of great importance all over Germany. My letter is an

(a) A professor of history and civil law in the university of Lausanne, whose lectures young Mr. Stanhope attended.

TO HIS FRIENDS. BOOK II. LET. XVII. XVIII. XIX. 317

answer to a very civil one, which you sent from him, and at the same time conveys my thanks for his book *(a)*, which, as far as I have read, is, I think, an excellent one. He gives me in the main a good character of the boy, and he has very kindly wrote to professor Mascow *(b)*, to inform him previously of what the boy does or does not know, of his dispositions, character, &c. all which it is right that the professor should know before hand, in order to take his measures the better.' * * * * * * * * * * * * *

Though things go now smoothly, and to the wish of the stadtholder in Holland, I suspect that they will not long continue to do so. The heads, that govern now, are too hot for the old ones that are to obey; and I foresee that the string will be pulled till it breaks. Make my compliments to your aunt. Yours most faithfully,

C.

LETTER XIX.

TO THE SAME.

London, Oct. 16, O. S. 1747.

DEAR DAYROLLES,

YOU allow me the privilege of a busy man, which is not to write, when he has not time to do it, and that of a lazy man, which is not to write, when he has not a mind to it; but for the two last posts I claim the privilege of a sick man, for I have had confounded rheumatic pains in my shoulder, for which I have been let blood, physicked, and confined, but I am now pretty well again. * * * *

(a) Critical researches into the antient state of the Helvetic body, with an account of the monuments of antiquity found in Switzerland. That gentleman had published ten years before, a critical and political enquiry into the origin of the customs of letting national troops to various powers practised by the Swiss cantons.

(b) Professor of laws at Leipsic.

Has Kreuningen paid his two *per cent.* and survived it? Have you seen your old friend? *Bon soir.*

Yours,

C.

LETTER XX.

TO THE SAME.

London, Dec. 1, O. S. 1747.

DEAR DAYROLLES,

I Received but last Sunday yours of the 1st N. S. and there are now two more posts due from Holland.

Though your correspondence cannot, in this season of inaction, be so informing as at other times, it is still the correspondence of a friend; and I value much more what the heart dictates, than what occurrences supply. So write on, when you have leisure, and depend upon your letters being equally welcome to me, however full of, or free from, news. Chetwynd* tells me that you have some doubts, whether you should regularly write your office-letters or not, as you have not great variety of materials for them at present. That is none of your fault, * * * * * * * * * * * * But, however, I can tell you that the king reads your letters with great attention, and is very well pleased with them; therefore continue by all means, and insert every thing, that comes to your knowledge. His majesty loves to hear the little occurrences of every place. * * * * * * * * * * * *

Pray endeavour to get me an exact account of all the troops now in the service of the republic; distinguishing those, that were there, before the election of the stadtholder, and those which have been raised since; and likewise an account of the prisoners still in the possession of the French. This account, I know, you can hardly

* Wm. Chetwynd, esq; under secretary of state in the Northern department.

get in any other shape, but that of bataillons and squadrons, but, however, I defire you will accompany it with the beft-grounded conjecture, that you can form of the real number of effective men, to which that whole eftablifhment amounts.

As the world goes, I am not difpleafed with monfieur de Brenles's (a) account of the boy; and to tell you the truth, it is better than I expected. I agree with you, that Leipfig is not the place to give him that *bon ton*, which I know he wants; but then confider, that he can acquire that *bon ton*, no where but in mixed companies, and in the pleafures of people of fafhion at courts, which if he were to tafte of fo young as he is now, there would be an end of all ftudies. And he ftill wants a foundation in feveral fciences, which he will lay better at Leipfig than any where elfe. He will there make himfelf mafter of the German language, the hiftory and conftitution of the empire, fome Grotius, fome civil law, and other things, which he muft either learn now or never. It is true that in all this time, he will contract a little German dirt; but that is eafier rubbed off, efpecially at his age, than Englifh dirt. Turin will effectually do that; and Paris fhall give, at laft, the true varnifh.

Harte writes me word, that the boy really works hard, and has barely time to eat, drink, and fleep. In all the vacations, he is to go to Drefden, which will do fome good to his manners.

Adieu.

LETTER XXI.

TO THE SAME.

London, Dec. 14, O. S. 1747.

DEAR DAYROLLES,

I Have received your letter of the 19th, N. S. Your account of the inefficiency of the government in Holland is, I am convinced, very true, and I have the fame from various hands. Much talking,

(a) The gentleman at whofe houfe young Stanhope was a boarder at Laufanne.

and very little doing, fanguine folly without force, and obſtinacy without judgment. Maréchal de Lowendahl will, I believe, foon talk in a much more effectual manner to Zealand or Breda, though I fhould rather think the latter; as it is eafier, and with regard to England of more importance.

If count Naſſau will break bones, I prefume he will begin with Rodriguez's°. It is a moſt fcandalous article.

I have fpoke again about your payment, and have had fair promifes.

I have not yet received *Memnon (a)*; have you read *Angola (b)* ? It very prettily written. By the firſt opportunity of a courier, I ſhall fend Kreuningen a cargo of pamphlets, though we have had no good ones of late. *Adieu, mon enfant.*

LETTER XXII.

TO THE SAME.

London, Jan. 1, O. S. 1747.

DEAR DAYROLLES,

I Have received your two laſt letters, and likewife *Memnon*. I always like the former; but to tell you the truth, I do not fo much admire the latter as Kreuningen does, who tells me that he *devoured it*. I have fent him a load of bad books and pamphlets, by his particular order; for none good have appeared here of late. Pray make him my compliments, and my excufes for not having yet anſwered his letter, which I will do foon.

By what you tell me, and by what I hear from other hands, there is much talking and little doing at the Hague; whereas the French, though they love talking as well as other people, feem to be doing, as I fear we ſhall foon find. I am called away. Good night, dear Dayrolles.

* The writer of the Cologne Gazette.
(a) That of Voltaire's philofophical tales.
(b) A very licentious novel written in the ſtyle of Crebillon.

LETTER XXIII.

TO THE SAME.

London, Jan. 12, O. S. 1748.

DEAR DAYROLLES,

THREE mails, which came in together, brought me two letters from you; the cafe of good things, of which it is often faid, that but two of them come over in three fhips. The abbé de la Ville's letter, for I am fure it is his, is but fuperficial; he might have made more of the fubject, but, however, it is prettily writ. * *

Whether the tone of that court, be peace or war, it differs only in point of time; for a peace there will neceffarily be. If prudence makes it foon, it will be fo much the better; but if fanguine folly delays it, neceffity will, before it is long, make it, and make a damn'd bad one. We have not, nor can have, any force to look the French in the face with, till the middle of the campaign; before which time, they will have ftruck their ftroke, and the republic will beg, inftead of refufing, a peace.

I have defired Kreuningen to fend me any good new French books that come out, and to give them to you, who will pay him for them, and tranfmit them to me. And I infift upon your fending me the account, that I may pay you. Our bookfellers here import no books worth two-pence. * * * * * * * *

LETTER XXIV.

TO THE SAME.

London, Jan. 26, O. S. 1748.

DEAR DAYROLLES,

THIS letter goes to you, in that confidence, which I always fhall, and know that I fafely may, place in you. And you will therefore not let one word of it tranfpire.

What * * wrote to * * I believe will, nay I am sure must, prove true. * * * * * * * * * * * * * * *

I tell you very truly, I long for rest and quiet, equally necessary to my present state, both of body and mind. Could I do any good, I would sacrifice some more quiet to it; but, convinced as I am that I can do none, I will indulge my ease, and preserve my character. I have gone through pleasures, while my constitution and my spirits would allow me. Business succeeded them; and I have now gone through every part of it, without liking it at all the better for being acquainted with it. Like many other things, it is most admired by those, who know it the least. And this one consideration would alone disgust one of it, even if one had the sole power; which is, that, in this country one must, for political reasons, frequently prefer the most unworthy to the most worthy, and prostitute to importunity and undeserving greediness the rewards of merit. Thus weary of business, you will easily imagine, that in retiring from my present business, I shall not engage in any other; but far from embarking upon any account in cabals and opposition, whenever I do take any part in the house of lords, it shall be in support of the government. Do not think neither that I mean a sullen retirement from the world; on the contrary, my retreat from business will give me both more time and better spirits for the enjoyment of social life, from which I will never withdraw myself. What day I shall resign the seals, is not yet fixed: therefore I desire that you will not, upon any account, mention one word of this letter, or give the least intimation to any one living, that you know any thing of this resolution. As I know the warmth of your friendship for me, and at the same time the warmth of your temper, I most earnestly recommend to you, nay I insist upon your being discreet, when this event shall become public. There are those at the Hague, who will be glad to lay hold of any little slip of yours, in order to do you an injury: disappoint them by your discretion, and say nothing more upon it, than that you knew that my health required exercise, and my temper quiet; and that you know too, that whenever I can, as a private man, be of any use to the king or to the public, I shall act the same out of place, as I should have done in. This conduct I shall look upon as

a proof

a proof of your friendship, and not of your coolness for me. As I shall always have a satisfaction in hearing from you; write to me from time to time as usual. * * * * * * * * *

Adieu for this time, my dear Dayrolles; and be convinced that, knowing, as I do, your merit, your good heart, your truth, and your affection, I shall, though hereafter a very useless one, be ever your

Very faithful friend,

CHESTERFIELD.

LETTER XXV.

TO THE SAME.

London, Feb. 9 O. S. 1748.

DEAR DAYROLLES,

LE fort est jetté (the die is cast): you receive this letter from a sincere friend, but not from a secretary of state, and I know you to be so true a friend too, that I am sure you value it more in the former character than in the latter. Last Saturday, I resigned the seals into the king's hands, who parted with me in the most gracious manner possible. My health, my spirits, and my character all concurred in this measure, and made it absolutely necessary for me. I retire without any personal quarrel with any man whatsoever; and if I disapproved of measures, it was by no means upon account of their authors. Far from engaging in opposition, as resigning ministers too commonly do, I shall to the utmost of my power support the king and his government, which I can do with more advantage to them, and more honor to myself, when I do not receive five thousand pounds a year for doing it. I shall now for the first time in my life enjoy that philosophical quiet, which, upon my word, I have long wished for. While I was able, that is, while I was young, I lived in a constant dissipation and tumult of pleasures; the hurry

and plague of bufinefs either in or out of court fucceeded, and continued till now. And it is now time to think of the only real comforts in the latter end of life, quiet, liberty, and health. Do not think, by the way, that by quiet and retirement, I mean folitude and mifanthropy; far from it, my philofophy, as you know, is of a chearful and focial nature. My horfe, my books, and my friends, will divide my time pretty equally; I fhall not keep lefs company, but only better, for I fhall chufe it. Therefore do not fear finding me, whenever you take a little turn here, morofe and cynical; on the contrary, you will find me as gentle as a dove, but alas! not fo amorous. At leaft, whatever elfe you find me, you will always find me with the trueft affection,

Your, &c.

CHESTERFIELD.

P. S. Pray make my compliments to my baron, and thank him both for his books and his letters: I will do it myfelf very foon.

LETTER XXVI.

TO THE SAME.

Bath, Feb. 23, O. S. 1748.

ME voici mon cher enfant (here I am, my dear boy), enjoying liberty and idlenefs, but attended with a great cold, which I got upon the road, in the coldeft weather, and the deepeft fnow that I ever remember. This has hindered me from drinking the waters hitherto; but that is no great matter, as I came here more for the fake of quiet, and abfence from London, while I was the only fubject of converfation there, than for any great occafion that I had for the waters.

With-

Without affectation, I feel most sensibly the comforts of my present free and quiet situation; and if I had much vanity in my composition, of which I really think that I have less than most people, even that vanity would be fully gratified, by the voice of the public upon this occasion. But, upon my word, all the busy tumultuous passions have subsided in me, and that not so much from philosophy, as from a little reflection upon a great deal of experience. I have been behind the scenes, both of pleasure and business. I have seen all the coarse pullies and dirty ropes, which exhibit and move all the gaudy machines; and I have seen and smelt the tallow candles, which illuminate the whole decoration, to the astonishment and admiration of the ignorant audience.

Since my resignation, my brother, as you will have seen in the news-papers, is appointed commissioner of the admiralty, which he never would have been as long as I had continued in, the resolution being taken to exclude all those, who might otherwise have been supposed to have come in upon my interest. As I retire without quarrelling, and without the least intention to oppose, I saw no reason why my brother should decline this post, and I advised him to accept of it, and the rather as it was the king's own doing.

George Stanhope * too, I am told, is now to have the rank of colonel given him which I could never procure him, so that it seems, I have a much better interest out of place than I had in.

All goes well at Leipsig; the boy applies and improves more than I expected. Count and countess Flemming, who saw him there, and who carried him to the dutchess of Courlande's, gave me a very good account of him, and assured me that he was by no means the aukward English oaf, but *passablement décrotté* (tolerably polished). He shall stay there a year longer, and then go to Turin. If you should accidentally hear, or can procure, any memoirs of his private character, pray let me know them.

Remember the cautions, which I gave you in one of my former letters. When lord Sandwich goes to the congress, you will have a great deal to do, and play a considerable part, at the Hague; which I know you are able to acquit yourself of very well. This I think will put you, *en train d'être monsieur l'envoyé*, upon lord Sandwich's

* Brother to earl Stanhope.

return to his post here, which will be before it is very long, for however little peace is at prefent intended, neceffity will foon make it by the means of the *maréchaux de Saxe et Lowendahl*; and then, being upon the place, I think you may reafonably afk, and probably obtain, the character and appointments of envoy. * * *

May you have all you wifh!

Adieu, yours,

C.

LETTER XXVII.

TO THE SAME.

London, March 11, O. S. 1748.

DEAR DAYROLLES,

I Am now returned from the Bath in a ftate of health, which I have not known of fome years, and which is owing to quiet of mind and exercife of body. I am now mafter of my own time, and of my own motions. I do whatever I pleafe, whenever I pleafe, and am mightily pleafed with it. * * * * * * * * * * * * *

I lay no great ftrefs upon * * * remaining at the Hague, which I do not think is with any other defign, but only to be the channel of a certain correfpondence. *A propos* of that correfpondence, * * * has confeffed the impotence of the republic; has owned that they are difappointed in their levies, and has defired to borrow twelve hundred thoufand pounds, or at leaft a million fterling, without which he fays that the republic muft be inevitably ruined. When the king heard the purport of his commiffion, he faid, *Chefterfield told me fix months ago that it would be fo.* As to his loan of a million at leaft, he has been told, that, if he can get it *à la bonne heure* (fo much the better), but that it is not very likely that he fhould, when our own loan is at five *per cent.* difcount, and when it is very doubtful whether the further payments will be made at all. At laft he came down to beg for God's fake, that we would at leaft take the whole expence of the Ruffians upon ourfelves, for

that

that the republic cannot possibly pay the share that they had stipulated. What answer he has received to that request I do not yet know. Money was never so scarce in the city, nor the stocks so low even during the rebellion as now; which you, as a money'd man, certainly know. Twelve *per cent.* is offered for money, and even that will not do. And if there is not a certainty of peace in three or four months at furthest, an entire stagnation of all credit, if not a bankruptcy, is universally expected.

Could you buy me two hogsheads of superlative good claret at Palairet's, or any where else, and send it me over by some English ship, as you know the act of navigation requires? I would have it of the first growth, and a strong body. I trust to your distinguishing palate for the quality of it. I am in no sort of haste for it, so that you may take your own time to taste, consult, and at last fix. Only do not send me any, unless you can be sure of sending me what is extremely good.

Make my compliments to our friend when you see him. I am heartily glad of Wolters's new employment (*a*).

Yours affectionately,

C.

LETTER XXVIII.

TO THE SAME.

London, April 8, O. S. 1748.

DEAR DAYROLLES,

SINCE my last to you, I have received your two letters with their inclosures, which were a letter and a duplicate from madame de St. Gille at Madrid. She wants to have a certain Spanish prisoner exchanged, and, thinking me still in office, applies to me for

(*a*) Agent to his Britannic majesty at Rotterdam, a gentleman of uncommon merit, and generally beloved both by his own countrymen and the Dutch. He died a few years ago.

it. I have however got it done, as I inform her in the inclosed, which I desire that you will forward to her some way or other. The safest way, I believe, will be to give it to the marquis del Puerto's secretary. It may give you an opportunity, if you have a mind, to send her something tender from yourself, for I remember you was one of her lovers.

When the treasury meets after easter, Mr. Pelham has promised me that you shall be paid every shilling that is due to you, so that then you will be out of debt. I hope you take care to live within your appointments, and to lay up all your own, that in case of any *revers* you may not be a loser by your commission. * * * *

The deliberations about the chriftening *(a)*, and the magnificence and profusion of it, were surely *déplacés* (improper) at this time; at least it is thought so here, unless it proceeded from a resolution of dying merrily. Your end seems to me to be near. Maeftricht, I am persuaded, will be taken in a fortnight *de tranchée ouverte*; and after that there is not any one place that can hold out a week. Maréchal Lowendahl's leaving his former destination of Breda and Zealand, in order to join the grand army, convinces me, that something more is intended there than the taking of Maeftricht; and I dread the next letters from Holland, bringing us an account of the duke's army being cut off in the whole, or in part. All my predictions are now verifying too fast. * * * * * * *

Our army, which was, according to their calculation, to consist of 192,000 men, is actually weaker than it was last year; and that peace, which the republic will in a few weeks be obliged to sign upon the drum head, will be such a one, as will prove how much those were in the right, who were for treating last year, upon the foot of maréchal de Saxe's proposals to Ligonier.

Here is a pamphlet come out entitled my *Apology (b)*, which I will send to my baron, with a bundle of other pamphlets by the first opportunity, and he will shew it you. It makes a very great noise here, as you will easily conceive that it must, when you read it,

(a) Of the ftadtholder's son, now his-succeffor.
(b) *An apology for a late refignation, in a letter from an English gentleman to his friend at the Hague.* London, 1748. 8vo.

Many

Many people really believe, and many desire, that it should be believed, to have been written by my direction at least: but, upon my word and honor, so far am I from having any hand directly or indirectly in it, that I do not so much as guess at the author, though I have done all I could to sish him out. * * * * *

Pray do not buy me any claret, till you hear further from me, for I am lately informed, that there is great difficulty in importing it here, even in an English bottom. But in the mean time you may be tasting eventually if you please. * * * * * * * *

It is time to finish this letter. Good night then, my dear Dayrolles.

Yours faithfully,

C.

LETTER XXIX.

TO THE SAME.

London, April 19, O. S. 1748.

DEAR DAYROLLES,

I Have received yours of the 19th N. S. The situation of the republic is now exactly what six months ago I foresaw, and foretold it would be; there was indeed no conjuration in that prediction, nothing having happened since, that was not the necessary effect of causes well known then. * * * * * * * *

If you should by accident know or hear of a *Vander Pal*, pray let the person know, that I am very much obliged to him for his correspondence, which is very instructive, and that I beg he will continue it. I do not know who he is, and if you should, do not send me his name in a letter by the post; for I know that most letters from, and to, me are opened.

I am not yet able to guess who wrote my apology, which I am the more surprized at, as it must be somebody pretty well informed, all the facts being very near true. An answer to it is advertised, but

not yet publifhed. I am impatient to fee it, that I may know, as I eafily fhall when I read it, whether it is written by order or not; if it is not, I fhall not meddle with it, but if it is, it fhall have a reply.

Pray tell my baron, that I have received his letter, and will anfwer it before it is long. He will be able to fend me all the little French books that come out, when maréchal de Saxe, with his army, fhall be at the Hague; for then all the French officers will be at the baron's levee, and glad to fhew him thofe little civilities.

The duke of Devonfhire will, I believe, refign foon, and be fucceeded by the duke of Marlborough. Adieu, dear Dayrolles:

Yours fincerely,

C.

LETTER XXX.

TO THE SAME.

London, May 3. O. S. 1748.

DEAR DAYROLLES,

MY prophecy, as you obferve, was fulfilled *jonica*, which I heartily congratulate both you and myfelf upon, for, had not that part of my predictions come to pafs in the moment that it did, the other part would, which was inevitable ruin. Had noo the French politely figned the preliminaries when they did, but refolved to profit of the advantages, which they had in their hands, we were undone. Moft people here are aftonifhed at the moderation of the French court, and cannot account for it from any known rules of policy. Deep and profound hiftorians, who muft affign fome great and political caufe for every event, will likewife. I believe, be at a lofs to affign fuch a one for this. But I, who am apt to take things in a more fimple light, and to feek for their caufes more in the weakneffes than in the wifdom of mankind, account for it in this manner. The king of France is a quiet, unambitious

unambitious prince, was weary of the war, and particularly of a camp life, which, as he had once adopted, he could not well lay aside, while the war lasted. The French courtiers are not so unskilful, as not to advise what they know their prince wishes, no matter whether it be consistent with, or contrary to, the public interest. * * * * * * * * * * * * * * *

I do not wonder in the least at the general joy, which you tell me is expressed at the Hague upon this occasion, from the princess and the baron, to the fisherman at Scheveling. * * * * * * * *

When you happen to see *l'ami of Amsterdam*, tell him, pray, that I am obliged to him and his *ami*, and that I hope they will continue to let me hear from them. In the hand and the other circumstances in which they write, the devil cannot discover them here; all the care that is necessary is only to put their own letters privately into the post.

I believe the king will set out from hence next Saturday sevennight; I suppose that you will be at Helvoet to meet him, where I desire that you will be particularly attentive to do lady Yarmouth any services that you can; she deserves them from us both, being much my friend, and yours.

Adieu mon enfant; portez-vous bien.

LETTER XXXI.

TO THE SAME.

London, May 13. O. S. 1748.

DEAR DAYROLLES,

YOU answered the prince of Orange's question, concerning me, perfectly well; far from blaming the peace, I am heartily glad that it is made. I was for making it sooner, and consequently better. I foresaw and foretold our weakness this campaign, and would have prevented, by a timely negotiation last October, those evident dangers, to which it must necessarily expose us, and which we have escaped, more by our good fortune than our wisdom. I may add that

that my refignation made this peace, as it opened people's eyes with relation to the imminent dangers of the war. * * * * * *
The republic is faved by it from utter ruin, and England from bankruptcy.

The king fets out this night or to-morrow morning for Holland, attended only by Mr. Stone. It is given out that the duke of Newcaftle is to follow in three weeks; but that is only given out, but not intended; for I have reafon to be pretty fure that he will not go at all. The king would not let either of the fecretaries go to Hanover: but as the duke of Bedford has ftrongly folicited to go, in cafe the duke of Newcaftle did not, it is to be faid that the latter is to go, in order to put off the former without offence.

Sir Mathew Decker goes in the yacht with Stone, and will be fome time at the Hague, where I defire that you will do him all the fervice, and fhew him all the civilities, that you can. * * * *

Lord Sandwich has afked leave to come over here for a little time, upon account of his own private affairs.

I have heard of no new minifter named for the Hague, but I am told that there is to be one. I fhould guefs lord Fane, who folicits much to go to Spain, but has been refufed. The duke of Richmond, I believe, will go to Paris as ambaffador for the reprefentation part, which part he will certainly do well.

Yours moft truly,

CHESTERFIELD.

LETTER XXXII.

TO THE SAME.

London, June 10, O. S. 1748.

DEAR DAYROLLES,

I was glad to find by your laft, that the king and you are fo well together, though, if you are to be demolifhed, that intimacy will not ferve you. An ambaffador will certainly be fent to the Hague; but

but who it will be, I have not yet discovered, nor do I believe that it is settled. Should it be one person, whom I am apt to suspect, I will answer for your being very well with him, and for his doing you all the service he can. The duke of Newcastle will be with you about the same time as this letter will; he relies upon your doing every thing for him at the Hague: you may easily guess what a hurry he will be in, in this beginning of his travels; therefore be officious about him. * * * * * * * * * * * *

I have had a letter from sir Mathew Decker, full of your praises, and of acknowledgements for your civilities to him.

I am now extremely busy in moving to my new house, where I must be before Michaelmas next, so that, between my old house and my new one, I have really no house at all. As my new house is situated among a parcel of thieves and murtherers, I shall have occasion for a house dog, and as madame's son and heir, (*a*) puts you to the expence of board wages, it may be a conveniency to us both, if you transfer him to me; if you approve of this proposal, write to your gardener (Horace and Boileau both wrote to theirs) to send him to me; and I will take care that by your return, you shall have a hopeful son and heir of his to succeed him.

Pray, give or send the enclosed to sir Mathew Decker, to whom I do not know where to direct. Tell my baron, that I have received his *Droit public de l'Europe* (*b*), that is, the first volume of it. As far as I have gone yet, I like it mightily. I hope he will send me all the other volumes. I will write to him soon. Good night.

Yours most truly.

(*a*) A dog, which was called, baron Trenck, from a famous captain of freebooters, employed in the service of the queen of Hungary, and no less distinguished by his bravery than by his violences exercised upon friends and foes, for which he was called to an account, and condemned to a perpetual confinement.

(*b*) A very good book, on the political interests and claims of the European powers; by abbé Mably.

LETTER XXXIII.

TO THE SAME.

London, June 14, O. S. 1748.

DEAR BAYROLLES,

I Am very glad of what you tell me has paſſed between you and his grace, which, together with the trouble and expence that he has put you to, ties him down at leaſt not to ſuffer you to be hurt. * * * * * * * * *

Pray, how was lady Yarmouth to you? I ſuppoſe particularly civil: ſhe has promiſed me to do you all the ſervice that ſhe can; but that indeed is not much: I wiſh her power were equal to her good will.

Lord Delawar and lord Anſon talk of nothing here, but of the delicacy of your table, your manner of doing the honors of it, &c. You are in the right to exert upon this occaſion; but take care however not to run in debt; for times of bad payment may come, and in that caſe a ſmall debt would ſoon run up to a great one. You will laugh at my preaching œconomy to you.

The mob in Holland, I ſee, has got the better, and aboliſhed the farms, which will be attended with many inconveniencies to the government, though the farms were attended with ſome, relatively to the people. I ſuppoſe that the ſcheme of the penſionary Slingelandt will be now taken up, and it is undoubtedly the beſt. But be it ever ſo good, any point, however right in itſelf, when extorted by the violence of the mob, is a dangerous precedent, and encourages thoſe gentlemen to further demands, which at laſt can only be refuſed by regular force. And I prophecy that you will ſee, before you leave the Hague, the now-quieted mob in motion again upon ſome other occaſion.

Baron Trenck arrived this morning, and ſeems to be a very civil gentleman: your gardener, a man of gravity and dignity, aſſures me that his taſte for mutton has left him, and that there are few

Surrey

Surrey gentlemen so well behaved as he is, which I can very easily believe.

I cannot tell you by the post, who the person was, whom I hinted at, as a candidate for the embassy to the Hague. Lord Holderneſſe is the person strongly solicited for, from your side of the water. Should it be he, I think he would chuse to live well with you; but should it be the other, I would be bound for him, that he would be your friend, in consideration of your being mine.

Yours faithfully,
C.

LETTER XXXIV.

TO THE SAME.

London, July 2, 1748.

DEAR DAYROLLES,

LORD Pulteney will give you this letter: he is going to Leipſig for some time, and will not stay long at the Hague; but during his stay there, you will oblige me in obliging him. Pray present him to the prince and princess of Orange, and air him at the aſſemblies.

My boy goes next spring to Turin to be *décrotté*, which I am told he wants a good deal. Sir Charles Williams writes me word, that he is very handsome, but very aukward, has a great deal of knowledge, but no manners. *Il faut remédier à cela à Turin, et à Paris, après quoi vous y mettrez la dernière main (a)*.

I go to Cheltenham to-morrow for a fortnight or three weeks, not for any present want of health, but by way of preservative against the autumn, when I am apt to have fevers. Good night. Mademoiselle * * * does not love you better than I do.

Yours,
C.

(a) This must be mended at Turin and Paris, and you'd put the finishing hand to it.

LETTER XXXV.

TO THE SAME.

Cheltenham, July 18, O. S. 1748.

DEAR DAYROLLES,

* * * * * * * I DO not see that things tend to quiet in the republic; the people, having now carried one point*, will want twenty more, of which the stadthouder must refuse at least nineteen. This use, however necessary, of his power, will exasperate those who gave it him; and the confusion which must arise from this is obvious. I thank God, I am out of the galley; but however I wish it fair weather, and a good voyage. I leave this place in two days for London. I have been here three weeks, and find myself much the better for the waters. In about a fortnight, I shall go for a week to lord Pembroke's, at Wilton, which will be my last excursion for this year, and then I shall settle in my new house, under the protection of baron Trenck. I hope, that by next summer, when peace shall have taken a certain consistency, you may get leave to make us both a visit. You will not, I believe, be sorry, and upon my soul I shall be glad. Good night.

Yours,

C.

LETTER XXXVI.

TO THE SAME.

London, Aug. 16, O. S. 1748.

DEAR DAYROLLES,

I Received your last, while I was at Wilton, which place Pem has improved so much that I hardly knew it again. It is now in my mind the finest seat in England. I am returned to a very empty town,

---

* The abolition of all the taxes farmed and gathered by the excise-officers called *Pachters*.

town, which I can bear with very well; for if I have not all the company that I could like, I am at least secure from any company that I do not like, which is not the case of any one place in England but London. Besides, I have time both to read and to think; the first I like; the latter, I am not, as too many are, afraid of. The rest of the day is employed in riding, and fitting up my house, which, I assure you, takes a good deal of time, now that we are come to the minute parts of finishing and furnishing.

I am very glad that the prince of Orange has carried the affair of the *posteries**, at Amsterdam: it is a great point gained for the public, as that revenue must be very great, and much greater than it was ever owned to be, while in private hands. If he will only push such points as are of an evident national utility, he will carry them all, notwithstanding the private or public opposition of particular interests. Queen Elizabeth was, in this free country, as absolute as the sultan is in Turkey; but then the nation was convinced, that she only desired and exerted that power, for the public good.

I cannot think that the definitive treaty will be concluded so soon as we were told it would; and I cannot help entertaining certain suspicions, from the queen of Hungary's conduct, which I will not communicate to you by way of letter. * * * * * * *

Pray tell my baron, that I have received his pacquet of books, by signior Martinelli, and that I am sorry that I put him both to the expence and trouble of sending me the history of the wars between France and the house of Austria, which is an execrable one, notwithstanding my friend Rousset's panegyric of it in his preface.

Yours sincerely,

CHESTERFIELD.

* Till this time, the management and direction of the post office were in the hands of private persons, who had the sole benefit of the profits arising from them.

LETTER XXXVII.

TO THE SAME.

London, Sept. 1, O. S. 1748.

DEAR DAYROLLES,

I Received very safe, by sir Mathew Decker, your long letter of the 23 Aug. O. S. in which you give me what I had long defired, *l'histoire amoureuse de la Haye.* As I am personally acquainted with most of the characters, I am convinced that all the facts are true, and I particularly foresee the ruin of one family, from the ill conduct of the lady, which will not be endured, when the honey moon is over. I am now an unconcerned spectator of the transactions of the gallant, as well as of the busy, part of the world, the first from necessity, the latter from choice; so that I only inform myself of them for my amusement, without being any otherwise affected by them than as a citizen of the world. As such, I am glad that the horrors and devastations of war are now suspended; but as such too, I am sorry to foresee the moment of their revival so near, as I think I do. I mean the death of the king of Sweden. If you will have my prophetic politics, here they are. I think that the queen of Hungary has made all these difficulties of coming into the definitive treaty, not in the expectation of succeeding in any one of them, but only with the intention of delaying the return of the Russians, and of forming a plan with Russia, and possibly *some princes* of the empire, for the recovery of Silesia. Upon this supposition, I expect that she will very soon come into the definitive treaty, in order to be able to employ all her force *elsewhere*. The death of the king of Sweden is, in my opinion, to be the signal of this northern war. The czarina will not suffer the prince successor to succeed; this prince successor is brother in law to the king of Prussia, who has lately, in conjunction with France, guarantied that succession to him. Reinforcements of Russians are marched into Finland; our Russians loiter in Germany: to me the conclusion is plain.

I am

I am glad that my old friend Vanderduyn * has got a pension, but I am astonished at the size of it. A thousand pounds a year sounds like an English pension; *d'ailleurs*, he has a regiment of guards and a government. This is certain, that the money will not stagnate in my general's strong box, but circulate very quickly through the Hague. *A propos* of the quick circulation of species, it is fixed that lord Holderness is to be our ambassador to the republic. Adieu for this time, you shall hear from me more fully before it is long.

Yours faithfully,

CHESTERFIELD.

LETTER XXXVIII.

TO THE SAME.

London, Sept. 23, O. S. 1748.

DEAR DAYROLLES,

I thank you for your promise of a second tome of your *histoire amoureuse*, when an occasion shall present itself; for upon my word, Petronius nor Bussy (*a*) could not write a better than your first. The winter, which will assemble every body at the Hague, will probably furnish you materials.

Your towns and provinces seem to be running a race to the goal of slavery, and they put me in mind of the nobles and commons in Denmark, who in the last century strove which should first get rid of their liberties. Your Stadtholder must have great self-denial, or

---

* Lieutenant general Vander Duyn, brother to Mr. de Sgravemoer, one of the college of nobles in the province of Holland.

(*a*) That witty, vain, and most indiscreet count wrote a satyrical account of the gallantries of the French court, in the time of Lewis XIV; in which having taken unbecoming liberties with regard to his master, he was banished at a distance from Paris, and remained there several years, notwithstanding his cringing and servile efforts, to recover the favour of the sovereign.

great difficulty, if he is not very foon as abfolute over the feven provinces, as Lewis XV. is in France. For my own part, not being a Dutchman, and having no thoughts of living in Holland, I have no objection to this new-erected defpotifm, which, for aught I know, may make the feven provinces a better barrier for us againft France than they were before, as an abfolute government is more military, and generally in a better ftate of defence, than a free one. Upon this principle, were I to cut and carve out Europe to my mind, I would add the other ten provinces to the prefent feven, and fo revive the dutchy of Burgundy; which, I am fure, would make a better barrier againft France, than ever thofe ten provinces, in the hands of the houfe of Auftria, will prove. *A propos* of Auftria, the conjectures which I have formed thefe four months, and which I lately hinted to you, begin, I think, to be verified. The Ruffians ftay in Germany, which is the firft point; they will certainly fome how or other be juggled out of our pay and fervice, which is the fecond point; and then the third is pretty plain. *Ce n'eft pas mon affaire.* (That is none of my bufinefs.) Let the northern bears worry each other as much as they pleafe, the gazettes will be but the more entertaining, and amufe me the more *dans mon petit boudoir*; which (by the way) will be the preitieft thing you ever faw. Nothing in the world fo gay. *Il fera impoffible d'y bouder; d'ailleurs, comme vous favez, je n'y fuis pas naturellement trop porté.* (It will be impoffible to pout in it; and befides, you know I am not much inclined to it).

I have fpoke to Mr. Pelham about your pay, which I believe will be ordered very foon.

The town is now fo empty that I have no tittle-tattle to fend you. The houfe of * * * comes here from Ireland next month, and then I prefume that your friend, who by this time has got the full afcendant over her hufband, will open her campaign with *éclat*; though thefe are very bad times for the female quality and gentry, it being the great fafhion for our young fellows, not only to deal with, but to marry, common whores. So that the unmarried ladies can get no hufbands, and the married ones none but their hufbands.

Things

Things go to the full as well as I could wish, and much better than I expected at Leipsig: we * are absolute masters of Latin, Greek, French, and German, the last of which we write currently. We have *le droit public de l'empire*, (the public law of the empire,) history and geography, ready, so that in truth now we only want rubbing and cleaning. We begin for that purpose with Berlin at christmas next, Vienna at lady-day, and the academy at Turin at midsummer for a whole year. Then to Paris. If at any of these places it should fall in your way, by letter or verbal recommendation, to help us, I am very sure that you will, for I never doubt of any marks of your friendship, to the most faithful of your friends,

CHESTERFIELD.

LETTER XXXIX.

Bath, Oct. 11, O. S. 1748.

DEAR DAYROLLES,

I Received your letter of the 11th N. S. just as I was setting out for this place. I had been much out of order for above a month; languors and vertigos succeeded each other, the latter attended with sickness at my stomach. I underwent the discipline of the faculty to little purpose, who at last, pronouncing that the seat and source of my disorder was my stomach, sent me here. I have already received advantage from these waters, though I have drank them but four days, which convinces me that they will set me quite right.

I am persuaded that your first setting out at the Hague must have put you behind-hand, but I hope that you will take care to retrieve; for the credit of living a little better will not do you so much good, as contracting a considerable debt will do you harm. If you can get leave to come here for three or four months, when lord Holderness shall be settled at the Hague, which I should think would be no difficult matter, that suspension of your expence would, I suppose, go near to set you right. But in the mean time, should

* This alludes to Mr. Philip Stanhope, who was then at Leipsig.

you want money, draw upon me *sans façon*, for I will not have you run in debt to any body else, and you and I can, I believe, trust each other.

By all I can hear now, and by all that I knew before, the republic is so far from being settled, that I do not consider it as a government or a nation. More money is wanted than is to be found, and even the methods of collecting what is there to be found will not be easily fixed. The people will not have *pachters*. Collectors, without the powers of the *pachters*, will collect nothing, and with those powers they become *pachters* themselves, in the most odious and oppressive sense of that word. The prince of Orange has got more power than by the constitution he ought to have; and if he does not get all the rest, he will lose what he has got. *Il n'y a point de milieu*; (there is no medium;) power must either be constitutional or unlimited. Losing gamesters will not leave off, while they have any thing left, and will never be quiet till they have lost all. When Cæsar had once passed the Rubicon, he well knew that he must be Cæsar or nothing. And this is now the prince's case.

I now plainly see the prelude to the pyrrick dance in the north, which I have long foretold; the return of comte Biron and the duke of Brunswick to Petersburg announces destruction to the Holstein family. The prince successor of Sweden will be the first instance of it, upon the death of that king, which I take to be very near. The next will be, setting aside the imperial prince of Russia, and declaring little czar Iwan the successor. In these transactions, the king of Prussia will necessarily be implicated, which has all along been *l'intention de l'auteur*; that is, of the court of Vienna, which absolutely governs that of Petersburg, *moyennant* some pecuniary assistance from *another quarter*. But be all this as it will, my *boudoir* and my library, which are my two objects, will be never the worse for it. And I maintain that both of them will be, in their different kinds, the compleatest things in England, as I hope you will soon have ocular proof of.

Baron Schmithburg was not arrived when I left London. My compliments to my baron, to whom I will write very soon. Adieu; *Je vous aime véritablement.*

C.

LETTER XL.

TO THE SAME.

Bath, Nov. 4, O. S. 1748.

DEAR DAYROLLES,

I have received yours of the 5th, N. S. and am glad to find, that your landed estate pays so well as to make up the arrears of the treasury. As soon as I go to town, which will be next week, I will quicken Mr. Pelham to pay his debts; but *en tout cas* I repeat it again, upon any emergency, draw upon me, for, upon my word, such sums as you can want will be no inconveniency to me to advance. You are besides very responsible, whether considered as a money'd or as a landed man, so that if you should be backward in payment I should forthwith seize Henley park.

A propos of money, as I believe it is much wanted by many people, even of fashion, both in Holland and Flanders, I should think it very likely that many good pictures of Rubens, Teniers, and other Flemish and Dutch masters, may be picked up now at reasonable rates. If so, you are likely to hear of it as a *virtuoso*; and if so, I should be glad to profit of it, as an humble *dillettante*. I have already, as you know, a most beautiful landscape by Rubens, and a pretty little piece of Teniers: but if you could meet with a large capital history or allegorical piece of Rubens, with the figures as big as the life, I would go pretty deep to have it, as also for a large and capital picture of Teniers. But as I would give a good deal for them, if they were indisputably eminent, I would not give three pence for them unless they were so. I have pretty pictures enough already, but what I want to complete my collection, is only two or three of the most eminent masters, of whom I have none now. I can trust entirely to your taste and skill, so that if you meet with such a thing, do not miss it for fifty pounds more or less.

The pacquet of *brocbures*, and flourished ruffles, which you sent me by Hop, waits for me in town. I am sure, by the former, which you sent me, I shall like these: *je m'en fie à votre bon goût* (I trust your taste). I shall go to them in about ten days, though, I doubt, not quite restored by these waters, which have not had their usual effects upon me this season. My vertigos still chicane and teaze me, though not quite so frequently as formerly, but still enough to make me fear passing a languid, and uncomfortable winter. Patience: I might have more painful complaints, and I will comfort myself by the comparison.

I have some reasons to believe, that, what my baron mentioned to me of a new successor to Sweden, is by no means groundless. I am very sorry for it, as I think it can only be attended with very ill consequences for this country.

I look upon your republic as a chaos, in the situation, which it is now in; some order may spring from it, but as yet, God knows what. The antient government certainly does not exist, and I see no new one established in its stead. Abject court, it is true, is made to the prince of Orange, from fear on one hand, and hopes on the other; but still, while he has more power than he should have for the late form of government, and yet less than is necessary to carry on any other, it is no government at all. This was the great difficulty, under which Cromwell, one of the ablest men in the world, laboured, and which he was sensible of, when he wanted to be declared king; for he was above minding the title. But he knew, that his government wanted that form and consistency, which were necessary for its effect and authority.

The peace is, upon the whole, better than could have been expected, from the circumstances and hurry in which it was made. *

I fear you will not get a furloe this winter, for I do not find that lord Holdernesse is yet making any preparations for his embassy. *Bon foir, aimons-nous toujours.* (Good night, let us love each other for ever.)

LETTER XLI.

TO THE SAME.

London, Dec. 6, O. S. 1748.

DEAR DAYROLLES,

BY the death of poor John, you have lost a true friend, and I a most affectionate brother and friend into the bargain. The gout fell upon his bowels and head, and threw him into the convulsions, of which he died.

I acknowledge now your last of the 6th, N. S. together with your former letters, which my brother's illness, and a hurry of other affairs, hindered me from answering sooner. * * * * * *

The prices of Van-Huysen's flower-pieces, notwithstanding the scarcity of money in Holland, is owing only to that local phrenzy, which always prevails in Holland, for some pretty trifling object: tulips, hyacinths, and pigeons, have all had their days, and now Van-Huysen has his. But while these high-finished finical pieces bear such high prices, the bold and masterly pieces of the last and the foregoing century are slighted, and more likely to come reasonably. Do not, by any means, suffer that capital picture of Rubens, which you say is to be sold at Brussels, to slip through your hands, by the delay of sending me a drawing of it, if you can but be sure that it is an original, and not damaged. Wherefore, upon the two conditions of its being an undoubted original and not damaged, buy it me as soon as you can, or some other body may step in between.

Captain Irwin*, whom I believe you know, son to the old general, goes by the next packet-boat to Holland; he has got a furloe from his father for a year, during which time, he intends to see as much as he can abroad. I think him a good pretty young fellow; and considering that he has never been yet out of his native country, much more *presentable* than one could expect. Pray, carry him to

---

* Now lieutenant general and commander in chief of his majesty's forces in Ireland.

court, and into some companies, where I think you will not be ashamed of him, which will seldom be your case with my countrymen. I promised him that I would recommend him to you. *Adieu, mon cher enfant.* I am so hurried by lawers, appraisers, and creditors, that I can say no more now.

C.

P. S. *A propos*, do not mention to any body, that the picture is for me, or what it may cost.

LETTER XLII.

TO THE SAME.

London, Dec. 13, O. S. 1748.

DEAR DAYROLLES,

MY former was almost an answer, before-hand, to your last letter, which I received the day after I had wrote mine; I mean, with regard to the Rubens, which I desired you not to let slip. But I am now more confirmed in that opinion, by the drawing, which you sent me, and by the assurances that you give me of the picture's being a capital one, and in high preservation. Therefore, secure it as cheap as you can; the subject, as you observe, might have been a more pleasing one, but this admits of great expression.

The family piece, which you mention by Vandyke, I would not give six shillings for, unless I had the honor of being of sir Melchior's family. The several portraits are, I dare say, finely painted; but then where is the action, where the expression? The good man and his wife generally sit serene in a couple of easy chairs, surrounded by five or six of their children, insignificantly motionless in the presence of pappa and mamma. And the whole family seem as insipid, and weary, as when they are really together. Their likenesses may indeed be valuable to their own posterity, but in my mind

mind to nobody elſe. Titian has done more ſkilfully in his fine picture of the Cornaro family, which he has put in action.

The Venus and Adonis of Vandyke, of which you likewiſe ſent me the drawing, I do not care for, as it is a ſubject already *rebattu* by ſtill greater maſters, and in my mind better, as far as I can judge by the drawing; for Adonis, when he tears himſelf away from Venus, ſeems fierce and angry, which I ſee no occaſion for. He is determined, indeed, to leave her for his field ſports, but ſhould, in my opinion, ſoften the rudeneſs by all poſſible complaiſance in his words and looks.

So much for *virtù*, which, when I ſhall have bought this picture, I have done with, unleſs a very capital Teniers ſhould come in your way. You will draw upon me for the money as ſoon as ever you pleaſe.

Could you ſend me, in ſome of your letters, ſome ſeed of the right canteloupe melons? I ſhould not know what to do with more than a dozen or at moſt twenty of them, ſo that all the ſeed I ſhall want will neither increaſe the bulk or weight of a letter. The canteloupes are, in my opinion, the beſt ſort of melon; at leaſt they always ſucceed beſt here. It is for Blackheath, that I want it, where you can eaſily judge that my melon ground is moſt exceedingly ſmall. I am obliged to keep that place for ſeven years, my poor brother's leaſe being for that time; and I doubt I could not part with it but to very great loſs, conſidering the ſums of money, that he had laid out upon it. For otherwiſe, I own that I like the country up, much better than down, the river.

As I promiſed to ſend captain Irwin a couple of letters to the Hague, for Paris, I muſt put you to the expence of incloſing them to you, and to the trouble of giving them to him, not knowing how to direct them for him.

Yours faithfully,

C.

LETTER XLIII.

TO THE SAME.

London, Dec. 23, O. S. 1748.

DEAR DAYROLLES,

I Have received yours, with the inclosed drawing of the Vandyke, which must certainly be a very fine one, if the execution, as doubtless it is, be answerable to the disposition: but however, I continue my negative to it, for the reasons which I gave you before, the price, and that it is a portrait, however fine a one. The Rubens, of which I have a great notion, must and shall, for a time at least, content me, unless I strain a little for the Teniers, which you hint at, which, if it be a capital one, I will; and then have done. My great room will be as full of pictures as it ought to be; and all capital ones.

I gave you by my last letter a very unnecessary trouble, which I now retract. I had forgot that you had some time ago stocked me with excellent canteloupe melon seed, which I have since remembered and found, and given to my gardener to sow at the proper season. I hope to give you some of them in perfection next summer; for I do not flatter myself with the hopes of seeing you here before that time.

Adieu, dear Dayrolles. I am hurried by a complication of most disagreeable affairs (*a*), but always,

Yours,

C.

(*a*) On account of his brother John, lately dead.

LETTER XLIV.

TO THE SAME.

London, Dec. 27, O. S. 1748.

DEAR DAYROLLES,

I Received this morning your letter of the 3 Jan. N. S. with the two parcels of melon seed, which, as I told you in my last, I might have saved you the trouble of sending me, if I had but remembered how plentifully you had supplied me before; but since I have so carelessly put you to that trouble, all I can now do, is to have it sowed the latest, so that you may be sure to taste the fruits of it, when you shall be here, which I do not expect will be till autumn. A new minister will not, before that time, be well settled at the Hague; and till then you will not, nor should I wish you to, leave it. * * * * * * * * * * * * * *

As to my Rubens, for I now call it mine, you have acted with your usual prudence and œconomy. But if it turns out such as it is represented to you, I do not expect that you will get any considerable abatement of the first price. As to the method of getting it over safe here, I refer myself to your abilities; many officers baggage, will be coming, Ligonier's especially, into which you may possibly thrust it. Draw upon me, in an amicable way I mean, how and when you please, for I do not take your finances to be in a situation to allow long and large advances.

Your Leipsig acquaintance is setting out for Berlin. He has applied himself extremely, and with great success, at Leipsig, having made himself perfect master, as I am assured by his master, of Greek, Latin, the laws of nations and of the empire, and of the German language to boot, which, by the way, he writes as well as any German I ever knew. I am therefore no longer in the least pain about the learning part, of which he has now got such a stock, that he will have a pleasure, instead of a toil, in improving it. All that he wants now, is *les Graces*, in pursuit of which he goes as soon as the roads will permit, from Berlin to Turin, there to remain

for at least a year; I know no court that sends out at least, *des gens plus déliés*. I do not know what those may be, whom they keep at home, but by the samples I judge well of them.

The prince of Wales will, I believe, buy Vandyke's sir Melchior and company. I have given him the drawing you sent me, and Mr. Laurenzy is wrote to by this post to speak to you about it.

Yours very sincerely,
CHESTERFIELD.

LETTER XLV.
TO THE SAME.

London, Jan. 20, O. S. 1749.

DEAR DAYROLLES,

LAST post brought me yours of the 24th, N. S. My old disorder in my head, which has of late plagued me, hindered me from acknowledging your two former letters. I am now much better, thanks to a good blister, which I clapped upon my head, on the part offending.

Since the Rubens is secured, I am in no haste to receive it, for I could not hang it up yet, its place not being ready. The way you mention of sending it by the sloop is, I think, the best, and pray let it be directed to Mr. Hotham, one of the commissioners of the customs, who will take care of it, and pay the duty for me. You will take care to have it so safely packed up, that it may receive no damage *en chemin faisant*. * * * * * * * * *

I am glad that I have prevailed with my baron to return to his old house, for the first warm weather must have suffocated him where he now is. If he escapes dying of the first fright, when he goes back, all the rest will go very well, and go just as it used to do.

I am

I am rejoiced to hear that I shall have another tome of the *histoire amoureuse*, for now that, thank God, I have no business, that kind of reading amuses me. The *histoire politique* of the united provinces would at present be but a gloomy one. I see no government there at all; but I see power without authority, and expence without the possible means of supplies. The prince of Orange wants a Sully. The reduction of the troops will be a decisive point: if it is a considerable one, the prince of Orange is nobody, and if it is not, the republic is undone. * * * * * o o o o

My house and garden employ both my thoughts and my time. I am at work about them all day, and shall take possession of them in about a month; there I shall be impatient to see you, and there I believe you will not be sorry to see,

Yours,

CHESTERFIELD.

LETTER XLVI.

TO THE SAME.

London, Feb. 3, O. S. 1749.

DEAR DAYROLLES,

I Have honored your bill as they call it, but properly speaking I have done better, for I have paid it. I think you have brought me off very cheaply, and so much so that I shall not own it, when I shew the picture, but intimate a much higher price, for you *virtuosos*, I know, often take the price into your consideration, in forming your judgments as to the value of a thing. I sincerely forgive you the three florins, which your curiosity costs me, and will never demand that sum of either you or your heirs, administrators, or assigns. Besides that I really think, that a gratification of three florins is by no means unreasonable for the trouble you have
been

been at. I can tell you by the way, that when my pictures, bronzes, and marbles shall come to be properly placed, as they will be in my new house, the collection will not appear a contemptible one. There will be nothing, that is not excellent of the kind. I hope you will be here time enough to direct me in the arrangement; for lord Holdernesse is now preparing in good earnest for his embassy, and talks of going soon, that is, in two or three months. He has appointed parson Tindal, who translated Rapin, and well, to be both his chaplain and his secretary; he goes first, as I hear, without madame, who is to follow him some time afterwards. But though, as you will easily believe, I am impatient to see you, I would not advise you to ask leave to come over immediately upon his arrival, but to stay a couple of months at least after it.

I had a letter the other day from my baron, by which he seems to be pretty well comforted, and to thirst again for pamphlets, of which I have sent him a fresh cargo. Pray when you see *l'ami (a)*, make him my compliments, and assure him of my esteem and friendship. I suppose *qu'il n'est pas question de lui à la cour*. As for your republic, it is undone, and I think of it no more. *Conclamatum est.*

LETTER XLVII.

TO THE SAME.

London, Feb. 24, O. S. 1747.

DEAR DAYROLLES,

THE picture is arrived, and is, in my mind, the best I ever saw of Rubens; but as yet I have only my own opinion for it, as I have not shewn it, nor will not, till it is in perfect order. A little of the varnish, in some immaterial parts, was rubbed off in the carriage, but the painting not the least damaged. I have given it to Anderson, who is a very safe man, to take off that crust of varnish, with which they are so apt to load their pictures in Flanders and Holland; and when this picture shall be delivered of it, it

(a) I believe Mr. Duncan, favourite to the prince, before his elevation to the Stadtholdership, and employed in London, to settle the articles of his marriage with the princess royal. He was lord Chesterfield's most particular friend.

will

will be quite another thing. The figure of the virgin is the moſt graceful and beautiful that I ever ſaw, and not ſo Flemiſh-built as moſt of his women are. In ſhort, the whole is excellent. The frame, though not a faſhionable is a handſome one, and ſhall, with the addition that I will make to it, be a fine one. I do not diſlike ſomething a little *antique* in the frame of an old picture; provided it be rich, I think it is more reſpectable. As ſoon as the ſupreme connoiſſeurs ſhall have ſat upon it, I will let you know their verdict, not that for my own part I ſhall care two-pence about it, for I diſtruſt the ſkill of moſt, and the truth of all, of them. They pronounce according to the pictures, that they either have or have not, or that they want to buy or ſell of the ſame hand. You are an excellent *commiſſionaire*, and my moſt dutiful thanks attend you for your care and trouble.

Pray do not let your *maladie du pais* hurry you into any *étourderie.* * * * * * * * * * * * * *

Pray tell my baron that I took particular care to ſend him the *Enquiry into the conduct and principles of the two brothers*, ſo that it muſt neceſſarily have been taken out of the pacquet. Poſſibly they have no mind that it ſhould be diſperſed abroad. I will ſend it him again the firſt opportunity.

Adieu. Yours faithfully,

CHESTERFIELD.

LETTER XLVIII.

TO THE SAME.

London, March 9, O. S. 1749.

DEAR DAYROLLES,

* * * * UPON my ſoul I long to ſee you, for two reaſons, which I have not for longing to ſee many people; they are, that I love you, and that I know you love me. I ſhall keep a little room for you at Blackheath, where I will refreſh you with the beſt ananas and melons in England.

Pray tell monsieur Slingelandt that I have spoke to Rutter about the horse in question, and the better to know whether he was gentle enough for him, I asked him whether he was enough so for me; to which Rutter could not answer in the affirmative, so that I bid him not send him. I take it for granted that monsieur Slingelandt, who is a civil quiet gentleman as well as myself, chuses, as I do, a horse like père Canaye's *qualem me decet esse mansuetum*(a), which serene kind of beast is still more necessary in Holland, in the midst of canals and windmills, than here. * * * * *

Bon soir, mon ami.

LETTER XLIX.

TO THE SAME.

London, March 31, O. S. 1749.
Hôtel Chesterfield.

DEAR DAYROLLES,

* * * * I CAN tell you nothing, with any degree of certainty, of the squabbles among our ministers. That there are some is undoubtedly true; but then, in the reports, they are either magnified or lessened, according to the wishes or the interests of the reporters. Their two graces are evidently very ill together, which I long ago knew, and said could not fail. * * * * * *

I am got into my new house, from whence I shall be a most unconcerned spectator. I have yet finished nothing but my *boudoir* and my library; the former is the gayest and most chearful room in England, the latter the best. My garden is now turfed, planted, and sown, and will, in two months more, make a scene of verdure and flowers, not common in London.

Anderson has restored the Rubens perfectly well, by taking off that damned varnish, with which it was loaded, and fetching out

(a) See S. Evremond's most ingenious piece intitled; *Conversation du maréchal d'Hoquincourt et le père Canaye.*

the original painting. The *connoisseurs* have sat upon it, and, what is extraordinary, are unanimous in declaring it one of the best in England. Many have guessed it at £. 800, none less than £. 500. *Je les laisse dire, et je ne dis rien*; (I let them speak, and say nothing).

I do not care for the Teniers you mention; both my picture-rooms being completely filled, the great one with capital pictures, the cabinet with *bijoux*. So that I will buy no more, till I happen to meet with some very capital ones of some of the most eminent old Italian masters, such as Raphael, Guido, Correggio, &c. and in that case I would make an effort.

I will look out for a horse fit for Mr. Slingelandt, of which I think I am a better judge than a better horseman. You may tell him I shall not much regard the beauty of it, but the intrinsic merit. I desire he should be safe, for I love him both upon his own account and his father's.

I agree with you that my baron, far from travelling into other countries, will never more see his own, or put on a coat. He will think that he has escaped infection so providentially now, that I am apt to think he will endeavour to trust providence no more.

Yours most sincerely,

C.

LETTER L.

TO THE SAME.

London, April 4, O. S. 1749.

DEAR DAYROLLES,

SINCE my last to you, I have received your two letters of the 8th. and 11th. N. S. together with the pamphlet in Dutch, which you sent me by general Elliot, who delivered it to me very safe. It has made me rub up my almost forgotten Dutch, and I think I understand the meaning of it perfectly. It is extremely well written, and I dare say the facts are all as true, as the reasonings

ings upon them are juſt. It coincides with, and confirms, all the notions I had formed in the preſent ſtate of affairs in the republic. I ſhould be obliged to you if you would inform me, who is either the real, or ſuppoſed, author of it. Whoever he is, he is well informed. I am very much obliged to you for ſending it me: I have laid it by carefully, with my own predictions of general bankruptcy and confuſion, which I fear a little time more will accompliſh.

General Elliot* *eſt un dégourdi, et du bon ton.* I have not ſeen any Engliſhman more regenerated by being abroad than he is. I met him at Hop's before I knew who he was, and I was aſtoniſhed to find a man, who ſpoke Engliſh ſo well, behave himſelf ſo well.

I differ with you in opinion about the king of Pruſſia's two very different letters to the two poets; for I am perſuaded that they are both genuine. Should the two poets' happen to compare notes, ſuch is human vanity, and ſtill more ſuch is poetical vanity, that each would be convinced that the other was the dupe, and himſelf his majeſty's moſt favoured poet. *S'il fait bon battre les glorieux, il fait auſſi bon les tromper* (a). In the firſt caſe they do not complain, in the ſecond they do not even ſee. * * * * * * *

Yours moſt affectionately,

CHESTERFIELD.

LETTER LI.

TO THE SAME.

London, April 25, O. S. 1749.

DEAR DAYROLLES,

I Am now three letters in your debt, which I would have paid more punctually, if I had any tolerable current ſpecies to have paid you in: but I have nothing but farthings to offer, and moſt of

* Lieutenant general in the Dutch ſervice.
(a) An alluſion to a French proverb; amounting to this, that *vain men will equally bear being drubbed and being deceived.*

them too counterfeit, for, being, thank God, no longer concerned in the coinage, I cannot anſwer for the weight of the coin. I hear, as every body does, more lies than truth, and am not in a ſituation of knowing which is which. * * * * * * * * * *

However disjointedly buſineſs may go on, pleaſures, I can aſſure you, go roundly. To-morrow, there is to be, at Ranelagh garden, a maſquerade in the Venetian manner. It is to begin at three o' clock in the afternoon; the ſeveral *loges* are to be ſhops for toys, *limonades*, *glaces*, and other *raffraichiſſemens*. The next day come the fire-works, at which hundreds of people will certainly loſe their lives or their limbs, from the tumbling of ſcaffolds, the fall of rockets, and other accidents inſeparable from ſuch crowds. In order to repair this loſs to ſociety, there will be a ſubſcription-maſquerade on the Monday following, which, upon calculation, it is thought, will be the occaſion of getting about the ſame number of people, as were deſtroyed at the fire-works.

I hear nothing yet of lord Holderneſſe's going to Holland, and therefore do not aſk you when I may hope to ſee you here, for I ſuppoſe that his arrival muſt be previous to your departure; moreover I am told that you are ſo buſy in moving from one houſe to another, that you could not yet move from one country to another. Where is your new dwelling at the Hague?

I am glad to hear that madame de Berkenroodt goes ambaſſadreſs to Paris; ſhe will paſs her time well there, and ſhe deſerves it. Pray make her my compliments of congratulation, and tell her that I am ſtrongly tempted to pay my reſpects to her at Paris myſelf; but that, if I cannot, I will at leaſt do it by proxy this winter twelvemonth, and ſend her an ambaſſador about forty years younger, and conſequently forty times better than myſelf. My boy will then be at Paris; he is now at Venice, goes to Turin till November, and then to Rome till the October following, when I ſhall emancipate him at Paris. I hear ſo well of him from all quarters, that I think he will do. *Adieu, portez-vous bien, et aimez moi toujours.*

LET-

LETTER LII.

TO THE SAME.

London, May 4. O. S. 1747.

DEAR DAYROLLES,

* * * * * THE scramble for power in your court, and in your republic, puts me in mind of lord Rochester's image of contending ministers. He compares them to school-boys, who, at the hazard of their necks, climb for crabs, which, if they were upon the ground, solid pigs would disdain. How the pensionary could be ignorant of the favour * intended him, as it is reported that he was, when he received the message, is what I cannot conceive; for I knew it above a month ago. The manner, in which he took it, and spoke the next day in the assembly, was wise and skilful; but his accepting the pension†, for it is merely a pension, since he is excluded all the assemblies, is dirty, and vilifies him. If I had been he, I would sooner have lived all my life, as Van Beuningen did, by way of experiment, one year, upon six and thirty florins. Though his diet would have been but low, his character would have been high.

I have seen Laurenzi, who, I believe, must observe that diet too, unless he can get an increase of his appointments, which he is labouring for; but I much doubt of his success. He confirms the accounts I had had before from many, of *la délicatesse et le bon goût de votre table*. Marquis d'Havrincourt was worthy of it, excelling as he does, not only in the theory, but in the practical part, of the table. He dined with me once or twice, and I think I never saw a more vigorous performer. He is a very pretty man, and has, *l'extrèmement bon ton de la parfaitement bonne compagnie*, which is at present the short but comprehensive *éloge d'un bonnête homme*.

---
* His sudden dismission from the post of grand pensionary.
† Of 8000 florins, about £.730.

I am

I am in debt, at least three, if not four, letters to my baron, who is a most excellent correspondent. I will pay him soon in much better coin than my own letters, for I shall send him by the first opportunity a good cargo of good books and pamphlets. Pray, make him my compliments, and tell him that I will write to him soon.

* * * * * * * * * * * * * * * * * *

I hear nothing yet of lord Holdernesse's going to Holland.

Yours most faithfully,

C.

LETTER LIII.

TO THE SAME.

London, May 9, O. S. 1749.

DEAR DAYROLLES,

THE person, who will give you this letter, is the nephew of monsieur Boissier, a rich, and for all that a very honest, merchant of the city, from whom I have received many civilities. He is a Swiss, and probably you know him by name and reputation. This nephew is desirous to get into the service of the republic; and I wish that you could be useful to him in that view. I do not mean, nor does he, that you can procure him a commission; but we think that you may be able to point out to him *le moyen d'y parvenir*, (the way of succeeding) whatever that may be. If it be sollicitation, you will tell him where to address it; if a private tip, you will tell him where to apply it. In short, I am sure that, from the part I take in him upon his uncle's account, you will do him what service you can.

By the way, do not apprehend from this, that I shall plague you often with recommendations of this kind, for I have refused them to several people, and shall continue to do so to nine in ten. They desire impertinent, unreasonable, or impossible things, and then desire

desire that I will recommend them to you, because they are sure that I have great interest with you. My answer to which is, that I verily believe I have interest with you, and for that very reason will not recommend to you an impertinent or an impossible thing.

I am now assured that lord Holdernesse, though he has not yet kissed the king's hand, will go in three weeks at farthest, so that in six, I hope to see you here. I need not tell you how glad I shall be of it. We have not been so long asunder since we loved one another, as we still, I believe, do. *Adieu.*

LETTER LIV.

TO THE SAME.

London, June 9, O. S. 1749.

DEAR DAYROLLES,

AS I find by your last, that your stay in Holland will now be but short, my letters will be so too. We can talk more fully as well as more freely than we can write. * * * * * *

Hop[*] shewed me yesterday the print of your fireworks; they seem to be so fine and so expensive, that, considering the present necessitous condition of the republic, they put me in mind of a good *fanfaron* motto upon a French standard, *Peream modo luceam*; (I will shine though I perish). I should have told you first, that the device was a bursting grenado.

My boy, who was going to the carnaval at Venice, was suddenly seized with a violent inflammation upon his lungs, at a miserable post-house, two posts beyond Laubach, in Carniole, where he remained in great danger for twelve days. He is now recovering at Laubach; and by this time, I hope, out of all danger. However, as soon as the heats are over, that is, at the latter end of September, I intend to send him to Naples, the best place in the world

---

[*] Lieutenant general Hop, envoy extraordinary from the States general.

for tender lungs, and his are so yet. I shall send him a letter of recommendation to marquis Fogliani, who is the only person I know there, and as there is no Neapolitan minister here, that will be the only letter I can give him. Could you easily get a letter or two for him, from monsieur Finochetti? If you can, you may bring them with you here, and I can send them to him time enough from hence. You will remember to call him my nephew. I am told, that the princess Strongoli and general Mahoni are the two best houses there.

The parliament is to be prorogued next Tuesday, when the ministers will have six months leisure to quarrel, and patch up, and quarrel again. Garrick and the Violetti will likewise, about the same time, have an opportunity of doing the same thing, for they are to be married next week. They are desperately in love with each other. *Adieu; je languis de vous voir.*

LETTER LV.

TO THE SAME.

London, June 13. O. S. 1749.

DEAR DAYROLLES,

I have this instant received your letter of the 27th N. S. which I am very little able to answer, having been ill of a fever ever since Sunday last, and this being the first day that I have been allowed to go out of my bed-chamber. I am very weak, partly from the distemper itself, and partly from being starved. On Monday, I shall go to Blackheath for a week, which I hope will restore me. But I would not delay making you easier than you seem to be at present, about the event of your letter to the duke of Newcastle. I happened to meet him last Saturday at Boden's country house, where he told me that Stone had that morning delivered him a letter from you, asking leave to come here for a very short time. I told him

that I supposed you would obtain it; to which he answered, most undoubtedly. So that your having yet had no answer to it, I am convinced, proceeds only from his grace's hurry. I believe he has at present business enough upon his hands. * * * * * * *

I thank you heartily for the letters you have procured the boy for Naples: he is now so well recovered, that he is gone to Venice, where he will stay till the middle of September, and then proceed to Naples. My head will not allow me to write any more; it is my heart adds, that I am faithfully

Yours

C.

LETTER LVI.

TO THE SAME.

London, March 30, O. S. 1750.

DEAR DAYROLLES,

YOUR signs of life came very seasonably to convince me, that the concern you were in at leaving your *dear country* had not put an end to it. I happened to relate very properly the agonies I saw you in at leaving England, in company, where a lady seemed to think that she was the cause of them. She inquired minutely into the degree and nature of them; spoke of them with tenderness and compassion, though she confessed a quarrel with you for three days before you went away, which had broke off all communication between you. To this, I answered like your god-father, that to part with her would have been sufficient cause for your grief, but to part with her offended and incensed, more than justified the despair I observed in you. I obliged her at last to confess, that she wished she had seen you the day before you went. Make your most of these informations in your next letter to her.

You found Holland just as you left it, that is to say, in the same state of insolvency and confusion. I fear it will be soon worse, if my suspicions are founded; for I have good reason to suspect, that your rulers are wild enough to think of engaging in a new war. It is now beginning in the North, and though publickly it is discouraged, privately it is encouraged, not only in Holland, but *elsewhere*. The czarina will, I am convinced, soon strike the first blow. The court of Vienna hopes that the king of Prussia will strike the second, and give them a pretence to strike the third. If France does not interpose, the king of Prussia is demolished. If France does, it can only be by way of diversion, in falling upon the queen of Hungary; and that will necessarily be in Flanders, which, it is *hoped* and believed, will force the maritime powers to take a part. Bentinck*, now at Vienna, could tell us more of this if he pleased.

I have not heard one word about Mr. Harte *(a)*, which makes me believe that I shall not. He shall be no loser, however, and other people no gainers, by the refusal.

Mr. Durand brought me a letter from my baron, full of complaints of his health. Make him my compliments, and tell him that he shall hear from me soon.

On Thursday sevennight the parliament rises, and the Tuesday following his majesty sets out for Hanover. The regency is at last settled, and the duke not to be one.

Adieu, mon cher enfant, soyez persuadé que je vous aimerai toujours.
(Adieu, my dear friend, be persuaded I ever shall love you.)

---

* Comte Bentinck, seigneur de Roon, of the college of the nobles, in the province of Holland.

(a) Lord Chesterfield had applied to obtain a prebend of Windsor for Mr. Harte, then with his son, and met with unexpected difficulties and delays.

LETTER LVII.

TO THE SAME.

London, April 14, O. S. 1750.

DEAR DAYROLLES,

I COULD not refuse this recommendation of a *virtuosa* to a *virtuoso*. The girl is really a prodigy, but sometimes a prodigy without a puff will not do. Your hearing her once, and your puffing her afterwards, is all that she desires. The great point is to get the princess of Orange to hear her, which she thinks will *make her fortune*. Even the great Handel has deigned to recommend her there, so that a word from your honor will be sufficient. Adieu.

Yours faithfully,

CHESTERFIELD.

LETTER LVIII.

TO THE SAME.

London, April 27, O. S. 1750.

DEAR DAYROLLES,

I AM two letters in your debt, but as I knew that you were rambling, I did not know where to tender the payment.

By this time, it is probable that you are reestablished at the Hague. Had an unhappy foreigner been obliged to pass as many days at Plymouth as you passed at Calais, how admirably he would have diverted himself, and how politely he would have been received! whereas, I dare say, you passed your time very well at Calais, in case you were not too much an Englishman to think so.

It is very true, that, after a series of difficulties, which, I believe, were never made before, upon so trifling an occasion, Mr. Harte

Harte has at last got a prebend of Windsor. I am most extremely glad of it, for, that debt being now paid, I owe no man living any thing. As it is necessary that he should come over here, to take possession of his stall, I have directed him to bring the boy to Paris, and to fix him in la Gueriniere's academy there. * * * * *

When he arrives at Paris, I will send him a letter of recommendation *à son excellence, madame de Berkenroods*; *valeat quantum*. In all events, it will be a good house for him to frequent. *Vous y mettrez du vôtre auffi, s'il vous plait*, (you will contribute to it, if you please) by writing a word or two in his favour to the lady, or her husband, or both.

Comte Obdam's sale, I suppose, draws near, at which, pray, buy me such bustoes, and vases, as you shall find are univerfally allowed to be both antique and fine, at such rates as you shall think reasonable; in the whole, you may go as far as two hundred pounds, if the objects are curious and worth it.

Shall you not be surprized, if, at your return here, you find a *pendant* for your Rubens, full as large, and by a still greater master? I have reason to believe that will be the cafe, and then I shall undoubtedly have two of the most capital pictures in England of those two great masters. For the *virtuosi* here now unanimously confefs, that all the Rubenfes in England must strike to mine.

I believe, as you say, that you found things in the united provinces just as you left them, a great deal talked of, and nothing done. However, they would do well to confider, that in their situation, not to advance, is to go backwards. You may depend upon it, that, whatever you may have heard said to the contrary, war was the original defign, and the Pruffian bear skin was again scantled out upon paper; but the strong declarations and indeed preparations of France on one hand, and the apprehensions, which Ruffia on the other had just reafons to entertain of the Turk, have refpectively obliged *certain powers* to put water in their wine, and I now verily believe that the North will clear up, and fettle for fome time in peace. * * * * * * * * * * *

Pray, make my compliments to my baron, to whom I owe a letter, which I have not paid, for mere want of specie. Is he got to his own

own houſe again? Surely it has undergone luſtrations enough to be ſufficiently purified for his reception. Every thing here is juſt as you left it. I am, and ever ſhall be ſo, with regard to you: *c'eſt tout dire; bon ſoir, mon enfant.*

LETTER LIX.

TO THE SAME.

London, May 25, O. S. 1752.

DEAR DAYROLLES,

I Find your journey through Flanders has been, like every man's journey through the world, ſome good and ſome bad; but, upon the whole, it was as well as being at the Hague. By what you obſerved, it is evident that the court of Vienna will not lay out a ſhilling upon the barrier towns, but throw that burthen, as they do every other, upon the maritime powers, ſaying that they get nothing by Flanders, but that it is our buſineſs to take care of it. I am an Auſtrian in my politics, and would ſupport that houſe, if I could: but then I would be their ally, not their bubble; their friend, but not their victim.

With your leave, ſir, it is none of Boden's trumpery, that is to hang over againſt the Rubens, but a holy family, the maſter-piece of Titian, for which the late regent had agreed to give forty thouſand livres to the chapter at Rheims. It was accordingly ſent him, but when it arrived at Paris, he was dead and gone, not to the holy family I believe. His ſon, the preſent duke of Orleans, choſe rather to return the picture than the money; the chapter was obliged to take it back, and there it has remained ever ſince. I accidentally heard of this, and that the chapter was ſpecial poor, upon which I determined to try what I could do, and I have ſucceeded. As this picture was brought from Italy by the famous cardinal de Lorraine, after he had been at the council of Trent, and given by him to the

cathedral

cathedral of Rheims, of which he was archbishop, he gave them at the same time his own picture, a whole length, done by Titian; which I have likewise got: they are both arrived at Paris, and I expect them here very soon. This, you will allow, is no trumpery, and I have now done with pictures; I am brim full, and not ill filled.

Comte Olxlam's *virtù* will, I think, for the reason you give, go very cheap; few people in Holland understanding those things, or even thinking that they do. I would not give sixpence for his bronzes, nor a shilling for his books; but for some of his antique marbles, I would give reasonably. Those which, upon the face of the catalogue, I should chuse, are the following ones.

297 *Hermes* (Buste) *juvenis Romani cum loricâ et sago, in marmore. Ant.*

298 *Bacchus, cum corona hederacea. Ant.*

302 *Caput juvenis Romani, supra bafin. Ant.*

305 *Statua cum anaglyphis, sacrificium in honorem Priapi efformantibus. Ant.*

There are also in the appendix two bustos, one of Homer, the other of Apollo, by Girardon, which, if they go extremely cheap, as possibly they may, I should be glad of them; by extremely cheap, I mean about ten pounds a-piece. For the four antiques above-marked, *l'un portant l'autre*, (one with another) if they are fine, I would go as far as five and twenty pounds a-piece. But should these, which I have mentioned, have great faults, and others, which I have not mentioned, have great beauties, I refer to your decision, who are upon the place, and have *un coup d'oeil vif et pénétrant* (a quick and penetrating eye.)

You will see Hop at the Hague next week; it is sooner than he proposed to go, but he is ordered, which gives him some apprehensions. You will also see the famous madame du Boccage, who sets out from hence with her husband, and abbé Guasco *de l'académie des inscriptions*, next Tuesday. She has translated Milton into French verse, and gave a tragedy last winter at Paris, called *les Amazones*. She has good parts, *n'affiche pas le bel-esprit*, (and does not make an ostentatious display of wit). Pray give them *un petit*

petit diner, and let them know that I did them justice with you; they stay but a few days at the Hague, so cannot be very troublesome to you. But I possibly shall, if I lengthen this letter: so, *bon soir*.

C.

LETTER LX.

TO THE SAME.

London, June 19, O. S. 1750.

DEAR DAYROLLES,

I must say as most fools do, *who would have thought it?* My fine Titian has turned out an execrable bad copy. By good luck, the condition of the obligation was such, that if certain good judges at Paris should declare it, either a copy, or essentially damaged, the chapter of Rheims was to take it back again, I paying the carriage. This has happened, and the best painters in Paris pronounced it not only a copy, but a damned one. So that I am only in for the carriage back. The chapter must have been more fools than knaves in the affair; for, had they known it to be a copy, they must have known, at the same time, that it would be returned them, by which they would get nothing but the discrediting of their picture for ever.

I have received a letter from madame du Boccage, containing a panegyric of his majesty's resident at the Hague. *Il est très aimable, très poli, il est au mieux avec tout ce qu'il y a de meilleur ici, et il fait très-bonne chère.* (He is very amiable, very polite, extremely well received in the best company, and keeps an excellent table.) *Faire bonne chère* (to keep a good table) you know, always sums up a French panegyrick. She says, that by your means she received a thousand civilities at the Hague. I do not know whether my friend abbé Guasco's judgment in *virtù* will be of any great service to us at comte Obdam's, and I would sooner trust to your own *coup d'oeil, qui est mordieu vif et perçant.*

I am

I am very much *par voyes, et par chemins*, between London and Blackheath, but much more at the latter, which is now in great beauty. The shell of my gallery is finished, which, by three bow-windows, gives me three different, and the finest, prospects in the world. I have already two or three of your canteloupe melons, which are admirable; I have covered those, which are not yet ripe, with frames of oyled paper, which I am assured will do much better than glasses. * * * * * * * * * * *

The prince of Wales's last child was at last christened the day before yesterday, after having been kept at least a fortnight longer than it should have been out of a state of salvation, by the jumble of the two secretaries of state, whose reciprocal dispatches carried, nor brought, nothing decisive. Adieu.

LETTER LXI.

TO THE SAME.

DEAR DAYROLLES,

I Most heartily wish you and Mrs. Dayrolles joy, and I believe you have had it. May it continue long! I came to town this morning on purpose to make my compliments to you both, but you were gone to shady groves. I hope you will take those of Greenwich in their turn, and the sooner the better.

——— *En ceci*
La femme est comprise aussi (a).

Lady Chesterfield would have come, to have waited upon Mrs. Dayrolles, but was prevented by a great cold. Adieu.

Saturday, July 31, 1751.

(*a*) In this, the lady is likewise included.

LETTER LXII.

TO THE SAME.

Bath, Oct. 5, O.S. 1751.

DEAR DAYROLLES,

I Am heartily glad to find that you nicked your passage to Holland so well, for a day or two later, it would have been a bad one, I mean for madam Dayrolles, *car pour vous, vous avez le pié marin*, (for as to you, you are used to the sea) and moreover are minister to the master of the seas.

I have been here now just three weeks, though I have drank these waters but a fortnight, upon account of a most confounded cold, which I got at my first arrival. However I find *du mieux*, as Rodrigue happily expresses himself in his gazettes, and I expect a thorough vamp, before I leave this place, which I shall do just time enough to exhibit a brown suit, with a very rich gold button, at the birth-day.

I am astonished at Slingelandt's being displeased, that I did not answer, or rather reply to his letter, for mine was an answer to his. He tells me an anecdote, a fact, which I dare say is a very true one; well, what answer is to be made to it? none that I know of, unless I had laid hold of that opportunity to have kept up a regular correspondence with him, and to say the truth, my literary correspondence is already more extensive, than my eyes, my head, or my laziness will admit of.

I am glad of the accounts you give me of my baron and Duncan, both whom I love; and pray tell them so. I will write to the former soon, though this is not a place from whence I can write him a letter to his mind. Here I neither enquire, nor know any thing of the busy world. I hardly read a news-paper. Thank God, I am safe and quiet on shore; and as I do not intend to put to sea again, why should I study navigation any more? I read here a great deal, but then it is partly for my own amusement, and partly

for

for the improvement of my little friend, who is with me. In that way he labours most willingly, and is even for more of it than I desire to give him. But what I labour at most, and find the most difficulty in is, to give him *les manières, la politesse, et la tournure* of a man of fashion. He thinks that knowledge is all; there I differ from him, and endeavour to convince him, that, without manners and address, it is very useless. However, I gain ground, and he is already very different from what you saw him. He makes his compliments to you and madam Dayrolles. Pray make mine to her too, and tell her that, time out of mind, there has always been, *un vieux Dayrolles, et un jeune Dayrolles*, and that, as you cannot now claim the latter appellation, it is incumbent upon her to make us a *jeune Dayrolles, dans la fabrique duquel je la prie très instamment de mettre beaucoup du sien*, (in the fabric of whom I earnestly beg she would contribute a good share). Before you leave the Hague, pray remember to beg or steal for me some melon-seed of the *largest* and best canteloupes. The older it is, the better. *Adieu, mon cher enfant.* I am, with the truest affection,

Yours,

C.

LETTER LXIII.

TO THE SAME.

London, Oct. 18, O. S. 1751.

DEAR DAYROLLES,

I Arrived here but last night from Bath, which journey delayed till now my answer to your last. I have brought with me from Bath a stock of health, which, with my œconomy, will, I think, last me for a year, and I pretend now to no more. Formerly I was foolish enough to think of no more than *au jour la journée*, and now I am wise enough, to expect no more than *de l'an à l'année*.

I am

I am very glad that all was so quiet in Holland, upon an event so little expected as the death of the prince of Orange. Various conjectures and deep political refinements will be made upon the probable consequences of it; you shall have mine for nothing. *Or sut donc.* In my mind, the whole will depend upon the conduct of the *gouvernante*. If that be moderate, gentle, and œconomical, this event will secure and fix the stadthouder-form of government more effectually than the life of the prince of Orange could have done. A minority is not a time for enterprizes, nor for the extension of power; and the people, the most jealous of their liberties, are lulled by the very name of it, into a security, if no imprudent step be taken to rouze their fears, and awaken their jealousies. In the mean time, those who, having had the greatest share in the former republican government, were the most uneasy at the alteration of it, if not provoked, will not disturb, and will insensibly grow used, and to some degree reconciled, to the present form, if gently and moderately administered. Many or most of these will be dead, by that time the young stadthouder comes to be of age, and the growing generation, who will be of age with him, will have seen, nor known, no other kind of government, and will naturally look up to a young prince. As for the herd of the people, a minor is always the object of their compassion, and consequently of their love. In these circumstances, her royal highness may, if she pleases, fix and settle her son's future government upon a more solid foundation, than his father could have done. But if on the contrary, spirit, which always means heat and fury, should be the word, and the active and busy administrations of your Catharines and Marys of Medicis, your Anns of Austria, &c. should prove the model of your *gouvernante*, that conduct, which very near destroyed them in an absolute government, will ruin her family irretrievably in a free one.

Now I have shot my bolt, to another point. The duke of Newcastle told me this morning, that Mr. Yorke would go to the Hague in a few days, and that, in a few days after his arrival there, you would receive your orders to go to Brussels.

Creighton

Creighton gave me your melon feed, for which I thank you, and which I rob you of with the lefs regret, as, by your own account, you feem not to want any of *les quatre femences froides*.

I have no news to fend you from hence: I have been too few hours in town to know any, and am moreover too indifferent to afk for any.

By a little *brochure*, which my baron has fent me, and which I take to be written under, at leaft, the infpection of the king of Pruffia, it appears to me that fome changes are intended to be made in the form of government of Sweden. If fo, that may produce fome Northern fquabbles, though I think they will be carried on rather by the pen than the fword. For I fee very many good reafons, why both Ruffia and the king of Pruffia fhould rather fcold than fight. But if they fhould come to blows, I foretel that Ruffia will have the better on't.

Pray make my compliments to my baron, and tell him, that I will foon fend him a long and uninterefting letter: my waters, my journey, and my unfettled ftate, for thefe laft two months, have hindered me from doing it fooner. This is already too long, fo good night to you.

Yours.

LETTER LXIV.

TO THE SAME.

London, Nov. 15. O. S. 1751.

DEAR DAYROLLES,

I have received yours of the 19th, N. S. for which this is only an acknowledgment, but no equivalent. All the news of yefterday, fuch as fpeech, addreffes, &c. you will have authentically from the office; and I have nothing to add to it.

Sans vanité, as people commonly fay, when they fay a vain thing, I am of my baron's opinion, and think it would not be the

worfe for *la gouvernante*, if she purſued the meaſures, which I mentioned in my laſt. I would not give her juſt the advice, which lord Clarendon was accuſed of having given king Charles II. at his reſtoration, not to mind his friends, but to gain his enemies. But I would adviſe her to think rather more of gaining over reaſonable enemies, than of gratifying unreaſonable friends. She ſhould conſult indiſcriminately the ableſt and the moſt reſpectable people of the ſeveral provinces, upon the ſingle principle of the public good, and without adopting their provincial piques and prejudices. She ſhould take off all proſcriptions, and mitigate all that military ſtuff of councils of war with unlimited powers, down to the mere neceſſary diſcipline of an army. Private and public œconomy ſhould be her great objects, and if ſhe would act firmly upon ſuch principles, ſhe would not want our advice, but I believe would do a great deal better without it. I would not deſire a finer part to act than ſhe has; and were I in her caſe, I would undertake to fix the preſent form of government, upon a more ſolid foundation, than it has been upon, ſince the time of William I.

Lord Holderneſſe's baggage is not yet arrived, conſequently I have not yet received my baron's bill of fare, but by a little ſpecimen of it, which he ſent me lately in a ſpecimen of a letter, I believe I ſhall not be able to furniſh him with ſome of the rarities that he deſires; for he compoſes theſe bills of fare upon the advertiſements in the news papers, and the paſtry cooks have been before hand with him, at this ſeaſon of minced pyes. He is now paſtorally inclined, and has wrote to me for ſome particular paſtorals, which to this hour I am very ſure no gentleman ever heared of or read.

My boy ſet out this morning for Paris, improved a good deal, in my mind, *du côté des manières*. Lord Albermarle has promiſed to employ him in his *bureau* as much as if he were *ſécretaire de légation*, and, if he does, it will be juſt as well as if he were, the ſalary excepted, which I do not much mind. In all events, he has time enough before him, and if Paris will not do, ſome other place, ſome time or other, will. Make my compliments to madame Dayrolles. Adieu.

Yours.

LET-

LETTER LXV.

TO THE SAME.

London, Dec. 6, O. S. 1751.

DEAR DAYROLLES,

OUR long friendship neither requires, nor allows ceremony and compliments. We are, I dare say, reciprocally glad to write to each other, whenever business does not interfere on your part, or laziness on mine; in either of which cases be it understood, that the party at leisure, or in humor, *va toujours son train*, whether the other answers or not.

Colonel Yorke has, I suppose, brought you your pass to Brussels, which I suppose too that you will soon make use of. The sooner the better; in the present situation of affairs in the united provinces and at St. James's, that of an English minister at the Hague is not to be envied, *elle sera scabreuse*, (it will be difficult). * * * *

In all events you will be out of the scrape, and I am very glad of it. If you get into any at Brussels with monsieur le marquis Botta d'Adorno [*], it will be of no great consequence, as he is not in very good odor here.

Our parliament is so unanimous, that the house of lords hardly sits at all, and the house of commons seldom till three o'clock, to the infinite grief of the speaker, who, I believe, would now willingly change with the first president of the parliament of Paris, which makes a greater figure at present. The *beau monde* is not quite in such a state of inaction. * * * * * * * * * *

I have sent my baron some bad books by colonel Yorke, whose departure did not give me time to send him the others, that he desired, which I will do by the first opportunity. I will send him two copies of *Hammond's elegies*, of which he will send you one to Brussels, if you are there before he receives them. His tender turn is a new one, and may possibly remove his fear of collision

---

[*] Her imperial majesty's minister plenipotentiary in the low countries.

with

with human bodies. Pray, return him my thanks for *les mémoires de Brandebourg*, which I have at laſt received from lord Holderneſſe, with a ſybil's leaf, which I ſnatched and ſaved from the wind. Pray, make my compliments to Mrs. Dayrolles.

Yours faithfully,

C.

LETTER LXVI.

TO THE SAME.

London, Jan. 14, O. S. 1752.

DEAR DAYROLLES,

YESTERDAY I received yours of the 21ſt, N. S. You have done very wiſely in leaving the Hague, and preſenting your memorial without further order; for had you waited here, for the return of it reviſed, corrected, and amended by his grace, you would have ſeen not only the funeral of the late, but the majority of the preſent, ſtadthouder; two objects that appear very difficult to be ſettled. If the *gouvernante* be not both in earneſt and in haſte to have a proper proviſion made for the prob ble caſe of her death, ſhe muſt be mad. Her ſon's life poſſibly may, but his power certainly will, depend upon that previous care. The *quomodo* will not be ſo difficult there as it was here, there being no uncles in the queſtion.

By all that I have heard of the character of the prince of Brunſwick [a], I ſhould wiſh him to be the intermediate ſtadthouder under proper reſtrictions. A prince ſupported by any conſiderable power, or a Dutchman by any conſiderable party, might be equally dangerous; as on the other hand, a number of guardians of the ſeveral provinces would be ſo like the former republican government, that it might poſſibly revive it. * * * * * * * *

[a] Prince Lewin of Brunſwick.

I know

I know of no one event to communicate to you; there never was fo ferene a winter as this. I will not trouble you with news fo very old, and fo long known, as my being

Yours moft faithfully,

C.

LETTER LXVII.

TO THE SAME.

London, Feb. 7, O. S. 1752.

DEAR DAYROLLES,

LAST poft brought me your notification of your eftablifhment at Bruffels: *quod felix fauftumque fit*! You begin well at leaft. You are foon to have a colleague there, not as minifter, but as commiffary for the *barrier* and the *tariff*. It was firft offered to Tom Page at Chichefter, whom I fuppofe you know; but he refufed it: now I believe it will be Mr. Mitchell [*], a Scotch member of parliament; he is a fenfible good fort of man, and eafy to live with.

Though madame Dayrolles has a very good natural color, yet, living with people fo highly colored, if I were fhe, I would allow myfelf an ounce of red to their pound, which I think would be a fair compofition.

All bufinefs or expectation of bufinefs is over in parliament, which fits now only for details, fuch as turnpike bills, poor bills, &c. and will certainly rife the firft week in April at fartheft, when his majefty propofes going to Hanover, to fettle the tranquillity of the North. I am called away fuddenly: *bon jour donc.*

C.

[*] Afterwards Sir Andrew Mitchell, knight of the Bath, and envoy extraordinary and plenipotentiary at the court of Berlin.

LETTER LXVIII.

TO THE SAME.

London, March 17. O. S. 1751.

DEAR DAYROLLES,

WERE you half the œconomist you are supposed to be, you would not pay for my letters, but return them to the postman. If they only tell you, that I am your sincere friend and servant, they tell you nothing new. You have known it long, and the repetition of that assurance is not worth the shilling it costs you. Any news, they can tell you, will, I fear, not be new news, and nothing is so dull as old news. Fresh virgin news, whether of a public or a private nature, does not come to my share; nor is it the object of my enquiries.

The chapter of the garter, as I dare say you already know, was held last Friday. I was at it, and so was at least half the town. The countess of Coventry appeared as such, for the first time, at the chapter, and was afterwards presented to the king, and, in the news-paper style, met with a most gracious reception.

The king sets out for Hanover as soon as ever he can, and that, I believe, will be within three weeks. Much business is intended to be done at Hanover this year: the election of the king of the Romans is to be attempted, which, I think, will now meet with very great difficulties, and two years ago would have met with none. France and Prussia have had time to work against it, and I fear with success, at least with so much, that it will now be the most contested, and the most important affair, that hath happened these many years. It must have great, and God knows what, consequences. France is able, but, I hope, at present not inclined, to quarrel. The house of Austria is always inclined to quarrel, though seldom able. The king of Prussia is inclined to fear Russia; but Russia is inclined to English subsidies, which England cannot pay, and without which he will not fear Russia. The republic of the united provinces is totally impotent. Three of the electors will

protest

protest against the other six, and the *princes* will protest against all the electors, as to the question *an*? This great business will engross the attention of all Europe this year; so that, I believe, the *barrière* and the *tarif* will be pretty much neglected till the next. In the mean time I advise you and Mr. Mitchell, to divert yourselves as well as ever you can at Brussels. But whenever you do proceed to business, remember to put the Dutch ministers in the front of the battle, and sustain them in every thing. As they are the most immediately concerned, you may trust to them as to their demands; but then you must take care to support them with so much vigor, that wherever they fail, as in many points they will, they may not lay the blame, which they would be willing enough to do, upon the slackness and indifference of the English commissaries, which would hurt you both here.

My compliments to madame Dayrolles, and so we bid you heartily farewell.

C.

LETTER LXIX.

TO THE SAME.

London, April 17, O. S. 1752.

DEAR DAYROLLES,

I DID not expect to have heard from you so soon, well knowing the variety of trifling business, which always takes up more time than great business, that you must have been plagued with of late. I wish you joy of your good delivery from it. * * * *

I am very glad to hear, that the election of the king of the Romans is in so fair a way. It tends eventually to preserve the peace of Europe, which, I am sure, is very necessary for this country in particular. Pray, let me know as soon as you know, when and where that election is likely to be. My reason for thus interesting myself, as to the time and place of it, is upon account of my boy, who,

I am

I am determined, shall be at it, and I would adjust the other parts of my plan for his motions, to that circumstance. He is to leave Paris in about six weeks, and to go through the courts upon the Rhine in his way to Hanover, where I did not propose his arrival till September. But if the election should be sooner, he must be there sooner, because he is to go to that election in the *suite* of one of the king's electoral ambassadors, the only way, in which strangers, who are otherwise excluded the town upon that occasion, can see that ceremony. Next March, he shall make his court to you at Bruffels for a month or two, where I will beg of you to employ him in your *bureau*, in the things of no importance, and also that you will make him read those pieces, and give him those verbal instructions, which may put him *au fait* of the affairs of the *barrière* and the *tarif*.

I am of your opinion, that your conferences upon thofe points will break up, as they have often done already, *re infecta**. Nay, confidering the refolution, which you think is taken, of making Flanders once more a commercial country, it will be well if infenfibly the Schelde be not opened, and the port of Antwerp reftored, like that of Dunkirk, though contrary to treaties. That would be the laft finifhing ftroke to the commerce of the united provinces, and would extremely affect ours.

I have been extremely deaf, and confequently extremely dull, this laft fortnight. I am fomething better now, though far from being reftored to my former hearing. As I have no cold, nor any bodily diforder to afcribe this deafnefs to, as fymptomatical only, it makes me the more uneafy, by reviving in my thoughts my ftrong hereditary right to it; a right, which, as I do not indefeafibly allow even in kings, I would by no means exert as a private man, but would very willingly part with it to any minifter, to whom hearing is often difagreeable, or to any fine woman, to whom it is often dangerous. But, whether deaf or dumb, blind or lame, for I am come to the period, at which one has only one's chance of different ills, I fhall be invariably and fincerely,

Yours,

C.

* Which actually proved to be the cafe.

LETTER LXX.

TO THE SAME.

London, May 19, O. S. 1752.

DEAR DAYROLLES,

THIS goes to you from a deaf crippleman, confined to his bed or his chair, for above a fortnight past. My little black mare, whom you have long known to be as quiet as any thing of her sex can be, wanted to drink in Hyde-park. Accordingly I rode her into one of the little ponds, and in order to let her drink I loofed the bridon, which, by her stooping, fell over her head. In backing her out of the pond, her foot unluckily engaged itself in the bridon; in endeavouring to get clear of it, she hampered herself the more, and then, in a great *faut de mouton*, she fell backwards, and threw me with great violence about six feet from her. I pitched directly upon my hip-bone, which, by unaccountable good fortune, was neither fractured nor diflocated; but the muscles, nerves, &c. are so extremely bruised and strained, that to this moment, and this is the nineteenth day, I feel some pain, and cannot stand upon that leg at all. This confinement, especially at this time of the year, when I long to be at Blackheath, is not, as you will easily guess, very agreeable; and what makes it still less so, is my increasing deafness. I have tried a thousand infallible remedies, but all without success. I hope for some good from warm weather, for hitherto we have had none. But this is more than enough concerning my own infirmities, which I am of an age to expect, and have philosophy enough to bear without dejection.

I can much more easily conceive that your affairs go on very slowly, than I can that they ever will be finished; but in the mean time, *vous êtes bien, belle ville, bonne chère, et belle femme*: make the most of them all, enjoy them while you can, and remember that our pleasures, especially our best, last too little a while to be trifled with or neglected. As for your business, you and Mitchell, to whom my compliments, have nothing else to do, but to

put

put yourselves behind your Dutch colleagues, whose distinguishing talent is to wrangle tenaciously upon details.

I do not believe now, that a king of the Romans will be elected so soon as we thought; the court of Vienna, long accustomed to carry it's points, at the expence of it's allies, and sensible that we wish to bring this about, will not contribute any thing to it. But truly we must satisfy the electors and princes, who stand out still, and form pretensions, possibly because they hope that it will fall to the share of England, who pays well, to satisfy them. My young traveller will therefore, I fear, have full time to walk about Germany, before he has a call to Frankfort. He is now at Luneville, from whence he goes to Strasbourgh, and then follows the course of the Rhine, through Mayence, Manheim, Bonn, &c. to Hanover.

By his last account of the present state of France, the domestic disorders are so great, and promise to be so much greater, that we have but little to fear from that quarter. The king is both hated and despised, which seldom happens to the same man. The clergy are implacable upon account of what he has done, and the parliament is exasperated, because he will not do more. A spirit of licentiousness, as to all matters of religion and government, is spread throughout the whole kingdom. If the neighbours of France are wise, they will be quiet, and let these seeds of discord germinate, as they certainly will do, if no foreign object checks their growth, and unites all parties in a common cause.

Having now given you an account of my distempers, my philosophy, and my politics, I will give you quarter, which I can tell you is great lenity in me; for a man, who can neither use his legs nor his ears, is very apt to be an unmerciful correspondent, and to employ his hand and eyes at the expence of his friends. I close this letter, and open a book. Adieu.

Yours affectionately,

C.

LETTER LXXI.

TO THE SAME.

Greenwich, June 30, O. S. 1752.

DEAR DAYROLLES,

SINCE public events were neither the cause, nor the cement, of our long correspondence, that private friendship, that began, may e'en continue, without the assistance of foreign matter. We will reciprocally ask, and tell one another, how we do, and what we do: if we do little worth telling, which is and will be my case, our letters will be the shorter, but not the less welcome, for being only the messengers of friendship.

I am here in my hermitage, very deaf, and consequently alone. I read as much as my eyes will let me, and I walk and ride, as often as the worst weather I ever knew will allow me. *D'ailleurs* good health, natural good spirits, some philosophy, and long experience of the world, make me much less dejected and melancholy, than most people in my situation would be, or than I should have been myself some years ago. I comfort myself with the reflection, that I did not lose the power, till after I had very near lost the desire, of hearing. I have been long and voluntarily deaf to the voice of ambition, and to the noise of business, so that I lose nothing upon that head; and when I consider how much of my life is past, and how little of it according to the course of nature remains, I can almost persuade myself, that I am no loser at all. By all this, you see that I am neither a dejected nor a sour deaf man.

In spite of this cold and rainy weather, I have already eaten two or three of your canteloupe melons, which have proved excellent, and some very ripe muscat grapes raised in my ananas house, which is now stocked with African ananas, much superior to the American ones. The growth, the education, and the perfection, of these vegetable children engage my care and attention, next to my corporal one, who is now going to Hanover, and who I hope will reward all my care, as well as all my ananas have done.

Adieu, my dear Dayrolles. I am most affectionately and truly

Yours,

C.

LETTER LXXII.

TO THE SAME.

Blackheath, July 24, O. S. 1751.

DEAR DAYROLLES,

I Most heartily congratulate you upon the safe arrival of my godson, and madame Dayrolles upon his civil departure: but as for himself, considering the place he has left, and that which he is come into, I suspend my congratulations, but most sincerely wish that he may have great reason to receive, and his friends to make him, those congratulations, threescore years hence. When one is in the world, one must make the best of it; but, considering what that best is upon the whole, I doubt it is only making the best of a bad bargain: however, may that best be as good to him, as it ever has been, or can be, to any body! * * * * * * *

A propos, pray give me credit for whatever is proper to be done with regard to nurses, midwives, &c.; and do for me whatever you are to do for *mon compère* *.

I am very far from resolving not to try the Eyndhoven farmer †; but as all his skill can only consist in a nostrum or two, which he indiscriminately makes use of, I postpone that trial, till I have first taken all regular steps to no purpose. I have just now begun fumigations, from which I am promised wonders. Pumping at Bath is to be the next step; and in case of necessity, even electrification is to be tried. For my own part, I expect no considerable relief; and rely much more upon my own temper and philosophy to bear my misfortune tolerably, than I do upon any medicines to remove it. I suppose you have seen your old friend * * *, who made her husband take the route of Flanders to Paris, in order, as she said, to make her court to you. *Cela ne sent pas son vieux Dayrolles, enfin, vieux, jeune, et belle, Dayrolles, fussiez vous dix mille, je suis votre très fidèle serviteur.*

C.

* The late duke of Newcastle.
† Famous for curing deafness.

LETTER LXXIII.

TO THE SAME.

London, Sept. 15, 1752.

DEAR DAYROLLES,

IN the first place I make my compliments to my godson, who, I hope, sucks and sleeps heartily, and evacuates properly, which is all that can yet be desired or expected from him. Though you, like a prudent father, I find, carry your thoughts a great deal farther, and are already forming the plan of his education, you have still time to consider of it; but yet not so much as people commonly think, for I am very sure that children are capable of a certain degree of education, long before they are commonly thought to be so. At a year and a half old, I am persuaded that a child might be made to comprehend the injustice of torturing flies and strangling birds; whereas they are commonly encouraged in both, and their hearts hardened by habit. There is another thing, which, as your family is, I suppose, constituted, may be taught him very early, and save him trouble and you expence, I mean languages. You have certainly some French servants, men or maids, in your house. Let them be chiefly about him, when he is six or seven months older, and speak nothing but French to him, while you and madame Dayrolles speak nothing to him but English; by which means those two languages will be equally familiar to him. By the time that he is three years old, he will be too heavy and too active for a maid to carry, or to follow him; and one of your footmen must necessarily be appointed to attend him. Let that footman be a Saxon, who speaks nothing but German, and who will of course teach him German without any trouble. A Saxon footman costs no more than one of any other country, and you have two or three years to provide yourself with one upon a vacancy. German will, I fear, be always a useful language for an Englishman

to know, and it is a very difficult one to learn any other way than by habit. Some silly people will, I am sure, tell you that you will confound the poor child so with these different languages, that he will jumble them all together and speak no one well; and this will be true for five or six years; but then he will separate them of himself, and speak them all perfectly. This plan, I am sure, is a right one for the first seven years; and before the expiration of that time, we will think farther.

My boy has been a good while at Hanover: he kissed the king's hand, which was all I expected or desired. *Visage de bois*, you take her granted, *et c'etoit dans les formes*. But the duke of Newcastle has been most excessively kind and friendly to him; had him always to dine with him, even *en famille*. * ° ° * * * I am really most extremely obliged to the duke of Newcastle, and will shew him that I am so, if ever I have an opportunity. He is now gone to Brunswick, and from thence goes to pass the carnival at Berlin: he will kiss your hands at Brussels in March or April, unless an election of a king of the Romans should call him to Frankfort; for I cannot help thinking, notwithstanding what I read in the news-papers, and what you hint in your last, but that there will be a king of the Romans elected before it is long. That affair has been too eagerly and publickly pursued, to be now dropped without ridicule and disgrace. At bottom, the court of Vienna must earnestly wish it, and it's pretended indifference was merely to throw the whole expence upon us. We have been haggling all this time about it with the court of Vienna, which, I suppose, will at last be prevailed with to do something, and we shall, according to custom, do all the rest. The electors, who are to be paid for it, as those of Palatine and Cologne, will be paid in a few ducats, and a great many guineas.

I leave my hermitage at Blackheath next week for Bath, where I am to bathe and pump my head; but I doubt it is with deaf people as with poets, when the head must be pumped, little good comes of it. However, I will try every thing, just as I take a chance in every lottery, not expecting the great prize, but only to be within the possibility of having it. My compliments to madame Dayrolles. *Adieu, mon cher enfant.* C.

LET-

LETTER LXXIV.

TO THE SAME.

Bath, Oct. 7, 1752.

DEAR DAYROLLES,

BEFORE this packet will reach you, another little round packet of mine probably will; I mean Mr. Stanhope, who, by a letter of the 26th of September, which I have just received from him from Hanover, acquaints me, that he is setting out to make his court to you at Brussels. I know your friendship for me too well to want any new proofs of it; and therefore I do very seriously insist, whatever either your friendship to me, or your attention to him, might otherwise make you intend, that you do not make him lodge in your house. Let him be your guest at dinner or supper, as often as you please, but very positively no longer. A dissipated young fellow of twenty is a very improper piece of furniture in a regular family. In short, *en un mot comme en mille*, all ceremony apart, I will not have him lodge in your house. *Au reste*, I put him entirely into your hands, do whatever else you will with him. Thrust him into company. Pray inform him a little of the affairs of the *barrière* and *tarif*, which are not of a secret nature; and inform me truly, and *de bonne foi*, how you find him now. Has he better air, address, and manners, than when you saw him last? I beg of you to reprimand him seriously if he has not. As being mine, look upon him as your own; as I should look upon my godson as mine, being yours, were he with me, and of an age to be rebuked and reprimanded for his good.

I have been here now just a week, blistering, pumping, and drinking; by all which I think I have gained a little, though very little as to my hearing.

Yours most affectionately,

C.

LETTER LXXV.

TO THE SAME.

Bath, Oct. 18, 1752.

DEAR DAYROLLES,

YOUR last letter of the 6th, and my last of the 10th, crossed one another somewhere upon the road, for I received yours four days after I had sent mine. I think I rather gain ground, by the waters and other medicines: but if I do, it is but slowly, and by inches. I hear the person, who sits or stands near me, and who directs his voice in a strait line to me, but I hear no part of a mixed conversation, and consequently am no part of society. However I bear my misfortune better than I believe most other people would; whether from reason, philosophy, or constitution, I will not pretend to decide. If I have no very chearful, at least I have no melancholy, moments. Books employ most of my hours agreeably, and some few objects, within my own narrow circle, excite my attention enough to preserve me from *ennui*.

The chief of those objects is now with you; and I am very glad that he is, because I expect, from your friendship, a true and confidential account of him. You will have time to analyse him, and I do beg of you to tell me the worst, as well as the best, of your discoveries. When evils are incurable, it may be the part of one friend to conceal them from another; but at his age, when no defect can have taken so deep a root as to be immoveable, if proper care be taken, the friendly part is rather to tell me his defects than his perfections. I promise you, upon my honor, the most inviolable secrecy. Among the defects, that possibly he may have, I know one that I am sure he has; it is, indeed, a negative fault, a fault of omission, but still it is a very great fault, with regard to the world. He wants that engaging address, those pleasing manners, those little attentions, that air, that *abord*, and those graces, which all conspire to make that first advantageous impression upon people's minds, which

is

is of such infinite use through the whole course of life. It is a sort of magic power, which prepossesses one at first sight in favour of that person, makes one wish to be acquainted with him, and partial to all he says and does. I will maintain it to be more useful in business than in love. This most necessary varnish we want too much: pray recommend it strongly. * * * * * * *

He has, I dare say, told you, how exceedingly kind the duke of Newcastle was to him at Hanover, for he wrote me word with transports of it. *Faites un peu valoir cela*, when you happen either to see or to write to his grace, but only as from yourself and historically. Add too, that you observe that I was extremely affected with it. In truth, I do intend to give him to the two brothers from their own, and have nothing else to ask of either, but their acceptance of him. In time, he may possibly not be quite useless to them. I have given him such an education, that he may be of use to any court, and I will give him such a provision, that he shall be a burthen to none.

As for my godson, who, I assure you without compliment, enjoys my next warmest wishes, you go a little too fast, and think too far beforehand. No plan can possibly be now laid down for the second seven years. His own natural turn and temper must be first discovered, and your then situation will and ought to decide his destination. But I will add one consideration with regard to these first seven years. It is this. Pray let my godson never know what a blow or a whipping is, unless for those things for which, were he a man, he would deserve them; such as lying, cheating, making mischief, and meditated malice. In any of those cases, however young, let him be most severely whipped. But either to threaten or whip him, for falling down, bepissing himself, or not standing still to have his head combed and his face washed, is a most unjust and absurd severity; and yet all these are the common causes of whipping. This hardens them to punishment, and confounds them as to the causes of it; for, if a poor child is to be whipped equally for telling a lye, or for a snotty nose, he must of course think them equally criminal. Reason him, by fair means, out of all those things, for which he will not be the worse man; and flog him severely for those things only, for which the law would punish him as a man.

I have ordered Mr. Stanhope to pafs fix weeks in Flanders, making Bruffels his head quarters. I think he cannot know it as he fhould do in lefs time; for I would have him fee all the confiderable towns there, and be acquainted and *faufilé* at Bruffels, where there is a great deal of good company, and, as I hear, a very polite court.—From thence he is to go to Holland for three months. Pray put him *au fait* of the Hague, which nobody can do better than you. I fhall put him into Kreuningen's hands there, for the reading, and the conftitutional part of the republic, of which I would have him moft thoroughly informed. If, by any letters, you can be of ufe to him there, I know you will. I would fain have him know every thing of that country, of that government, of that court, and of that people, perfectly well. Their affairs and ours always have been, and always will be, intimately blended; and I fhould be very forry that, like nine in ten of his countrymen, he fhould take Holland to be the republic of the feven united provinces, and the ftates-general for the fovereign. *Mais à force d'être fourd je deviens bavard,* (deafnefs makes me loquacious,) fo a good night to you with madame Dayrolles, and I think that is wifhing you both very well.

Yours moft fincerely,
CHESTERFIELD.

LETTER LXXVI.

TO THE SAME.

Bath, Oct. 25. 1752.

DEAR DAYROLLES,

I Have this inftant received yours of the 17th. If you are not partial to what belongs to me, I will hope, by your account, that your little friend is improved in his air and manners; there was undoubtedly great room for it. If he does not divert himfelf fo well at Bruffels, as from the reputation of Bruffels one might expect, he will

will only have the more time to inform himself of the very many things, that he ought to know relatively to Flanders. I am as much obliged to you for your intentions to lodge him in your *hôtel*, as if he were actually lodged there; but I do seriously and earnestly insist that he be not your lodger. When he comes even to London, he shall not lodge in my house, though it is full big enough to hold him: but youth and spirits never do well under the same roof with age and gravity. Do not think from this, that I call you an old fellow. God forbid! but you will allow yourself to be something older, and rather graver, than a boy of not quite one and twenty.

I think I gain a little ground by pumping my head, and by all the other operations which I undergo here; but it is very little. *Adieu, mon cher enfant.*

Yours faithfully,

C.

LETTER LXXVII.

TO THE SAME.

Bath, Oct. 30, 1750.

DEAR DAYROLLES,

I Am very sure that you are much more concerned than I am, at the accident, that happened between you and marquis de Bonna, relatively to my boy. My greatest concern arises from the apprehensions, that it may possibly affect you at that formal court: if it does not, there is no harm done. You conducted yourself in the whole affair, with all the prudence of a man much less irascible than you naturally are, especially where your friends are concerned. As for the boy himself, people in his situation must sometimes expect disagreeable things of that nature; and I have made use of this incident in my letter to him, to shew him how necessary it is for him to counterbalance this disadvantage, by superior merit and knowledge

ledge. He has defired to go again to Paris; which I have very willingly confented to, as he is received there in the beft companies, and employed by lord Albemarle in the moft fecret correfpondence.—This incident makes me ftill more defirous than before, that the duke of Newcaftle's propofal for him may take place *(a)*; which, together with his being in parliament, as he will be in the next, will put an end to all thefe difcuffions. Adieu; I have pelted you lately with fo many letters, that you will be afraid, for fome time, of every poft from England.

Yours moft affectionately and fincerely,
C.

LETTER LXXVII.

TO THE SAME.

London, Dec. 14, 1751.

DEAR DAYROLLES,

I Returned here yefterday from Bath, the better in my health, but little fo in my hearing, for the ftay I made there. The bathing, and pumping my head, did me a great deal of good at firft; but I gradually loft what ground I had gained, and am now juft as deaf as when I went there. Thus deaf, and not having been four and twenty hours in town, you will eafily judge that I have feen little, and heared lefs. * * * * * * * * * * *

Your little friend and fervant is at Paris, where he will continue three or four months longer, and where I hope he will learn more manners and attentions. If I can get him into this parliament for any of the vacant boroughs, I will; and that, as you juftly obferve, will remove all difficulties: but I fear they are all engaged. I am hurried at prefent by vifits and ceremonies, though, thank God, not by bufinefs; fo muft abruptly wifh you all well, and tell you that I am moft fincerely

Yours,
C.

(a) The appointment to the place of refident at Venice, which, after all, the king refufed to grant to Mr. Stanhope. See Memoir, fect. VI.

LETTER LXXIX.

TO THE SAME.

London, Feb. 16, 1753.

DEAR DAYROLLES,

IT is true that I have been long silent, and am, contrary to custom, two letters in your debt. I would have paid better, had my specie been better, but it is really so bad, that it would be both impudent and fraudulent in me to pretend to give it currency. But since you will take it, for the sake of him, whose image and inscription it wears, you shall have it, and with my wishes that it were better.

I grow deafer and consequently more *isolé* from society every day. I can now say of the world as the man in Hamlet, *What is Hecuba to me, or I to Hecuba?* My best wishes, however, will attend my friends, though all my hopes have left me. I have in vain tried a thousand things, that have done others good in the like case, and will go on trying, having so little to lose, and so much to get. The chapter of knowledge is a very short, but the chapter of accidents is a very long one: I will keep dipping in it, for sometimes a concurrence of unknown and unforeseen circumstances, in the medicine and the disease, may produce an unexpected and lucky hit. But no more of myself; that self, as now circumstanced, being but a disagreeable subject to us both.

I am very glad to hear that my godson flourishes. I hope he is very noisy and very active, which, at his age, are the only symptoms of health and parts. * * * * * * * * * *

I believe you are not at all sorry, for in your case I know I should not, that your great men have taken your negociations out of your hands. It secures you ministers of a subordinate rank from any blame, in whatsoever manner the negociations may be concluded, if ever they are concluded at all. The credit or the blame will be theirs, the appointments *en attendant* are yours. Adieu, my dear Dayrolles. I am most warmly and affectionately,

Yours,

C.

LETTER LXXX.

TO THE SAME.

London, March 13, 1753.

DEAR DAYROLLES,

● ● ● ● ● ● ● I THINK it is very lucky for you inferior ministers, that those *de la première volée** have taken the work off your hands; for the blame, which always exceeds the honor in those affairs, will be theirs too. A good tariff, if we can get one, would be a good thing; but for the barrière, I could wish that there were no treaty at all, and that the Dutch would, as they easily might, make their own interior barrière impenetrable, and leave the care of Flanders entirely to the house of Austria, who would, in that case, take care of it, notwithstanding all they give out concerning it, as that it is an expence to them, and only of use to the maritime powers. They know the contrary, and they know that it is the single point of union between them and the maritime powers, a connection, which they would be very sorry to lose. That haughty house ought to be made sensible, that the money and the fleets of the maritime powers are more necessary to them, than their land forces are to the maritime powers. The late duke of Marlborough, for his own private interest, laid the foundation of our subserviency to the court of Vienna. Upon the same principle, the late king carried it on till, upon private *pique* in the year 1725, he ran into the other extreme, and, by the treaty of Hanover, more absurdly threw himself into the arms, and consequently into a dependency, of the house of Bourbon. England ought to be the friend, but neither the slave nor the bubble, of the house of Austria; we have nothing to fear but from the house of Bourbon.

Hanover is frightened by the king of Prussia's ordering an encampment at Magdebourg, which he does only to frighten them,

* Count, now prince Kaunitz, and count Bentinck, who repaired to Brussels upon this occasion, but to as little purpose as the commissaries.

for he dares not touch them, even should we take one of his Embden ships, which I dare say we shall not. He is a great deal too wise to attack Hanover, without being previously very sure of some things, which I am sure that he cannot be sure of. He must be sure, that, in consequence of such a measure, the two empresses will not fall upon both ends of his dominions, and he must be as sure, that France will effectually assist him. He is sure of no one of these things: he is certainly an able man, and therefore I am sure that he will be quiet.

But what have I to do, my dear Dayrolles, either to talk or think of these matters, which I long ago renounced by choice, and am now unfit for from necessity? And what is public life to me, who am cut off from all the comforts even of social? This political excursion, which is *un reste de l'homme d'affaires*, (the remains of the man of business) puts me in mind of Harlequin's making several passes against the wall, *par un reste de bravoure*, (from a remainder of bravery.)

By your account, madame de Mirepoix has had one fine night on't: could I have such a one for my ears, as she has had for her whole head, I should prefer it to the best night I ever passed in my life; but sleep is now the only business, and the only hope, of my nights. It is my greatest comfort, for it banishes the thoughts of my deafness, and my deafness in return renders my sleep less liable to interruption.

Your little friend will come here from Paris in about a month.
* * * * * * * * * * *
My compliments to madame Dayrolles; and lay by a stock of them for my godson, to deliver to him, when he shall be willing or able to receive them.

Yours most affectionately,

C.

stagnate. Our friendship only can make them either worth writing or reading, and it is upon that principle only that this goes to you. I hope it will find you, madame Dayrolles, and my godson, all well; I am sure I sincerely wish it.

I go next week to Blackheath for the whole summer, if we are to have any, there to read and saunter in quiet. That place agrees with my health, and becomes my present situation. It employs my eyes, my own legs, and my horses agreeably, without having any demand upon my ears, so that I almost forget sometimes that I have lost them.

* * * arrived here last Saturday, but I have not seen him, and very probably shall not; for I believe he will not seek me, and I seek nobody. Some say, that he is come over to transact great and important affairs; but others say, and I have some reason to think with more truth, that he is come *parce qu'il boude*, (because he pouts) and threatens with retiring from business. * * * * * *

Good night.

Yours sincerely,
C.

LETTER LXXXIII.

TO THE SAME.

Blackheath, June 22, 1753.

DEAR DAYROLLES,

IT is very true, that I am very well in health; but I can assure you that my deafness is much more than a thickness of hearing, and that I am very far from being a social animal. I will never be an unsocial one, however, and I will wish my fellow-creatures as well as if I heard them. I have natural good spirits to support me under this misfortune, and philosophy enough not to grieve under any, that I cannot remove, bodily pain excepted, of which, thank God, I have had as small a share as any body of my age, perhaps even

even a smaller. My only society is the person, who, for the time being, sits near me. It is a great satisfaction to me to reflect, that I retired from business to the comforts of a quiet and private life, before my unfortunate deafness reduced me to the necessity of doing it, or it would never have been thought choice, had it been ever so truly so, the generality of mankind not having the least notion of giving up power or profit. * * * * * * * * *

I hope my godson and madame Dayrolles's son will divert part of her grief for the loss of her father, and it is her duty to think more of one, to whom her attention is both useful and necessary, than of one, to whom all grief is unavailing. Wise people may say what they will, but one passion is never cured but by another: grief cannot be talked away, but it may and will be insensibly removed by other objects of one's attention. You should, therefore, put my godson much in her way, and talk to her constantly upon his subject. *Au reste*, your precaution about him is, I hope and believe, very unnecessary, though eventually very prudent. You will probably live, till he will want no guardians. In the course of nature, not to mention my shattered constitution, I probably shall not; but however, in the uncertainty of events, I accept that mark of your friendship and confidence, which you propose giving me, and promise you in return, that, should the case exist, which I both hope and believe will not, I will take the same care of my godson, that I would, were he my own son. But, as I am utterly ignorant of all pecuniary affairs, I could rather wish, that you would appoint proper trustees for the care of his fortune, and me only guardian of his person and education.

I suppose he now aims at some words, and, considering the composition of your family, I suppose in various languages: all the better, let him go on with all the languages of Babel if he pleases, English, French, Flemish, and German, for though he will certainly jumble and confound them now, he will as certainly *débrouiller* them hereafter, and it will be so much clear gain for him, without any trouble. Pray let him neither be chid nor whipped for any childish trick, but reserve chiding and whipping for his first deliberate act of obstinacy,

stinacy, falshood, or ill-nature, and then do it to the purpose. I am persuaded that a child of a year and a half old is to be reasoned with.

The bill, which passed last session, for the naturalization of the Jews, and which was a very right one, makes a strange noise among the generality of the people here. Many really think it, and many pretend to think it, calculated and intended for the destruction of the Christian religion in this kingdom, which they tell you will become the new Jerusalem, and be not only inhabited, but governed by the Jews. Among the thousand absurd and scurrilous pamphlets, letters, and advertisements, that have been published upon this occasion, there has been but one good conceit, and that I think has some humor in it. It is an advertisement inserted lately in the evening post, as from a surgeon, who takes the liberty to inform the public upon this occasion, that he has a fine hand at circumcision of adult persons as well as children, and that he performs that operation with little pain and no danger to the patient, and at the most reasonable rate. * * * * * * * * * * *

From a hermitage, this is, I think, a very long letter and full of news. You may very probably think the letter too long, and the news too old; but I will conclude it with a piece of much staler and older news, which you have known these twenty years, that I am,

affectionately and sincerely,

Yours,

C.

LETTER LXXXIV.

TO THE SAME.

Blackheath, Aug. 16, 1753.

DEAR DAYROLLES,

YOU very much over-rate an office of friendship, which I both hope and believe it will never be in my power to perform. There is little probability, I had almost said possibility, that my

shattered

shattered carcase, with twenty years more over my head, should survive your strong and healthy constitution, in the meridian of your life. But, should the unaccountable chapter of accidents determine otherwise, you may depend upon my taking all the care of my godson, that his mother would take, and at the same time with all the strictness, that a father ought to use. I owe you much more than that, in return for your constant friendship and attachment to me, in all times and upon all occasions, since our first acquaintance. With regard to myself, I might have added the epithet singular ; for I have not met with the same return from many others, for whom I have done much more. I forgive them, because it is the general way of the world ; but then that reflection endears those to one the more, who have virtue enough to deviate from it.

The good bishop of Waterford *, singular too in the goodness and tenderness of his heart, is now here with me, but sets out to-morrow for Ireland. He was charmed with your reception of him at Brussels. He gives me a good account of the health and strength of my godson, and tells me what, begging your pardon, I am not sorry to hear, that the resemblance of his mother is predominant. If you are angry at me for this, complain to madam Dayrolles, who probably will not ; and so I shall have one friend in the family still. * * * * * * * * * * * * * * *

I shall bring your little friend into the next parliament. In the mean time, I shall re-export him, for he shall not idle and saunter about the town of London next winter. He goes in about three weeks, first to Holland for a month or so, and from thence to the three electoral courts of Bonn, Manheim, and Munich, where there are never any English, for that is my great object. He has conversed with them but too much in France, where they now swarm.

As soon as I have dispatched him, I shall set out for Bath, and try what a second boiling and pumping will do for me. Within these last three weeks, I am grown much deafer, without being able to assign any other cause for it than the natural progression of

* Dr. Chenevix.

ills. *Il faut patienter*; and whether deaf, dumb, or blind, I shall always be, my dear Dayrolles,

Most faithfully yours,

C.

LETTER LXXXV.

TO THE SAME.

London, Nov. 16, 1753.

DEAR DAYROLLES,

AS I know that you interest yourself more in what is personal to myself, than in what only relates to others, I delayed answering your last, till after my return from Bath, when I could give you some account of myself. It is not such a one, as we could wish, for though the waters have done a great deal of good to my general state of health, they have not done me the least, in the essential point of deafness. I am full as deaf, consequently, full as *absurd*, as ever. I give up all hopes of cure; I know my place, and form my plan accordingly, for I strike society out of it. I must supply it's place as well as I can, with reading, writing, walking, riding, gardening, &c. though all these together still leave a great void, into which weariness and regret will slip, in spite of all one's endeavours to banish them. But enough of this disagreeable subject.

Yesterday the parliament met; and the duke of Newcastle, frightened at the groundless and senseless clamors against the Jew-bill passed last year, moved for the repeal of it, and accordingly it is to be repealed. * * * * * * * * * * * *

Things are very quiet here, excepting the universal drunkenness of the whole people of England, which is already begun by way of preface to the approaching elections. Parliament stock rises extremely;

tremely; and one man, an East-India director, I think, has bought the whole borough of □ * *, which consists of ninety votes, at fifty guineas a man. This, by the way, is not reckoned a very dear bargain neither. The fury of this war is chiefly whig against whig, for the tories are pretty much out of the question; so that, after the new parliament shall be chosen, the greatest difficulty upon the administration will be, to find pasture enough for the beasts, that they must feed. * * * * * * * * * * * *

My plantation is of a very different nature from yours, and is all confined to my little spot of earth at Blackheath, which I now cultivate with as great eagerness, as ever I did any other spot in my life. I have turned my green-house into a grape-house, which, with the help of a little fire, supplies me with an immense quantity of muscat grapes, and as ripe as I please to have them, the climate depending wholly upon my orders. These two little bits of garden, *tels que vous les avez vûs*, supplied me last summer with a sufficient quantity of the best fruits I ever eat. Such are now the quiet amusements of your retired, deaf, and insignificant

Friend and servant,

C.

LETTER LXXXVI.

TO THE SAME.

London, Jan. 1, 1754.

DEAR DAYROLLES,

YOU fine gentlemen, who have never committed the sin or the folly of scribbling, think that all those, who have, can do it again, whenever they please; but you are much mistaken: the pen has not only it's moments, but it's hours, it's days of impotence, and is no more obedient to the will, than other things have been since

since the fall. Unsuccefsful and ineffectual attempts are alike difagreeable and difgraceful. It is true, I have nothing elfe to do but to write, and for that very reafon perhaps, I fhould do it worfe than ever; what was formerly an act of choice, is now become the refuge of neceffity. Though I keep up a certain equality of fpirits, better I believe than moft people would do in my unfortunate fituation, yet you muft not fuppofe, that I have ever that flow of active fpirits, which is fo neceffary to enable one to do any thing well. Befides, as the pride of the human heart extends itfelf beyond the fhort fpan of our lives, all people are anxious and jealous, authors perhaps more fo than any others, of what will be thought and faid of them, at a time when they cannot know, and therefore ought not reafonably to care, for either. Notwithftanding all thefe difficulties, I will confefs to you that I often fcribble, but at the fame time proteft to you that I almoft as often burn. I judge myfelf as impartially, and I hope more feverely, than I do others; and upon an appeal from myfelf to myfelf, I frequently condemn the next day, what I had approved and applauded the former. What will finally come of all this I do not know; nothing I am fure, that fhall appear, while I am alive, except by chance fome fhort trifling effays, like the fpectators, upon fome new folly or abfurdity that may happen to ftrike me, as I have now and then helped Mr. Fitz-Adam in his weekly paper called the World.

The Irifh part of the world, I take it for granted you have heard, is in the utmoft confufion, and I now fear, and the more becaufe I cannot forefee, the confequences of it. The beginning of the whole affair was only the old queftion, who fhould govern the government; this produced violent perfonal piques and acrimony, and confequently formed, and animated, parties. While thefe parties avowed and confined themfelves to perfonal views, it fignified little to the public which prevailed, but now the affair is become national, and confequently very ferious. The fpeaker's party, which is now, by the ill management of others, become the majority of the houfe, deny the king's right to the furplufes of the Irifh revenue, and in confequence of that principle, have rejected a bill for the application of them, becaufe the council here had inferted, and rightly, in

the preamble of the bill, these words, *by and with the consent of his majesty*. It is believed, that the house of commons will proceed to some personal votes. * * * * * * * * * *
This only is certain, that the duke of Dorset is making what haste he can to come over here, and will not, nor cannot, go back again. Various successors are talked of, but I believe no one fixed. Some talk of lord Holdernesse, who in that case, they say, is to be succeeded in the secretary's office, by the sollicitor general, Murray. Others talk of lord Winchelsea, as recommended by lord Granville, and this I think not improbable; but some, who go deeper, name the duke of Bedford, and this, I think, by no means impossible.

This is the season of well-bred lyes indiscriminately, told by all to all; professions and wishes unfelt and unmeant, degraded by use, and profaned by falshood, are lavished with profusion. Mine for you, Mrs. Dayrolles, and my godson, are too honest and sincere to keep such company, or to wear their dress. Judge of them then yourselves, without my saying any thing more, than that I am most heartily and faithfully yours,

C.

LETTER LXXXVII.

TO THE SAME.

London, March 1, 1754.

DEAR DAYROLLES,

I have been lately very ill, and am still far from being very well. My complaint was a goutish rheumatism, or a rheumatic gout; its principal seat was in my right arm, of which I lost the use for three weeks, but it visited all the other parts of my body by turns, not excepting my head and stomach. The weather was then so very cold, that I was confined to my room above a month, and great part of that time to my bed. I am now free from pain, and got abroad

abroad again, if going chiefly to take the air in my coach can be called going abroad; but what with the diftemper itfelf, and the great, though neceffary, evacuations, I am ftill very weak, and extremely difpirited. *Mais à quelque chofe malheur eft bon, dit on*, for probably this weak ftate, joined to my former deafnefs, will procure me the pleafure of feeing you and yours at Bruffels, in about two months time. The learned infift upon my going to Aix-la-Chapelle and Spa, which, they promife me, will reftore my health and fpirits, and perhaps relieve my deafnefs, if it proceeds, as both they and I believe it does, from that flying goutifh humor. Were it only to prolong the fag end of my tattered life, I am fure I would not take the trouble of this journey; but I undertake it merely in the hopes of making the remainder of my life, be it what it will, more eafy and comfortable. If it will but do that, it is all I afk; and for that I would go any where. Pleafures are over with me; negative health and quiet are the only remaining objects of my wifhes. At this moment, I know that you are allotting me a bed-chamber in your houfe, and refolving to write to me to infift upon my taking up my quarters there. But as I am very fure, that thefe intended offers are not the refult of form and ceremony, but of real friendfhip, I will, with the fame truth and fincerity, tell you, that if you would have me eafy, as I am fure you would, you muft let me fleep at an inn in Bruffels. I will breakfaft, dine, and fup with you, and I will make ufe of your coach to carry me from my inn to your houfe, for I will fet my foot in no other, and back again; but it has been my rule for thefe forty years, never to be in a friend's houfe, when I could be at an inn, it being fo much more convenient to both. This preliminary being thus fixed, I hope to fup with you at Bruffels, fome day of the laft week in April, becaufe I would be at Spa the firft week in May, that I may get away from thence before the fafhionable feafon begins, which is about the middle of July. Pray mention this fcheme of mine to no mortal living, becaufe that, like fome great German prince, though not for the fame reafons, I will, as far as poffible, keep the ftricteft *incognito*. I have done with the world, and with thofe who are of it; and any civilities, which they might

ftill

still shew me, would only distress me, and make me feel more
sensibly my inability of either returning or hearing them. I know
comte de Lannoy and others at Brussels; but, in my present situation, I should dread to see them, and I hope I shall have all Spa
to myself, and my friend and doctor Garnier, who goes along with
me, during our residence there.

I am too much *isolé*, too much secluded from either the busy,
or the *beau monde*, to give you any account of either. The accounts of my own microcosm I have given you; a scurvy one
it is, much shattered and decayed, but the heart, that still animates
it, is most sincerely and faithfully,

Yours,

C.

LETTER LXXXVIII.

TO THE SAME.

London, April 2, 1754.

DEAR DAYROLLES,

* * * * * THE preliminaries for our meeting at Brussels
have been sooner and better settled, than those for the tarif and
barrière were. I am to find myself with sleep, and you are to
find me with every thing else, that is, you are to *treat*, you are
to furnish the matter, and I am to digest it as well as I can.
A propos, this suggests to me a little commission, which you must
allow me to trouble you with. I shall not carry my cook with me
to Spa, both for my own sake and his. He is a very good cook;
but as he has no settled aversion to drinking, he would find bad wine
and bad company very cheap there, and be spoiled. Besides he would
tempt me with things which, as I am resolved not to eat of, I am
determined not to see, while I am at Spa. I wish therefore, that
you could find me at Brussels an humble *marmiton*, *tournebroche*,
or

or other animal, who could roast and boil decently, and do nothing more. If you can find such a being, pray engage him for me, at so much certain a week, including wages, board wages, and every thing, from the 30th of this month. As, in going to Spa, I shall stay but one whole day and two nights at Brussels, I think I need not take any other name for privacy's sake. For let who will know of my arrival, as to be sure comte Lannoy must, *ne bougeant de chez vous je serai à l'abri des visites*, (not stirring from your house I shall escape visits.)

You have heard, no doubt, of the very many removes at court, occasioned by Mr. Pelham's death, more, I believe, than were ever made at any one time, unless in a total change of ministry, which is by no means the case at present, the power being continued, and in my opinion more securely than ever, in the same hands. I will not therefore repeat to you what you have already found in the news-papers, and the office letters. Still less will I trouble you with the millions of absurd reasonings, and speculations, of the uninformed, and almost always mistaken, volunteer politicians. But, when we meet, I will tell you the few things, that have accidentally come to my knowledge, and that I have reason to believe are true. This in the mean time is certain, that the parliament will be dissolved next Saturday, and that the writs for the new one will be issued on the Tuesday following, the 9th. After which day, till forty days afterwards, you may depend upon it, that much the greater part of this kingdom will be uninterruptedly drunk. My boy will be chosen without the least opposition or trouble. ° ° °. It was absolutely necessary for him to be in parliament. He is now at Manheim, and is to come to me at Spa, from whence, in our return to England, he will kiss your hands at Brussels. I flatter myself that he will do in the house of commons, where *les manières, les attentions, et les graces*, are by no means the most necessary qualifications. Good night.

Yours most faithfully,

C.

LETTER LXXXIX.

TO THE SAME.

London, April 23, 1751.

DEAR DAYROLLES,

WERE I to answer Mrs. Dayrolles's compliment as a fine gentleman, I would tell her that prudence forbids me to stay more than one day at Brussels, that more would be too dangerous, and that even the recovery of my health would not make me amends for the loss of my liberty. But to answer more in character, that is as a deaf old fellow, I must tell her the truth, which is, that, loving ease and quiet as I do, I transport myself with as much unwillingness as any convict at the Old Baily is transported, and I prefer it only as the lesser evil of the two. My stay abroad will consequently be as short as my health, the object for which I go, will possibly allow, for I confess that my impatience to return to my cell at Blackheath is extreme; and I must be there by the middle of July at farthest.— Formerly I did not much dislike the Tartar kind of life, of camping from place to place, but now there is nothing that I dislike so much. Moreover I can assure you, that both Mrs. Dayrolles's lungs and yours will have had exercise enough in one day, with a deaf man, to be very willing to part with him the next. To bring things as near precision as I can, I will tell you, that I shall leave London next Sunday morning, and consequently be at Dover that night. From thence it is probable that I shall get to Calais some time the next day, and from Calais, it is certain that it is at most three days journey to Brussels; so that in all likelihood I shall get there on Thursday, and the very moment I do get there, I shall pay my duty, as due, to the British minister.

I had almost forgot to trouble you with another little commission, though a necessary one: it is to engage a *valet de place* for me, to go with me from Brussels to Spa, and to serve me during my stay there, and till my return to Brussels, at so much a day certain for wages,

wages, board-wages, rags, &c. There are always such animals to be had, and I need not have troubled you with so frivolous a commission, but that I would much rather have one who will not rob me, than one who will; and some of your servants are more likely to procure me such a one, than the people at the inn. I shall tire you so soon with my company, that I will spare you in writing, and bid you abruptly good night.

LETTER XC.

TO THE SAME.

Spa, June 4, 1754.

DEAR DAYROLLES,

I Am persuaded that lord Holderneffe's silence was merely accidental, and not intended as a civil refusal of your request, which I dare say will appear, by his answer to your private letter. In that case, I shall have the pleasure of seeing you here. ● ● ● ● ● ●
If you come you shall have excellent beef and mutton, and every thing else extremely bad; for these are, as lord Foppington says, a most barbarous race of people, slap my vitals! Most of the necessaries and conveniencies of life are absolutely unknown to them; one strong instance of this is, that the old invention of a pair of bellows has never yet been heard of, in the principality of Liege, but instead of it a maid, with an exceeding strong breath, as you will easily believe, blows the fire, through the broken barrel of an old gun.

Ten thousand thanks and compliments from me to Mrs. Dayrolles, for the trouble she has taken to execute those commissions herself, which I only intended for her maid. My benediction to my godson, and my sincere sentiments of love and friendship to yourself; and so good night.

LETTER XCI.

TO THE SAME.

Spa, June 11, 1754.

DEAR DAYROLLES,

NOTHING is changed in my arrangement as to this place, and I believe you are very sure that nothing is, as to my desire of seeing you here or any where. I will complete my two months, however unwillingly, in this detestable place, that I may have nothing to reproach myself with when I leave it, which will be about the 17th or 18th of next month. You shall have good beef here, and super-excellent mutton, one intire sheep weighing but six and twenty pounds. You shall also have admirable champaign and rhenish; every thing else is as detestable as the place or the company. * * * *. Pray make my compliments to my old and good friend your aunt, and to all others at the Hague, who may chance to remember and enquire after so insignificant a being as

Your faithful servant,

C.

LETTER XCII.

TO THE SAME.

Blackheath, Aug. 1, 1754.

DEAR DAYROLLES,

A Thousand thanks to you and Mrs. Dayrolles, for your kind and friendly reception at Brussels, and your company at Spa. As those sentiments are the first in my mind, my first letter from England shall convey them.

My

My journey home would have been as good as I could have wished, had I not been immediately preceded by lord and lady Cardigan, who, travelling with six and thirty horses, sometimes left me none, but at best tired ones. However I scrambled to Calais about noon on Sunday, where I found the wind directly contrary, but polite enough to change exactly at the time I wanted it the next morning, and to waft me to Dover in less than five hours. From thence I set out for my hermitage, and arrived here on Tuesday evening, safe and sound, my ears excepted. This, I find, is my proper place; and I know it, which people seldom do. I converse with my equals, my vegetables, which I found in a flourishing condition, notwithstanding the badness of the weather, which has been full as cold and wet here as we had at Spa. I wish I could send you some of my pine-apples, which are large and excellent; but without magic that cannot be done, and I have no magic. Contentment is my only magic, and, thank God, I have found out that art, which is by no means a black one.

I have neither heard nor asked for news; and shall certainly tell you none, when I tell you that I am most faithfully and affectionately

Yours,

C.

LETTER XCIII.

TO THE SAME.

Blackheath, Sept. 25, 1754.

DEAR DAYROLLES,

COULD my letters be less dull, they should be more frequent; but what can a deaf vegetable write to amuse a live man with? Deaf and dull are nearer related than deaf and dumb. This, though

LETTER XCIV.

TO THE SAME.

London, Dec. 17, 1754.

DEAR DAYROLLES,

I Received your laſt, while at Bath, from whence I arrived here a few days ago. The waters did me a great deal of good, as to my general ſtate of health, but I grow deafer and deafer every day, by the natural progreſſion of all ills with age. As I know my ill to be incurable, I bear it the better, from a philoſophy of my own, very different from moſt other people's; for while I have both hopes and fears, I am anxious, but when I have no hopes, I take my *party* and am eaſy.

I have now a moſt important commiſſion to trouble you with, it is no leſs than to receive eighteen thouſand pounds ſterling for me at Bruſſels; that is, when the lottery there ſhall be drawn, in which I have three tickets. One of them is unqueſtionably the great prize. The numbers of my three tickets are 66694, 66695, 66696. I think I am very modeſt in only deſiring one prize in three tickets. It is true that it is the great one, but then I leave you the five or ſix next beſt, which are more than equivalent to mine; and as all the drawing depends, I preſume, upon you and Cobentzel, I hope you will take care of yourſelves and your friends. If you chuſe to have the great prize for my godſon, I will give it up to him, but to no-body elſe. In all events, pray have my abovementioned numbers examined, after the drawing of the lottery, and let me know my good or ill fortune. I ſhall bear either with great moderation.

Our miniſterial affairs here are ſtill in great confuſion. It is ſaid, they will be ſettled, during the receſs of the parliament at Chriſtmas; but if they ſhould, which I much queſtion, that ſettlement will, in my opinion, by no means be a laſting one. It would take up reams of paper to relate to you the various reports and conjectures of our ſpeculative politicians here, and therefore I will only give you my own

own short conjecture, upon what little I see and hear myself. I think I see every thing gravitating to Fox's center, and I am persuaded that in six months time, he will be the minister. * * * *

My compliments to Mrs. Dayrolles; *et adieu, mon cher ami.*

LETTER XCV.

TO THE SAME.

London, Feb. 4, 1755.

DEAR DAYROLLES,

DEAF men and dead men differ very little except in one point, which is, that letters from the dead would be very curious, and probably very instructive; whereas those from the deaf must necessarily be very dull. Were I dead, and allowed to write, you should hear from me much oftener, as my letters would be like those of the missionary Jesuits, *curieuses et édifiantes*(a), and well worth the postage, though it would probably be considerable, *car il y a bien loin de ce païs-là,* (as the distance is great.) But being only deaf, crazy, and declining, I consider both your time and your purse, which would be but ill employed in reading, and paying for, such letters as mine.

Notwithstanding my state of ignorance and solitude, I dare say you will expect some news from me, now that you read every day, of fitting out great fleets, and raising additional troops. It is true, that we are equipping a very great fleet, which is to be commanded by lord Anson, and three other admirals; and we are raising some regiments of marines,

(a) These are occasional accounts of the transactions of the Jesuits sent out to different parts of the world, for the conversion of the heathen to their Christian religion, which used to be published in French at Paris, and consist of almost forty volumes in octavo. Amidst an immense quantity of trash, stories of wonderful events, encomiums of their zeal and address, miracles performed, christenings by stealth of infants and dying people, of their sufferings, persecutions, &c. a good deal of information, about the natural history of the countries, as well as the manners and characters of the inhabitants, may be picked up from these relations.

in order to man it, which otherwise we found that we could not. From all these warlike preparations, the public is convinced that we shall have a war; but I am by no means so. I cannot see that it is the interest, nor can I believe that it is the inclination, of France, at this time, to bring on a general war; and I am very sure that we are absolutely unable to support one. I am, therefore, persuaded, that we are reciprocally endeavouring to intimidate each other, and that all this *levée de bouclier* (blustering) will end quietly in referring our American disputes to commissaries *de part et d'autre*, who will decide and settle them, much about the time that the tarif and the barrière shall be finally determined. Should we really come to hostilities in America, with advantage on our part, monsieur de Maillebois would very probably make another journey to lower Saxony; in which case a second neutrality would be too dangerous either to accept or refuse, which is another reason why I think, that the dilemma will, if possible, be avoided. And indeed, upon the whole, I wish it may, considering our national debt, and the two very sore places, which we have, in lower Saxony and the highlands of Scotland. Another little circumstance, which seems to favour my pacific opinion, is the late hasty nomination of lord Hertford to the French embassy, and the hurry he is in to go there. A Frenchman who is now here, le comte d'Estaing, said the other day, *Pardieu, messieurs, ce seroit bien ridicule de faire casser la tête à dix mille hommes pour quelques douzaines de chapeaux*, (it would be absurd to have ten thousand men knocked on the head for a few dozen of hats,) alluding to the castors of North America.

The earl of Bristol is appointed envoy to Turin, to watch the motions of that court, in the room of the earl of Rochford, who is sent for home to receive the gold key.

In parliament, things go very quietly this session. Fox has evidently the lead there. Mr. Pitt rather hints, than declares, opposition. Legge is discontented, but silently so. The parliament is to be prorogued at easter, and his majesty will set out for Hanover the day afterwards. He is to be attended, as I am informed, only by Sir Thomas Robinson.

For *un reclus, un solitaire, un fourd*, I think, I have given you a great deal of news; at least I am sure, I have given you all I have, and no man, you know, can do more. * * * * * *

Yours,

C.

LETTER XCVI.

TO THE SAME.

London, May 2, 1755.

DEAR DAYROLLES,

WHAT can a deaf hermit write? The repetition of my affection and friendship for you would be as dull, as I am persuaded it would be unnecessary; you are either convinced of them already, or you never will be so. Would you have news? Mine is always stale, and though I was the introducer of the new style, in all those matters, I go by the old, and am at least eleven days behind-hand.

I could tell you, but I will not, that the king sailed from Harwich last Monday, but I can tell you, and will, that the duke of Cumberland and Mr. Fox are appointed of the regency; the consequence of which new measure, I presume, you can tell yourself. Peace and war seem yet so uncertain, that nobody knows which to expect.—The people in general, who always wish whatever they have not, wish for a war; but I, who have learned to be content with whatever I have, wish for the continuation of peace. My country-folks think only of the new world, where they expect to conquer, and perhaps will, but I cannot help dreading the *contrecoup* of those triumphs in the old one. I have ninety-nine reasons against a land war in Europe; the first of which being that we are not able to carry it on, I will not trouble you with the others.

You have certainly heard of, and probably seen, ° ° ° extraordinary motion which he made in the house of lords, just before the rising of the parliament, when it could not possibly have any good effect, and must necessarily have some very bad ones. It was an indecent, ungenerous, and malignant question, which I had no mind should either be put or debated, well knowing the absurd and improper things, that would be said both for and against it, and therefore I moved the house to adjourn, and so put a quiet end to the whole affair. As you will imagine that this was agreeable to the king, it is supposed that I did it to make my court, and people are impatient to see what great employment I am to have, for that I am to have one they do not in the least doubt, not having any notion that any man can take any step, without some view of dirty interest. I do not undeceive them. I have nothing to fear, I have nothing to ask, and there is nothing that I will or can have. Retirement was my choice seven years ago: it is now become my necessary refuge. Blackheath, and a quiet conscience, are the only objects of my cares. What good I can do as a man and a citizen, it is my duty, and shall be my endeavour, to do; but public life and I, we are parted for ever.

To-morrow I go to Blackheath for the whole summer, if we have one. That little hermitage suits best with my inclinations and situation; it is there only that I do not find myself *déplacé*. My little garden, the park, reading and writing, kill time there tolerably; and time is now my enemy.

My compliments to Mrs. Dayrolles. My godson, I suppose, by this time, chatters a Babel language of English, French, and Flemish: so much the better, *c'est autant de gagné, et avec l'âge il débrouillera ce petit chaos,* (it is clear gain, and in time he will unravel that little chaos.) Good night.

Yours faithfully,

C.

LETTER XCVII.

TO THE SAME.

Blackheath, July 10, 1755.

DEAR DAYROLLES,

IT was my *ennui*, and not my amufements, could I now have any! that occafioned my long filence; depend upon it, nothing elfe could or fhould. I break daily, my friend, both in body and mind, their union being very intimate. Spirits confequently fail, for they are the refult of health, and I cannot fay that, fince I am here, I have had three days together uninterrupted health. Sometimes ftrong returns of my inveterate giddineffes, fometimes convulfive diforders in my ftomach, always languor, weaknefs, and liftleffnefs. I find that I am got half-way down hill, and then you know the velocity increafes very confiderably. But what is to be done? nothing but patience. Whatever the pureft air, conftant moderate exercife, and ftrict regimen, can do, I have here; but they ferve only to prolong, for a little time, an irkfome fituation, which my reafon tells me, the fooner it is ended, the better. My deafnefs is extremely increafed, and daily increafing; this cuts me wholly off from the fociety of others, and my other complaints deny me the fociety with myfelf, which I propofed when I came here. I have brought down with me a provifion of pens, ink, and paper, in hopes of amufing myfelf, and perhaps entertaining or informing pofterity, by fome hiftorical tracts of my own times, which I intended to write with the ftricteft regard to truth, and none to perfons; myfelf not excepted. But I have not yet employed my pen, becaufe my mind refufed to do it's part; and in writing, as well as in other performances, whatever is not done with fpirit and defire, will be very ill done. All my amufements are therefore reduced to the idle bufinefs of my little garden, and to the reading of idle books, where the mind is feldom called upon. Notwithftanding this unfortunate fituation, my old philofophy comes to my affiftance,

assistance, and enables me to repulse the attacks of melancholy, for I never have one melancholic moment. I have seen and appraised every thing in its true light, and at its intrinsic value. While others are outbidding one another at the auction, exulting in their acquisitions, or grieving at their disappointments, I am easy, both from reflection, and experience of the futility of all that is to be got or lost.

But *trève de réflections morales*, (too much of moral reflections). A man may be too sober as well as too drunk to go into company, and his philosophical reflections may be as troublesome in one case, as his extravagancy in the other.

Well then; we will hope, you warmly and I coolly, that great things are reserved for us in the fifth and last class of this lottery, but if fortune will take my advice, though ladies are seldom apt to take the advice of old fellows, she will transfer whatever she intended to you or me to my godson. * * * * * * * *

The present situation of neither peace nor war is, to be sure, very unaccountable, and I cannot help fearing, that we shall be the dupes of it at last. Surely we, I mean our ministers, ought to have known, before this time, which of the two the French really intended, and, if they meant peace, to have had it concluded, or, if they meant war, to have given them the first blow at sea; for if, instead of that, you give them time to augment their marine, while you keep yours at an immense and useless expence, I believe they will be more explicit with you next year. The clamor at our inaction is universal and prodigious, people desiring something for their money. From that, and many other concurring causes, the next session will be a very boisterous one. * * *

Adieu, my dear Dayrolles: lady Chesterfield's and my compliments to Mrs. Dayrolles.

C.

LETTER XCVIII.

TO THE SAME.

London, Aug. 15, 1755.

DEAR DAYROLLES,

YOU insult my incredulity in your prophecy, and triumph in the possibility, or, as you call it, the probability of its being fulfilled; but a little patience, for perhaps the distress, which you flatter yourself will happen to you, may not, and I will lay you one of our lottery tickets, that Mrs. Dayrolles will be up again, before the French take possession of Brussels. They certainly may, whenever they will, and therefore seem to be in no haste to do it; besides, can they, with the least color of justice, invade the queen of Hungary's dominions, because captain Howe has taken captain Hocquart in America (a)? Such a step, as that, is not warranted by any thing, that I ever read in Grotius or Puffendorf. You will probably say, that great powers are not apt to trouble themselves about reason and justice, and that is certainly true; but, in my own opinion, France is at this time neither desirous of a general war, nor very fit to carry one on, so that, I rather think, they will confine their indignation to the king, both as king and elector, and attempt to invade both England and Hanover. I fear them in neither of those cases. Be easy therefore, till the evil day draws much nearer, than it seems to be at present.

I shall say nothing to you about my own health, though I know that it is not quite indifferent to you; but it is really so indifferent in itself, that it is not worth mentioning, for I am never quite well, and the whole difference is *du plus au moins*. I will weather out these six weeks, if I can, and then go to Bath, which is always a temporary, but never a lasting, cure; however, *c'est autant de pris sur l'ennemi*.

If, by chance, you meet with any quantity of seed of excellent melons, whether canteloupes or others, provided they are but very

(a) He commanded the Alcide, a man of war, belonging to a French squadron, conveying troops to America, and taken by captain Howe of the Dunkirk, one of the fleet sent out, under the command of vice-admiral Boscawen, to oppose the designs of the French court.

large

large ones, I shall be much obliged to you, if you will let me go a dozen or two seeds with you. I would not have more than what may be conveyed in a letter or two. My melon ground is so small, that it will not afford to raise little ones, and I must make up in size what I want in number. I have had some excellent good, and very large, ones this year, from your Sorgvliet seed (*a*).

How does my godson go on with his little *lingua Franca*, or jumble of different languages? Fear no Babel confusion. *L'âge débrouillera tout cela*. (Age will unravel all this).

I hear no news, or there is none; but lyes are extremely rife, especially from America, which, I dare say, was not so much talked of, when first discovered by Columbus, or Vespusius Americus, as it is now. But I am so humble a politician, that I content myself with wishing well to my country, and for the rest, *vogue la galère*. But the rest of my countrymen and even countrywomen are not so passive, for I am assured they are so brim-full of politics, that they spill them wherever they go. If I had no better reason to lament my deafness than not hearing them, I should be much easier than I am under my misfortune. *Adieu, monami*.

LETTER XCIX.

TO THE SAME.

Blackheath, Sept. 12, 1755.

DEAR DAYROLLES,

* * * * THE king is expected to land every minute, which, I suppose, will produce more decision concerning war or peace than has appeared yet, for at present there is a kind of a mist before them, which one cannot see through. I do not, in the least, fear a war, provided it be not in Flanders, where the French must always make it with infinite advantage, and where the em-

---

(*a*) The late count Bentinck's villa, near the Hague, on the road to Scheveling.

press queen will not, and our allies the Dutch cannot, assist us effectually. I am therefore very glad to find, that the garrisons in Flanders are evacuated, and I hope that the Dutch will make a neutrality, so that there may be no field of battle in the seventeen provinces, for us to be beaten in again. And what will the French do then? At sea, it is certain that we must destroy both their navy and their commerce. Will they attempt invading us here again? Let them, they are very welcome, that is too contemptible. Will they march an army to Hanover? *à la bonne heure*; (be it so) what will become of that army after a thirty days march in the deserts of Westphalia, especially now that we have secured a force in that part of the world, superior to any they can send? Their army will melt away there, faster than in Bohemia, and care will be taken, before their arrival there, to leave them even no *ponpournichil* (a) to subsist upon. * * * * * * * * * *
Your quiet situation at Brussels will therefore, I hope, not be disturbed, and in that case, I confess, I would rather have war than peace with France; as the former, if vigorously carried on at sea, must greatly check, if not destroy, their growing navy and commerce.

A thousand thanks to you for your melon seed, which I will sow and cultivate with great care, in hopes that I may give you some of the fruit of it next year, in this hermitage, for I think you gave me some reason to flatter myself, that I shall see you here next year. In that case, perhaps, I may shew you some melons much more extraordinary than yours, though probably not quite so good; for I have had a present made me, by a Persian merchant of good credit, of a few melon seeds, that he brought himself from Diarbeck, which was the antient Mesopotamia, and which, he protests, produce melons, that weigh from ninety to one hundred, and one hundred and ten pounds each. But, notwithstanding the gentleman's credit as a merchant, I am a little incredulous.

I go next week to Bath, where, for the time being, I am always well; and that is so much clear gain, and worth the journey to one,

(a) A very coarse kind of hard brown bread, eaten in several parts of Germany, and especially by the poor inhabitants of Westphalia.

who has not, for thefe fix months, been well for four and twenty hours together. Befides, all places are now alike to me, and I can be more alone at Bath, than any where. Adieu, my dear friend.

Yours, wherever I am,

C.

LETTER C.

TO THE SAME.

Bath, Oct. 4, 1755.

DEAR DAYROLLES,

* * * * * * I HAVE been here now juft a week; too little to have found much benefit, but, however, long enough to give me reafon to hope, that I fhall find fome, for my ftomach is rather lefs difordered than I brought it down with me here. But upon the whole, I am, and always fhall be *un pauvre corps, dont il ne vaut pas la peine de parler*, (a poor wretch not worth mentioning).

I think it impoffible, that the French can infift upon more than a neutrality, on the part of the republic of the united provinces. Upon what pretence can they? But if they fhould, they cannot invade them, without firft invading Flanders, and bringing the queen of Hungary upon their backs, which I cannot think them at prefent willing to do. But fuppofe they fhould, they will with eafe over-run all Flanders in a fortnight, fo that where will there be a field of battle left? We can fend no troops to Holland, that can be of any ufe. The Dutch have not enough to oppofe a French army of 100,000 men; fo that, in that cafe, they have nothing to do, but *fubir la loi du vainqueur* (to yield to the conquerors). But, depend upon it, things will not be carried to thofe extremities. The French, at this time, dread a general war. Their miniftry is weak, and their king weaker; the clergy and the parliament,

hating

hating each other irreconcileably, they have no general, in whom they have the least confidence; and by the interest they pay, it is plain they want money. From all this, and from our inevitable successes at sea, I take it for granted that a peace, and a reasonable one, will some how or other be jumbled up, in the course of seven or eight months; so that, with all your ingenuity in anticipating misfortunes, I am persuaded, that your journey to England next year will be merely a voluntary one, and not a necessary flight from where you now are.

The next session, which now draws very near, will, I believe, be a very troublesome one, and I really think it very doubtful, whether the subsidiary treaties, with Russia and Cassel, will be carried or not. To be sure, much may be said against both, but yet I dread the consequences of rejecting them by parliament, since they are made. But what have I to do with public matters? Moreover a man, who has not the whole thread of them, talks of them as a blind man does of colors; for the least circumstance unknown often changes the whole thing (a). This I know perfectly, that I am truly,

Yours.

LETTER CI.

TO THE SAME.

London, Dec. 19, 1755.

DEAR DAYROLLES,

YOU will think me very lazy, for that I am sure is the worst thing, that you will ever suspect me of, with regard to yourself, in having been so long without answering your last. But it

---

(a) That was really the case with regard to lord Chesterfield, who, at that time, was totally ignorant of the French court's alliances with the principal powers of Europe, and altered his opinion when he was acquainted with them, as appears by the following letters. But the fluctuations of mind of great men may be instructive, and their dreams, at least, are always entertaining.

has not been quite laziness, for, some few days, business, and for many days, weakness, dispiritedness and languor would not allow me to put pen to paper; otherwise deaf people are commonly as frivolously *writative* as blind people are often frivolously talkative: but, when a general disorder and decay of the body is added to impenetrable deafness, one becomes too like a dead body to write any thing but a codicil.

Were I, now that I am writing, to pretend to send you, but a short account of our transactions here, I must send you a large folio. The house of commons sits three or four times a week till nine or ten at night, and sometimes till four or five in the morning, so attentive are they to the good of their dear country. That zeal has of late transported them into much personal abuse. * * *

Even our insignificant house sat one day last week, till past ten at night, upon the Russian and Hessian subsidiary treaties, but I was not able to sit it out, and left it at seven, more than half dead: for I took it into my head to speak upon them for near an hour, which fatigue, together with the heat of the house, very near annihilated me. I was for the Russian treaty, as a prudent eventual measure, at the beginning of a war, and probably preventive even of a war, in that part of the world; but I could not help exposing, though without opposing, the Hessian treaty, which is, indeed, the most extraordinary one I ever saw. It can have no effect, for you are not to have the troops till after you do not want them, viz. till six months after the requisition made; and after you dismiss the troops, should you ever call for them, the subsidy is to be doubled for the remainder of the term. It is certain, that his most serene highness is full as good at making a bargain, as any Jew in Europe.

Places, as you will see by the news-papers, are emptying and filling up every day. The patriot of Monday is the courtier of Tuesday, and the courtier of Wednesday is the patriot of Thursday. This indeed has more or less been long the case, but I really think never so impudently and so profligately as now. The power is all falling from his grace's into Fox's hands, which, you may remember I told you long ago, would happen. * * * * * * *

Besides these discords and misfortunes, we live here in dread of two others of a very different kind, an invasion from France, and a *bricole* of the earthquake from Lisbon. For myself, I cannot say that I have any great apprehensions of either, but of the two, I have more faith in the earthquake than in the invasion. France has too often experienced the futility of those attempts. But be these things how they will, *réjouissez-vous autant que faire se pourra, et surtout portez-vous bien, car il n'y a rien de tel. Adieu, mon ami.* (Rejoice as much as you can, and above all keep in health, for there is nothing like it.) Adieu, my friend.

LETTRE CII.

TO THE SAME.

London, Jan. 13, 1756.

DEAR DAYROLLES,

DO yourself justice, and you will cease to wonder, at either the beginning, or the continuance, of my friendship for you. I soon discovered, and have now long experienced, the honest truth and warmth of your heart. Friendship, like health, is to be preserved by the same means, by which it is acquired, and I believe we shall neither of us *démentir* (forsake) those means.

Every thing tends more and more every day to the verification of my prophecy; for in our political balance, Fox's scale grows heavier and heavier, which every body perceives. * * . * * * * *

We are here in daily expectation of a formal declaration of war from France, as it seems to be the natural consequence of the memorial sent by monsieur Rouillé to Mr. Fox, through Holland, which perhaps you have seen, but which no doubt you have heard the substance of, and therefore I shall not repeat it. I am not so fond of war, as I find many people are. *Mark the end on't.* Our treaty lately concluded with Prussia is a fortunate event, and secures the peace of the empire; and is it possible that France can invade the

low

low countries, which are the dominions of the empress queen, only because admiral Boscawen has taken two of their ships in America? But then you will ask me probably, where can France annoy us then? I see but two places; in America, by slipping over, in single ships, a confiderable number of troops, and next, by keeping us in a state of fear and expence at home, with the threats and appearances of an intended invasion, which, I dare fay, they will not think proper to attempt in reality. In my opinion, our greatest danger arises from our expence, considering the present immense national debt. I take it for granted, that the Dutch will endeavour to obtain from France a neutrality, and I wish they may get one; for, I am sure, they have no other safety, for they can neither defend themselves, nor can we defend them. They have no longer any *barrière* in Flanders, and Maestricht and Bergen-op-zoom would not delay their ruin above three months, should the French think proper to *brusquer* Flanders to get at them.

I have been for some time, and am still, very much out of order, my complaints in my head and stomach being returned, so that I fear I shall be obliged to go to the Bath this season for a month or six weeks, which, though never a radical cure, is always a palliative for some time, and that is *autant de pris fur l'ennemi*. Whatever happens to my shattered carcase, God bless you all.

Yours faithfully,
C.

LETTER CIII.

TO THE SAME.

London, Feb. 3, 1756.

DEAR DAYROLLES,

I AM too sensible of your affection for me, not to know that you will be impatient to hear what is become of me, after the account I gave you of myself in my last. This is therefore to inform you,

you, that I am something, though indeed but little, better than I was. I am still excessively weak and dispirited, and do not expect to regain much strength or spirits, till I have been a few days at Bath, which never fails to vamp me for a time. I set out for it to morrow morning.

My nephew, sir Charles Hotham, either now is, or will be very soon at Brussels. I recommend him to your care, during his stay there. I am told by those who have seen him lately, *qu'il a l'air, et les manières d'un bonnête homme**, but that he is rather of too grave and solitary a turn; therefore, pray thrust him into company as much as possible, and when you have analysed him thoroughly, send me freely and sincerely your opinion of him. Pray, remember, no lodging in your house.

Yours most sincerely,

C.

LETTER CIV.

TO THE SAME.

London, April 5, 1756.

DEAR DAYROLLES,

I HAD but one reason for not acknowledging, long before now, your last letter, which reason was that I could not. I went, as you know, ill to the Bath; I continued ill there, and returned from thence still worse. I am now very far from being well, and am this moment going to settle at Blackheath, for the sake of sleeping in a purer air, and more exercise, though I believe to very little purpose; for, if I do not much mistake, I think I am very near *le bout de mon latin*, (the end of my career.) In this languid and miserable state, you will easily judge that I am little informed of public mat-

---

* *Honnête homme means no more in the French style than a man of fashion.*

ters,

ten, and muft confequently be little informing, fo I fhall not pretend to fend you any news from hence.

I fuppofe that fir Charles Hotham and Tollot (*a*) are by this time at Bruffels, to both whom I defire that you will make my compliments; and pray tell Tollot, that I received his letter, which I will anfwer as foon as I am able, if ever I am able.

Do you think of coming over this year with your family, as you intimated when I faw you at Bruffels, or will the prefent ftrange fituation of affairs keep you there this fummer? Whatever you do, may it be for the beft! for all happinefs both to you and yours, is moft fincerely wifhed by, dear Dayrolles,

Your moft faithful friend

and fervant,

CHESTERFIELD.

LETTER CV.

TO THE SAME.

Blackheath, April 30, 1756.

DEAR DAYROLLES,

I DELAYED anfwering your kind inquiries after the ftate of my exiftence, in hopes of being able to have given you by this time an account of it more fatisfactory to us both, and I now write thefe few lines, in order not to give you a worfe fome time hence, than I can at prefent. In truth, I am in fo miferable and fluctuating a ftate, that I can in no one hour judge what, nor where, I fhall be the next.

It would undoubtedly be improper for you to afk leave to come here this fummer, and were I in your place, I would fend for

(*a*) Dr. Tollot of Geneva, travelling governor to fir Charles Hotham.

fomebody

somebody from Holland to inoculate the children, that operation being, as I am assured, now very well understood there, and frequently performed.

Adieu, my dear friend; I am most truly,

Yours,

C.

LETTER CVI.

TO THE SAME.

Blackheath, June 17, 1756.

DEAR DAYROLLES,

COULD I give you better accounts of either myself or the public, I would give you more frequent ones; but the best, that can give you of either, are such as will not flatter that affection, which I know you have for both. We are both going very fast, and I can hardly guess which will be gone first. I am shrunk to a skeleton, and grow weaker and weaker every day. And as for my fellow sufferer the public, it has lost Minorca, and may perhaps soon lose Gibraltar, by a secret bargain between France and Spain, which I have reason to think is negotiating, if not concluded. Our naval laurels are withered. * * * * * * * * *

The French are unquestionably masters to do what they please in America. Our good ally, the queen of Hungary, has certainly concluded some treaty, God knows what, with our, and her old, enemy France. The Swedish and Danish fleets are joined, undoubtedly not in our favour, since France pays both. We have an army here of threescore thousand men, * * * * * * * we cannot pay it another year, since the expence of this year amounts to twelve millions sterling; judge if we can raise that sum another year. * * * * * * * * * * *

These are not the gloomy apprehensions of a sick man; but real facts, obvious to whoever will see and reflect. One of the chief causes

causes of this unfortunate situation is, that we have now in truth no minister; but the administration is a mere republic, and carried on by the cabinet council, the individuals of which think only how to get the better of each other. Let us then turn our eyes, as much as we can, from this melancholy prospect, which neither of us can mend, and think of something else. * * * * * * * *

I am told that you have an infinite number of English gentlemen now at Brussels, but I hope you do not put yourself upon the foot of stuffing them with salt beef, and drenching them with claret; for I am sure your appointments will not afford that expence, and, by the way, I believe, that in their hearts, they would much rather you would let them alone, to be jolly together, at their inns, than go to your house.

Make my compliments to Mrs. Dayrolles, to my godson, to *tutti quanti*, in short, who can receive them, for *mademoiselle* cannot yet. Adieu, my dear and faithful friend. May you, and all who belong to you, be long happy, whatever becomes of

Yours,

C.

LETTER CVII.

TO THE SAME.

Blackheath, June 27, 1756.

DEAR DAYROLLES,

BY your last of the 18th, I believe it crossed my last of, I have forgot what date, upon the road, for I there gave you an account of my poor state of vegetation, after which you inquire. I still continue to crawl upon the face of the earth, but it is like those humble and short-lived vegetables, who, seemingly conscious of their condition, crawl very near that earth, to which they are so soon to return.

I entirely

I entirely agree with you in your refolution of breeding up all your fons to fome profeflion or other, but, at the fame time, your ufual vivacity carries you much too prematurely, to fix their feveral deftinations. You muft not fo much confider what you would chufe for them, as what they are likely to fucceed beft in; and that cannot be difcovered thefe feven or eight years. It is certain that, whether from nature, or from early accidental impreffions in their youth, I will not fay, it being very hard to diftinguifh, children, after eight or ten years of age, often fhew a determined preference for fome particular profeflion, which it would be imprudent for their parents to oppofe, becaufe, in that cafe, they would furely not fucceed fo well, or perhaps at all, in any other. In the mean time, give them all eventually a good education, fo as to qualify them, to a certain degree, for whatever profeflion you and they may hereafter agree upon; for I repeat it again, their approbation is full as neceffary as yours. Thefe, however, are the general rules, by which I would point out to them the profeffions, which I fhould feverally wifh them to apply to. I would recommend the army, or the navy, to a boy of a warm conftitution, ftrong animal fpirits, and a cold genius; to one of quick, lively, and diftinguifhing parts, the law; to a good, dull, and decent boy, the church; and trade to an acute, thinking, and laborious one. I wifh that my godfon, for whom you muft allow me fome degree of predilection, may take a liking to the law, for that is the truly independent profeffion. People will only truft their property to the care of the ableft lawyer, be he whig or tory, well or ill at court.

Our public affairs are, in my opinion, as bad as poffible, and I turn my thoughts from them as much as ever I can. The queen of Hungary will repent, at leifure, of the treaty, which fhe has concluded in fuch hafte with France. Thofe two powers never can agree long; and when they come to quarrel, it is eafy to forefee which will have the better of it. She will then call in vain upon her old allies, who will probably not be able, and perhaps not willing, to affift her. *Adieu mon ami.*

I believe my brother is with you now; if fo, pray tell him that I writ to him, by the laft poft.

LETTER CVIII.

TO THE SAME.

Blackheath, Sept. 16, 1756.

DEAR DAYROLLES,

IT is true, I have been long silent with regard to you: but it is as true too, that when I am so, it is because I am unable to be otherwise. I have not wrote at all, I have spoke little, and I have thought less, for these last three months; the frequency of the attacks in my head and stomach gave me no time to recover from the weakness, languor, and dispiritedness, which they always leave behind them; and I am, at this moment, little stronger than I was sixty-one years ago, that is at one year old. All these complicated ills, however, have not, I thank God, given me one moment's melancholy; and though in a manner they deprive me of existence, they do not deprive me of my natural tranquillity of temper, nor of my acquired philosophy. So much, and too much, *pour cette guenille de corps*, (for this insignificant body.)

Sir William Stanhope has given me very good accounts of my godson, and of *la bonne chère de l'hôtel Dayrolles*, and I knew enough of both before to give him intire credit.

Here is a fire lighted up in Germany, which, I am persuaded, I shall not live to see extinguished; but of which the effects must, in the mean time, be dreadful to England, considering our connection with, and our tenderness for, certain possessions in the scene of action. The queen of Hungary will, I am convinced, repent of her *envie de femme grosse* (longing) for Silesia, and her child may probably be marked with it. France will finally reap all the benefit of this new and unnatural alliance, and make a second treaty of Westphalia, more prejudicial to the house of Austria than the first. But I leave these matters to be considered by better heads than mine.—My heart is the only part worth hanging, that is now left me, and while

while that bears, you will have a good part of it, for I am most truly and affectionately yours,

C.

Pray return my compliments and thanks to abbé Guasco for his books, which I have read with great pleasure and improvement.

LETTER CIX.

TO THE SAME.

Bath, Nov. 26, 1756.

DEAR DAYROLLES,

AS a good Christian, I think one should tell one's enemies of one's physical ills, to give them pleasure; and as a good friend, conceal them from one's friends, not to give them pain. Upon this principle, I have delayed writing to you till now, well knowing the part you take in whatever good or ill happens to me. I had nothing good to tell you, but *ains au contraire*, and therefore I told you nothing. But now I can acquaint you, that I am something better, and that I have regained a little strength and flesh, of which I had neither, when I came here a month ago; but I still want a great deal more of both, before I can either persuade myself or others, of my existence. I really believe that the undisturbed quiet, which I have enjoyed here, and could not have at London or Blackheath, has done me almost as much good as the waters, for which reason, though I should not continue to drink them, I will continue here till the great hurly-burly at court, is in some degree over; for, as I am an impartial and very disinterested spectator, engaged in no cabal or party, all the contending powers insist upon telling me their own story, though never with strict truth, and then quote me with as little. I say nothing to you of the late changes at court, which, to be sure, you know as well as I do, and perhaps comprehend as little. There
must

must be some *dessous des cartes*, some invisible wheels within wheels, which, at this distance, I cannot guess at. * * * * * *

In these strange bustles, I heartily pity the king, and the kingdom, who are both made the sport of private interest and ambition. I most frequently and heartily congratulate and applaud myself for having got out of that *galère*, which has since been so ridiculously tossed, so essentially damaged, and is now sinking. I now quietly behold the storm from the shore, and shall only be involved, but without particular blame, in the common ruin. That moment, you perceive, if you combine all circumstances, cannot be very remote. On the contrary, it is so near, that, were Machiavel at the head of our affairs, he could not retrieve them; and therefore it is very indifferent to me, what minister shall give us the last *coup de grace*. * * * * * * * * * * * * * * *

I believe you will not grudge the additional sixpence for the inclosed letter from king P. to king G.: it has since been printed and cryed about the streets. It is lord Bath's. Adieu, my dear friend.

Yours,

C.

LETTER CX.

TO THE SAME.

London, Feb. 28, 1757.

DEAR DAYROLLES,

I have been too long in your debt: but the true reason has been, that I had no specie to pay you in; and what I give you even now, does not amount to a penny in the pound. Public matters have been long, and are still, too undecypherable for me to understand, consequently to relate. Fox out of place, takes the lead in the house of commons; Pitt, secretary of state, declares that he is no minister, and has no ministerial influence. The duke of Newcastle

and lord Hardwicke lye by, and declare themselves for neither party. Byng is reprieved for a fortnight; what will become of him at last, God knows: for the late admiralty want to shoot him to excuse themselves; and the present admiralty want to save him, in order to lay the blame upon their predecessors. * * * * * * *

The fright, that your friend Mr. Van-haaren has put the Dutch into, by telling them the French army is intended for Cleves and Gueldres, is a most idle alarm. They are not of importance enough to be in danger; nobody thinks of them now. Hanover is evidently the object, and the only rational one, of the operations of the French army; not as Hanover, but belonging to the king of England, and that electorate is to be a reply to the present state of Saxony. The fields of Bohemia and Moravia will become Golgothas, or fields of blood, this year; for probably an hundred thousand human creatures will perish there this year, for the quarrel of two individuals. The king of Prussia will, I suppose, seek for battle, in which, I think, he will be victorious. The Austrians will, I suppose, avoid it if they can, and endeavour to destroy his armies, as they did the French ones in the last war, by harrassing, intercepting convoys, killing straglers, and all the feats of their irregulars. These are my political dreams, or prophecies, for perhaps they do not deserve the name of reasonings.

The Bath did me more good than I thought any thing could do me; but all that good does not amount to what builders call half-repairs, and only keeps up the shattered fabric a little longer than it would have stood without them: but take my word for it, it will stand but a very little while longer. I am now in my grand climacteric, and shall not compleat it. Fontenelle's last words at a hundred were, *Je souffre d'être (a):* (I feel the pain of being). Deaf
and

(a) Lord Chesterfield wrote this but six weeks after the death of Fontenelle; but, as his information of that celebrated Frenchman's observations on his own death is imperfect, the readers will not be displeased to find here a more accurate, as well as fuller, account of his dying words, given us by his countryman M. le Cat in his eulogy of that great man: "His end was the "last period of a machine, ended by the laws of nature. His death was not preceded by any "sickness; nine days before it happened, he perceived a considerable diminution in his strength, "and prepared for his dissolution, by performing the duties of an honest man and a christian. It "proved, however, much slower than he expected, which made him say three days before his last:

and infirm as I am, I can with truth say the same thing at sixty-three. In my mind, it is only the strength of our passions, and the weakness of our reason, that make us so fond of life; but, when the former subside and give way to the latter, we grow weary of being, and willing to withdraw. I do not recommend this train of serious reflections to you, nor ought you to adopt them. Our ages, our situations are widely different. You have children to educate and provide for, you have all your senses, and can enjoy all the comforts both of domestic and social life. I am in every sense *itself*, and have wound up all my bottoms, I may now walk off quietly, neither missing nor missed. Till when,

Yours most sincerely,

CHESTERFIELD.

LETTER CXI.

TO THE SAME.

London, April 16, 1757.

DEAR DAYROLLES,

THE books, which my *confrère* l'abbé Guasco has sent from Paris to comte Cobenzel, and he to you, are the last volumes of the *Mémoires* of *l'académie des belles lettres*, of which, as you know, I have the honor to be an unworthy member. Those memoires are our annual perquisites, and they are really not only very entertaining, but very instructive books. However, I am in no manner of haste; so pray keep them for me, till, without trouble to

---

"I did not think I should have made so much ado about dying. He continued a philosopher to the last, and preserved the full enjoyment of all his faculties. He reflected upon his own situation, just as he would have done upon that of another man, and seemed to be observing a phænomenon. Drawing very near his end, he said, this is the first death I have ever seen; and his physician having asked him, whether he was in pain, or what he felt, his answer was, *I feel nothing but a difficulty of existing.* (Je ne sens autre chose qu'une difficulté d'être.)

yourself,

yourself, or any body else, you find a convenient opportunity of sending them to me. Pray make my compliments and excuse to comte Cobenzel, for the trouble he has had about them.

I returned the last week from the Bath, where I had run for a fortnight only, more for the sake of journeying, which always does me good, than drinking the waters, though they always do me some; and both together have now made me as well as I ever expect to be, and better than probably I commonly shall be. But this my present state is at best an intermediate state between health and illness, with which my philosophy makes me content.

Our public situation of affairs is now perhaps more ridiculous and unaccountable than ever; for those who would form themselves into an administration, cannot. Two posts, which were once thought considerable ones, which used to be sollicited by many, and wished for by more, I mean those of secretary of state, and chancellor of the exchequer, have been profered about to a degree of prostitution, and yet refused. The late possessors of them were most imprudently turned out, before the end of the session, and are thereby become not only the most, but perhaps the only two, popular men now in this kingdom. * * * * * * * * * * * * *

Where all this confusion will end, God only knows: but, for a while at least, I believe, it will center in Fox, who, at the end of the session, will, I presume, be the first commissioner of the treasury, and chancellor of the exchequer. In that case, the duke of Newcastle and his friends will probably join with Mr. Pitt and his, who united will make a strength, that the new ministry will not be able to withstand. *Ainsi va le monde.* (This is the way of the world.)

This would be the right season for you, to carry your children to the Hague, to be inoculated, and a very proper one also, I should think, for you to ask leave to go there, as you cannot have any business now at Brussels. I look upon inoculation to be so useful and necessary a preventive, that I would not delay it one hour. I do not, at the same time, recommend to you to be inoculated yourself, though you have never had the small pox, because at your time of life, perhaps, it may not be quite so safe. My compliments to Mrs. Dayrolles and Co. and so we heartily bid you good night.

LETTER CXII.

TO THE SAME.

Blackheath, July 4, 1757.

DEAR DAYROLLES,

I HAVE been some time in your debt. The reason of it was, that I waited from week to week, to inform you what ministry should be finally settled, for there was one to be settled every week, for these last three months. Sometimes the duke of Newcastle and Co. were to make up matters with Fox and Co.: then that plan failed. Then Pitt and Co. were to join with Newcastle and Co.: and that broke off. At last, after many negotiations, breakings off, and reconciliations, things are at last fixed, as it is called, in the manner you see in the news-papers. About three weeks ago, Fox was in a manner declared the minister, to the exclusion of the duke of Newcastle and Pitt, and the seals of the chancellorship of the exchequer were to have been given him the next day. Upon this, Holdernesse resigned, the duke of Rutland and some others declared their intentions of following his example, and many refused the places that were offered them by Fox, as the first minister for those two or three days. Upon these discouragements, Fox went to the king, and told him, that it was impossible for him, in such a situation, to undertake the management of affairs. The king hereupon, though very unwillingly, sent for the duke of Newcastle again, and at last, after a thousand difficulties, things are as you have seen them, by last post, in the news-papers. * * * * * * * *

These are only the outlines of what has passed: the details would fill reams of paper, which you would not have time to read, nor I to write.

Whoever is in, or whoever is out, I am sure we are undone, both at home and abroad; at home, by our increasing debt and expences; abroad by our ill luck, and incapacity. The king of Prussia, the only ally we had in the world, is now, I fear, *hors de combat*. Hanover,

Hanover, I look upon to be, by this time, in the same situation with Saxony; the fatal consequence of which is but too obvious. The French are masters to do what they please in America. We are no longer a nation. I never yet saw so dreadful a prospect *(a)*.

As Colloredo *(b)* and Zöhrn *(c)* are recalled from hence, without taking leave, I suppose you will receive the same orders from hence; which must be very inconvenient to you. * * * * * *

I am rather in a better state than I have been in for some time past, and as a proof of it, I went post thirty miles beyond York, to make a visit of four days only to sir Charles Hotham, and was back here, at my hermitage, the eleventh day. However, you must not judge from this, that I have recovered my health and strength of seven years ago; but only that I am a less miserable and uneasy being to myself, than I have been these last two years. If my body will but let me alone, while it lasts, I am satisfied; for my mind I am sure will. Adieu, my dear friend.

Yours,

C.

LETTER CXIII.

TO THE SAME.

Blackheath, Aug. 15, 1757.

DEAR DAYROLLES,

I HAVE this moment received your letter, and am, as you will easily believe, much concerned at your present situation, and the more so as I know that no man in Europe has a quicker sense of distresses than you have. This occurs to me, though problematically, to prevent some of the inconveniencies you mention. Why should you not stay at the Hague, till Mrs. Dayrolles is brought to bed,

(a) Subsisting only in the noble writer's imagination, which was rendered somewhat gloomy by his own melancholy situation, and his feelings for his country.
(b) The envoy and minister plenipotentiary from the Imperial, to the British, court.
(c) Secretary of embassy from the same court.

and

and in the mean time have your children inoculated by the professor. Besides, as the war must soon now be at an end, for it is evident that neither we, nor our only ally, the king of Prussia, can carry it on three months longer; perhaps you may have a better chance of recovering your old employment, or of getting some other of that sort, by being ready on the other side of the water than on this. All that I can do, you are sure that I will do. I will speak strongly to his grace; but whether he can serve you, or who can, is much above my skill to discover, for, in the present unaccountable state of our domestic affairs, no man knows, who is minister, and who not. We inquire here, as the old woman at Amsterdam did long ago, *où demeure le souverain?* (where does the sovereign live)?

In my retirement, and with my deafness, and other infirmities, I am useless to you, and to every body else; but in my sentiments, I am not the less warmly and faithfully,

Yours,

C.

LETTER CXIV.

TO THE SAME.

Bath, Dec. 10, 1757.

I PASS over lightly the arrival of the young lady, to congratulate you very heartily upon Mrs. Dayrolles's recovery from pain and danger. My compliments to her thereupon.

I am glad that Keith goes soon to Russia; he will execute his orders, I believe, faithfully, but I wish we had somebody there, who could occasionally soften, or invigorate, his instructions, venture to take something upon himself, insinuate rather than propose, and according to occurrences, say more or less than he thinks; but where is this man? I am sure I do not know him. I wish the king of Prussia could and would send a very able fellow, who belongs

longs to him, *incognito* to Petersburg. It is one Cagnoni, who is well acquainted with that court, and is, I believe, the ablest, and most dextrous, agent for that sort of work in Europe. We may flatter ourselves as much as we please, and be in filly high spirits upon trifling fortunate events, but if we cannot break the alliance, that now subsists against us, we must be finally undone; and that is as demonstrable, as it is that three are more than one. O, but now we have hopes of Denmark; such hopes, I suppose, as we had very lately of Spain, with whom we never were worse than at that very moment. But take my word for it, you will not get Denmark. *Que diable feroit notre gendre dans cette galère ?* (Why should our son in law (a) interfere in this quarrel)? Will he renounce the French subsidies, which he now enjoys gratis and quietly, and thrust himself in, between Russia and Sweden, to be crushed by both? Are we in a situation to invite or tempt foreign powers to embark in our wretched bottom? Surely not. They are perhaps not convinced that we have heads to contrive; but they are very sure, by experience, that we have no hands to execute. * * * * * They know our debt, and they know our expence. *Bernsdorf (b) ne s'y laissera pas prendre.* (Bernsdorf is not to be taken in). Our prince of Brunswick will, I believe, have the advantage in the first blow, and then how glad we shall be, in what spirits! The post afterwards will bring an account of Hanover's being put to fire and sword; and then how sorry, how dejected we shall be! * * * * *

His grace of Bedford seems to pass his time but indifferently in Ireland. Our news-mongers here recal him from Ireland, and make him lord steward, which by the way, I dare say, he will not accept of. They send lord Holderness in his room to Ireland, where, if he does go, the Lord have mercy upon him! for that machine is falling to pieces, let who will go. Then they make lord Halifax secretary of state in his stead, and Dupplin first lord of trade. Whether this, or but half on't, or none on't, be true, I little either know or care. I am but a passenger, and so near my journey's end, that I am very little inquisitive about the remainder of it.

(a) The king of Denmark. This lord Chesterfield took from Molière's *Fourberies de Scapin.* Several of this inimitable author's sentences are become proverbs.
(b) The prime minister of Denmark.

I am very *unwell*, but not worſe than when I wrote to you laſt. This, I am ſure, I am,

Yours,

C.

P. S. This moment I have received the news of the king of Pruſſia's farther ſucceſſes. I am very glad of them, but calmly ſo. whereas I am ſure they will make many, I might ſay moſt, people drunk, and mad with joy. But the great alliance ſtill ſubſiſts, and that is the object that I have always in my mind. I have alſo this morning received a letter from the reſident at Hambourg,(*a*) in which he tells me that he has reaſon to believe, that he ſhall be ſoon ordered to return here, to attend this ſeſſion of parliament. I hope he is miſinformed; for, in the firſt place, I ſee no probability that his ſingle vote can be wanted, as the vigorous proſecution of the war, the king of Pruſſia for ever, and down with the French, makes all that mob as unanimous as any bear-garden mob whatſoever. In the next place, it would take the boy from his trade, which he has but begun to learn, and ſeems to apply himſelf to, to be ſauntering about the ſtreets of London, with all our young *fainéans*. Pray, therefore loſe no time in ſolliciting the duke of Newcaſtle and lord Holderneſſe, in my name, that he may not be ſent for over this year, unleſs there ſhould be ſuch an abſolute neceſſity for one ſingle vote, as I am ſure I cannot, and as I believe they do not, foreſee. I ſhould be very glad hereafter, to have him find favour in his walk of life; but I would firſt have him deſerve it, by his diligence and abilities. This winter's interruption of his buſineſs, would put him at leaſt three or four years back. Therefore again, with my beſt compliments to the duke of Newcaſtle and lord Holderneſſe, tell them that I earneſtly beg it as a favour of them, that he may not return this year at leaſt, without a moſt abſolute neceſſity.

C.

(*a*) His ſon Mr. Stanhope, then member of parliament for Leſkard in Cornwall.

LETTER CXV.

TO THE SAME.

Bath, Dec. 20, 1757.

DEAR DAYROLLES,

* * * * * I AM afraid still, as I told you in a former, of the consequences of the king of Prussia's passionate desire of taking Breslaw, not only for the sake of recovering his capital of Silesia, but of taking prince Charles Daun, and the numerous Austrian garrison; exactly the case of Prague. As to our final success upon the whole of the war, I absolutely despair of it, and I think it must necessarily end both disgracefully and disadvantageously for us. Were my three schemes executed, as I am morally sure they might be, our terms of peace would be something better. I hope we shall no longer be frightened out of our wits, with the never-intended French invasion of this country, which has been hitherto puffed by, I know who, and I know why, and has crippled all our operations abroad. Is lord London recalled as the news-papers say? For my part, since he is there, I would rather continue him, and send him positive and unequivocal orders what to do, than send a new man, who might perhaps get there too late, and might then, if a backward one, plausibly plead his ignorance of the state of those affairs, and do nothing at all. * * * * * * * * * *

Adieu, my friend.

Yours,

C.

LETTER CXVI.

TO THE SAME.

Bath, Christmas-day, 1757.

DEAR DAYROLLES,

I HAVE, this moment, received your letter. I firmly believe the king of Prussia's victory at Lissa; the account of it, to, and from, the two Mitchels *(a)* must, I think upon the whole, be true, though perhaps magnified in particular parts. I am very glad of it; but soberly so, for, to give me joy, I must have a great deal more. If there has been a battle in the electorate, I will venture to prophesy that those who attacked got the better; for I suppose that monsieur de Richelieu would be wise enough not no risk a battle, without a great superiority, and in that case, if he attacked, I fear we shall be beaten; but if he found himself in a situation, in which he could not avoid a battle, and that we attacked him, I think we shall beat him. But if we do, still mark the end on't.

The more I think over the three plans mentioned in my last, the more I think them both necessary and practicable. This, at least, I am sure of, that they are our last convulsive struggles, for at that rate we cannot possibly live through the year 1759. *Nous jouons de notre reste*, and therefore should push it, *à toute outrance*. (This being our last stroke should be a desperate one.)

As for the house of lords, I may say with truth, what can I do in that numerous assembly, who cannot enjoy the company of three or four friends, by the chimney corner, or round a table? Can I, or should I speak, when I cannot reply? No: quiet is both my choice and my lot. The will must now stand for the deed; I shall sincerely wish well to my species, to my country, and to my friends, but can serve none of them. What little offices I can do in private life, I will to my power.

(a) Sir Andrew Mitchel, the British envoy to the Prussian court, and Mr. Mitchel, for many years resident from the king of Prussia in London.

This is the season of compliments, consequently of lyes, I will therefore make you none, at such a suspicious time. You know, I love you, Mrs. Dayrolles, and all who belong to you both: guess the rest.

         Yours, faithfully,

              C.

LETTER CXVII.

TO THE SAME.

Blackheath, June 10, 1763.

DEAR DAYROLLES,

I Heartily congratulate you upon your gout, it is a certain cure for all your other complaints.——It is a proof of present riches, and a certain pledge of their future increase.——It is a sign of long life, for it is well known that every man lives just as long after the first fit of the gout, as he had done before it.

Though this fit has been a very slight and short one, it is, however, an earnest of frequent, and beneficial, returns of it.

It is a grant of health for life, not in the power of kings and courts to give or take away, and therefore more valuable than all the places and reversions, which his majesty has been pleased to grant lately to so many of his faithful subjects.

As an introduction to this last favour, it pleased heaven to grant you previously a great share of exemplary patience, to enable you to make a right use of it.

But after all, if comparison lessens calamities, and that you should grumble a little at some trifling shootings and throbbings in your foot, any lady can assure you, that they are nothing when compared to the pangs of child-bearing.

God bless you and Co. very seriously; for I am very seriously and sincerely

        Yours,

           CHESTERFIELD.

LETTER CXVIII.

TO THE SAME.

Blackheath, Sept. 10, 1752.

DEAR DAYROLLES,

I Know, by long experience of your friendship, that you will not grudge in a manner any trouble, that I may desire of you, that can either be of use or pleasure to me. My present request to you is of that kind.

I have had several letters from the boy (*a*), since he has been abroad, and hitherto all seems to go very well. But I am too old to trust to appearances, and therefore I will beg of you to write to Mr. D'Eyverdun(*b*), and desire him to send you a letter concerning every thing good or bad, about him. You must be sensible of the great importance, which it is of for me to be thoroughly informed of his faults, as well as of his perfections; and this is, if not the only one, I am sure the best, method, of my knowing them really and truly.

I am rather better than I was, when you saw me last, but indeed very little, and extremely weak. I hope you and *tutti quanti* are in a better plight. My compliments to them all, and believe me to be, what I sincerely am;

Your faithful friend,

and very humble servant,

CHESTERFIELD.

(*a*) The present earl of Chesterfield.

(*b*) A Swiss gentleman, of great merit, to whom the care of the young man was intrusted by our earl, during his first travels.

LETTER CXIX.

TO THE SAME.

Blackheath, Sept. 17, 1772.

DEAR DAYROLLES,

I Acknowledge my blunder; for how should the boy and monsieur D'Eyverdun have communicated to you their direction, without inspiration, which, though you are a very devout man, I don't believe has been granted you. The direction is very short; To monsieur D'Eyverdun at Leipsig, and I send all my letters by the common post, and not one of them has miscarried.

I am very angry at the return of Mrs. Dayrolles's old complaint, especially as she is out of the call of doctor Warren; but I am glad to hear, that your olive-branches are all well. Good night to you.

Yours, most faithfully and sincerely,

CHESTERFIELD.

LETTER CXX.

TO THE SAME.

Blackheath, Sept. 24, 1772.

DEAR DAYROLLES,

I Have just now received your letter, and likewise the copy of that, which, at my request, you wrote to * * *. I think it must have its effect.

I am extremely sorry for Mrs. Dayrolles's situation, but I am a little in her case; for it is now four months since I have been labouring under a diarrhœa, which our common doctor Warren has not been able to cure. To be nearer him, and all other helps, I shall settle in town this day sennight, which is the best place, for sick people, or well people, to reside at, for health, business, or pleasure. God bless you all.

CHESTERFIELD.

LETTER CXXI.*

To Sir THOMAS ROBINSON Bart.

Blackheath, Oct. 13, 1756.

SIR,

WHAT can a hermit send you from hence in return for your entertaining letter, but his thanks? I see nobody here by choice, and I hear nobody by necessity. As for the contemplations of a deaf, solitary sick man, I am sure they cannot be entertaining to a man in health and spirits, as I hope you are. Since I saw you, I have had not one hour's health, the returns of my vertigos and subsequent weaknesses and languors, grow both stronger and more frequent, and in short I exist to no one good purpose of life, and therefore do not care how soon so useless and tiresome an existence ceases entirely. This wretched situation makes me read with the utmost coolness and indifference the accounts in the news papers, for they are my only informers now you are gone, of wars abroad, and changes at home. I wish well to my species in general, and to my country in particular, and therefore lament the havock that is already made, and likely to be made, of the former, and the inevitable ruin which I see approaching by great strides to the latter: but, I confess, those sensations are not so quick in me now as formerly; long illness blunts them, as well as others, and perhaps too, self-love being now out of the case, I do not feel so sensibly for others, as I should do, if that were more concerned. This I know is wrong, but I fear it is nature.

---

* This and the two following detached letters are fallen into my hands; however unconnected with the former, they are here inserted, as, I flatter myself, every genuine piece of the noble author will prove acceptable to my readers.
I have been informed that an intimate acquaintance subsisted between the writer of the following letters, and the gentleman to whom they are addressed for above half a century, which gave rise to a very voluminous correspondence. Should these letters, together with the answers, that have been carefully preserved, ever appear in print, as possibly they may, they must prove an agreeable literary acquisition, and furnish a very striking and progressive picture of modern times.

Since you are your own steward, do not cheat yourself, for I have known many a man lose more by being his own steward, than he would have been robbed of by any other: tenants are always too hard for landlords, especially such landlords as think they understand those matters and do not, which with submission may possibly be your case.

I go next week to the Bath by orders of the skilful, which I obey because all places are alike to me; otherwise, I expect no advantage from it. But in all places, I shall be most faithfully

Yours,

C.

LETTER CXXII.

TO THE SAME.

Bath, Jan. 15, 1757.

RECEIVED of sir Thomas Robinson baronet, two letters, the one bearing date the 10th, the other the 13th of this present month, both containing great information and amusement, for which I promise to pay at sight my sincerest thanks and acknowledgments: witness my hand.

CHESTERFIELD.

This promising note is all that, in my present state of ignorance and dullness, I can offer you; for pay, I cannot. The attempt upon the king of France was undoubtedly the result of religious enthusiasm: for civil enthusiasm often draws the sword, but seldom the dagger. The latter seems sacred to ecclesiastical purposes; it must have a great effect upon him one way or other, according as fear or resentment may operate. In the former case, he will turn bigot, which

which is the moſt likely. In the latter he would turn man, which I do not take to be eaſy for him. In either caſe, the prieſthood or the parliament muſt be deſperate. And with all my heart.

I am impatient to read ſome of the 209 letters addreſſed to your humble ſervant, under the name of Fitz Adam, for God forbid that I ſhould read them all.

Though Archibald Bower, eſq; has uſed a great deal of paper, he has not, in my opinion, wiped himſelf clean; a noble friend of ours loves ſudden and extraordinary converſions, but, for my part, I am very apt to ſuſpect them.

I ſhall ſo ſoon have the pleaſure of ſeeing you in perſon, that I will ſpare you upon paper, and only aſſure you, *en attendant mieux*, that I am moſt faithfully

Yours,

C.

LETTER CXXIII.

TO THE SAME.

Bath, Nov. 30, 1767.

SIR,

I CANNOT conceive why you will not allow your letter to have been a news letter; I am ſure I received it as ſuch, and a very welcome one too. However, I am glad you do not reckon it one, for that makes me expect another very ſoon, according to a good cuſtom, which I hope you will not break through now.

I aſk no politics, they are both above and below me. I have quite loſt the clue to them, and ſhould only bewilder myſelf, if I were to put my head into that labyrinth. The three great ſtrokes of lord ―― I approve of. The incloſure of the king's foreſts,

forests, now an expence to the crown, and a great grievance to the country, will be an advantage to both, and I am astonished it has not been done long ago; but for a general excise, it must change its name by act of parliament before it will go down with the people, who know names better than things. For aught I know, if an act for a general excise were to be entitled an act for the better securing the liberty and property of his majesty's subjects, by repealing some of the most burthensome custom-house laws, it might be gladly received.

The two great weddings you mention have supplied the town with that sort of conversation which is the fittest for them. Custom, which governs much more than reason, has laid the tax of foolish expence upon young and rich couples, which is collected by folly: I do not entirely disapprove of that ingenious gentleman, who has married ———; he has rushed into the danger to avoid the apprehension, reflecting no doubt that, had he married any other woman of equal beauty, he must at all events have worn the fashionable badge of distinction that he now does.

I flatter myself that I am well with your brother, the primate of Ireland, who is here at present in perfect health, and by much the fattest of the family. My brother's fit I take to have been only such a vertigo as I have had a thousand times formerly, when, if I had not been supported by two people, I should have fallen down. I have sent him my prescription, which, I am sure, will relieve, if not cure him, if he will but follow it.

Yours faithfully,

C.

LETTER CXXIV.

To Dr. CHEYNE, of Bath*.

London, April 10, 1742.

DEAR DOCTOR,

YOUR inquiries and advice concerning my health are very pleasing marks of your remembrance and friendship, which, I
assure you, I value as I ought. It is very true, I have during these
last three months, had frequent returns of my giddinesses, languors,
and other nervous symptoms, for which I have taken vomits;
the first did me good, the others rather disagreed with me. It is
the same with my diet; sometimes the lowest agrees, at other times
disagrees with me. In short, after all the attention and observation
I am capable of, I can hardly say what does me good and what not.
My constitution conforms itself so much to the fashion of the times,
that it changes almost daily its friends for its enemies, and its enemies for its friends. Your alkalised mercury, and your Burgundy,
have proved its two most constant friends. I take them both now,
and with more advantage than any other medicine. I propose going again to Spa, as soon as the season will permit, having really
received great benefit by those waters last year, and I find my
shattered tenement admits of but half repairs, and requires them
annually.

The *corpus sanum*, which you wish me, will never be my lot,
but the *mens sana* I hope will be continued to me, and then I shall
better bear the infirmities of the body. Hitherto, far from impairing my reason, they have only made me more reasonable, by subdu-
ing the tumultuous and troublesome passions. I enjoy my friends
and my books as much as ever, and I seek for no other enjoyments;
so that I am become a perfect philosopher, but whether *malgré moi*
or no, I will not take upon me to determine, not being sure that we
do not owe more of our merit to accidents than our pride and self-
love are willing to ascribe to them.

* This letter is printed from a copy, which was given me by the countess of Chesterfield. Dr.
Cheyne died soon after the date of this letter.

I read with great pleasure your book, which your bookseller sent me according to your directions. The physical part is extremely good, and the metaphysical part may be so too, for what I know, and I believe it is, for as I look upon all metaphysics to be guess work of imagination, I know no imagination likelier to hit upon the right than yours; and I will take your guess against any other metaphysician's whatsoever. That part, which is founded upon knowledge and experience, I look upon as a work of public utility, and for which the present age and their posterity may be obliged to you, if they will be pleased to follow it.

THE END OF THE SECOND BOOK.

LORD CHESTERFIELD'S

LETTERS to his FRIENDS.

BOOK III.

LETTERS

To Dr. RICHARD CHENEVIX,
LORD BISHOP OF WATERFORD,

AND

TO SOME OTHER FRIENDS

IN IRELAND.

ADVERTISEMENT.

THE originals of the letters to the bishop of Waterford were entrusted with me, by that venerable prelate, after he had sent me copies of all, made under his eyes.

The letter to Dr. Whitcombe, and that to the late Dr. Madden, are only printed from copies, for which I am indebted to the same benevolent friend.

From him also I received the six original letters to Thomas Prior, esq; a man, whose philanthropy, and zealous attachment to the real interests of his country were deservedly applauded, and strenuously encouraged, by the earl of Chesterfield.

Most of the notes subjoined to these letters were sent me by the bishop of Waterford, and contain such informations, as he alone could give. A few of my own I have ventured to add, but only in cases where some elucidation seemed requisite.

Sir John Irwine, knight of the Bath, and commander in chief of his majesty's forces in Ireland, was pleased to communicate such of the letters from his noble friend, as he judged worthy of the attention of the public. Though several of them were written while the general was either in England or abroad, yet, as most relate to Irish affairs, it was thought proper to insert them in this book.

The three last letters, viz. two from Dr. Swift to lord Chesterfield, and one from his lordship to the Dean, though printed before [*], were too remarkable to be detached from a collection, intended in a great measure to preserve the original features of persons, equally distinguished by their humor and their wit.

[*] Those of the Dean, in his Works, vol. VIII. in 8vo.; lord Chesterfield's in Hawkesworth's Collection of Dr. Swift's Letters.

LORD CHESTERFIELD'S LETTERS.

BOOK III.

LETTER I.

To Dr. R. CHENEVIX, Lord Bishop of Waterford.

London, Feb. 15, 1740.

DEAR DOCTOR,

I THANK you for both your letters, I would have acknowledged your former sooner, but partly business and partly dispiritedness hindered me.

We have both lost a good friend in Scarborough; nobody can replace him to me, I wish I could replace him to you; but as things stand, I see no great hopes of it.

As for the living of Southwark, I would not advise you to expect it; for **** I am persuaded will never let you have it. He carries his resentment to the highest degree even against the memory of one, who was but too long his friend, and too little a while his enemy. However, when it becomes vacant, I would have you renew your application for it.

I am, with great truth,
Your sincere friend,
CHESTERFIELD.

LETTER II.

TO THE SAME.

Spa, July 4, N. S. 1741.

DEAR DOCTOR,

IT was with real concern that I heard you were ill, and it is with equal truth that I hope this will find you perfectly recovered: that virtue, which makes you fit, and it may be willing, to die, makes those who are acquainted with it, as I am, unwilling you should; therefore take care of your health, and let it not be affected by a too great sensibility of those misfortunes that inseparably attend our state here. Do all you can to prevent them, but, when inevitable, bear them with resolution; this is the part I take with relation to my own health: I do all I can to retrieve and improve it, and if I acquire it, I will do all I can to preserve it; my bodily infirmities shall as little as possible affect my mind, and so far at least I will lessen the weight of them.

These waters have already done me so much good, that I have reason to expect a great deal more from them, and I expect still more benefit from passing my autumn afterwards in constant travelling through the south of France: thus you see I anticipate eventually the good, which is at least so much clear gain, let what will happen afterwards; do so too, dear doctor, and be as well, and as happy, as you are sincerely wished to be by

Your most faithful friend and servant,

CHESTERFIELD.

LETTER III.

TO THE SAME.

London, March 6, 1742.

DEAR DOCTOR,

I WILL not tell you that I am sorry for your Southwark disappointment *, because, as the Irishman said, I think you have got a loss; and considering the charge of removing, and the increase of your expence by living in London, I am sure you would have been no gainer by your preferment, and yet you would have been looked upon by the court as provided for. I need not tell you, I am sure, how much I wish to be able to contribute to the advantageous change of your situation; but I am sure too, that I cannot tell you when I shall; for, till I can do it consistently with my honor and conscience, I will not do it at all, and I know you do not desire I should. The public has already assigned me different employments, and among others that which you mention; but I have been offered none, I have asked for none, and I will accept of none, till I see a little clearer into matters than I do at present: I have opposed measures, not men, and the change of two or three men only is not a sufficient pledge to me that measures will be changed, nay rather an indication that they will not; and I am sure no employment whatsoever shall prevail with me to support measures I have so justly opposed. A good conscience is in my mind a better thing than the best employment, and I will not have the latter till I can keep it with the former: when that can be, I shall not decline a public life, though in

---

* "The Southwark disappointment, which his lordship alludes to, was my not getting the parish
" of S. Olive's, when it became vacant, which had been promised me, upon his lordship's first
" coming from Holland, by Sir Robert Walpole, on the recommendation of lord Chesterfield and
" lord Scarborough. On this promise not being kept, the latter complained to the king himself,
" and in a strong manner, of the little regard which had been paid to his recommendation in my
" favour."

Letter from the bishop of Waterford.

truth more inclined to a private one. You did very well to hinder your friend, Mr. Hutchins *, from taking a ufelefs journey. I have heard a very good character of him, and fhall be very glad to do for him when in my power; but he muft naturally fuppofe too, that I have fome prior engagements to fatisfy, and you will poffibly think it but reafonable that you fhould be my firft care; at leaft I think fo, for I am very faithfully yours,

CHESTERFIELD.

My compliments to Mrs. Chenevix.

LETTER IV.

TO THE SAME.

London, Nov. 3, 1743.

DEAR DOCTOR,

AS this is a begging letter, I think I fhould begin in the ufual ftyle of thofe epiftles, and tell you that paft favours embolden me to afk for new ones, and that your ale was fo good that I wifh you would fend me a little more of it. By the time it lafted me, for I drank the laft bottle yefterday, you may judge, that I mean litterally but a little more, and if you fend me more than you did laft time, it will only be fpoiled before it is drunk.

My brother John told me he left you at Nottingham in perfect health, which I was extremely glad to hear, it being in my mind impoffible for a man not to be happy with good health and a good confcience like yours. Money may improve, but cannot make happinefs; and though I wifh it would improve yours, yet in the mean time, I am convinced that there are many more people in this kingdom that have reafon to envy your fituation, than to prefer their own to it.

---

* Mr. Hutchins was a very worthy clergyman beneficed in Leicefterfhire, and a diftant relation of his lordfhip.

I have been of late a little out of order with a cold; but bleeding set me right, and I am in hopes of resisting the winter tolerably, which is the trying season to me.

Adieu, dear doctor, *divertissez-vous, il n'y a rien de tel*; and believe me most affectionately and faithfully,

Yours

C.

LETTER V.

TO THE SAME.

Hague, March 12, N. S. 1745.

I PUT nothing at top of this letter, not knowing whether the familiar appellation of *dear doctor* would now become me; because I hope that by the time you receive this letter, you will be, as it were, my lord of Clonfert. I have the pleasure of telling you, that I have this day recommended you to the king, for the bishoprick of that name, now vacant by the translation of its last bishop to the see of Kildare. I hope my recommendation will not be refused, though I would not swear for it; therefore, do not absolutely depend upon your consecration, and stay quietly where you are, till you hear further from me. I assure you, I expect few greater pleasures in the remainder of my life, than that I now feel in rewarding your long attachment to me, and, what I value still more, your own merits and virtues.

Yours sincerely,

C.

LETTER VI.

TO THE SAME.

Hague, April 27, N.S. 1745.

DEAR DOCTOR,

I TOLD you, at first, not to reckon too much upon the success of my recommendation; and I have still more reason to give you the same advice now, for it has met with great difficulties, merely as mine, and I am far from knowing yet how it will end. Pray, give no answer whatsoever to any body, that either writes or speaks to you upon that subject, but leave it to me, for I make it my own affair; and you shall have either the bishoprick of Clonfert, or a better thing, or else I will not be lord lieutenant. I hope to be in England in about a fortnight, when this affair must and shall be brought to a decision*. Good night to you.

Yours,

C.

---

* When the king refused his consent to the making me a bishop, he directed lord Harrington, then secretary of state, to acquaint lord Chesterfield that he would comply with his application in favour of any one, except me. His lordship's answer was, that he would not continue lord lieutenant of Ireland, except I had the vacant bishoprick. One of the reasons given by his majesty, was because he was told I wrote political pamphlets against the administration, which was absolutely false; for I declare in the most solemn manner, that I never wrote any pamphlet whatever, and I further declare that lord Chesterfield never employed me to negotiate for him any political transaction, though sir Robert thought so, because I used to go to his lordship every morning at eight o'clock, and had the honor to stay with him till he was dressed. In consequence of this, I was informed upon the best authority, that a person used to follow me upon my going out of his lordship's house; and as I sometimes went from lord Chesterfield to lord Scarborough, sir Robert thought I carried messages from one to the other, which I never did. There was no occasion for my doing it, as lord Scarborough made no secret of his going to lord Chesterfield, for I have seen him myself go from his lordship to sir Robert, they living opposite to each other, in St. James's Square. Another reason, the king gave for his refusal, was because lord Scarborough had complained to him, with some warmth, of the little regard that had been shewed to his recommendation in my favour.

Perhaps another reason was, that his majesty was glad to cross his lordship's recommendation in my favour, knowing the great regard and affection he was so good to have for me.

From the bishop of Waterford.

LETTER VII.

TO THE SAME.

Hague, May 12, N.S. 1745.

MY GOOD LORD,

NOW you are what I had positively declared you should be, a bishop; but it is bishop of Killaloe, not Clonfert, the latter refusing the translation. Killaloe, I am assured, is better. I heartily wish you joy, and could not refuse myself that pleasure, though I am in the greatest hurry imaginable, being upon my journey to Helvoet-Sluys for England. Adieu.

Yours,
C.

LETTER VIII.

TO THE SAME.

London, June 18, 1747.

MY DEAR LORD,

I THANK you for your letter and for your kind hint, and am heartily glad to hear that you have made up your affair with your predecessor's widow.

What becomes of your intended establishment at Waterford for the reception of foreigners*? Does it go on? It would be of great advantage to the town, and a good example to others. How does Mr. Smith's linen manufacture flourish with you! If it prospers, I should think it would both invite and employ foreigners. I wish my country people, for I look upon myself as an Irishman still, would but attend half as much to those useful objects, as they do to the glory of the militia and the purity of their claret. Drinking is a most beastly

---

* That scheme, intended for the encouragement of French protestants, did not answer the expectation of those who had formed it.

vice in every country, but it is really a ruinous one to Ireland: nine gentlemen in ten in Ireland are impoverished by the great quantity of claret, which, from mistaken notions of hospitality and dignity, they think it necessary should be drunk in their houses; this expence leaves them no room to improve their estates, by proper indulgence upon proper conditions to their tenants, who must pay them to the full, and upon the very day, that they may pay their wine merchants.

There was a law, in one of the antient governments, I have forgot which*, that empowered a man to kill his wife, if she smelt of wine. I most sincerely wish that there were a law in Ireland, and better executed than most laws are, to empower the wives to kill their husbands in the like case; it would promote sobriety extremely, if the effects of conjugal affection were fully considered.

Do you grow fat? Are Mrs Chenevix and your children all well? Are you as chearful and as happy as your good conscience ought to make you? I hope them all, for, upon my word, nobody loves and values you more than

Your faithful friend and servant,

CHESTERFIELD.

LETTER IX.

TO THE SAME.

1747 †.

MY DEAR LORD,

I AM very glad to hear of your safe arrival upon Irish ground, after your distresses upon the Irish seas: escapes always make people either much bolder or much more timid than they were be-

* It was that of the antient Romans: that law, indeed, did not subsist long in all its severity; but even when the ladies had obtained the permission of drinking wine, they were punished for abusing of that indulgence, and the wife of a senator, having been convicted of drunkenness, was deprived of her marriage portion.
† This date is not in the hand of lord Chesterfield; and I suspect it to be faulty.

fore;

fore; yours, I hope, will have the former of these effects, and encourage you rather to visit your friends in England.

I have been a country gentleman a great while, for me, that is, for I have now been a fortnight together at Blackheath, and stay three or four days longer. The *furor hortensis* (garden-madness) has seized me, and my acre of ground here affords me more pleasure than kingdoms do to kings; for my object is not to extend, but to enrich it. My gardener calls me, and I must obey. Be as well and as chearful as you can, and believe me most faithfully and truly

Yours,

CHESTERFIELD.

LETTER X.

TO THE SAME.

Bath, March 1, 1748.

MY DEAR LORD,

I THANK you for your kind letter, by which I am glad to find that you approve of my resignation, and of my resolution to enjoy the comforts of a private life: indeed I had enough both of the pageantry and hurry of public life, to see their futility, and I withdraw from them, *uti conviva satur* (as a satisfied guest.) This conviction from experience secured me from regret: those who have only seen the gaudy outside of great stations, languish for their hidden charms, which in my mind soon satiate after possession *.

I am very glad to hear that I shall have the pleasure of seeing you and your family here this summer; I know that I cannot see a truer nor a warmer friend, which, I assure you, you may say too

---

* When I had the honor to see lord Chesterfield, some time after his resignation, one reason he told me why he was glad he had resigned, was because it was very difficult, in the public station he was in, to be intirely free from doing things that were not quite right.

Bishop of Waterford.

when you see me. I suppose that you will stop in your way in Nottinghamshire to see your son, whom as you return you will probably take with you to Ireland.

I have been here now a fortnight, and have found good by the waters, not that I had any great occasion for them, but, to say the truth, I came here chiefly to be out of the way of being talked to, and talked of, while my resignation was the only object of conversation in town.

Adieu, my dear lord: I cannot tell you how sincerely and affectionately I am

Yours,

CHESTERFIELD.

LETTER XI.

TO THE SAME.

London, Dec. 18, 1749.

MY DEAR LORD,

THIS is to most people, and in most places, the season of lies, dignified and distinguished by the name of compliments; with me it is a season of truth, when I assure you that I wish you, and all who belong to you, whatever you wish for yourselves or for each other, more particularly health, with which nobody need be unhappy.

Though you would not tell me how soon, and how generously, you provided for Dr. Young's son [*], he did, and with all the professions of gratitude which he owed you. I am as much obliged to you as he can be; I am glad that the young man has a good character, which you know I made a *conditio sine quâ non* of my request;

---

[*] I must observe here, that lord Chesterfield never recommended any one to the ecclesiastical preferments in my gift but Mr. Young. When he did, it was in the handsomest manner, by telling me twice in his letter, "Remember that I do not recommend, but if you approve of his character, you will do a good-natured action."

Bishop of Waterford.

and I hope that my recommendation interfered with no views of your own in favour of any other person.

Lord Scarborough's picture will be finished this week, and sent to Mrs. Chenevix; I think it is very well done, and indeed ought to be by the time Barret has taken to do it in; but he has taken it into his head, and I cannot say that I have discouraged him, that a great painter should also be a poet, that the same warmth of imagination equally forms both; and consequently, when I expect him to bring me home a very good copy of a picture, he frequently brings an execrable copy of verses instead of it. The melon seeds shall go by the same opportunities of the picture and candlesticks, which I suppose will be time enough, since they are not to be sown till February.

I have not yet been able to get the workmen out of my house in town; and shall have the pleasure of their company some months longer. One would think that I liked them, for I am now full of them at Blackheath, where I am adding a gallery. *Il ne faut jamais faire les sottises à demi.* (Foolish things should never be done by halves.). I am, my dear lord,

Most faithfully yours,

CHESTERFIELD.

LETTER XII.

TO THE SAME.

November 30, 1751.

MY DEAR LORD,

MY reproach by Dr. Thomas, I insist upon it, was a very just one, and your excuse a very lame one: indifferent as I am grown about most things, you could not suppose that I was become so, where the health and happiness of you and your family were concerned;

on the contrary, I find, that in proportion as one renounces public, one grows more sensible to private, social cares. My circle, thank God, is so much contracted, that my attention can, and does, from its center extend itself to every point of the circumference. I am very glad to hear that your son goes on so well, and as he does go on so well, why should you move him? The Irish schools and universities are indisputably better than ours, with this additional advantage, that having him within your reach will be much better for him than a better place out of it: a man no more liveth by Latin and Greek than by bread alone; but a father's care of his son's morals and manners is surely more useful, than the critical knowledge of Homer and Virgil, supposing that it were, which it very seldom is, acquired at schools: I do not therefore hesitate to advise you, to put your son to the best school, that is, the nearest to your usual place of residence, that you may see and examine him often and strictly, and watch his progress, not only in learning, but in morals and manners, instead of trusting to interested accounts of distant school-masters.

His grace of Tuam's recovery has, I find, delayed, if not broke, a long chain of ecclesiastical promotions, of which the first link is the only one I interest myself in, I mean the translation of that good man and citizen, the bishop of Meath*, to Tuam; the more he gets, the more Ireland gets; that being your case too, pray, how goes the copper mine? Fruitful and yet inexhaustible, I hope. If it will but supply you with riches, I will answer for your making the best use of them.

I hear with great pleasure that Ireland improves daily, and that a spirit of industry spreads itself, to the great increase of trade and manufactures. I think I interest myself more in that country than in this; this is past its perfection, and seems gradually declining into weakness and caducity; that seems but tending to its vigour and perfection, and engages ones expectations and hopes; one loves a promising youth, one only esteems an old man; the former is a

* Dr. Maul.

much

much quicker sentiment than the latter: both those sentiments conspire, I assure you, in forming that friendship with which I am,

My dear lord,

Your most faithful humble servant,

CHESTERFIELD.

LETTER XIII.

TO THE SAME.

London, May 22, 1752.

MY DEAR LORD,

I AM doubly concerned at Mrs. Chenevix's illness, for, while she is so ill, I am sure you cannot be well: though in some cases I would take Ward's remedy myself, I cannot recommend it to others; it has certainly done a great deal of good in many cases, in others it has sometimes done harm; he gives it indiscriminately in all, and consequently improperly in some; it is all one and the same medicine, though he gives it in different shapes, and calls it by different names of drop, pill, and powder: the principle is known to be antimony, but in what manner prepared, nobody yet has been able to discover.

You are engaged in a most useful and charitable design, and I think that you and my friend the bishop of Meath have begged very successfully for the time; he is an old experienced beggar, and you cannot learn the mendicant trade under a better master; this undertaking is worthy of both your characters, and becomes you as men, citizens, and bishops. I desire that I may be upon your list of contributors; therefore, pray, lay down fifty pounds for me, and draw upon me for it by the very first opportunity. Private subscriptions can never extend this excellent scheme so far as it ought to be carried, though nothing but private subscriptions and diligence could have laid the foundation of it. You have made a beginning, which is often the greatest difficulty, and I think it is now

impossible

impossible but that the government and parliament must carry it on. I will venture to say that they have no object which so well deserves their attention. Could the government and parliament be brought to adopt this affair heartily, and push it effectually, a considerable sum ought to be granted for that particular purpose, as was done in England, at the time of the great *réfuge* upon the revocation of the *édit de Nantes*. Lands too might be purchased, and houses and necessaries provided, for the refugees in Kerry and in Connaught, near and under the protection of some of the barracks, which would greatly improve and civilize, and in time enrich, those two at present inhospitable and almost barbarous countries. The opportunity is now extremely favourable, while the weakness of the French government suffers the rage and fury of the clergy to drive such numbers of its subjects into other countries. I wish we could get them all into England and Ireland; that would be the true and justifiable way of promoting the Protestant interest, instead of following the example of the Papists, by persecuting them. *Est aliquid prodire tenus*; (there is some merit in breaking the ice;) you have that merit, and I dare say these new little colonies will thrive and extend to a certain degree, even should the government not think them worth its attention: but I hope it will.

I have been now confined near a month by a fall from my horse, which, though by good luck it neither broke nor dislocated any bone, bruised the muscles so much, that I have yet very little use of my leg; I can just hobble across my room with a stick, and that is all: but I have had, and still have, a much worse complaint, which is my deafness, for which I have yet found no relief, though I have tried a thousand infallible remedies: as soon as my lameness will allow me, I will go to Blackheath, and seek the refuge of a deaf man, reading and walking.

Lady Chesterfield sends her compliments to you and Mrs. Chenevix, at whose illness she is much concerned; she has sent you from Bristol a busto of your humble servant, cast from a marble one done by Mr. Hoare at Bath, for Mr. Adderly: it is generally thought very like. Adieu, my dear lord.

I am faithfully yours,

CHESTERFIELD.

LETTER XIV.

TO THE SAME.

London, July 14, 1752.

MY DEAR LORD,

I KNOW the gentleneſs, the humanity, and the tenderneſs of your nature too well to doubt of your grief, and I know the object of it* too well to blame it; no, in ſuch caſes it is a commendable not a blameable paſſion, and is always inſeparable from a heart, that is capable of friendſhip or love. I therefore offer you no trite and always unavailing arguments of conſolation; but as any ſtrong and prevailing paſſion is apt to make us neglect or forget for the time our moſt important duties, I muſt remind you of two in particular, the neglect of which would render your grief, inſtead of pious, criminal: I mean your duty to your children as a father, and to your dioceſe as a biſhop. Your care of your children muſt be doubled, in order to repair as far as poſſible their loſs, and the public truſt of your flock muſt not ſuffer from a perſonal and private concern. Theſe incumbent and neceſſary duties will ſometimes ſuſpend, and at laſt mitigate, that grief, which I confeſs mere reaſon would not: they are equally moral and chriſtian duties, which I am ſure no conſideration upon earth will ever make you neglect. May your aſſiduous diſcharge of them inſenſibly leſſen that affliction, which, if indulged, would prove as fatal to you and your family, as it muſt be vain and unavailing to her whoſe loſs you juſtly lament! I am, with the greateſt truth and affection, my dear lord,

Your moſt faithful friend and ſervant,

CHESTERFIELD.

* The death of Mrs. Chenevix, the biſhop's wife.

LETTER XV.

TO THE SAME.

Bath, Nov. 11, 1751.

MY DEAR LORD,

THIS is only to ask you how you do, and what you do, in both which I need not tell you how truly I interest myself. The former depends a great deal upon the latter; if you are, alternately, attentively employed, and agreeably amused, you will probably, considering your sobriety and temperance, be in very good health. Your children are now old enough to answer both those ends. Their establishment should excite your attention, and their conversation and progressive improvement amuse your leisure hours. Your son is of an age to enable you to guess a little at his turn and disposition, and to direct his education accordingly. If you would have him be a very learned man, you must certainly send him to some great school; but if you would have him be a better thing, a very honest man, you should have him *à portée* of your own inspection. At those great schools, the heart is wholly neglected by those who ought to form it, and is consequently left open to temptations and ill examples: paternal care and inspection, attended by proper firmness and authority, may prevent great part of that mischief.

I had a letter the other day from Mr. Simond, by which I find, with great pleasure, that both the collection, and the objects of it the refugees, increase daily. If the receiving and retrieving those poor people be, as it certainly is, both a moral and political duty, what must be the guilt and madness of those, who, by persecution for matters of mere speculation, force those poor people to carry their industry, their labour, their legs, their arms, to other people, and enrich other countries. I wonder the French government does not rather chuse to burn them at home, than persecute them away into other countries; it would be full as just, and much more prudent.

These waters, which I have now used six weeks, in every way that it is possible to use them, drinking, bathing, and pumping, have done my hearing some good, but not enough to refit me for social life. I stay here a fortnight longer, in hopes of more benefit, which my physician promises me strongly; as I do not expect it, if I receive it, it will be the more welcome. If not, I have both philosophy and religion enough to submit to my fate, without either melancholy or murmur, for though I can by no means account why there is either moral or physical evil in the world, yet, conscious of the narrow bounds of human understanding, and convinced of the wisdom and justice of the eternal divine Being, who placed them here, I am persuaded that it is fit and right that they should be here.

Adieu, my dear lord; believe me most truly and affectionately,

Your faithful friend and servant,

CHESTERFIELD.

LETTER XVI.

TO THE SAME.

London, Dec. 19, 1752.

MY DEAR LORD,

I Am extremely glad to find, by your last very friendly letter, that you enjoy that greatest blessing of this life, the health of body and mind: proper exercise is necessary for both; go as little in your coach and as much on foot as ever you can, and let your paternal and pastoral functions at once share and improve the health of your mind. The mind must have some worldly objects to excite its attention; otherwise it will stagnate in indolence, sink into melancholy, or rise into visions and enthusiasm. Your children cannot be in a better way than, by your account, they seem to be in at present:

your son learns what a boy should learn, and your daughters read what girls should read, history; the former cannot know too much, and the latter ought not.

I am so weary of giving an account of my own wretched deafness, that I should not attempt it, did not I know that the kind interest which you take in whatever concerns me, makes you both desire and expect it. I am then neither better nor worse than when I wrote to you last; I have tried many things, and am going on to try many others, but without expecting any benefit from any medicine but patience. I am,

My dear lord,

sincerely yours,

CHESTERFIELD.

LETTER XVII*.

TO THE SAME.

Bath, Oct. 10, 1753.

MY DEAR LORD,

I DELAYED for some time acknowledging your kind letter, that I might be better able to answer your inquiries after my health. I know they flow from the part you take in it, and not from or custom ceremony. I am sure you wish all your fellow-creatures well, and I am almost as sure that you distinguish me among them as your friend. But what account can I now give you of myself? None that will please either of us. I came here deafer than you left me at Blackheath. I have bathed and pumped my head four times, by which operations I think I have gained a little, but

* The original of this letter was not received.

so little that a solid citizen would call it at most a farthing in a thousand pounds; though at the same time he would add, that that was better than nothing. I belong no more to social life, which, when I quitted busy public life, I flattered myself would be the comfort of my declining days; but that, it seems, is not given me. I neither murmur nor despair; the lot of millions of my fellow-creatures is still worse than mine. Exquisite pains of the body, and still greater of the mind, conspire to torture many of them. I thank God I am free from both, and I look upon the privation of those ills as a real good. A prouder being than I am, a lord, or if you will a stately duke, of the whole creation, would place this singly to the account of his reason; but I am humble enough to allow my constitution its share. I am naturally of a chearful disposition. I view things in their most comfortable light, and I unavailingly repine at nothing that cannot be retrieved.

I am very glad that you, and your little family, met reciprocally so well at Waterford. May you always part unwillingly and meet tenderly! That, I am persuaded, will always be the case; I can trust to you for it; for I maintain that children and subjects, though their obligations are certainly the lesser of the two, are much seldomer in the wrong, than parents and kings.

You ask me what books your daughters should read. Histories of all kinds; first, *Puffendorf's Introduction to the History of all Nations*, which is very short, and then the particular and more extensive history of each. Corneille, Racine, Moliere and Boileau, with as many of the modern French plays as they please; they being most correctly pure and moral. I do not mean those *du Théatre Italien*, or *de la Foire*, which are exceedingly licentious. These will not be less proper for your son, whom you should never suffer to be idle one minute. I do not call play, of which he ought to have a good share, idleness; but I mean sitting still in a chair in total inaction: it makes boys lazy and indolent.

Good night, my dear lord; no man can be more faithfully yours, than

CHESTERFIELD.

LETTER XVIII.

TO THE SAME.

London, February 7, 1754.

MY DEAR LORD,

I WOULD not suffer your friendship for me to be alarmed by an account of my illness, for which I must have employed another hand, and therefore stayed till I could give you at the same time an account of my recovery under my own. This I can now do; and it is all that I can do, for I am not yet got out of my room, to which I have been confined these three weeks, and with great pain, by a flying rheumatic gout. My pain is almost gone, but my strength and spirits are by no means yet restored. At my age, and with my shattered constitution, freedom from pain is the best that I can expect, and as far as my care will procure me that negative happiness, I will exert it; where it will not, I will patiently bear my share of ills.

I suppose your ill humours in Ireland are still in strong fermentation, but I hope that between the end of this session and the beginning of the next, an interval of near two years, they will subside; I mean with regard to those national points, which have been unfortunately stirred this winter, for I do not care two pence for your personal quarrels and animosities, if they were but kept clear of national points, the discussion of which can never turn out to the advantage of Ireland.

The remaining pain in my right hand hinders me from troubling you with a longer letter, but is suspended while I have the pleasure of assuring you that I am,

My dear lord,

Your most faithful humble servant,

CHESTERFIELD.

LETTER XIX.

TO THE SAME.

Spa, June 15, 1754.

MY DEAR LORD,

I DELAYED acknowledging your laſt kind letter, which I received juſt before I left England, till I could give you ſome account of myſelf, and the effects of theſe waters upon that crazy ſelf. I have now drunk them juſt a month, to the greateſt benefit of my general ſtate of health, but without the leaſt to my deafneſs. They have in a great meaſure reſtored both my ſtrength and my ſpirits, which, when I left England, were much affected by my long illneſs in the ſpring. In hopes of ſtill farther benefit, for who is ever ſatisfied with what he has? I ſhall drink them a month longer, and then return with as much impatience to my own country, as I left it with reluctance. You know this deteſtable place well enough to judge what a ſacrifice I make to the hopes of health, by reſolving to ſtay here a month longer.

By the public news papers I find that you are ſtill far from being quiet in Ireland; I am heartily ſorry for it. The country in general muſt ſuffer in the mean time. Bourdeaux and its environs alone will be the gainers. Go on and follow your own good conſcience, which will, I am ſure, never miſlead you. Vote unbiaſſed for the real good of both countries, without the leaſt regard either to the *clamor civium prava jubentium* (out-cry of citizens commanding unjuſt things), or to the *cultus inflantis tyranni* (dread of a menacing tyrant).

I hope you and all your family are well. I wiſh it ſincerely, for I am moſt heartily, my dear lord,

Yours,

CHESTERFIELD.

LETTER XX.

TO THE SAME.

Bath, Nov. 14, 1754.

MY DEAR LORD,

KNOWING, by long experience, the kind part you take in whatever concerns me, I delayed acknowledging your laſt letter, in hopes of being able, in ſome time, to give you a better account of my health than I could then have done. I had, juſt at that time, had a very ſevere return of my old vertiginous complaint, which, as uſual, left my whole animal ſyſtem weak and languid. The beſt air in England, which I take that of Blackheath to be, a ſtrict regimen, and a proper degree of exerciſe, did not reſtore, I might almoſt ſay, revive me. I ſought therefore for refuge here, and thank God, I have not only found it, but in ſome meaſure recovery too. The diſorders of my head and ſtomach are intirely removed by theſe waters, which I have now drank three weeks, ſo that I may reaſonably hope that the three weeks more, which I propoſe paſſing here, will ſet me up for part of the winter at leaſt, for at my age, and with my ſhattered conſtitution, I am not ſillily ſanguine enough to expect a radical cure. I conſider myſelf here, as an old decayed veſſel, of long wear and tear, brought into the wet dock, to be careened and patched up, not for any long voyage, but only to ſerve as a coaſter for ſome little time longer. How long that may be, I little know, and as little care; I am unrelative to this world, and this world to me. My only attention now is to live, while I do live in it, without pain, and when I leave it, to leave it without fear.

I hope that you, your young family, and *tutti quanti*, are all well. May you long continue ſo! I am, my dear lord,

Your moſt faithful friend and ſervant,

CHESTERFIELD.

LETTER XXI.

TO THE SAME.

January 19, 1755.

MY DEAR LORD,

I AM little able to write, and less so to think, having been so ill all this week, of my old complaints in my head and stomach, that I am to go to Bath as soon as I shall be able to endure the fatigue of the journey, which I hope may be in five or six days. My answer to your last kind letter must therefore be much shorter than otherwise it probably would have been.

I have carefully read over lord Limerick's * bill, and approve of the principle. I had thought of such a one, when I was in Ireland, but soon found it would be impossible to carry it through the house of commons in any decent shape; but should lord Limerick think proper to push it this session, I would recommend a few alterations. I would only require the priests to take the oath of allegiance simply, and not the subsequent oaths, which, in my opinion, no real papist can take; the consequence of which would be, that the least conscientious priests would be registered, and the most conscientious ones excluded. Besides that, where one oath will not bind, three will not; and the pope's dispensation from the oath of allegiance will not be more prevalent, nor more easily granted, than his dispensation from that oath, by which his own power is abjured. But then I would make that single oath of allegiance more full and solemn, as for instance.

"I, A. B. duly considering the sacred nature of an oath, and
" the horrible crime of perjury, which, by all the religions in the
" world, is justly abhorred as a most damnable sin; do most sincerely
" promise and swear that I will be faithful and bear true allegiance
" to his majesty king George the second. So help me that great
" and eternal God, who knows my inmost thoughts, and whom
" I now most solemnly call upon to attest the truth of them."

* Afterwards earl of Clanbrazil.

The person taking this oath should be obliged to recite it diftinctly and deliberately, and not be allowed to mutter it over in that indecent and flovenly manner, in which oaths are generally taken. I will venture to add, thofe who will not obferve this oath, taken in this manner, will ftill lefs obferve any abjuration of the Pope's difpenfing power, fince fuch abjuration is, by all papifts, looked upon as a nullity.

I would alfo advife that all penalties of death, which in thefe cafes muft end in impunity, fhould be changed into clofe imprifonment, for a term of years, or in fome cafes for life. Then there would be perhaps detections and profecutions; but in cafe of death there will be none, for who will go and hang a poor devil only for being a regular, or an enthufiaft ?

When I tell you that thefe are my thoughts upon this fubject, I do not affirm that I think at all, for in truth, I am fo weak in body at this time, that I prefume I am juft as weak in mind too. This only I am fure of, that I am, my dear lord, moft faithfully

Yours,

CHESTERFIELD.

LETTER XXII.

TO THE SAME.

London, March 10, 1755.

MY DEAR LORD,

WHITE* was puzzled, what account to give you of me, and therefore gave you none, and, to fay the truth, I am pretty much in the fame cafe myfelf; only refolved to anfwer as well as I can your kind inquiries after me. I am tolerably well one day, ill

---

* An old and faithful fervant of lord Chefterfield.

the next, and well again perhaps the third; that is, my diforders in my ftomach, and my giddineffes in my head, return frequently and unexpectedly. Proper care and medicines remove them for the time, but none will prevent them. My deafnefs grows gradually worfe, which in my mind implies a total one before it be long. In this unhappy fituation, which I have reafon to fuppofe will every day grow worfe, I ftill keep up my fpirits tolerably, that is, I am free from melancholy, which I think is all that can be expected. This I impute to that degree of philofophy, which I have acquired by long experience of the world. I have enjoyed all its pleafures, and confequently know their futility, and do not regret their lofs. I appraife them at their real value, which in truth is very low, whereas thofe who have not experienced, always over-rate, them. They only fee their gay outfide, and are dazzled with their glare; but I have been behind the fcenes. It is a common notion, and like many common ones a very falfe one, that thofe, who have led a life of pleafure and bufinefs, can never be eafy in retirement; whereas I am perfuaded that they are the only people who can, if they have any fenfe, and reflection. They can look back *oculo irretorto* (without an evil eye) upon what they from knowledge defpife; others have always a hankering after what they are not acquainted with. I look upon all that has paffed, as one of thofe romantic dreams, that opium commonly occafions, and I do by no means defire to repeat the naufeous dofe, for the fake of the fugitive dream. When I fay that I have no regret, I do not mean that I have no remorfe; for a life of either bufinefs or ftill more pleafure, never was, nor never will be, a ftate of innocence. But God, who knows the ftrength of human paffions, and the weaknefs of human reafon, will, it is to be hoped, rather mercifully pardon, than juftly punifh, acknowledged errors.

I fuppofe you already know that you have a new lord lieutenant, lord Hartington, who, it is thought, will heal and compofe your divifions. I heartily wifh, for the fake of the country, that it may prove fo.

A war with France is generally looked upon here as inevitable; but for my own part, I cannot help thinking as well as wifhing that things may end quietly in a treaty. I am fo remote, and fo indifferent

indifferent a spectator, except in the wishes, which every man owes to his country, that I am ill informed myself, and consequently no good informer of others.

I hope your little family are all well, and continue to answer your care in their education. May you and they be long and mutually comforts to each other! Adieu, my dear lord, no man living can be more sincerely and affectionately than I am,

Your faithful friend and servant,

CHESTERFIELD.

LETTER XXIII.

TO THE SAME.

Blackheath, June 26, 1755.

MY DEAR LORD,

COULD I take any thing ill of you, who I am sure never meaned any to me or any man living, it would be your suspecting that I did; which I believe is the first unjust suspicion that ever you entertained of any body, and I am the more concerned at it, because I know that it gave you uneasiness. I confess myself four letters in your debt, but, to tell you the truth, I have of late contracted so many debts of that kind that I am very near a bankruptcy, though not a fraudulent one, upon my word, for I will honestly declare my circumstances; and then my creditors will, I dare say, compound with me upon reasonable terms. White told you true, when he told you that I was well, by which he meaned all that he could know, which was, that I had no immediate illness; but he did not know the inward feelings, which increasing deafness and gradually declining health occasion. Some time before I left London I had a severe return of my old complaints in my head and stomach, which are

are always followed by such weakness, and languors, that I am incapable of any thing but reading, and that too in an idle and desultory manner. Writing seems to be acting, as was asserted in the case of Algernoon Sidney, which my *vis inertiæ* will not suffer me to undertake, and I put it off from day to day, as Felix did Paul, to a more convenient season. When I removed to this place, I flattered myself that the purity of the air, and the exercise of riding, which it would tempt me to take, would restore me to such a degree of health, strength, and consequently spirits, as to enable me not only to discharge my epistolary debts, but also to amuse myself with writing some essays and historical tracts. I was soon disappointed, for I had not been here above ten days, when I had a stronger attack than my former, and which, I believe, would have been the final one, had I not very seasonably been let blood. From that time, though, as they call it, recovered, I have more properly crawled, than walked among my fellow vegetables, breathed than existed, and dreamed than thought. This, upon my word, is the true and only cause of my long silence; I begin to regain ground a little, but indeed very slowly.

As to the letter which you feared might have displeased me, I protest, my dear lord, I looked upon it as the tenderest mark of your friendship; I had given occasion to it, and I expected it both from your affection and your character. Those reflections are never improper, though too often unwelcome, and consequently useless in youth; but I am now come to a time of life both to make and receive them with satisfaction, and therefore I hope with utility. One cannot think of one's own existence without thinking of the eternal author of it, and one cannot consider his physical or moral attributes without some fear, though in my mind still more hopes. It is true we can have no adequate notions of the attributes of a being so infinitely superior to us, but according to the best notions, which we are capable of forming of his justice and mercy, the latter, which is the comfortable scale, seems necessarily to preponderate. Your quotation from archbishop Tillotson contains a fair and candid account of the Christian religion, and had his challenge been accepted, he would certainly have had an easy victory. He was certainly the most

gentle

gentle and candid of all churchmen of any religion. *Un esprit de corps* is too apt, though I believe often unperceived, to bias their conduct and inflame an honest, though too intemperate, zeal. It is the same in every society of men; for it is in human nature to be affected and warped by example and numbers: you are, without a compliment, the only one that I know untainted.

To descend to this world, and particularly to that part of it where you reside, your present state seems to me an aukward one; your late ferment seems rather suspended than quieted, and I think I see matter for a second fermentation, when your parliament meets. Some, I believe, will ask too much, and other perhaps will grant too little. I wish both parties may be wiser and honester, and then they will be quieter than they have been of late. Both sides would be highly offended, if one were to advise them to apply themselves to civil matters only, in the limited sense of that word, I mean trade, manufactures, good domestic order, subordination, &c. and not to meddle so much with politics, in which I cannot help saying, they are but bunglers. No harm is intended them from hence, and if they will be quiet no harm will be done them. The people have liberty enough, and the crown has prerogative enough. Those are the real enemies to Ireland, who would enlarge either at the expence of the other, and who have started points, that ought never to have been mentioned at all, but which will now perpetually recur.

By this time, I fear, I have tired you, but I am sure that in half this time I should have been tired with writing half so much to any body else. Adieu then, my dear lord, and be convinced that while I am at all, I shall be with the truest esteem and affection,

Your most faithful friend and servant,

CHESTERFIELD.

I hope the young family continues to be well, and to do well.

LETTER XXIV.

Blackheath, Aug. 30, 1755.

MY DEAR LORD,

I Confess myself in every respect a very bad correspondent. My heart only does its duty, but my head and hand often refuse to do theirs. You, I am sure, are charitable enough to every body, and just enough to me, to accept of intentions instead of actions. Besides I must acquaint you, that I have of late had a great deal more on my hands, than I either cared or was fit for. *L'académie des belles lettres* at Paris having, God knows why, associated me to their body, in return to this unexpected and undeserved compliment, I have been obliged to write many letters to individuals, and one to the *académie en corps* (academic body), which was to be a kind of speech; and I fear it was of the very worst kind, for I have been long disused to compliments and declamations.

These last six weeks my state of health has been rather better, though by no means good, and if I can but weather out the next month tolerably, I am morally sure of being better the two following months, which I shall pass at Bath; for those waters always prove a temporary, though never a radical or permanent, cure of my complaints. However *c'est autant de gagné*, (it is so much clear gain), and that is worth the trouble of the journey.

Hawkins brought me the other day your kind present of Dr. Seed's sermons. I have read some of them, and like them very well. But I have neither read nor intend to read those which are meant to prove the existence of God; because it seems to me too great a disparagement of that reason which he has given us, to require any other proofs of his existence, than those which the whole, and every part of the creation afford us. If I believe my own existence, I must believe his: it cannot be proved *à priori* as some have idly attempted to do, and cannot be doubted of *à posteriori*. Cato says very justly, *And that he is all nature cries aloud*.

By

By what I hear from Ireland, the ferment does not seem to subside hitherto, but rather to increase. However, I cannot help thinking but that things will go quietly enough in the next session of parliament. The castle will, I take it for granted, some how or other, procure a majority, which, when the patriots perceive, they will probably think half a loaf better than no bread, and come into measures. I wish for the sake of Ireland that they may; for I am very sure that, while these squabbles subsist, the public good never enters into the head of either party.

However your public affairs may go, I am very glad to find that your private ones go so well, and that your children answer your care and expectations. May you long contribute mutually to your respective happiness!

Yours most faithfully,

CHESTERFIELD.

LETTER XXV.

Bath, Oct. 8, 1755.

MY DEAR LORD,

I Received your last kind letter, but the day before I was to leave Blackheath, and set out for this place, where I have now been just a fortnight. In one respect I am the better for that fortnight, I mean with regard to my stomach, or more properly my digestion, for I do not care twopence whether I eat or not, but I care much to digest what I do eat, which I have not done the last three months, and now do. D'ailleurs, I am what you call in Ireland, and a very good expression I think it is, *unwell*. This *unwellness* affects the mind as well as the body, and gives them both a disagreeable inertness. I force my body into action, and take proper exercise, but there is no forcing the mind, and all attempts of that kind are at least ineffectual, but oftener disgraceful.

You

You will be convinced of that truth, when I send you a copy of my letter to *l'académie des belles lettres*. It was wrote *invita Minerva*, and is the poor offspring of a rape upon my reluctant mind. I had not time to have it copied for you before I came here, and forgot to bring it with me, but when I return to London I will send you a copy.

I am heartily glad that your quarrels are at last made up in Ireland; but I am glad from a very different motive from most other peoples. I am glad of it for the sake of the country, which I fear was the least concern of either of the belligerant parties. The triumph of the patriots is complete, and the power is now theirs; with all my heart, let them but use it well.

There is a great deal of money lying dead in the treasury: let them apply that to real public uses. Let them encourage the extension and improvement of their manufactures, the cultivation of their lands, and above all the protestant charter schools. Let them people and civilize the country, by establishing a fund to invite and provide for protestant strangers. Let them make Connaught and Kerry know that there is a God, a king, and a government, three things, to which they are at present utter strangers. These and other such kind of measures would make them patriots indeed, and give them just weight and reputation. They have got their own fops, and have now leisure to think of the public, if they please.

I propose staying here a month or six weeks longer, or even more, if I think that the waters will do more for me. All places are now alike to me, as I carry my own solitude with me wherever I go. Adieu, my dear lord.

Yours most faithfully,
C.

LETTER XXVI.

TO THE SAME.

London, Dec. 15, 1755.

MY DEAR LORD,

I Brought with me from Bath rather a little more health than I carried with me there, but full as much deafness; and this is all the anfwer I can make to your laft kind inquiries. This, you fee, is a ftate rather of fuffering, than enjoying life, and indeed I am very weary of it, but, thank God, *ennui* is not, as it commonly is, attended with melancholy; and during the reft of my journey, I fhall rather fleep in the *voiture* (carriage) than be reftlefs and uneafy, as moft travellers are.

I cannot find here the only copy which I had kept of my letter to *l'académie des belles lettres*, but Mr. Briftow took one over with him to Ireland, which I dare fay he will readily fhew you, and you may fignify my confent to it, by fhewing him this part of my letter. When you do fee it, you will find that its only merit is its being pretty correct French, and that it has no intrinfic right to be reckoned among *les belles lettres*.

Que le chien mange le loup, ou que le loup mange le chien, (let the dog devour, or be devoured by, the wolf) either in Ireland or here, is to me matter of great indifference, provided that thofe who govern either kingdom would but at their leifure moments, and when they have nothing better to do, a little confider the public good; for after all, there is fuch a thing as public good, though in general people feem not to think fo. I am not Utopian enough to propofe, that it fhould interfere with private intereft; but perhaps, if duly confidered, it might appear in fome few cafes, to coincide with, and promote it.

Sheridan has lately publifhed here an excellent book entitled *Britifh education*. Warmed with his fubject, he pufhes it rather too far, as all authors do the particular object that has ftruck their

imagination

imagination, and he is too diffuse; but upon the whole, it is both a very useful and entertaining book. When you see it, you will perhaps think that I am bribed by the dedication, to say what I now say of it, for he lays me on thick; but that, upon my word, is not the case. The truth is, that the several situations, which I have been in, having made me long the *plastron* of dedications, I am become as callous to flattery, as some people are to abuse.

I think your brother would be much in the wrong to quit his present commission of lieutenant colonel to an old regiment of horse, for a new-raised regiment of foot, which with twenty others, would, I hope, be very soon broke. The extravagant and groundless, though general fears of an invasion from France, justify to the timid public, the present military phrenzy; but, as I am convinced that the former will soon vanish, it is to be hoped the latter will soon after subside. This, at least, I am very sure of, that we shall not be able to pay three years longer the number of troops, which we now have in our pay. Make my compliments to your young family; and be assured that I am most faithfully and sincerely your's

CHESTERFIELD.

LETTER XXVII.

TO THE SAME.

Blackheath, July 15, 1756.

MY DEAR LORD,

IT is not without doing some violence to my weak hand, and weaker head, that I attempt to satisfy your friendly anxiety about my health. I still crawl upon the face of the earth, neither worse nor better than I was some months ago, weary of, but not murmuring at, my disagreeable situation. Speaking tires and exhausts me; and as for hearing I have none left; so that I am *isolé* in the midst of my friends

friends and acquaintance: but, as I have had much more than my share of the good things of this world in the former part of my life, I neither do, nor ought to complain, of the change which I now experience. I will make the best use I can of this wretched remnant of my life, and atone, as well as I can, for the abuse of the whole piece, by wishing that I had employed it better.

I hope your children continue to deserve well all your tenderness: that you may have that and every other happiness, is the sincere wish of

Your faithful friend and servant,

CHESTERFIELD.

LETTER XXVIII.

TO THE SAME.

Blackheath, Oct. 11, 1756.

MY DEAR LORD,

WHAT can a hermit send you from the deserts of Blackheath, in return for your kind letter, but his hearty thanks? I see nobody here by choice, and I hear nobody any where, by fatal necessity; and as for the thoughts of a deaf, solitary, sick man, they cannot be entertaining for one in health, as I hope you are. Those thoughts which relate to you are such as you would desire, that is, such as you deserve. My others seem to be a succession of dreams, but with this comfortable circumstance, that I have no gloomy ones. No passions agitate me, no fears disturb me, and no silly hopes gull me any longer. I have done with this world, and think of my journey to another, which I believe is not very remote. In the mean time, I shall next week take one to Bath, which the skilful say may perhaps do me good ; *à la bonne heure*, I will try. I only ask for negative health; and if those waters will procure me that, I shall be abundantly satisfied.

I think

I think you have taken a very prudent resolution with regard to your approaching election.

My friend George Faulkner dined with me here one day; he tells me that reading is not yet come in fashion in Ireland, and that more bottles are bought in one week, than books in one year. Adieu, my dear lord: it is impossible to be more truly and faithfully than I am yours

CHESTERFIELD.

LETTER XXIX.

TO THE SAME.

Bath, Nov. 21, 1756.

MY DEAR LORD,

I Can now make you a return to your last kind letter, which I know will be more welcome to you, than that which I made to your former; for I can tell you that I am something better, and have, in the month that I have drank these waters, regained a little strength and flesh. But, as my relapses have been very frequent, when I have been in still a better state of health than I am yet, I take it thankfully, but only *à bon compte* (on account), without relying upon its duration or improvement. Whatever happens to me, I am armed with patience, satiety, and confidence in my Creator to meet it coolly. The mad business of the world, as Swift says, is over with me; and when my time comes, and the sooner the better, for I am weary, I am ready and willing.

Adieu, my dear friend; writing much hitherto is very troublesome to me. Yours faithfully

CHESTERFIELD.

LETTER XXX.

TO THE SAME.

Blackheath, Sept. 8, 1757.

I Was very glad to hear of your safe arrival on the other side of the water, and that you found the part of your family, which you had left there, so well; I hope that part of it which you took with you from hence will, by time and care, be as well too. My own health, which I know you always interest yourself in, gives me nothing to brag of. About three weeks ago, I had a return of my disorder; it is now gone off, and I am again in that state of vegetation, in which you left me. In about a month or six weeks, I propose going to the Bath, which always gives me a reprieve, but never a free pardon. The halter is always about my neck, and that you will allow to be rather an uncomfortable state of life.

From this hermitage you must expect no news: news does not become an hermitage, but truth does, and *foi d'hermite* (on the faith of an hermit) I am

Your sincere and faithful friend and servant,

CHESTERFIELD.

LETTER XXXI.

TO THE SAME.

Bath, Nov. 28, 1757.

MY DEAR LORD,

I Shall make but a very unsatisfactory return to your kind inquiries and sollicitude about my health, when I tell you that but three days ago, I had a very strong attack of my usual illness, which

has

has left me still weak and languid. I thought myself the better for the waters, which I have now drank a month, till this relapse came and undeceived me. All mineral waters, and the whole *materia medica*, lose their efficacy upon my shattered carcase; and the enemy within is too hard for them. I bear it all with patience, and without melancholy, because I must bear it whether I will or no. Physical ills are the taxes laid upon this wretched life; some are taxed higher, and some lower, but all pay something. My philosophy teaches me to reflect, how much higher, rather than how much lower, I might have been taxed. How gentle are my physical ills, compared with the exquisite torments of gout, stone, &c.! The faculties of my mind are, thank God, not yet much impaired; and they comfort me in my worst moments, and amuse me in the best.

I read with more pleasure than ever; perhaps, because it is the only pleasure I have left. For, since I am struck out of living company by my deafness, I have recourse to the dead whom alone I can hear; and I have assigned them their stated hours of audience. Solid *folios* are the people of business, with whom I converse in the morning. *Quartos* are the easier mixed company, with whom I sit after dinner; and I pass my evenings in the light, and often frivolous, *chit-chat* of small *octavos* and *duodecimos*. This, upon the whole, hinders me from wishing for death, while other considerations hinder me from fearing it.

Does lord Clanbrazil bring in his register bill this session? If he can keep it short, clear, and mild, it will be in my opinion a very good one. Some time or other, though God knows when, it will be found out in Ireland, that the popish religion and influence cannot be subdued by force, but may be undermined and destroyed by art. Allow the papists to buy lands, let and take leases equally with the protestants, but subject to the *gavel* act, which will always have its effect upon their posterity at least. Tye them down to the government by the tender but strong bonds of landed property, which the pope will have much ado to dissolve, notwithstanding his power of loosening and binding. Use those who come over to you, though perhaps only seemingly at first, well and kindly, instead of looking for their cloven feet and their tails as you do now. Increase both your number,

number, and your care of the protestant charter schools. Make your penal laws extremely mild, and then put them strictly in execution.

Hæ tibi erunt artes.
(These will be your arts.)

This would do in time, and nothing else will, nor ought. I would as soon murder a man for his estate, as prosecute him for his religious and speculative errors; and, since I am in a way of quoting verses I will give you three out of Walsh's famous ode to King William,

Nor think it a sufficient cause,
To punish men by penal laws,
For not believing right.

I am very glad that your daughter is recovered. I am glad that you are well, and whatever you are glad of will upon my word gladden,

Your faithful friend and servant,

CHESTERFIELD.

LETTER XXXII.

TO THE SAME.

London, March 23, 1758.

MY DEAR LORD,

I Find by your letter to madame d'Tlitz*, that my two last to you miscarried; for, upon my word, since my return from Bath, I have sent you two letters, one of them particularly with my opinion upon lord Clanbrazil's bill. We have neither of us any reason to regret their loss, nor should I do it if my supposed silence had not given you uneasiness, and made you suspect very unjustly a change

* Sister to the countess of Chesterfield.

in my sentiments towards you. Be assured that can never happen, I am so well convinced of yours for me: my disorders in my head may, and do very often, render me incapable of writing, but they cannot affect my heart, which will always be warm for my friends, and I am very sure that you are of that number.

Lord Clanbrazil's bill is thrown out at last, and perhaps never the worse, though I approved of it; but it would be so altered and mangled before it had passed the two houses, that it would have been worse than none.

My health and strength decay daily, and of course my spirits. The idle dream of this world is over with me; I am tired of being every thing but of being

Your faithful friend and servant,

CHESTERFIELD.

LETTER XXXIII.

TO THE SAME.

London, April 14, 1758.

MY DEAR LORD,

I Received your kind letter of the 7th. The post is favourable to us both, for I receive your letters, and you escape mine, which are not worth your receiving, but from the interest you take in the health of a faithful friend. I should rather have used the word existence, than that of health, not having been acquainted with the thing these two or three years. I am now comparatively better than I have been this winter, but very far from being what a healthy man would call well. That degree of health I give up entirely; I might as well expect rejuvenescence.

Your political world in Ireland is now quieted for the time being. May that quiet laſt; but I do not think it will. You are come to that ſtate in Ireland, which Dr. Brown too truly repreſents to be the ſtate of England, in his eſtimate of the manners and principles of the times, of which he has juſt publiſhed a ſecond volume. If you have not already got them, I adviſe you to apply to my philoſophical friend George Faulkner for them. They are writ with ſpirit and elegancy, and are, I fear, too juſt.

I am, my dear lord,

Your moſt faithful friend and ſervant,

CHESTERFIELD.

LETTER XXXIV.

TO THE SAME.

Blackheath, May 23, 1758.

MY DEAR LORD,

I Have received your letter of the 4th inſtant. The day afterwards I received the book which you was ſo kind as to ſend me by major Maccullogh, and the day after that, by Mr. Ruſſel, your bill for expences incurred and not provided for, which I have paid.

Now, firſt to the firſt. You ſollicit a very poor employment ſo modeſtly, and offer your daughters as ſecurity for your good behaviour, that I cannot refuſe it you, and do hereby appoint you my ſole commiſſioner for the kingdom of Ireland. To the ſecond. This ninth volume of Swift will not do him ſo much honor, as I hope it will bring profit to my friend George Faulkner. The hiſtorical part* is a party pamphlet, founded on the lie of the day, which, as lord Bolingbroke who had read it often aſſured me, was coined and delivered out to him, to write Examiners, and other political papers upon,

* The hiſtory of the four laſt years of the queen.

That

That spirit remarkably runs through it. Macartency, for instance, murdered duke Hamilton; nothing is falser, for though Macartency was very capable of the vilest actions, he was guiltless of that, as I myself can testify, who was at his trial in the king's bench, when he came over voluntarily to take it, in the late king's time. There did not appear even the least ground for a suspicion of it, nor did Hamilton, who appeared in court, pretend to to tax him with it, which would have been in truth accusing himself of the utmost baseness, in letting the murderer of his friend go off from the field of battle, without either resentment, pursuit, or even accusation, till three days afterwards. This *lie* was invented to inflame the Scotch nation against the whigs; as the other, that prince Eugene intended to murder lord Oxford, by employing a set of people called Mohocks, which society, by the way, never existed, was calculated to inflame the mob of London. Swift took those hints *de la meilleure foi du monde*, and thought them materials for history. So far he is blameless.

Thirdly and lastly, I have paid Mr. Ruffel the twenty-seven pounds five shillings, for which you drew your bill. I hope you are sensible that I need not have paid it till I had received the goods, or at least till I had proofs of your having sent them, but where I have in general a good opinion of the person, I always proceed frankly, and do not stand upon forms, and I have without flattery so good an opinion of you, that I would trust you not only with twenty seven pounds, but even as far as thirty seven.

Your friend's letter to you, inclosed in the book, is an honest and melancholic one: but what can I do in it? He seems not to know the nature of factions in Ireland, the prevailing for the time being is absolute, and whoso transgresseth the least of their commandments is guilty of the whole. A lord lieutenant may if he pleases govern alone, but then he must, as I know by experience, take a great deal more trouble upon himself than most lord lieutenants care to do, and he must not be afraid: but as they commonly prefer *otium cum dignitate*, their guards, their battle-axes, and their trumpets, not to mention perhaps, the profits of their post, to a laborious execution of it, they must necessarily rule by a faction, of which faction for the time being,

being, they are only the first slaves: the condition of the obligation is this, your excellency or your grace wants to carry on his majesty's business smoothly, and to have it to say when you go back, that you met with no difficulties, this we have sufficient strength in parliament to engage for, provided we appear to have the favour and countenance of the government, the money, be it what it will, shall be chearfully voted; as for the public you shall do what you will, or nothing at all, for we care for that no more than we suppose your grace or excellency does, but we repeat it again, our recommendations to places, pensions, &c. must prevail, or we shall not be able to keep our people in order. These are always the expressed, or at least the implied, conditions of these treaties, which either the indolence or the insufficiency of the governors ratify: from that moment these undertakers bury the governor alive, but indeed pompously: different from the worshipful company of undertakers here, who seldom bury any body alive, or at least never without the consent and privity of the next heirs.

I am now settled here for the summer, perhaps for ever, in great tranquillity of mind, not equally of body; I make the most of it, I vegetate with the vegetables, and I crawl with the insects in my garden, and I am, such as I am, most faithfully and sincerely

Yours,

CHESTERFIELD.

LETTER XXXV.

TO THE SAME.

Blackheath, June 2, 1758.

MY DEAR LORD,

I AM now in possession of the goods you procured me, and they are both excellent in their kind; but how difficult, not to say impossible, it is to find an honest factor! You have not cheated me it
is

is true, but you have most grosly defrauded the bishop of Waterford, as appears by your own account here inclosed, you set down two pieces and fourteen yards of cloth £.16. 7s. 3d. whereas I have received seven pieces and fourteen yards, which must certainly come to a great deal more. *Item*, you set down but six dozen and six pints of Usquebaugh, whereas I have received nine dozen and six, for which you put down only £.13. 5s. and which makes it as cheap as porter's ale. Pray retrieve your character, which is at stake, and clear up this matter to the Bishop, and to

Your faithful servant,

CHESTERFIELD.

LETTER XXXVI.

TO THE SAME.

Blackheath, Aug. 29. 1758.

I Cannot return such an answer as we could either of us wish, to your frequent and friendly inquiries after my weakened and decaying body and mind. I am at least *unwell*, often worse, and never quite well. My deafness, which is considerably increased, deprives me of that consolation, which sickness commonly admits of, the conversation of a few friends; and my illness deprives me of the chief consolation under deafness, which is reading and writing. My head will seldom let me read, and seldomer let me think, consequently still seldomer let me write. Shall I tell you that I bear this melancholy situation, with that meritorious constancy and resignation which most people boast of? No, for I really cannot help it; if I could, I certainly would, and since I cannot, I have common sense and reason enough, not to make my situation worse, by unavailing restlessness and regret.

I hope, for your sake and many other people's, that your health is perfect, for I know that you will employ it in doing good. May you

you long have that power, as I am sure you will always have those inclinations! I am, with real truth and friendship,

My dear lord,

Your most faithful servant,

CHESTERFIELD.

LETTER XXXVII.

TO THE SAME.

London, Feb. 20, 1759.

MY DEAR LORD,

I received yesterday your very kind letter of the 10th, with the inclosed, which I forwarded according to the directions. No apologies about that, for I am very glad to be the *entrepôt* between you and whoever you correspond with. White protests that he troubled you with a letter, long since the time mentioned in your's. For these three months he has been confined with the gout, and is but just got about me again. But neither could he, nor I myself, have given you any account of my most unaccountable illness, for I am ill, better, and worse, within the space of every half hour; all that I know is, that it is a miserable latter end of life. But it would not be reasonable in me to complain, as the former part was happier than I could in justice pretend to.

I said nothing to you upon the death of your brother (*a*); I never upon those occasions do, where I am sure the concern is sincere: yours, I dare say, was so; but you had this just reflection to comfort you, that he left a good character, and a reasonable fortune to his family, behind him.

Adieu, my dear lord; my head will not be held down any longer.

Yours sincerely,

CHESTERFIELD.

(*a*) The bishop's brother, colonel Chenevix, of the Carabineers.

LETTER XXXVIII.

TO THE SAME.

Blackheath, June 13, 1759.

MY DEAR LORD,

I AM extremely obliged to you for your kind letter of the 2d, and, thank God, can return you a more satisfactory answer than, for some time past, I have been able to do. In the first place, I am alive, which neither I nor any body else, six months ago, thought that I should be. In the next place my old, crazy, and shattered carcase enjoys more negative health than it has done for a long time. I owe this unexpected amendment to milk, which, in this my second infancy, I live upon almost as entirely as I did in my first. Asses, cows, and even goats club to maintain me. I have in particular a white *amalthea*, that strays upon the heath all day, and selects the most salutary and odoriferous herbs, which she brings me night and morning filtrated into milk. Thus I rub on in a tolerable mediocrity; life is neither a burthen nor a pleasure to me, but a certain degree of *ennui* necessarily attends that neutral state, which makes me very willing to part with it, when he who placed me here thinks fit to call me away.

I suppose you felt some pangs at parting with your son, and your tender anxiety will make you feel still more in his absence. May he answer not only your expectation, but your fondest wishes! I am sure it is one of the warmest of mine. I am.

Your most faithful friend and servant,

CHESTERFIELD.

LETTER XXXIX.

TO THE SAME.

London, Dec. 9, 1759.

MY DEAR LORD,

I Confess I have been long in arrears with you, and owe you a great deal for your frequent and kind inquiries after my health, or, to speak more properly, my want of it; but it has not been in my power to pay. I have been often, within these three months, not only too ill to write, but too ill to speak, think, or move. I have now a favourable moment of negative health, and that is the most that I must ever expect, and I think I cannot employ it better than in thanking you for your friendship, and in assuring you of mine. When I reflect upon the poor remainder of my life, I look upon it as a burthen that must every day grow heavier and heavier, from the natural progression of physical ills, the usual companions of increasing years; and my reason tells me that I should wish for the end of it, but instinct, often stronger than reason, and perhaps oftener in the right, makes me take all proper methods to put it off. This innate sentiment alone, makes me bear life with patience, for I assure you I have no farther hopes, but on the contrary many fears, from it. None of the primitive Anachoretes in the Thebais could be more detached from life than I am. I consider it as one who is wholly unconcerned in it, and even when I reflect back, upon what I have seen, what I have heard, and what I have done myself, I can hardly persuade myself that all that frivolous hurry and bustle, and pleasures of the world, had any reality, but they seem to have been the dreams of restless nights. This philosophy, however, I thank God, neither makes me sour nor melancholic; I see the folly and absurdity of mankind, without indignation or peevishness. I wish them wiser, and consequently better than they are. I pity the weak and the wicked, without envying the wise and the good, but endeavouring to the utmost of my abilities to be one of that minority.

You

You are not quite so philosophical in Ireland, where all the tourbillons of Descartes seem to be in the most rapid motion. What do your mobs mean? The Hibernian spirits are exceedingly inflammable. Lenients and refrigeratives will cool and quiet them.

I am very sorry that your daughter's lameness seems incurable, for I heartily wish well to every limb of your family, and am

Your most sincere friend and faithful servant,

CHESTERFIELD.

P. S. Lady Chesterfield bids me assure you of her service and esteem.

LETTER XL.

TO THE SAME.

London, Jan. 21, 1760.

MY DEAR LORD,

WHEN I received your last letter, I was not in a condition to answer, and hardly to read it; I was so extremely ill, that I little thought that I should live to the date of this letter. I have within these few months more than once seen death very near, and when one does see it near, let the best or the worst people say what they please, it is a very serious consideration. I thank God, I saw it without very great terrors, but at the same time the divine attribute of mercy, which gives us comfort, cannot make us forget, nor ought it, his attribute of justice, which must blend some fears with our hopes. The faculty tell me that I am now much better, and to be sure I am so, compared with what I was a fortnight ago, but however still in a very weak and lingering condition, not likely in my opinion to hold out long; but whether my end be more or less remote, I know I am tottering upon the brink of this world, and

my thoughts are employed about the other. However, while I crawl upon this planet, I think myself obliged to do what good I can, in my narrow domestic sphere, to my fellow creatures, and to wish them all the good I cannot do. What share you will always have in those wishes, our long friendship, and your own merit, which I have so long known, will best tell you.

I am, with great truth and just esteem,

Your most faithful friend and servant,

CHESTERFIELD.

LETTER XLI.

TO THE SAME.

London, April 29, 1760.

MY DEAR LORD,

MR. des Vocux brought me your kind letter, and will send me (for he is gone to Germany) his Ecclesiastes as soon as it comes out. *A propos* of that book, I hope you have seen Voltaire's *précis* of it in verse. Nothing in my mind can be finer, than both the sense and poetry of it: for fear that you should not have seen it, I will give you two passages out of it, that struck me exceedingly.

> Dieu nous donna les biens, il veut qu'on en jouisse,
> Mais n'oubliez jamais leur cause et leur auteur,
> Et lorsque vous goutez sa divine faveur,
> O! mortels gardez vous d'oublier sa justice *.

* These lines may be thus rendered in English :

> God gave us blessings, freely to enjoy ;
> Mortals! remember from whose hand they came,
> And, while you taste his gracious gifts with joy,
> Both love and reverence his awful name.

This is exactly from the original, but the following lines are in my mind a great improvement.

> Répandez vos bienfaits avec magnificence,
> Même aux moins vertueux ne les refusez pas,
> Ne vous informez pas de leur reconnoissance,
> Il est grand, il est beau de faire des ingrats *.

I now read Solomon with a sort of sympathetic feeling. I have been as wicked and as vain, though not so wise as he; but am now at last wise enough to feel and attest the truth of his reflection, that all is vanity and vexation of spirit. This truth is never sufficiently discovered or felt by mere speculation, experience in this case is necessary for conviction, though perhaps at the expence of some morality.

I do not comprehend you in Ireland *en détail*, but this I comprehend *en gros*, that that poor country will be undone. All the causes, that ever destroyed any country, conspire in this point to ruin Ireland; premature luxury, for your luxury outstripped your riches, which in other countries it only accompanies; a total disregard to the public interest, both in the governed and the governors; a profligate and shameless avowal of private interest; a universal corruption of both morals and manners. All this is more than necessary to subvert any constitution in the world.

You expect, from the interest which I know you take in it, to have some account of my wretched and almost destroyed constitution; but I will only tell you in short, that I am not worse than I was, and that I know I never can be better than I am now, though that is bad enough of all conscience. My stay in this world cannot be long. God, who placed me here, only knows when he will order me out of it; but whenever he does, I shall most willingly obey his command, with confidence in his mercy. Adieu, my dear lord, I am most sincerely yours,

CHESTERFIELD.

* Diffuse your bounties with a liberal hand;
  Nor spare the least deserving to relieve:
  No thanks the generous mind should e'er demand;
  'Tis great, 'tis godlike, unrepaid to give.

LETTER XLII.

TO THE SAME.

Blackheath, Aug. 28, 1760.

MY DEAR LORD,

I Should have anfwered your laft and moft friendly letter fooner, but that the weak and languid ftate which I have been in, for fome time, did not leave me fpirits to do any thing, much lefs any thing well. What was unjuftly and infamoufly urged againft Algernoon Sidney, I found too true in my own cafe, that *Scribere eft agere*, (writing is acting) and therefore I did not undertake it. I am now a little better, but this better moment is no fecurity that the next will not be a very bad one, for I am more than *Journalier* in my complaints, even hours make great variations in them. This, you muft allow, is an unfortunate latter end of my life, and confequently a tirefome one; but I muft own too that perhaps it is a very juft one, and a fort of balance, to the tumultuous and imaginary pleafures of the former part of it. In the general courfe of things, there feems to be, upon the whole, a pretty equal diftribution of phyfical good and evil, fome extraordinary cafes excepted, and even moral good and evil feem mixed to a certain degree; for one never fees any body fo perfectly good, or fo perfectly bad, as they might be. Why this is fo, it is in vain for us upon this planet to inquire, for it is not given us yet to know. I behold it with a refpectful admiration, and cry out, O *altitudo!*

White told me that you intend to turn gardener, and that your firft trial is to be raifing of melons, for which reafon I have fent you fuch a provifion of good melon feed of different kinds, as will ferve you, your *nati natorum, et qui nafcentur ab illis*; (your children's children, and thofe that will be born of them) but, as an older and more experienced gardener, than you are, I muft add fome inftructions as to their culture. Know then that they are much better raifed in tanner's bark than in dung; that you fhould put but two feeds in what the gardeners call a light, and that when they are about half grown, if the weather is hot, you fhould cover them with oiled

paper, instead of glass, to save the vines from being burned up before the fruit is ripe. I, and most people here, prefer the Canteloupes, but they are not the best bearers.

I am very glad that your son does hitherto so well at the university, and there is no doubt of his continuing to do so, provided he keeps clear of the epidemical vices of colleges in general, and of Irish colleges in particular. You may easily guess that I mean that beastly degrading vice of drinking, which increases with years, and which ends in stupid sottishness. I hope all the rest of your family are as well as I wish them, for upon my word, I sincerely wish you all *tutti quanti* as well as you can wish yourselves.

I am, my dear lord,

Your faithful friend and humble servant,

CHESTERFIELD.

LETTER XLIII.

TO THE SAME.

London, Dec. 16, 1760.

MY DEAR LORD,

I make no excuses for the irregularity of my correspondence, or the unfrequency of my letters; for my declining mind keeps pace with my decaying body, and I can no more *scribere digna legi* (write things worthy to be read), than I can *facere digna scribi*, (do things worthy to be written). My health is always bad, though sometimes better and sometimes worse, but never good. My deafness increases, and consequently deprives me of the comforts of society, which other people have in their illnesses; in short, this last stage of my life is a very tedious one, and the roads very bad; the end of it cannot be very far off, and I cannot be sorry for it. I wait for it, imploring the mercy of my Creator, and deprecating his justice. The best of us must trust to the former, and dread the latter.

I do

I do not know what picture it is of the late lord Scarborough, that you would have copied; I have none, nor do I know of any, unless perhaps Jemmy Lumley has one, so send me your farther directions about it.

In my opinion you are very much in the right not to concern yourself in the contested elections. *Abstine à fabis* (Abstain from beans) is as becoming a maxim for a bishop, as it was for Pythagoras; moreover, in parliamentary elections perhaps there is no choice. You are all wild about them in Ireland, and want, it seems, to have all the ill blood, expence, and riot, which they occasion, renewed every seven years. I wish you would be quiet, for I prophecy that you will get no good by your politics, but I fear much the contrary.

I question whether you will ever see my friend George Faulkner in Ireland again, he is become so great and considerable a man here in the republic of letters; he has a constant table open to all men of wit and learning, and to those sometimes who have neither. I have been able to get him to dine with me but twice, though otherwise, I must do him the justice to say, he lives with his old friends upon the same easy foot as formerly. Adieu, my dear lord: I am the most faithful of your friends and servants.

CHESTERFIELD.

LETTER XLIV.

TO THE SAME.

Bath, Mar. 19, 1761.

MY DEAR LORD,

I Have been much and long in your debt, contrary to my inclination, for I hate to be in any debt, especially in marks of friendship and affection; but I am persuaded you know the sentiments of my heart, with regard to yourself, too well to require regular promissory notes, for my debts of that kind. Besides, in truth, paper credit

is so much stretched, both here and in Ireland, that I think it will now go for very little in either country.

You have a new lord lieutenant for your country, who certainly is able, and I dare say willing, to do well. But for God's sake be quiet, mind your interior civil interest, and do not get into any more political scrapes with England, that will always be too hard for you in the end, and, if provoked, I doubt too hard upon you. I have still a tenderness for Ireland, and am really concerned when I hear of its being worked up into a general ferment, only that a few individuals may make the better bargain for themselves.

I will tell you nothing of the several changes at court, which from the gazettes you will know as much of as I do here from the same authority, for I have no better, and am glad of it; for what is the world now to me, or I to the world, except as a citizen of it, in which capacity I will always endeavour to do my little part to my fellow creatures? I know no use that a deaf, infirm, wretched creature as I am, can be of to society, unless that of maintaining the necessary number of his species, to attend and nurse him. Your constant and kind anxiety about my health makes you, I know, desire that I should give you some account of it, but I cannot by any means give you such an account as you would wish for. I came here just six weeks ago, and for the first fortnight was abundantly better, and I wish I had then cut out a winner, to use the gamester's phrase; but it was very natural to continue a medicine that did me a great deal of good, in hopes of more; for who is satisfied with, or knows what is, enough? Since that, the waters have done me as much harm as at first they did me good, and I return to London next Monday, in just the same weak and miserable condition in which I came here.

I hope you and all your family are unacquainted with the ills I feel. May you all long continue so, and enjoy all the other comforts and blessings of life. I am, my dear lord,

Your most faithful friend,
humble servant,

CHESTERFIELD.

LETTER XLV.

TO THE SAME.

Blackheath, June 9, 1761.

MY DEAR LORD,

TO satisfy your kind impatience concerning my health, I am obliged to take up the pen myself, though little able to conduct it. Poor White has been very ill these two months, and part of the time in great danger, from a violent fever, which returned after such short intervals as left him no time to recover any strength; but now fortunately all his complaints have centered in a very severe fit of the gout, which I hope will set all right. He has lived with me now above forty years; we were young and healthy together, we are old and crazy, and seem to be tending to our last stage together. This is the natural course of things, and upon the whole we have neither of us any cause of complaint. As to myself, I am one day better, and another worse; and my state of vegetation, for it is no more, is a lingering and drooping one.

Lord Halifax will be with you at the end of September, or the beginning of October. I am sure he will make you a good governor, and I hope a popular one; for I know he goes firmly resolved to do all the good he can to Ireland. He understands business, and, what is more, loves it; he has steadiness and resolution to govern you well himself, and he will not be governed by undertakers. Adieu, my dear lord; my head, and my hand, both call upon me to trouble you no longer.

I am your most affectionate friend,

and faithful servant,

CHESTERFIELD.

LETTER XLVI.

TO THE SAME.

Blackheath, Sept. 12, 1761.

MY DEAR LORD,

I DO not know whether I shall give you a reason which you will reckon a good one, but I will honestly give you the true one, for my writing so seldom. It is one of the effects, and not the least disagreeable one, of my disorder, to make one indolent, and unwilling to undertake even what one has a mind to do. I have often set down in the intention of writing to you, when the apparatus of a table, pen, ink and paper has discouraged me, and made me procrastinate, and say, like Festus, "at a convenient time will I speak to thee." Those, who have not experienced this indolence and languor, I know, have no conception of them, and therefore many people say that I am extremely well, because I can walk and speak, without knowing how much it costs me to do either. This was the case of the bishop of Ossory, who reported only from my outside, which is not much altered. I cannot say, however, that I am positively ill, but I can positively say that I am always *unwell*. In short I am in my health, what many, reckoned in the main good sort of people, are in their morals; they commit no flagrant crimes, but their conscience secretly reproaches them with the non-observance or the violation of many lesser duties. White is recovered from his acute illness, and is now only infirm and crazy, and will be so as long as he lives. I believe we shall start fair.

The bishop of Ossory told me one thing, that I heard with great pleasure, which was, that your son did extremely well at the university, and answered, not only your hopes, but your wishes; I sincerely congratulate you upon it.

The town of London and the city of Westminster are gone quite mad with the wedding and the approaching coronation. People think nor talk of nothing else. For my part, I have not seen our new queen yet; and as for the coronation, I am not alive enough to march,

nor dead enough to *walk* at it. You can bear now and then a quibble, I hope; but I am, without the least *équivoque*, my dear lord,

>Your most faithful friend,
>and humble servant,
>CHESTERFIELD.

P. S. Your lord lieutenant will be with you immediately after the coronation. He has heard of combinations, confederations, and all sorts of *ations*, to handcuff and fetter him; but he seems not in the least apprehensive of them.

LETTER XLVII.

TO THE SAME.

London, Oct. 31, 1761.

MY DEAR LORD,

I NEVER doubted but that lord Halifax's reception of you would be such as, by your last letter, you inform me it was. The least relation to his late uncle [*], and my friend, will always be a recommendation to him; but you have a better. I received yesterday, from my old friend Faulkner, his speech at the opening of this new parliament, and am most extremely pleased both with the matter and the manner. He dwells upon my three favourite points; the protestant charter schools, the linen manufacture, and a proper indulgence of the Roman Catholics.

I have sent Mrs. Russell some melon-seed for you, which she will convey to you when she has a proper opportunity. There are two sorts, one of the largest and best canteloups I ever eat in my life; the other is of a smaller size, the coat very near black, but rather I think of a superior flavor to the other. If, in raising them, you make use of tann, instead of dung, they will be much the better.

[*] The earl of Scarborough.

I am

I am persuaded that your business in parliament will go smoothly on, at least this session; I hope so for the sake of Ireland, that can never be a gainer by quarelling with England, however justly.

As you always insist upon my acquainting you with my state of health for the time being, I will tell you that I am not worse, rather a little better, but far from well. Well I must never expect to be. I shall go, in about ten days, to the Bath, in hopes of being something better, and I will compound for small gains.

I am, my dear lord, most faithfully yours,

CHESTERFIELD.

LETTER XLVIII.

TO THE SAME.

Blackheath, July 2, 1762.

MY DEAR LORD,

I CANNOT answer your last kind letter as I could wish, and as you, I believe, wish full as much as I, by telling you that I am better: all I can do for you is, to tell you that I am not worse. I have always reminiscences of my rheumatism more or less, sometimes very severe ones in my legs, which I do not expect ever to be entirely free from, for I never knew any man radically cured of rheumatism; *d'ailleurs je végète & voilà tout*, (I vegetate, and that is all.)

I sincerely congratulate you upon the academical triumphs of your son, which must give you the most sensible pleasure. I look upon your care of him to be now over, as he has learning and knowledge to know, that he must not only keep what he has, but improve it. It is only those who know very little, that stop short, thinking they know enough, which ends in knowing nothing.

The piece of callico, which you sent White, is extremely good and fine. Mind your weaving and spinning, and lay aside your politics;

litics; the former will enrich you, but take my word for it, you will never be the better for the latter. I wish I could see your great politicians labouring for the good of their country, like Hercules, with distaffs, instead of septennial bills in their hands. What, and so be dependent upon England? says Mr. Lucas. Yes, I hope so; for when Ireland is no longer dependent upon England, the Lord have mercy upon it! I am, most sincerely,

Your faithful friend and servant,

CHESTERFIELD.

LETTER XLIX.

TO THE SAME.

Blackheath, Sept. 4, 1762.

MY DEAR LORD,

MY wretched health, about which you are so kindly sollicitous, is so very variable, that I can hardly give you any account of it at the beginning of a letter, without having reason at the end of it to alter that account. The humor, whether gouty or rheumatic, or rather as I think a compound of both, teazes and *chicanes* me, sometimes in my legs, sometimes in my head and stomach, and sometimes, though seldom, is quite quiet, and then I am as well as at my time of life I can ever hope to be. I must take it all as it comes, and will bear it with patience. God has sent physical, as well as moral, ills into the world, and for good and wise reasons of his own, I am convinced, which I do not pretend to know; nor do I at all admit those reasons which men are pleased to assign for it. I wish mankind would condescend to be respectfully ignorant of many things, which it is impossible they can ever know whilst in this world. But no, we must know every thing, and our pride will not let us own our ignorance.

The piece of raw silk, which you sent me inclosed in your last, seems to me, who understand very little of the matter, extremely good; but to tell you the truth, I doubt it will never prove an extensive and profitable manufacture. Your climate is not warm enough for mulberry trees, and the worms will not be nourished as they are in hotter countries. However, you do very well to try, for whatever quantity of silk you may make, will be so much clear gain, will encourage industry, and let the worst come to the worst, the plantations of mulberry trees will adorn the country. I am glad to find the spirit of industry is so active amongst you; it is much better than the spirit of politics, and Ireland will get much more by it. Adieu, my dear lord. I am, with the greatest truth and affection,

Yours,

CHESTERFIELD.

LETTER L.

TO THE SAME.

Blackheath, Oct. 7, 1761.

MY DEAR LORD,

I THANK you heartily for your last kind letter; it is some satisfaction, in all misfortunes, to know that those people whom one loves and values interest themselves in them, and am I sure that you take a sincere part in mine. I am not worse, nor I am not better, than when I wrote to you last. I know that I never can nor shall be better, and I will readily compound for never being worse. President Montesquieu, who had been almost blind for many years, used to say, *je sais être aveugle*, (I know how to be blind;) and I am sure I have been long enough ill, to know how to be so. But he was not deaf, and if I were not so, I should be much less affected by my other complaints. I cannot use myself to deafness,

though

though I have now had it fourteen years; it gives one a stupid look at first, and soon afterwards makes one really so.

This has been a very bad season for the Jesuits, and I do not very well see why, unless it be that there is a time for all things, and that theirs is come; for their religious and moral, or if you will immoral doctrines, have been the same these two hundred years. They have often indeed been attacked during that time, and by great men, but have always recovered it, whereas now they die. I will venture to prophecy they will never recover, this being by no means an ecclesiastical age. I even question whether the popes will hold it out much longer.

I will send some excellent melon-seed to Mrs. Russel, who I take it for granted can find some means of forwarding it to you. It is three years old, which we gardeners reckon the best age. Adieu, my dear lord. I am, most faithfully,

Yours,

CHESTERFIELD.

In about three weeks, I propose going to Bath, for my rheumatic pains.

LETTER LI.

TO THE SAME.

London, January 6, 1763.

MY DEAR LORD,

I CONFESS myself a most lazy and aukward correspondent, but it is not so much my fault as it is my misfortune, for writing now is not the easy task to me that it was formerly, and both my head and my hand undertake it unwillingly. However, in spite of them both, I could not let this season pass by, without wishing you and yours a great many happy new years; not in compliance with custom,

custom, but to satisfy my sentiments of friendship and affection for you.

I am returned from the Bath with much better health than I carried there. I have now a tolerable negative degree of health, which at my age, and with my shattered constitution, is all that I can reasonably ask of heaven, for the short remainder of my span.

I am glad to hear that I shall have the pleasure of seeing you and your son this summer: I hope you will not embark before the stormy season is over, which is not till April or May.

I am, with the truest friendship and esteem,

    My dear lord,

        Your most faithful humble servant,

            CHESTERFIELD.

LETTER LII.

TO THE SAME.

Bath, Dec. 5, 1763.

MY DEAR LORD,

I THANK you for your kind and informing letter, which I received by the last post. I cannot give you such an account of myself as I know you wish. I was dangerously ill of a bilious fever ten days before I left London, and remained extremely weak and low from it. The faculty hastened me to this place, which was, as they said, to carry off the dregs of the fever, restore my strength and spirits, and what not. The waters, however, which I have now drunk a full fortnight, have done no such thing; instead of that, I grow weaker every day, and my spirits lower.

You

You have acted in the affair of the charities as becomes your ecclesiastical character, and your private character of integrity and charity as a man, in endeavouring to detect, if you cannot punish, those sacrilegious frauds, in diverting to infamous political jobs, the sums of money bequeathed and appropriated for the relief of the poor. That I call sacrilege in the highest degree, if giving to the poor be, as undoubtedly it is, lending to God. This is a much more criminal sacrilege than stealing an old pulpit cloth out of a parish church, that can do as well without it, and which, though canonically called sacrilege, is, in my mind, but humble robbery. Go on then, my good lord, and detect not only the thieves, but those who connive at them. 'Thou sawest a thief, and consentedst unto him,' was formerly the description of a very bad character, and should be so still, unless your doctors of divinity will say, like Moliere's doctor of physic, *nous avons changé tout cela*, (we have altered all that.) Good night, my dear lord,

Yours most faithfully,

CHESTERFIELD.

LETTER LIII.

TO THE SAME.

London, Mar. 17, 1764.

MY DEAR LORD,

YOUR last letter, which I received this week, made me two letters in your debt; but you are so used to my bad payment, that I am sure you will excuse it, especially when you consider that people of quality seldom pay at all, whereas I sometimes pay something in part, and upon account.

I assure you it is no compliment, but a literal truth, when I tell you that I have the *warmest* sense of your kindness, in providing my
old

old and chilled carcase, with such a quantity of flannel. I have cut my waistcoats according to my cloth, and they come half way down my thighs.

I am told you are all together by the ears in Ireland. We are so here too; and it will always be so, while avarice and ambition triumph over reason and virtue. Adieu, my dear lord. I am

Most faithfully yours

CHESTERFIELD.

LETTER LIV.

TO THE SAME.

Blackheath, Oct. 1, 1764.

I Have been a long time in your debt, but I hope that my age and infirmities give me some privileges to compensate a little for the loss of youth and health. I am past the age at which a Roman soldier was *rude donatus*, which some have translated, *given to be rude*. I adopt that version. Since your friendship for me makes you sollicitous to have accounts of my health, I will tell you that I am neither better nor worse than when you heard from me last. I am never free from physical ills of one kind or another, but use and patience make them supportable; and I own this obligation to them, that they have cured me of worse ills than themselves, I mean moral ills, for they have given me leisure to examine, and reflection to subdue, all my passions. I think only of doing my duty to my Creator, and to my fellow-created beings, and *omnis in hoc sum* (this is my only object).

Are you a grandfather in embryo yet? That ought by this time to be manifest. When you shall be really so, may your grand-children give you as much satisfaction as your own children have done!

Good night, my dear lord; I am most affectionately yours,

CHESTERFIELD.

P. S. Lady Chesterfield desires me to add her compliments to all.

LETTER LV.

TO THE SAME.

Blackheath, Sept. 15, 1765.

MY DEAR LORD,

YOUR letter gave me the pleasure of knowing your safe arrival in Ireland; but if you were as sick as usual at sea, notwithstanding my brandy and lemon, and your own saffron bag, you sink it upon me, which is not quite fair to your doctor, who should always be informed of the success of his prescriptions.

As you are always as sollicitous about my health as I am, and more so about my life, I will tell you that I am just as you left me, neither well nor ill, and hobbling on to my journey's end, which I think I am not afraid of, but will not answer for myself, when the object draws very near, and is very sure. That moment is at least a very respectable one, let people who boast of not fearing it say what they please, and by the way those people have commonly the most reason to fear it.

Your lord lieutenant* will be with you very soon, to meet your parliament. Those first meetings are generally kind ones, and often much kinder than the partings. I really think he will be liked, for he is, in my opinion, the honestest and most religious man in the world, and moreover, very much a gentleman in his behaviour to every body. But what orders he may bring with him from hence, or what temper he may find you in, that may create differences, I cannot say, because I am sure I do not know; but this I know, that those amongst you who are wise, will avoid quarrelling with England. I say this only for the sake of Ireland, to which I most sincerely wish well, and believe that I am generally thought to do so. Do not think of mimicking our parliamentary tricks in England, for they will not do in Ireland.

* Lord Hertford.

I propose

I propose going to Bath in about three weeks, for half repairs at most, whole ones I do not pretend to: my wretched vessel is too much shattered to be ever fit for sailing again. May yours sail easily and safely many years!

I am, my dear lord,

Yours most affectionately and faithfully,

CHESTERFIELD.

LETTER LVI.

TO THE SAME.

London, Jan. 26, 1766.

MY DEAR LORD,

THOUGH I too long delayed sending you my wishes of this season, I am sure you did me the justice to believe that I formed them as heartily and sincerely for you, as you could do for me; and more I think cannot be said on either side. We have known one another too long to have any doubts upon that subject.

The business of pamphleteering, I find, is not monopolized on this side of the channel; for I have lately read two or three angry papers, and one of them squirted out by my friend Dr. Lucas. Surely your government will be wise enough not to take any notice of them. Punishment will make sectaries and political writers considerable, when their own works would not; and if my friend Lucas had not been persecuted under lord Harrington's government, I believe he would have been, long before this, only a good apothecary, instead of a scurvy politician. I remember, at the latter end of queen Anne's reign, there was a great number of fanatics, who said they had, and very possibly really thought they had, the gift of prophecy. They used to assemble in Moor-fields to exert that gift, and were attended by a vast number of idle and curious spectators. The then ministry, who

loved

loved a little persecution well enough, was however wise enough not to disturb these madmen, and only ordered one Powel, who was the master of a famous puppet-show, to make Punch turn prophet, which he did so well, that it soon put an end to the prophets and their prophecies.

I have been unwell of late, and have been let blood twice this week, which has done me so much good, that I am now better than I was before my disorder; but, well or unwell, I am always,

My dear lord,
Yours,
CHESTERFIELD.

LETTER LVII.

TO THE SAME.

London, May 17, 1766.

MY DEAR LORD,

I Received your kind letter yesterday, and forwarded the inclosed according to your directions. It is true I was long in your debt; but it is as true too, that I am no longer, as I once was, the pen of a ready writer; both my head and my hand seem to decline writing; in short, *Non sum qualis eram* (I am no more the man I formerly was). My state of health, which you are always kindly inquisitive about, is just as you left it. I am too old to expect it to mend, and thank God it declines but gently, and I rather glide than tumble down hill.

I heartily congratulate you upon the good effects of your bill, and it is almost pity that you have no sins for this act of charity to cover. Adieu, my dear lord.

I am most faithfully yours,
CHESTERFIELD.

P. S. My compliments to your son.

LETTER LVIII.

TO THE SAME.

Blackheath, Oct. 10, 1766.

MY DEAR LORD,

I Am conscious that I have been long in your debt; and, were my letters of any value, I would make you my excuses for non-payment. The mind unfortunately keeps pace in decay with the body, and age and infirmities weaken them equally. I feel it most sensibly; my body totters, and my understanding flutters; but, I thank God, I am wise enough still, not to put either of them upon attempting, what neither of them could probably perform. I have run the silly rounds both of pleasure and business, and have done with them all. I think there is some merit in knowing when to have done. I have lived here at my hermitage in peaceful retirement all this summer, without any grievous physical ills, but at the same time never quite free from some of the lesser ones. Upon the whole, I have no reason to murmur at my lot, it is better than I have deserved; and, as I have generally observed that there is a compensation of good and ill even in this world, I ought not to complain, considering the former part of my life, that the latter part of it is as wretched as it now is, I mean relative to my deafness.

You have a new lord lieutenant [*]. I have seen him once, and he seems resolved to do well. One thing I verily believe, that he will have no dirty work done, nor the least corruption suffered.

I give you a thousand thanks for executing the commissions, which I was impertinent enough to trouble you with; but I do not know so good a master of the robes as you are. You keep me in flannel, and you procure me linen, which are all the cloathings I want.

[*] Lord Townshend.

How goes it with your son, and also with your little grandson? for I shall always take a sincere part in whatever relates to you, being, with great truth and affection,

Your most faithful humble servant,

CHESTERFIELD.

LETTER LIX.

TO THE SAME.

London, March 12, 1767.

MY DEAR LORD,

YOU cloathed me when I was naked, but I believe you have often done that to many others; so I will not trouble you with many thanks upon that subject. Your linen was very good and cheap, and flannel very comfortable to my old carcase, during the last very severe winter, and I shall not leave it off even in summer; but, conformably to the laws of Ireland, I believe I shall be buried in Irish woollen.

My kinsman, Mr. Stanhope of Mansfield, has married a niece of Mr. Barnes of Derby, whom you know. His son, whom I have taken and adopted, turns out prodigiously well, both as to parts and learning, and gives me great amusement and pleasure, in superintending his education, and in some things instructing him myself, in which I flatter myself that I do some good, considering his future rank and fortune.

Your new lord lieutenant seems extremely well disposed to Ireland, and I really believe will do it all the good that his situation, and some deep-rooted national prejudices, will allow of.

Has your son taken either orders or a wife yet? Both these blessings are indelible. For my own part, I am as well as I could expect to be at seventy three past. I have no immediate complaint of either

pain

pain or sickness, and *nibil amplius opto* (I wish nothing more); but our poor friend White is in a most declining way, and I fear will not last much longer. He has now lived with me above fifty years, and served me very faithfully. I shall feel he loss of him very sensibly. I have survived almost all cotemporaries, and as I am too old to make new acquaintances, I find myself *isolé*; but I find too, upon self-examination, for which I have abundant time, that I am most affectionately and sincerely

Yours,

CHESTERFIELD.

LETTER LX.

TO THE SAME.

Blackheath, Oct. 16, 1767.

MY DEAR LORD,

MY right hand being now tolerably able, and my heart being, I am sure, extremely willing, I cannot employ the former so well, as in conveying my hearty and sincere thanks to you, for the uncommon and extraordinary proofs of your friendship and affection in my last illness. Nothing but the warmest sentiments of friendship could have carried you through the deserts of Ireland and Scotland, not to mention crossing the sea, to see an old acquaintance, who, it was ten to one, you did not find alive at your journey's end. This overpays any debt of gratitude you might think you owed me, and I confess myself your debtor. My general state of health is at present tolerable, that is, negatively well, but I continue very near as weak as when you saw me. My legs neither recover strength nor flesh, as I expected, and as I was promised by the skilful, and my two *valets de chambre* are as necessary to me as they were a month ago.

I shall

I shall remove to London this week for the winter, as the weather is now excessively cold and damp. Perhaps I may take my usual journey to Bath, if the faculty pronounce me free from all suspicions of a lurking fever. I do all I can to make the short remains of life as comfortable as I can; but if that will not do, I shall with the greatest resignation consider the physical ills of my old age, as a very slight and reasonable tax upon the errors and follies of my youth. I am, with the utmost truth and esteem,

My dear lord,

Your most faithful friend and servant,

CHESTERFIELD.

P. S. I thank you before-hand for the books you left for me at my house in town, for I have not yet seen one of them. I forbad their being unpacked, till I came to town myself. I cannot read above a quarter of an hour at a time, for my eyes have suffered by my illness as much as my legs.

LETTER LXI.

TO THE SAME.

Bath, Dec. 25, 1767.

MY DEAR LORD,

I Received yesterday your very kind letter, which reiterates your sollicitude for the state of my health. It is, in general, neither bad nor good; I have no actual illness nor pain to complain of, but I am as lame of my legs as when you saw me, and must expect to be so for the rest of my life. Every year, at a certain period of life, takes away something from us; this last has taken away my legs, and

and therefore I must now content myself with those of my horses; otherwise I am tolerably well for me.

I most heartily congratulate you upon the success of your son in his first pulpit. It is a pledge of still more, when his concern and trepidation, inseparable from his first attempt, shall be got over.

I hope you go on successfully in your charity affair, in which I am sure neither your zeal nor your diligence will be wanting. It becomes your profession, and your life becomes it. To you it is an ornament, to many it is a cloak to cover a multitude of sins.

May I beg of you to make my compliments to my old and constant friend George Faulkner, and tell him that I will answer his letter very soon, but that one letter a day is as much as either my head or my hand will admit of? When I go to town, which will be in about three weeks, I shall open all his packets, which lie there ready for me.

My compliments to your son. I make you none, for we have known one another too long and too well for that.

I am, with the greatest truth imaginable,

 My dear lord,

  Your most faithful friend and servant,

   CHESTERFIELD.

LETTER LXII.

TO THE SAME.

London, March 2, 1768.

MY DEAR LORD,

MANY thanks to you for your friendly anxiety concerning my health, or, as the more fashionable phrase is, for your kind inquiries. As I told you in my former letter, I have, I thank God, neither pain

pain nor sickness, and I think it would be both imprudent and absurd in me to wish for better at my age, and with my constitution. It is true that I am very weak in my limbs, but I can walk for a quarter of an hour at a time upon even ground, which I do five or six times a day, for you know that *use legs and have legs*; but I cannot go up stairs without great difficulty, and I should tumble down stairs with great facility, if I were not supported by the rails on one side, and a *valet de chambre* on the other.

I do not comprehend your transactions in Ireland, but in general they appear to me to be *tout comme chez nous* (just as with us). Courtiers want to keep their places or to have better, and patriots want those very places. By the way, I am apt to think that the patriot members of your house of commons are confoundedly bit, by passing the octennial bill, which I believe was never their intention. This is certain, that it will ruin a great number of your country gentlemen, who are as election-mad as we are here. I reckon that this next summer will be the maddest and most drunken summer, that ever was known in the three kingdoms; and if the weather should prove very hot into the bargain, the Lord have mercy upon us!

My little boy * received your son's letter in due time, and will answer it soon; which he tells me he should have done much sooner, but that he has had a great deal of business of late upon his hands: doubtless very important. Pray make my compliments to him, and to his son if born.

Adieu, my dear lord: may you be for these many years as happy as you deserve to be!

Yours most sincerely,

CHESTERFIELD.

* The present earl of Chesterfield.

LETTER LXIII.

TO THE SAME.

London, March 19, 1768.

MY DEAR LORD,

I Am ordered by my little boy to send you the inclosed for your son, which I hope you will do with my compliments: I thank you for your letter, and also for your red flannel, which I have received, and in which I am at this time very comfortably wrapped up.

It is not worth either your while or mine to tell you of the riots and tumults, which the general election produces in this island, as you will soon see a duplicate of them in Ireland. In this country it is Wilkes and liberty, for ever, huzza! in that of Dublin, I suppose, it will be Lucas and liberty for ever. For my own part, I say, *Beatus ille qui procul negotiis!* (Happy the man who lives remote from public business!)

I am, my dear lord,

Most faithfully yours,

CHESTERFIELD.

LETTER LXIV.

TO THE SAME.

Blackheath, June 25, 1768.

MY DEAR LORD,

I Cannot send you a satisfactory answer to the inquiries your friendship prompts you to make concerning my health; for I am not ill, and am very far from being well. I suffer no pain nor sickness, but

repeat that exercife three or four times in a day; which I could by no means have done when you faw me in my go-cart at Blackheath. I have now been here a fortnight, and am fomething the better for the water, efpecially as to bathing, which fupples my old, ftiff, and almoft offified limbs.

Here is a young man of your country, a lord Mountmorris, whom I take to be a very hopeful one. I am told that he has diftinguifhed himfelf already in your houfe of lords, as a fpeaker, and you are extremely well with him. He is very warm from the honefty of his heart, as a young and honeft heart always is.

I find by all accounts that your lord lieutenant is very popular, and will not enrich himfelf by the lieutenancy. I even queftion whether he will get fo much by it as I did, for I can affure you I got five hundred pounds clear upon the whole.

Good night, my dear lord, I believe I need not tell you that no man living can be more fincerely your faithful friend and fervant than

CHESTERFIELD.

P. S. Lady Chefterfield fends you many compliments, or rather truths.

LETTER LXVI.

TO THE SAME.

Blackheath, July 9, 1769.

MY DEAR LORD,

THE only reafon that I had for not writing to you fooner, was that I could not, which I dare fay you will allow to be a fufficient one. I have, for thefe laft three months, had an inflammation in my eyes, which hindered me from either writing or reading; and this letter is almoft the firft, as well as the moft pleafing, fervice they have done me. You will eafily judge how irkfome it muft have

been

been to a man, who has loft his ears thefe laft twenty years, to lofe his eyes, though but for three months. It is lofing my livelihood, for I live only upon reading, incapable of any other amufement. Nature has laid very heavy taxes upon old age; and I muft pay my fhare of them, be it what it will.

I congratulate you heartily upon your fuccefs in detecting and punifhing the worft fort of thieves, thofe facrilegious robbers of the poor.

As for the papifts of Ireland, you know I never feared them, but, on the contrary, ufed them like good fubjects, and to a certain degree made them fuch, for not one man of them ftirred during the whole rebellion. Good ufage, and a ftrict adherence to the gavel act, are the only honeft and effectual means that can be employed with regard to the papifts.

You do not tell me one word of your family, in which you are very fure that I intereft myfelf very fincerely. Have you another grandfon or granddaughter, and are thofe you have already all well? I look upon you now as a patriarch. I am fure you have all the virtues of any that I ever read of. I am, with the greateft truth and affection,

My dear lord,

Your moft faithful friend and fervant,

CHESTERFIELD.

LETTER LXVII (a).

TO THE SAME.

Bath, Nov. 21, 1769.

MY DEAR LORD,

A Thoufand thanks for your kind letter; you inquire after my health, in which I well know that you warmly intereft yourfelf; but I can hardly return you a precife anfwer; I am turned of

(a) The original of this letter was not fent; perhaps lord Chefterfield's diforder on his eyes obliged him to make ufe of another perfon's hand.

feventy

seventy six, a sufficient distemper itself, and moreover attended with all the usual complaints of old age; the most irksome of them all to me, is that my eyes begin to fail me, so that I cannot write nor read as I used to do, which were my only comforts, but *melius sit patientiâ quidquid corrigere est ne fas,* (what cannot be mended grows lighter by patience).

The archbishop of Cashel *(a)*, who is now here, tells me that, by your indefatigable endeavours, you have recovered near twenty thousand pounds for the several defrauded charities. He always speaks of you with great esteem and regard. Go on to detect such abominable sacrileges, infinitely worse than the stealing of a pulpit cloth out of a church. Excommunication would be more proper for such robbers of the poor, than for the usual and slight causes for which it is commonly denounced. As for your political affairs in Ireland, I am not in the least surprized when I hear of the many and sudden variations of patriots to castlemen, and of castlemen to patriots; *c'est tout comme ici* (it is there as it is here); and money, which is the necessary medium of foreign commerce, is not a less powerful medium in domestic transactions.

You have nothing of a pope about you, not even the nepotism, or by this time you might have done better for your son, to whom I desire my compliments. I hope you will live long enough to provide for him abundantly, notwithstanding all your moderation.

Lady Chesterfield, who charges me with her compliments to you, has been very much out of order here, of a disorder in her stomach and bowels, but is now so much better, that we shall set out for London in a couple of days.

My old friend George Faulkner sent me the other day a pamphlet relative to the present state of Ireland, as to trade, commerce, absentees, &c. which, if it states matters fairly, as I have but too much

---

(a) Dr. Whitcombe, first transferred from the bishoprick of Clonfert to the archiepiscopal see of Cashel. From a letter of lord Chesterfield to him, which we shall insert among those of this collection, his character as a citizen, a bishop, and a scholar, will sufficiently appear.

reason to believe it does, proves that Ireland must in a few years be undone. Adieu, my dear lord.

I am, with the warmest affection,

Your faithful humble servant,

CHESTERFIELD.

LETTER LXVIII (a).

TO THE SAME.

London, March 11, 1770.

MY DEAR LORD,

THE correspondents I have left, though few, must forgive my irregularity, and accept my intentions instead of my letters, especially you, who I am sure will never doubt of the truth of mine. I am an anomalous noun, and scarcely a substantive one. My eyes are not what they were a few years ago; and my understanding, if I may use that expression, for want of a better, stutters In short, without any immediate distemper, I feel most sensibly the complaints of old age; however, I am thankful that I feel none of those torturing ills, which frequently attend the last stage of life, and I flatter myself that I shall go off quietly, but I am sure with resignation. Upon the whole, I have no reason to complain of my lot, though reason enough to regret my abuse of it.

I am sorry that you met with so many rubs in your commendable endeavours to do justice to the poor.

You do not seem to be very quiet in Ireland, but I can assure you, you are so in comparison of what we are now in England. A factious spirit on one side has seized three parts of the kingdom, and a most

(a) Neither did I receive the origin of this and the two following letters; perhaps as our earl found it difficult to write on account of his eyes, he was obliged to have, now and then, recourse to the assistance of a secretary.

notorious

notorious incapacity diftinguifhes the adminiftration: what this collifion may produce, God only knows, but I confefs I fear. Good night, my dear lord, I need not tell you, and I am fure I cannot tell you, how fincerely and affectionately I am

Yours,

CHESTERFIELD.

P. S. Lady Chefterfield charges me with her compliments. There feems to be an infectious diftemper in the houfe of Stanhope; your acquaintance Arthur died about ten days ago, as did his next brother fir Thomas three days after. I fuppofe I am too old and too tough to take the infection.

LETTER LXIX.

TO THE SAME.

London, June 14, 1772.

MY DEAR LORD,

I have long told you, and you have as long found, that I was an anomalous noun, I can hardly fay a fubftantive, for I grow weaker and weaker every day, particularly in my legs and my thighs, fo that I can walk very little at a time, and am obliged to take my fhare of exercife by feveral fnatches in the day: but this is by no means the worft part of my prefent cafe, for the humour that has fallen into my eyes about a year ago rather increafes than decreafes, and to a degree that makes writing and reading very troublefome to me, as they were the only comforts that a deaf old fellow could have: if I fhould lofe my eyes as well as my ears, I fhould be of all men the moft miferable.

You know that you have long been in poffeffion of cloathing me; and I muft now apply to you to do fo again, not only as an act of friendfhip,

friendship, but of charity, for I have not a shirt to my back. I therefore must beg of you to procure me some Irish linen to make me four dozen of shirts, much about the same fineness and price of the last which you got me. I know you too well to make any excuses for giving you this trouble. Adieu! my dear lord; you know my sentiments with regard to you, too well for me to mention them. I am,

   Most sincerely and faithfully,

      Yours,

       CHESTERFIELD.

P. S. Lady Chesterfield charges me with her compliments.

LETTER LXX.

TO THE SAME.

London, Aug. 15, 1770.

MY DEAR LORD,

THE linen, which you were so kind as to procure me, dropped out of the clouds into my house in town last week, and is declared, by better judges than I am, very good, and very cheap. I shall not thank you for it, but on the contrary expect your thanks for giving you an opportunity of doing what always gives you pleasure, *cloathing the naked*. I am sure that, could you equally relieve all my other wants, you would; but there is no relief for the miseries of a crazy old age, but patience; and as I have many of Job's ills, I thank God, I have some of his patience too, and I consider my present wretched old age as a just compensation for the follies, not to say sins, of my youth.

I send you here inclosed some melon-seed, of the best and largest canteloup kind, and also of the green Persian sort, as much as I can venture at one time with the post; but as none can be sown at this time of the year, I will from time to time send you more, so that you shall have of different kinds before the season. Adieu, my dear lord; my eyes will have it so.

          LET-

LETTER LXXI(a).

TO THE SAME.

London, Aug. 12, 1771.

MY DEAR LORD,

I Received your kind letter three days ago, and make haste to acknowledge it, never knowing nor guessing what may happen to me from one day to another. I am most prodigiously old, and every month of the kalendar adds at least a year to my age. My hand trembles to that degree that I can hardly hold my pen, my understanding flutters, and my memory fumbles. I have exhausted all the physical ills of Pandora's box, without finding hope at the bottom of it; but who can hope at seventy-seven? One must only seek for little comforts at that age. One of mine is, that all my complaints are rather teazing than torturing; and my lot, compared with that of many other people's, who deserve a better, seems rather favourable. Philosophy, and confidence in the mercy of my Creator, mutually assist me in bearing my share of physical ills, without murmuring.

I send you here inclosed two little papers of melon-seed of the best kind I ever tasted; and I shall from time to time send you more, as you cannot sow any till February.

I had the pleasure of your son's company at dinner six weeks ago, where he met lord Bristol, who observed exactly his diet, in eating no animal food, and drinking no wine, and is in better health and spirits than I ever knew him. I am glad that he goes to Nice, which I have known do a great deal of good to many people in his case. May you and he have all you wish for!

Adieu, my dear lord; I am, to you and yours,

A most faithful and affectionate servant,

CHESTERFIELD.

(a) The original of this is written in a very trembling hand.

LETTER LXXII(a).

TO THE SAME.

London, Dec. 19, 1771.

MY DEAR LORD,

I Am sure you will believe me when I tell you that I am sincerely sorry for your loss, which I received the account of yesterday, and upon which I shall make you none of the trite compliments of condolence. Your grief is just; but your religion, of which I am sure you have enough, (with the addition of some philosophy) will make you keep it within due bounds, and leave the rest to time and avocations. When your son was with me here, just before he embarked for France, I plainly saw that his consumption was too far gone to leave the least hopes of a cure, and, if he had dragged on this wretched life some few years longer, that life could have been but trouble and sorrow to you both. This consideration alone should mitigate your grief, and the care of your grandson will be a proper avocation from it. Adieu, my dear lord: may this stroke of adversity be the last you may ever experience from the hand of Providence!

Yours, most affectionately and sincerely,

CHESTERFIELD.

(a) This whole letter is in the hand of lord Chesterfield, but so altered, that, except the first line, the strokes have been covered by another hand. It preceded his death but a few months, and is probably the last he ever wrote to his dear bishop; with whom his correspondence thus closes with an office of tenderness and affection, that of comforting an afflicted parent.

LETTER LXXIII.

To THOMAS PRIOR, Esq. (*a*).

London, June 14, 1746.

SIR,

I Thank you for the favour of your letter, with the inclosed scheme for carrying on the war, which, if others approved of as much as I do, and the present situation of the war permitted, would be soon put in execution.

As you are one of the few in Ireland, who always think of the public, without any mixture of private, interest, I do not doubt but that you have already thought of some useful methods of employing the king's bounty to the Dublin society. The late additional tax upon glass here, as it must considerably raise the price of glass bottles imported into Ireland, seems to point out the manufacturing them there; which consideration, with a small premium added to it, would, in my mind, set up such a manufacture. Fine writing and printing paper, we have often talked of together; and the specimen you gave me before I left Dublin, proves that nothing but care and industry is wanting to bring that manufacture to such a perfection as to prevent the exportation of it from Holland, and through Holland from France; nay I am convinced that you might supply England with a great deal if you pleased, that is, if you would make it, as you could do, both good and cheap. Here is a man who has found out a method of making starch of potatoes, and, by the help of an engine of his own invention, to make a prodigious quantity of it in a day. But here is an act of parliament which strictly prohibits the making starch of any thing but flour. Have you such an act of parliament in Ireland? If you have not, and that you import your starch from

---

(*a*) This gentleman, who had a good estate in Ireland, seems to have been particularly distinguished by lord Chesterfield, on account of his amiable qualities as a man, and his eminent merit as a good citizen and a true patriot. See what has been said of that gentleman in the memoirs, S. A. V.

England, as I take it for granted that you do, for you import every thing that you can, it would be well worth this man's while to go to Ireland, and advantageous for you that he should; his starch being to my knowledge and experience full as good, and abundantly cheaper than any other.

These are the sorts of jobs that I wish people in Ireland would attend to with as much industry and care, as they do to jobs of a very different nature. These honest arts would solidly increase their fortunes, and improve their estates, upon the only true and permanent foundation, the public good. Leave us and your regular forces in Ireland to fight for you: think of your manufactures at least as much as of your militia, and be as much upon your guard against poverty as against popery; take my word for it, you are in more danger of the former than of the latter.

I hope my friend, the bishop of Meath, goes on prosperously with his charter schools. I call them his, for I really think that without his care and perseverance they would hardly have existed now. Though their operation is sure, yet, being slow, it is not suited to the Irish taste of *the time present only*; and I cannot help saying, that, except in your claret, which you are very sollicitous should be two or three years old, you think less of two or three years hence than any people under the sun. If they would but wish themselves as well as I wish them, and take as much pains to promote their own true interest, as I should be glad to do to contribute to it, they would in a few years be in a very different situation from that which they are in at present. Go on, however, you and our other friends; be not weary of well-doing, and though you cannot do all the good you would, do all the good you can.

When you write to the most worthy bishop of Cloyne (a), pray assure him of my truest regard and esteem, and remember me to my honest and indefatigable friend in good works doctor Madden; and be persuaded yourself, that I am, with sincere friendship and regard,

Your most faithful humble servant,

CHESTERFIELD.

(a) Dr. Berkeley.

LETTER LXXIV.

TO THE SAME.

London, July 15, 1746.

SIR,

I Acknowledge the favour of your two letters of the 3d, and 5th; they were doubly welcome to me, as coming from one, who I know wishes so well to the public as you do, and as they brought me good accounts of the progress you make in your public-spirited views. The manufacture of glass bottles cannot possibly fail, but from want of care and industry; for as the price of glass bottles is risen considerably here, upon account of the new duty, if you would but make them in Ireland, you are sure of sale for them; and I should hope, at least, that, considering the close connection there is between bottles and claret, this manufacture, *though your own*, may meet with encouragement. I think you are in the right to do it as quietly as can be, and to give your premiums without publishing them, not to alarm our glass people here; though in truth it could never be thought reasonable, nor would it, I dare say, ever be attempted here, to prohibit any manufactures in Ireland, merely for home consumption.

The paper you gave me in Ireland, though good, was not so good as it should, and as I am sure it might be with care. It was too spongy and bibulous, which proceeds only from want of care, in chusing and sorting the best rags. Some premiums for this purpose will have a great effect; and I am convinced that, if this manufacture were carefully and diligently pursued, you might in time not only entirely supply yourselves, but us too, with great part of that paper, which we now take from Holland and other countries. But then, indeed, you must make it cheap as well as good, and, contrary to your custom, content yourselves with less present profit, in order to get possession of a future and permanent advantage.

I have

I have not yet taken any step concerning the charter for the Dublin society, and I confess to you I have great doubts about it. Your society, as it is, does so very well, that I am afraid of touching it. However if you and others, who, I am sure, mean well, and can judge well, think upon the whole that a charter would be beneficial, I will endeavour to get one.

You did extremely right to open the Spaniard's letter to me, and, in consequence of it, to proceed in that humane manner with him. His post was a very confiderable one in the West Indies, and is never given but to people of confideration. In that light he deferves to have regard shewn him; but still more, in my mind, from being unfortunate. I have writ to him by this post, in answer to his. As you tell me that part of the cargo of the ship is snuff, which I should think, must be good, I shall be obliged to you, if, when it comes to be sold, you will send me twenty pounds of the strongest and the deepest coloured, and ask Mr. Lingen for the money.

The death of the king of Spain must produce good effects in Italy at least.

I received a very kind letter from my charter-school apostle, the bishop of Meath, which I have not time to answer by this post, but I will soon.

I am, with the esteem which you deserve,

Your faithful friend and servant,

CHESTERFIELD.

LETTER LXXV.

TO THE SAME.

London, July 26, 1746.

SIR,

I Received by the laſt poſt the favour of your letter of the 17th, with the incloſed account of the premiums offered for 1746. I think them all perfectly right, and, as I told you in my laſt, I think you will do well to purſue the manufacture of glaſs bottles, with as little noiſe as poſſible. I heartily wiſh you ſucceſs, and am, very truly,

Your faithful humble ſervant,

CHESTERFIELD.

LETTER LXXVI.

TO THE SAME.

London, Sept. 23, 1746.

SIR,

A Long and dangerous illneſs has hindered me from acknowledging, till now, your two laſt letters; and though I am a great deal better, I ſtill feel, by extreme weakneſs, the ſhock which that illneſs has given to a conſtitution too much ſhattered before.

Pray be under no kind of uneaſineſs as to the accident that happened to my letter, for I aſſure you I am under none myſelf. I confeſs, the printing of a letter careleſly and inaccurately written, in the freedom and confidence of a friendly correſpondence, is not very agreeable, eſpecially to me, who am ſo idle and negligent in my familiar letters, that I never wrote one over twice in my life,

and am consequently often guilty both of false spelling and, false English; but as to my sentiments with regard to Ireland, I am not only willing, but desirous, that all Ireland should know them. I very well recollect the two paragraphs in my letter, which might be objected to by many people; but I recollect them without retracting them. I repeat it again, that there are not many people there, who, like you, employ their thoughts, their time, and their labour, merely for the public good, without any private view. The condition of Ireland sufficiently proves that truth. How different would the state of your lands, your trade, your manufactures, your arts and sciences, have been now from what it is, had they been the objects of general, as they have been of your particular, attention! I still less recant what I said about claret, which is a known and melancholy truth; and I could add a great deal more upon that subject. Five thousand tuns of wine imported *communibus annis* into Ireland, is a sure, but indecent, proof of the excessive drinking of the gentry there, for the inferior sort of people cannot afford to drink wine there, as many of them can here; so that these five thousand tuns of wine are chiefly employed in destroying the constitutions, the faculties, and too often the fortunes, of those of superior rank, who ought to take care of all the others. Were there to be a contest between public cellars and public granaries, which do you think would carry it? I believe you will allow that a claret board, if there were one, would be much better attended than the linen board, *unless when flax-seed were to be distributed*. I am sensible that I shall be reckoned a very shallow politician, for my attention to such trifling objects, as the improvement of your lands, the extension of your manufactures, and the increase of your trade, which only tend to the advantage of the public; whereas an able lord lieutenant ought to employ his thoughts in greater matters. He should think of jobs for favourites, sops for enemies, managing parties, and engaging parliaments to vote away their own and their fellow subjects liberties and properties. But these great arts of government, I confess, are above me, and people should not go out of their depth. I will modestly be content with wishing Ireland all the good that is possible, and with doing it all the good I can; and so weak am I, that I would much rather be distinguished and remembered.

bered by the name of the *Irish lord lieutenant*, than by that of the lord lieutenant of Ireland.

My paper puts me in mind that I have already troubled you too long, so I conclude abruptly, with assuring you that I am, with the truest esteem,

Your faithful humble servant,

CHESTERFIELD.

LETTER LXXVII.

TO THE SAME.

London, Jan. 10, 1747.

SIR,

THE person who will deliver you this letter is a most skilful mechanic, and has made many useful discoveries. He is going to try his fortune in Ireland, and desired me to recommend him to somebody there. I could not refuse him, knowing his ingenuity; and then, who could I recommend him to so well, as to my good friend Mr. Prior, the disinterested and zealous patron of all good and useful things? I really think he may be of use to the Dublin society, who I know are of very great use to the public. If he should prove so, well and good; so far only I recommend him to you eventually. This obligation however I have to him, that he has given me an opportunity of assuring you of the continuance of that esteem and regard with which I am,

Your most faithful humble servant,

CHESTERFIELD.

LETTER LXXVIII.

TO THE SAME.

London, May 6, 1747.

MY GOOD FRIEND,

I have been long in your debt, and am ashamed of it; but I am sure you do me too much justice to suspect me of either fraud or negligence. The truth is, that I have as little command of time, as many people have of money; and, though my intentions are honest, I am often forced by necessity to be a very bad pay-master.

I desire that the Dublin society will dispose of the trifle that I gave them, in the manner they shall think proper. They are the best Judges, and have shewn themselves so by all their past conduct. They have done more good to Ireland, with regard to arts and industry, than all the laws that could have been formed; for, unfortunately, there is a perverseness in our natures, which prompts us to resist authority, though otherwise inclined enough to do the thing, if left to our choice. Invitation, example, and fashion, with some premiums attending them, are, I am convinced, the only methods of bringing people in Ireland to do what they ought to do; and that is the plan of your society.

I am glad to find that your paper manufacture goes on so well. If it does but once take root with you, I am sure it will flourish; for it is the beginning only of things that is difficult with you. You want stock to set out with, and patience for the returns; but when once the profit begins to be felt, you will go on as well as any people in the world.

I am surprized that the high duty upon glass here, and the suspension of the manufacture of it in some degree, has not encouraged you to apply yourselves to that part of trade, in which I am sure the profits would be very considerable, and your making your own bottles might be some little degree of equivalent for what emptying of bottles costs you. I wish every man in Ireland were obliged to make

as many bottles as he empties, and your manufacture would be a flourishing one indeed.

I am very glad to hear that your linen board is to give out no more flax-feed, but only premiums for the raising of it; for that same flax-feed was the feed of corruption, which throve wonderfully in the soil of particular people, and produced jobs one hundred fold.

The stuff you sent me was extremely good, and I am much obliged to you for the trouble you took about it, though I know that you think it no trouble to serve your friends, and hope that you reckon me in that number. I assure you I am, and I should not be the friend that I really am to Ireland, if I were not so to you, who deserve so well of your country. I know few people who, like you, employ both their time and their fortunes in doing public good, without the thoughts or expectations of private advantage: when I say advantage, I mean it in the common acceptation of the word, which, thanks to the virtue of the times, implies only money; for otherwise your advantage is very considerable, from the consciousness of the good you do; the greatest advantage which an honest mind is capable of enjoying. May you long enjoy it, with health the next happiness to it!

I am, with the truest esteem,

Your most faithful humble servant,

CHESTERFIELD.

P. S. Pray make my compliments to the good bishop of Cloyne, when you write to him.

LETTER LXXIX.

To Dr. MADDEN (a).

London, Dec. 12, 1746.

CAN you forgive me, my dear Dr. M——, what I can scarcely forgive myself; I mean, having so long delayed my acknowledgments for your first very friendly letter! but, though I am blameable, I am not quite so much so as by the length of time it would seem, when you consider my long and dangerous illness, and since my recovery, the multiplicity of business which the late change of my situation (b) has brought upon me.

I can with the strictest truth assure you, that my sentiments of esteem and friendship for you are in no degree lessened, and I am sure never will be, since they are founded upon your love and zeal for mankind in general, your country and friends in particular, which I am sure will never end but with your life. I have read your work with great satisfaction (c); it is full * * * * * * * *

A concurrence of circumstances has obliged me to change an easy for a laborious employment, in which too, I fear, it will be much less in my power to do good, than it was in my former. It may seem vain to say so, but I will own that I thought I could, and began to hope that I should, do some good in Ireland. I flattered myself that I had put jobs a little out of fashion, and your own manufactures a little in fashion, and that I had in some degree discouraged the pernicious and beastly practice of drinking, with many other pleasing visions of public good. At least I am sure I was earnest in my wishes, and would have been assiduous in my endeavours for it. Fortune, chance, or providence, call it which you will, has removed me from you, and has assigned me another destination, but has not, I am sure, changed my inclinations, my wishes, or my efforts, upon occasion, for

---

(a) The Rev. Dr. Samuel Madden first instituter of the Dublin society. A more particular account of that extraordinary man may be seen in the memoirs, vol. V. The copy of this letter is endorsed "23d Dec. 1746, Copy; C. esterfield's letter to Dr. Madden."

(b) His acceptance of the seals as secretary of state.

(c) Probably a tragedy in manuscript inscribed to lord Chesterfield. It is now in the possession of Mr. Sheridan, to whom it was bequeathed as a legacy by the author.

the interest and prosperity of Ireland; and I shall always retain the truest affection for, and remembrance of, that country; I wish I could say of that rich, flourishing, and industrious nation. I hope it will in time be so, and I even think it makes some progress that way, though not so quick as I could wish; but however, there are righteous enough to save the city, and the examples of you, and many of your friends, will, I hope, prove happily and beneficially contagious. I did flatter myself, a little before my removal, that I should * * *

Continue me, dear sir, your friendship and remembrance, which I will say that in some degree I deserve, by the sincere regard and esteem with which I am,

Your most faithful friend and servant,

CHESTERFIELD.

P. S. Pray make my compliments to the worthy bishop of Meath, to whom I will write soon, and likewise to my friend Mr. Prior.

LETTER LXXX(a).

To Dr. WHITCOMBE, then Bishop of Clonfert, and afterwards Archbishop of Cashel.

1753, or 1754.

MY GOOD LORD,

I Find that you are still what I always knew you, active to promote the improvement and advantage of Ireland, and that you do me the justice to believe that I sincerely wish them.

The two schemes which your lordship communicates to me, in the favour of your letter of the 8th, will, in my opinion, greatly tend to those good purposes. That for the improvement of useful literature in the university of Dublin is, I think, an extreme good one, and I wish it

(a) The original of this letter was not sent.

may be steadily pursued, though I cannot, with the same degree of faith, say that I expect it will; however I think it should be tried, and carried as far as it will go: whether the professorships should be continued, and appropriated to fellows of the college singly, is what I can possibly form no opinion upon, not being well acquainted enough with the present situation of the college, and the abilities of the fellows, but I should rather think that they ought to be given to those, whether fellows or not, who, from their eminence in those several branches of learning, deserve them best: but this rule too of *detur digniori*, your lordship must not expect will be scrupulously observed. That part of the plan, which relates to writing and speaking the English language with purity and elegancy hath, in my opinion, long been one of the *desiderata* both in Ireland and England, where pedantry and an affectation of learning have, in pursuit of two dead languages, which can never be known correctly, let our own be neglected to such a degree, that though we have ten thousand Greek and Latin grammars and dictionaries, we have not yet a single one on English *(b)*.

The other scheme, for encouraging foreign protestants to settle in Ireland, is a most excellent one. I have long wished, and the nation long wanted it. The first foundation of it, consisting only of some voluntary subscriptions, can be but narrow, and, what is worst, precarious; consequently will persuade very few foreigners to expatriate themselves, in the uncertainty of finding a permanent establishment elsewhere. However, it will be very right to give a beginning and a form to that scheme as soon as possible; and then I should hope, that your next session of parliament, finding a foundation laid, for that is the difficulty, would contribute largely and solidly to extend that foundation, and to raise a superstructure upon it which would be of such real advantage to their country. They are very well able to do it; the public revenues being considerably increased, not to mention that an additional number of inhabitants would increase them still more. Money disbursed upon such a charitable, as well as poli-

(b) The case is now much altered; the number of English grammars being actually very considerable. Indeed lord Chesterfield seems to have overlooked Dr. Wallis's grammar, the best, perhaps, that was composed for any language. Dr. Johnson's grammar and dictionary were not yet published.

tical account, is money prudently placed at intereſt both for this world and the next. Your lordſhip may depend upon my exerting my utmoſt endeavours to promote and recommend ſo uſeful a deſign, and the more ſo, becauſe that, from your lordſhip being at the head of it, I can ſafely anſwer for its being faithfully and ſkilfully carried on.

I am, with the greateſt truth and eſteem,

Your lordſhip's

moſt obedient humble ſervant,

CHESTERFIELD.

LETTER LXXXI(a).

To Captain IRWINE, at Paris.

London, April 4, O. S. 1749.

SIR,

I Send you the letter of recommendation to Mr. Villettes(b), which you deſired, by yours to Mr. Grevenkop; but I fear that he will be gone from Turin before you arrive there. But in that caſe you will find a young Academician and his governor there, who will be very glad to do you any ſervice, and to whom I have ſent orders upon that ſubject. They will take the carnaval at Venice, in their way, where you will likewiſe probably meet them, for I take it for granted that you will contrive to ſee that uncommon ceremony. It is worth your while. There will be a much greater ceremony next Chriſtmas

---

(a) This, and the ten following letters, were moſt obligingly communicated to me by Sir John Irwine, knight of the Bath, lieutenant-general and commander in chief of his majeſty's forces in Ireland. They are printed from the originals.

(b) Arthur Villettes, eſq; his majeſty's envoy at the court of Turin, and afterwards employed under the ſame denomination at Bern. He is now retired at Bath, where he enjoys the diſtinction due to great merit and virtue. He was one of lord Cheſterfield's friends.

at Rome, which, at all events, I think you ought to see; that is, the grand jubilee, which is celebrated but once in fifty years. So that, young as you are, if you do not see it then, you probably never will; and, upon so extraordinary an occasion, I cannot suppose that your father will refuse to prolong your leave of absence. For my own part, I think it so well worth seeing, that I send my young traveller there, though it very much shortens the stay which I originally intended that he should make at the academy at Turin. I return you my sincere thanks for the favour of your letter, with the inclosed speech of monsieur de Richelieu, which is perfectly in character, and, I dare say, all his own.

Any instance of your friendship and remembrance will always be agreeable to one, who is, with those sentiments of esteem, with which I am,

SIR,

Your most faithful humble servant,

CHESTERFIELD.

LETTER LXXXII.

To THE SAME, at Dublin.

SIR,

London, Oct. 26, 1749.

YOU judge very right in believing that I take a part in what concerns Ireland; I do, and always shall, though an unavailing one. You judged as right too, in thinking that no accounts of that country could come to me from a more welcome hand than yours. Nothing can be better or more clearly stated, than your account of the present *important* transactions relative to Charles Lucas apothecary at Dublin, who, I believe, is the first apothecary that ever was voted an enemy to his country. That apothecary's stuff, of which, till now, only the recipes were printed, will henceforwards be universally taken, and make a part of the Dublin Dispensatory. In the

book

book of holy martyrs, there are are many Charles Lucases, whose names would hardly have been known in their own times, but certainly never transmitted down to ours, if they had not been broiled a little; and the obscure Dr. Sacheverell's fortune was made by a parliamentary prosecution, much about the same time that the French prophets were totally extinguished by a puppet-show.' Great souls are sometimes desirous to purchase fame at the expence of their bodies. If Charles Lucas, apothecary, is one of those, one should congratulate him upon this occasion. But if his views were, as from his profession I should be very apt to think they were, of a much *lower nature*, one ought to condole with him upon the suspension of them, at least for some time. In this uncertainty I withhold my compliments of either kind, to Charles Lucas, apothecary.

But let us come to a better subject. Pray are you major, or only captain still? For greater security I direct this to you, by the latter title, but if in so doing I injure you, I will publish my recantation upon the back of my next. But in either case, I hope you have not laid aside the thoughts of going abroad again. You have travelled a little with great profit; travel again, and it will be with still greater. The knowledge of the manners, the language, and the government of the several countries of Europe is well worth two years delay of military promotion, supposing that should be the case. I am, with great truth,

Your faithful humble servant,

CHESTERFIELD.

LETTER LXXXIII.

To Major IRWINE, Dublin.

Greenwich, Sept. 1, 1751.

SIR,

SHOULD you ever be miserable enough to want my assistance, or I unexpectedly happy enough to be able to give you any, your commands will want no preamble to introduce, nor excuses to attend them. My friendship and esteem for you will sufficiently incline, though your situation will not sufficiently enable, me to serve you.

Lord Albemarle is too good a courtier, and I too bad a one, for us to have met more than once, since his return to England. I have twice endeavoured to see him, but to no purpose, since you desired me to speak to him, but I will persevere till I do; not that I think I can be of any use to you there, but that you may not think that I would omit the least possible occasion of being so. If lord George Sackville is sincerely in your interest, your affair will certainly do, as he has not only a great deal to say with his father, but as he is the duke of Cumberland's military man of confidence in Ireland. I heartily wish that you could get to be lieutenant-colonel to your father's regiment, because with that rank, at your age, the rest would do itself. And if you can get the consent of the government, I would advise you not to haggle with * * * about the price, but to make him a *pont d'or* to go out upon.

My young man has been with me here this fortnight, and in most respects, I am very well satisfied with him; his knowledge is sound and extensive, and by all that I have yet observed, his heart is what I could wish it. But for his air and manners, Paris has still a great deal to do. He stoops excessively, which I have known *some very pretty fellows* do, though he dances very well; and as to manners, the easy and genteel turn *d'un bonnête homme* is yet very much wanting. I shall carry him with me in a fortnight to Bath for the season, where I shall rub him till his re-exportation to Paris, which will be

the

the first week in November, for near a year more. I hardly flatter myself with the hopes of seeing you at Bath this season; nor indeed would I advise you to leave Ireland, till your affair is decided one way or other. The observation, *que les absens ont toujours tort*, (that the absent always come off worst) is in general true, and in your case, would be particularly true in regard to a certain general whom I know.

I am extremely obliged to you for your kindness to your lieutenant Heathcote, in which I think I have some share, though I hope and believe he deserves it personally.

I will end this abruptly, rather than employ the common words to assure you of the uncommon esteem and friendship with which I am

Your most faithful humble servant,

CHESTERFIELD.

P. S. Pray make my compliments to the primate, and to the house of Clements.

LETTER LXXXIV.

TO THE SAME.

London, April 15, 1752.

SIR,

I Am two letters in your debt, a debt which I am more inclined to acknowledge, than able to pay. Yours bring me informations, mine can only return you thanks. I make you therefore no excuse for the delay, possibly I deserve your thanks for it. I live too much out of the world to entertain you, and lately I have lived too much out of it to entertain myself; for I have been for these last two months extremely deaf, from what cause I know not any more than the doctors whom I have consulted; but the effects I still feel, though not in quite so great a degree. This makes me very disagreeable, both to myself, and to the few people with whom I desire to converse; and puts me in the situation of a man who understands at best but half the language of the country he lives in. If the weather,

ther, which is hitherto very bad, would but mend a little, and look something like summer, I would settle at Blackheath, where I can amuse myself by myself, better than in town.

As well as I can judge at this distance, from the various accounts I have had of your squabbles and quarrels in Ireland, *c'est tout comme chez nous*. The great point is who shall govern the government; and I presume that all heads have been too busy upon that point, to think one moment of the real interest of Ireland. What an effusion of claret must all this have occasioned! for it is a maxim, that business is best done over a bottle, and that people are never so fit for it, as when they are fit for nothing else. I make no doubt but that there has more claret been drunk over the barracks this winter than will be drunk in them these ten years. And I wonder the bridge was not agreed to, considering the national aversion to water. I not only hope, but am persuaded, that you do not give into this *cochonnerie*, which ungentlemans every body. A sprightly *débauche* now and then is very well; but the dull, sedate, and continued guzzling of claret is very unbecoming to a young fellow.

I find that Dublin has been this winter the seat of pleasure, as well as of war. We have heard of the magnificence of your balls and entertainments. They are liberal and proper diversions, and, with submission to the grave and the wise, that luxury and expence is beneficial to the public. It employs many hands, and circulates property, provided that luxury be confined to home produce.

We have married you here to the daughter of lady * * *, but that is no proof that you have married yourself to her in Ireland. If you have, I heartily wish you joy, for it is possible that there may be joy in marriage. In either case, I hope we shall see you this year in England. You have attended your post as major long enough, I should think, to be allowed a furlow for next winter; and I take it for granted that your whole regiment is very perfect now, in the round-about way of doing every thing. I assure you that of all your friends here, none can with more satisfaction and sincerity tell you they are so, than

Your faithful humble servant,

CHESTERFIELD.

LET-

LETTER LXXXV.

TO THE SAME.

London, Dec. 19, 1753.

SIR,

I Thought at least that I perfectly understood the meaning of all your disputes and quarrels in Ireland, while they related only to the roasting or the *Boyleing* (pardon a written quibble) of Arthur Jones Nevil Esq; and I heard of them with the same indifference with which I formerly heard of those of Charles Lucas, apothecary. Those objects were indifferent to me, because I thought them so to Ireland; and I humbly apprehended that the only point in question was the old one, who should govern the governor. But now I confess my indifference ceases, and my astonishment and concern, as a sincere well-wisher to Ireland, begin. I cannot comprehend this last point carried by five, which was merely national, and which has excited such general joy and drunkenness; and I have the failing of all little minds, I am apt to suspect and dislike whatever I do not understand. I know nothing of the arguments on either side, nor how groundless, or how well grounded, they may severally be; but this I know, that the dispute, being now become national, must come to a decision, and how favourable to Ireland that decision is likely to be, the enemies of Ireland will, I fear, foresee and foretell with pleasure. I observe that whole provinces splendidly proclaim in the news papers the Bacchanals they have lately celebrated; that of Munster has in particular favoured the public with a list of the toasts, in which, I think, I discover all the guards of prudence, all the depths of policy, and all the urbanity of refined and delicate satire. I am informed too that these disputes have, to a great degree, revived that antient, Gothick, humane, sensible, and equitable method of decision of right and wrong, the *duellum*, or single combat. In short, you are all in a violent fever, not without some paroxysms of delirium, for which I fear your father in law and my friend Dr. Barry, whom I very sincerely love

love and esteem, has no cure. Pray tell him that I do not take this (to use our terms of physic) to be the *febricula*, or slow fever, but a high and inflammatory one, *mali moris*, and subject to exacerbations.

Friends may, and often do, among themselves, laugh and quibble upon subjects, in which however they take a very serious part. I have done so with you, though, upon my word, I am truly affected with the present situation of affairs in Ireland, from which I expect no one good, but fear many ill, consequences. Your own personal situation at Dublin, I should imagine, cannot be now very agreeable, and therefore, as you have, for so long together, discharged the duties of a diligent, indefatigable officer, (and husband too I hope) why should you not come over here, to see *your uncle* and other friends? among whom you will, I can assure you, see none more truly and sincerely so, than

Your most faithful humble servant,

CHESTERFIELD.

LETTER LXXXVI.

TO THE SAME.

London, Mar. 7, 1754.

SIR,

A Long and painful illness has hindered me from thanking you sooner for the favour of your letters, which contained very clear accounts of the late important transactions in Ireland. However strong the ferment may still be, I will venture to affirm that it must and will subside to a certain degree, before the next session of parliament, I mean with regard to the national point. It is not tenable, and upon cooler thoughts will, I am convinced, appear so to many of those who, from personal piques and sudden heat, were hurried

into

into it. I dare anſwer for it that the ſpeaker himſelf wiſhes that it had never been ſtirred, and I dare ſay will contrive to have it dropped in the next ſeſſion. I am ſure he wiſhes well to his country, and upon reflection he muſt be ſenſible that a national diſpute with England upon a point ſo intirely unſupported by either law or prudence, can by no means tend to the good of Ireland. Dr. Barry, I know, thinks exactly as I do upon this ſubject, and I dare ſay will adminiſter, wherever he is conſulted, emollient, quieting, and cooling medicines. If it would but pleaſe God, by his lightning, to blaſt all the vines in the world, and by his thunder to turn all the wines now in Ireland ſour, as I moſt ſincerely wiſh he would, Ireland would enjoy a degree of quiet and plenty that it has never yet known. By the way, I am not ſo partial neither to Ireland, as not to pray for the ſame bleſſing for this my native country, notwithſtanding the grief and deſolation which I know it would occaſion in our two learned univerſities, the body of our clergy, and among our knights of ſhires, burgeſſes, &c. and in general among all thoſe worthy honeſt gentlemen, who toaſt and are toaſted. But I will leave theſe public conſiderations, of which I am a remote and inſignificant ſpectator, and indulge the tender ſentiments of private friendſhip. Is it poſſible that my worthy friend, George Faulkner, can even for a moment have ſeen a vile cudgel impending over his head? Who can think himſelf ſafe, when gravity of deportment, dignity of character, candor, impartiality, and even a wooden leg, are no longer a protection? This rough manner of treating a man of letters, which my friend muſt be allowed to be, implies perhaps more zeal than knowledge; at leaſt I never met with it among the canons of criticiſm. If my friend diſcovered upon this occaſion ſome degree of human weakneſs, his other half, at leaſt, exerted the undaunted ſpirit of a Roman wife. Why is ſhe not lady Faulkner? And why are they not bleſſed with a numerous iſſue, the happy compound of their father's ſtoiciſm, and their mother's heroiſm? I have had ſeveral pacquets from my friend ſince this affair happened, but he has never touched upon it, prudently obſerving, I preſume, the advice of Horace, *Quæ deſperes tractata niteſcere poſſe, relinque.* (Whatever cannot be improved by handling, is beſt let alone.)

Are there no hopes of seeing you in England this summer, and have you any of getting into the new parliament? I shall take a longer journey as soon as the season will give me leave, for I shall go to drink the waters of Aix-la-Chapelle and Spa, in hopes of recovering some degree of my strength and spirits, which my late illness robbed me of, not to prolong my life, for which I assure you I would not take so much trouble, but to make it less burthensome while it lasts. Deafness alone is a sufficient misfortune, but weakness and dispiritedness, added to it, complete it. From such a being as I am, this letter is already too long, and may probably infect you with the *ennui*, which the writer commonly feels, except in the moment in which he assures you that he is, with the greatest truth,

Your most faithful humble servant,

CHESTERFIELD.

Pray, make my compliments to my good friend the doctor.

LETTER LXXXVII.

TO THE SAME.

London, March 15, 1757.

SIR,

THE installation is to be at Windsor on this day fortnight the 29th; it is a foolish piece of pageantry, but worth seeing once. The ceremony in the chapel is the most solemn, and consequently the silliest, part of the show. The tickets for that operation are the pretended property of the dean and chapter. I will take care to procure you one. I will also try to procure you a ticket for the feast, though it is full late. There you will dine very ill and very inconveniently, but however with the comfort of hearing the style

ſtyle and titles of the puiſſant knights proclaimed by Garter king at arms. I take it for granted that Mrs. Irwine is to be of your Windſor party, and I will endeavour to accommodate you both as far as I can. She made you too favourable a report of my health which you have too eaſily believed, from wiſhing it true. It is vegetation at moſt, and I ſhould be very ſorry if my fellow vegetables at Blackheath were not in a more lively and promiſing ſtate than

Your moſt faithful ſervant,

CHESTERFIELD.

LETTER LXXXVIII.

To the Honourable Colonel IRWINE.

Inderfiel, Auguſt 1762.

SIR,

I SHALL be moſt extremely glad to ſee you and the good company you mention to-morrow at dinner. I have not ſeen the doctor ſince he has given himſelf up to women, and I was afraid that he had forgot me.

Mr. Hutchinſon * is one whom I have wanted long to ſee, more than he could to ſee me; but what is the worſt of it is, that I am in the caſe of ***** with relation to him, which is, that I cannot ſee him, without his ſeeing me. However, you will let him know that I have been dead theſe twelve years, by way of preparing him to ſee a mind and body equally decayed. I am, with the greateſt truth and eſteem,

Your moſt faithful humble ſervant,

Sunday night. CHESTERFIELD.

* The preſent provoſt of Trinity College, Dublin.

LETTER LXXXIX.

TO THE SAME.

Bath, Nov. 21, 1768.

I BELIEVE, my dear general, that you are the first English traveller that could bring testimonials from Paris of having kept good company there. I know the reason of it; but I will not tell you, because I am sure you know it yourself as well as I do. Our friend seems to know it too, and, in justice to her, I send you here inclosed her letter which you brought. In seeing my old acquaintance, the marechal de Richelieu, you saw without exception the greatest, but at the same time the prettiest, coxcomb in Europe. To be sure, he did not say a word of Minorca, Genoa, or lower Saxony. Your late debate about Corsica was surely a very idle one. How can we hinder the French from taking Corsica, but by a war with France? And how can we make that war? Where can we find the money for it? Where can we find a minister to conduct it? And where an Eugene or a Marlborough to command it? Do not put the *Gentle Shepherd* upon me for all these *wheres*. Besides, I fear there is a very sore place in this affair. What will you, gentlemen of the lower house, do with Wilkes the defender of our liberty? Do not wonder at my question, for I know that not a fortnight ago one minister asked another that very question, and was answered, *I do not know.* As they puzzled themselves into this difficulty, I confess I want to see how they will puzzle themselves out of it. * * * * * * * * * * * * *

My old kinsman and cotemporary * is at last dead, and for the first time quiet. He had the start of me at his birth by one year and two months, and I think we shall observe the same distance at our burial. I own I feel for his death, not because it will be my turn next, but because I knew him to be very good-natured,

---
* Thomas Holles, duke of Newcastle.

and his hands to be extremely clean, and even too clean if that were poffible; for, after all the great offices, which he had held for fifty years, he died three hundred thoufand pounds poorer than he was when he firft came into them. A very unminifterial proceeding! It is a common obfervation, that blind people are apt to be talkative, and it is no lefs true (as you find to your coft) that deaf people are apt to be *avitative*; but I am only fo *quoad hunc*, and from a defire of expreffing the true friendfhip and efteem with which I am

Your moft faithful humble fervant,

CHESTERFIELD.

LETTER XC.

TO THE SAME.

Bath, Nov. 27, 1768.

SIR,

HOW can *un mylord Anglais* anfwer a letter *frappée au coin du bon ton de Paris*, (that bears the ftamp of the Paris *bon ton*) where flattery paffes only for common civility? I muft content myfelf with telling you, in home-fpun Englifh, that I thank you heartily for your letter which I received yefterday; and though I know you flatter me, I am extremely pleafed with your thinking me worth your flattery. *Tu m'aduli, ma tu mi piaci*, (you flatter me, but you pleafe me) is a very true Italian faying, which felf-love, if fincere, would confefs.

Conway's motion was the only fenfible one that could be made, now that the people called minifters (as the news papers call the Quakers) have bungled themfelves into a fituation of not being able to do any thing quite right. * * * * * * * *

I am much obliged to you, and through you to Madame de Choifeuil, for communicating to me the verfes of the chevalier de Boufflers; they are exceedingly pretty, and, had you not told me

the author, I should have mistaken them for Voltaire's, a mistake which no author could have reason to take ill. The 9th line is extremely pretty, though not quite new; but the last line of all is new, true, and wonderfully delicate, perhaps too delicate for our solid found classical judges to relish, who will call it *French tinsel*.

I will abruptly wish you good night; and am

Your most faithful friend and servant,

CHESTERFIELD.

LETTER XCI.

TO THE SAME.

Blackheath, August 6, 1765.

SIR,

I AM extremely obliged to you for the favour of your letter; it informs me of an event which I should hardly have believed from a less authentic hand than yours. The journey to Wootton seems to confirm the reunion of the triumvirate; but still it is a triumvirate, and a triumvirate consists of three, who, without an Athanasian unity, which is not to be expected, will be subject to accidents and jealousies. This I am sure of, that it is the interest of all the three to keep strictly united. It will alarm the administration; but still I think they will hold it out another year, by certain ways and means, which the payment of the civil debts will enable them to put in practice, and you well know that the votes in both the chaste houses of parliament are counted, not weighed. Another thing will be of use to the administration, which is, that factious and seditious spirit that has appeared of late in petitions, associations, &c. which shocks all sober thinking people, and will hinder them from going so far as otherwise they would have gone. At the latter end of king Charles the second's reign, the two belligerant

rant parties remonstrated and addressed, upon which my grandfather Halifax told the king, that the remonstrants spit in his face, and that the addressers spit in his mouth. The livery petition seems to be of the former kind. But enough of politics, which, from long disuse, and seeing them at present only remotely and through a mist, I must necessarily talk absurdly about.

As to my own decayed carcase, which you so kindly inquire after, I can only tell you that it crumbles away daily; my eyes are still so bad, that they are of little use to a deaf man, who lived by reading alone; many other physical ills croud upon me, and I have drained Pandora's box, without finding hope at the bottom. The taxes that nature lays upon old age are very heavy; and I would rather that death would distrain at once, than groan longer under the burthen.

Pray, how have I deserved some compliments in your letter? I cannot recollect that I have ever offended you; I never made you any compliments, and I am sure that I do not make you one now, when I assure you that I am, with the truest esteem and friendship,

Your most faithful humble servant,

CHESTERFIELD.

Pray, make my compliments to *tutti quanti* where you are, with whom I have passed the most agreeable time of my life formerly at Stowe.

LETTER XCII.*

From Dr. SWIFT to the Earl of CHESTERFIELD.

November 10, 1730.

MY LORD,

I WAS positively advised by a friend, whose opinion has much weight with me, and who has a great veneration for your lordship, to venture a letter of sollicitation: and it is the first request of this kind that I ever made, since the public changes, in times, persons, measures, and opinions, drove me into distance and obscurity.

There is an honest man, whose name is Launcelot; he has been long a servant to my lord Sussex: he married a relation of mine, a widow, with a tolerable jointure; which, depending upon a lease which the duke of Grafton suffered to expire about three years ago, sunk half her little fortune. Mr. Launcelot had many promises from the duke of Dorset, while his grace held that office which is now in your lordship †; but they all failed, after the usual fate that the bulk of court-suiters must expect.

I am very sensible that I have no manner of claim to the least favour from your lordship, whom I have hardly the honor to be known to, although you were always pleased to treat me with much humanity, and with more distinction than I could pretend to deserve. I am likewise conscious of that demerit which I have largely shared with all those who concerned themselves in a court and ministry, whose maxims and proceedings have been ever since so much exploded. But your lordship will grant me leave to say, that, in those times, when any persons of the ejected party came to court, and were of tolerable consequence, they never failed to succeed in any reasonable request they made for a friend. And, when I some-

---

* Though these three letters have been printed already, yet as they are so characteristic, and do so much honor to our noble author, it was thought not improper to detach them from the voluminous collection, in which they are dispersed, to unite them in this.

† The earl of Chesterfield was then lord steward of his majesty's household.

times added my poor folicitations, I used to quote the then miniflers a paffage in the Gofpel, *the poor* (meaning their own dependents) *you have always with you*, &c.

This is the ftrongeft argument I have, to intreat your lordfhip's favour for Mr. Launcelot, who is a perfect honeft man, and as loyal as you could wifh. His wife, my near relation, has been my favourite from her youth, and as deferving as it is poffible for one of her level. It is underftood, that fome little employments about the court may be often in your lordfhip's difpofal; and that my lord Suffex will give Mr. Launcelot the character he deferves: and then let my petition be (to fpeak in my own trade) a drop in the bucket.

Remember, my lord, that, although this letter be long, yet what particularly concerns my requeft is but of a few lines.

I fhall not congratulate with your lordfhip upon any of your prefent great employments, or upon the greateft that can poffibly be given to you; becaufe you are one of thofe very few, who do more honor to a court, than you can poffibly receive from it, which I take to be a greater compliment to a court than it is to your lordfhip.

I am,

My lord, &c.

LETTER XCIII.

From the Earl of CHESTERFIELD to Doctor SWIFT.

Hague, Dec. 15, N. S. 1733.

SIR,

YOU need not have made any excufe to me for your folicitations: on the contrary, I am proud of being the firft perfon, to whom you have thought it worth the while to apply fince thofe changes, which, you fay, drove you into diftance and obfcurity. I very well know the perfon you recommend to me, having lodged

at his house a whole summer at Richmond. I have always heard a very good character of him, which alone would incline me to serve him; but your recommendation, I can assure you, will make me impatient to do it. However, that he may not again meet with the common fate of court-suitors, nor I lie under the imputation of making court-promises, I will exactly explain to you how far it is likely I may be able to serve him.

When first I had this office, I took the resolution of turning out nobody; so that I shall only have the disposal of those places, that the death of the present possessors will procure me. Some old servants, that have served me long and faithfully, have obtained the promises of the first four or five vacancies; and the early solicitations of some of my particular friends have tied me down for about as many more. But, after having satisfied those engagements, I do assure you, Mr. Launcelot shall be my first care. I confess, his prospect is more remote than I could have wished it; but as it is so remote, he will not have the uneasiness of a disappointment, if he gets nothing; and if he gets something, we shall both be pleased.

As for his political principles, I am in no manner of pain about them. Were he a Tory, I would venture to serve him, in the just expectation that, should I ever be charged with having preferred a Tory, the person, who was the author of my crime, would likewise be the author of my vindication.

I am, with real esteem,

  SIR,

    Your most obedient humble servant,

      CHESTERFIELD.

LETTER XCIV.

From Dean SWIFT to the Earl of CHESTERFIELD.

January 5, 1750-1.

MY LORD,

I RETURN your lordship my most humble thanks for the honor and favour of your letter, and defire your juftice to believe, that, in writing to you a fecond time, I have no defign of giving you a fecond trouble. My only end at prefent is to beg your pardon for a fault of ignorance. I ought to have remembered, that the arts of courts are like thofe of play; where, if the moft expert be abfent for a few months, the whole fyftem is fo changed, that he hath no more fkill than a new beginner. Yet I cannot but wifh, that your lordfhip had pleafed to forgive one, who has been an utter ftranger to public life above fixteen years. Buffy Rabutin himfelf, the politeft perfon of his age, when he was recalled to court after a long banifhment, appeared ridiculous there: and what could I expect from my antiquated manner of addreffing your lordfhip in the prime of your life, in the height of fortune, favour, and merit; fo diftinguifhed by your active fpirit, and greatnefs of your genius! I do here repeat to your lordfhip, that I lay the fault of my mifconduct entirely on a friend, whom I exceedingly love and efteem, whom I dare not name, and who is as bad a courtier by nature as I am grown by want of practice. God forbid that your lordfhip fhould continue in an employment, however great and honorable, where you only can be an ornament to the court fo long, until you have an opportunity to provide offices for a dozen low people, like the poor man, whom I took the liberty to mention! And God forbid, that, in one particular branch of the king's family, there fhould ever be fuch a mortality, as to take away a dozen of meaner fervants in lefs than a dozen years!

Give me leave, in further excufe of my weaknefs, to confefs, that befides fome hints from my friends, your lordfhip is in great mea-

sure to blame, for your obliging manner of treating me in every place where I had the honor to see you; which I acknowledge to have been a distinction that I had not the least pretence to, and consequently as little to ground upon it the request of a favour.

As I am an utter stranger to the present forms of the world, I have imagined more than once, that your lordship's proceeding with me, may be a refinement introduced by yourself: and that as, in my time, the most solemn and frequent promises of great men usually failed, against all probable appearances, so that single slight one of your lordship may, by your generous nature, early succeed against all visible impossibilities *(a)*.

I am, &c.

(a) And so it did; lord Chesterfield having soon found an opportunity of providing for the person recommended by Dean Swift.

SINCE the printing of the foregoing sheets, the originals of the letters from the earl of Chesterfield to the bishop of Waterford, which were missing, have been found and sent from Dublin; so that I am now in possession of the whole of that interesting correspondence. The notes, therefore (p. 534. and p. 536.), by which the supposed deficiency of the originals was attempted to be accounted for, are become useless, and ought to be cancelled.

I am happy in the opportunity of terminating this volume by communicating to the public the three following letters, from lord Chesterfield to lord Stair, which were sent to me in the most obliging manner by a person of distinction in Scotland, whose name I am not at liberty to mention, but whom I desire to accept my public thanks for this favor. They are of such a nature as to make me, and I trust, every one of my readers, regret that there are so few of them.

LETTER XCV.

To the Earl of STAIR.

London, Sept. 3. 1739.

MY LORD,

BY the return of the messenger, by whom I received the favor of your letter, with the inclosed papers, I writ to lord Marchmont my poor sentiments upon the points in question. I thought it the same as writing to you; but chose to direct it rather to him, because the messenger told me, he should see him first. I shall say no more now, by the common post, upon that subject, than that I thought the first part of the plan extremely right; but the latter part rather ill-timed now, and would not have the effect proposed or hoped for. What do you say to the vigor of our administration? The sleeping lion is roused; and a hundred and twenty men of war now in commission, and forty thousand land forces in England, will shew our enemies abroad, that they have presumed too much and too long upon sir Robert's pacific temper. I say this on the supposition and hopes that these land forces are only raised against our common enemies abroad, and not against sir Robert's enemies at home; though I know which I believe. It is reported too, but I don't know with what grounds, that this parliament is this session to be continued seven years longer, upon pretence that, in this time of danger, the nation is not in a proper temper to meet and chuse new representatives. Violent as this step may seem, I cannot think it is totally improbable, when I combine several circumstances; but this I know, that, if it is taken, there is an end of us, I mean constitutionally. Your visit to Ireland is a sign of your good health and spirits, which I rejoice at, and wish you the long continuance of, as much as any man upon earth can do, being, I am sure, as much as any man upon earth can be,

My dear lord,
Your most faithful humble servant,
CHESTERFIELD.

LETTER XCVI.

TO THE SAME.

London, Dec. 5, 1739.

MY DEAR LORD,

SINCE I troubled you last, I have three letters from you to acknowledge. As to the two first, you will have heard from all your friends here, that the D. of A. is by no means as yet ripe to come into any of those propositions. I both think and hope he will by next year; but, in the mean time, he must be stroked and not spurred. The plan inclosed in your letter, which I received yesterday, is, in my opinion, a perfect right one, and is now followed by many corporations in England, in their Instructions to their members; and ought to have been so by all the counties, if those, who at the end of last session of parliament undertook that province, had not either carelessly or wilfully neglected it till the assizes were over, which has now made it impossible for this year. The bill, to limit the number of placemen in parliament, is to be brought in after the holidays, and will, I suppose, be as soon rejected; after which, it will be necessary to print the names of those who voted for or against it; and then fresh instructions from every county or borough, both in England and Scotland, wherever they can be obtained, and, I believe, they may from almost every county, and a great majority of the boroughs will come with still greater weight next year. As for postponing the money bills till such a bill be agreed to, which is what you propose, and what is likewise mentioned in the instructions of the city of London, I find that will not do; because, to tell you the plain truth, many of the opposition do not in their hearts greatly relish the place bill itself, which they think might prove a clog upon their own administration, and they will by no means hear of any thing like a tack, or a postponing of the money bills. If the whole opposition meant the same thing as you and I do, they would most certainly entertain this measure, which

is the only one that can recover the constitution; all others are but temporary palliatives: for while the houses of lords and commons are absolutely in the power of the crown, as they visibly now are, we have no constitution, and the crown alone is, without a mystery, the three branches of the legislature. But unfortunately, I doubt, this is what many people desire as heartily as you and I wish the contrary. Sir Robert's health is thought to be very precarious, and there are many of us who already anticipate in their thoughts the joyful moment, which they think not remote, of coming into power; and consequently, far from desiring to make shackles for themselves, are rather willing to continue those upon the people which Sir Robert has forged for them. This, I own, is a melancholy case; but I fear it is too much the case. The persons you allude to, that you think might be prevailed with to act against Sir Robert, are not to be moved. They have been tried, and their own interest in so doing has been manifestly shewn them, but to no purpose. They consider money as their only interest, and would not venture the suspension of a quarter's salary, to save the whole nation. This, my dear lord, is our wretched situation, from whence, I think, little good can arise. Union among ourselves cannot be expected, where our views are so widely different. This Sir Robert knows, and triumphs in. I despair of either doing good or seeing any done; yet, while I live, I assure you, I will endeavour it. I wish my country well, and upon that principle alone must wish you so; but many other considerations concur to make me honor and esteem you as I do, and to form that attachment and friendship with which I shall ever be,

My dear lord,

Most faithfully yours,

CHESTERFIELD.

LETTER XCVII.

TO THE SAME.

MY DEAR LORD,

I WISH I had any thing better than thanks to return you for your several letters, but unfortunately I can send you no accounts from hence, that I can write or you read with satisfaction. The opposition is in truth become no opposition at all; is looked upon already in that light by the court, and, I am afraid, will soon be so by the whole nation. The views of the individuals are too different for them to draw together. Some few mean the public good, and they are for acting and pushing of constitutional measures; but many more mean only their private interest, and they think public inaction and secret negociations the most conducive to it. They consider sir Robert's life as a bad one, and desire, by their submission and tameness, to recommend themselves to be his successors. The court, they say, is too strong to be overcome by opposition; that is, in truth, they think it would be too strong for their impatience for power upon any terms. In this distracted state of the opposition, you will not be surprized that nothing is done, and that the court triumphs. Those of your friends here, with whom I am connected, wish, as I do, many things which it is not in our power to bring about, and which would only discover our weakness to attempt. My only hopes are from the spirit of the nation in the next election, where, if we exert, I think there are hopes of having a better parliament than this. In your part of the kingdom more may be done with effect in that affair than in this part, where the influence of the court is more powerful; and I hope, therefore, you will all exert at that last struggle for our constitution. We are to have here next week a general meeting, to settle the elections for the next parliament, in which, I make no doubt, but those who have ruined the opposition will use their endeavours to frustrate this design too; but still, I hope, it will have some good effect,

effect, though to be sure not so good a one as if we all meant the same thing. The place bill comes in on Tuesday next, and will be thrown out the same day. Some of our patriots will rant that day, *par manière d'acquit*, by permission from the court, and then the session is ended. I shewed your paper upon that subject to some of my friends, who will endeavour to make what use they can of it.

Your old friend lord Cathcart kissed the king's hand yesterday, for the command of the intended expedition. Some say it is against Cuba; others, against Buenos Ayres; but none know, and the secret is inviolably kept. For my own part, wherever it is intended, I have a very bad opinion of the success of it, when I know that nobody capable of forming a right plan has been consulted in it, and that no officer able to conduct it is well enough at court to be employed in it.

As I have writ all this to you *à coeur ouvert*, I beg it may go no further, it being better that the real wretched state of the opposition should not be universally known, though, I fear, it is but too well guessed at. It might discourage, and could do no good.

If all meant as well as you do, I should, with more hopes and better spirits, take what little part I am able; but I confess that, in the present situation of things, I rather content myself with not doing ill, than hope to do any good. I will keep my conscience and my character clear, with what I should, and do what I can, *et pour le reste, alors comme alors*. But in all situations, pleased and proud of being reckoned in the number of those who love and value you as you deserve, and who wish you in a condition of doing your country all the good you are both so desirous and so able to do it. Adieu, my dear lord; believe me,

Most faithfully yours,

CHESTERFIELD.

[581]

INDEX
TO
THE SECOND VOLUME.

A.

Adolphati (musician). Ill success of, p. 110.
Amorous (a tragedy). Written by Madame de Borage, 245, in the note.
Arquis (a novel). Account of, 310, and in the note.
Ass (queen). State of affairs in England at her death, 12.
Anti-Lucretius (a poem). Lord Chesterfield's opinion of it, 64. Account of the author, ditto, in the note.

B.

Babiole. Lord Chesterfield's house at Blackheath, why so called, 62, in the note. Description of, 118. Changes its name to *Little Chartreuse*, 230.
Bagatelle. Country-house near Paris, belonging to Madame de ———, 62.
Bath Waters. Their utility in disorders of the head and stomach, 480.
Bentinck (Count). Account of, 363, and in the note. Appointed with prince Kaunitz to settle the affairs at Brussels, 394, and in the note.
Bruningen (Van). Singular anecdote of, 358.
Borage (Madame de). Account of, 154, in the note. 242, in the note.
Bochat (Mr. de). Account of, 316, in the note. 317, and in the note.

Bolingbroke (Lord). Afflicted with a cancerous disorder in his cheek, 184. His death, 190.
Botta D'Adorno (Marquis). Account of, 375, and in the note.
Bougainville (Mr.). Account of, 107, in the note.
Boudoir. A room in lord Chesterfield's house so called, 90.
Bourn, Esq; (Archibald). Not a true convert, 451.
Breules (Monf. de). 319, and in the note.
Bristol (Earl of). Appointed envoy to Turin in the room of the earl of Rochford, 415.
Bussy (Le Comte de). Account of, 220, in the note. 239, and in the note.
Byng (Admiral). His disagreeable situation described, 436.

C.

Catiline (a tragedy). Criticisms upon it, 102, 104.
Centuriani (Marquis). Character of, 112, 113.
Chenevix (Rev. Dr. now bishop of Waterford). Letters of the earl of Chesterfield to him, 459 to 540. His disappointment of the living of St. Olave's Southwark, 461, and in the note. Is refused the bishopric of Clonfert, 464.

Reasons

582   INDEX.

Reasons given for that refusal, 464, in the note. Is made bishop of Killaloe, 465. A charitable scheme set on foot by him for affording a refuge to French protestants in Ireland, 471, 472. Death of his wife, 473, in the note. Account of his son's death, 540.

Chesterfield (Earl of). His letters to the Rev. Mr. Jouneau, from 2 to 10. His account of his studies, and way of spending his time at Cambridge, 6. His opinion of the state of affairs in England at the death of queen Ann, 12. His letter to Mr. Crebillon, 32. His opinion of Voltaire's tragedy of Mahomet, 34. His Letter to Madame de Tencin, recommending Mrs. Cleland, 36, &c. His correspondence with a lady of high rank and great accomplishments at Paris, whose name is concealed, from 44 to 240. His criticisms on Voltaire's poetical description of the battle of Fontenoy, 46. Introduces his son to the lady whom he writes to, 48. Mentions his design of sending him to Paris at fourteen years of age, under the care of the Rev. Mr. Harte, ditto. His affection for his son, 52. His plan of education for him, ditto. His sentiments about the peace, and the negotiations at Breda, 58. His reasons for resigning the office of secretary of state, 70. His account of the peace, and of the expences of the war, 76. 78. His opinion of the Peruvian letters, 81. His description of a room in his house called *a boudoir*, or pouting-room, 90. His account of a book called *les Mœurs*, which he supposed to be written by Montesquieu, 92. His opinion of the French theatre, 98. Mentions the death of his brother the Hon. John Stanhope, 100. His criticisms upon Crebillon's tragedy of Catiline, 102. 104. His opinion of a tragedy called Dionysius the Tyrant, written by Mr. Marmontel, 106. His opinion of the translation of Anti-Lucretius, 108.

His opinion of the Marquis de Centurioni, 112, 113. His account of the earthquake of the year 1750, in London, 116. His method of disposing of his son at Paris, 140. His reasons for making him reside in the academy, 141, 144. His character of Abbé Sallier, 146. His anecdotes of persons concerned in the rebellion, 148, &c. His recommendation of lord Huntingdon, 150. His account of Voltaire's retiring to Berlin, 154. 252. His opinion of Madame de Graffigny's comedy of Cenie, 154. 262. and of Madame de Bocage's translation of Milton, and Pope's Temple of Fame, 154. His reasons for leaving his son without a tutor at Paris, 162. His character of the Abbé de la Ville, 168. His regulation of his son's expences at Paris, 172. His account of the change of the style, 176. His account of lord Bolingbroke, 184. His character of him, 190. His account of the success of inoculation, 200. His opinion of the young lord Bolingbroke, 218. His reasons for changing the name of his country-house from Babiole to Little *Chartreuse*, 230. His letters to Madame de Bocage, from 241 to 280. His description of Baron Kreunigen, 244. His opinion of Voltaire's writings, 248. Introduces his son to her, 254. Introduces Lord Huntingdon to to her. His opinion of Cardinal Richelieu's political will, and of Voltaire's pleading against it, 258. His opinion of some of Sir George Etheredge's comedies, 264. His opinion of Terence's comedies, 268. His criticism on a satyrical work written by Mr. Duclos, 270, and in the note. His opinion of Voltaire's history of the age of Lewis XIV. 280. His letter to Mr. De Kreunigen, 282. His letter to Larly ———, on the subject of humour, 284. His letter to James Dayrolles Esq; &c. 298. His letters to Solomon Dayrolles, Esq; from 300

INDEX.

to 448. Expresses his anxiety for the security of the Dutch frontier in 1747, 310. His opinion of the surrender of Bergen-op-zoom, 314. His reasons for retiring from public affairs, 322. His account of resigning the seals, 323. His brother appointed commissioner of the admiralty, 325. A pamphlet ascribed to him, 328, and in the note. His ignorance of the author, 329. His opinion of the necessity of the peace in 1748, 330, 331, 332. His opinion of Lord Pembroke's seat at Wilton, 336. His opinion of the history of the wars between France and the house of Austria, 337. His political reasons for the queen of Hungary's delay in entering into the definitive treaty, 339. 340. 342. His account of the dismission of the grand pensionary of Holland, 358. Applies for a prebend for the Rev. Mr. Horne tutor to his son, 363. Obtains it, 365. Congratulates Mr. Dayrolles on his marriage, 369. His opinion of the state of politics in Holland at the death of the Prince of Orange, 372. His advice for the conduct of the princess dowager of Orange during the minority, 374. Congratulates Mr. Dayrolles on the birth of a son, to whom he was godfather, 384. His plan of education for his godson, 385. His opinion of the punishment of children, 389. His opinion with respect to the connexions of England with the houses of Austria and Bourbon, 394. Mentions his writing some papers in a weekly paper called The World, 403. His account of Spa, 409, 410. His reasons for going to London in the winter, 412. Thinks Mr. Fox will be minister, 414. Thinks there will be no war in 1755, 415. His account of the state of parliament in 1755, 415. His political opinions in 1755, 416. 419, 420, 421, 422, 423, 424. Error in them, 424, in the note. His account of the loss of Minorca, and the bad situation of affairs in England and America in 1756, 430, 431, 432. Describes admiral Byng's unfortunate situation, 436. His political opinions in 1757, 436. His account of the ministry in 1757, 438, 439, 440, 447. Effect which his ill state of health had upon his political opinions, 440, in the note. His letters to Sir Thomas Robinson, 449 to 452. His intimacy with Sir Thomas, 449, in the note. His opinion of the attempt upon the king of France's life, 450. His opinion of Archibald Bower's conversion, 451. His letter to doctor Cheyne, 452. His letters to the Rev. Doctor Chenevix Lord Bishop of Waterford, 459 to 540. Deplores the loss of Lord Scarborough, 459. Recommends Dr. Chenevix to the bishopric of Clonfert, 463. Account of his resignation, and the reasons for it, 467, and in the note. His approbation and encouragement of the scheme for affording a refuge to French protestants in Ireland, 471, 472. His condolence with the bishop on the death of Mrs. Chenevix, 473. Complains much of the decline of his health, and of deafness, 475, &c. Finds much benefit from the Bath waters, 480, &c. His opinion of archbishop Tillotson, 485, 486. Is made member of the academy of Belles Lettres at Paris, 487. His opinion of Sheridan's book on British education, 490, 491. His opinion of Swift's History of the four last years of Queen Ann, 498. His instructions for raising melons, 508. His account of Mr. George Faulkner's mode of living in England, 510. His character of Lord Hallifax, 512. His character of Lord Hertford, 522. His opinion of Lord Townshend, 525. Adopts the son of his kinsman Mr. Stanhope of Mansfield, 526. His account of that young gentleman, ditto. His account of Lord Mountmorrin, 533. His letter of condolence to the bishop,

bishop, upon the loss of his son;
which letter is probably the last he
ever wrote to him, 540, and in the
note. His letters to Mr. Prior, 541
to 550. His account of a successful
method of making starch from potatoes, 541, 542. His thoughts on the
kingdom of Ireland, and the points
that ought to engage the attention of
the people of that country, 543, 546,
548, 549. His letter to the Rev. Dr.
Madden, 550. His letter to the Rev.
Dr. Whitcombe, 551. His letters to
Captain (afterwards Sir John) Irwine,
551 to 568. His observations upon
the famous Irish patriot Dr. Lucas,
554, 555. His opinion of Marshal
Richelieu, 564. His political opinion
concerning Corsica, ditto. His account
of the death of the Duke of Newcastle, ditto. His letter to Dean
Swift, 569. His letters to the Earl of
Stair, 575 to 579.

Chetwynd, Esq; (William). 318.

Cheyne, (Dr.) Letter from Lord Chesterfield to him, communicated by the
Countess of Chesterfield, 453, and in
the note.

Children, how to be educated, 185. For
what faults to be punished, 389.
Should be left to chuse their own profession, 412.

Cobentzel (Count). Account of, 412, in
the note.

Corsica (island of). Political opinion concerning it, 564.

Crebillon (Mr.). His letters to Lord
Chesterfield, 20, 24. His criticism on
the Sopha a novel written by himself,
20, 22. His banishment on account
of this book, 22. His exile repealed,
26. His criticism on Pamela, 28.
to.

Crebillon (Senior). Anecdotes relating
to some of his tragedies, 102, in the
note.

Cumberland (Duke of). Appointed with
Mr. Fox of the regency, 416.

D.

D'Albert (Chevalier). Account of, 74.

Dayrolles, Esq; (Solomon). Appointed
resident at the Hague, upon the death
of his uncle James Dayrolles, 306.
His marriage, 369. Is appointed envoy to Brussels, 377.

D'Emery (Monsieur). Account of, 104,
in the note.

D'Eyverdun (Mr.). Account of, 117,
in the note.

D'Her (Chevalier). Account of letters
published under that name, 95, in the
note.

Dionysius (a tragedy). Account of, 106.

Dowson (Mr.) Account of, 352, in the
note.

E.

Elliot (General). Account of, 356, and
in the note.

Etheredge (Sir George). Success of his
comedy called Love in a Tub, 104, in
the note.

F.

Faulkner (Mr. George). His mode of
living in England described, 510.

Finch (the Hon. William). His recall
from his embassy at the Hague, 302,
in the note.

Fontenelle (Mr.) His postscript to Madame de Tencin's letter, 42, 44. Account of his death, 436, and 437, in
the note.

Fox (Mr.) Appointed of the regency
with th; Duke of Cumberland, 416.

France. Expectations of a war with,
427, 437.

Francis (Mr.) Account of his tragedy
of Eugenia, 274. 276.

G.

INDEX.

G.

Gakro (Bernard Van). Account of, 313, in the note.
Garrick (Mr.). His marriage with Signora Violetti, 361.
Graffigny (Madame de). Account of her comedy, 154, in the note.

H.

Haerre (Monsieur Van). Who? 396, and in the note.
Hague, universal joy expressed there at the conclusion of the peace in 1748, 331.
Hallifax (Lord). His appointment to the lord lieutenancy of Ireland, 512. Character of him, ditto.
Hamilton (Duke of). Not murdered by Mr. Macartney, 499.
Harree (Mr.). Account of, 277, in the note.
Hartington (Lord). His appointment to the lord lieutenancy of Ireland, 483.
Hertford (Lord). Appointed lord lieutenant of Ireland, 522.
Holdernesse (Earl of). Sent ambassador to the Hague, 352. Appoints Mr. Tindal his chaplain and secretary, ditto.
Holland (Grand Pensionary of). His dismission, and acceptance of a pension, 358. State of politics in that country at the death of the prince of Orange, 372.
Hop (Lieutenant General). Account of, 360, in the note.
Hungary (Queen of). Reasons for her delay in entering into the definitive treaty, 338. 340—342.
Huntingdon (Earl of). Character of him, 150.
Hutchins (the Rev. Mr.). Account of, 462, and in the note.

I.

Jews, their naturalization-bill passed, 399. Humorous advertisement on this occasion, ditto.

VOL. II.

Inoculation, success of, 200.
Johnson (the Rev. Mr.). Account of, 2. Account of his son, 8.
Irwine (Captain, now Sir John). Account of, 345, in the note. Letters from Lord Chesterfield to him, 553 to 560. Account of, 550, in the note.

K.

Kaunitz (Prince). Appointed to settle the affairs at Brussels, 394, and in the note.
Kreunigen (Baron de). Account of, 244, in the note; 282, in the note.

L.

L'Encles (Ninon). Anecdote of, 150, in the note.
Letters (Peruvian). Character of them, 811.
London (Earthquake in). Account of, 176.
Lucas (Mr. Charles). Observations on, 554, 555.

M.

Mably (Abbé). Author of The Droit public de l'Europe, 333, and in the note.
Macartney (Mr.). Not guilty of the murder of duke Hamilton, 499.
Madden (the Rev. Dr. Samuel). Letter from lord Chesterfield to him, 550. Account of, 550, in the note. Anecdote concerning a tragedy supposed to be written by him, 550, in the notes.
Marmontel (Mr.). Account of some of his works, 106, in the note. Ill success of his tragedy of Cleopatra, 148.
Mars (Monsieur de Cinq). Account of, 104, in the note.
Martel (Madame de). Her letter to lord Chesterfield, 16.
Martin (Mr.). Account of, 188, in the note.
Masson (Professor). 317, in the note.

4 F

Newman,

INDEX.

Micromegas, philosophical tale by Voltaire, 320, and in the note. Opinion of it, 320.

Ministry (British). Account of, in 1757. 438 to 442.

Minerva, loss of, 430.

Mirurs (les). Account of a book so called, 92.

Mountmorris (Lord). Character of, 533.

N.

Newcastle (Duke of). Moves for the repeal of the Jew bill, 401. His death, 364.

Nivernois (Monsieur de). Character of, 114.

O.

Orange (Prince of). His regulation of the post at Amsterdam, 337, and the note. His death, 372.

Orange (Princess Dowager of). Rules for her conduct during the minority, 374.

P.

Parliament, state of, in 1755, 415.

Pelham (Mr.). His death, 407.

Pembroke (Earl). Account of his seat at Wilton, 336.

Pitt (Mr.). Made secretary of state, 435.

Prior (Mr.). Letters from lord Chesterfield to him, 541 to 550. Account of, 541, in the note.

Prussia (King of). Reasons why he should not attack Hanover, 394, 395.

R.

Rebellion. Anecdotes of persons concerned in, 148, &c.

Richmond (Duke of). His death, 146.

Robinson (Sir Thomas). Lord Chesterfield's letters to him, 449 to 452. His intimacy with lord Chesterfield, 449, in the note.

Rochford (Earl of). Appointed lord chamberlain, 415.

Rodriguez. Who 320, and in the note.

Romans (King of the). To be elected at Hanover in 1751, 378. Importance of that election, ditto, and 379. Delay of it, 382.

S.

Sallier (Abbé). Account of, 66, in the note.

Saxe (Marshal). Account of his funeral, 366, in the note.

Sheridan (Mr.). Account of his book on British education, 490, 491.

Spa. Account of, 409, 410.

Stanhope (the Hon. George). Obtains the rank of colonel, 325. Who? ditto, in the note.

Stanhope (Hon. John). Brother to the earl of Chesterfield. Account of his death, 100, in the note, 345.

Style. Change of, 176.

Swift (the Rev. Dr.). His history of the four last years of queen Ann censured, 498. His letters to the earl of Chesterfield, soliciting him for a place for Mr. Launcelot, who had married a relation of his, 568. 571.

T.

Tax (new). Levied in Holland, account of its produce, 313, in the note.

Tencin (Madame de). Account of, 37, in the note. Her letter to lord Chesterfield, 40.

Tillotson (Archbishop). Character of, 485, 486.

Toussaint (Mr.). Author of a book entitled Les Moeurs, account of him, in the note, 92.

Townshend (Lord). Appointed lord lieutenant of Ireland, 525.

Trenck (Baron). A dog why so called? 333, and in the note. 334. 336.

U.

INDEX.

U.

Vanderduyn (Lieutenant General). Account of, 339, and in the note.
Ubbergen. Country-seat of count Welderen, 311, in the note.
Ville (Abbé de la). Account of, 108.
Villettes, Esq; (Arthur). Account of, 153, in the note.
Voltaire. Honors and pensions bestowed upon him by the king of Prussia, 154. His letter to the earl of Chesterfield, 290.

W.

Waldeck (Prince). His corps how it ought to be disposed of, 311.

Walpole (Mr. Horatio). Appointed ambassador and plenipotentiary to the States General, 302, and in the note.
Wassenaer de Twickel (Count). His letter of congratulation to lord Chesterfield on his being appointed secretary of state, 286. His account of the deplorable state of Holland, 218.
World. A periodical paper, in which lord Chesterfield wrote, 403.

Y.

Yorke (Colonel). Appointed ambassador to the States General, 375.

THE END.

CHARACTERS
BY
LORD CHESTERFIELD

CONTRASTED WITH

CHARACTERS

OF THE SAME

Great Perſonages by other reſpectable Writers.

ALSO

LETTERS

TO

Alderman GEORGE FAULKNER, Dr. MADDEN, Mr. SEXTON, Mr. DERRICK, and the Earl of ARRAN.

INTENDED AS

AN APPENDIX

TO

HIS LORDSHIP'S MISCELLANEOUS WORKS.

LONDON,

PRINTED FOR EDWARD AND CHARLES DILLY, IN THE POULTRY.
MDCCLXXVIII.

ADVERTISEMENT.

THE following *Characters* and *Letters* are genuine productions of the late earl of Chesterfield. They cannot want any proofs of their authenticity.

Whether his lordship drew the characters with impartiality, and hath given accurate and just delineations of the principal persons who figured on the stage of public life with him; or whether the capital lines forming the likeness are distorted by affectation, prejudice, and the medium of party; is referred to the decision of the judicious friends of the several great personages whose characters are here presented to them.

To give the public, however, a more perfect view of the originals, and enable them to form a better judgement of the noble earl's portraits; likenesses of the same eminent persons, his co-temporaries, by other respectable hands, are annexed. It is hoped that these will prove acceptable, as, either in comparing or contrasting them with his lordship's, they will help to illustrate and finish the respective characters, and may communicate both instruction and pleasure.

APPENDIX

TO

LORD CHESTERFIELD'S WORKS.

CHARACTERS.

GEORGE THE FIRST.

GEORGE the first was an honest, dull, German gentleman, as unfit as unwilling to act the part of a king, which is to shine and to oppress. Lazy and inactive even in his pleasures, which were therefore lowly sensual. He was coolly intrepid, and indolently benevolent. He was diffident of his own parts, which made him speak little in public, and prefer in his social, which were his favourite, hours the company of wags and buffoons. Even his mistress, the dutchess of Kendal, with whom he passed most of his time, and who had all influence over him, was very little above an idiot.

Importunity alone could make him act, and then only to get rid of it. His views and affections were singly confined to the narrow compass of his electorate: England was too big for him. If he had nothing great as a king, he had nothing bad as a man; and if he does not adorn, at least he will not stain, the annals of this country. In private life he would have been loved and esteemed as a good citizen,

CHARACTERS BY

citizen, a good friend, and a good neighbour. Happy were it for Europe, happy for the world, if there were not greater kings in it.

The most amiable monarch that ever filled a throne. ADDISON.

As king James, instead of giving the laws their proper course, assumed a power to dispense with them; and as queen Anne was flattered into a persuasion that the regal authority was unlimited; king George, on the contrary, desired no power but what enabled him to promote the welfare of his subjects, and was too wise to deem those his friends who would have made their court to him by the profession of an obedience which they never practised, and which has always proved fatal to those princes who have put it to the trial. He had given a proof of his sovereign virtues before he exercised them in this nation. His natural inclination to justice led him to rule his German subjects in the same manner that our constitution directed him to govern the English. He regarded civil liberties as the natural rights of mankind, and therefore indulged them to a people who pleaded no other claim to them than his own goodness. The consistency of his behaviour was such, that he inflexibly pursued those measures which appeared the most just and equitable. As he was prudent in laying proper schemes, he was no less remarkable for his steadiness in accomplishing what he had once concerted. To this uniformity and firmness of mind, which appeared in all his proceedings, the successes that attended him were chiefly owing. His martial virtues were no less conspicuous than his civil, though for the good of his subjects he studied to decline all occasions of military glory. He had acquired great reputation in his younger days in Hungary and the Morea, when he fought against the Turks, as well as in Germany and Flanders, where he commanded against the disturber of the peace of Europe. And, as if personal courage was an hereditary virtue of his family, three of his brothers fell gloriously in the field, fighting against the enemies of their country, and his son (his late majesty king George II.) fought with the bravery of his father at the battle of Audenarde, when the sons of France and the pretender fled before him.

As to his more private virtues, he was of a grave, easy, and calm temper, and generous upon all occasions; and the serenity and benignity of his mind discovered themselves in his countenance, and captivated the love and veneration of all who approached him. TINDAL.

It was this prince's maxim, "Never to abandon his friends; to render justice to all the world; and to fear no one but God." MILOT.

A wise, a steady, and a righteous prince, and worthy to be remembered with double honour. Dr. CHANDLER.

George

George I. was plain and simple in his person and address; grave and composed in his deportment, though easy, familiar, and facetious, in his hours of relaxation. Before he ascended the throne of Great Britain, he had acquired the character of a circumspect general, a just and merciful prince, and a wise politician, who perfectly understood, and steadily pursued, his own interest. With these qualities it cannot be doubted, but that he came to England extremely well disposed to govern his new subjects according to the maxims of the British constitution, and the genius of the people; and if ever he seemed to deviate from these principles, we may take it for granted, that he was misled by the venal suggestions of a ministry whose power and influence were founded on corruption. SMOLLETT.

The medium of party undoubtedly viewed the political conduct of George the First as coloured by the prejudices of the eye through which it was surveyed; but whatever might be the virtues, vices, or errors of his political conduct, he was liked and even loved by the individuals who had the honor of a familiar conversation with him, and was generally regarded by those who do not examine closely or critically into the nature of virtue and vice, or the motives or principles of human conduct, as a man who had an honest heart, and whose faults in his government, if there are any faults to be found, were entirely owing to the suggestions of a venal ministry; who, having neither sufficient virtue, nor sufficient understanding, to govern parties by the confidence which these great qualities give, their power and influence were solely grounded on corruption. MRS. MACAULAY.

CHARACTERS BY

GEORGE THE SECOND.

HE had not better parts than his father, but much stronger animal spirits, which made him produce and communicate himself more. Every thing in his composition was little; and he had all the weaknesses of a little mind, without any of the virtues, or even the vices, of a great one. He loved to act the king, but mistook the part; and the royal dignity shrunk into the electoral pride. He was educated upon that scale, and never enlarged its dimensions with his dominions. As elector of Hanover he thought himself great; as king of Great Britain only rich. Avarice, the meanest of all passions, was his ruling one; and I never knew him deviate into any generous action.

His first natural movements were always on the side of justice and truth; but they were often warped by ministerial influence, or the secret twitches of avarice. He was generally reckoned ill-natured, which indeed he was not. He had rather an unfeeling than a bad heart; but I never observed any settled malevolence in him, though his sudden passions, which were frequent, made him say things which, in cooler moments, he would not have executed. His heart always seemed to me to be in a state of perfect neutrality between hardness and tenderness. In council he was excessively timorous, and thought by many to be so in person; but of this I can say nothing on my own knowledge.

In his dress and in his conversation he affected the hero so much, that from thence only many called his courage in question: though, by the way, that is no certain rule to judge by, since the bravest men, with weak understandings, constantly fall into that error[*]. Little things, as he has often told me himself, affected

---

[*] It is universally allowed that, in the fields of Flanders, at the battle of Oudenarde (when he was in his twenty-fifth year, and where he served as a volunteer) he gave distinguished proofs of his vivacity and courage. He charged sword in hand at the head of a squadron of Bulau's dragoons, had his horse shot under him, and Colonel Latzkky, who commanded the squadron, was killed by his side. Nor did his courage desert him at the decline of life, when he appeared in the plains of Dettingen, commanded his own army, and obtained a signal victory over his insulting and perfidious enemies.

him

him more than great ones; and this was so true, that I have often seen him put so much out of humour at his private levee, by a mistake or blunder of a *valet de chambre*, that the gaping crowd admitted to his public levee have, from his looks and silence, concluded that he had just received some dreadful news. Tacitus would always have been deceived by him.

Within certain bounds, but they were indeed narrow ones, his understanding was clear, and his conception quick: and I have generally observed, that he pronounced sensibly and justly upon single propositions; but to analyse, separate, combine, and reduce to a point, complicated ones, was above his faculties.

He was thought to have a great opinion of his own abilities; but, on the contrary, I am very sure that he had a great distrust of them in matters of state. He well knew that he was governed by the Queen, while she lived; and that she was governed by Sir Robert Walpole: but he kept that secret inviolably, and flattered himself that nobody had discovered it. After their deaths, he was governed successively by different ministers, according as they could engage for a sufficient strength in the house of commons; for, as avarice was his ruling passion, he feared, hated, and courted, that money-giving part of the legislature.

He was by no means formed for the pleasures of private and social life, though sometimes he tried to supple himself to them;. but he did it so ungracefully, that both he and the company were mutual restraints upon each other, and consequently soon grew weary of one another. A king must be as great in mind as in rank, who can let himself down with ease to the social level, and no lower.

He had no favourites, and indeed no friends, having none of that expansion of heart, none of those amiable, connecting talents, which are necessary for both. This, together with the sterility of his conversation, made him prefer the company of women, with whom he rather sauntered away than enjoyed his leisure hours. He was addicted to women, but chiefly to such as required little attention and less pay. He never had but two avowed mistresses of rank, the countesses of Suffolk and Yarmouth. The former,

though

though he passed half his time with her, had no degree of influence, and but a small one of profit; the latter, being taken after the death of the queen, had more of both, but no extravagant share of either.

He was very well-bred; but it was in a stiff and formal manner, and produced in others that restraint which they saw he was under himself. He bestowed his favours so coldly and ungraciously, that they excited no warm returns in those who received them. They knew that they owed them to the ministerial arrangements for the time being, and not to his voluntary choice. He was extremely regular and methodical in his hours, in his papers, and above all in his private accounts; and would be very peevish if any accident, or negligence in his ministers, broke in upon that regular allotment of his time.

He had a very small degree of acquired knowledge: he sometimes read history, and, as he had a very good memory, was exceedingly correct in facts and dates. He spoke French and Italian well, and English very properly, but with something of a foreign accent. He had a contempt for the *belles lettres*, which he called trifling. He troubled himself little about religion, but jogged on quietly in that in which he had been bred, without scruples, doubts, zeal, or inquiry. He was extremely sober and temperate, which, together with constant gentle exercise, prolonged his life beyond what his natural constitution, which was but a weak one, seemed to promise. He died of an apoplexy, after a reign of three and thirty years. He died unlamented, though not unpraised because he was dead.

Upon the whole, he was rather a weak than a bad man or king. His government was mild as to prerogative, but burthensome as to taxes, which he raised when and to what degree he pleased, by corrupting the honesty, and not by invading the privileges, of parliament. I have dwelt the longer upon this character, because I was so long and so well acquainted with it; for above thirty years I was always near his person, and had constant opportunities of observing him, both in his regal robes and in his undress. I have accompanied him in his pleasures, and been employed in his business. I have, by turns, been as well and as ill with him as any man

man in England. Impartial and unprejudiced I have drawn this character from the life, and after a forty years fitting.

George the second died at the age of seventy-seven, after a long reign of thirty-four years, distinguished by a variety of important events, and chequered with a vicissitude of character and fortune. He was in his person rather lower than the middle size, well-shaped, erect, with eyes remarkably prominent, a high nose, and fair complexion. In his disposition he is said to have been hasty, prone to anger, especially in his youth, yet soon appeased; otherwise mild, moderate, and humane: in his way of living temperate, regular, and so methodical in every branch of private œconomy, that his attention descended to objects which a great king (perhaps) had better overlook.

He was fond of military pomp and parade; and personally brave. He loved war as a soldier; he studied it as a science; and corresponded on this subject with some of the greatest officers whom Germany has produced. The extent of his understanding, and the splendor of his virtue, we shall not presume to ascertain, nor attempt to display; we rather wish for opportunities to expatiate on his munificence and liberality; his generous regard to genius and learning; his royal encouragement of those arts, by which a nation is at once benefited and adorned.

With respect to his government, it very seldom deviated from the institutions of law; or encroached upon private property; or interfered with the common administration of justice. The circumstances that chiefly marked his public character, were a predilection for his native country, and a close attention to the political interests of the Germanic body: points and principles to which he adhered with the most invincible fortitude; and, if ever the blood and treasure of Great Britain were sacrificed to these considerations, we ought not so much to blame the prince who acted from the dictates of natural affection, as we should detest a succession of venal ministers, all of whom in their turns devoted themselves, soul and body, to the gratification of this passion or partiality, so prejudicial to the true interest of their country. SMOLLETT.

The personal character of George II. was truly worthy and venerable. He had unquestionably a very high sense of, and regard for Deity. His regard to the public offices of religion was remarkably grave and serious, strictly attentive to the various parts of the service, and without any appearance of absence of mind from the solemnities of worship in which he was engaged. Had the pattern he gave been followed, religion would have been more universally encouraged by the example of the rich and great, and the credit of its institutions supported by their serious and diligent attendance on them. His temperance was remarkable and habitual throughout the whole course of his life; his pleasures and amusements were few and regular—never eagerly sought after, never indulged at the expence of the public, the dissipation and waste of his revenues, and the neglect of the great affairs of government.

He had his particular friends, and was constant in his regards to them, but no minions and favorites to whom he absolutely resigned himself, or whom he raised from beggary by extravagant donations and lucrative employments, and on whom he prostituted unmerited honours. They were persons of birth, family, and fortune, whose affections he had experienced, on whose fidelity and honor he could entirely depend,

depend, and who he knew were fast friends to the religion and liberties of Great Britain.

His strict regard to justice and equity appeared in the constant and regular discharge of his houshold and family expences, and his advancing men of worth, probity, and character, to the seats of justice, with full liberty to form all their decrees. His charity was liberal and extensive, and from indisputable authority, very far exceeded that of the most beneficent and bountiful of all his predecessors; and he had that humanity and tenderness of mind, the very ordering to execution malefactors that were unfit to live, was a painful part of his duty, and which he never performed but with reluctance—even the joy of conquest could not prevent the tear of compassion from falling over a worthy man, whose life was a sacrifice to the victory he obtained.

He had a most sincere and affectionate love to his people, and regard for the honor, welfare, and interest of the nation.—When he asked for extraordinary supplies, it was with concern and regret, for the burden it brought on the people. Every subject was sure of relief from oppression and violence, and of the protection and benefit of the laws he lived under. Not one single stretch of power, not one law dispensed with, not one proof of an arbitrary disposition, no perversion of justice under color of law, no schemes of iniquity and fraud to harrass and plunder the subject, can be charged upon him, or blemish and stain one measure of his reign. He was truly the minister of God to the people for good. But few comparatively of those who were rebels against him, suffered for their treason, and many of those who were actually condemned were saved and discharged, and money given them for their support till they arrived at their respective homes, where they afterwards lived unmolested.

He was a firm friend to the Protestant religion, the asserter and patron of religious and civil liberty, and an utter enemy to all methods of persecution for conscience sake. His integrity, regard to his word, and steadiness to his engagements, was an universally acknowledged part of his character. It hath been observed to his honor, that he never departed from his promise to particular persons but twice, and then there arose some unforeseen circumstances, that put it out of his power to perform it; and as to all national transactions and foreign engagements and treaties, he religiously adhered to them.

In his natural disposition he was a lover of peace, but still he had great spirit and resolution. He was resolute in council, and was not afraid of war, and had courage and fortitude to run all the risks and hazards of it. And as he was brave, so he had the honor of being successful in his last war; he lived to see the enemies fleets broken and dissipated, their whole marine almost annihilated, their armies beaten and flying, their strong holds and forts demolished or possessed by his forces, the capital of their American dominions subdued, and a country larger than France itself, with all her provinces, rendered subject to the British empire.

He lived to see all parties and ranks of men firmly united in their affection to his person, and attachment to his government; all furious contests and divisions at an end, all animosities and hatreds so laid aside as though they had never subsisted; his ministers acting with mutual confidence, his councils unined, and as though one spirit had possessed the whole nation, all the various classes of his people easy and contented in the protection they enjoyed, the measures that were pursued, the advantages they had gained, and the pleasing prospects they had before them, of a farther successful war, or a speedy, honorable, and lasting peace.

To sum up the whole: he was religious without superstition: temperate without parsimony; moderate in his pleasures without a stoical contempt of them; just without rigor; charitable without profusion; rich without covetousness; frugal without sordidness;

LORD CHESTERFIELD.

his duties; humane and tender without weakness and effeminacy; sincere in his friendship, but not the property of favorites; a lover of his people without relaxing the vigor of government; a supporter of the laws without relentless severity; a punisher of vice while he pitied the offender; who extinguished rebellion, but shewed mercy to rebels; was a friend to the Protestant religion without persecuting even Papists; a lover of liberty whilst he curbed licentiousness; steady without obstinacy; yielding to the circumstances of times without descending from his dignity; true to his word without evasion or perfidy; calm in prosperity, but not unthankful for it; patient in affliction, but not insensible; a lover of peace without sacrificing any valuable interests to the name of it; averse to war but of spirit to carry on a just one; brave in battle without ferocity and rashness; successful without vanity and self-elation; victorious without pride; rich in the treasures of his people without any dissipation of them: preserved to a very advanced age without any remarkable impairing of or defect in his powers; happy in the easy circumstances of his death*, and never more beloved and honoured than in the decline of his life, and when an all-wise Providence deprived us of the farther blessings of his government.

He was the father of his country, the friend of his people, the patron of liberty, and deserved to be numbered among the greatest and best of princes; and his reign will ever be distinguished in the British annals for the glory of the sovereign, and the happiness of his people.   Dr. CHANDLER.

An excellent king, possessed of as much justice, and mercy, and good-nature, as ever prince was endowed with; and who had so strict an adherence to the laws of our country, that not an instance can be pointed out, during his whole reign, wherein he made the least attempt upon the liberty, or property, or religion, of a single person.
Archbp. HERRING.

* An easy and sudden failure of nature, so that he may be more properly said to have fallen asleep, than to have experienced the pains of death.

CHARACTERS BY

QUEEN CAROLINE.

QUEEN Caroline had lively, pretty parts, a quick conception, and some degree of female knowledge; and would have been an agreeable woman in social, if she had not aimed at being a great one in public life. She had the graces that adorn the former, but neither the strength of parts nor the judgement necessary for the latter. She professed art, instead of concealing it, and valued herself upon her skill in simulation and dissimulation, by which she made herself many enemies, and not one friend, even among the women the nearest to her Person.

She loved money, but could occasionally part with it, especially to men of learning, whose patronage she affected. She often conversed with them, and bewildered herself in their metaphysical disputes, which neither she nor they themselves understood. Cunning and perfidy were the means she made use of in business, as all women do, for want of better. She shewed her art the most in her management of the king, whom she governed absolutely, by a seeming complaisance and obedience to all his humours; she even favoured and promoted his gallantries. She had a dangerous ambition, for it was attended with courage, and, if she had lived much longer, might have proved fatal either to herself or the constitution.

After puzzling herself in all the whimsies and fantastical speculations of different sects, she fixed herself ultimately in deism, believing a future state. She died with great resolution and intrepidity, of a very painful distemper, and under some cruel operations.

Upon the whole, the *agreeable woman* was liked by most people; but the *queen* was neither esteemed, beloved, nor trusted, by any body but by the king.

When

When she was princess of Anspach, king Charles of Spain (afterwards emperor of Germany) was much taken with her person and qualifications, and great applications were made to persuade her to change her religion; but she could not be prevailed on to buy a crown at so dear a rate. Soon after, she was married to the prince electoral of Brunswick, which gave a glorious character of her to the English nation; and her pious firmness is like to be rewarded, even in this life, by a much better crown than that which she rejected. Bp. BURNET.

No princess ever lived more in the love and esteem of all who knew her than she did. Her conjugal fidelity was exemplary; and her parental was proved by the numerous virtues which adorned her offspring. It was lamented, that the nature of the breach between the king and the prince of Wales did not, in her opinion, admit of his receiving the last testimonies of her affection; but the manner of her death, which was pious and edifying, sufficiently spoke her at peace with all the world.

But her majesty was not distinguished by the private virtues alone. Her royal consort in her always found a wise and faithful counsellor; and when she was entrusted, as she often was, with the reins of government, the public was happy under her administration. Her natural sagacity and talents were improved by reading and conversing with the most eminent philosophers and authors of the age; and she had made so great a progress in literature, that she became an umpire in one of the most abstruse points of metaphysical reasoning that was ever agitated, the doctrine of free will and fatality, as disputed between Mr. Leibnitz and Dr. Clarke. This turn for letters had so happy an effect, that the ingenious were always sure of her patronage; and through that the bench of bishops was filled up with prelates eminent for learning and moderation. TINDAL.

Queen Caroline was a princess of uncommon sagacity, and a pattern of conjugal virtue. While she lived, some countenance was given to learning. She conversed with Newton, and corresponded with Leibnitz. She took pains to acquire popularity: the royal family on certain days dined in public for the satisfaction of the people; the court was animated with a freedom of spirit and vivacity, which rendered it at once brilliant and agreeable. At her death that spirit began to languish; and a total stagnation of gaiety and good humour ensued. SMOLLETT.

CHARACTERS BY LORD TOWNSHEND.

LORD Townshend, by very long experience and unwearied application, was certainly an able man of business, which was his only passion. His parts were neither above nor below it; they were rather slow, a defect of the safer side. He required time to form his opinion; but when formed, he adhered to it with invincible firmness, not to say obstinacy, whether right or wrong, and was impatient of contradiction.

He was a most ungraceful and confused speaker in the house of lords, inelegant in his language, perplexed in his arguments, but always near the stress of the question.

His manners were coarse, rustic, and seemingly brutal, but his nature was by no means so; for he was a kind husband to both his wives, a most indulgent father to all his children, and a benevolent master to his servants, sure tests of real good-nature, for no man can long together simulate or dissimulate at home.

He was a warm friend and a warm enemy, defects, if defects they are, inseparable in human nature, and often accompanying the most generous minds.

Never minister had cleaner hands than he had. Mere domestic œconomy was his only care as to money, for he did not add one acre to his estate, and left his younger children very moderately provided for, though he had been in considerable and lucrative employments near thirty years.

As he only loved power for the sake of power, in order to preserve it he was obliged to have a most unwarrantable complaisance for the interests and even dictates of the electorate, which was the only way by which a British minister could hold either favour or power during the reigns of king George the first and second.

The coarseness and imperiousness of his manners made him disagreeable to queen Caroline.

Lord Townſhend was not of a temper to act a ſecond part, after having acted a firſt, as he did during the reign of king George the firſt. He reſolved therefore to make one convulſive ſtruggle to revive his expiring power, or, if that did not ſucceed, to retire from buſineſs. He tried the experiment upon the king, with whom he had a perſonal intereſt. The experiment failed, as he might eaſily, and ought to, have foreſeen. He retired to his ſeat in the country, and in a few years died of an apoplexy.

Having thus mentioned the ſlight defects, as well as the many valuable parts, of his character, I muſt declare that I owed the former to truth, and the latter to gratitude and friendſhip as well as to truth, ſince, for ſome years before he retired from buſineſs, we lived in the ſtricteſt intimacy that the difference of our age and ſituations could admit, during which time he gave me many unaſked and unequivocal proofs of his friendſhip.

The choice was well made in 1709 for lord Townſhend to be plenipotentiary to the States; for he had great parts, had improved theſe by travelling, was by much the moſt ſhining perſon of all our young nobility, and had on many occaſions diſtinguiſhed himſelf very eminently. He was alſo a man of great integrity, and of good principles in all reſpects, free from all vice, and of an engaging converſation.

Bp. Burnet.

Lord Townſhend has by his good ſenſe, integrity, openneſs, and affability, acquired the univerſal eſteem of the States, beyond what could be hoped from ſo young a miniſter, and to ſuch a degree as will always be remembered to his honour in that country.   Hare, Bp. of Chicheſter.

Lord Townſhend had the reputation of conducting the external tranſactions relating to treaties and negotiations. He is ſaid to have underſtood that province, though he did not always follow the dictates of his own underſtanding. He poſſeſſed an extenſive fund of knowledge, and was well acquainted with the functions of his office.

Smollett.

CHARACTERS BY

MR. POPE.

POPE in conversation was below himself, he was seldom easy and natural, and seemed afraid that the man should degrade the poet, which made him always attempt wit and humour, often unsuccessfully, and too often unseasonably. I have been with him a week at a time at his house at Twickenham, where I necessarily saw his mind in its undress, when he was both an agreeable and instructive companion.

His moral character has been warmly attacked, and but weakly defended; the natural consequence of his shining turn to satire, of which many felt, and all feared the smart. It must be owned, that he was the most irritable of all the *genus irritabile vatum*, offended with trifles, and never forgetting or forgiving them; but in this I really think, that the poet was more in fault than the man. He was as great an instance as any he quotes of the contrarieties and inconsistencies of human nature; for, notwithstanding the malignancy of his satires, and some blameable passages of his life, he was charitable to his power, active in doing good offices, and piously attentive to an old bed-ridden mother, who died but a little time before him. His poor, crazy, deformed body was a mere Pandora's box, containing all the physical ills that ever afflicted humanity. This, perhaps, whetted the edge of his satire, and may in some degree excuse it.

I will say nothing of his works; they speak sufficiently for themselves; they will live as long as letters and taste shall remain in this country, and be more and more admired, as envy and resentment shall subside. But I will venture this piece of classical blasphemy, which is, that, however he may be supposed to be obliged to Horace, Horace is more obliged to him.

He was a deist believing in a future state: this he has often owned himself to me; but when he died he sacrificed a cock to Esculapius,

Esculapius, and suffered the priests who got about him to perform all their absurd ceremonies upon his body.

Having mentioned his being a deist, I cannot forbear relating a singular anecdote, not quite foreign from the purpose. I went to him one morning at Twickenham, and found a large folio bible, with gilt clasps, lying before him upon his table; and, as I knew his way of thinking upon that book, I asked him jocosely, If he was going to write an answer to it? "It is a present," said he, "or rather a "legacy, from my old friend the bishop of Rochester. I went to "take my leave of him yesterday in the Tower, where I saw this "bible upon his table. After the first compliments the bishop said "to me, 'My friend Pope, considering your infirmities, and my "age and exile, it is not likely we should ever meet again, and "therefore I give you this legacy to remember me by. Take it "home with you, and let me advise you to abide by it.' 'Does "your lordship abide by it yourself?'—'I do.'—'If you do, my "lord, it is but lately. May I beg to know what new lights or "arguments have prevailed with you now, to entertain an opinion "so contrary to that which you entertained of that book all the "former part of your life?' The bishop replied, 'We have not "time to talk of these things; but take home the book, I will "abide by it, and I recommend to you to do so too; and so God "bless you.'"[*]

Was

[*] It is certain, that Atterbury, bishop of Rochester, strenuously exerted his endeavours to make him abjure popery; but Mr. Pope always declined or eluded the subject. On the death of his father, however, the bishop addressed him very seriously on the subject in a letter, telling him, "You have it now in your power to pursue that method of thinking and living which you "like best." Among other things in Mr. Pope's answer, he replied, "It is true I have lost a "parent, for whom no pains I could make would be any equivalent. But that was not my "only tye. I thank God another still remains of the same tender nature: *Genetrix est mihi.—* "A rigid divine may call it a carnal tye, but sure it is a virtuous one.—Sir, my lord, would "think this *separation* more grievous than any other.—Whether the change would be to my "spiritual advantage, God only knows; this I know, that I mean as well in the religion I "now profess, as I can possibly ever do in another. Can a man who thinks so justify a "change, even if he thought both equally good? To such an one, the part of joining with "any one body of Christians might perhaps be easy, but I think it would not be so to "renounce the other. Your lordship has formerly advised me to read the best controversies "between the churches.—I did so at fourteen years old—the consequence was, that I found "myself a Papist and a Protestant by turns, according to the last book I read. I am afraid most "seekers are in the same case; and when they stop, they are not so properly converted as "outwitted. You see how little glory you would gain by my conversion. And, after all, I "verily believe your lordship and I are both of the same religion, if we were thoroughly under-
"stood

Was this hypocrisy; was it the effect of illness, misfortunes, and disappointed views; or was it late, very late conviction? I will not take upon me even to conjecture. The mind of man is so variable, so different from itself in prosperity and adversity, in sickness and in health, in high or in low spirits, that I take the effects as I find them, without presuming to trace them up to their true and secret causes. I know, by not knowing even myself, how little I know of that good, that bad, that knowing, that ignorant, that reasoning and unreasonable creature, *Man*.

If we may judge of Pope by his works, his chief aim was to be esteemed a man of virtue. His letters are written in that stile; his last volumes are all of the moral kind; he has avoided trifles, and consequently has escaped a rock which hath proved very injurious to Dr. Swift's reputation. He hath given his imagination full scope, and yet has preferred a perpetual guard upon his conduct. The constitution of his body and mind might really incline him to the habits of caution and reserve. The treatment which he met with afterwards, from an innumerable tribe of adversaries, confirmed this habit, and made him flower than the dean in pronouncing his judgment upon persons and things.

His profe writings are little less harmonious than his verse; and his voice in common conversation was so naturally musical, that I remember honest Tom Southern used to call him the *little nightingale*. His manners were delicate, easy, and engaging; and he treated his friends with a politeness that charmed, and a generosity that was much to his honor. Every guest was made happy within his doors, pleasure dwelt under his roof, and elegance presided at his table.   Lord ORRERY.

Alexander Pope, though not the greatest genius, was undoubtedly the most pleasing poet that this, or perhaps any other country ever produced. He professed the Roman Catholic religion, only because he was born in it; and he did not chuse to be singular by changing his religion, when other motives might have been more than suspected. In his middle age his poetical connections seem to have been equally with the whigs as the tories, but personally he appeared to have had a much greater cordiality for the latter. With the greatest opportunities of knowing mankind he was a very bad judge of them. He had very little learning, and less temper; and provided he was

" stood by one another; and that all honest and reasonable Christians would be so, if they did
" but talk as oft together every day; and had nothing to do together but to serve God, and live
" in peace with their neighbour.—In my politics, I think no farther than how to preserve the
" peace of my life in any government under which I live; nor in my religion, than to preserve
" the peace of my conscience in any church with which I communicate. I hope all churches
" and all governments are so far of God as they are rightly understood, and rightly administered;
" and where they are, or may be wrong, I leave it to God alone to amend or reform them; which
" whenever he does, it must be by greater instruments than I am."

left

left supreme in his poetical capacity, he was contented to be subordinate in any other. Towards the decline of life, he contracted a kind of an aversion to the government; and it was generally at his house the most considerable members of the opposition met and concerted their measures. In his natural complection he was the very reverse of what he pretended to be in his writings; though splenetic, he was not immoral; yet he descended to employ the lowest agents, and to practise the meanest arts, to advance his reputation as a poet, which he had the peculiar art of making subservient to his interest.   TINDAL.

To write elegantly in verse is the gift of one in a million, and that only to the *true poet*. Mr. Pope is the best poet in England, and at present of all the world. I never saw so amiable an imagination, so gentle graces, so great variety, so much wit, and so refined knowledge of the world, as in the little performance, " The Rape of the " Lock."   VOLTAIRE.

Mr. Pope was low in stature, and of a diminutive and misshapen figure, which no one ridiculed more pleasantly than himself. His constitution was naturally tender and delicate, and in his temper he was naturally mild and gentle, yet sometimes betrayed that exquisite sensibility which is the concomitant of genius. His lively perception and delicate feeling, irritated by wretched ill health, made him too quickly take fire, but his good sense and humanity soon rendered him placable.

His passion for poetry was so strong, that he often declared he began to write verses earlier in life than he could call to memory. Between fifteen and twenty he devoted himself entirely to the reading of the most considerable poets and critics in the Greek, Latin, French, Italian, and English languages. His tender frame preserved him from those modes of intemperance to which genius in particular has often proved a victim [*]. His sickly state of health soon made him sensible of sensual excesses, which, with the uncomeliness of his person, might render him more assiduous to cultivate his mental faculties, that he might atone for the defects of an ungraceful figure by the accomplishments of an elegant and polished mind. His correct and accurate judgment enabled him to apply the choice and various talents he possessed to the best advantage. The fertility of his invention never rendered his ideas crowded and confused: they are always clear, distinct, precise, and pertinent: the vigor and vivacity of his imagination never degenerated into wanton luxuriance. His images are lively, bold, and ardent; but apposite, elegant, and chaste. We seldom meet with a false mixture of metaphors; his figures are beautifully congruous and exact. The brilliance of his fancy likewise was happily attempered, and never dazzled with the false lustre of gaudy conceit and fantastic witticism.

The nature of a writer's genius is to be collected from his earliest efforts; and that of Mr. Pope appears to have been of the moral and contemplative cast, as may be concluded from his *Ode to Solitude*, the first production of his childhood:—and there is a genius of style which is an indispensable ingredient in the composition of poetical excellence, and to this he owes his superiority: a copious flow of expression, a correct, glowing, and splendid diction, and a ravishing harmony of numbers, were peculiar to

[*] From his numerous connexions among the great he was nevertheless obliged sometimes to submit to the inconvenience of irregular hours, and tempted to partake of a surfeiting variety. In some of his letters to his familiar friends he censures himself for it, and thus addresses Mr. Bethel : " Take care of your health ; follow not the feasts (as I have done) of lords, nor the " frolics of ladies ; but be composed, yet chearful ; complaisant, yet not a slave."

our part. The splendid marks of genius, which incline us to excuse the failings of others, give additional lustre to his writings, and his wit only served to adorn his judgment. It was to the accuracy of his judgment, and to the unwearied patience and application with which he finished his writings, that he owed that singular correctness which distinguishes them above all others. With regard to the extent of his genius, it was so wide and various, that perhaps it will not be too much to say, that he excelled in every species of composition; and, beside his excellence as a poet, he was both an antiquarian and an architect, and neither in an inferior degree.

His various reading and retentive memory, assisted by a habit of reflection, rendered him intelligent upon most subjects, and his social disposition made him communicative; but he was not formed for a public speaker. He never could speak in public: a story that he could relate with pleasure to any three friends, he could not before a company of twelve. When he was to appear for Atterbury at his trial, though he had but ten words to say, and on a plain, easy point, he made two blunders in them.

He was open, unaffected, and affable in his manners. He never debased himself by an unbecoming levity or servile accommodation; nor did he offend others by an over-weening arrogance and pertinacity. He was free, yet decent; lively, yet discreet. Though no one, as a writer, perhaps was ever more the subject of lavish encomium and illiberal criticism, yet few appear to have been less affected by either. He had a conscious dignity of mind, which secured him from being elated by the former, or depressed by the latter. No man ever judged of others with more candour and liberality;—he celebrated living merit, and that of those that were dead, with a warm and heart-felt applause.

His moral character above all adorns and endears his memory. In every relation of life he was equally excellent and praise-worthy. His filial piety was particularly eminent and exemplary. His affection and reverence for his parents appears on all occasions wherein he could express them; and no man ever entertained more exalted notions of friendship, or was ever more sincere, steady, warm, and disinterested in all his attachments. Every inch of his heart was let out in lodgings for his friends.

He was too inattentive to the moral qualities of the friends which he chose in youth; but in his riper years he turned off his unworthy acquaintance, and formed no connexions through vanity. Though he lived among the great and wealthy, his familiarity with them never so far corrupted his manners, or influenced his writings, as to induce him to flatter or dissemble. He did not idolize their power, but respect their principles, as is evident from his attachment to the two fallen ministers, Bolingbroke and Oxford, to whom he never offered incense in their prosperity, but paid them the grateful tribute of applause after their disgrace. His principles and his spirit excluded him from employing their influence to procure for himself either place or pension; and when civilly treated and courted by Sir Robert Walpole, who it is thought offered to procure him a pension, he declined it, saying, " I never thought " myself so warm in any party's cause as to deserve their money." He always industriously avoided party attachments, declaring that he had personal obligations to men of different sides, which he would never violate. It was surmised, from his intimacy with Swift and others of that party, that he took a share in the political squabbles of those days; yet it is now certain, that he never intermeddled with any public concerns, and never wrote a political paper in his life.

His love of virtue was ardent and unfeigned. He was punctual, temperate, generous, beneficent, and grateful. To the virtues of œconomy and temperance he united the merits of the most expanded beneficence. His affection and generosity were conspicuous, and his gratitude was equal to his generosity: he never forgot any benefit

that

LORD CHESTERFIELD.

that he had received, or ever omitted an occasion of making a grateful return to his benefactor.

He had a sincere love for his country, and a diffusive benevolence for the whole human race. With sound sense, strong satire, and manly freedom of sentiment, he vindicated on all occasions the political and religious rights of mankind, and proved himself to have been a bigot to no sect or party. His pen was guided by more noble and extensive views than that of serving any faction.

He had a kind of reverential regard, and an extravagance of attachment to lord Bolingbroke, which bordered even upon imbecility. It proved to be a blind partiality for an unworthy friend; who, while he lived, still courted and caressed him, and expressed deep concern for him when dying, but was the first to throw dirt on his ashes, and asperse his memory by the imputation of a baseness which his soul above all others abhorred — that of treachery. Mr. Pope's better judgment might have taught him, that the man who was false to his public, would never be true to his private connexions[*].

It may appear strange, that one of Mr. Pope's strong sense and liberal mind should persist in professing a religion (Popery) founded in the grossest error and absurdity, and supported by the most manifest fraud and tyranny. But this seems rather to have been owing to the tenderness of his heart, than the weakness of his head. When we consider the reverence we entertain for the opinions of our parents, more especially when filial affection comes in aid of parental authority, and the regard we pay to our earliest and most intimate friendships and connexions, which we should forfeit by abandoning those principles, we shall find that it requires something more than a strong understanding to make an open renunciation of opinions which would be attended with the loss of all those heart-felt pleasures which we derive from the love of our parents, and the esteem of our earliest friends. These no doubt were among the obstacles which restrained Mr. Pope from publickly renouncing a religion, the bigotry of which he hath exposed and ridiculed in his writings. But his understanding was too solid and acute to be perverted by the fallacy and foppery of a religion which can only impose on the vulgar.

Several of his friends were anxious that he should abjure the profession of a religion so inconsistent with his enlightened understanding, and so injurious to his interest; on which topic he thus wrote to bishop Atterbury, "Whether the change would be to my spiritual advantage, God only knows: this I know, that I mean as well in the religion I now profess as I can possibly ever do in another.— I am not a Papist, for I renounce the temporal invasions of the Papal power, and detest their arrogated authority over princes and states. I am a Catholic in the strictest sense of the word. The things I have always wished to see, are not a Roman Catholic, or a French Catholic, or a Spanish Catholic, but a true Catholic: and not a king of whigs, or a king of tories, but a king of England. Which God of his mercy grant his present majesty may be, and all future majesties!" He thought himself of too little consequence to do much good by leaving the corrupt church of Rome, and he was very certain it would be exposing himself to much abuse; and his extreme delicacy and sensibility made him abhor the thought of being suspected to sacrifice his religious principles from any motive of worldly honor or interest.

[*] See a more particular account of this in lord Bolingbroke's character, p. 23. It was Pope's fortune to be egregiously duped by his friend, and also by his mistress (Mrs. Blount). The mask of rigid, savage virtue which the former assumed when he turned philosopher, and the semblance of friendship which he thought he saw in the other, made a sport of his head and his heart.

No man ever expressed a greater reverence and veneration for the Deity, or entertained a firmer persuasion of the truths of Christianity. When witlings and freethinkers misapplied and perverted his writings and sentiments, so as to give countenance to their own licentious principles, it gave him great concern, and he readily embraced the first occasion of entering his protest against all such misconstructions. His nice attention to avoid giving offence by a seeming neglect of religious decorum, was conspicuous in his latest moments. A friend asked him, Whether he would not die as his father and mother had done; and whether he should send for a priest? He answered, "I do not suppose it is to be *essential*; but it will look right, and I heartily thank you for putting me in mind of it." RUFFHEAD.

LORD BOLINGBROKE.

IT is impossible to find lights and shades strong enough to paint the character of lord Bolingbroke, who was a most mortifying instance of the violence of human passions, and of the weakness of the improved and exalted human reason. His virtues and his vices, his reason and his passions, did not blend themselves by a gradation of tints, but formed a shining and sudden contrast. Here the darkest, there the most splendid colours, and both rendered more striking from their proximity. Impetuosity, excess, and almost extravagancy, characterized not only his passions but even his senses. His youth was distinguished by all the tumult and storm of pleasures, in which he licentiously triumphed, disdaining all decorum. His fine imagination was often heated and exhausted with his body in celebrating and deifying the prostitute of the night, and his convivial joys were pushed to all the extravagancy of frantic bacchanals. These passions were never interrupted but by a stronger, ambition. The former impaired both his constitution and his character; but the latter destroyed both his fortune and his reputation.

He engaged young, and distinguished himself, in business. His penetration was almost intuition, and he adorned whatever subject he either spoke or wrote upon by the most splendid eloquence; not a studied or laboured eloquence, but by such a flowing happiness of diction, which (from care perhaps at first) was become so habitual to him, that even his most familiar conversations, if taken down in writing, would have borne the press, without the least correction, either as to method or style. He had noble and generous sentiments, rather than fixed, reflected principles of good-nature and friendship; but they were more violent than lasting, and suddenly and often varied to their opposite extremes, with regard even to the same persons. He received the common

attentions

attentions of civility as obligations, which he returned with interest, and resented with passion the little inadvertencies of human nature, which he repaid with interest too. Even a difference of opinion upon a philosophical subject would provoke, and prove him no practical philosopher at least.

Notwithstanding the dissipation of his youth, and the tumultuous agitation of his middle age, he had an infinite fund of various and almost universal knowledge, which from the clearest and quickest conception, and the happiest memory that ever man was blest with, he always carried about him. It was his pocket-money, and he never had occasion to draw upon a book for any sum. He excelled more particularly in history, as his historical works plainly prove. The relative, political, and commercial interests of every country in Europe, particularly of his own, were better known to him than perhaps to any man in it; but how steadily he pursued the latter in his public conduct, his enemies of all parties and denominations tell with pleasure.

During his long exile in France, he applied himself to study with his characteristical ardour; and there he formed, and chiefly executed, the plan of his great philosophical work. The common bounds of human knowledge were too narrow for his warm and aspiring imagination; he must go *extra flammantia moenia mundi*, and explore the unknown and unknowable regions of metaphysics, which open an unbounded field for the excursions of an ardent imagination, where endless conjectures supply the defect of unattainable knowledge, and too often usurp both its name and its influence.

He had a very handsome person, with a most engaging address in his air and manners; he had all the dignity and good-breeding which a man of quality should or can have, and which so few, in this country at least, really have.

He professed himself a deist, believing in a general Providence, but doubting of, though by no means rejecting (as is commonly supposed) the immortality of the soul, and a future state.

He died of a cruel and shocking distemper, a cancer in his face, which he endured with firmness. A week before he died, I took

my

my laſt leave of him with grief; and he returned me his laſt farewel with tenderneſs, and ſaid, "God who placed me here, will do what he pleaſes with me hereafter; and he knows beſt what to do. May he bleſs you!"

Upon the whole of this extraordinary character, what can we ſay, but, alas poor human nature!

Lord Bolingbroke came early into the great world. What natural good principles he had were corrupted by that political accommodation, that habit of diſſimulation, which is, or is thought to be, neceſſary for thoſe that fill the high ſtations in the active ſcenes of life. To this perhaps, as well as to ſome conſtitutional cauſes, it was owing, that his lordſhip's feelings were many of them affected, all of them tranſient.

His letters on the Spirit of Patriotiſm, on the Idea of a Patriot King, and on the State of Parties at the Acceſſion of King George the Firſt, at beſt contain little more than common-place declamation. His Patriot Prince is no better than a mere ſchool declamation, which acquaints the world with this important ſecret, "That, if a prince could be once brought to love his country, he would always act for the good of it." Mr. Pope's partiality for this treatiſe, and fondneſs for his friend, however, led him to print it, and, it is ſaid, without the knowledge and conſent of his noble friend. On this account, his lordſhip caſt very ſevere expreſſions on Pope's honor and ſincerity; but it ſeemed to be a pretence for indulging his ſpleen and reſentment againſt the dead poet (for his friendly ſincerity reſpecting his remarks as to the authenticity of the ſcriptures) which he dared not to attack while living.

It is not to be wondered that his lordſhip ſhould harbour ſuch a pitiful reſentment, when his character is conſidered; which was vain, arrogant, and vindictive. Being diſappointed in his views of taking the lead in the political world, he as vainly attempted to preſide in the literary republic: and as he could not endure a colleague in politics, neither could he bear a rival in letters. To be oppoſed in either, mortified his pride and provoked his malice; and he became the calumniator of his friend, from the ſame principle that he turned a rebel to his country. RUFFHEAD.

The four laſt years of the adminiſtration of queen Anne's reign preſented a ſcene the moſt iniquitous that was ever brought on the ſtage of public affairs. All the hopeful expectations of reaping the fruit of much blood and treaſure (which then ſeemed infallible) were blaſted and confounded on a ſudden, by the prevailing intrigues of a faction compoſed of a few ambitious and deſigning men, in concert with a new favorite lady, who had gained the affections of the queen. Theſe new projectors broke through the barriers of honor, honeſty, and good faith; and, giving up all concern not only for the intereſt of our friends, but of their own country, without any other motive or provocation than that of ſatisfying their wicked and aſpiring views at any rate, and in order to bring in the pretender, they flung themſelves into the arms of France.

Lord

Lord Bolingbroke, who was a principal manager in defence of the administration, is very bold and dogmatic in his assertions, employs much art and colouring to set them off to the best advantage, and to make superficial and imaginary notions, void of all proof or argument, pass for realities; and, to divert the reader's attention from the object of truth, he takes great pains to calumniate others, the usual resource of a weak cause: his assertions are positive, displayed with great assurance, and in a plausible and amusing style; but a judicious person, acquainted with the papers of the times, will easily see through the fallacious and deceitful veil of his partial and malicious representation, unmask the political *Charlatan*, and detect his pretended erudition and veracity.   Lord WALPOLE.

The divisions among the friends to the peace of Utrecht were greatly increased, if they did not owe their rise to the unruly ambition of the earl of Oxford (Harley) and the lord viscount Bolingbroke; the latter of these noblemen had long felt, with an impatient disdain, the mortification of acting under a minister whose abilities he regarded as infinitely inferior to his own; and the jealousy of Oxford, which incited him to treat his rival with great neglect, and often to disappoint him in matters of pecuniary interest, increased the resentment of St. John to a height which at length overcame all those considerations of prudence and mutual safety which had hitherto directed his conduct. Oxford, from timidity or principle, entered very coldly into the queen's views of securing the succession to the Pretender, and it is thought betrayed her counsels to the whigs; but Bolingbroke, turning her prejudices to his own advantage, encouraged her with the most flattering hopes of success.
     Mrs. MACAULAY.

Bolingbroke was a competitor with Oxford for power, and a rival in reputation for ability. The treasurer's parts were deemed the more solid, the secretary Bolingbroke's more shining; but both ministers were aspiring and ambitious. Bolingbroke disdained to act as a subaltern to the man whom he thought he excelled in genius and equalled in importance. He professed a warm zeal for the church of England, and soothed the queen's inclinations with the most assiduous attention. The Jacobites flattered themselves, that the queen in secret favored the pretensions of her brother, and they depended upon Bolingbroke's attachment to the same interest.

In the year 1725 he petitioned parliament that the execution of the law with respect to his forfeitures might be suspended; and Sir Robert Walpole signified to the house, by his majesty's command, that seven years before the petitioner had made his humble application and submission to the king, with assurances of duty, allegiance, and fidelity; and that, from his behaviour since that time, his majesty was convinced of his being a fit object of his mercy. Walpole also declared himself fully satisfied that the petitioner had sufficiently atoned for his past offences, and deserved the favor of that house. The bill was opposed warmly; and Methuen, comptroller of the household, represented him as "a monster of iniquity."   Biographical Dictionary.

LORD CHESTERFIELD. 25

We think this bill * contains extraordinary and undeserved bounty and reward to a person impeached by the Commons, and as yet attainted for treason, which tended to the overthrow of the Protestant succession, and to the placing the pretender on the throne.

We think that no assurances which this person hath given, nor any services he can have performed, since his commission of the treason, or any farther obligations he can enter into, can be a sufficient, or any security to his majesty, or the kingdom, against his future insincerity which may happen, he having already so often violated the most solemn assurances and obligations; and, in defence of them, having openly attempted the dethroning his majesty, and the destruction of the liberties of his country.

Lords' Protests, anno 1714.

In the year 1748 lord Bolingbroke is said to have been the chief spring, which in secret animated the deliberations of the prince of Wales's court. That nobleman, seemingly sequestered from the tumults of a public life, resided in the neighbourhood of London, at Battersea, where he was visited, like a sainted shrine, by all the distinguished votaries of wit, eloquence, and popular ambition. There he was cultivated and admired for the elegance of his manners, and the charms of his conversation. The prince's curiosity was first captivated by his character; and his esteem was afterwards secured by the irresistible address of that extraordinary personage, who continued in a regular progression to insinuate himself farther and farther into the good graces of his royal patron. How far the conduct of his royal highness was influenced by the private advice of this nobleman, we shall not pretend to determine: but, certain it is, the friends of the ministry propagated a report, that he was the dictator of those measures which the prince adopted; and that, under the specious pretext of attachment to the heir-apparent of the crown, he concealed his real aim, which was to perpetuate the breach in the royal family. SMOLLETT.

Lord Bolingbroke had early made himself master of books and men; but in his first career of life, being immersed at once in business and pleasure, he ran through a variety of scenes in a surprizing and eccentric manner. When his passions subsided by years and disappointments, when he improved his rational faculties by more grave studies and reflection, he shone out in his retirement with a lustre peculiar to himself, though not seen by vulgar eyes. The gay statesman was changed into a philosopher, equal to any of the sages of antiquity. The wisdom of Socrates, the dignity and ease of Pliny, and the wit of Horace, appeared in all his writings and conversation.

Lord ORRERY.

He came early into life, and was naturally formed with every accomplishment that could strike and please, either in public or private. Though his learning cannot be said to have been any other than superficial, yet he possessed so much of it, and knew how to turn it to so much advantage in conversation, that the most knowing could not

---

* To enable him to enjoy his father's or any other personal estate, and promoted by sir Robert Walpole.

E   pronounce

pronounce him to be shallow either in divinity or philosophy; neither was he ever discovered to be such, till the public had an opportunity of coolly judging of his posthumous works, upon which he was known to value himself so much in his lifetime. His easy and pleasing manners received incredible advantages from an universal prejudice in favor of his abilities, raised by Mr. Pope and other writers, who stood at the head of polite literature in Europe. It cannot, however, be denied, that he was occasionally, perhaps, the best political writer that ever appeared in England. Several circumstances contributed to this; he had a personal hatred to Sir Robert Walpole and his family, which gave such an edge to his pen, and such a glow to his language, that his writings exhibited to the greatest advantage the strongest ridicule and the sublimest sentiment. The next advantage he had, was the despicable abilities of the writers he encountered; and, lastly, by his connections and correspondence abroad, he had excellent intelligence both of the interests and transactions of foreign courts. He was pertinacious, but not deep, in the English history; and the Dissertation upon Parties, for which he was so much celebrated, is but, at best, a plausible performance; if it was called shallow, the character, perhaps, would be more just. The same may be pronounced of his other writings upon English history. Though he was for some time at the head of the high-church party, yet he was in his principles an infidel as to all revealed religion; and the arguments he has employed in his posthumous works, to support his opinion, discover how very superficially he read and studied.

Under the appearance of the most perfect resignation to his fate, and contemning all power, he concealed the most malicious resentment, and the most ambitious projects, that could rise in a human breast. His treatment of Mr. Pope, to whom he was under the highest obligations, even pecuniary ones, immediately after that poet's death, shewed his ingratitude as a man; his abandoning his principles, and entering into the service of the Pretender, whom he likewise betrayed, shewed his profligacy as a minister. The truth is, there was in his nature no constancy, and consequently there was in his conduct no consistency, though he had very often long fits of application to business. His being restored to a capacity of inheriting in England, and pardoned as to his life and fortune, was owing to the intrigues of a French lady, who was, or lived with him in the rank of, his wife, and who was in all respects, except the profligate part of his character, a more extraordinary woman than he was a man. His want of steadiness appeared even in his domestic œconomy, by which he often ran into great difficulties. In his youth he had been intemperate, which was a proof of the excellency of his constitution, for he lived to the seventieth year of his age.

TINDAL.

MR.

MR. PULTENEY*.

MR. Pulteney was formed by nature for social and convivial pleasures. Resentment made him engage in business. He had thought himself slighted by Sir Robert Walpole, to whom he publicly avowed not only revenge, but utter destruction. He had lively and shining parts, a surprizing quickness of wit, and a happy turn to the most amusing and entertaining kinds of poetry, as epigrams, ballads, odes, &c.; in all which he had an uncommon facility. His compositions in that way were sometimes satirical, often licentious, but always full of wit.

He had a quick and clear conception of business, could equally detect and practise sophistry. He could state and explain the most intricate matters, even in figures, with the utmost perspicuity. His parts were rather above business, and the warmth of his imagination, joined to the impetuosity and restlessness of his temper, made him incapable of conducting it long together with prudence and steadiness.

He was a most complete orator and debater in the house of commons; eloquent, entertaining, persuasive, strong, and pathetic, as occasion required; for he had arguments, wit, and tears, at his command. His breast was the seat of all those passions which degrade our nature, and disturb our reason. There they raged in a perpetual conflict; but *avarice*, the meanest of them all, generally triumphed, ruled absolutely, and in many instances, which I forbear to mention, most scandalously.

His sudden passion was outrageous, but supported by great personal courage. Nothing exceeded his ambition but his avarice: they often accompany, and are frequently and reciprocally the causes and the effects of each other; but the latter is always a clog upon the former. He affected good-nature and compassion,

* This character was written in the year 1763.

and perhaps his heart might feel the misfortunes and diftreffes of his fellow-creatures, but his hand was feldom or never ftretched out to relieve them. Though he was an able actor of truth and fincerity, he could occafionally lay them afide, to ferve the purpofes of his ambition or avarice.

He was once in the greateft point of view that ever I faw any fubject in. When the oppofition, of which he was the leader in the houfe of commons, prevailed at laft againft Sir Robert Walpole, he became the arbiter between the crown and the people: the former imploring his protection, the latter his fupport. In that critical moment his various jarring paffions were in the higheft ferment, and for a while fufpended his ruling one. Senfe of fhame made him hefitate at turning courtier on a fudden, after having acted the patriot fo long, and with fo much applaufe; and his pride made him declare, that he would accept of no place, vainly imagining, that he could by fuch a fimulated and temporary felf-denial preferve his popularity with the public, and his power at court. He was miftaken in both. The king hated him almoft as much for what he might have done, as for what he had done; and a motley miniftry was formed, which by no means defired his company. The nation looked upon him as a deferter, and he fhrunk into infignificancy and an earldom.

He made feveral attempts afterwards to retrieve the opportunity he had loft, but in vain; his fituation would not allow it. He was fixed in the houfe of lords, that hofpital of incurables, and his retreat to popularity was cut off: for the confidence of the public, when once great and once loft, is never to be regained. He lived afterwards in retirement with the wretched comfort of Horace's mifer:

Populus me fibilat, &c.

I may, perhaps, be fufpected to have given too ftrong colouring to fome features of this portrait; but I folemnly proteft, that I have drawn it confcientioufly, and to the beft of my knowledge, from very long acquaintance with, and obfervation of, the original. Nay, I have rather foftened than heightened the colouring.

Mr.

Mr. Pulteney was the head of the opposition in the house of commons. He was a professed whig, and as such he opposed the minister, but he never intended that this opposition should be carried farther than to retrieve the nation from those measures, which as a whig he thought to be wrong, and which he blamed the minister who had risen upon the whig interest for pursuing. TINDAL.

Mr. Pulteney inherited from nature a good understanding, which he had studiously cultivated. He was one of the most learned members in the house of commons; extremely well qualified to judge of literary productions; well read in history and politics; deeply skilled in the British constitution, the detail of government, and the nature of the finances. He spoke with freedom, fluency, and uncommon warmth of declamation, which was said to be the effect of personal animosity to Sir Robert Walpole, with whom he had been formerly connected.

Soon after he was made earl of Bath, he declared in the house of lords, "That be "considered it as an act of cowardice and meanness to fall passively down the stream of "popularity, and to suffer his reason and integrity to be overborne by the noise of "vulgar clamors, which had been raised against the measures of government by the low "arts of exaggeration, fallacious reasonings, and partial representations." The very language which Sir Robert Walpole had often used against Mr. Pulteney and his confederates in the house of commons. SMOLLETT.

Mr. Pulteney being born to a plentiful fortune, he early had a seat in the house of commons, and began to distinguish himself by being a warm partizan against the ministry in the reign of queen Anne. He had sagacity to detect their errors, and spirited eloquence sufficient to expose them. These services were well rewarded by king George I. who, upon coming to the throne, raised Mr. Pulteney to the place of secretary at war, in the year 1714. Not long after, he was raised to be cofferer to his majesty's houshold; but the intimacy between this gentleman and Sir Robert Walpole, who then acted as prime minister, was soon interrupted, by its being suspected that Sir Robert was desirous of extending the limits of prerogative, and promoting the interest of Hanover, at the expence of his country.

Nor did Mr. Pulteney confine his displeasure at the minister to his person only, but to all his measures; so that some have been of opinion, that he opposed Sir Robert often, when the measures he pursued were beneficial to the public.

This course of steady opposition at last became so obnoxious to the crown, that the king, on the 1st day of July, 1731, called for the council book, and with his own hand struck the name of William Pulteney, esq. out of the list of privy counsellors; his majesty further ordered him to be put out of all commissions of the peace; the several lord lieutenants, from whom he had received deputations, were commanded to revoke them; and the lord chancellor and secretaries of state were directed to give the necessary orders for that purpose.

A proceeding so violent in the ministry only served to inflame this gentleman's resentment, and increase his popularity. It was some time after this, that he made that celebrated speech, in which he compared the ministry to an empiric, and the constitution of England to his patient. "This pretender in physic," said he, "being

"being consulted, tells the distempered person, there were but two or three ways of treating his disease, and he was afraid that none of them would succeed. A vomit might throw him into convulsions that would occasion immediate death; a purge might bring on a diarrhœa that would carry him off in a short time; and he had been already bled so much, and so often, that he could bear it no longer. The unfortunate patient, shocked at this declaration, replies, 'Sir, you have always pretended to be a regular doctor, but I now find you are an errant quack; I had an excellent constitution when I first fell into your hands, but you have quite destroyed it; and now I find I have no other chance for saving my life, but by calling for the help of some regular physician."

In the year 1741, when Sir Robert found his place of prime minister no longer tenable, he wisely resigned all his employment, and was created earl of Orford. His opposers, among whom Mr. Pulteney had long been foremost, were assured of being provided for; and, among several other promotions, Mr. Pulteney was sworn of the privy council, and soon afterwards created earl of Bath. He had long lived in the very focus of popular observation, and was respected as the chief bulwark against the incroachments of the crown. But, from the moment he accepted a title, all his favor with the people was at an end; and the rest of his life was spent in contemning that applause which he could no longer secure.   Biographical Dictionary.

Of all the nominal patriots who on this important occasion (the bringing a minister to justice) deserted the interest of their country, there were none who attracted the notice, or who caused the speculation of the public, equal to lord Bath, Mr. Pulteney's great abilities, his oratorial powers, and his extensive knowledge, had placed him, without a rival, at the head of the party. These were days when character had weight sufficient with the public to satisfy the most turbulent ambition; and the honours paid by the multitude to the prince of Wales attended Mr. Pulteney whenever he appeared. Where lies the intrinsic value of titles? Do not men regard titles merely for the cap and courtesy which follow them? Yet Mr. Pulteney gave up all these advantages, with the character of the first and the firmest patriot in the kingdom, for an empty title;—a title indeed so empty, that he had no sooner accepted it, than the respectful attention of mankind was turned into a studied contempt and neglect, the acclamations of the public into scoffs and hisses, and every seat Mr. Pulteney touched, as if infected with the plague, was carefully avoided.

In the pliant manners of these times, which bend to exterior appearances, without any regard to conduct or principle, we can have no idea of the mortifications endured by this quondam patriot: indeed they were so great, that he was accused by the free-thinkers with the want of spirit for the not putting a sudden period to his life; but experience shews that lord Bath judged better, and he lived to see the time when a full complacency was paid to his fortune and his rank, without any regard to his former defection, except by a few primitive men.

However, the fall of this great man is one of the most remarkable instances which shew that the Almighty Ruler of the universe will not suffer defective characters to be instruments in so glorious a work as the breaking the yoke of tyranny; nor permit men, who are without the principle of virtue, to enjoy for any length of time its never failing rewards, or even to carry its externals to the grave.

Mrs. Macaulay.

SIR ROBERT WALPOLE.

I MUCH question, whether an impartial character of Sir Robert Walpole will or can be transmitted to posterity; for he governed this kingdom so long, that the various passions of mankind mingled, and in a manner incorporated themselves, with every thing that was said or written concerning him. Never was man more flattered, nor more abused; and his long power was probably the chief cause of both. I was much acquainted with him both in his public and his private life. I mean to do impartial justice to his character; and therefore my picture of him will, perhaps, be more like him, than it will be like any of the other pictures drawn of him.

In private life he was good-natured, chearful, social; inelegant in his manners, loose in his morals. He had a coarse, strong wit, which he was too free of for a man in his station, as it is always inconsistent with dignity. He was very able as a minister, but without a certain elevation of mind necessary for great good, or great mischief. Profuse and appetent, his ambition was subservient to his desire of making a great fortune. He had more of the Mazarin than of the Richlieu. He would do mean things for profit, and never thought of doing great ones for glory.

He was both the best parliament-man, and the ablest manager of parliament, that I believe ever lived. An artful rather than an eloquent speaker; he saw, as by intuition, the disposition of the house, and pressed or receded accordingly. So clear in stating the most intricate matters, especially in the finances, that, whilst he was speaking, the most ignorant thought that they understood what they really did not. Money, not prerogative, was the chief engine of his administration; and he employed it with a success which in a manner disgraced humanity. He was not, it is true, the inventor of that shameful method of governing which had been gaining ground

ground infenfibly ever fince Charles II. but with uncommon fkill and unbounded profufion he brought it to that perfection, which at this time difhonours and diftreffes this country, and which (if not checked, and God knows how it can be now checked) muft ruin it.

Befides this powerful engine of government, he had a moft extraordinary talent of perfuading and working men up to his purpofe. A hearty kind of franknefs, which fometimes feemed impudence, made people think that he let them into his fecrets, whilft the impolitenefs of his manners feemed to atteft his fincerity. When he found any body proof againft pecuniary temptations, which, alas! was but feldom, he had recourfe to a ftill worfe art; for he laughed at and ridiculed all notions of public virtue, and the love of one's country, calling them "The chimerical fchool-boy "flights of claffical learning;" declaring himfelf at the fame time, "No faint, no Spartan, no reformer." He would frequently afk young fellows, at their firft appearance in the world, while their honeft hearts were yet untainted, "Well, are you to be an old "Roman? a patriot? You will foon come off of that, and grow "wifer." And thus he was more dangerous to the morals than to the liberties of his country, to which, I am perfuaded, he meant no ill in his heart.

He was the eafy and profufe dupe of women, and in fome inftances indecently fo. He was exceffively open to flattery, even of the groffeft kind, and from the coarfeft bunglers of that vile profeffion; which engaged him to pafs moft of his leifure and jovial hours with people whofe blafted characters reflected upon his own. He was loved by many, but refpected by none; his familiar and illiberal mirth and raillery leaving him no dignity. He was not vindictive, but on the contrary very placable to thofe who had injured him the moft. His good-humour, good-nature, and beneficence, in the feveral relations of father, hufband, mafter, and friend, gained him the warmeft affections of all within that circle.

His name will not be recorded in hiftory among the "beft men," or the "beft minifters;" but much lefs ought it to be ranked among the worft.

Sir

Sir Robert Walpole, having obtained a seat in the lower house, declared himself one of the most forward partisans of the whig faction. He was endued with a species of eloquence which, though neither nervous nor elegant, flowed with great facility, and was so plausible on all subjects, that even when he misrepresented the truth, whether from ignorance or design, he seldom failed to persuade that part of his audience, for whose hearing his harangue was chiefly intended. He was well acquainted with the nature of the public funds, and understood the whole mystery of stock jobbing. This knowledge produced a connection between him and the money corporations, which served to enhance his importance. He perceived the bulk of mankind were actuated by a sordid thirst of lucre; had sagacity enough to convert the degeneracy of the times to his own advantage; and on this, and this alone, he founded the whole superstructure of his subsequent administration.

In the reign of George the first he had, by dint of speaking decisively to every question, by boldly impeaching the conduct of the tory ministers, by his activity in elections, and by engaging as a projector in the schemes of the monied interest, become a leading member in the house of commons. By his former sufferings under the tory parliament, he attained the rank of a martyr to his party: his interest, his reputation, and his presumption, daily increased: he opposed Sunderland as his rival in power, and headed a dangerous desertion from the ministry, which evinced the greatness of his influence and authority. He had the glory of being principally concerned in effecting a reconciliation between the king and the prince of Wales; then he was re-associated in the administration with additional credit; and, from the deaths of the earls of Sunderland and Stanhope, he had been making long strides toward the office of prime minister.

He knew the maxims he had adopted would subject him to the hatred, the ridicule, and the reproach of some individuals, who had not yet resigned all sentiments of patriotism, nor all views of opposition; but the number of these was inconsiderable, when compared to that which constituted the body of the community; and he would not suffer the confederation of such antagonists to come in competition with his schemes of power, affluence, and authority. Nevertheless, low as he had humbled anti-ministerial association, it required all his artifice to elude, all his patience and moral phlegm to bear, the powerful arguments that were urged, and the keen satire that was exercised, against his measures and management, by a few members in the opposition. SMOLLETT.

They who think Sir Robert Walpole was a man of abilities, but not of genius, are mistaken, through the wrong conceptions they have of the word Genius, when applied to the political character of a great man. The discernment of characters is the true, if not the only test of genius that a minister can discover in a country, where the radical nature of the government admits so many, and even his enemies, to be the controllers of his administration, and, in a constitutional sense, the partners of his power. No man ever possessed this distinguishing characteristic of political genius more than Sir Robert Walpole did; and to his honour be it remembered, that he acquired it by the gifts of nature, and by that sociability which he inherited from his birth, improved by his experience; and which his greatest enemies never denied to be, almost, peculiarly his. In this useful distinction, he was unrivalled by any of his antagonists, for though they were masters of talents, flashy, popular, and plausible, they fell far short of him in the practical and parliamentary parts of business

Notwith-

Notwithstanding all the clamor, heat, and virulence of his enemies, and though, after he resigned his places, they were armed with inquisitorial powers, yet were they unable to bring one instance of any violation being offered to public or personal liberty, or any attempt to invade property of any kind, or to defeat the ordinary course of justice, during his long administration. All that his enemies, with their utmost accuracy, discovered or could prove against him, scarcely deserved animadversion, far less censure or punishment; a proof of regard for the constitution and laws, which perhaps no history can equal, during so extended a continuance of power as he enjoyed.

The greatest reproach, perhaps the greatest misfortune, of his administration, was his applying himself only to the knowledge of men, as they could be immediately useful in parliament. He was possessed of what is looked upon to be a competency of learning for a gentleman of fortune; but the cultivation of that went no farther than as he thought it might be useful to his ministerial capacity. At the same time that he was sensible, by his own experience while he himself was in an opposition, of the power of the press, no man set it to work with so little judgment as he did. He looked upon writing to be a mechanical kind of business, and he took up with the first pen that he could find in public offices, or whom he could oblige by private liberality; and it was very seldom he read over the pamphlets or papers that were written even in defence of his own measures. He looked upon political writing as a kind of currency that would pass by its nominal value, let its intrinsic worth be ever so inconsiderable. This inconceivable error in so great a man as Sir Robert Walpole can be ascribed only to his application to business, or to his relaxation from it, which did not admit of his entering upon discussions of literary matters.

His behaviour in parliament was sometimes unequal to that vast share of good-nature, good sense, and inflexible resolution, he was possessed of. After being teased, he was apt to be irritated, by the sarcasms thrown out against his person and administration; and his adversaries often went unwarrantable lengths in calumniating his measures, which they pushed to the more advantage, as they knew that he had prudential considerations which hindered him from entering into a precise defence of them. Because in such an assembly, the competition must be unequal, when what was really expedient was set in competition with what was rigorously constitutional. Perhaps his own nature, which was easy, compliable, and placable, led him to justify, upon the principles of expediency, some things that were not strictly conformable to the severest principles of the British government.

After he became first minister, his eloquence in parliament was sometimes palliative; its resources lay not in study or reading, but in the vast knowledge he had in parliamentary business, and his knowing the temper of his friends, who, he was sensible, would go certain lengths with him, and no farther. This conviction kept him always, even in the plenitude of his power, decent; while no personality was his object. That seldom happened to be the case; but when it was, he sometimes lost himself, which his enemies did not fail to improve greatly to his disadvantage.

His affections for his friends and family were strong, and prevailed upon him to keep possession of power so long, that he found it at last dangerous both for himself and them to quit. This was the true source of all that was real in the charge of corruption that was so general in the mouths, and drops from the pens, of his enemies. The venal parts of parliaments were his friends or enemies, as interest directed them; and his situation often obliged him to gratify them with profitable considerations, even for voting according to their consciences. If his measures sometimes were wrong, those of his antagonists were not always right; for they directed their opposition equally against the justifiable as the questionable parts of his administration.

That

That he was a professed friend to peace, and that he made great, though not thankful, concessions to preserve it, cannot be denied. But the silent benefits his country was daily reaping from this maxim could not prevent the clamor which envy and disappointment, resentment and ambition, raised against his administration. At the same time it must be acknowledged, that no man ever possessed more intrepidity, both political and natural, than he did, after he was once determined in his measures. As a speaker in parliament he was cool and clear; he spoke perhaps a little too frequently for a man of his distinction; but that might be owing to his really understanding business better than any friend he had about him, and therefore could better explain it. He was not what in a classical sense may be termed eloquent, but in another sense he had a more useful talent, for he just possessed that kind of elocution that could most effectually operate upon the minds of the assembly where he spoke. Through the loss of some teeth his pronunciation, towards the latter end of his life, was a little inarticulate, but it was always intelligible. His person was tall, though somewhat unwieldy; but his presence was noble and benign. Had he not been a minister, it had been impossible for him to have had an enemy.

His character received additional lustre by his behaviour in retirement, which was as easy and as elegant as a Scipio or a Lælius. He had a happiness peculiar to himself, that though he resigned his places, he never lost a friend; and had he been fond of returning into the administration, he had still so much influence in both houses as might, in the late divided state of parties, have replaced him in power. But he gave a noble proof of his gratitude and loyalty, by using all his interest with his friends, even to his death, to promote the service of his majesty, and to drop all opposition that could embarrass it. TINDAL.

Whatever objections Sir Robert Walpole's ministerial conduct may be liable to, yet in his private character he is universally allowed to be endowed with the most amiable and benevolent qualities. That he was a tender parent, a kind master, a beneficent patron, a firm friend, an agreeable companion, are points that have been seldom disputed, when Sir Robert Walpole or the earl of Orford has been mentioned. Mr. Pope, who professed himself no friend to courts or courtiers, hath perhaps paid him, gratis, an handsomer compliment on the last of these heads, than his liberality could ever purchase. In answer to his friend, who persuades him to go and see Sir Robert, he says:

> Seen him I have, but in his happier hour
> Of social pleasure, ill exchanged for power;
> Seen him, uncumbered with the venal tribe,
> Smile without art, and win without a bribe [*].

Biographical Dictionary.

[*] These lines, which did Sir Robert more honour than all the panegyrics purchased with the wealth of the treasury, were written in consequence of his favour to one Southcot, a Popish priest of Mr. Pope's acquaintance. Southcot wanted to get a void abbey near Avignon, but was apprehensive that his promotion to it would give umbrage to the English court, where he was obnoxious by his intrigues in the Pretender's service, and therefore it would not be given to him. Mr. Pope wrote a letter to Sir Robert on the priest's behalf, who immediately wrote to France to remove the objection; in consequence of which Southcot got the abbey; and Mr. Pope ever after retained a grateful sense of Sir Robert's civility, and always spoke of him with esteem and respect, and shewed his regard to him on all occasions, even at the time when it was the fashion to revile him.

CHARACTERS BY

LORD GRANVILLE.

LORD Granville had great parts, and a most uncommon share of learning for a man of quality. He was one of the best speakers in the house of lords, both in the declamatory and the argumentative way. He had a wonderful quickness and precision in seizing the stress of a question, which no art, no sophistry, could disguise in him. In business he was bold, enterprizing, and overbearing. He had been bred up in high monarchical, that is, tyrannical principles of government, which his ardent and imperious temper made him think were the only rational and practicable ones. He would have been a great first minister in France, little inferior, perhaps, to Richelieu; in this government, which is yet free, he would have been a dangerous one, little less so, perhaps, than lord Strafford. He was neither ill-natured nor vindictive, and had a great contempt for money. His ideas were all above it. In social life he was an agreeable, good-humoured, and instructive companion; a great but entertaining talker.

He degraded himself by the vice of drinking, which, together with a great stock of Greek and Latin, he brought away with him from Oxford, and retained and practised ever afterwards. By his own industry, he had made himself master of all the modern languages, and had acquired a great knowledge of the law. His political knowledge of the interest of princes and of commerce was extensive, and his notions were just and great. His character may be summed up, in nice precision, quick decision, and unbounded presumption [*].

[*] Lord Chesterfield, in a letter to his son, dated Dec. 13, 1762, writes: " Lord Granville, they say, is dying. When he dies, the ablest head in England dies too, take it for all is all."

LORD CHESTERFIELD.

Lord Carteret was born April 22, 1690. In 1711 he was introduced into the House of Peers, where he distinguished himself in defence of our religion and liberties, and by his ardent zeal for the Protestant succession. In March 1721 he was sworn one of the lords of the privy council, as likewise one of his majesty's principal secretaries of state.

The king declaring, in the year 1723, that some extraordinary affairs called him abroad for the summer, his lordship was appointed one of the lords justices for the administration of the government; and, by his majesty's command, he and lord Townshend were ordered to wait on him at Hanover.

In April 1724, there being several removes at court, lord Carteret resigned his office of secretary, was succeeded by the duke of Newcastle, and was at the same time constituted lord lieutenant of Ireland. He was well acquainted with the state of the nation before he went over, and procured Mr. Wood's patent for coining halfpence and farthings, which had been complained of as a great grievance, to be revoked; though at his first going over he signed a proclamation, offering three hundred pounds reward for the discovery of the author of the Drapier's Letters. Notwithstanding this he lived in great friendship with Swift; who once asked him, how he could concur in such a measure? To which his excellency replied in the words of Virgil:

—— *Regni mulieas me talia cogit*
Moliri.

He gratified Swift in promoting his friend Sheridan and many others. This celebrated wit used to remonstrate with great freedom against such measures as he disliked; and his lordship having gained the advantage of him in some dispute concerning the distresses of Ireland, he cried out in a violent passion, " What the vengeance brought " you among us! Get you gone, get you gone. Pray God Almighty send us our " boobies back again."

In the year 1727, when king George I. took his last journey abroad, on which he died, he was again declared one of the lords justices for the administration of the government during his absence.

George the second, on his accession, was pleased to declare him again lord lieutenant of Ireland. This successive appointment to that high station by two great kings was his peculiar honour, and was highly acceptable to the people of that kingdom. The many good laws that were passed during his vice-gerency, for the support and honour of the establishment, the relief of the distressed, the employment of the poor, the increase of tillage, and the improvement of the trade and inland navigation of the kingdom, will be so many monuments to posterity of his wife administration: and the Irish will ever remember, that he held that parliament wherein the king consented to the appropriation of a proper fund for the encouragement of these great purposes, and to remit part of his hereditary revenue. *Biographical Dictionary.*

Lord Carteret had distinguished himself in the character of envoy at several courts in Europe. He had attained an intimate knowledge of all the different interests and connections subsisting among the powers of the continent; and he infinitely surpassed all the ministers in learning and capacity. He was, indeed, the only man of genius employed under this government. He spoke with ease and propriety; his conceptions were just and lively; his inferences bold; his councils vigorous and warm. Yet he depreciated his talents, by acting in a subordinate character to those whom he
despised;

38 CHARACTERS BY

defpifed; and feemed to look upon the pernicious meafures of a bad miniftry with
filent contempt, rather than with avowed deteftation.   SMOLLETT.

The bringing a minifter to juftice (Sir Robert Walpole) raxed with flagrant acts of
corruption, was the point on which the future good government of the nation evidently
depended; but the bait of titles and offices, it feems, was too tempting for modern
patriotifm to withftand. Lord Carteret (afterwards earl Granville) and Mr. Sandys,
it is faid, were the firft who embraced the offers of the court, and without the confent or privity of any other leaders of the oppofition, except that of Mr. Pulteney;
however, it was very foon that their example was generally followed.

Mrs. MACAULAY.

Lord Carteret, in the year 1742, infinuated himfelf into the confidence of the
king, and, on the retreat of Sir Robert Walpole, engroffed the whole direction of
public affairs. By purfuing the interefts of Hanover he foothed the wifhes of his
mafter, and opened a more ample field for his own ambition. He had ftudied the
policy of the continent with peculiar eagernefs. This was the favorite fubject of his
reflection, upon which he thought and fpoke with a degree of enthufiafm. The
intolerable taxes, the poverty, the ruined commerce of his country, the iniquity of
ftanding armies, votes of credit, and foreign connexions, upon which he had fo often
expatiated, were now forgotten or overlooked. He fet the power of France at
defiance; and, as if Great Britain had felt no diftrefs, but teemed with treafure
which fhe could not otherwife employ, he poured forth her millions with a rafh and
defperate hand, in purchafing beggarly allies and maintaining mercenary armies.

Lord Carteret was among minifters of ftate one of fuperior capacity and influence,
and independent of all party as to his power in the cabinet. He bore up againft all
the torrent of abufe againft his meafures with vaft fpirit, and it feemed only to confirm
and quicken his refolutions. His abilities were univerfally acknowledged, and he
betrayed no difcontent at refigning the feals, which he did with a very good grace, as
having his adminiftration approved of by the imitation of his fucceffors.

TINDAL.

MR.

MR. PELHAM.

MR. Pelham had good sense, without either shining parts or any degree of literature. He had by no means an elevated or enterprizing genius, but had a more manly and steady resolution than his brother the duke of Newcastle. He had a gentleman-like frankness in his behaviour, and as great point of honour as a minister can have, especially a minister at the head of the treasury, where numberless sturdy and insatiable beggars of condition apply, who cannot all be gratified, nor all with safety be refused.

He was a very inelegant speaker in parliament, but spoke with a certain candour and openness that made him be well heard, and generally believed.

He wished well to the public, and managed the finances with great care and personal purity. He was *par negotiis neque supra*: had many domestic virtues and no vices. If his place, and the power that accompanies it, made him some public enemies, his behaviour in both secured him from personal and rancorous ones. Those who wished him worst, only wished themselves in his place.

Upon the whole, he was an honourable man, and a well-wishing minister.

Great Britain perhaps never enjoyed such a state of political tranquillity, as it did while Mr. Pelham was considered in the capacity of first minister; and, perhaps, be is the only instance upon record of a minister who made great virtues serve in the place of great abilities. His native candour, instead of being (as is generally the case) effaced, was improved, by the many departments of business through which he arose; and his being void of art conciliated to him more friends than the most artful man ever gained. His apprehension, if not ready, was tenacious; and then it converted itself into resolution in which he was immoveable, though it was some time before it was fixed. His understanding was rather clear than bright, so that he seldom was deceived by the false glare of the medium through which he perceived objects.

He came early into life, and was a captain of dragoons in the action against the rebels in 1715, at Preston, and to the last he retained that openness of behaviour and conversation, which is so peculiar to men of merit in that profession. Few private gentlemen were ever known to unite so much dignity and ease in their behaviour as

he

he did; and he retained a complacency of manners towards those with whom he differed, which even to them appeared to be so void of affectation, that he seldom failed to win them over. His long experience in business undoubtedly contributed greatly to his success; but he had about him a certain unreserve, which, from being captivating when he was known, became irresistible even by his greatest foes. His disinterestedness was seen in the state of his private affairs, which, considering his natural frugality, the many great posts he had held, and the vast opportunities he had of making money, were but very indifferent at the time of his death.

He was naturally grave, and no man was ever more, than he was, what he appeared to be. The share of learning he had was rather useful than curious; but his general notions both of men and things were found and judicious; and, when once they were formed, they were unalterable. His principle in government was to avoid party of every kind; but he thought, till the Revolution took place, the constitution was unsettled, and liberty very precarious.

Though both his maxims and his principles were very different from those of Sir Robert Walpole, yet he preserved so wonderful a decorum towards his character and memory, that he often declined to have his own measures vindicated, because they could not be so without impeaching Sir Robert's conduct.

Nothing remains to be added to the character of this valuable man, but that it was such as was formed for the happiness of Great Britain, without hurting her honour.

TINDAL.

Mr. Pelham was generally esteemed as a man of honesty and candour, actuated by a sincere love for his country, though he had been educated in erroneous principles of government, and in some measure obliged to prosecute a fatal system, which descended to him by inheritance. He deviated however from that maxim of his predecessor, which admitted of no coalition from any of his adherents or fellow-servants. That sordid deference to a minister no longer characterized the subordinate instruments of the administration. It was not unusual to see the great officers of the government divided in a parliamentary debate, and to hear the secretary at war opposing with great vehemence a clause suggested by the chancellor of the exchequer. His death, in March 1754, was sincerely lamented by his sovereign, and also regretted by the nation in general, to whose affection he had powerfully recommended himself by the candor and humanity of his conduct and character, even while he pursued measures which they did not entirely approve. SMOLLETT.

RICHARD

RICHARD EARL OF SCARBOROUGH*.

IN drawing the character of lord Scarborough, I will be strictly upon my guard against the partiality of that intimate and unreserved friendship, in which we lived for more than twenty years; to which friendship, as well as to the public notoriety of it, I owe much more than my pride will let my gratitude own. If this may be suspected to have biassed my judgment, it must, at the same time, be allowed to have informed it; for the most secret movements of his soul were, without disguise, communicated to me only. However, I will rather lower than heighten the colouring; I will mark the shades, and draw a credible rather than an exact likeness.

He had a very good person, rather above the middle size; a handsome face, and when he was chearful, the most engaging countenance imaginable; when grave, which he was oftenest, the most respectable one. He had in the highest degree the air, manners, and address, of a man of quality, politeness with ease, and dignity without pride.

Bred in camps and courts†, it cannot be supposed that he was untainted with the fashionable vices of these warm climates; but (if I may be allowed the expression) he dignified them, instead of their degrading him into any mean or indecent action. He had a good degree of classical, and a great one of modern, knowledge; with a just, and, at the same time, a delicate taste.

---
* This character was written August 19, 1759.

† His father, lord viscount Lumley, was a convert from Popery; and though favoured by king James II. and had a command in the army, he continued a firm Protestant during that reign, and zealous for the liberties of his country. He was one of the first who privately engaged to support the prince of Orange, and who at his landing appeared in arms to effect the Revolution. When that prince ascended the throne, he made him one of his privy-council and of his bed chamber, and created him earl of Scarborough in the year 1690. He was lieutenant-general in the army, and attended the king in his wars both in Flanders and Ireland. The son, whose character is here drawn, succeeded to the title and estate in 1721; but in his father's life-time he was summoned to parliament, and was gentleman of the bed-chamber and master of the horse to the prince.

In his common expences he was liberal within bounds; but in his charities and bounties he had none. I have known them put him to some present inconveniencies.

He was a strong, but not an eloquent or florid speaker in parliament. He spoke so unaffectedly the honest dictates of his heart, that truth and virtue, which never want, and seldom wear, ornaments, seemed only to borrow his voice. This gave such an astonishing weight to all he said, that he more than once carried an unwilling majority after him. Such is the authority of unsuspected virtue, that it will sometimes shame vice into decency at least.

He was not only offered, but pressed to accept, the post of secretary of state; but he constantly refused it. I once tried to persuade him to accept it; but he told me, that both the natural warmth and melancholy of his temper made him unfit for it; and that moreover he knew very well that, in those ministerial employments, the course of business made it necessary to do many hard things, and some unjust ones, which could only be authorised by the jesuitical casuistry of the direction of the intention; a doctrine which he said he could not possibly adopt. Whether he was the first that ever made that objection, I cannot affirm; but I suspect that he will be the last.

He was a true constitutional, and yet practicable patriot; a sincere lover and a zealous assertor of the natural, the civil, and the religious rights of his country. But he would not quarrel with the crown, for some slight stretches of the prerogative; nor with the people, for some unwary ebullitions of liberty; nor with any one, for a difference of opinion in speculative points. He considered the constitution in the aggregate, and only watched that no one part of it should preponderate too much.

His moral character was so pure, that if one may say of that imperfect creature man, what a celebrated historian says of Scipio, *nil non laudandum aut dixit, aut fecit, aut sensit,* I sincerely think, (I had almost said I know) one might say it with great truth of him, one single instance excepted, which shall be mentioned.

He joined to the noblest and strictest principles of honour and generosity the tenderest sentiments of benevolence and compassion;

and

and as he was naturally warm, he could not even hear of an injuftice or a bafenefs, without a fudden indignation; nor of the misfortunes or miferies of a fellow creature, without melting into foftnefs, and endeavouring to relieve them. This part of his character was fo univerfally known, that our beft and moft fatirical Englifh poet fays;

> When I confefs, there is who feels for fame,
> And melts to goodnefs, need I Scarborough name?

He had not the leaft pride of birth and rank, that common narrow notion of little minds, that wretched miftaken fuccedaneum of merit; but he was jealous to anxiety of his character, as all men are who deferve a good one. And fuch was his diffidence upon that fubject, that he never could be perfuaded that mankind really thought of him as they did. For furely never man had a higher reputation, and never man enjoyed a more univerfal efteem. Even knaves refpected him; and fools thought they loved him. If he had any enemies (for I proteft I never knew one), they could only be fuch as were weary of always hearing of Ariftides the Juft.

He was too fubject to fudden gufts of paffion, but they never hurried him into any illiberal or indecent expreffion or action; fo invincibly habitual to him were good-nature and good-manners.. But, if ever any word happened to fall from him in warmth, which upon fubfequent reflection he himfelf thought too ftrong, he was never eafy till he had made more than a fufficient atonement for it.

He had a moft unfortunate, I will call it a moft fatal kind of melancholy in his nature, which often made him both abfent and filent in company, but never morofe or four. At other times he was a chearful and agreeable companion; but, confcious that he was not always fo, he avoided company too much, and was too often alone, giving way to a train of gloomy reflexions.

His conftitution, which was never robuft, broke rapidly at the latter end of his life. He had two fevere ftrokes of apoplexy or palfy, which confiderably affected his body and his mind.

I defire that this may not be looked upon as a full and finifhed character, writ for the fake of writing it; but as my folemn depofit

of the truth to the best of my knowledge. I owed this small deposit of justice, such as it is, to the memory of the best man I ever knew, and of the dearest friend I ever had.

Lord Scarborough was a man of strong natural parts, but he seldom exercised them; he was devoured by that malady which, amongst foreigners, is proverbial to the English; and it was very visible in his looks and demeanor. He had reading, but was shy of applying it. He was early a favorite with his royal master; and it must be admitted, that his private virtue and disinterestedness, at the time now described, atoned for great part of the venality that infests courts.

Though there was founded, upon a similarity of manners and genius, the strictest friendship between him and the earl of Chesterfield, who had so warmly supported the bill [for better securing the constitution, by preventing the officers of land-forces from being deprived of their commissions otherwise than by a court-martial, &c.], yet that could not warp him from the duty he owed to his prince and his country. He apprehended the bill to be a direct attack upon the prerogative of a prince, who never had exercised it but for the good of his people. In the speech he made upon this occasion he shewed, that, had the bill passed, it must have added greatly to the weight and interest of the officers of the army, who (not being removable but by a judgement of their own peers, that is, officers, and perhaps equally guilty) would have looked upon their commissions as so many freeholds, and would soon have found means to elbow the civil power, so as to get interest in parliament, sufficient to prevent any address of either house against them. He observed, that, if an officer was oppressive in his quarters, the party oppressed had remedy by applying to the king, who was to cashier such officer, if the crime was proved; but had the bill taken place, the poor oppressed party must have had recourse to a court martial, composed perhaps of officers all of them guilty of the like oppression, and therefore not likely to give him any redress. Upon the whole, therefore, his lordship was not contented with refusing the bill a second reading, but moved that it might have a further note of disgrace, by being rejected; which was accordingly agreed to without a division.   TINDAL.

LORD

LORD HARDWICKE.

LORD Hardwicke was, perhaps, the greateſt magiſtrate that this country ever had. He preſided in the court of chancery above twenty years, and in all that time none of his decrees were reverſed, nor the juſtneſs of them ever queſtioned. Though avarice was his ruling paſſion, he was never in the leaſt ſuſpected of any kind of corruption: a rare and meritorious inſtance of virtue and ſelf-denial, under the influence of ſuch a craving, inſatiable, and increaſing paſſion.

He had great and clear parts; underſtood, loved, and cultivated, the *belles lettres*. He was an agreeable, eloquent ſpeaker in parliament, but not without ſome little tincture of the pleader.

Men are apt to miſtake, or at leaſt to ſeem to miſtake, their own talents, in hopes, perhaps, of miſleading others to allow them that which they are conſcious they do not poſſeſs. Thus lord Hardwicke valued himſelf more upon being a great miniſter of ſtate, which he certainly was not, than upon being a great magiſtrate, which he certainly was.

All his notions were clear, but none of them great. Good order and domeſtic details were his proper department. The great and ſhining parts of government, though not above his parts to conceive, were above his timidity to undertake.

By great and lucrative employments, during the courſe of thirty years, and by ſtill greater parſimony, he acquired an immenſe fortune, and eſtabliſhed his numerous family in advantageous poſts and profitable alliances.

Though he had been ſolicitor and attorney-general, he was by no means what is called a prerogative lawyer. He loved the conſtitution, and maintained the juſt prerogative of the crown, but without ſtretching it to the oppreſſion of the people.

He was naturally humane, moderate, and decent, and when by his former employments he was obliged to prosecute state-criminals, he discharged that duty in a very different manner from most of his predecessors, who were too justly called the " Blood-hounds of " the Crown."

He was a chearful and instructive companion, humane in his nature, decent in his manners, unstained with any vice (avarice excepted), a very great magistrate, but by no means a great minister.

Lord Hardwicke before the age of thirty was promoted to the office of solicitor-general; and the trial of Mr. Layer, for high treason, in November 1722, gave him an opportunity of shewing his abilities in that office: his reply in summing up the evidence, and answering all the topics of the prisoner's defence, is admired as one of the ablest performances of that kind extant. In 1733 he was made lord chief justice of the king's bench, and in the midst of the general approbation with which he discharged his office there, he was called to that of lord high chancellor, on the decease of his illustrious predecessor lord Talbot, in February 1737.

The integrity and abilities with which his lordship presided in the court of chancery, during the space of almost twenty years, appears from this remarkable circumstance, that only three of his decrees were appealed from, and even those affirmed by the house of lords. After he had executed that high office about seventeen years, in times and circumstances of accumulated difficulty and danger, and had twice been called to the exercise of the office of lord high steward on the trials of peers concerned in the rebellion, he was in April 1754 advanced, as a mark of the royal approbation of his services, to the rank of an earl of Great Britain. His sovereign treated him, through the whole of his reign, with particular esteem and confidence, and always spoke of him in a manner which shewed, that he set as high a value on the man as on the minister.

His resignation of the great seal in November 1756 gave an universal concern to the nation, however divided at that time in other respects. But he still continued to serve the public in a more private station; as at council, at the house of lords, and upon every occasion, where the course of public business required it, with the same assiduity as when he filled one of the highest offices in the kingdom. He always felt and expressed the truest affection and reverence for the laws and constitution of his country. This rendered him as tender of the just prerogatives invested in the crown for the benefit of the whole, as watchful to prevent the least incroachment upon the liberty of the subject.

The part which he acted in planning, introducing, and supporting the bill " for " abolishing the heritable jurisdictions in Scotland;" and the share which he took, beyond what his department required of him, in framing and promoting the other bills relating to that country; arose from his zeal to the Protestant succession, his concern for the general happiness and improvement of the kingdom, and for the preservation of this equal and limited monarchy; which were the governing principles

principles of his public conduct through life. And these, and other bills which might be mentioned, were strong proofs of his talents as a legislator.

In judicature, his firmness and dignity were evidently derived from his consummate knowledge and talents; and the mildness and humanity with which he tempered it, from the best heart. He was wonderfully happy in his manner of debating causes upon the bench. His extraordinary dispatch of the business of the court of chancery, increased as it was in his time beyond what had been known in any former, was an advantage to the suitor, inferior only to that arising from the acknowledged equity, perspicuity, and precision, of his decrees. The manner in which he presided in the house of lords added order and dignity to that assembly, and expedition to the business transacted there. His talents as a speaker in the senate, as well as on the bench, were universally admired: he spoke with a natural and manly eloquence, without false ornaments or personal invective; and, when he argued, his reasons were supported and strengthened by the most apposite cases and examples which the subject would allow. His manner was graceful and affecting; modest, yet commanding; his voice peculiarly clear and harmonious, and even loud and strong for the greater part of his time. With those talents for public speaking, the integrity of his character gave a lustre to his eloquence, which those who opposed him felt in the debate, and which operated most powerfully on the minds of those who heard him with a view to information and conviction.

Convinced of the great principles of religion, and steady in the practice of the duties of it, he maintained a reputation of virtue that added dignity to the stations which he filled, and authority to the laws which he administered. His attachment to the national church was accompanied with a full conviction, that a tender regard to the rights of conscience, and a temper of lenity and moderation, are not only right in themselves, but most conducive in their consequences to the honour and interest of the church. The strongest recommendation to him of the clergy to the ecclesiastical preferments in his disposal was, their fitness for the discharge of the duties of their profession. And that respectable body owes a particular obligation to his lordship and his predecessor lord Talbot, for the opposition which they gave in the house of lords to the act " for the more easy recovery of tithes, church rates, and other ecclesiastical dues, from the people called Quakers," which might have proved of dangerous consequence to the rights and property of the clergy, though it had passed the other house, and was known to be powerfully supported. Many facts and anecdotes, which do him honor, may be recollected and set down, when resentments, partialities, and contests, are forgotten.

The amiableness of his manners, and his engaging address, rendered him as much beloved by those who had access to him, as he was admired for his greater talents by the whole nation. His constitution in the earlier part of his life did not seem to promise so much health and vigor as he afterwards enjoyed, for a longer period than usually falls to the share of men of more robust habit of body. But his care to guard against any excesses secured to him an almost uninterrupted tenor of health; and his habitual mastery of his passions gave him a firmness and tranquillity of mind, unabated by the fatigues and anxieties of business, from the daily circle of which he rose to the enjoyment of the conversation of his family and friends with the spirits of a person entirely vacant and disengaged. Till the latter end of his seventy-third year he preserved the appearance and vivacity of youth in his countenance, in which the characters of dignity and amiableness were remarkably united: and he supported the disorder which proved fatal to him of many months continuance, and of the most depressing kind, with an uncommon resignation, and even cheerfulness, enjoying the strength and quickness of his understanding till the close of life. He died in the seventy-fourth year of his age, March the 6th, 1764. *Biographical Dictionary.*

DUKE

CHARACTERS BY

DUKE OF NEWCASTLE*.

THE duke of Newcastle will be so often mentioned in the history of these times, and with so strong a bias either for or against him, that I resolved, for the sake of truth, to draw his character with my usual impartiality: for as he had been a minister for above forty years together, and in the last ten years of that period first minister, he had full time to oblige one-half of the nation, and to offend the other.

We were co-temporaries, near relations, and familiar acquaintances, sometimes well and sometimes ill together, according to the several variations of political affairs, which know no relations, friends, or acquaintances.

The public opinion put him below his level; for though he had no superior parts, or eminent talents, he had a most indefatigable industry, a perseverance, a court craft, and a servile compliance with the will of his sovereign for the time being; which qualities, with only a common share of common sense, will carry a man sooner and more safely through the dark labyrinths of a court than the most shining parts would do without those meaner talents.

He was good-natured to a degree of weakness, even to tears, upon the slightest occasions. Exceedingly timorous, both personally and politically, dreading the least innovation, and keeping, with a scrupulous timidity, in the beaten track of business as having the safest bottom.

I will mention one instance of this disposition, which I think will set it in the strongest light. When I brought the bill into the house of lords, for correcting and amending the calendar, I gave him previous notice of my intentions. He was alarmed at so bold an undertaking and conjured me *not to stir matters* that had been

* This character was written in the year 1763.

long

long quiet; adding, that he did not love *new-fangled things*. I did not, however, yield to the cogency of these arguments, but brought in the bill, and it passed unanimously. From such weaknesses it necessarily follows, that he could have no great ideas, nor elevation of mind.

His ruling, or rather his only, passion was, the agitation, the bustle, and the hurry of business, to which he had been accustomed above forty years; but he was as dilatory in dispatching it as he was eager to engage in it. He was always in a hurry, never walked but always run; insomuch that I have sometimes told him, that by his fleetness one should rather take him for the courier than the author of the letters.

He was as jealous of his power as an impotent lover of his mistress, without activity of mind enough to enjoy or exert it, but could not bear a share even in the appearances of it*.

His levees were his pleasure, and his triumph; he loved to have them crouded, and consequently they were so. There he generally made people of business wait two or three hours in the anti-chamber, while he trifled away that time with some insignificant favorites in his closet. When at last he came into his levee-room, he accosted, hugged, embraced, and promised every body, with a seeming cordiality, but at the same time with an illiberal and degrading familiarity.

He was exceedingly disinterested, very profuse of his own fortune, and abhorring all those means, too often used by persons in his station, either to gratify their avarice, or to supply their prodigality; for he retired from business in the year 1762, above four hundred thousand pounds poorer than when he first engaged in it.

Upon the whole, he was a compound of most human weaknesses, but untainted with any vice or crime.

---

* Lord Chesterfield, in a letter to his son, dated Nov. 4, 1757, saith: "The duke of "Newcastle and Mr. Pitt really agree very well; not, I presume, from any sentimental "tenderness for each other, but from a sense that it is their mutual interest." In another letter, dated May 18, 1758, "The duke of Newcastle and Mr. Pitt go on like man and "wife; that is, seldom agreeing, often quarrelling, but by mutual interest upon the whole, "not parting."

* H   The

The duke of Newcastle owed his promotion to his uncommon zeal for the illustrious house of Hanover, and to the strength of his interest in parliament, rather than to his judgement, precision, or any other intellectual merit.   SMOLLETT.

Lord Sunderland, in queen Anne's reign, when he was offered a pension on being turned out of place, said: "That if he was no longer permitted to serve his country, " he was resolved not to pillage it." The generous old duke of Newcastle, from the same odd romantic turn of thinking, had the ill judgement to tread in lord Sunderland's steps; but his example had not the least influence among our great men, nor engaged a single person to imitate him; so that we may apply to him with propriety what Mr. Cowley says of Pindar:

—— Pindar is imitable by none;
The phœnix Pindar is a vast species alone.

The duke of Newcastle was born August 1st, 1693. He succeeded his father as baron Pelham of Loughton; and on the 15th July, 1711, took the name and arms of Holles, with the title of duke of Newcastle upon Tyne. His power and interest were great, and he exerted both in support of George I. against the party that opposed him. Among the rest who were early distinguished by the royal favor, the duke was on the 26th of October, 1714, advanced to the dignity of earl of Clare and viscount Haughton, with remainder to his brother Henry Pelham, and his heirs male.

The duke stood firm in support of the royal cause during the first rebellion in Scotland, and opposed the lawless attempts of the Jacobites and a misguided populace at home. His master was not wanting to acknowledge his services; on the 2d of August, 1715, he was created marquis and duke of Newcastle under Line, with remainder to the female issue of his brother Henry Pelham. On the 13th of April, 1717, he was declared lord chamberlain of his majesty's houshold, and on the 30th of April, 1718, he was installed knight of the order of the garter. On the 2d of April, 1724, he was declared one of his majesty's principal secretaries of state, and in July, 1737, he was chosen high steward of Cambridge, and afterwards chancellor of that university.

It would be tedious to mention all the honors and places his grace enjoyed under the house of Hanover, whom he had so assiduously and faithfully laboured to fix upon the British throne: therefore shall only add, that in the year 1761 he resigned all his employments and quitted that hurry of business in which he had been so long involved, spending the remainder of his days in retirement. He was, perhaps, one of the most disinterested patriots that either this or any other nation could boast of. His estate, when he came first into possession of it, was worth fifty thousand pounds *per annum*, which he greatly reduced in the service of his king and country, notwithstanding which he nobly refused a large pension when he retired from public business.

In private life, his character was the most amiable, affable, and religious. He caused divine service to be constantly and regularly performed every day in his family, both in town and country; and at proper times the sacrament was administred, at which he constantly assisted with great devotion. He yielded up his breath with the most perfect calmness and resignation, Nov. 17, 1768, in the seventy-seventh year of his age.   Annual Register.

DUKE OF BEDFORD.

THE duke of Bedford was more confiderable for his rank and immenfe fortune, than for either his parts or his virtues.

He had rather more than a common fhare of common-fenfe, but with a head fo wrong-turned, and fo invincibly obftinate, that the fhare of parts which he had was of little ufe to him, and very troublefome to others.

He was paffionate, though obftinate; and, though both, was always governed by fome low dependants, who had art enough to make him believe that he governed them.

His manners and addrefs were exceedingly illiberal; he had neither the talent nor the defire of pleafing.

In fpeaking in the houfe, he had an inelegant flow of words, but not without fome reafoning, matter, and method.

He had no amiable qualities; but he had no vicious nor criminal ones: he was much below fhining, but above contempt in any character.

In fhort, he was a duke of a refpectable family, and with a very great eftate.

The duke of Bedford is indeed a very confiderable man. The higheft rank, a fplendid fortune, and a name glorious till it was his, were fufficient to have fupported him with meaner abilities than he poffeffed. The ufe he made of thefe uncommon advantages might have been more honorable to himfelf, but could not be more inftructive to mankind. The eminence of his ftation gave him a commanding profpect of his duty. The road which led to honor was open to his view. He could not lofe it by miftake; and he had no temptation to depart from it by defign.

An independent, virtuous duke of Bedford would never proftitute his dignity in parliament by an indecent violence, either in oppreffing or defending a minifter. He would not at one moment rancoroufly perfecute, at another bafely cringe to, the favorite of his fovereign. Though deceived perhaps in his youth, he would not, through the courfe of a long life, have invariably chofen his friends from among the moft profligate of mankind. His own honor would have forbidden him from mixing

his

his private pleasures or conversation with jockeys, gamesters, blasphemers, gladiators, or buffoons. He would then have never felt, much less would he have submitted to, the humiliating necessity of engaging in the interest and intrigues of his dependants, of supplying their vices, or relieving their beggary, at the expence of his country. He would not have betrayed such ignorance, or such contempt, of the constitution, as openly to avow in a court of justice the purchase and sale of a borough. If it should be the will of Providence to afflict him with a domestic misfortune, he would submit to the stroke with feeling, but not without dignity; and not look for, or find, an immediate consolation, for the loss of an only son, in consultations and empty bargains for a place at court, nor in the misery of ballotting at the India-house.

The duke's history began to be important at that auspicious period, at which he was deputed to the court of Versailles. It was an honorable office to represent the earl of Bute, and was executed with the same spirit with which it was accepted. His patrons wanted an ambassador, who would submit to make concessions:—their business required a man who had as little feeling for his own dignity, as for the welfare of his country; and they found him in the first rank of the nobility.   JUNIUS.

If exact order, method, and true oeconomy, as a master of a family; if splendor and just magnificence, without wild taste and thoughtless extravagance; may constitute the character of an avaritious man, the duke of Bedford is guilty. He allowed his son eight thousand pounds a year; and, upon his most unfortunate death, he greatly increased the jointure of the afflicted lady, his widow. Junius went wantonly out of the way to torment declining age, because the duke of Bedford had quarrelled with those whose cause and politics he espoused.   Sir WILLIAM DRAPER.

The duke of Bedford, after a long opposition to the servants of the crown, became a courtier in the year 1747, and was soon made secretary of state in the room of lord Chesterfield. He was not remarkably popular in his administration as lord lieutenant of Ireland. He bestowed one place of considerable importance upon a gentleman whose person was obnoxious to many people in that kingdom; and perhaps he failed in that affability and condescension which a free and ferocious nation expects to find in the character of him to whose rule they are subjected.
                                                                                                    SMOLLETT.

When his grace was lord lieutenant of Ireland, the series of Letters between Henry and Frances happened to fall into his hands. In the preface Henry speaks of the distresses of his fortune, and the justifiable means by which those distresses were occasioned. His grace's humanity was affected; he enquired into the author's situation, and, on finding it to be as described, unsolicited but by his own noble nature, he sent for Henry, and in the most obliging and gracious manner presented him with a patent employment, which was at that time vacant.   Mrs. GRIFFITH.

On the 14th of June, 1724, a dreadful fire happened at Woobum. The dutchefs left the fufferers five hundred pounds in her will. As it was fome time before the money was paid, lord John Ruffell (afterwards duke of Bedford) then in his fixteenth year, expreffed his concern to the executor, who objecting againft the payment of intereft, lord John generoufly faid, " Pay it out of the money allowed for my " expences:" and accordingly Mr. Holt the executor paid five hundred pounds, her grace's legacy, and fifty pounds, a gift of his lordfhip's, being the amount of two years intereft thereof. It may be proved, by a multitude of inftances, that the noble duke poffeffed the fame generous and humane difpofition during his whole life; and it was peculiarly confpicuous in the clofe of it, as his laft will evinces.

Introduction to lady RUSSELL's Letters.

M R.

CHARACTERS BY

MR. FOX.

Mr. Henry Fox was a younger brother of the lowest extraction*. His father, Sir Stephen Fox, made a considerable fortune, some how or other, and left him a fair younger brother's portion, which he soon spent in the common vices of youth, gaming included: this obliged him to travel for some time. While abroad, he met with a very falacious English woman, whose liberality retrieved his fortune, with several circumstances more to the honor of his vigor than his morals.

When he returned, though by education a Jacobite, he attached himself to Sir Robert Walpole, and was one of his ablest *eleves*. He had no fixed principles either of religion or morality, and was too unweary in ridiculing and exposing them.

He had very great abilities and indefatigable industry in business, great skill in managing, that is, in corrupting the house of commons, and a wonderful dexterity in attaching individuals to himself. He promoted, encouraged, and practised their vices; he gratified their avarice, or supplied their profusion. He wisely and punctually performed whatever he promised, and most liberally rewarded their attachment and dependance. By these and all other means that can be imagined, he made himself many personal friends and political dependants.

He was a most disagreeable speaker in parliament, inelegant in his language, hesitating and ungraceful in his elocution, but skilful in discerning the temper of the house, and in knowing when and how to press, or to yield.

---

* This assertion is scarcely excusable;—his lordship must, or ought to, have known better. Mr. Fox's father was Sir Stephen Fox, who was privy-counsellor, paymaster of the army, and some little time one of the commissioners of the treasury under Charles II; and Sir Stephen's father, Mr. William Fox, had a landed estate of about three hundred pounds a year in Wiltshire, now possessed by the earl of Ilchester, the elder branch of the family.

A constant

LORD CHESTERFIELD.   55

A constant good-humour and seeming frankness made him a welcome companion in social life, and in all domestic relations he was good-natured. As he advanced in life, his ambition became subservient to his avarice. His early profusion and dissipation had made him feel the many inconveniencies of want, and, as it often happens, carried him to the contrary and worse extreme of corruption and rapine. *Rem, quocunque modo rem,* became his maxim, which he observed (I will not say religiously and scrupulously) but invariably and shamefully.

He had not the least notion of, or regard for, the public good or the constitution, but despised those cares as the objects of narrow minds, or the pretences of interested ones: and he lived, as Brutus died, calling virtue only a name.

Mr. Fox fought surprising battles with the first demagogues of the age; and in shrewdness, policy, and perseverance, yielded to none of his co-temporaries.
SMOLLETT.

The addresses to support the king, anno 1755, in defence of his German territories, did not pass without strong debates in both houses, where there was a very strange jumble of parties. It was generally thought, that the public business could not go on unless another secretary of state was appointed in the room of Sir Thomas Robinson; because, though Mr. Pitt, then paymaster-general, and Mr. Fox, then secretary at war, agreed in nothing else, they united in opposing his measures; and their interest was so great in the house, and their abilities so universally acknowledged, though of very different kinds, that every question the court got was in fact losing it. On this occasion Mr. Fox got the seals of secretary of state.   TINDAL.

MR.

CHARACTERS BY

MR. PITT*.

MR. Pitt owed his rise to the most considerable posts and power in this kingdom singly to his own abilities. In him they supplied the want of birth and fortune, which latter in others too often supply the want of the former. He was a younger brother of a very new family, and his fortune only an annuity of one hundred pounds a year.

The army was his original destination, and a cornetcy of horse his first and only commission in it. Thus unassisted by favour or fortune, he had no powerful protector to introduce him into business, and (if I may use that expression) to do the honours of his parts; but their own strength was fully sufficient.

His constitution refused him the usual pleasures, and his genius forbad him the idle dissipations, of youth; for so early as at the age of sixteen he was the martyr of an hereditary gout. He therefore employed the leisure, which that tedious and painful distemper either procured or allowed him, in acquiring a great fund of premature and useful knowledge. Thus, by the unaccountable relation of causes and effects, what seemed the greatest misfortune of his life was, perhaps, the principal cause of its splendour.

His private life was stained by no vices, nor sullied by any meanness. All his sentiments were liberal and elevated. His ruling passion was an unbounded ambition, which, when supported by great abilities, and crowned with great success, make what the world calls " a great man." He was haughty, imperious, impatient of contradiction, and over-bearing: qualities which too often accompany, but always clog great ones.

He had manners and address; but one might discern through them too great a consciousness of his own superior talents. He was a most agreeable and lively companion in social life, and had

* This character was written in the year 1762.

such

LORD CHESTERFIELD.   57

such a versatility of wit, that he could adopt it to all sorts of conversation. He had also a most happy turn to poetry, but he seldom indulged, and seldom avowed it.

He came young into parliament, and upon that great theatre he soon equalled the oldest and the ablest actors. His eloquence was of every kind, and he excelled in the argumentative as well as in the declamatory way. But his invectives were terrible, and uttered with such energy of diction, and stern dignity of action and countenance, that he intimidated those who were the most willing and the best able to encounter him*. Their arms fell out of their hands, and they shrunk under the ascendant which his genius gained over theirs.

In that assembly, where the public good is so much talked of, and private interest singly pursued, he set out with acting the patriot, and performed that part so nobly, that he was adopted by the public as their chief, or rather only unsuspected champion.

The weight of his popularity, and his universally acknowledged abilities, obtruded him upon king George II. to whom he was personally obnoxious. He was made secretary of state: in this difficult and delicate situation, which one would have thought must have reduced either the patriot or the minister to a decisive option, he managed with such ability that, while he served the king more effectually, in his most unwarrantable electoral views, than any former minister, however willing, had dared to do, he still preserved all his credit and popularity with the public; whom he assured and convinced, that the protection and defence of Hanover, with an army of seventy-five thousand men in British pay, was the only possible method of securing our possessions or acquisitions in North America. So much easier is it to deceive than to undeceive mankind.

His own disinterestedness, and even contempt of money, smoothed his way to power, and prevented or silenced a great share of that envy which commonly attends it. Most men think that they have an equal natural right to riches, and equal abilities to make the

* Hume Campbell and lord chief justice Mansfield.

proper

proper use of them; but not very many of them have the impudence to think themselves qualified for power.

Upon the whole, he will make a great and shining figure in the annals of this country, notwithstanding the blot which his acceptance of three thousand pounds *per annum* pension for three lives, on his voluntary resignation of the seals in the first year of the present king, must make in his character, especially as to the disinterested part of it. However, it must be acknowledged, that he had those qualities which none but a great man can have, with a mixture of some of those failings which are the common lot of wretched and imperfect human nature.

Mr. Pitt had been originally designed for the army, in which he actually bore a commission; but fate reserved him for a more important station. In point of fortune he was barely qualified to be elected member of parliament, when he obtained a seat in the house of commons, where he soon outshone all his compatriots. He displayed a surprising extent and precision of political knowledge and irresistible energy of argument, and such power of elocution as struck his hearers with astonishment and admiration. It flashed like the lightning of heaven against the ministers and sons of corruption, blasting where it smote, and withering the nerves of opposition: but his more substantial praise was founded upon his disinterested integrity, his incorruptible heart, his unconquerable spirit of independence, and his invariable attachment to the interest and liberty of his country. SMOLLETT.

Being born of a good family, and allied to several noble men, Mr. Pitt thought it incumbent upon him to preserve the lustre derived from both, whether in private or public life. In the former, he was always frugal, temperate, honest, sincere, and benevolent; and was thereby naturally free, brave, and uncorrupt, in the latter.

Being possessed of only a small fortune, he virtually circumscribed his expences within the limits of his income; and therefore, when corruption stooped so low as to take the standard out of the hand of a coward (as he himself emphatically expressed it) on account of inflexible integrity, he was enabled to subsist without public pay, and had fortitude and abilities at last to revenge the unconstitutional insults offered to the liberties of his country through his person.

At length, when in the vicissitude of affairs it became necessary to have the external affectation of employing more men of undoubted honesty and abilities, and he was advanced to a very profitable post, of great importance, he conspicuously indicated that a disinterested desire to restore oeconomy in public offices, a benevolence of redressing the grievances of the helpless and oppressed, and a sincere love for the honor of the nation, and the liberties of mankind, were superior to all other considerations.

This

LORD CHESTERFIELD. 59

This was his invariable conduct whilst in employment, and at length he gloriously relinquished his subordinate power rather than co-operate with weak and wicked men in schemes prejudicial in any degree to the common interest of his country. He then retired awhile to enjoy untainted honor in uncovited obscurity; but when the united voice of a perishing people called upon him for assistance, he was willing, ready, and able, and I hope will persist, in spite of the mean opposition of a faction, or the dark arrow of calumny, which flies by night, in his endeavours to restore this kingdom to its ancient virtue, and consequently to its peace, plenty, and honor.

Contest, N° VII.

A mirror of eloquence. His speech to the house of commons, on congratulating George II. upon the nuptials of the prince of Wales, was unequalled. We have few models of antiquity more perfect in that kind, it being more ornamented than the declamations of Demosthenes, and less diffused than those of Cicero. When on the death of Mr. Winnington he was made paymaster-general of the forces, by his integrity he introduced a great reformation into that office. TINDAL.

The secretary stood alone. Modern degeneracy had not reached him. Original and unaccommodating, the features of his character had the hardihood of antiquity. His august mind over-awed majesty, and one of his sovereigns thought royalty so impaired in his presence, that he conspired to remove him, in order to be relieved from his superiority. No state chicanery, no narrow system of vicious politics, no idle contest for ministerial victories, sunk him to the vulgar level of the great; but over-bearing, persuasive, and impracticable, his object was England, his ambition was fame. Without dividing he destroyed party; without corrupting he made a venal age unanimous. France sunk beneath him. With one hand he smote the house of Bourbon, and wielded in the other the democracy of England. The light of his mind was infinite, and his schemes were to affect, not England, not the present age only, but Europe and posterity. Wonderful were the means by which these schemes were accomplished; always seasonable, always adequate, the suggestions of an understanding animated by ardor, and enlightened by prophecy.

The ordinary feelings which make life amiable and indolent were unknown to him. No domestic difficulties, no domestic weakness reached him; but aloof from the sordid occurrences of life, and unfullied by its intercourse, he came occasionally into our system, to counsel and to decide.

A character so exalted, so strenuous, so various, so authoritative, astonished a corrupt age, and the treasury trembled at the name of Pitt through all her classes of venality. Corruption imagined, indeed, that she had found defects in this statesman, and talked much of the inconsistency of his glory, and much of the ruin of his victories; but the history of his country, and the calamities of the enemy, answered, and refuted her.

Nor were his political abilities his only talents. His eloquence was to men in the senate, peculiar and spontaneous, familiarly expressing gigantic sentiments and instinctive wisdom; not like the torrent of Demosthenes, or the splendid conflagration of Tully; it resembled sometimes the thunder, and sometimes the music of the spheres. Like Murray, he did not conduct the understanding through the painful subtilty of argumentation; nor was he, like Townshend, for ever on the rack of exertion; but rather

rather lightened upon the subject, and reached the point by the flashings of the mind, which, like those of his eye, were felt, but could not be followed.

Upon the whole, there was in this man something that could create, subvert, or reform; an understanding, a spirit, and an eloquence, to summon mankind to society, or to break the bonds of slavery asunder, and to rule the wilderness of free minds with unbounded authority. Something that could establish or overwhelm empire, and strike a blow in the world that should resound through the universe.   ANONYMOUS.

We may affirm, with truth and impartiality, that no man was ever better fitted than Mr. P—t to be the minister in a great and powerful nation, or better qualified to carry that power and greatness to their utmost limits. There was in all his designs a magnitude, and even a vastness, which was not easily comprehended by every mind, and which nothing but success could have made to appear reasonable. If he was sometimes incorrect, he was never vulgar.

His power, as it was not acquired, so neither was it exercised in an ordinary manner. With very little parliamentary, and with less court influence, he swayed both at court and in parliament with an authority unknown before to the best supported ministers. He was called to the ministry by the voice of the people; and what is more rare, he held it with that approbation; and under him, for the first time, administration and popularity were seen united. Under him Great Britain carried on the most important war in which she ever was engaged, alone and unassisted, with greater splendor, and with more success than she had ever enjoyed at the head of the most powerful alliances. Alone this island seemed to balance the rest of Europe.

In the conduct of the war, he never suffered the enemy to breathe, but overwhelmed them with reiterated blows, and kept up the alarm in every quarter. If one of his expeditions was not so well calculated, or so successfully executed, amends was made by another, and by a third. The spirit of the nation once roused, was not suffered for a moment to subside; and the French, dazzled as it were by the multitude and celerity of his enterprises, seemed to have lost all power of resistance. In short, he revived the military genius of our people; he supported our allies; he extended our trade; he raised our reputation; he augmented our dominions; and, on his departure from administration, left the nation in no other danger than that which ever must attend exorbitant power, and the temptation which may be to the invidious exertion of it. Happy had it been for him, for his sovereign, and his country, if a temper less austere, and a disposition more practicable, more compliant and conciliating, had been joined to his other great virtues. The want of these qualities disabled him from acting any otherwise than alone; it prevented our enjoying the joint fruit of the wisdom of many able men, who might mutually have tempered and mutually forwarded each other; and finally, which was not the meanest loss, it deprived us of his own immediate services.

Those who censured his political conduct the most severely, could raise but few exceptions to it; none of them singly, nor perhaps the whole united, of any great weight, against a person long engaged in so great a scene of action.

Whether the part, which under his administration we rather countenanced to act than newly took, with regard to the affairs of Germany, be for the real interest of Great Britain, is a question of the utmost difficulty, and which perhaps will never admit a satisfactory solution. To condemn him on this head, we must be sure of this solution. It has been observed in favor of that contested measure, that France demonstrated, through the whole progress of the late treaty, the most earnest desire that we should abandon that German connection; no trifling argu-

ment that our enemy did not look upon it to be extremely prejudicial to our interests. If he has carried on that war at a vast expence, a prodigious stand has been made against the entire power of France; had less been expended, the whole of the expence might have been lost. How far this part of his conduct was agreeable to his former declarations, is a discussion which can avail but little. He found the nation engaged in these affairs; it was more easy to push them forward than to extricate himself from them; as he proceeded he discovered, by experience, the advantage of that plan of action, and his opinion was changed.

But even admitting that, to attain the ends of opposition, he had once fallen upon popular topics, which even then he knew were not tenable; it can form but a very small blemish in a public character, however wrong it may be by application to the strict rules of morality. Ill would it fare with statesmen, if this sort of consistency were to be expected from the most confident of them.

The conduct of Mr. Pitt, when the parliament met, in which he made his own justification, without impeaching the conduct of any of his colleagues, or taking one measure that might seem to arise from disgust or opposition, has set a seal upon his character.

Annual Register.

Lord Chatham's oratory differs from any thing we ever heard uttered, or any rule or example extant in writing. It has consequently one merit, it is all his own; was fabricated by him, and will certainly die with him. The marvellous, the bold, the extravagant, the improbable, are severally his fort.

His oratory in parliament resembles the romances of the last century, or rather the fictions, absurdities, and monstrous tales, which were the offspring of the ignorance, false gallantry, and wild enterprizing spirit of the middle ages. His talents were brought forth to public view at a most favourable time, when an universal spirit of dissatisfaction ran through almost every degree of people against Walpole. He opened a thousand various batteries of abuse against his administration. He said every thing that came uppermost. He caught the affection and confidence of the people. He spread a degree of enthusiasm out of doors, which had been scarcely ever known before; and, at length, felt the flame in his own breast; and thus, from a variety of circumstances, established a dominion over his auditors, that Charles Townshend, Pratt, or Murray, who were infinitely his superiors, either as regular orators or sound speakers, were never able to obtain. His lordship's talents for public speaking are so universally known, and have been so ably commented on, that little remains to be said, but just to give one instance of his manner and matter, which will explain how far his mere powers of debate excel his powers of true oratory or sound reasoning.—On his motion for withdrawing the troops from Boston, the beginning of the last session but one, a thrill of astonishment, accompanied by the stillest silence, pervaded every part of the house, on his saying, " Three millions of whigs, with " arms in their hands, nearly allied to the whigs of England and Ireland, will never " submit," &c.—This was the species of oratory by which he was wont to strike his adversaries dumb, make ministers tremble, and Englishmen enthusiasts. There was, however, one thing which his harangues produced; he persuaded this nation that they were irresistible and invincible; he lived to prove the truth of what he foretold; and he is one of the few orators who from design, or a mere enthusiastic spirit, ever dealt in prophecy, and at the same time justified his predictions.—But for mere uniformity, his lordship's parliamentary portrait might here be very properly closed.

His

His language is neither flowing nor elegant; he frequently repeats the last words of the preceding sentence, in order to assist his memory; he scarcely ever attempts to prove any thing; consequently his facts are mostly fabricated by himself, and his conclusions so many dictums raised on premises, borrowed, invented, or assumed.

ANONYMOUS.

Lord Chatham is a great and celebrated name; a name that keeps the name of this country respectable in every other on the globe. It may be truly called,

Clarum et venerabile nomen
Gentibus, et multum nostrae quod proderat urbi.

The venerable age of this great man [*], his merited rank, his superior eloquence, his splendid qualities, his eminent services, the vast space he fills in the eye of mankind, and, more than all the rest, his fall from power, which, like death, canonizes and sanctifies a great character, will not suffer me to censure any part of his conduct. I am afraid to flatter him; I am sure I am not disposed to blame him. Let those who have betrayed him by their adulation, insult him with their malevolence. But what I do not presume to censure, I may have leave to lament.

For a wise man he seemed to me at that time to be governed too much by general maxims. One or two of these maxims, flowing from an opinion not the most indulgent to our unhappy species, and surely a little too general, led him into measures that were greatly mischievous to himself; and for that reason, among others, perhaps *fatal* to his country; measures, the effects of which I am afraid are for ever incurable. He made an *administration* so checkered and speckled; he put together a piece of joinery so crossly indented and whimsically dove-tailed; a cabinet so variously inlaid; such a piece of diversified mosaic; such a tesselated pavement without cement; here a bit of black stone, and there a bit of white; patriots and courtiers; king's friends and republicans; whigs and tories; treacherous friends and open enemies; that it was indeed a very curious show; but utterly unsafe to touch and unsure to stand on. The colleagues whom he had assorted at the same boards stared at each other, and were obliged to ask, "Sir, your name, &c." It so happened, that persons had a single office divided between them, who had never spoken to each other in their lives; until they found themselves, they knew not how, pigging together, heads and points in the same truckle-bed [†].

In consequence of this arrangement, having put so much the larger part of his enemies and opposers into power, the confusion was such that his own principles could not possibly have any effect or influence in the conduct of affairs. If ever he fell into a fit of the gout, or if any other cause withdrew him from public cares, principles directly contrary were sure to predominate. When he had executed his plan, he had not an inch of ground to stand upon. When he had accomplished his scheme of administration, he was no longer a minister.

When his face was hid but for a moment, his whole system was on a wide sea, without chart or compass. The gentlemen, his particular friends, in various departments of ministry, with a confidence in him which was justified even in its extravagance,

[*] He was born November 15th, 1708.
[†] Supposed to allude to Lord North and George Cooke, esq. who were made joint paymasters in 1766, on the removal of the Rockingham administration.

LORD CHESTERFIELD. 63

by his superior abilities, had never in any instance presumed on any opinion of their own. Deprived of his guiding influence, they were whirled about, the sport of every gust, and easily driven into any port; and as those who joined with them in manning the vessel were the most directly opposite to his opinions, measures, and character, and far the most artful and most powerful of the set, they easily prevailed, so as to seize upon the vacant, unoccupied, and derelict minds of his friends, and instantly they turned the vessel wholly out of the course of his policy. As if it were to insult as well as to betray him, even long before the close of the first session of his administration, when every thing was publickly transacted, and with great parade in his name, they made an act, declaring it highly just and expedient to raise a revenue in America. For even then, even before the *splendid orb* was entirely set, and while the Western horizon was in a blaze with his descending glory, on the opposite quarter of the heavens arose another luminary (Charles Townshend) and for his hour became lord of the ascendant, who was officially the re-producer of the fatal scheme, the unfortunate act to tax America for a revenue. EDM. BURKE.

This *splendid orb* (as Mr. Burke stiled him) is now passed and set for ever. Lord Chatham died on Monday the 11th of May, 1778. The same day the house of commons, at the motion of colonel Barré, resolved, "That an humble address be "presented to his majesty, requesting that he will be graciously pleased to give "directions, that the remains of WILLIAM PITT EARL OF CHATHAM be interred at "the *public charge*; and that a *monument* be erected in the collegiate church of St. "Peter, Westminster, to the memory of that *excellent statesman*, with an inscription "expressive of the public sense of so great and irreparable a loss; and to assure his "majesty, that this house will make good the expences attending the same."

May 13th, another motion was made by Mr. Thomas Townshend, and carried unanimously, "That an humble address be presented to his majesty, to return his "majesty the thanks of this house, for his most gracious answer to their address of "Monday last; and to beseech his majesty, that he will be graciously pleased to "bestow some signal and lasting mark of his royal favour on the family of the late "William Pitt, earl of Chatham; and to assure his majesty, that, whatever he; "from his princely goodness, shall think proper to be granted, this house, animated "by the gratitude which they, in common with the rest of his majesty's subjects, feel "towards the memory of that upright and disinterested minister, and ambitious of "giving a testimony of their approbation to that publick virtue and spirited conduct "which directed the councils of this country in the last glorious and successful war, "will, with the greatest chearfulness, make good to his majesty."

Many of the members of administration warmly seconded the above motions, who always reprobated his political opinions respecting America, set at nought his counsel, and would have no connection with him in the cabinet.

In consequence of which address, his majesty acquainted the house, "That being "desirous to comply as speedily as possible with the request of his faithful commons, "he had given directions for granting to the present earl of Chatham, and to the "heirs of the body of the late William Pitt to whom the earldom may descend, an "annuity of four thousand pounds *per annum*, payable out of the civil list revenue; "but his majesty not having it in his power to extend the effect of the said grant "beyond the term of his own life, recommends it to the house, to consider of a "proper method of extending, securing, and annexing the same to the earldom of "Chatham in such manner as shall be thought most effectual, for the benefit of the "family of the said William Pitt earl of Chatham."

64   CHARACTERS BY

On which message, in a committee of the whole house, a bill was ordered to be prepared, to perpetuate to the descendants of the late earl this annuity and token of esteem for his services to his country.

May 20th, a common council of the city of London was held, when the court came to the following resolutions:

"That it be referred to a committee to prepare a petition to the house of commons, in parliament assembled, expressive of the gratitude which the court feels for the several tributes paid by them to the memory of the late William Pitt, earl of Chatham; and representing in the most respectful manner to the said honourable house, that this court intreat their favourable construction of their wish, humbly to address his majesty, that the remains of the said earl of Chatham may be deposited in the cathedral church of St. Paul *.

"That it is the desire of the court of common council to attend, in their gowns, the funeral of the late William Pitt, earl of Chatham.

"That a committee be appointed, and immediately withdraw, in order to prepare a letter to the proper officer of the crown, requesting that such their desire may be humbly signified to his majesty, together with the farther prayer, that his majesty would be graciously pleased to order the necessary and timely information to be communicated to them by the proper officer before mentioned."

May 27th, the house of commons ordered an address to the king, "That he would order twenty thousand pounds to be issued for the payment of the earl of Chatham's debts, and that the house will make good the same."

June 5th, the following petition was presented to his majesty.

"*Most gracious Sovereign*,

"We, the lord-mayor, aldermen, and commons of the city of London, in common-council assembled, beg leave to return your majesty our most humble and dutiful thanks, for the repeated and signal marks of your royal attention to the public sense of gratitude due to the memory of the late William Pitt, earl of Chatham, as truly expressed by the resolutions of the commons of Great Britain in Parliament assembled.

"And we humbly hope for your majesty's most gracious indulgence, when the testimonies thus paid to the public virtues of this *illustrious statesman*, encourage

---

* A copy of the city petition to the honourable house of commons, in parliament assembled.

"SHEWETH,

"THAT your petitioners humbly beg leave to return their grateful thanks to this honourable house, for the noble and generous unanimity which it has borne to the services and merits of the late William Pitt, earl of Chatham.

"And your petitioners, with all humility, desire that their zeal may not seem unoffending to this honourable house, as to be interpreted as a wish in your petitioners to vary from the general sense of their country, as expressed in the late votes of this honourable house, by their requesting that the remains of the earl of Chatham be deposited in the cathedral church of St. Paul, in the city of London.

"Your petitioners further represent to this honourable house, that they entirely feel the delicacy of their situation, in consequence of the several measures taken by this honourable house; but hope that a favourable interpretation will be put upon any particular marks of gratitude and reverence which the first commercial city in the empire is earnest to express towards the statesman, whose vigour and oversight had so much contributed to the protection and extension of its commerce.

"By order of the court,

"R I X."

"your

" your most faithful corporation to known, that the metropolis of your empire may be admitted to a share in the expressions of public veneration to a minister so exemplary for his *integrity, ability,* and *virtue.* For this purpose we humbly beseech, that your majesty, in your royal condescension, would give permission, that the remains of the said earl of Chatham be deposited in the cathedral church of St. Paul, in the city of London.

" We hope that we are not guilty of unwarrantable presumption, in conceiving that our wishes on this subject are not inconsistent with those of the honourable house of commons; and we flatter ourselves, that, if your majesty should graciously acquiesce in this our humble prayer, it cannot fail to be agreeable to the family of the deceased, whose attention to us, on all proper occasions, it is our pride to remember; who condescended to become our fellow-citizen; and to whom, could he have foreseen it, we are convinced this attempt to cherish his memory would not have been unacceptable.

" And we beg leave further humbly to represent to your majesty, that we feel ourselves singularly happy in thinking, that, in this our humble petition, we shew our duty and attachment to our most gracious sovereign, and the illustrious house of Brunswick, by our respect to one of the most zealous and faithful servants; at the same time that we express our gratitude, as a commercial body, to a man who so signally supported its interests; and humbly pray, that the noblest edifice in your majesty's dominions may become the depository of the remains of one, among the noblest of your subjects."

To which the king returned the following answer:

" In consequence of the address of the house of commons, That a monument should be erected to the memory of the late earl of Chatham, in the collegiate church of St. Peter, Westminster, it has been ordered, that his remains should be there interred, and the necessary preparations have been made for that purpose."

June 6th, the court of common council rescinded their former resolution to attend lord Chatham's funeral, as timely information was not given to them by the proper officer of the crown; and, June 9th, his lordship's remains were interred as above, many of the chief nobility and commoners attending and joining in the procession.

Lord Chatham's abilities were certainly great, and to him may not unfitly be applied the following character from Shakespeare:

———— This man, undoubtedly,
Was fashioned to much honour from his cradle.
He was a scholar, and a ripe and good one;
Exceeding wise, fair spoken, and persuading,
Lofty and sour to all the nation's foes;
To such as lov'd our England, sweet as summer.
Easily satisfied in gaining wealth,
But noble in bestowing it, and free:
Greatly ambitious in his mind he was,
For all the ends he aimed at were his country's.

APPENDIX

TO

LORD CHESTERFIELD'S WORKS.

LETTER I.

TO GEORGE FAULKNER, ESQUIRE.

London, September 17, 1748.

MY GOOD FRIEND,

I AM much obliged to you for the marks of your remembrance and friendship which you send me from time to time. The Sermon of Robert Hort, A. M. is certainly of a very singular nature; but as you do not give me your opinion upon it, I shall not give you mine. Possibly indeed we have neither of us formed one. Thus much only I will say, and that very sincerely; that if Mr. Hort is in the right, I heartily wish that you may live to see and feel, that general *Restoration* and *Perfection of all things*; as by the one you will recover your natural leg; and by the other, the letter of your Journal will be as black as ink, and the paper as white as snow, which I reckon make up the perfection of a Journal. But whatever may be the state of printing in those days, however black your letter, however white your paper, I observe with concern that you are not likely to have Mr. Hort's custom or interest, his sermon being printed by S. Powell. In the mean time I hope business goes on well, and that you print and sell a great number of books, whether they are read or not. If they become but fashionable furniture, it will serve your purpose as well, or it may be better;

for

for if people bought no more books than they intended to read, and no more swords than they intended to use, the two worst trades in Europe would be a Bookseller's and a Sword-cutler's; but, luckily for both, they are reckoned genteel ornaments. Here has been lately published the first volume of a History of the Popes, by one Mr. Bower, who was a Jesuit at Rome. It is extremely well wrote, and I believe it would be very well worth your while to print an octavo edition of it at Dublin; for our edition here is a large quarto, and consequently an expensive one. When finished, it will be four quartos*. As yet no lesser edition has appeared here. In this, or any other undertaking, I assure you, that nobody can wish you more sincerely well, than

Your friend and servant,

CHESTERFIELD.

As I know you often see the Chief Baron, whom I esteem and honor much, pray make him my compliments.

LETTER II.

TO THE SAME.

Bath, November 11, 1751.

MY GOOD FRIEND,

YOU judged very rightly (as you always do) in thinking that I have the greatest esteem for the works of the bishop of Cloyne, and you acted very kindly (as you always do too) in sending them to me; I have since received them from the bishop himself, but feloniously printed in London by Tonson and Draper, and like most stolen goods strangely altered and disguised, as well by larger and whiter paper, as by ink of the blackest dye. I always expect your pacquets with impatience, and receive them with pleasure; but that pleasure would be much more complete, if some pro-

---

* The work was not completed under seven volumes quarto; and though endeavoured to be depreciated by the Papists, it is the best performance of the kind extant.

ductions

TO ALDERMAN GEORGE FAULKNER.

ductions of your own now and then accompanied the excellent ones which you send me of other people. I must freely tell you that you have been long enough the celebrated and successful man-midwife of other people's conceptions, and it is now high time that you should take up the other end of the business, and beget, conceive, and bear fruit, yourself. The most illustrious of your predecessors did so. The Stephens's, the Alduses, and many others, acted as men-midwives to the greatest authors, but then they acted as men too, and begot, as well as delivered: and indeed there is such a relation and connection between those two operations, that it is next to impossible that one who has been so able as you have been in the one, should be deficient in the other. You have, moreover, one advantage which the greatest of your typographical predecessors had not. They were never personally acquainted with Horace, Virgil, Cicero, and others, whose productions they brought to light, but were obliged to exhibit them in the, always imperfect, often deformed, state in which they found them, in ragged and worm-eaten vellum and parchment. Whereas you have been always at the fountain-head; you have not only printed and read, but you have heard Swift, Berkeley, and all the best authors of the Irish Augustan age. You have conversed with, you have been informed, and to my knowledge consulted by, them. Should you ask me, my friend, what sort of work I would particularly point out to you, I can only answer, consult your genius, which will best direct you; if it does not lead you, or rather hurry you, whether you will or not, into poetry, do not attempt verse, but take the more common manner of writing, which is prose. Cicero himself had better have done so. A *Typographia Hibernica*, which no man in the kingdom is more capable of doing well than yourself, would be a useful work, and becoming your character. I do not recommend to you any ludicrous performances; they must flow naturally, or they are good for nothing; and though, were it only by your long and amicable collision with Sheridan, Delany, Swift, and others, you must be very strongly impregnated with particles of wit and humour, yet I take your natural turn to be grave and philosophical. A collection of *Anas* would admit of all subjects,

and in a volume or two of Swiftiana, you might both give and take a sample of yourself, by slipping in some Faulkneriana; the success of which would, I am persuaded, engage you to go further. Biography should in my mind be your next step, for which you appear to be thoroughly qualified, by the clear and impartial accounts which your hebdomadal labours give of the deaths of all people of note. History would soon follow, which in truth you have been writing these many years, though perhaps without thinking so; what is history but a collection of facts and dates? Your Journal is a collection of facts and dates; then, what is your Journal but history? Our friend the chief baron, with whom I have often talked upon this subject, has always agreed with me, that in the fitness of things it was necessary you should be an Author, and I am very sure that if you consult him he will join with me in exhorting you to set about it forthwith. Whenever you assume that character, I claim a very strong dedication with the first copy of the work, as an old friend, which, joking apart, I sincerely am, and

Your humble servant,

CHESTERFIELD.

LETTER III.

TO THE SAME.

Blackheath, September 15, 1753.

MY WORTHY FRIEND,

THOUGH I am very sorry for your quarrels in Ireland, by which I am sure the public must suffer, let who will prevail; I gladly accept your kind offer of sending me the controversial productions of the belligerent parties. Pray do not think any of those polemical pieces too low, too grub-street, or too scurrilous, to send me, for I have leisure to read them all, and prefer them infinitely to all other controversial performances. I have often wished,

wished, and wish it more now than ever, that you were in parliament, where, in my opinion, your coolness, gravity, and impartiality, would greatly contribute to calm if not to cure those animosities. Virgil seems prophetically to have pointed at you, in his description of a person qualified to sooth and moderate popular tumults. These are the lines, which will perhaps be more intelligible to us both in Dryden's translation, than in the original.

> If then some grave and pious man appear,
> They hush their noise, and lend a listening ear;
> He sooths with sober words their angry mood,
> And quenches their innate desire of blood.

I am not very superstitious, but I am persuaded that, if you were to try the *Sortes Virgiliana*, you would open the book at that very place. That incomparable and religious prince, king Charles the first, consulted them with great faith, and to his great information.

There is one thing which I would much rather know, than all contending parties in Ireland say or write against each other, and that is, your real sentiments upon the whole; but all that I know of them is, that I never shall know them, such is your candour, and such is your caution. The celebrated Atticus seems to me to have been your prototype. He kept well with all parties, so do you; he was trusted and consulted by individuals on all sides, so are you; he wrote some histories, so have you; he was the most eminent bookseller of the age he lived in, so are you; and he died immensely rich, and so will you. It is true he was a knight, and you are not, but that you know is your own fault; and he was an epicurean, and you are a stoic.

For the next seven weeks pray direct your pacquets to me at Bath, where I am going next week, as deaf as ever your friend the Dean was, and full as much, though not so profitably,

Your friend and servant,

CHESTERFIELD.

Pray make my compliments to our friend Mr. Bristow when you see him.

LETTER IV.

TO THE SAME.

London, April 13, 1754.

MY WORTHY FRIEND,

THESE things never happened to your prototype Atticus, even in the height and rage of the civil diffentions at Rome, and yet I will venture to affirm, that he neither was, nor could be, more prudent, cautious, and circumspect, than yourself. But there is a chance, a fatality, which we cannot define, that attends particular men, and particular times. Pompey the Great was publicly infulted upon the Roman stage, and the actor obliged to repeat that part a second and a third time; and you, my friend, it seems, have been most unaccountably, and unjustly I will add, disturbed for a slight omission in your weekly historical labours. I have upon this occasion searched for precedents among all the best Greek and Latin historians, and I cannot find the drinking of any one political health recorded by any one of them. Perhaps the Greeks and Romans had not parts enough to invent those ingenious toasts which make so shining a figure in the late annals of Ireland; and possibly it might not occur to them, that the health of any particular day, or event long past, could with any propriety be drunk; or perhaps the injudicious historians might think the mention of them below the dignity of history; but be that as it will, it is certain that neither Thucydides, Xenophon, Livy, nor Tacitus, say one word of bumpers, toasts, political, loyal, or patriot healths. You stand therefore fully justified by precedents. But however, as wise men will, to a certain degree, conform to prevailing, though perhaps absurd, customs, why should you not repair your omission by a more minute and circumstantial account of those elegant drinking-bouts, or *Symposia*, than any of your co-temporary historians have yet thought fit to give? Why not relate circumstantially the convivial wit and urbanity of those polite compotations, the serious, the jocular, the ironical, and satirical toasts, the numbers of bottles guzzled down

and

and spewed up again, the political discourses and plans of government attempted, and now and then interrupted by hiccups and sour eructations, the downfal of heroes weltering in their vomit, and in short the exact detail of those *Noctes Atticæ*. The style of your late friend the Dean, of which you are master, seems admirably adapted to this descriptive part of your historical works, and one way or another you would please all your readers by it. The performers themselves must be glad to see their atchievements recorded and transmitted to posterity. Their enemies perhaps (such is the malignity of the human heart) would not be sorry. Only sober people would or could object to it; and they are too few, and too inconsiderable, to deserve your attention.

The riot at the play-house was so extraordinary a one, and lasted so long, that I cannot imagine where the civil magistrate, assisted by the military force, was all that time; I am sorry for Sheridan's loss, but I carry my thoughts much farther; and I consider all these events, as they may in their consequences affect you; the precedent seems a dangerous one, and *proximus ardet Eucalegon*. I take the play-house to be the shop of the proprietor, and the plays that he acts his goods, which those that do not like them, are not obliged to take, and need not go to his shop; but those who enter it forcibly, destroy his scenes, benches, &c. are perhaps a more dangerous sort of shop-lifters. Now consider, my friend, the near relation that there is between your shop and Mr. Sheridan's. You have, I believe, printed all that he has ever acted, and a great deal more. If therefore these vigorous correctors of the theatre should take it into their heads to be likewise the correctors of your press, what might be the consequence? I will not anticipate by conjectures so gloomy a scene, but I will only say with the bishop of St. Asaph—*our enemies will tell us with pleasure*.

Pray send me your bill for the innumerable pamphlets, sheets, and half-sheets, which you have been so kind to transmit to me from Dublin; I have, being very idle, read them all, and cannot say that many of them entertained me; but all together they gave me serious concern, to find a people that I love so divided and distracted by party feuds and animosities, of which in the mean time

time the public is the victim. That Providence and your own
prudence may protect you, is sincerely wished by,

Your faithful friend and servant,

CHESTERFIELD.

LETTER V.

TO THE SAME.

London, January 16, 1759.

MY WORTHY FRIEND,

I FIND with pleasure that you do not forget your old friends,
though become useless to you, to themselves, and to the whole
world. Dr. Lawson's lectures, which I received from you last
week, were a most welcome proof of it. I have read them with
all the satisfaction that I expected, from my knowledge and esteem
of the author. His design is laudable, and his endeavours able, but
yet I will not answer for his success. His plan requires much study
and application, and consequently much time; three things that
few people will care to bestow upon so trifling an accomplishment
as that of speaking well. For in truth, what is the use of speaking
but to be understood? and if one is understood, surely one speaks
well enough of all conscience. But allowing a certain degree of
eloquence to be desirable upon some occasions, there is a much
easier and shorter way of coming at it than that which Dr. Lawson
proposes; for Horace says (and Horace you know can never be in
the wrong) *Fœcundi calices quem non fecere disertum?* Now if a
man has nothing to do but to drink a great deal, in order to be
eloquent (that is as long as he can speak at all) I will venture to
say, that Ireland will be, what ancient Greece was, the most
eloquent nation in the world without Dr. Lawson's assistance, and
even without loss of time or business. I must observe to you by
the way, that the Roman *Calix* was not a certain stated measure,
but signified a glass, a tumbler, a pot, or any vessel that contained
wine,

wine, so that by the rule of *pars pro toto*, it may perhaps be extended to a copper, which contains a torrent of this potable eloquence. However, make my compliments to Dr. Lawson, and return him my thanks for the flattering mention he has made of me, in his excellent Work; I wish I deserved it as well as he did *something* which he has not got.

I am your faithful friend,

CHESTERFIELD.

LETTER VI.

TO THE SAME.

London, February 7, 1760.

MY WORTHY FRIEND,

WHAT mean all these disturbances in Ireland? I fear you do not exert, for I cannot suppose that you have lost, that authority which your impartiality, dignity, and gravity, had so deservedly procured you. You know I always considered Virgil's *pietate gravem virum* as your prototype; and, like him, you have allayed former popular commotions, and calmed civil disturbances. You will perhaps tell me, that no dignity, no authority whatsoever, can restrain or quiet the fury of a multitude drunk with whisky. But then if you cannot, who can? Will the multitude, enraged with whisky, be checked and kept within bounds by their betters, who are full as drunk as they are, only with claret? no. You are the only neutral power now in Ireland, equally untainted by the outrageous effects of whisky, or the dull stupefaction of claret; and therefore I require from you, *Ne quid detrimenti capiat Respublica. Capesse Rempublicam?*

Do you really mean to turn my head with the repeated doses of flattery which you have lately sent me? Consider, that long illness has weakened it, and that it has now none of the ballast which yours has to keep it steady. It is so apt to turn of itself, that the

least

least breeze of flattery may over-set it. But perhaps there may be some degree of self-love in your case; for in truth, I was the only lord lieutenant that you ever absolutely governed; but do not mention this, because I am said to have had no favourite.

Let me advise you as a friend not to engage too deep in the expence of a new and pompous quarto edition of your friend Swift. I think you may chance to be, what perhaps you would not choose to be, a considerable loser by it. Whosoever in the three kingdoms has any books at all, has Swift; and, unless you have some new pieces, and those too not trifling ones, to add, people will not throw away their present handy and portable octavos, for expensive and unwieldy quartos. How far indeed the name (you are so much superior to quibbles, that you can bear, and sometimes even smile at them) of *quartos* may help them off in Ireland, I cannot pretend to say. After all this, I am very seriously,

Your faithful friend and servant,

CHESTERFIELD.

LETTER VII.

TO THE SAME.

London, July 1, 1762.

MY WORTHY FRIEND,

FROM my time down to the present, you have been in possession of governing the governors of Ireland, whenever you have thought fit to meddle with business; and if you had meddled more with some, it might perhaps have been better for them, and better for Ireland. A proof of this truth is, that an *out* governor no sooner received your commands than he sent them to the *in* governor, who, without delay, returned him the inclosed answer, by which you know what you have to do.

I send you no news from hence, as it appears by your Journal, that you are much better informed of all that passes, and of all that
does

TO ALDERMAN GEORGE FAULKNER.

does not pass, than I am; but one piece of news I look upon myself in duty bound to communicate to you, as it relates singly to yourself. Would you think it, Mr. Foote, who, if I mistake not, was one of your *Symposion* while you was in London, and if so the worse man he, takes you off, as it is vulgarly called, that is, acts you in his new Farce, called the Orators. As the government here cannot properly take notice of it, would it be amiss that you should shew some spirit upon this occasion, either by way of stricture, contempt, or by bringing an action against him? I do not mean for writing the said farce, but for acting it. The doctrine of *scribere est agere* was looked upon as too hard in the case of Algernoon Sidney; but my lord Coke in his incomparable notes upon Littleton, my lord chief justice Hales in his Pleas of the Crown, my lord Vaughan, Salkeld, and in short all the greatest men of the law, do, with their usual perspicuity and precision, lay it down for law that *agere est agere*. And this is exactly Mr. Foote's case with regard to you; therefore any orders that you shall think fit to send me, in this affair, as to retaining counsel, filing a bill of Faulkner *versus* Foote, or bringing a common action upon the case, which I should think would be the best of all, the case itself being actionable, shall be punctually executed by,

Your faithful friend and servant,

CHESTERFIELD.

LETTER VIII.

TO THE SAME.

London, January 4, 1763.

MY WORTHY FRIEND,

MANY thanks to you for your letter, many thanks to you for your almanack, and more thanks to you, for your friend Swift's works; in which last, to borrow an expression of Cibber's, you have outdone your usual outdoings; for the paper is white-ish,

and the ink is black-ish. I only wish that the margin had been a little broader; however, without flattery, it beats Elzevir, Aldus, Vascosan, and I make no doubt but that, in seven or eight hundred years, the learned and the curious in those times will, like the learned and the curious in these, who prefer the impression of a book to the matter of it, collect with pains and expence all the books that were published ex Typographia Faulkneriana.—But I am impatient to congratulate you upon your late triumph; you have made (if you will forgive a quibble upon fo serious a subject) your enemy your Foot-stool; a victory which the divine Socrates had not influence enough to obtain at Athens over Aristophanes; nor the great Pompey at Rome, over the actor who had the insolence to abuse him under the name of Magnus, by which he was universally known, and to tell him from the stage, *Miseriis nostris Magnus Magnus es*. A man of less philosophy than yourself would perhaps have chastised Mr. Foote corporally, and have made him feel that your wooden leg which he mimicked had an avenging arm to protect it; but you scorned so inglorious a victory, and called justice and the laws of your country to punish the criminal, and to avenge your cause. You triumphed; and I heartily join my weak voice to the loud acclamations of the good citizens of Dublin upon this occasion. I take it for granted that some of your many tributary wits have already presented you with gratulatory poems, odes, &c. upon this subject: I own I had some thoughts myself of inscribing a short poem to you upon your triumph; but, to tell you the truth, when I had writ not above two thousand verses of it, my muse forsook me, my poetic vein stopped, I threw away my pen, and I burned my poem, to the irreparable loss not only of the present age, but also of latest posterity.

I very seriously and sincerely wish you a great many very happy new years, and am,

Your most faithful friend and servant,

CHESTERFIELD.

I like your messenger, young Dunkin, mightily; he is a very sensible well-behaved young man.

LET-

LETTER IX.

TO THE SAME.

London, May 22, 1766.

MY WORTHY FRIEND,

YOU reproach me gently, but with seeming justice, for my long silence: I confess the fact; but think that I can, in some degree at least, excuse it. I am grown very old, and both my mind and my body feel the sad effects of old age. All the parts of my body now refuse me their former assistance, and my mind (if I may use that expression) stutters and is as unready as any part of my body. Under these circumstances, it is no wonder that I delayed writing to such a critic and philosopher as you are. However, I will now trust to your indulgence.

I thank you for the book you sent me, in which there is great labour and great learning; but I confess that it is a great deal above me, and I am now too old to begin to learn Celtick.

Your septennial patriotick bill is unfortunately lost here, and I humbly presume to the great joy of the patriots who brought it in; to whom one may apply what has hitherto been charged as a blunder upon our country, that *they have got a loss*. It is not the case with a Habeas Corpus act, if you can ever get one, and were nobody wiser than I, you should have one to-day; for I think every human creature has a right to liberty, which cannot with justice be taken from him, unless he forfeits it by some crime.

I cannot help observing, and with some satisfaction, that Heaven has avenged your cause, as well and still more severely than the courts of temporal justice in Ireland did, having punished your adversary Foote in the part offending. The vulgar saying, that mocking is catching, is verified in his case: you may in your turn mock him, without danger to your adopted leg.

Adieu, my good friend, be as well as ever you can, and as serenely chearful as you please. I need not bid you grow rich, for you have taken good care of that already; and, if you were now to

grow

grow richer, you would be overgrown, and after all, *est modus in rebus*. I am very seriously and truly,

Your faithful servant,

CHESTERFIELD.

A CARD.

LORD CHESTERFIELD sends his compliments to his good friend Mr. Faulkner; hungers and thirsts after him; and hopes that he will take some mutton with him at Blackheath, any day or days that he has leisure.

Blackheath, August 13, 1766.

LETTER X.

TO THE SAME.

London, July 7, 1767.

MY WORTHY FRIEND,

I AM to thank you, and I heartily do thank you, for your kind and welcome present. You have clothed your old friend the Dean very richly, and suitably to his merit, and your own present dignity; but, after all, the poor Dean pays dear for his own fame, since every scrap of paper of his, every rebus, quibble, pun, and conversation-joke, is to be published, because it was his. It is true his *Bagatelles* are much better than other people's; but still many of them, I believe, he would have been sorry to have had published. How does your new dignity agree with you? do you manfully withstand the attacks of claret? or do you run into the danger, to avoid the apprehension? You may set the fashion of sobriety if you please, and a singular one it will be; for I dare say that in the records of Dublin there is no one instance to be found of a sober high-sheriff. Remember Sir William Temple's rule, and consider, that every glass of wine that you drink beyond the third

TO ALDERMAN GEORGE FAULKNER.

is for Foote, the only enemy that I believe you have in the world. I am sure you have a friend, though a very useless one, in

Your faithful servant,

CHESTERFIELD.

I hope your fair fellow-traveller is well.

LETTER XI.

TO THE SAME.

London, March 25, 1769.

MY WORTHY FRIEND,

A VIOLENT inflammation in my eyes, which is not yet quite removed, hindered me from acknowledging your last letter sooner; I regretted this delay the more, as I was extremely impatient to return, through you, my heartiest thanks to the Dublin Society, for the honor they have done me, by remembering in so advantageous a manner, and after so long an interval, an old and hearty friend and well-wisher. Pray tell them, that I am much prouder of the place they have given me amongst those excellent citizens, my old friends Prior, Madden, Swift, &c. who benefited and improved mankind, than I should be of one amongst heroes, conquerors and monarchs, who generally disturb and destroy their species. I did nothing for the Society but what every body, in my then situation, must and would have done; so that I have not the least merit upon that score; and I was aware that jobbs would creep into the Society, as they do now into every society in England, as well as in Ireland, but neither that fear nor that danger should hinder one from founding or encouraging establishments that are in the main useful. Considering the times, I am afraid it is necessary that jobbs should come, and all one can do is to say, woe be to him from whom the jobb cometh; and to extract what public good one can out of it. You give me great pleasure in tell-

ing

ing me that drinking is a good deal leffened; may it diminifh more and more every day! I am convinced, that, could an exact calculation be made of what Ireland has loft within thefe laft fifty years in its trade, manufactures, manners, and morals, by drunkennefs, the fum total would frighten the moft determined guzzler of either claret or whifky, into fobriety.

I have received, and thank you for, the volumes you fent me of Swift, whom you have inriched me with in every fhape and fize. Your liberality makes me afhamed, and I could wifh that you would rather be my book-*feller* than my book-*giver*. Adieu, I am very fincerely,

Your faithful friend and fervant,

CHESTERFIELD.

LETTER XII.

TO THE SAME.

London, January 2, 1770.

MY WORTHY FRIEND,

I RETURN you many thanks for your letter, with the inclofed papers which I received yefterday. You fay with great truth that you are all in confufion in Ireland, but I will fay nothing upon that fubject. I am much obliged to the Dublin Society for thinking my bufto worth putting up among fo many better heads: my head never did Ireland much good; but, upon my word, my heart always wifhed it, and if it loves me a little, it is but love for love. There is a fpirit of diffatisfaction among you, but I hope it will not run into faction, which is too much the cafe in England at prefent; be angry, but fin not. I am forry to find by your votes, that you perfift in your militia fcheme. Of your five or fix thoufand militia men there will be at leaft one half Papifts; and would you put arms in their hands, and difcipline in their heads? Thofe who were the moft for the militia here at firft are fick of it now, and
have

have at laſt found out that it is only an addition of thirty thouſand men to our regular army of twenty thouſand, and full as dangerous to the conſtitution. I find every day, more and more, that it is not without reaſon, that many years ago I looked upon you as the Atticus of Ireland; for in all theſe buſtles you ſtand unmoved and uncenſurable, and enjoy the ſtorm by growing very rich in the midſt of it. Adieu, and many happy new years to you. I am very ſincerely,

Your faithful friend and ſervant,

CHESTERFIELD.

LETTER XIII.

TO THE SAME.

Cheſterfield-houſe, March 11, 1771.

MY WORTHY FRIEND,

THE indifferent ſtate of my health at preſent will only allow me to thank you (and that not with my own hand) for your friendly letter, with that from your friend to you, which I return you here incloſed, according to your deſire.

I now ſee your Iriſh affairs at too great a diſtance, both of time and place, to form any juſt opinion upon them; but this I will confeſs to you, that the preſent ſituation does not at all flatter my good wiſhes for the peace and proſperity of Ireland. I hope things will mend, and I am ſure there is great room for them to do ſo. Adieu, my friend. I am, moſt ſincerely and faithfully,

Yours,

CHESTERFIELD.

LETTER XIV.

TO THE REV. DOCTOR SAMUEL MADDEN.

London, September 15, 1748.

SIR,

I AM very sensibly affected with the late mark which you have given me of your remembrance and friendship. I assure you that I deserve them both, as far as the truest regard for your parts and merit can entitle me to them.

Your Poem, of which I have read the first Canto, with equal pleasure and attention, has (without any compliment to you) a great deal of wit and invention in it: the characters are perfectly well preserved; and the moral, which it is easy to foresee from the first Canto, is excellent. You cannot doubt of my being proud to have such a performance addressed to me; and I should be prouder of it still, if the Author's name were to appear; but, as your friend, I must confess, that I think you in the right to conceal it; for, though the moral be good, yet, as the propriety of characters has obliged you to put some warm expressions in the mouths of Venus and Cupid, some silly or malicious people might lay hold of them, and quote them to your disadvantage. As to the Dedication, I must tell you very sincerely, and without the least false modesty, that I heartily wish you would lower it: the honest warmth of your friendship makes you view me in a more partial light than other people do, or, upon my word, than I do myself. The few light, trifling things that I have accidentally scribbled in my youth, in the chearfulness of company, or sometimes (it may be) inspired by wine, do by no means entitle me to the compliments which you make me as an author; and my own vanity is so far from deceiving me upon that subject, that I repent of what I have shewn, and only value myself upon what I have had the prudence to burn.

Though my cares for Ireland are ceased, you do me but justice in being convinced that my wishes for the prosperity of that
country

TO THE REV. DR. SAMUEL MADDEN.

country will cease but with my life. The best wish that I could form for it would be, that half its inhabitants were like you: nay, I would compound for twenty who would, like you, devote their thoughts, their time, and a proportionable share of their fortunes, to the public good. Your late considerable benefaction to Dublin College will be a perpetual monument of your public spirit, and your love of mankind. How greatly would arts and sciences flourish in Ireland, if those who are much better able than you are would contribute but half as much as you do to their improvement! You shine, indeed, the more for it; but I know you well enough to know, that you would rather *prodesse quam conspici*. The Irish might be a rich and happy people, *bona si sua norint*. Free from the heavy load of debts and taxes under which the English groan, as fit for arts, sciences, industry, and labour, as any people in the world, they might, notwithstanding some hard restraints which England, by a mistaken policy, has laid them under, push several branches of trade to great perfection and profit; and not only supply themselves with every thing they want, but other nations too with many things. Put jobbs and claret engross and ruin the people of fashion, and the ordinary people (as is usual in every country) imitate them in little momentary and mistaken views of present profit, and in whisky. As to the incorporating by Charter the Dublin Society, I see many advantages that might arise from it; but I must at the same time own, that I foresee some dangers too. Jobbs have hitherto always accompanied charters, however they may have been calculated to prevent them. The Dublin Society has hitherto gone on extremely well, and done infinite good: why? Because, that not being a permanent, incorporated society, and having no employments to dispose of, and depending only for their existence on their own good behaviour, it was not a theatre for jobbers to shew their skill upon; but, when once established by Charter, the very advantages which are expected from, and which, I believe, will attend that Charter, I fear may prove fatal. It may then become an object of party, and Parliamentary views (for you know how low they stoop); in which case it will become subservient to the worst instead of the best designs. Remember the

D 2 Linen-

Linen-board, where the paltry dividend of a little flax-seed was become the seed of jobbs, which indeed produced one hundred fold. However, I submit my fears to your hopes; and will do all that I can to promote that Charter which you, who I am sure have considered it in every light, seem so desirous of. Mr. Maccauley, who is now here, has brought over the rough draught of a Charter, which he and I are to meet and consider of next week. I hope your worthy fellow-labourers, and my worthy friends, the bishop of Meath and Mr. Prior, are well. May you long be so, for the good of mankind, and for the particular satisfaction of,

Your most sincere friend and faithful servant,

CHESTERFIELD.

I hope you will send me the other Cantos by proper opportunities, for I long to see them.

LETTER XV.

TO THE SAME.

London, November 29, 1748.

SIR,

A RETURN of my old complaint of vertigos and pains in my head, which sent me to Bath, from whence I am but lately arrived here, and that with less benefit than I hoped for, delayed till now my acknowledgements for your last friendly letter which accompanied the remainder of your poem. I read it with great pleasure, and not without some surprize, to find a work of that length continued to the end with the same spirit and fire with which it begins. Horace's great rule of *qualis ab incepto* was, I believe, never better observed. If the public receive the same pleasure from it that I have done, you will have the satisfaction of having discharged every office towards mankind that a private citizen of the world is capable of. Your example, your fortune, and

TO THE REV. DR. SAMUEL MADDEN.

and your genius, will all have been devoted to the service, the improvement, and the rational pleasures, of your fellow-creatures.

I make no doubt but that the Charter for the Dublin Society, when once you have formed it properly among yourselves, will be granted here; and, upon the whole, I am much for it, and will promote it to my power; not but that I foresee some dangers on that side of the question too. Abuses have always hitherto crept into corporate bodies, and will probably, in time, creep into this too: but I hope that it will have such an effect, at first, as to make the future abuses of less consequence. The draught, which Mr. Maccauley shewed me here, of the Charter, seems to have all the provisions in it that human prudence can make against human iniquity.

Good health and long life attend you, my good friend, for the sake of mankind in general, and of that country in particular, which will ever have a great share of the warmest wishes of,

Your faithful humble servant,

CHESTERFIELD.

LETTER XVI.

TO THE SAME.

London, April 15, 1749.

SIR,

YOU are, I am sure, too well persuaded of my sincere regard and friendship for you, to impute my late silence to negligence or forgetfulness: but two concurrent causes have hindered me from acknowledging your two last letters; the one was the ill state of my health; the other was the unsettled state of my person, in my migration from my old house to my new one, where I have hardly yet got pen, ink, paper, and a table. This latter has, I believe, been attested to you by your son, who saw me unfurnished in my old house, and since unsettled in my new one. I have (as I told

told him that I would) executed your orders with regard to my booksellers: I have told them, more fully than I can tell you, my thoughts of the work, and have raised their impatience for some of the copies, for which they will treat with your printer. How they will sell (considering the whimsical and uncertain decision of the public in those matters) I do not know; but how they ought to sell, if the public judges right, I well know: for I never saw more wit, fancy, and imagination, upon any one single subject. Every one of your alterations are, in my opinion, for the better, excepting those which you say you have made in my favour, and in which I fear the public will too justly differ from you: your partiality to me had carried you but too far before. I congratulate both you and Ireland most heartily, upon the encreasing fruits of your labours for the public good; for I am informed from all hands, that a spirit of industry diffuses itself through all Ireland; the linen manufacture gains ground daily in the South and South-west, and new manufactures arise in different parts of the kingdom; all which, I will venture to say, is originally owing to your judicious and indefatigable endeavours for the good of your country. You know the nature of mankind in general, and of our countrymen in particular (for I still think and call myself an Irishman) well enough to know, that the invitation by premiums would be much more effectual than laws, or remote considerations of general public good, upon which few people reason well enough to be convinced that their own solid, private interest essentially depends. The Dublin Society, and, in particular, my good friends the bishop of Meath, and Prior, have seconded you very well; and it is not saying too much of them to say, that they deserve better of Ireland than any one other set of men in it; I will not even except the parliament. The premiums for flax-seed raised, instead of the former iniquitous distribution of it, have, I am told and believe, had very good consequences for the linen manufacture. And, as *there* was an infamous jobb got the better of, I am in hopes that all jobbs will be hindered from creeping into that excellent establishment of the Protestant Charter-schools, which, if it be kept pure but for some years, will have a prodigious effect as to the religious and political

state

state of Ireland; but if once Proteſtant children ſlip into thoſe
ſchools, as was attempted in my time, the end of their inſtitution
ceaſes. I hope the Univerſity of Dublin, that enjoys a ſhare of
your premiums, deſerves them. Our two Univerſities, at leaſt, will
do it no hurt, unleſs by their examples; for I cannot believe that
their preſent reputations will invite people in Ireland to ſend their
ſons there. The one (Cambridge) is ſunk into the loweſt obſcu-
rity: and the exiſtence of Oxford would not be known, if it were not
for the treaſonable ſpirit publicly avowed, and often exerted there.
The Univerſity of Dublin has this great advantage over ours; it is
one compact body, under the eye and authority of one head, who,
if he is a good one, can enforce order and diſcipline, and eſtabliſh
the public exerciſes as he thinks proper; among which the purity
and elegance of the Engliſh language ought to be particularly
attended to: for there you are apt to fail in Ireland. But I trouble
you too long upon ſubjects of which you are a much better judge
than I am, and upon the ſpot to obſerve. My thoughts are only
quæ cenſet amicuus; and I give them you, *Ut ſi cæcus iter monſtrare
velit*. My wiſhes for the proſperity of your country are as warm
and as ſincere as the ſentiments of regard, eſteem, and friendſhip,
with which I am,

Your moſt faithful humble ſervant,

CHESTERFIELD.

LETTER XVII.

TO MR. SEXTON, LIMERICK.

London, April 8, 1752.

SIR,

I AM ſincerely glad of the reward and encouragement which your
induſtry hath met with. I never doubted but that it would;
for, though imaginary merit commonly complains of being unre-
warded, real merit, ſooner or later, in ſome ſhape or other, ſeldom
fails

fails of succefs. You have already experienced this, and will, I hope and believe, experience it every day more and more. Your paper already wants but very little of equalling the best that any other country furnishes, and I see no reason why you should not bring it soon to such a point of perfection as to supply all the demands of Ireland, and possibly some of England; for at present we import a great deal from other countries. Let me give you one piece of advice, though I believe you want it less than most manufacturers in Ireland. Never think your paper either good enough or cheap enough, be it ever so good, or ever so cheap, but always endeavour to make it both better and cheaper; and sacrifice a little present and precarious to future and permanent profit. Acquire the public confidence in the goodnefs and reafonablenefs of your manufacture, and your fortune will be folid and lafting, both to you and your family, if they will tread in your fteps.

I know a thread merchant at Rotterdam, who hath got above thirty thousand pounds by his industry, punctuality, and integrity. He never let a yard of bad thread go out of his hands, and never took a farthing more than reasonable profit; by these means he hath acquired such confidence, that people make no difficulty of fending a blindman or a child for what thread they want, sure not to be deceived either in the quantity or the quality of it. At first he got little, but then he lived low; his profits increafed faster than his expences, and his expence now bears a just proportion to his fortune. Most trades-people in Ireland begin just at the other end, and therefore end so ill as they frequently do. By what you have done it is plain you do not want these hints, and I hope your example will fuggeft them to thofe who do. I am, with that efteem which you deferve from all Ireland, and from all thofe who wifh it as well as I do, Sir,

Your faithful fervant,

CHESTERFIELD.

LETTER XVIII.

TO SAMUEL DERRICK, ESQUIRE.

London, February 6, 1767.

SIR,

WHEN I left the Bath, I thought I left your throne as solidly established as any throne in Europe. You ruled with lenity, and your subjects obeyed with chearfulness. But such is the uncertainty of human affairs, that it seems a conspiracy has broke out, to distress, and even to subvert, your government. I do not see what I can do at this distance to assist you, knowing nobody at Bath but my brother and lord Ancram, who are both, as I am informed, much in your interest. There is a committee, you say, formed against you; form a counter committee of your most considerable friends, not forgetting two or three of our tough countrymen, who are *Manu quam consilio promptiores.* Among gentler, but perhaps not less effectual, measures, you may call ridicule into your assistance, and give their committee the name of The Committee of Safety, which was manifestly formed to destroy the then established government, and (avert the omen!) did so. They begin with the reformation of your music, the Round-heads did so with the organs; but the latter meant more, and so do the former. The profit is the real cause of discord, and therefore I am afraid that some man of quality and fortune should avail himself of those civil dissentions, and come and swallow the oyster, and leave you and your antagonist only the shells. For my own part, I say, O king, live for ever. I am,

Your faithful and loyal Subject,

CHESTERFIELD.

LETTER XIX.

TO THE SAME.

London, March 17, 1767.

SIR,

DID I not tell you when first these little convulsions shook your throne, that they would tend to fix and establish it upon solid foundations? This hath happened, and I look upon your power to be, since your restoration, more permanent and more extensive than ever. It was the cause of king Charles the second upon his restoration, when all his subjects were in haste to surrender into his hands all their rights and privileges. You are now in possession of all those at Bath, in as full and as ample a manner as the most absolute of your predecessors (Nash) ever enjoyed them. But I must recommend to you to use your unlimited power with moderation and lenity, and to reflect, that despotism is a state of violence which human nature abhors. How could you think me so bad a courtier, as not to be willing that my name should appear in the list of your flatterers? Make what use you please of it, but do not put me down in the list of your ministers, for I do not like that profession. I cannot say that I approve of your Poll Tax as a fund for your Civil List, for I am convinced it will prove a deficient one. Your Balls were a much better. Your Balls took in every body, and many could not refuse taking a ticket from you *ore tenus*, who will slip and shuffle out of the way of your subscription book.

I should be unworthy of my peerage if, now that you are king indeed, I were not,

Your loyal subject, and faithful servant,

CHESTERFIELD.

LETTER XV.

TO THE EARL OF ARRAN.

Bath, October 22, 1770.

MY LORD,

I CONSIDER lord and lady Sudley's paffing through Geneva as a fortunate accident for me, as it was the occafion of reviving me in your lordfhip's memory, for whom I always had the greateft regard and efteem: the advantageous teftimony which my kinfwoman lady Stanhope bare of lord and lady Sudley, in a letter to me, ought to have the greater weight, as it was unafked and unbiaffed; for fhe could not know the part I took in every thing that concerned you: and I have been fo long out of the world, that I did not know who lord and lady Sudley were, till I was informed by my old friend George Faulkner. Having mentioned him, give me leave to fet your lordfhip right as to a very great miftake in a letter from you to him, which he fhewed me. Your lordfhip fays there, that you thought I looked coldly upon you for having propofed, in the houfe of commons, the augmentation of four or five thoufand men. Now I affure your lordfhip, upon my honour, that I had no fuch intention: it is true I difapproved of the motion, which I thought at that time unneceffary, and I think time has juftified my opinion. I had always a great contempt for that extravagant attempt of the Pretender, which, though it fcattered fhameful terrors both here and in Ireland, I own never gave me one moment's uneafinefs. In all events, I thought the affair muft be decided one way or the other before the troops propofed could be raifed and tolerably difciplined; but I well knew, that the half-pay of the officers would remain for many years a burthen upon Ireland, which I was unfafhionable enough to confider, and to prevent if I could; but I had not the leaft reafon to be difpleafed with whoever propofed or voted for that queftion; on the contrary, it flattered my vanity, in giving me the nomination of all the officers, and might have flattered my purfe ftill more, had I been an infamous corrupt rafcal..

rascal. I never tampered with votes, nor ever made the least distinction in my reception of the members of either house upon account of their political conduct; nor indeed could I well do it, for your lordship well knows that I met with no difficulty nor opposition during my short administration: you all judged favourably, and gave me leave to add justly, of my intentions, and in consideration of them excused my errors. When I returned from Ireland, I thought that the weight of property was too unequally divided between the two houses, and preponderated too much on the side of the house of commons; and therefore, I laid a list before the late king of six commoners, of the largest property and the best characters, to be made peers, in which list I give your lordship my word and honour you was one: the king approved of it, but fate soon disposed of me in another department, much against my inclinations. Since that time I have ever heartily, though ineffectually, wished the peace and prosperity of Ireland, and shall always value myself upon its good opinion. I ask pardon for this tedious letter, relative only to times past; but I plead the privilege of seventy-six years of age, which is always apt to be garrulous.

I am, with the greatest truth and esteem,

MY LORD,

Your lordship's most faithful,

and obedient servant,

CHESTERFIELD.

FINIS.

www.ingramcontent.com/pod-product-compliance
Lightning Source LLC
Chambersburg PA
CBHW021219300426
44111CB00007B/352